Gert Ueding / Bernd Steinbrink

Grundriß der Rhetorik

Geschichte · Technik · Methode

5., aktualisierte Auflage

Verlag J.B. Metzler
Stuttgart · Weimar

Die Autoren

Gert Ueding ist Professor für allgemeine Rhetorik an der Universität Tübingen;
Bernd Steinbrink ist Professor für Multimedia Applications an der Fachhochschule Kiel.

Bibliografische Information Der Deutschen Nationalbibliothek
Die Deutsche Nationalbibliothek verzeichnet diese Publikation in der Deutschen Nationalbibliografie;
detaillierte bibliografische Daten sind im Internet über <http://dnb.ddb.de> abrufbar.

Gedruckt auf chlorfrei gebleichtem, säurefreiem und alterungsbeständigem Papier

ISBN 978-3-476-02410-7

© 2011 J.B. Metzlersche Verlagsbuchhandlung
und Carl Ernst Poeschel Verlag GmbH in Stuttgart
www.metzlerverlag.de
info@metzlerverlag.de

Einbandgestaltung: Willy Löffelhardt/Melanie Frasch
Satz: Johanna Boy, Brennberg
Druck und Bindung: Kösel, Krugzell · www.koeselbuch.de

Printed in Germany
Juli 2011

Verlag J.B. Metzler Stuttgart · Weimar

»Die Rhetorik ist das Gegenstück zur Theorie des dialektischen Gesprächs (Dialektik). Beide nämlich behandeln Gegenstände, deren Erkenntnis auf gewisse Weise allen Wissenschaftsgebieten angehören und nicht einer speziellen Einzelwissenschaft.«

(Aristoteles)

»Weisheit ohne Beredsamkeit nutzt den Staaten wenig, Beredsamkeit ohne Weisheit schadet meist allzusehr, nutzt aber niemals.«

(Cicero)

»Da auf dem Weg über die rhetorische Kunst zum Wahren ebenso zugeredet wird wie zum Falschen, wer könnte da wagen zu behaupten, wenn es gegen die Lüge geht, dürfe gerade die Wahrheit es sein, die in ihren Verteidigern waffenlos dasteht. [...]
Steht also die Fähigkeit des beredten Vortrags, die beim Überzeugen vom Ungerechten wie vom Rechten das meiste vermag, beiden Seiten zur Verfügung, warum eignen die Guten sie sich nicht voller Eifer an, damit sie *Kriegsdienst leiste für die Wahrheit*, wenn doch die Schlechten sie in der Verfechtung verdrehter und windiger Sachen zum Nutzen der Ungerechtigkeit und des Irrtums ausnutzen?!«

(Augustinus)

»Wisse zu hören, wenn du reden willst [...] Jede wahre Rede ist also Gespräch: in dem Munde des einen Redners sprechen notwendig zwei, er und sein Gegner.«

(Adam Müller)

»Sprache ist Rhetorik.«
(Friedrich Nietzsche)

»Kurz, gerade die Wahrheit verlangt, in ihrer angemessenen Fülle wie pädagogischen Vermittlung, daß sie nicht nur ist und wird, sondern auch scheint [...] – gerade die Wahrheit ist voll Figur.«

(Ernst Bloch)

»Woran sonst sollte auch die theoretische Besinnung auf das Verstehen anschließen als an die Rhetorik, die von ältester Tradition her der einzige Anwalt eines Wahrheitsanspruches ist, der das Wahrscheinliche, das εἰκός (verisimile), und das der gemeinen Vernunft Einleuchtende gegen den Beweis- und Gewißheitsanspruch der Wissenschaft verteidigt?«

(Hans-Georg Gadamer)

Inhaltsverzeichnis

Systematischer Teil

Vorwort zur zweiten Auflage

Als 1976 die von mir zusammen mit den Teilnehmern eines Oberseminars erarbeitete und herausgegebene »Einführung in die Rhetorik – Geschichte, Technik, Methode« erschien, waren den Autoren die Schwächen des Buches wohl am deutlichsten bewußt. Doch stimmten alle Beteiligten, auch im Verlag und unter den Kollegen, die um Rat gefragt wurden, darin überein, daß der dringende Mangel an einem derartigen rhetorikgeschichtlichen Lese- und Arbeitsbuch unstreitig das größere Übel sei gegenüber den Lücken und Uneinheitlichkeiten des damals vorliegenden Manuskripts, das in dem einmal gesetzten personellen, zeitlichen und konzeptionellen Rahmen nur unwesentlich zu verändern gewesen wäre. Der Erfolg des Buches hat uns, soweit wir das überblicken können, recht gegeben, und fast ausnahmslos stimmten indirekt auch seine Rezensenten durch ihr Urteil dieser Entscheidung zu. Es sind teilweise außerordentlich umfangreiche, gründliche und hilfreiche Besprechungen erschienen (Scheerer, Kopperschmidt, Plett, Rohner, Ockel, um nur einige zu nennen), deren Einwände und Hinweise bei der völligen Neubearbeitung des Buches dankbar benutzt wurden. Kaum ein Satz ist auf dem anderen geblieben, allein das Kapitel »Antike Rhetorik«, schon für die Auflage 1976 von Bernd Steinbrink bearbeitet, konnte erhalten bleiben und wurde nur etwas ergänzt und vervollständigt. Alle anderen Kapitel der Rhetorikgeschichte vom Mittelalter bis zur Gegenwart wurden von Bernd Steinbrink und mir (unter gelegentlicher Berücksichtigung der ursprünglichen Beiträge natürlich) vollständig neu geschrieben. Die Darstellung ist so kohärent, materialreicher und lückenloser geworden, hoffentlich dadurch auch lesbarer und überzeugender. Freilich ist das Buch damit auch aus dem Einführungs-Stand herausgewachsen, was beim Vergleich mit anderen, inzwischen einschlägigen Publikationen sichtbar wird, die sich auf knappstem Raum wirklich mit einführenden Abrissen und Hinweisen begnügen.

Dennoch bleiben Wünsche offen, der Kenner und Spezialist wird manches vermissen, anderes unzureichend erörtert finden – das ist bei Büchern dieser Art (wie bei aller Geschichtsschreibung) wohl unvermeidlich. Ein ausdrückliches Wort aber noch zum zweiten (systematischen) Teil. Auch er wurde überarbeitet, ergänzt und dadurch hoffentlich verbessert, doch ein prinzipieller Mangel ließ sich nicht beheben, den einige Rezensenten zutreffend als Widerspruch von geschichtlicher Perspektive (des ersten Teils) und unhistorischer Systematik namhaft gemacht haben, weil darin eine rhetorische communis opinio unterstellt werde (noch mit dem Anschein wissenschaftlicher Systematik), die zuvor doch gerade in ihre Entwicklungs-Stadien aufgelöst wurde.

Kein Zweifel: eine kategorien- und begriffsgeschichtliche Herleitung der Rhetorik auch hinsichtlich ihres Systems wäre vom Standpunkt historischer Forschung, der wir vor anderen Methoden den Vorzug geben, die angemessene Fortführung, sie kann aber weder im Rahmen einer Einführung noch eines Grundrisses geleistet werden. Doch sei schon hier darauf hingewiesen, daß seit Mai 1985 ein am Seminar für

Allgemeine Rhetorik der Universität Tübingen eingerichtetes Forschungsprojekt die Aufgabe verfolgt, ein »Historisches Sachwörterbuch der Rhetorik« zu erarbeiten. Doch auch dies wird systematische Querschnitte in der hier vorgelegten Art nicht überflüssig machen, die man als pragmatische Instrumente betrachten sollte, die solange und soweit gerechtfertigt sind, wie sie ihren Dienst tun, also brauchbar sind und zur Erkenntnis menschlicher Rede, ihrer Machart und Wirkungsweise ebenso taugen, wie sie die eigene Rede- oder Textproduktion des Lesers zu befördern vermögen.

Tübingen 1985   Gert Ueding

Vorwort zur fünften Auflage

Als der Vorläufer zu diesem Buch, die »Einführung in die Rhetorik« 1976 erschien, entschuldigte nur der gerade ansteigende Bedarf an einem rhetorischen Lehrwerk die vielen Unzulänglichkeiten, deren sich die Autoren und auch der Verlag bewußt waren. Man hatte einen Lückenbüßer, aus dem erst ein veritables Lehrbuch zu entwickeln war, das über einen knappen Abriß hinaus in alle wesentlichen historischen und systematischen Konzepte der Rhetorik einleiten sollte. Das geschah mit der zweiten Auflage und wenn auch seither eine Fülle von Anleitungsbüchern und propädeutischen Hinführungen erschienen ist, weil die ehrwürdige Disziplin der Rhetorik sich neuer und immer noch wachsender Aktualität erfreut, so blieb der »Grundriß« mit seiner historisch-systematischen Konzeption erfreulicherweise konkurrenzlos oder wurde gar zur Quelle mancher dann wieder eingeengten Perspektive für den Schulgebrauch, zur Textanalyse oder zu Trainingszwecken.

Die neue Auflage bringt Verbesserungen und Ergänzungen (vor allem in Teil E; im Register und in dem Literaturverzeichnis). Für alle Fragen, die über ein Lehrbuch, einen Grundriß eben, hinausgehen, steht inzwischen das zehnbändige »Historische Wörterbuch der Rhetorik« bereit, das in großen Forschungs-, Sach- und Definitionsartikeln das gesamte aktuelle Wissen über die Rhetorik (auch wo sie in benachbarte Disziplinen hinein diffundiert ist) erschlossen hat. Einen Ratschlag für die Lektüre möchte ich aber an den Anfang setzen: Die Einleitung mit ihrer problemöffnenden und zugleich zusammenfassenden Perspektive liest sich gewiß leichter und gewinnreicher im Anschluß an den historischen Teil des Buchses – versteht sie sich doch auch als Grundlegung der Rhetorik über dieses Buch hinaus.

»Lesen heißt borgen, daraus erfinden, abtragen« meinte Lichtenberg, und es gibt keine bessere Maxime für den Umgang mit einem Lehrbuch als diese.

Tübingen 2011   Gert Ueding

Einleitung in die Rhetorik

1. Die Frage nach Eigenart und Sinngehalt der Rhetorik begleitet die Redekunst seit ihren Anfängen; es ist immer (anders als etwa bei der ähnlich gewichtigen Frage nach dem Wesen der Philosophie) ein zweifelnder Unterton darin, der nicht nur den Gegenstandsbereich, das Erfahrungswissen, Abgrenzungsprobleme oder die Methode betrifft, sondern auch die Berechtigung der Rhetorik als einer eigenen, selbständigen und gesellschaftlich nützlichen Disziplin. Schon die antiken Rhetoriker verbanden die Erörterung dieser Frage mit ethischen Reflexionen, und Quintilian, der bedeutendste Lehrer der Beredsamkeit im kaiserlichen Rom, hat sein erstes, leider verlorenes Buch über den Verfall der Beredsamkeit geschrieben (»De causis corruptae eloquentiae«); gleich zu Beginn seiner zwölf Bücher über »Die Ausbildung des Redners« (»Institutionis oratoriae«), dem wichtigsten rhetorischen Lehrwerk der europäischen Geschichte, erörtert er den Zusammenhang von Ethik und Rhetorik: »Denn ich möchte nicht zugeben, die Redenschaft über rechtes, ehrbares Leben sei, wie einige gemeint haben, der Zuständigkeit der Philosophen zuzuweisen [...]. Deshalb möchte ich [...] entschieden dafür eintreten, daß diese Dinge von Rechts wegen wirklich unsere Sache sind und ihrem eigentlichen Wesen nach zur Redekunst gehören.« (Vorrede, 10f.) Quintilian schließt sich ausdrücklich Platons Meinung an, wenn er die Kenntnis der Gerechtigkeit als Voraussetzung rhetorischer Vollkommenheit dekretiert. Sicher ist jedenfalls, daß die Redekunst nach ihrer rein technisch-wissenschaftlichen Seite hin keine Gewähr gegen ihren Mißbrauch bietet – sie teilt damit freilich das Schicksal aller anderen Disziplinen, keine Natur- und keine Geisteswissenschaft, die davon ausgenommen ist.

Doch liegt der Fall ja noch komplizierter, denn anders als bei den meisten übrigen Wissenschaften liegt die Zweideutigkeit der Rhetorik nicht erst in ihrer Offenheit für gegensätzliche praktische Anwendungen, sondern ist bereits in ihrem theoretischen Erkenntnisziel und wissenschaftlichen Interesse enthalten, nämlich die Möglichkeiten zu erforschen und die Mittel bereitzustellen, die nötig sind, die subjektive Überzeugung von einer Sache allgemein zu machen. Weshalb die großen Rhetoriker seit Isokrates und Aristoteles, Cicero und Quintilian die Redekunst zu einem umfassenden humanistischen Bildungssystem erweiterten, das neben der Philosophie zu dem wichtigsten, differenziertesten und wirkungsmächtigsten der europäischen Kulturgeschichte wurde, dessen unser ganzes Schulwesen prägende Kraft trotz mannigfacher Einbußen im 19. und 20. Jahrhundert doch bis heute spürbar ist. Im 18. Jahrhundert ereignen sich in der Rhetorikgeschichte allerdings Umbrüche so schwerwiegender Art, daß sie häufig als Abschluß der rhetorischen Tradition beschrieben wurden. Genauere historische Forschungen haben diese Auffassung grundsätzlich korrigiert. Gewiß verliert die Schulrhetorik im Ausbildungswesen ihre beherrschende Stellung, was, wie Manfred Fuhrmann gezeigt hat, mit der Krise der Lateinschulen, dem Zurückdrängen des Lateinischen als Unterrichtsfach und Wissenschaftssprache zusammenhängt, darüber hinaus mit dem Aufkommen der Naturwissenschaften und der Differenzierung der europäischen Kultur in Nationalkulturen. Der Geltungsverlust ist dramatisch, daran läßt sich nichts deuteln, er verhindert aber nicht das Weiterleben rhetorischer Theorie unter dem Deckmantel neuer Terminologien und aufgefächert in Disziplinen wie Poetik und Literaturtheorie, Geschichtsschreibung und Pädagogik, Hermeneutik und Psychologie. Statt vom Ende wäre also von eine Transformation der Rhetorik zu reden, dessen praktische Wirksamkeit im Zeitalter der Französischen Revolution, in den Befreiungskriegen, in der Literatur des Vormärz, in der Frankfurter Paulskirche schließlich im Reichstag immer evident gewesen ist. Auch die ökonomische Entwicklung, die Bedürfnisse der Warenwirtschaft in Werbung und Vertrieb, haben die weitere Überlieferung persuasiver Methoden und Techniken garantiert. Gleichwohl geriet die Rhetorik als systematisch verfaßtes Lehrgebäude in Vergessenheit; nur als solches aber hatte sie in 2500 Jahren wechselvoller Geschichte ihre Identität bewahren können. Eine Identität in Differenz und Wandel natürlich. Wie sich Protagoras und Isokrates oder George Campbell und Johann Christoph Gottsched unterscheiden, so schließen sie doch jeweils, wenn auch von verschiedenen Seiten, den prinzipiellen Problemgrundriß auf, der Rhetorik heißt. Auch in diesem Punkt ist der Vergleich mit der Philosophie lehrreich. Die Differenzierung in einzelne Rhetoriken gefährdet die Rhetorik als einheitliches Wissensgebiet ebenso wenig, wie etwa die Philosophie durch ihre Ausprägung in einander oft sich widersprechende Philosophien ihren disziplinären Charakter verliert.

Solche Erkenntnisse beginnen sich freilich erst langsam durchzusetzen und die Transformationen der Rhetorik, ob sie nun als disziplinärer Verfall oder als wissenschaftsgeschichtlich begründete Ausdifferenzierungen beschrieben werden, sind trotz entsprechender Publikationen in den letzten Jahren noch längst nicht hinreichend erforscht. Die Vorurteile gegenüber der *ars bene dicendi*, die Kunst, gut und wirkungsvoll zu reden, haben eine weit zurückreichende Geschichte, ja: sie sind so alt wie die Rhetorik selber. Platons Rhetorikverachtung ist die in der Antike bekannteste und mächtigste; direkt oder indirekt setzt sich jeder Rhetor mit ihr auseinander, immer wieder wurden die entsprechenden Partien aus dem Gorgias-Dialog zitiert, im Mittelalter so gut wie im 18. und 19. Jahrhundert. Daß die Wirkung solcher Urteile nicht einmal in der christlichen Einflußsphäre des Mittelalters wirklich dauerhaft sein konnte, liegt an der Tatsache, daß die Rhetorik eben nie, wie das populäre Mißverständnis glaubt, ein geschlossenes Regelsystem gebildet hat. Ihre Gesetze und Normen waren so weit interpretierbar, daß sie selbst noch für manieristische Dunkelheit und Rätselhaftigkeit die Techniken bereitstellte, ihre Theorie so offen, daß sowohl die Tätigkeit des katholischen Priesters wie das ›spontane‹ Gebet des pietistischen Laien von ihr begriffen werden konnten; ihre immer auf Parteilichkeit ausgerichteten Anweisungen waren so vielfältig interpretierbar, daß sie sowohl höfischer Konversation wie bürgerlichem Emanzipationswillen Ton und Stimme gaben.

Ebenso trägt der häufige, in der rhetorischen Tradition selber topisch überlieferte Hinweis auf die wesensgemäße Verbindung von Rhetorik und Republik zur Klärung der wechselvollen Rhetorik-Geschichte nur wenig bei. Das berühmte Lehrbuch Quintilians entstand zur römischen Kaiserzeit, höfische Beredsamkeit, Kanzel- und Briefrhetorik hatten zu allen Zeiten Blüteperioden, und schließlich gelang es der feudalen Reaktion nicht einmal nach 1848 völlig, die kritischen, immer noch von revolutionärem Emanzipationswillen getragenen Bürgerstimmen zum Schweigen zu bringen. Wogegen von Kant bis Schiller und von Goethe bis Hegel die Allianz der Rhetorik-Gegner reicht – und ausgerechnet ein Adam Müller wurde ihr Lobredner!

Nie ist Rhetorik im 19. Jahrhundert ausschließlich Herrschaftswissen geworden, wie eine andere Vermutung lautet: Vormärz und sozialistische Beredsamkeit erwiesen sich so rhetorisch geschult wie der schillernde Höfling Müller oder der Verächter des Parlaments Bismarck. Schließlich erscheint auch die Ablösung einer rhetorischen Wirkungsästhetik von der philosophischen Ästhetik des deutschen Idealismus durchaus als keine zwingende gesellschaftliche Notwendigkeit, wenn man berücksichtigt, daß in den Poetiken der Schriftsteller selber Rhetorik, ob genannt oder nicht, immer noch Kern der Argumentation ist. Vollends rätselhaft aber wird die Krise der Rhetorik, wenn man sich vergegenwärtigt, daß die rhetorische Kunstfertigkeit, die Praxis rhetorischer Kunstübung, in alter Höhe weiterbesteht, allerdings ohne rhetorischen Begriff. Gerade die rhetorischen Zweckformen, Zeitungsartikel, Pamphlet, Flugblatt und Polemik, Tendenzpoesie, Reportage und Reisebericht, sind zentrale künstlerische Äußerungen des 19. Jahrhunderts, das zuletzt ja das Jahrhundert der großen Prosa, des Romans und des philosophischen und historischen Diskurses ist – Kunstfertigkeiten, deren Theorie nirgendwo anders als in der Rhetorik zu finden war. Und es ist das Jahrhundert jener massenhaft produzierten und verbreiteten Literatur der Unterhaltung und des Wissens, die so augenfällig wie bereitwillig dem normierten Muster folgt und beinah sämtliche rhetorisch wichtige Techniken und Methoden virtuos anwendet, in einem Maße, daß man gar von einer Rhetorik des Kitsches und der Kolportage sprechen kann. Gerade die ausdrücklich zweckgebundene und häufig nur zum kurzfristigen Gebrauch bestimmte Literatur, Leitartikel wie Kochbuch oder Propagandarede, gehört vorzüglich dazu, derart ohne Theorie, unbegriffen und wenig geachtet von den gebildeten Schichten, die sich in der Poesie an denselben rhetorischen Figuren ergötzten, die sie dort als störend zweckgebunden empfanden.

So lebt Rhetorik oft im Werk ihrer Verächter sogar höchst produktiv fort: Das besonders herausragende Beispiel ist immer noch Friedrich Schiller, aber auch Hegel gehört dazu, und eine gründliche Analyse würde nicht nur die rhetorische Struktur seiner Prosa, sondern ebenso manch rhetorisches Moment seiner Philosophie und Ästhetik zutage fördern, von der Gattungspoetik bis hin zur Theorie der Einleitung, wie sie schon früh die »Phänomenologie des Geistes« präzise formuliert.

Der Verfall der Beredsamkeit als einer systematischen, wenn auch offenen Theorie ist der Ausdruck einer tiefen kulturellen Krise, und die Entwicklung neuer Medien seit der Wende vom 18. zum 19. Jahrhundert ist der Versuch, diese Krise, die vor allem als eine der Sprache wirkt, produktiv zu überwinden. Man muß sich den ungeheuren Optimismus vergegenwärtigen, mit dem die junge bürgerliche Intelligenz noch im zweiten Drittel des 18. Jahrhunderts der gesellschaftsbildenden Kraft des gesprochenen Worts, des von ihnen gesprochenen Worts, vertraute, um die tiefe Enttäuschung zu verstehen, mit der diese Intellektuellen auf die gesellschaftlich-politische Entwicklung reagierten. Enttäuschung politischer Hoffnungen, Entwicklung neuer Medien: Foto, Bildergeschichte, Film – und nebenher bis zu Hofmannsthals »Brief des Lord Chandos« und weiter die verzweifelnde, aufreibende, doch rhetorisch virtuos formulierte Kritik an der Sprache! Man kann zugespitzt sagen: In dem Maße, in dem das Vertrauen in die öffentliche Macht der Sprache schwand, wurden die Anstrengungen der Schriftsteller größer, in immer neuen sprachlichen Präzisie-

rungsversuchen menschliche Rede dennoch in ihrer weiten individual- und gesell-
schaftsethischen Bedeutung zu rechtfertigen. Und das mitunter sogar bewußt wieder
mit Mitteln und Argumenten der Rhetorik, wie etwa das Beispiel Nietzsche zeigt.
Aber das sind alles nur Stichworte zu einer noch nicht geschriebenen Geschichte der
Rhetorik im 18. und 19. Jahrhundert, die den Platz bestimmen wird, den Rhetorik
in der Gegenwart einzunehmen hat. Der »Grundriß der Rhetorik« versucht, diese
Lücke wenigstens den großen Leitlinien nach zu schließen. Das weithin ausufernde
Flußdelta der unterirdischen rhetorischen Tradition der letzten 200 Jahre ist kaum
überschaubar. Rhetorische Konzeptionen sind sowohl in Kunsttheorie und Philosophie wie in Gesellschaftslehre, Pädagogik und Psychologie eingegangen, Salzmann
und Campe sind ebenso wie Knigge und Schubart Zeugen rhetorischer Wirksamkeit
an unvermuteter Stelle.

Gibt es für die Theorie einer Kunst keinen eigentlicheren Zweck als die Praxis,
so mußte gerade die Rhetorik einen sehr umfassenden Praxisbegriff entwickeln, der
sich auf die Verwirklichung der Rede im weitesten Sinne zu beziehen und auch die
von Platon vorgebrachten Einwände zu berücksichtigen hatte. Denn sollte die Rhetorik nur für diejenige Praxis bestimmt sein, die der Ordnung des ethisch Guten angehört, so galt es, zuerst den Redner so zu bilden, daß er selber Teil dieser Ordnung: *vir bonus* werden konnte. Verwirklichung der Rede bedeutet zunächst Verwirklichung des Guten im Redner; Erziehung, Bildung und Übung sind ebenso
wichtige rhetorische Theoriefelder wie Wirkungsabsicht, Angemessenheit, *res verba*-
Problem. Quintilians berühmte »Institutio oratoria« ist auch ein Erziehbuch und
hat als solches mindestens ebenso gewirkt wie als rhetorische Systematik. Noch
Schiller lobt es ausdrücklich in dieser Bedeutung. Die Rhetorik ist immer obendrein
Darstellung eines Wertesystems gewesen, wie überhaupt die Teilhabe an diesem
übergeordneten Wertesystem den jeweils parteilich gebundenen Redner (einer Ge-
richtsverhandlung etwa) die Möglichkeit eröffnete, Übereinstimmung und Diskrepanz zwischen den Positionen zu erkennen und gegenseitig zu erklären. Der Redner
muß also sein Publikum dahingehend zu beeinflussen versuchen, daß es ihn in einer
ganz bestimmten, nämlich der seiner Charakterbildung angemessenen Weise erfährt,
und das im Vortrag selber. Er darf sich also, so Aristoteles, nicht etwa auf seinen
Ruf verlassen.

Die Frage, ob sich der *vir bonus* auch heucheln läßt, ob es möglich ist, unter
dem Schein des Richtigen die Täuschungsabsicht zu verbergen, wurde höchst unterschiedlich beantwortet und berührt Gehalt, Zusammenhang und Abgrenzung der
Kategorien ›Wahrheit‹ und ›Wahrscheinlichkeit‹. Schillers Überzeugung, daß die
Wahrheit noch in der Täuschung fortlebe, und Nietzsches Pointe, daß die Dichter
lügen, hängen damit noch aufs engste zusammen, und selbst die modernen Realismusdebatten sind ihre späten Ausläufer. Jedenfalls ist sicher, daß die Kenntnis der
rhetorischen Techniken der Wahrscheinlichkeits- und Glaubwürdigkeitsherstellung
den rhetorischen Rattenfängern und Dunkelmännern jeglicher Couleur das Geschäft verdirbt. Das macht die kritisch-aufklärerische Potenz der Rhetorik aus, und
niemand ist der Lüge hilfloser ausgeliefert als der »natürliche Mensch«, dem ja
immer Gold ist, was glänzt. Das zu erfahren, bedarf es freilich nicht des Kulturver-
gleichs; Werbung und politische Propaganda liefern uns dafür täglich die besten
Beispiele. Allein der rhetorische Basis-Satz, daß es keine interesselose ˙Erkenntnis
gebe, schafft Distanz zum Gehalt jeder Rede, relativiert ihren Autoritätsanspruch.

Von der Parteilichkeit jeder rhetorischen Handlung (worunter auch die Inszenierung der Rede und die Körperberedsamkeit gefaßt sind) wird auch verständlich, weshalb die Gerichtsrede immer das ausgezeichnete Paradigma der Rhetorik gewesen ist.

Doch nicht nur dieser destruktive, Autorität und Geltungsansprüche der Sache bezweifelnde Zug folgt aus rhetorischer Grundüberzeugung, sie vermag auch Sicherheit zu vermitteln, obzwar niemals endgültige, unwiderrufbare Sicherheit. »Sätze worüber alle Menschen übereinkommen sind wahr, sind sie nicht wahr, so haben wir gar keine Wahrheit«, formulierte Georg Christoph Lichtenberg den rhetorischen Probierstein; sein Ideal des Selbstdenkens bleibt daher verankert im gemeinschaftlichen Sinn der Menschen, dem *sensus communis*, zu dem jeder einzelne beiträgt: »Riefe ich laut aus und hätten meine Worte den Klang der Posaune des letzten Tags: *höre, du bist ein Mensch, so gut als Newton, oder der Amtmann oder der Superintendent, deine Empfindungen, treulich und so gut als du kannst in Worte gebracht, gelten auch im Rat der Menschen über Irrtum und Wahrheit. Habe Mut zu denken, nehme Besitz von deiner Stelle!*« Lichtenberg knüpft mit seiner Berufung auf den »Rat der Menschen über Irrtum und Wahrheit« an die Aristotelische Theorie des Fürwahrhaltens an, wie wir sie in seiner »Topik« finden können; glaubwürdig ist demnach ein Satz, der »entweder allen oder den meisten oder den Weisen und von den Weisen entweder allen oder den meisten oder den Angesehensten glaubwürdig erscheint, ohne für die allgemeine Meinung unglaubwürdig zu sein.« Die Konsequenzen aus dieser rhetorischen Auffassung von Plausibilität sind vielfältig. Sie bestimmen den genuinen Gegenstandsbereich der Rhetorik auf das Problem- und Meinungswissen, messen der öffentlichen Meinung bei der Erörterung problematischer Fragen eine entscheidende Rolle zu und machen alle Überzeugungen, die nicht durch Messen oder Wägen oder durch mathematische Beweisführung gewonnen wurden, in ihrer situativen, kontextuellen, historischen und sozialen Abhängigkeit sichtbar. Die eigentümliche Toleranz der Rhetorik, die sich in der Stellung des Redners gegenüber diskrepanten Auffassungen zeigt, hat hier ihre Wurzel. Geht man einmal davon aus, daß die geschichtliche Erscheinung des Glaubwürdigen nicht eine Wahrheit ist, die sich als bare Münze fraglos einstreichen läßt (und davon geht die Rhetorik selbstverständlich aus), nicht das Schema, das über Recht und Unrecht, Gut und Böse manichäisch waltet, sondern daß Recht und Unrecht historisch variable Größen sind, die je neu zur Erscheinung und in der jeweiligen Zeit und ihrer Gesellschaft zur Darstellung gebracht werden müssen, so bedeutet jeder antagonistische Streit nicht ein Scheingefecht um eine von vornherein schon feststehende, wenn auch verdeckte Wahrheit, sondern ist der Prozeß, in dem das Richtige sich erst herauskristallisiert. Aus der Unsicherheit ante diem folgt die Notwendigkeit der Toleranz auch der Redner untereinander. Denn sie sind sowohl Teil wie Ausdruck eines Prozesses, der mit ihnen entschieden wird, und so wenig der »Sieger« die ganze Wahrheit für sich reklamieren kann, so wenig fällt dem »Verlierer« die Last der ganzen Unwahrheit zu. Auch der Unterlegene hat seinen Anteil daran, daß eine Allgemeinüberzeugung sich herausbilden konnte. Der Teufel ist der Geburtshelfer des richtigen Urteils in der kirchlichen Rechtsprechung noch heute. Das ist der Punkt, an dem sich rhetorische Dialektik und Hegelsche Dialektik als Dialektik der geschichtlichen Veränderung durchdringen. Die These berichtigt sich an der Antithese und umgekehrt das Widersprechende am ursprünglich Gesetzten, und so kommt es zu einem neuen Stadium in der Genese des Wissens. »Es ist [...] die *Flüssigkeit* der Begriffe, es ist dies durchaus Historische und Werdende, worin die Dialektik bei Hegel ihr Leben hat und den Inhalt des Lebens so ausdrückt wie ausmacht.« (Ernst Bloch) So liegt Hegels Philosophie gerade in ihrem Kerngedanken Rhetorik zugrunde, und die Überzeugung, »die Wahrheit ist ihre dialektische Entwicklung selbst oder der Prozeß« (Bloch), wird durchsichtig auf das rhetorische Verständnis von Handlungsorientierung als Ergebnis eines freien Streits der Argumente, von Rede und Gegenrede, und damit zugleich auf die Einsicht von der Interessegebundenheit und Parteilichkeit jeder Rede. Wandlungsfähigkeit und Offenheit der Rhetorik folgen dieser Auffassung, sind nicht etwa Zeichen eines grenzenlosen Relativismus, sondern ihres geschichtlichen Wesens, das sich ontologischer oder metaphysischer Festlegung widersetzt.

Das gilt auch für die Sphäre ästhetischer Theorie. Die Wirkung der platonischen Philosophie hat die Reflexion der Entstehung des Kunstwerks, der Bedingungen und Möglichkeiten, die seiner Wirklichkeit vorhergingen, lange verhindert. Wenn göttliche Kraft den Dichter in Begeisterung versetzt und er nur als eine Art Sekretär fungiert, so ist die Technik der Herstellung des Schönen dem menschlichen Beurteilungsvermögen und damit jeder rationalen Betrachtung entzogen. Mit Aristoteles, der als Lehrer der Rhetorik zwanzig Jahre lang an Platons Akademie tätig war und von dem uns neben rhetorischen Lehrschriften auch die (fragmentarisch überlieferte) »Poetik« erhalten geblieben ist, begann auch die ontologische Bedeutung des Schönen in der ästhetischen Diskussion zu schwinden. Die Fundierung der Kunst auf Geschichte, ihre Verpflichtung, nicht das Zeitlos und ideal Schöne zu offenbaren, sondern menschliche Möglichkeiten vorzuführen, bedeutet den Bruch mit der ontologisch begründeten Ästhetik. Der Einfluß der Rhetorik auf Kunsttheorie und Ästhetik ist damit von Anfang an aufklärender Art. Das Kunstwerk wird zum Produkt eines Herstellungsprozesses, eines *Arbeits*prozesses, über dessen Verlauf diskutiert und Rechenschaft abgelegt werden kann.

Reflexion des Künstlers auf die Bedingungen und den Verlauf seiner Produktion ist eng verbunden mit der Theorie der Beredsamkeit, die die Kategorien dafür bereitstellte. Da die Rhetorik als wirkungsvolle und auf tätige Wirkung abzielende aktive Teilnahme am politischen und gesellschaftlichen Leben dem Bereich der *vita activa* anzurechnen ist, so läßt sich sagen, daß der mit Formkultur verbundene positive Begriff von Arbeit, der Antike fremd, durch die Rhetorik in die Ästhetik Eingang findet. Die Arbeit wird in dem historischen Augenblick zum Mittel menschlicher Vervollkommnung, als eine Klasse versucht, an die Herrschaft zu gelangen, die ihr Selbstverständnis nicht den ererbten Privilegien entnehmen konnte und einsehen mußte, daß sie nur auf ökonomischem Wege zur Macht zu gelangen vermochte. Der unbewußt schaffende Künstler benötigt diese Selbstlegitimierung nicht: Ob er in göttlicher Begeisterung, durch Inspiration, als verlängerter Arm der Natur oder unter dem Diktat des Unbewußten sein Werk hervorbringt, der schöpferische Vorgang vollzieht sich *an ihm* mit einer elementaren Gewalt, der er willenlos und passiv gehorcht. Er gehört einer Klasse an, deren Herrschaft qua ihrer Privilegien gesichert ist – oder die den Anspruch auf Herrschaft aufgegeben hat und somit zur politischen Untätigkeit verurteilt ist. Die häufige Personalunion von Dichter und Lehrer der Beredsamkeit, Verfasser von Dramen und Verfasser von Rhetoriklehrbüchern, wie sie im 17. und 18. Jahrhundert üblich ist, verweist auf eine Theorie, die im Wandel des Arbeitsbegriffes das Emanzipationsstreben des Bürgertums reflektiert und derzufolge auch Kunst lernbar, der Dichter nur als Gelehrter denkbar ist.

2. Betrachten wir den gegenwärtigen Stand rhetorischer Theoriebildung, so scheint sich die Rhetorik in eine unübersichtliche Vielzahl von Wissensgebieten zu zersplittern. Die Rezeption einzelner Aussagen, Analyse- und Produktionstechniken in den Einzelwissenschaften, in interdisziplinären Institutionen der Wissenschaftstheorie und -geschichte, in Erziehungsprogrammen und pragmatischen Ausbildungskonzepten etwa der Lehrerseminare und nicht zuletzt in den populären Ausprägungen des Reden- und Kommunikationstrainings, der Werbung, der Public Relation, des Mediengebrauchs hat den Rhetorik-Begriff derart unscharf werden lassen, wenn nicht gar entleert, daß begriffliche Klärung eine notwendige und vorgängige Aufgabe aller rhetorikwissenschaftlichen Arbeit geworden ist. Vier Ansätze versuchen eine Klärung der unübersichtlichen Lage. Der erste gibt den disziplinären Charakter der Rhetorik auf, ihre Geschichte sei abgeschlossen, ihr System »unwiederbringlich historisch« (H. Schanze) geworden. Ein antiquarischer Geschichtsbegriff verbindet sich hier mit der Auffassung vom System als einer geschlossenen und fixierten Ganzheit. Der zweite Ansatz löst die Rhetorik in die geschichtliche Reihe ihrer Konkretionen auf. Rhetorik wird als das definiert, wozu sie – in wechselnden disziplinären Rahmungen – jeweils erklärt wurde, weil sie sich an irgendeine der historischen Varianten ihrer theoretischen Formation anschließen läßt. Auch diese Position gibt den systematischen und disziplinären Charakter der Rhetorik auf und fußt auf einem historischen Relativismus, dem die Identität seines Gegenstandes verlorengeht, und sei es einer Identität, die in der Invarianz der Fragestellungen oder wenigstens der Richtung besteht, in der sich die Rhetorik wissenschaftlich und theoretisch entfaltet hat. Einen dritten Ausweg eröffnet der normative Begriff von Rhetorik, der dem Status von System und Disziplin verpflichtet bleibt, den die antiken Theoretiker von Isokrates und Aristoteles bis zu Cicero und Quintilian entwickelt haben und der Transformationen und Paradigmenwechsel nur in diesem Rahmen zulassen will. Am meisten verbreitet und aus der antiquarischen Geschichtsauffassung folgend ist viertens eine bloß selektive Rezeption, die aus dem umfänglichen, systematisch und historisch differenzierten Theorie-Gebäude einzelne Teile, Zugriffe, Fragestellungen, Theoreme gleichsam, herausbricht und den eigenen Absichten dienstbar macht: Texttheorie, Hermeneutik, Semiotik, Dekonstruktivismus, Argumentationstheorie sind die geläufigsten Beispiele, doch die Reihe geht noch sehr viel weiter und umfaßt inzwischen eine unübersehbare Vielfalt von Disziplinen, Teildisziplinen, wissenschaftlichen oder halbwissenschaftlichen Erklärungs- und Analysemodellen.

Aus Sicht der Tübinger Rhetorik sind diese Rezeptionsweisen Reduktionen, die gewiß sinnvoll sind und in den meisten Fällen auch zu erfolgreichen Weiterentwicklungen und Ergebnissen geführt haben, die aber das Potential der geschichtlich gewachsenen Rhetorik längst nicht ausschöpfen. Von ihr ist (wie von der mit ihr seit der Antike konkurrierenden Philosophie) nur sinnvoll im systematischen Zusammenhang zu denken und zu reden. Dieser in der Antike begründete systematische Zusammenhang ist zwar historischen Veränderungen unterworfen, innerhalb derer auch Verkürzungen, Ausweitungen oder Verwerfungen (gemessen an früheren geschichtlichen Stufen) zu konstatieren sind, die aber die Systembindung als solche gar nicht in Frage stellen. Erst Systembindung nämlich sichert den wissenschaftlichen und disziplinären Charakter der Rhetorik dauerhaft und bereichert im Gegenzug wiederum die Einzelrezeptionen, weil der Rezeptionsprozeß dann nicht einseitig als bloße Resteverwertung, sondern dialogisch als gegenseitiges Befruchten stattfindet. Modellhaft leitend kann für die Rhetorik dabei durchaus ihre Begründungsgeschichte bleiben, insofern sie auch exemplarisch die Entwicklung von der Beobachtung praktischer Redefertigkeit zur Kunst und schließlich zur Wissenschaft genommen hat – eine Entwicklung, zu geordneten Zusammenhängen, zum hochdifferenzierten System, das vorbildlich für die Systematisierung der anderen Wissenschaften wurde. Dieses System integriert theoretisches, praktisches und poietisches Wissen, es umfaßt die Fragen nach der Verfassung und den Regeln menschlicher Kommunikation in natürlichen und künstlichen Zeichen, Theorie und Praxis der Argumentation, Informationswesen (Information, Dokumentation, Medien), die anthropologischen Verhältnisse, soziale, politische, rechtliche und ökonomische Verkehrsformen, Herstellung und Untersuchung kultureller und künstlerischer Produkte und schließlich, anknüpfend an anthropologische Konzepte, die rhetorisch immer schon vermittelten Zielinhalte der Bewertung (Ethik in den Geistes- und Naturwissenschaften) und Ausbildung. Rhetorisches Denken ohne Systematik ist Dilettantismus, landet entweder in der Gegend gängiger Populär-Rhetoriken oder verliert sich in Spezialisierungen, die, so elaboriert sie auch sein mögen, ohne wenigstens perspektivische Ordnung reduktionistische Denkformen bleiben.

Zu warnen ist dabei freilich vor einer Gefahr, der die Schulrhetorik schließlich erlegen ist. Ihr Systemdenken war im 18. und 19. Jahrhundert wesentlich am Verfall der öffentlichen Geltung beteiligt, der die Rhetorik seit 1750 zunehmend um ihre disziplinäre Bedeutung gebracht hat. Der Schulrhetorik geriet der Systemanspruch zur Karikatur, zum Schubladenwissen mit numerierten Etiketten: zum Schematismus. Der Grund liegt in dem zu eng gefaßten Systembegriff, den die Schulrhetorik auf Neben-, Ein- und Unterordnung sowie Ableitung festlegte. Entwicklungsformen, die eine Vermittlung von aktuellen Bedürfnissen mit dem überlieferten System gestattet hätten, hatten in dem erstarrten System der Schulrhetorik keinen Platz, weshalb Rede (ob als sprachliche, bildliche oder musikalische verstanden) aus dem vorgängigen Regelsystem abgeleitet und ihm formal untergeordnet wurde. Für jede lebendige Rhetorik führt der Weg in die umgekehrte Richtung, die Rede ist der Ausgangspunkt (Leitkategorien wie »rhetorische Situation«, »Kairos«, »aptum« sind Entwicklungsformen dieser Art), sie rhetorisch qualifizieren, heißt aufzeigen, wie sie *aus* ihrer rhetorischen Form geworden ist, wie sie sie nach Ort, Zeit und Umständen aktualisiert – d. h., wie in jeweiliger besonderer Rede sich das systematisch Allgemeine stets neu und anders bestimmt. Durch Rückwirkung der konkreten rhetorischen Entwicklungsform als Rede auf das System verändert sich auch dieses. D.h.: Jede Aktualisierung der in der Rhetorik historisch angelegten Potentialität bildet die systematische Form weiter, indem sie sie konkretisiert.

Der Zweckinhalt rhetorischer Theorie bleibt auch unter solchem Systemanspruch die sie verändernde rednerische Praxis. Im Lichte dieses Prinzips gestaltet sich die Ordnung der drei an jeder Redehandlung grundlegend beteiligten Instanzen von Redner, Rede(-Gegenstand) und Adressat. Aristoteles hat sie in ihrem systematischen Zusammenhang bereits eingeordnet und ihrer Funktion entsprechend klassifiziert. Danach ist nicht der Redner, sondern der Zuhörer die richtunggebende Instanz. Rednerkonzentrierte rhetorische Theorien betrachten den Adressaten naturgemäß nur als Mittel zur Erreichung des rednerischen Zwecks, als Objekt der Redehandlung, das den eigenen Strategien entsprechend geformt, verändert, im extremen Falle sogar besiegt werden soll. Anders die Formung vom Adressaten aus. Um ihn zu überzeugen, bedarf es zuvor einer Situations- und Tendenzanalyse, die seine Vormeinungen, seinen latenten Willen ermittelt. Persuasion bedeutet dann eben nicht Inkorporation des rednerischen Willens im Publikum (»daß die Hörer so werden, wie er sie haben will«, E. Geißler), sondern Entfaltung des im Publikum Angelegten. Der Erfolg der Redehandlung liefert von Fall zu Fall den Beweis für die prinzipielle Übereinstimmung der rednerischen Meinungen und Überzeugungen mit denjenigen des Publikums. Diesem Rhetorik-Begriff folgend, bildet Rede aber nicht nur die Vormeinungen des Publikums ab, an die sie anknüpft, sondern treibt das in ihnen angelegte, dem Publikum teilweise oder ganz latente Wunsch- oder Bedürfnispotential weiter, setzt es rhetorisch formgebend frei, vollendet es gegebenenfalls und erreicht *derart* ihren persuasiven Zweck. Aus diesem fortbildenden Bezug des Redners zu seinem Publikum erwächst schließlich Idee und Gehalt rhetorischer Erziehung. Dem Menschen der sokratischen Belehrsamkeit oder (mit Hegel zu sprechen) »Verstandesallgemeinheit« setzt die Rhetorik seit ihrem Auftreten im Griechenland des 5. Jahrhunderts das konkrete Subjekt entgegen, das von seinen Gewohnheiten, Überzeugungen, Stimmungen und Affekten nicht zu trennen ist (als gleichsam bereinigte Fassung), d.h. immer schon voreingenommen ist. Die Rhetorik gewinnt daraus zwei Klassen von Überzeugungsgründen, die Aristoteles als *ethos* und *pathos* systematisiert hat. Das ist die anthropologische Seite der Rhetorik, ihr entspricht eine handlungstheoretische Einsicht, die von der konkreten Situation ausgeht, nicht von einer ideal oder rational abstrakten Problemlage. Richtige und kluge Entscheidungen entstehen also nicht durch ihre abstrakt-rationalistische Erörterung, sondern dadurch, daß die strittige Frage der Konkurrenz oder dem Streit der Meinungen ausgesetzt wird. Dabei bilden Logos, Ethos und Pathos die drei Dimensionen, in deren Lichte die Frage geprüft, bewertet und entschieden wird – ein Verfahren, das zu sehr viel glaubhafteren Ergebnissen kommt als die streng rationale Argumentation allein. Auch dies übrigens ein Grund für das schon von Hannah Arendt angesprochene Mißtrauen gegen alles bloße Expertenwissen, dem sich die Betroffenen dann oftmals mit fassungsloser Entgeisterung konfrontiert sehen.

Auf welchen Wegen die Sokratische Gleichung Tugend = Einsicht oder Vernunft = richtiges Handeln durch die Jahrtausende gewandert sein mag – von Platon über Descartes und Hegel bis zu den modernen Naturwissenschaften: Ihre aktuell so zweideutige Überzeugungskraft entspricht mehr dem Wunsch als der Wirklichkeit und erweist sich gerade deshalb als so hartnäckig. Die fatalen Folgen kennen wir alle, weil nicht nur im politischen Leben das Expertenunwesen die politisch-rhetorische Rationalität überwuchert, sondern Bildung überhaupt als wissenschaftliche Ausbildung verstanden wird und alle anderen menschlichen Anlagen verkümmern. Womit die Funktion des Wissenschaftsbegriffs umgeschlagen ist. »Die vielberufene methodische Sauberkeit, allgemeine Kontrollierbarkeit, der Consensus der zuständigen Gelehrten, die Belegbarkeit aller Behauptungen, selbst die logische Stringenz aller Gedankengänge ist nicht Geist [...].« Adorno redet hier einem Wissenschaftsbegriff das Wort, dessen humanistische, den menschlichen Gegebenheiten und schließlich einer idealen *humanitas* verpflichtete Orientierung sich die Tübinger Rhetorik seit ihren Anfängen zu eigen gemacht hat.

Die einzelwissenschaftlichen Interessen, die sich rhetorischer Theoriebildungen bedienen, sind so weit gestreut und trotz terminologischer Umformulierungen offensichtlich, daß hier einige exemplarische Hinweise genügen. Ihnen allen liegt die Erkenntnis zugrunde, daß jedes Wissen an Sprache gebunden ist und es kein Sprechen gibt, das sich rhetorischer Form oder Absicht entziehen könnte. Diese in Analogie zum »linguistic turn« als »rhetorical turn« beschriebene Wendung hat sehr unterschiedliche Konsequenzen für die Rezeption rhetorischer Theorie-Elemente. Schon die Bezugsstelle kann einschränkend (Nietzsche) sein, oder der Zugriff erfolgt nur auf ein Teilgebiet, wie es der Aristotelischen Rhetorik erging, die von Perelman vor allem argumentationstheoretisch verarbeitet wurde, während sich auf die klassisch-antike Elocutio-Lehre de Man und Lausberg ebenso wie Plett (1977) und Breuer (1974) konzentrierten. Auch wenn sie das Potential der Rhetorik nicht ausschöpften, lassen sich die meisten dieser selektiven Anknüpfungen doch als eigener Beitrag in die Systementwicklung integrieren. Wobei festzuhalten bleibt, daß im Verständnis der Rhetorik als eines Entwicklungssystems die herausragende Bedeutung der historischen Art der Anordnung enthalten ist, so daß man eine von der geschichtlichen Bewegung abgehobene Rhetorik nur als verdinglichte, fragmentierte Theorie betrachten kann, die sie gerade um ihr eigentümliches Merkmal bringt: Nämlich als ein Wissen, das sich der Erzeugung und Fortbildung verdankt und in der jeweiligen rhetorischen Situation immer wieder aufs neue aktualisiert werden muß, in Abhängigkeit von Wirtschafts- und Gesellschaftsgeschichte. Historische Forschung ist daher für die Rhetorik nicht eine Forschungsrichtung unter vielen, sondern ihr wesentlich. Denn rhetorische Produktion, auf welchem Felde immer, findet in Form des Geschehens statt, und ihre Geschichte stellt das Werden des rhetorischen Wissens und seiner praktischen Verwirklichung dar, damit das Werden der Rhetorikwissenschaft. Auch Erneuerung ist nicht durch Abkoppeln von der Vergangenheit, sondern nur durch Weiterentwicklung und Fortbildung möglich und setzt die genaue Kenntnis dessen, was »die ganze Vorwelt zusammengespart hat« (Hegel), voraus. Solches, auf Erbschaft und Fortzeugung gerichtetes Geschichtsverständnis schärft die Erkenntnis und kritische Würdigung gerade jener sehr reichhaltigen historischen Forschungen, die die rhetorische Theorie und Praxis in bestimmten Zeitabschnitten rekonstruieren und sich nicht selten historistisch darin verlieren. Sie zu beerben bedeutet, die Bedeutungsgeschichte der theoretischen Entwürfe, Ideen, Probleme und Sachen aufzuklären, soweit sie eine rhetorisch-begriffliche Fassung erhalten haben. Ebenso wichtig aber ist es, die Überlieferung aus dem Schema vergangener Epochen herauszubrechen und als Auftrag an die Gegenwart zu erkennen, sie also für die gegenwärtige wissenschaftliche Forschung in der Rhetorik und allen anderen Disziplinen fruchtbar zu machen, die sich mit dem Menschen als eines vernunft- und sprachbegabten Mängelwesens beschäftigen. Die Definition einer Sache ist ebenso wie die ihres Begriffs identisch mit ihrer Geschichte, die freilich nicht abgeschlossen und fertig, sondern offen und für Folgen bereit ist. Der historische Bezug erlaubt es zudem, wirkliche von scheinbaren Fortschritten in der rhetorischen Theoriebildung zu unterscheiden und die Ideenplagiate oder verkappten rhetorischen Schwundstufen in anderen Wissenschaften zu erkennen.

Historischer Teil

A. Die Begründung der Rhetorik in der Antike

1. Anfänge der Rhetorik

Die Geschichte der Rhetorik beginnt, so die Überlieferung, mit den Sizilianern Korax und Teisias im 5. Jahrhundert vor Christus. Zwar hatte es die praktische Redekunst schon immer gegeben (auch bei Homer spielt sie eine Rolle, so daß einige Rhetoren in ihm den Begründer der Beredsamkeit sehen wollten), die beiden Sizilianer aber waren die ersten, die sich theoretisch mit der überzeugenden Rede und besonders mit dem Wahrscheinlichkeitsschluß[1] befaßten. Cicero (106–43 v. Chr.) sah später, Aristoteles (384–322 v. Chr.) folgend, den Grund für das aufkommende Interesse an der Beredsamkeit darin, daß »nach Abschaffung der Tyrannen in Sizilien Privatangelegenheiten nach langer Unterbrechung wieder bei den Gerichten angebracht wurden«[2], und er betonte weiter den »scharfen Blick« dieses Volkes bei dem »ihm von Natur innewohnenden Hange zum Streiten«[3].

»Im Frühjahr 465 v.Chr. hatte der Sturz des syrakusanisch-gelaischen Doppelstaates der Deinomeniden durch die Vertreibung des Thrasybulos die Befreiung ganz Siziliens eingeleitet. Nach der gewaltsamen Bevölkerungspolitik der Tyrannen führte die Neuordnung der Verhältnisse zu Spannungen und Streitigkeiten, die sicherlich eine Flut von Prozessen nach sich zogen.«[4] Ein entscheidendes Moment des Entstehens der Beredsamkeit war das Vorhandensein von Streitigkeiten, von Interessengegensätzen, die von allgemeinem Interesse waren und nicht abgeschlossen von der Öffentlichkeit verhandelt wurden. Nicht ohne Grund sah Tacitus die Ursachen einer entwickelten Beredsamkeit in den »dauernden Volksreden« und dem (durch das Gesetz) gewährten »Recht, gerade die Mächtigsten zu beunruhigen«[5].

Ähnliche Bedingungen wie in Sizilien waren auch in Athen, einem Ort, an dem die Beredsamkeit durch die Sophistik zu besonderer Bedeutung gelangte, im 5. Jh. v.Chr. gegeben. Die Tyrannenherrschaft war dort beseitigt worden, große Teile der Bevölkerung wurden durch Institutionen an der Macht beteiligt; der Aufschwung des Handels nach dem Sieg über die Perser und die veränderten wirtschaftlichen Verhältnisse ließen die Macht der wenigen Adligen schrumpfen, Einrichtungen, die vormals durch wenige besetzt waren, verloren ihre politische Bedeutsamkeit oder wurden einer breiteren Öffentlichkeit kontrollierbar gemacht. »Die profane Gerichtsbarkeit [...] wurde dem Areopag ganz entzogen. Dabei verteilten sich seine Aufgaben – von denen das Sittenwächteramt nun weggefallen war – auf den Rat der Fünfhundert, die Ekklesia und die Volksgerichte.«[6] Um Korruption und Vorabsprachen zu verhindern, setzten sich die Volksgerichte aus Vertretern zusammen, die unmittelbar vor den Verhandlungen durch Losentscheid bestimmt worden waren. Der athenische Bürger war, wenn er einen Fall vor Gericht vertreten sollte, mit folgenden Bedingungen konfrontiert:

»1. Der Redner sprach vor einem Kollegium von mindestens 201 bis zu 1501 Personen. Diese anderthalb tausend Personen nahmen ihm gegenüber alle den gleichen Rang als Richter ein; sie waren nicht, wie im heutigen Geschworenengericht,

Beisitzer von Berufsrichtern und Zuhörer eines Vorsitzenden. Vor einem solchen Gremium war es wenig wirksam, Befragungen anzustellen. Jede Partei konnte nur in geschlossener Rede ihren Fall vollständig vortragen.

2. Das Kollegium der Richter war weder juristisch besonders ausgebildet, noch in irgendeiner Weise über den Fall instruiert. Es war vielmehr durch das Los für diesen Termin zusammengetreten. Die Parteien hatten also selbst die Tatbestände darzulegen, die in Frage kommenden Gesetze heranzuziehen, sie zu zitieren und nötigenfalls auszulegen.

3. Die Prozeßparteien mußten, und das ist vielleicht der wichtigste Punkt, soweit sie Vollbürger waren, ihre Sache persönlich vortragen. Kein Berufsredner oder Rechtskundiger konnte sie vertreten. [...] Nur eine Hilfe gab es: man konnte sich die Rede von einem Kundigen anfertigen lassen, sie auswendig lernen und als die eigene vortragen. [...]

4. Es gab keine Beratung des Gerichts zum Zwecke der Urteilsfindung. Das Gericht konnte auch kein Votum abgeben, das von den Anträgen beider Parteien abwich; es konnte lediglich, und das unter dem unmittelbaren Eindruck der vorangegangenen Rede, für den Antrag der einen oder der anderen Partei stimmen.

5. Schließlich war nicht nur die beklagte Partei von den Entscheidungen des Gerichts bedroht. Auch den Kläger traf, in dem Fall, daß sein Gegner nichtschuldig gesprochen wurde, die Geldbuße der sog. Epobelie.«[7]

Unter diesen Bedingungen gewann das gesprochene Wort eine besondere Bedeutung. Es galt, die entscheidende Rede so zu formulieren, daß sie die Sache der eigenen Partei im besten Licht erscheinen ließ. War der Bürger, der einen Fall vor Gericht vorzutragen hatte, wenig geschickt in der Darstellung, so bestand für ihn die Gefahr des Prozeßverlustes. Aus der Situation heraus, daß nun ein Kundiger mit der Ausarbeitung der Rede beauftragt wurde, entwickelte sich der Berufsstand der Logographen. Dieser Beruf war in Athen sehr verbreitet, bekannte Rhetoren, wie etwa Lysias von Syrakus (etwa 450/380 v. Chr.) und Isokrates (436–338 v. Chr.), ein Schüler des Gorgias, übten ihn aus. Die auf diese Weise eintretende Spezialisierung führte dazu, daß die Möglichkeiten, die zur Überzeugung geeignet waren, erforscht und systematisiert wurden, damit sie für den Erfolg des Redners jederzeit anwendbar waren. Der Erfolg wurde den Gerichtsschreibern zur Existenzgrundlage, sie waren gezwungen, die Mittel der überzeugenden Rede zu erforschen, und trugen damit wesentlich zur Entwicklung einer Kunst der Rede bei.

Die Erkenntnisse der Rhetorik zur Zeit des Sokrates, also vor Abfassung des ersten erhaltenen Rhetoriklehrbuches, gibt Platon im »Phaidros« an: die Rede war bereits eingeteilt in den »Eingang«, die »Erzählung«, in der »Zeugnisse« vorgebracht wurden, und die »Beweise«; schließlich kannte man noch die »Wahrscheinlichkeiten«, die »Beglaubigung« und »Nebenbeglaubigung«, die »Vorandeutung«, »Nebenlob« und »Nebenschimpf«. Teisias und Gorgias hatten entdeckt, daß sich eine Übereinstimmung von Dingen, Personen und Handlungen mit ihrer sprachlichen Umsetzung nicht eindeutig fixieren läßt *(res-verba-*Problem), sondern daß die Wörter Dinge in einem bestimmten, dem Redner zuträglichen Licht erscheinen lassen können; diesen Schein kann sich der Redner zunutze machen. Sie hatten entdeckt, wie in der Rede »das Kleine groß und das Große klein« erscheinen kann.[8]

Es wäre jedoch falsch zu glauben, daß die theoretischen Erkenntnisse der Rhetoren bereits so weit fortgeschritten waren, daß sie in einem Lehrbuch in der Art der

»Rhetorik an Alexander« oder der »Rhetorik« des Aristoteles niedergeschrieben wurden. Vielmehr waren die theoretischen Anweisungen wahrscheinlich immer mit einer Musterrede verknüpft. »Vor der eigentlichen Behandlung des Themas in der Rede gibt man allgemeine theoretische Anweisungen, die nicht direkt mit dem Thema zusammenhängen, die aber doch das Gebiet der Theorie betreffen, in welche die zu haltende Rede gehört. Das deutet auf Musterreden hin, die als Schulreden gedacht waren, mit denen man seine Schüler theoretisch und praktisch unterwiesen hat. Es scheint dies die Art gewesen zu sein, wie man sich um die Wende des 5. und 4. Jahrhunderts schriftlich über Theorie geäußert hat.«[9]

2. Sophistik und Rhetorik

Einer der bekanntesten Rhetoren im 5. u. 4. Jh. v. Chr. war Gorgias von Leontini (etwa 480–380 v. Chr.), aus den Kreisen der Schule des Korax und Teisias stammend, begeisterte er mit seiner Redekunst die Athener und unterrichtete zahlreiche Schüler in Rhetorik. Sehr fraglich ist, ob er, wie vielfach behauptet, ein rhetorisches Handbuch geschrieben hat[10]; bewiesen ist jedoch, daß er Unterricht mit Musterreden hielt, mit denen er – unter Hinzufügung theoretischer Erklärungen – demonstrierte, welche Möglichkeiten die Rhetorik bietet, einen Redegegenstand in bestimmter Weise erscheinen zu lassen. Zwei solcher Musterreden sind erhalten: der »Palamedes« und die »Helena«.

Palamedes, des Verrats verdächtig, verteidigt sich in einer Rede; er gewinnt seine Überzeugungsmittel aus dem Lob seiner Person; er stellt heraus, daß er immer nur den Menschen geholfen habe, um aus dem Ansehen seiner Person die ihm vorgeworfene Tat als unwahrscheinlich darzustellen: »Warum ich euch daran erinnere? Um euch zu zeigen, daß ich auf solche Aufgaben meinen Geist richte, und euch zu beweisen, daß ich keiner gemeinen und verwerflichen Handlungen fähig bin.«[11]

In der »Helena« versucht Gorgias den Tadel, Helena habe ihren Gatten verlassen, zu entkräften. »Helena tat, was sie tat, entweder nach dem Willen des Zufalls, dem Ratschluß der Götter und der zwingenden Fügung des Schicksals, oder weil sie mit Gewalt entführt oder durch Zureden bestimmt oder durch Liebe überwunden wurde.«[12]

In keinem der Fälle treffe Helena eine Schuld, seien doch die Kräfte, die auf sie wirkten, in jedem Falle stärker als sie. Zu dieser Rede gibt Gorgias verschiedene allgemeine Anmerkungen; er gesteht, daß die Rede für Helena ein Lob sei, ihm aber nur ein Spiel. Als erster setzt er dabei gezielt poetische Formen in der Prosarede ein, die gorgianische Periode »mit ihren Kola, ihren Rhythmen und Figuren« blieb »verbindlicher Standard für die gesamte Kunstprosa der Antike.«[13]

In beiden Reden wird die Technik der Musterreden deutlich. An einem Fall, der durch die allgemeine Einschätzung für den Redner einen hohen Schwierigkeitsgrad (eine bestimmte Überzeugung hervorzurufen) erhält, demonstriert Gorgias die Möglichkeiten, die die Rhetorik bietet, »indem er es für eine Haupteigenschaft des Redners hielt, eine Sache durch Lob heben und durch Tadel niederwerfen zu können«.[14] So zeigt sich das Ziel der gorgianischen Rhetorik-Lehrstücke: »Ziel ist der Erweis, daß der Logos alles vermag. [...] Man hat nicht das wirkliche Große gelobt, sondern gerade das Kleine, ja das Abwegige und Verwerfliche. Denn es ging nicht um das Lob, und insofern haben Gorgias und die ihm darin Folgenden keine Lobrede geschrieben, sondern alleiniges Ziel war die Machterweisung des Logos. Das laudare erwuchs nur daraus und ist etwas Sekundäres. Immerhin ist damit das laudare und vituperare, das seit Aristoteles den Inhalt des Genos epideiktikon ausmacht, entschieden in den Mittelpunkt der Rhetorik des 5. Jahrhunderts gerückt worden.«[15]

Eine zentrale Stellung in der Einschätzung des Verhältnisses des Gorgias zur Philosophie und Rhetorik nimmt die Interpretation der Schrift »Über die Natur« ein, deren Inhalt durch antike Autoren tradiert wurde: »Es existiert nichts; und wenn etwas existiert, so ist es für den Menschen unbegreiflich; wäre es aber auch begreiflich, so könnte man es doch einem andern nicht mitteilen oder erklären.«[16] Diese drei zentralen Thesen werden von Gorgias ausgeführt; sie brachten die Philologen zu verschiedenen Interpretationen des Inhalts und der Intention dieser Schrift.

Heinrich Gomperz versucht zu beweisen, daß es sich hier um Thesen handelt, an denen Gorgias wiederum versucht, die Möglichkeiten der Rhetorik vorzuführen. Er erklärt, daß Gorgias nie von zeitgenössischen Zeugnissen als ›Philosoph‹ bezeichnet wird, Gorgias selbst sich im gleichnamigen Dialog Platons aber ausdrücklich als Rhetor, Meister der Redekunst, bezeichnet.[17] Als wichtigstes Argument dient ein Zitat aus dem Proömion der »Helena« des Isokrates, in dem dieser die Leute tadelt, die sich bemühen, »über eine absurde und paradoxe These [...] eine erträgliche Rede zu schreiben«, wo doch keiner den Gorgias überbieten könne, »der zu behaupten wagte, daß kein Ding existiert«, und damit bewiesen habe, »daß es leicht ist, über jedes beliebige Thema, das einer vorschlagen möchte, eine unwahre Rede zu ersinnen«[18]. So wird diese Rede dahingehend interpretiert, daß für Gorgias »das positive Moment künstlerischer Vollendung im Vordergrund« stand und ihm Kunstprosa ein »edles Instrument« war, in dessen Beherrschung »ihm die Erzielung eindrucksvoller Effekte und die spielende Überwindung technischer Schwierigkeiten Selbstzweck«[19] wurde.

Nichts spricht jedoch dafür, daß Gorgias Rhetorik als Selbstzweck betrieb. Das bemerkt auch Nestle, der, selbst wenn er zugesteht, daß es sich um ein Spiel des Gorgias handelt, einen »Mischcharakter« der Schrift feststellt, ein »Schillern zwischen Scherz und Ernst«[20]. Die erste These richte sich gegen die eleatische Philosophie, verstricke diese in ihre eigenen Widersprüche und führe sie ad absurdum. Als Gegensatz zur Philosophie faßt Nestle die gorgianische Rhetorik, wenn er die Schrift als »die Absage des seiner neuen Kunst frohen Redners an die nun verlassene Philosophie«[21] bezeichnet. Ähnlich äußert sich Windelband, wenn er feststellt, Zweck dieser Arbeit sei es, »die ganze Arbeit der Philosophie als nichtig zu ironisieren«.[22]

Alle diese Interpretationen trennen streng zwischen Philosophie und Rhetorik, wobei der ersteren der Bereich der Theoriebildung, der letzteren der Bereich der Praxis zugewiesen wird. Mit dem Maßstab dieses Begriffs von Philosophie wird die Rhetorik abqualifiziert, Gorgias wird zum »antiphilosophischen Rhetor«[23], in ihm ist »die ganze Popular- und Feuilletonphilosophie gekennzeichnet«[24], ja, er »war kein tiefer Geist und nichts weniger als ein Philosoph«[25]. Gigon stellt zwar fest, daß man das Denken des Gorgias nicht »in die einfache Antithese Philosophie – Farce einspannen« darf, kommt aber auch zu der These, die er in der Frage formuliert: »Warum sollte dann nicht Rhetorik *neben*«[26] dem philosophischen Werk des Gorgias Platz gehabt haben?

Bei näherer Untersuchung läßt sich aber gerade das Rhetorikverständnis des Gorgias aus seiner Philosophie erklären. Die Schrift »Über die Natur« ist in drei Teile gegliedert: »In dem ersten beweist er, daß Nichts ist, daß man das Sein von Nichts prädizieren könne, im zweiten (subjektiv), daß kein Erkennen ist, daß auch angenommen, das Sein wäre, es doch nicht erkannt werden könne; im dritten (wieder objektiv), daß, wenn es auch ist und erkennbar wäre, doch keine Mitteilung des Erkannten möglich sei.«[27]

Die Mitteilung ist deshalb nicht möglich, weil das Wort nicht identisch ist mit dem – nur angenommenen – Seienden außerhalb des menschlichen Bewußtseins. »Ausdrücke, Sätze, Rede, λογοι kann man freilich mitteilen. [...] Was man also nach Gorgias nicht mitteilen kann, das sind die Dinge«[28]. Nicht mitgeteilt werden kann also das Wort, das mit dem Seienden identisch ist, da es nicht identisch sein kann. Damit ist also keineswegs gesagt, daß Begriffe, wie sie durch die Sinneswahrnehmung und die gedankliche Reflexion entstehen, nicht mitteilbar sind. Nur der Schein des Seienden ist für den Menschen erkennbar, nur mitteilbar und damit von Nutzen, wird somit zum praktischen Sein für den Menschen. »Das Sein ist unkenntlich, weil (wenn?) es ihm nicht gelingt zu Scheinen, das Scheinen unkräftig, weil (wenn?) es ihm nicht gelingt zu sein«[29]; das Scheinen ist also dann nur eine Schimäre, wenn es – unkräftig – dem Menschen nicht von Nutzen ist. Den Schein-Täuschungscharakter des Wortes in seiner Beziehung zum Seienden leugnet Gorgias nicht, doch er stellt fest, daß es eine Täuschung gibt, »bei der der Täuschende gerechter ist als der nicht Täuschende und der Getäuschte klüger als der nicht Getäuschte«[30].

Eine Philosophie, wie sie Gorgias vertrat, mußte andere Folgen zeigen als die des Parmenides, der »sich aus dem bewegten Leben der Politik in die Stille philosophischer Betrachtung«[31] zurückzog. Das Seiende, Bestehende faßt Gorgias nicht als gegenüberstehend, fremd und unveränderlich, er macht, wie Protagoras, den Menschen zum Maß aller Dinge, »Sein *ist gleich* jemandem Erscheinen«[32].

Durch die Veränderung der politischen Szene seit den Perserkriegen, durch den Handel und Verkehr mit dem Orient und fremden Völkern und den damit verbundenen wirtschaftlichen Veränderungen, schließlich durch die Erfahrung, daß die Sitten und Bräuche in diesen fremden Ländern ganz anders waren, »mußte sich die Frage erheben, ob denn die Sitten der Väter, die man bisher durchaus naiv als selbstverständlich hingenommen hatte, wirklich so sein müßten, wie sie waren, woher der Unterschied in den religiösen, rechtlichen Anschauungen, in Sprache und Lebensweise der verschiedenen Völker komme und welche objektive Geltung dies alles zu beanspruchen habe, ob es ›von Natur‹ (φυσει) oder ›durch Satzung‹ (νομω) so geworden sei«[33].

Der Glaube der Menschen an die göttliche Herkunft der Gesetze, an deren Bedingtheit durch die Natur, wurde erschüttert, man begann sie als menschliche Regelungen zu begreifen, die oft im Gegensatz zur menschlichen Natur standen. Das Bestehende legitimierte sich nicht länger durch sich selbst, es mußte dem Urteil der Menschen standhalten. Die Sophisten lehnten nicht die Philosophie ab, wie oft behauptet, sondern sie schufen sich eine andere, die als »Angriffswerk gegen Gesetz und Brauch«[34] dienen sollte. Unterdrückung durch das Gesetz stellte einen Angriff gegen die menschliche Natur dar, »Gott hat alle Menschen freigelassen; die Natur hat niemand zum Sklaven gemacht«[35].

So kann Prodikos die Sophisten aufgrund ihrer Philosophie als »Zwischenstücke zwischen dem Philosophen und dem Politiker«[36] bezeichnen. Zur politischen Wirkung ist die Beschäftigung mit der Rhetorik den Sophisten unentbehrlich. Die Rhetorik verstehen sie als eine »Streitkunst«, dem Faustkampf, dem Ringen und dem Fechten vergleichbar.[37] Sie lehrten ihre Schüler jedoch nicht nur formale Kenntnisse der rhetorischen Technik, sondern darüber hinaus eine umfangreiche Allgemeinbildung.

Gorgias vergleicht die Wirkung der Rede mit der Wirkung von Giften. »Die Wirkung der Rede verhält sich zur Stimmung der Seele ebenso wie die Bestimmung der Gifte zur Natur des Körpers. Denn wie jedes Gift wieder andere Säfte aus dem Körper ausscheidet und das eine der Krankheit, das andere dem Leben ein Ende macht, so bewirkt auch die Rede bei den Zuhörern bald Trauer bald Freude, bald Furcht bald Zuversicht, manchmal aber vergiftet und verzaubert sie die Seele durch Verführung zum Bösen.«[38] In dem Vergleich mit Giften stellt Gorgias dar, daß die Affekterregung in der Rede eine Purgation von negativen Stimmungen und Gefühlen bewirken kann; seine Erkenntnis wurde später in der aristotelischen Katharsislehre verarbeitet.

Die Rhetorik ist also nach Gorgias eine Streitkunst, eine Waffe; sie wird benutzt, um auf Menschen zu wirken, sie zu beherrschen. Er erkennt, daß die Rhetorik sowohl zu guten als auch zu schlechten Zwecken zu verwenden ist, und erklärt mit Platon, es sei notwendig, »daß der Redekünstler gerecht ist und daß der Gerechte gerecht handelt«[39], doch die Begriffe »gerecht« und »ungerecht« bleiben undefiniert.

So entwickeln sich in seiner Schule zwei Richtungen. Ist durch die Sophisten das, »was dem Bewußtsein als fest gilt, durch die Reflexion schwankend gemacht«[40], so erfährt das Handeln des Individuums und dessen Gebrauch der Rhetorik durch das Maß der Begriffe »gerecht« und »ungerecht« eine das Subjekt über seine partikularen Interessen in einen allgemeinen Zusammenhang setzende Bewertung. Das partikulare Interesse des Individuums wird in der Schule vom »Recht des Stärkeren« als allgemeines, natürliches dargestellt; gesetzliches Recht ist Konvention und deshalb unverbindlich; es ist gegen die Natur, die nur das Recht des Stärkeren kennt. Die Lehre vom »Recht des Schwachen« versucht den Begriff der »Gerechtigkeit« vom Interesse des Stärkeren zu lösen und mit der Forderung nach der Möglichkeit der Glückseligkeit für alle zu verbinden, unter Gesetzen, die die Schwachen schützen.

3. Platon und die Rhetorik

Platon (427–347 v. Chr.) versucht nun den Begriff der Glückseligkeit aus der subjektivistischen Definition, die ihm die Sophisten gaben, herauszunehmen und ein objektives Prinzip für die individuellen Handlungsweisen zu finden, das, interesselos – über allen Interessen stehend – als die Idee des Wahren aus dem Prozeß der sich verändernden Dinge in der Realität genommen, unveränderlich feststeht.

So kann auch die Sprachphilosophie Platons nicht, wie die des Gorgias, anerkennen, daß Sprache nur ein formales System ist, das sich der Mensch zur Befriedigung seiner Interessen geschaffen hat; er untersucht, inwieweit Sprache fähig ist, das »Wahre« darzustellen, oder dieses sich bereits in ihr darstellt.

Im Dialog »Kratylos« untersucht Platon die Thesen, ob sich die Richtigkeit der Wörter auf Vertrag und Übereinkunft *(thesei*-Lehre*)* gründe oder jegliches Ding »seine von Natur ihm zukommende richtige Benennung«[41] habe *(physei*-Lehre*)*.

Die Erkenntnis, daß die ganze Rede und ihre Teile, die Wörter, wahr oder falsch sein können, schließt aus, daß die »Richtigkeit der Wörter« durch eine subjektive, willkürliche Benennung entsteht. Platon stellt einen Werkzeugcharakter des Wortes fest; das Reden und Benennen habe sich, da es Handlungen seien wie jede andere, der »Natur der Dinge« anzupassen, den Dingen, die »an und für sich ihr eigenes bestehendes Wesen haben und nicht nur in Beziehung auf uns oder von uns hin und her gezogen nach unserer Einbildung, sondern für sich bestehend, je nach ihrem eigenen Wesen seiend, wie sie geartet sind«[42]. Das Wort ist, so Platon, ein Werkzeug zum Reden und Benennen, wie das Werkzeug zum Weben die Webelade; zerbricht nun diese, so wird der Fachmann, der Schreiner, eine neue herstellen. Dabei denkt er an das Urbild, das Idealbild einer Webelade. Nach dieser Vorstellung wird er die Form der neuen bestimmen. Auch dem Wort liegt ein Urbild *(eidos)* vor; die Bestimmung der Wörter in ihrem Bezug zum Urbild, das, was das Wort »in Wahrheit ist«, obliegt dem Gesetzgeber (mit Beratung des Sachkundigen, des Dialektikers). Die Richtigkeit des Wortes ist abhängig von der Genauigkeit der Nachahmung des Worteidos, wobei den Buchstaben und Silben bereits Bedeutungsbestimmtheiten beigelegt sind, die in ihrer Zusammenfügung die Bedeutung des Wortes ausmachen. So könnte der Schluß naheliegen, daß in der umgekehrten Weise, indem also das Wort lautphysiognomisch und etymologisch in seine Bestandteile zerlegt wird, dieses zur Erkenntnis des zugrundeliegenden »Wahren« führte; tatsächlich entwickelt Platon auch einige Etymologien. Dabei sind jedoch die »ironischen Untertöne«[43] zu beachten, denn schließlich wird diese Methode als untauglich zur Erkenntnis des Wahren verworfen: wie es gute und schlechte Gesetzgeber gibt, so gibt es auch weniger gute und bessere Wörter. Es haben sich die weniger guten jedoch auch durch Abmachung und Verabredung durchgesetzt; damit wird die etymologische und lautphysiognomische Analyse als Erkenntnisprinzip wertlos. Schließlich ist das Wort sogar notwendig falsch, denn wäre es eine getreue Nachahmung, so existierte das Nachgeahmte doppelt; eines würde somit unnötig. [44]

So nimmt Platon eine Position zwischen den beiden anfangs aufgestellten Thesen ein, die anerkennt, daß bei der Wortprägung auch Abmachung und Übereinkunft eine Rolle spielen; die Abmachung und der Vertrag erhalten jedoch eine negative Bewertung, da sie schließlich die Unrichtigkeit der Wörter hervorrufen. Platon beharrt darauf, daß nicht der Nutzen, den der Mensch davon hat, die Richtigkeit des Wortes ausmacht, sondern der größte »etymologische Informationsgehalt« (Derbolav) in Anbetracht des unveränderlich Wahren der Idee. Das bedeutet auch, daß die Wörter bloß Schein der Dinge sind, die deren a priori festgelegtes Wesen nur verzerrt nachahmen; im einzelnen Wort ist somit bereits die Prädikation enthalten, sein Sinn ist also schon ohne Satzzusammenhang erkennbar.

Indem das Wort notwendig nur den Schein des Wesens der Dinge darstellt, ist auch die anfangs von Sokrates vertretene Theorie vom Worteidos nicht mehr haltbar. »Das Worteidos war gleichsam als Platzhalter der späteren Idee entworfen, unter der Voraussetzung, daß die natürliche Sprache bereits die Erkenntnis der Dinge liefere. Wenn sich nun aber die »natürlichen Namen« nicht mehr als *Wesens*bedeutungen der Dinge – als ihr bestimmter Sinn –, sondern nur als *Erscheinungs*bedeutungen – als ihr noch unvermittelter Sinn, wie er eben in der Sprache zunächst aufgenommen und in Worten fixiert wird – erwiesen, so mußte das Worteidos zwangsläufig eine Entwertung erfahren, die zu seiner Preisgabe führte.«[45]

Sprache wird als untaugliches Instrument zur Erkenntnis der Ideen der Wesenserkenntnis gegenübergestellt; sie ist nur ein Schritt zur Erkenntnis des »unveränderlichen Wahren«. Platon spricht von einer »Ohnmacht der Sprache«[46]; »wahre Erkenntnis« sei nur möglich, indem sie, »vermöge der langen Beschäftigung mit dem Gegenstande und dem Sichhineinleben, wie ein durch einen abspringenden Feuerfunken plötzlich entzündetes Licht in der Seele sich erzeugt und dann durch sich selbst Nahrung erhält«[47]. Diese Erleuchtung ist Wiedererinnerung *(anamnesis)* an die Ideen, die in der Seele schon vor der Geburt lagen. »Im ›Phaidros‹ hatte Platon den mythischen Grund (oder auch die mythische Einkleidung) dieser total retrospektiven Erkenntnislehre weiter und glänzender ausgeführt. Danach hat die Seele vor ihrer Geburt, als Reigengenossin der Götter, die vorzeitlichen Ideen geschaut, und die Wahrnehmung ähnlicher körperlicher Erscheinungen (selber an diesen Ideen wie Schatten teilnehmend) ruft die Erinnerung an jene im Erdenleben vergessenen Urbilder zurück.«[48] Lernen – im Sinne der Erkenntnis eines noch nicht Gewußten – ist demnach nicht möglich, Erkenntnis ist Erinnerung an nicht mehr Gewußtes, Vergessenes. Die sinnlich erfaßbaren, sich verändernden Dinge können zwar einen Erkenntnisprozeß einleiten, da sie an den Ideen teilhaben, die Idee als das unveränderliche, absolute Sein ist jedoch nie in der »Sinnenwelt« vorhanden, sondern von dieser stets getrennt und kann nur gedacht werden. Der politischen Philosophie der Sophisten, die sich mit der Veränderung der Welt befaßte, setzte Platon eine Lehre entgegen, die den Menschen, um sich selbst zu begreifen und sich aus der Subjektivität des Meinens zu lösen, sich abwenden läßt von äußeren Fragen, eine Lehre, die die Glückseligkeit als Ziel menschlichen Lebens in die Erkenntnis der Ideen, des außerweltlichen wahren Seins legt.

Diese Abwendung vom Äußeren, Konkreten, muß sich auch in Platons Beurteilung der bestehenden Rhetorik niederschlagen; ist diese doch ein Mittel, deren Ziel die Wirkung auf die Außenwelt ist, wird sie doch als »Waffe« bezeichnet, mit der ein Parteiinteresse wahrgenommen wird, bemüht sich die Redekunst doch nicht, wie andere Künste, um die Erkenntnis des Wahren, sondern stellt nur das Wahrscheinliche dar; so erklärt Sokrates: »Mich dünkt also, Gorgias, es gibt ein gewisses Bestreben, das künstlerisch zwar gar nicht ist, aber einer dreisten Seele angehört, die richtig zu treffen weiß und von Natur stark ist in Behandlung der Menschen; im ganzen aber nenne ich es Schmeichelei.«[49]

Kann selbst Sprache nicht die Erkenntnis der Wahrheit vermitteln, so noch weniger die Kunst der Rede, nützt sie doch den »Schein-Charakter« der Worte aus. Themistokles, auch andere Staatsmänner, Perikles, Miltiades oder Kimon, haben das Volk nicht durch ihre Reden gebessert, der Wahrheit offener gemacht, denn sie mußten, um zu wirken, reden, wie das Volk es wollte. In dieser Weise kann es aber nicht gebessert werden; falls der Redner dem Volk nach dem Munde reden muß, so erfüllt er damit die Bedürfnisse seiner Zuhörer; das Ausgesagte wird nicht »um seiner selbst Willen« dargestellt, sondern muß bestimmte empirische Bedürfnisse einlösen, um im Parteiinteresse zu wirken. Die Erkenntnis des Wahren bezieht sich jedoch nicht auf empirische Zusammenhänge, löst keine speziellen Bedürfnisse ein, sondern steht außerhalb all dessen. Das Volk kann durch Reden nicht belehrt werden; die Unwissenden für sich zu gewinnen ist die Tätigkeit des Redners, denn nur bei ihnen wird er mehr Glauben finden als der Wissende. Nicht gemäß der Wahrheit der Sache, sondern gemäß der Wirkung auf die Nichtwissenden wird die Rede ausgerichtet. Mit den Worten, dem »verzerrten Schein des Wahren«, werde wiederum dem Nichtwissenden Schein erzeugt. Der »Schein des Scheins« trete an die Stelle der Wahrheit, das führe dazu, falls die Wirkung auf das Publikum nicht anders erreicht werden könne, daß der Redner bewußt die Unwahrheit vorträgt, falls sie als wahrscheinlicher angenommen werden muß als die Wahrheit. Vor den Gerichtsstätten kümmere sich »niemand das mindeste um die Wahrheit [...], sondern nur um das Glaubliche, und dieses sei das Scheinbare, worauf also derjenige seine Aufmerksamkeit zu wenden habe, der kunstgerecht reden wolle. Denn bisweilen dürfe er das Geschehene gar nicht einmal sagen, wenn es nicht zugleich auch den Schein für sich hat, sondern nur das Scheinbare, in der Anklage sowohl als Verteidigung, und auf alle Weise müsse, wer redet, nur dem Scheinbaren nachjagen, dem Wahren völlig Lebewohl sagen.«[50]

Im »Gorgias« kritisiert Platon die bestehende Rhetorik als Schmeichelei, die von wahrer Erkenntnis wegführe; im »Phaidros« entwickelt er eine immanente Kritik der Rhetorik, indem er in Abgrenzung zur bestehenden erklärt, wie eine Kunst der Rede auszusehen hätte.[51] »Sokrates: Muß nun nicht, wo gut und schön soll geredet werden, des Redenden Verstand die wahre Beschaffenheit dessen erkennen, worüber er reden will?«[52] Der Redner müsse Dialektiker sein und die Wahrheit über die Redegegenstände erkannt haben – wie anders könnte er ohne diese eine richtige, der Sache angemessene Disposition der Rede vornehmen? –, er müsse auch die »Natur der Seele« dessen kennen, »dem er seine Reden anbringen will«[53]. Ein berühmter Redner wird, wer von »Natur rednerische Anlage« hat und noch »Wissenschaft und Übung«[54] hinzufügt.

Platons idealer Redner ist ein Dialektiker, ein Redner, der die Methoden der Dialektik anwenden kann.[55] Sein Entwurf einer Redekunst unterscheidet sich beträchtlich von der sophistischen Rhetorik; auf der Grundlage und im Sinne seiner Philosophie wird die Erkenntnis der Wahrheit zur conditio sine qua non der Redekunst erhoben.[56]

Die grundsätzliche Kritik des Sokrates wird also nicht aufgegeben, die sich auf die Rhetorik als eine auf Wirkung bedachte, sich mit den konkreten Dingen der äußeren Welt befassende Kunst bezieht. Die Beschäftigung mit der von Sokrates entworfenen Rhetorik ist eine »Anstrengung, welcher sich der Vernünftige nicht um mit den Menschen zu reden und zu verhandeln unterziehen soll, sondern nur um den Göttern wohlgefällig alles nach Vermögen auszurichten«[57]; denn »könnten wir aber dieses [das Wahre] finden, würden wir uns dann noch irgend um menschliche Urteile kümmern?«[58]

Sokrates bricht der gerichtlichen und politischen Rhetorik die Spitze; die einzige Form ihrer legitimen Anwendung besteht in der Selbstanklage und der Forderung nach Strafe für selbst begangenes Unrecht.[59] Der Strafe mißt Sokrates eine von schlechten Taten reinigende Wirkung bei.[60] Der Gestrafte, Gereinigte ist glückseliger als der, der ungestraft Unrecht getan hat und vor das, von Platon im Mythos dargestellte, durch Zeus eingesetzte Gericht nach dem Tode kommt.[61] So gelangt Platon zu der Festellung, daß der Mensch ein Recht auf seine Strafe habe. Und nur in diesem Fall dürfe er sich der Mittel der Rhetorik bedienen: das Unrecht, das selbst oder von guten Freunden getan wurde, »ans Licht zu bringen, damit der Täter Strafe leide und gesund werde, und um sich selbst und andere zu bewegen, daß man nicht feige werde, sondern sich mit zugedrückten Augen tapfer hinstelle vor den Arzt zum Schneiden und Brennen, immer dem Guten und Schönen nachjagend, das Schmerzhafte aber nicht in Rechnung bringend, wenn einer Unrechtes, was Schläge verdient, begangen hat, zum Schlagen sich hergebend, was Gefängnis, zum Einkerkern, was Geldbuße, zum Bezahlen, was Verbannung, zur Flucht, wer aber was den Tod, zum Sterben, jeder als erster Ankläger seiner selbst und der andern, die ihm zugetan sind und eben dazu sich der Redekunst bedienend, um durch Bekanntmachung der Vergehungen von dem größten Übel entledigt zu werden, von der Ungerechtigkeit.«[62] Übles werde dem Feinde getan, verhindere man seine Strafe; dies veranlaßt den Sophisten Kallikles festzustellen, daß Sokrates das Leben verkehre und daß gerade immer das Gegenteil von dem getan werde, was getan werden sollte. Platon will die Rhetorik zur Selbstanklage und zur Reinigung in Anbetracht der außerweltlichen Ideen verwenden wissen, während die sophistische Rhetorik ihr Wirkungsfeld in der realen, von Parteiinteressen bewegten Welt findet.

Doch Platon stellt nicht nur die gerichtliche Rhetorik auf den Kopf, er verändert auch die Theorie des *genos epideiktikon,* wie sie von den Sophisten begründet wurde. In dieser Gattung wird nicht mehr anhand eines Streitfalls eine Übungsrede gehalten, in der bestimmte rhetorische Formen demonstriert werden, sondern Sokrates betätigt sich im »Symposion« als Lobredner, indem er sich auf etwas Feststehendes, auf das Schöne im ontologischen Sinne seiner Ideenlehre bezieht. Der Redegegenstand ist nicht strittig, er ist erkannt und steht fest. Sokrates spricht nicht primär um der Menschen willen, sondern um den »Göttern wohlgefällig« das Schöne um seiner selbst willen zu loben.

Platons Rhetorikverständnis demonstriert sich auch praktisch in seinen Schriften, in dem »Vorrat an Erinnerungen«[63], wie er die schriftliche Fixierung von Gedanken nennt. Als zentrales Stilmittel wendet er die Frage an. »Siehst Du wohl, Menon, wie ich diesen nichts lehre, sondern alles nur frage?«[64], erklärt Sokrates. Der Befragte spricht nur über etwas, das er schon weiß und nur vergessen hat. Die Fragen des Dialektikers helfen ihm zur Wiedererinnerung *(Anamnesis).* Ein ebenfalls häufig verwandtes Darstellungsmittel in den Dialogen Platons ist der Mythos (z.B. der Mythos von der Bestimmung der Seele im »Phaidros« oder der des »gerechten Gerichts« über die Toten im »Gorgias«), der gleichnishaft eine feststehende Wahrheit darstellt. »[D]er mythische Inhalt ist an sich nicht der des echten Gleichnisses, als eines Echos *offener* Bedeutungen mit Incipit vita nova darin. Ist doch dieser mythische Gleichnis-Inhalt nicht zuletzt deshalb abgelaufen, weil er nichts noch Schwebendes in sich hat, weil er sich als fertig ausgemacht gibt, hoch droben bei gegossenen Göttern.«[65]

Platons Kritik an der bestehenden Rhetorik, sie ließe den Zuhörer nicht das »Wahre« erkennen, wirkt sich auch auf seine Beurteilung der Dichtkunst aus. Er wirft ihr vor, sie führe nicht zur wahren Erkenntnis, sondern rufe nur Meinungen hervor, führe somit zur Sicht dessen, »was ›möglich‹, und nicht dessen, was ›wirklich‹ ist«[66]. Die Ursache findet Platon darin, daß der Dichter – im Gegensatz zum Dialektiker – nicht wisse, wovon er spreche und sich nicht selbst erklären könne. »Ich erfuhr also auch von den Dichtern in kurzem dieses, daß sie nicht durch Weisheit dichteten, was sie dichten, sondern durch eine Naturgabe und in der Begeisterung, eben wie die Wahrsager und Orakelsänger. Denn auch diese sagen viel Schönes, wissen aber nichts von dem, was sie sagen.«[67] Der Dichter handelt im göttlichen Wahn *(mania)*, er ist sich seines Handelns nicht bewußt, sondern göttliche Inspiration trägt es ihm auf.[68]

Platon definiert Kunst als Nachahmung *(mimesis)*, die sich auf die Gegenstände der äußeren Welt, den Schein des Wahren bezieht.[69] Die Handlung der Dichtung und die damit verbundene Darstellung der Gegenstände im göttlichen Wahn bewirkten nun, daß das Kunstwerk nicht bloß als zweite Stufe des Scheins abgetan werden könne, sondern auf das Wahre, das Wesensmäßige der Dinge hinweist. Zur Erkenntnis des wahrhaft Schönen ist, so Platon, Einsicht nötig, der Erkennende muß in sein Wesen eingeweiht sein. Denn auch die Schönheit hat die Seele als vorzeitliche Idee bei den Göttern geschaut, und deren Erkenntnis ist Wiedererinnerung an das Schöne, das a priori in der Seele des Menschen liegt. Nur der Philosoph, der »menschlicher Bestrebungen sich enthält und mit dem Göttlichen umgeht«[70], wird, da er durch den steten Umgang mit dem Göttlichen »noch frischen Andenkens ist«[71], das wahrhaft Schöne erkennen. Die Dinge der empirischen Welt haben Teil am Schönen; durch ihre Teilhabe verweisen sie auf das Ideal, auf die außerhalb aller historischen Entwicklung liegende, nicht sinnlich, sondern nur geistig erfaßbare Idee des Schönen.

Dichtung kann so zur »Unterhaltung des Philosophen« dienen, denn er ist sich der Wahrheit bewußt und wird stets zu ihr geführt werden, sie kann jedoch, wird sie vom Unwissenden falsch verstanden, Schein erzeugen. Deswegen wird sie von Platon als Mittel der Volkserziehung in seinem Idealstaat abgelehnt.[72]

4. Poetik und Rhetorik des Aristoteles

Während Platon den vortragenden Dichter nicht aus eigener Vernunft heraus handeln läßt, ihn die Gefühle, die er bei den Zuschauern hervorrufen will, selbst fühlen und ihn von Furcht- und Schreckenerregendem überwältigt sein läßt[73], beschreibt Aristoteles die Affektwirkung in seiner Poetik als ein Mittel der Tragödie, um den Zuschauern Genuß zu bereiten: »Denn die Tragödie soll nicht jeden beliebigen Genuß verschaffen, sondern nur den ihr gemäßen. Da nun der Dichter durch Nachahmung den Genuß in der Richtung auf Mitleid und Furcht erzeugen soll, so ist es offensichtlich, daß man die Handlung danach einrichten muß.«[74] Als Mitleid und Furcht werden diese Affekte, die die Tragödie hervorrufen soll, *eleos* und *phobos*, seit Lessing übersetzt. Dieser übertrug sie im Sinne christlicher Brüderliebe als Mitleid, hinter dem die Furcht zu einem untergeordneten Affekt wird. Die Anwendung dieser Affekte in der Tragödie hat eine Reinigung *(katharsis)* von negativen Affekten zur Folge und zielt auf ethische Vervollkommnung in Richtung christlich-humanitärer Prinzipien. Die Tragödie wird demnach von Lessing als »moralisches Correctionshaus« (Jacob Bernays) betrachtet.

Wolfgang Schadewaldt wies nun darauf hin, daß diese gebräuchliche Übersetzung nicht das trifft, was Aristoteles darunter verstand. »Halten wir hier vorläufig inne, so erblickt Aristoteles die Wirkung der Tragödie also zunächst darin, daß sie im Zuschauer die Elementarempfindungen des Schauders (Schreckens) und des Jammers (der Rührung) hervorruft, und er bringt mit diesem Teil der Definition soweit durchaus nichts Neues, sondern übernimmt, wie so häufig auf die Volksmeinung, δοξα, zurückgreifend, damit zunächst lediglich eine ältere volkstümliche Definition.«[75] *Phobos* und *eleos* sind also »Elementaraffekte«, wie in Platons »Ion« beschrieben, die den Zuschauer weinen, das Herz pochen und die Haare sich sträuben lassen. Doch gerade in dem Hervorrufen dieser Affekte sieht Aristoteles, im Gegensatz zu Platon, einen positiven Effekt für den Zuschauer; *phobos* und *eleos* bewirken eben dadurch, daß sie hervorgerufen werden, die Katharsis, die Reinigung von diesen Affekten. Katharsis ist in früherer Verwendung ein medizinischer Begriff und bezeichnet die Reinigung und Ausstoßung von etwas, das den Menschen belastet und quält; danach fühlt er sich erleichtert. Den Zuschauern einer Tragödie wird, nachdem die Affekte hervorgerufen sind und wieder abklingen, wenn sie also wieder in den Normalzustand zurückkehren, »je nach dem Maß, in dem der einzelne von ihnen [den Affekten] befallen wird, eine ›Art von Purgierung‹ und eine mit einer elementaren Lust verbundene Erleichterung zuteil.«[76]

Das Hervorrufen der Empfindungen des Schauders und Jammers hat also keine pädagogische Aufgabe im Sinne ethischer Vervollkommnung, sondern die Aufgabe zu erbauen, Erholung von der Arbeit zu schaffen. Die Katharsis ist eine – der Tragödie eigentümliche – Reinigung von negativen Affekten. Aristoteles verlangt aber, die Tragödie solle Nachahmung *(mimesis)* einer edlen Handlung *(praxis)* sein. Die deutsche Übersetzung ›Nachahmung‹ und ›Handlung‹ trifft jedoch nicht das, was mit den Begriffen *mimesis* und *praxis* gemeint ist. »Zwei Hauptbedeutungen scheinen sich mit der Mimesis zu verbinden: offenbaren – aus dem Verborgenen hervortreten lassen – und tauschen, verwandeln, als ein Zeigen von etwas, das aus dem Tausch hervorging, das Ursprüngliche nicht so bewahrt, wie es war: Trugbild, Täuschung, Schein.«[77] Der Mimesisbegriff bezeichnet also nicht die genuine Nachahmung der Realität, sondern eine Verwandlung in eine scheinhafte Darstellung, die das in der Realität Verborgene als Möglichkeit hervortreten läßt. Ziel der Dichtkunst ist die *mimesis* der *praxis,* des Handelns, das seinen Sinn in sich selbst hat, zweckfrei ist, »denn das gute Handeln ist selbst ein Ziel«[78]. Die *mimesis* »richtet sich demnach nicht auf jede beliebige Handlung, die sich als Gegenstand der Mimesis darbietet, sondern ausschließlich auf *menschliche Praxis,* in der ihr eigens zukommenden Möglichkeit, gut, schlecht oder durchschnittlich zu sein und *in ihrer Sinngebung durch das Ethos.«[79]*

Das Ziel der künstlerischen Darstellung richtet sich nicht, wie bei Platon, auf die Teilhabe am Wahren, sondern auf das zutage-treten-lassen von Möglichkeiten, die mit der Verwandlung durch die Kunst aus dem Verborgensein in die Realität geholt werden; dazu ist die *mimesis* der *praxis,* der Menschen mit ihren Handlungen nötig. Der handelnde Mensch wird sowohl in der Tragödie als auch in der Komödie nachgeahmt, aber »die eine ahmt edlere, die andere gemeinere nach, als sie in Wirklichkeit sind«[80].

Im Gegensatz zu Platon, der den Dichter seine Handlungen nicht selbst bewußt ausführen, ihn im göttlichen Wahn handeln läßt, gibt die Poetik des Aristoteles eine Bestandsaufnahme der Mittel, die für bestimmte Arten der Dichtung und Kunst verwendet werden können. »Die Poetik des Aristoteles ist beides in einem: eine Antwort auf die Frage, was Dichtung sei, und eine Anleitung, wie ein Epos, ein Drama am besten zu machen seien.«[81] Die Mittel, die Aristoteles dafür vorschlägt, beruhen auf der Erforschung ihrer Wirkung und der Ursachen von Affekterzeugung.

Voraussetzung für den Dichter ist die Kenntnis der Rhetorik. »Was die Gedanken betrifft, so sollen die Darstellungen in den Büchern über die Rhetorik hier vorausgesetzt sein.«[82] Die rhetorische Tugend der Klarheit ist zu beachten, rhetorische Formen wie die Metapher, Erweiterung und Verkürzung werden zur Anwendung vorgeschlagen, die Beachtung der Angemessenheit des Ausdrucks in bezug auf das Auszudrückende ist verlangt.[83] Dem Dichter wird ein Verstoß gegen die Regeln der Poetik und Rhetorik zugestanden, falls er dadurch die von ihm intendierte Wirkung erreicht.[84]

Die Tatsache, daß die Rhetorik ihre Argumente nicht aus der Wahrheit gewinnen muß, sondern aus der Wahrscheinlichkeit, das Hauptargument Platons gegen die zeitgenössische Rhetorik, erkennt Aristoteles für die Dichtungstheorie als verbindlich an. »Man muß das Unmögliche, das wahrscheinlich ist, dem Möglichen vorziehen, das unglaubhaft ist«[85], denn die Dichtung muß, um auf den Zuschauer zu wirken, ihn glauben machen können, daß das Dargestellte wahr sei.

Ziel der Dichtkunst ist es nicht, das im Sonderfall Mögliche, aber allgemein Unwahrscheinliche, sondern das allgemein Wahrscheinliche darzustellen, denn in ihrem Anspruch, das Allgemeine zu beschreiben, unterscheidet sie sich von der Geschichtsschreibung. »Darum ist die Dichtung auch philosophischer und bedeutender als die Geschichtsschreibung. Denn die Dichtung redet eher vom Allgemeinen, die Geschichtsschreibung vom Besonderen.«[86]

Die Rhetorik, auf die Aristoteles den Dichter verweist, ist eine systematische Darstellung der Mittel, die dem Redner helfen, »bei jedem Gegenstand die durch ihn möglichen Überzeugungsmittel zu überblicken [...]. Denn dafür ist keine andere Kunst zuständig, weil jede andere nur über den ihr eigenen Gegenstand lehrt und überzeugt.«[87] Die Rhetorik zielt auf die Darstellung der Mittel der Rede für die Praxis (die Ausführung (*actio*) selbst ist im aristotelischen Rhetorikbegriff nicht enthalten) vor Gericht und in der Politik; sie ist die Kunstübung, deren Sache es ist, die Ursachen zu betrachten, »welche die einen durch Gewöhnung, die andern von ungefähr das Rechte treffen läßt«[88].

Der ideale Redner des Aristoteles ist ein Dialektiker, der weiß, wie ein logischer Schluß zu ziehen ist, und die Kenntnisse, die in der Topik dargelegt sind, anwenden kann. Aristoteles stellt die Rhetorik als Kunst *(techne,* die Stoiker nannten sie später Wissenschaft, *episteme),* die vom Wahrscheinlichen und Meinungsmäßigen handelt, neben die Dialektik. Die Kritik, die er an der Platonischen Ideenlehre äußert, begründet seine Wertschätzung der Rhetorik. Er verlegt das Wesen der Dinge in die Dinge selbst, er holt den »Himmel der Ideen« auf die Erde zurück. Das Ding wird definiert durch die Form *(morphe),* in der es sinnlich wahrnehmbar wird, und durch den Stoff *(hyle),* der der Form als Vermögen zugrunde liegt. Der Stoff wird zum Ermöglichenden der Form, die Form zu einer Möglichkeit des Stoffs, der weitere Möglichkeiten enthält. »Als Fazit liegt jedenfalls nahe: die angebliche Gleichgültigkeit des aristotelischen Stoffs dem gegenüber, was aus ihm wird, ist nicht nur das zufällige Auch-Anders-Sein-Können, sondern ebenso das unabgeschlossene Noch-Nicht-Sein, ja Viel-Mehr-Sein-Können im Vergleich zu den bereits gewordenen Formen. Die Materie wäre danach, in heute erst spruchreif werdender Konsequenz, potentiell reicher als jede ihrer bisherigen entelechetisch bestimmten Form-Gestalten.«[89]

Aristoteles interpretiert die Realität als offenen, noch nicht abgeschlossenen Prozeß, in der der Stoff, der dem Ding das Vermögen gibt, etwas noch nicht Seiendes zu werden, Möglichkeiten enthält, die nicht zu jeder Zeit in beliebigen Formen Bestimmtheiten annehmen können, sondern Produkte eines geordneten Prozesses sind; das chaotische, unbestimmte Verändern der Dinge, der »Sinneswelt«, das Platon konstatierte, wird als prozessuales, geordnetes Verändern begriffen.

Ebenso wie nun der Dichter das Wahrscheinliche darstellt, das als Möglichkeit im Bestehenden erkennbar ist, ermöglicht die Offenheit des Prozesses, in dem sich die Dinge befinden, dem Menschen das Eingreifen in diesen Prozeß, von dem er selbst einen Teil darstellt. Die Rhetorik ist ein Vermögen *(dynamis)* aus Wissen, in diesen Prozeß einzugreifen, d.h., bei offenen Fragen zur Entscheidung zu verhelfen, zur Realisierung einer Möglichkeit zu gelangen, die vom Redner erkannt ist.

Dabei ist die Rhetorik »keine Einzelwissenschaft (episteme). Sie ist [...] allein gar nicht lebensfähig [...], sondern lebt von anderen philosophischen Disziplinen, d.h. sie muß ihren Stoff aus anderen Epistemai entlehnen, mit denen sie dadurch untrennbar verbunden ist.«[90]

Aristoteles erkennt drei verschiedene Anwendungsgebiete für die Rhetorik. Vor den Volksvertretungen wird die Ratsrede gehalten, die zu- oder abrät; sie klärt die Frage des Nützlichen oder Schädlichen für die Zukunft. Vor Gericht verhilft die Gerichtsrede zur Entscheidung dessen, was Recht und Unrecht ist bei etwas in der Vergangenheit Geschehenem.[91] Von diesen beiden Redegattungen, dem *genos symbuleutikon* und dem *genos dikanikon,* die beide von etwas noch nicht Entschiedenem handeln, unterscheidet sich das *genos epideiktikon.* Die Prunk- oder Festrede erteilt Lob und Tadel über »etwas Vorliegendes«[92], sie muß »auf den Betrachter gleichsam als entscheidenden Richter abgestellt sein«[93]. Das »Vorliegende«, der Redegenstand der Festrede, ist etwas Feststehendes, über das kein Zweifel besteht, das also keiner Entscheidung bedarf. »In Festreden ist der Hörer der Beurteiler der Fähigkeit des Redners.«[94] Es kommt darauf an, wie der Redner den Redegegenstand darstellt. So teilt Aristoteles die Rhetorik in zwei Gruppen auf. »In der einen Gruppe werden jene gekennzeichnet, die es mit einem Agon zu tun haben, während das epideiktische Genos [...] durch den Gegensatz bestimmt ist, eben nicht über Dinge zu handeln, die strittig sind.«[95]

Das *genos epideiktikon* nimmt also eine Form an, die den Lobredner verlangt, wie ihn Sokrates im »Symposion« darstellt; hier knüpft Aristoteles an die platonische Rhetorikkonzeption an; die Entwicklung einer Theorie der Rats- und Gerichtsrede entspringt jedoch einer – von Platon verschiedenen – Interpretation der Realität, die der sophistischen Theorie teilweise verbunden ist.

Für den einzelnen und die Gemeinschaft gibt es ein Ziel, »auf das man es im Streben und Meiden abgesehen hat«[96], die Glückseligkeit. Aristoteles untersucht nicht, ob der Unrecht Erleidende glückseliger ist als der unrecht Handelnde, ob der Philosoph sogar in der Folterkammer glücklich ist, er definiert »Glückseligkeit« als den Besitz innerer und äußerer Güter durch den Menschen. »Die inneren Güter sind die der Seele und des Leibes, die äußeren die Geburt, Freunde, Wohlstand und Ehrung. Hinzukommen muß nach unserer Auffassung auch Einfluß und Glück, da so erst das Leben recht gesichert ist.«[97] Die Glückseligkeit des einzelnen Menschen ist abhängig von der richtigen Einrichtung des Staates[98], denn der einzelne Mensch als *zoon politikon* ist Teil des Gemeinwesens. Zur inneren Glückseligkeit gehört die Tugend, die höchste bezeichnet das Streben nach überindividuellen Interessen, das Schaffen von Voraussetzungen, in denen die Glückseligkeit der einzelnen möglich ist. So muß der, der sich im Einsatz für eine Sache der Redekunst bedient, nicht nur – wie zum Teil von den Sophisten vertreten – sein eigenes, von den Interessen der Allgemeinheit abweichendes Interesse vertreten, sondern damit rechtes, »aus Tugend entspringendes Handeln«[99] demonstrieren. »Die höchsten Tugenden müssen die sein, die für die andern am nutzbringendsten sind, wenn anders die Tugend eine Kraft des Wohltuns ist.«[100]

Da der ideale Redner für Aristoteles ein Dialektiker sein muß, muß er sich mit der Lehre von den wahrscheinlichen Schlüssen befassen, die ja schon Korax und Teisias behandelten. Aristoteles behandelt diese Schlüsse in seiner »Topik«, er unterscheidet sie von den wahren, ersten Sätzen. »Wahre und erste Sätze sind solche, die nicht erst durch anderes, sondern durch sie selbst glaubhaft sind. Denn bei den obersten Grundsätzen der Wissenschaft darf man nicht erst nach dem Warum fragen, sondern jeder dieser Sätze muß durch sich selbst glaubhaft sein. Wahrscheinliche Sätze aber sind diejenigen, die Allen oder den Meisten oder den Weisen wahr scheinen.«[101] Ist nun das Wahrscheinliche das, was nach der Erkenntnisfähigkeit der Menschen als wahr erscheint, so kann Aristoteles feststellen, »daß die Wahrheit der menschlichen Natur zugänglich genug ist und die Menschen auch meist mit der Wahrheit zu tun haben. Die Treffsicherheit für das Wahrscheinliche entspringt also derselben Begabung, wie die für das Wahre.«[102]

Die Redekunst befaßt sich mit dem Wahrscheinlichen; ihr Ziel ist es, Mittel bereitzustellen, die den Redner in die Lage versetzen, die Zuhörer zu überzeugen. Es ist die auf praktische Umsetzung zielende Behandlung der durch die Dialektik gewonnenen Erkenntnisse, die sich nicht allein auf die Richtigkeit des Schlusses bezieht, sondern auch auf die Erkenntnisfähigkeit des Zuhörers, denn der Zuhörer »ist richtunggebend. Der Zuhörer muß betrachten und beurteilen, beurteilen entweder Geschehenes oder Kommendes.«[103]

Aristoteles bezeichnet die Rhetorik als »das Gegenstück zur Kunst des Lehrgesprächs«[104], zur Dialektik. So erfahren auch die Formen der Schlüsse, wie sie in der »Topik« dargestellt sind, ihre Veränderung, damit sie dem Zuhörer verständlich werden, denn es gibt »Menschen, die man, selbst wenn man das klarste Wissen besäße, von diesem aus nicht leicht überzeugen könnte, weil Belehrung oder die Gedankenführung der Wissenschaft bei ihnen unmöglich ist.«[105]

Der Syllogismus wird zum »rhetorischen Schluß«, zum *enthymema*, verwandelt, das Beispiel tritt an die Stelle des Erfahrungsbeweises, der Trugschluß erscheint als scheinbares *enthymema*.[106] Aristoteles sieht im *enthymema* »das Kernstück des Überzeugens«[107], denn es bezieht sich sowohl auf das, was den Menschen für wahr scheint, als auch auf die Aufnahmefähigkeit des Zuhörers, indem es Schritte des Syllogismus ausläßt, die den Zuhörer langweilen oder verwirren. Selbst die Sentenz *(gnome)* ist ein Unterfall des Enthymems.[108]

Es ist nicht die Pflicht des Redners, in jedem Falle zu überzeugen. Das von ihm vorgetragene Wissen über den Redegegenstand muß mit den Mitteln der Dialektik begründbar sein; Pflicht des Redners ist es, die im Redegegenstand liegenden Über-

zeugungsmöglichkeiten zu finden. Falls die Rede trotzdem dem Zuhörer nicht einsichtig ist, ist Überzeugung nicht möglich. Dies ist vergleichbar mit anderen Gebieten: »Auch die Heilkunst soll ja nicht gesund machen, sondern nur tun, was sie
kann; kann man doch auch diejenigen richtig pflegen, die nicht wieder gesund werden können.«[109]

Ist das *enthymema* nun das »Kernstück des Überzeugens«, so ist mit ihm nicht
nur die rationale Überzeugung, die durch den Syllogismus hervorgerufen werden
kann, gemeint, sondern auch die emotionale: »So hat man nicht nur darauf zu sehen, daß die Rede beweisend und überzeugend sei, sondern man muß auch sorgen,
sich selbst und den Beurteiler in eine bestimmte Verfassung zu bringen. Denn es
macht für die Überzeugungskraft viel aus. [...] daß die Hörer selbst gerade in einer
gewissen Stimmung sind.«[110]

Es ist die Aufgabe des Redners, das Publikum in die Stimmung zu versetzen, die
es geneigt macht, sich von dem Vorgetragenen überzeugen zu lassen, er muß Affekte
hervorzurufen suchen. Dies erreicht er durch das Ansehen seiner Person, seine Würde und Ehrbarkeit; schließlich erreicht er seine Wirkung dadurch, daß »man ihn
[den Hörer] durch die Rede zu einer Leidenschaft hinreißt«[111]. Nur zusammen
mit den Mitteln des *ethos* und *pathos* gelangt die Rede, die sich auf logische Schlüsse
stützt, dahin, das Publikum von der bestmöglichen Lösung eines offenen Problems
zu überzeugen.[112]

Am Anfang seiner »Rhetorik« kritisiert Aristoteles die bestehende Redekunst, wie
sie an den Redeschulen seiner Zeit praktiziert wurde. Die Mittel der Affekterregung
seien nicht mit den richtigen, durch die Dialektik begründbaren Redegegenständen
verbunden, sondern mit Trugschlüssen, wie sie in den »Sophistischen Widerlegungen«[113] dargestellt sind; der Inhalt jener trügerischen Beweiskünste sei nicht das
mit dem Syllogismus verwandte *enthymema*, ihr Inhalt sei nur »Beiwerk«[114]; die
Mittel der Affekterzeugung, die mit dem *enthymema* verknüpft sein sollten, treten in
Verbindung mit dem Trugschluß; so wird dieser als scheinbares *enthymema* auftreten.

Das ist eine deutliche Kritik an Rhetoriklehrbüchern in der Art der »Rhetorik an
Alexander«. Diese zeitweise Aristoteles zugeschriebene Rhetorik, die in sophistischer
Tradition steht, stellt nicht den – für den Zuhörer verständlich gemachten – logischen Schluß in den Mittelpunkt ihrer Theorie, wie es Aristoteles fordert, sondern
gibt dem geschickten Redner die Mittel, die ihn in die Lage versetzen, seine Zuhörer mit subjektiver Willkür zu überreden.[115] Ebenfalls richtete sich diese Kritik
möglicherweise gegen Isokrates, der zu der Zeit, als Aristoteles an der Akademie unterrichtete, einer der bedeutendsten Rhetoriklehrer war.

5. Cicero und die Rhetorik

Auf die Theorie der Rhetorik zwischen dem Erscheinen der Rhetorik des Aristoteles
und der Rhetorik an Herennius sei nur kurz eingegangen, da kein Rhetoriklehr-
buch – wie etwa die eben erwähnten oder die Bücher Ciceros (106–43 v. Chr.) und
Quintilians (ca. 35–100) – aus dieser Zeit erhalten ist. »Der Niedergang der griechischen Stadtstaaten, der dem Emporkommen Mazedoniens und den Eroberungszü-
gen Alexanders des Großen folgte, hatte seine Wirkung auf die Rhetorik. In den

Tagen der großen, von absoluten Monarchen regierten Königreiche wurde die Macht des Redners stark beschränkt, und die in den Tagen der Sophisten für die Rhetorik erhobenen Ansprüche ließen sich kaum aufrechterhalten. Die Oratorik wurde mehr und mehr von der praktischen Politik getrennt.«[116]

Die symbuleutische und dikanische Rhetorik verstehen sich als parteiische Künste, die nur dann lebendig sind, wenn Möglichkeiten bestehen, Parteiinteressen gesellschaftlicher Gruppen oder Klassen öffentlich auszutragen. Nicht mehr ein reales politisches Parteiinteresse wurde nun durch den Redner wahrgenommen, es wurde nur vorgespielt. Themen und Gerichtsreden, wie sie früher vor den Volksversammlungen und -gerichten gehalten wurden, wurden erörtert und vorgetragen, nur dieses Mal nicht in der Wahrnehmung eines historischen, das Gemeinwesen betreffenden Interesses[117], sondern vor dem Hintergrund der Monarchie als verstaubte »Prunkstücke«. Die Rhetorik wurde von dem Moment getrennt, das sie einst zur Existenz brachte: der intendierten Wirkung im Interesse einer Partei. Marx bemerkt, in Anlehnung an Hegel, am Anfang des »Achtzehnten Brumaire«, daß sich alle großen weltgeschichtlichen Tatsachen sozusagen zweimal ereignen; er fügt hinzu: »das eine Mal als Tragödie, das andere Mal als Farce.«[118] Der Vortrag früherer Reden, die wichtige Entscheidungen in den Volksvertretungen bewirkt hatten, wurde hier – unter der Herrschaft von Monarchen – zur Farce.

In dieser Zeit des Hellenismus ging die Beschäftigung mit der Rhetorik zu den Schulen über. »In einer seiner Entwicklungsphasen – wir wissen nicht wann – nahm ein Erziehungssystem Gestalt an, in dem auf die ›Grammatik‹, das Studium der Sprache und der Literatur, die ›Rhetorik‹ folgte.«[119] Die Rhetorik erstarrte aber zu einem formalen, trockenen und technischen System; von jeder Möglichkeit der Wirkung in der praktischen Politik getrennt, ging mit dem Fehlen der Wirkungsintention das Ausbleiben des bedeutenden Inhalts einher. »Von den Rhetoren der hellenistischen Epoche wurde der Anspruch erhoben, durch die Techne zur Bürgertugend zu erziehen. Aber in Verkennung ihrer Kräfte suchte die Rhetorik, wenn überhaupt, die Normen in sich selbst, und darum konnte die Philosophie ihr nachweisen, daß sie bei dem leeren Anspruch stehenbleiben mußte.«[120]

Das Spektrum der Beschäftigung mit der Rhetorik in den Philosophenschulen reichte von einer gänzlichen Ablehnung durch die Epikureer (erklärbar durch ihren Verzicht auf politische Wirksamkeit) bis zu einer Beschäftigung mit Teilen der Rhetorik – im Schatten der Grammatik – bei den Akademikern, Peripatetikern und Stoikern.[121]

Bei den Stoikern wird Rhetorik zumeist als Bestimmung von Formen für die Dichtkunst behandelt, getrennt von politischer Rede. In der Diskussion über Platons »Kratylos« entsteht eine Sprachschöpfungstheorie, die, rekurrierend auf die *physei*-Lehre und damit im Gegensatz zur *thesei*-Lehre des Aristoteles, die Urwörter durch ihre lautliche Struktur als Nachahmung der Dinge darstellt. Die Sprachneuschöpfung, die sich auf noch nicht benannte Dinge bezieht, ist eine Übertragung der Urwörter, die dabei eine Veränderung in ihrer Lautstruktur erfahren. Diese Veränderung entsteht durch eine Ähnlichkeit *(similitudo)*, Nachbarschaft *(vicinitas)* oder durch das Gegenteil *(contrarium)* des Inhalts des zu Benennenden gegenüber dem Benannten. Aus dieser Wortschöpfungstheorie entwickelte die Stoa die Lehre von den Tropen.

Tropen sind übertragene Wörter (in der Theorie der Stoa nur einzelne), die entweder in Notwendigkeit für ein fehlendes Wort ein bereits existierendes auf den Gegenstand übertragen (z.B.: Katachrese) oder als Schmuck die »eigentlichen Wörter« durch andere ersetzen und dadurch bestimmte Eigenschaften besonders hervortreten lassen (z.B.: Metapher). Bei dieser Übertragung sind, wie bei der Wortschöpfungstheorie, die Ähnlichkeit, Nachbarschaft und das Gegenteil die Bezugspunkte. Neben der Weiterentwicklung der Figurenlehre des Theophrast entwickelten die Stoiker eine neue Lehre von den Figuren.[122]

Diese Tropen- und Figurenlehre hatte Einfluß auf die spätere Entwicklung der Rhetorik, sie war von den Stoikern jedoch nicht als Mittel der politischen Rede konzipiert worden. »Bei der Schöpfung der Tropenlehre war für die Stoiker gewiß nicht die Rücksicht auf die Prosarede maßgebend; denn wir wissen, daß sie einem einfachen und schlichten Stil huldigten [...]. Aber es ist selbstverständlich, daß sie den Dichtern das Recht auf schmuckvolle Ausgestaltung ihrer Sprache zuerkannten; und mit Rücksicht auf sie haben sie offenbar ihre Tropenlehre geschaffen. Man versteht nun, weshalb auch die Grammatiker, deren Haupttätigkeit ja den Dichtern galt, sich mit der Tropenlehre beschäftigten, und weshalb die Tropen geradezu als grammatische oder dichterische bezeichnet wurden.«[123] Die Auffassung von der Rhetorik als eine die Formen nur beschreibende Wissenschaft, die im Rahmen der Grammatik zu behandeln ist, herrschte auch an den anderen Philosophenschulen. Erst als die Kenntnis der Rhetorik für den Politiker, der im öffentlichen Leben Roms nach Macht strebte, zur unabdingbaren Voraussetzung wurde, begannen die Akademiker Philon von Larissa, der nach Rom geflohene Lehrer Ciceros, und dessen Nachfolger Antiochos von Askalon, Rhetorik in ihren Vorlesungen zu behandeln – nicht nur als formales System, sondern auch bereits mit Zugeständnissen an die rednerische Praxis.

Sehr wichtig für die rednerische Praxis, für die Gerichtsrede, wurde auch die Statuslehre, die in der 2. Hälfte des 2. Jahrhunderts v. Chr. von Hermagoras von Temnos entwickelt wurde. Hermagoras unterschied zunächst zwischen Thesen und Hypothesen, den infiniten und finiten Fragen. Befaßten sich die Thesen oder infiniten Fragen mit Problemen allgemeinerer und abstrakterer Art, etwa mit philosophischen Fragestellungen, so handelten die Hypothesen oder finiten Fragen von konkreten Problemen, wie sie sich der Gerichtsrede stellten. Die Lehre von den *status* sollte nun dazu dienen, die vorkommenden Rechtsfälle zu systematisieren und den möglichen Streitpunkt dieser konkreten Fälle zu bestimmen. »Die Haupteinteilung bestand darin, daß zwei Gattungen unterschieden wurden: ein jeder Fall gehörte entweder ins *genus rationale* (etwa ›Bereich der Argumentation‹) oder ins *genus legale* (›Bereich der Gesetzes- und Vertragsauslegung‹), je nachdem, ob seine Lösung von irgendwelchen aus dem Sachverhalt selbst resultierenden Argumenten oder von der Interpretation eines maßgeblichen Normtextes abhing.«[124] Beide Gattungen waren nun wieder in vier Arten unterteilt. Beim *genus rationale* unterschied man den *status coniecturalis (stochasmos)*, den *status definitivus (horos)*, den *status qualitatis (poiotes)* und als vierten und letzten Status die *translatio (metalepsis)*. Sie alle versuchten, die Streitfrage eines Falles zu erfassen, die sich aus dem Vorwurf *(intentio)* und der Erwiderung darauf *(depulsio)* ergab. Antwortete etwa der Angeklagte auf die Anschuldigung »Du hast die Tat begangen« mit »Nein«, so ergab sich als Streitfrage, ob er wirklich die Tat begangen habe. Der Rechtsfall bekäme den *status coniecturalis*.

Im zweiten Status geht es um die rechtliche Definition der Tat. Der Angeklagte bestreitet zwar nicht die Tat, wohl aber die Bewertung und Zuordnung, die der Ankläger vornimmt, denn er sieht die erforderlichen Tatbestandsmerkmale als nicht erfüllt an. Im *status qualitatis* gibt der Angeklagte die Tat ebenfalls zu, er rechtfertigt sie aber damit, sie zu Recht oder durch äußere Umstände gezwungen begangen zu haben. Zahlreiche Rechtfertigungsgründe führen hier auch zu zahlreichen Unterteilungen und Differenzierungen.[125] Im vierten Status schließlich, dem *status translationis*, ging es um die Frage der Zuständigkeit des Gerichtes – für die römischen Verhältnisse war dies weniger von Bedeutung als für Athen, wo »es eine bunte Vielfalt von Gerichtsbehörden und Prozeßformen«[126] gab.

Während sich die Kategorisierungen im *genus rationale* auf den Sachverhalt und die sich daraus ergebenden möglichen Streitpunkte beziehen, beinhaltet das *genus legale* die Fragen, die sich aus der Gesetzesauslegung herleiten. So kann etwa ein Gegensatz zwischen dem Wortlaut und dem Sinn *(scriptum-sententia; rheton kai dianoia)* eines Gesetzes bei Prozeßgegnern zum Streitpunkt führen. Sich widersprechende Gesetze *(leges contrariae; antinomía)* können ebenso zu unterschiedlichen Rechtsauffassungen leiten wie Doppeldeutigkeiten *(ambiguitas; amphibolia)*. Schließlich kann gar eine Gesetzeslücke einen Analogieschluß, eine Folgerung aus einer anderen, ähnlichen Gesetzesvorschrift *(ratiocinatio; syllogismos)*, nötig machen.

Die *status*-Lehre gehört zum inventionellen Teil der Rhetorik, die durch sie getroffenen Systematisierungen sollten dem Redner helfen, die Zielrichtung und Strategie seiner Argumentation zu überdenken. Ihre Systematik prägte das juristische Denken weit über die Antike hinaus, vielfach lassen sich auch heutige Rechtsgrundsätze und -probleme[127] – man denke etwa an das Problem der Gesetzeskonkurrenz – in den Kategorisierungen dieser Lehre bereits nachweisen. Doch kehren wir zurück in die bewegten Zeiten Roms!

Bereits zur Zeit der Gracchen begehrten unterdrückte Bevölkerungsschichten gegen die Optimaten und ihre Privilegien auf. Tiberius Gracchus wurde, nachdem er eine Bodenreform durchgesetzt hatte, die Vorteile für die verarmten und abhängigen Schichten des Volkes brachte, zusammen mit Saturnin von den Optimaten umgebracht. – Drusus, seit 93 v. Chr. Volkstribun, wurde ebenfalls von den Optimaten ermordet. – Sulpicius wollte die Abhängigkeit der Senatoren von den Geldern der Reichen abschaffen; er wurde durch Sulla festgenommen und hingerichtet. Mit Gewalt versuchten die Optimaten ihre Herrschaft aufrechtzuerhalten.

Mittel, die ihre Macht gefährden konnten, wurden von ihnen unterdrückt; auch die Rhetorik, war sie doch ein Instrument zur Machterlangung im politischen Leben, wurde 92 v. Chr. als Lehrgegenstand verboten. Die Censoren Crassus und Domitius Ahenobarbus erließen ein Edikt mit dem folgenden Inhalt: »Man hat uns berichtet, daß es Männer gibt, die eine neue Lebensart eingeführt haben, und daß die männliche Jugend deren Schulen besucht; daß diese Männer den Namen Lateinische Rhetoriker angenommen haben; und daß junge Männer bei ihnen ganze Tage in Müßiggang zubringen. Unsere Vorväter haben festgelegt, was ihre Kinder lernen und welche Schulen sie besuchen sollten. Diese Neuerungen, die den Gebräuchen und Traditionen unserer Vorväter zuwiderlaufen, mißfallen uns, auch halten wir sie für rechtswidrig. Weshalb wir es für richtig erachten, denen, die diese Schulen betreiben, und denen, die sie besuchen, klarzumachen, daß wir ihr Verhalten nicht billigen.«[128] Zum erstenmal wurde in Rom die Redekunst in lateinischer Sprache unterrichtet und war deshalb auch von breiten Schichten der Bevölkerung zu erlernen. Mit diesem Verbot versuchten die Optimaten die Beschäftigung mit der Rhetorik, die auch in oppositionellen politischen Gruppen verbreitet war, zu unterbinden. Doch mit der weiteren Entwicklung der Republik konnte auch ein Verbot der Rhetorik nicht länger bestehen. In den Jahren zwischen 86 und 82 v. Chr. entstand die »Rhetorik an Herennius«.

Lange Zeit wurde sie Cicero zugeschrieben, dann jedoch erkannte man, daß dessen Autorschaft nicht in Frage kommt. Cornificius wurde als Verfasser in Betracht gezogen und wird verschiedentlich noch heute als solcher bezeichnet. Der Name des Autors läßt sich jedoch, wie bei der »Rhetorik an Alexander«, nicht mit Sicherheit ausmachen. Aufgrund der Beispiele, die er für die Anwendung der rhetorischen Mittel gibt, läßt sich jedoch sagen, daß der Verfasser aus Kreisen kommt, die der marianischen Partei nahestanden. »Es ist doch kein Zufall, daß in den Beispielen, die zur Erklärung der rhetorischen Vorschriften gegeben werden, die Optimaten schlecht wegkommen.«[129]

Der Autor der »Rhetorik an Herennius« will für die Rede Vorschriften geben, die »praktisch angewendet werden müssen«[130]: Die Aufgabe des Redners ist es, über die im bürgerlichen Leben durch Herkommen und Gesetze bestehenden Verhältnisse, so weit es angeht, mit Zustimmung der Zuhörer sprechen zu können.[131] Die Rhetorik ist für den Autor ein Mittel, um strittige Fälle zur Entscheidung zu bringen. Dies wird in der Behandlung der drei Gattungen der Redegegenstände bewiesen: die deliberative *(symbuleutische)* und iudiciale *(dikanische)* Gattung sind für ihn vor allem wichtig; zur epideiktischen Gattung wird zwar erklärt, daß sie nicht zu vernachlässigen sei, doch erhält sie eine ähnliche Bewertung wie bei den Sophisten; sie wird der deliberativen und iudicialen Gattung als Hilfsmittel zugeordnet. »Diese Gattung darf darum, weil sie selten im Leben vorkommt, nicht nachläßiger behandelt werden. Denn man muß sich in den Stand setzen, das, was möglicherweise eintreten kann, auf die angemessenste Weise zu thun: und wenn diese Gattung abgesondert nicht so oft behandelt wird, so kommen doch bei gerichtlichen und berathenden Reden oft große Parthien von Lob oder Tadel vor. Deßwegen glauben wir, daß man auch auf diese Gattung der Rede allen Fleiß verwenden müsse.«[132]

Die »Rhetorik an Herennius« ist in einer für das Volk verständlichen Sprache geschrieben und fordert diese auch vom Redner. Der so begründete *sermo plebeius* bestimmte auch in späteren Zeiten häufig die Konzeptionen des Rhetorikunterrichts[133], ebenso die in dieser Schrift gegebene ausführliche Figurensammlung.

Kurz nach der »Rhetorik an Herennius« entstand auch Ciceros erstes Werk über die Redekunst, »Von der rednerischen Erfindungskunst (De inventione rhetorica)«. Dieses Frühwerk Ciceros zeigt starke Ähnlichkeit mit der »Rhetorik an Herennius« und ist vorwiegend eine auf die rhetorische Technik bezogene Anleitung zur Beredsamkeit. Es ist nicht vollendet und bezieht sich daher nur auf das Gebiet der *inventio*, es hatte aber, ebenso wie die Herennius-Rhetorik, nachhaltigen Einfluß auf den Rhetorikunterricht, besonders im Mittelalter.

Auch für Cicero, der die Rhetorik als Mittel zur politischen Wirkung versteht, ist die Untersuchung der epideiktischen Beredsamkeit nicht von großem Belang. Eine ähnliche Trennung wie Aristoteles' Differenzierung zwischen der Rhetorik, die sich mit strittigen Fällen beschäftigt, und der, die etwas Feststehendes, Unbestrittenes darstellt, nimmt auch Cicero vor; er unterscheidet zwischen einer praktischen und einer nichtpraktischen Rhetorik; die praktische könnte *contentio* benannt werden, die nichtpraktische bezeichnet Cicero in seiner Schrift »Der Redner (Orator)« als *sermo*.[134] Zum *sermo* gehört »der Philosophen Rede«: »[Sie] ist sanft und für die stille Studierstube bestimmt, nicht mit Gedanken und Worten für das Volk ausgestattet [...]; in ihr ist nichts von Zorn, nichts von Neid, Drohung, Klage, List; sie ist, man möchte sagen, eine keusche, bescheidene, reine Jungfrau. Daher nennt man ihre Art zu reden vielmehr Unterhaltung *(sermo)* als Rede im engeren Sinne *(oratio)*.«[135] Cicero entwirft eine Theorie der Beredsamkeit für die *oratio*, für die auf Wirkung im Parteiinteresse bedachte Rede. Er will die zum *sermo* gehörende Rede, wozu zweifellos auch die Lobrede gerechnet werden muß, nicht behandeln, »weil sie des Vergnügens wegen, ich möchte sagen zur Augenweide geschaffen ist«. [136]

So geht Cicero, in der Betonung der »praktischen« Rhetorik, auf die Tradition der Sophisten zurück; ebenso wie diese versuchten, Philosoph und Politiker – wozu notwendig auch die Kenntnis der Rhetorik gehörte – in einer Person zu vereinigen, versucht auch Cicero, die Rhetorik als Mittel zur praktischen Umsetzung philosophischen Wissens darzustellen, diese Theorie wird im Buch »Vom Redner (De oratore)« ausgeführt: »Aber so wie es manche gab, und zwar nicht wenige, die im Staat durch die zweifache Weisheit des Handelns und Redens, die sich nicht von einander trennen läßt, hervorglänzten, wie Themistokles, Perikles, Theramenes, oder die zwar selbst nicht an Staatsgeschäften teilnahmen, aber doch Lehrer der Staatsweisheit waren, wie Gorgias, Thrasymachos, Isokrates, so fanden sich dagegen auch Männer, die, obwohl mit Gelehrsamkeit und Geistesgaben reichlich ausgestattet, doch aus Grundsatz sich des Staatswesens und der öffentlichen Geschäfte enthielten und diese Redeübungen verspotteten und verachteten. Unter diesen war Sokrates die Hauptperson [...]. Dieser hat [...] die in Wirklichkeit zusammenhängenden Wissenschaften, weise zu denken und schön zu reden, in seinen Untersuchungen getrennt.«[137] Für Cicero ist das Auffinden von Gedanken durch den Philosophen mit der Intention verbunden, diese zur Wirkung im Staatsleben gelangen zu lassen. Die Verbindung von Philosophie und Rhetorik stellt sich für ihn als die Verbindung der Theorie mit der Praxis dar.

Konfrontiert mit der Kritik an der Beredsamkeit, die erklärt, Rhetorik könne auch für »schlechte Zwecke« eingesetzt werden, sie sei die »Kunst«, die es verstehe, auch die schlechtere Sache als die bessere erscheinen zu lassen, fordert Cicero vom Redner Kenntnisse in der Philosophie und kritisiert die Redeschulen, die nur die formale rhetorische Technik lehren. Er geht davon aus, daß ein Redner aufgrund seiner philosophischen Unkenntnis, aber der Kenntnis der rhetorischen Mittel, das Schlechtere als besser darstellen kann. Die parteiische Rede, die das Interesse eines einzelnen oder einer gesellschaftlichen Interessengruppe vertritt, ist für ihn nicht schon deshalb schlecht, weil sie parteiisch ist, sondern diese Interessenwahrnehmung ist ein notwendiger Bestandteil im Staatsleben der römischen Republik zur Zeit Ciceros. Der Mensch habe – so Cicero – von Natur aus einen Drang zur Tugend und ein »ausgeprägtes Gefühl anhänglicher Verpflichtung gegenüber dem Gemeinwohl«[138], das er nicht nur besitzen, sondern mit Hilfe der Rhetorik praktisch umsetzen solle. Somit könne die Rhetorik, zusammen mit philosophischer Einsicht, nur dem Nutzen des Staates dienen.

Als historisches Beispiel für den Nutzen der Beredsamkeit, gleichsam als Legitimation der Rhetorik in Verbindung mit der »Staatskunst«, führt Cicero die Befreiung des Menschen aus dem Naturzustand an, in dem »einst die Menschen ohne Natur- und Staatsrecht zerstreut und einzeln umherschweifend auf den Feldern lebten und nur so viel besaßen, wie sie durch das Faustrecht unter Mord und Blutvergießen an sich raffen oder behaupten konnten.«[139] Der Mensch in diesem Naturzustand war, so Cicero, schlecht und verdorben. »So mißbrauchte, aus Irrthum und Unverstand, die Leidenschaft, diese blinde und tollkühne Herrscherin, zu ihrer Befriedigung die Kräfte des Körpers, eine höchst verderbliche Begleitung. Da erkannte denn Einer – gewiß ein großer und weiser Mann – welcher Stoff und welches so bequeme Mittel für die wichtigsten Dinge in dem menschlichen Geiste liegen, wofern nur Jemand sie hervorzulocken und durch Vorschriften zu veredeln im Stande wäre.«[140] Derselbe, der es verstand, die Unzulänglichkeiten des Naturzustandes zu erkennen, gewann durch die Rede Einfluß auf die Menschen und bildete sie um, so daß sie Staaten bilden, Gesetze und Rechte anordnen konnten.[141]

Cicero entwirft für die Redekunst ein Idealbild des Redners, ein Bild, an dem sich jeder Redner messen soll, das jedoch nie erreicht werden wird. Der Ausgangspunkt zu diesem vollkommenen Redner *(perfectus orator)* ist die Verbindung von umfangreichem Wissen mit Rhetorik, die den Redner zu tugendhaftem Handeln befähigen soll. Die Grundlage zu diesem Wissen ist die schon von den Sophisten geforderte Allgemeinbildung *(enkyklios paideía),* das Wissen, das später in den *artes liberales* Bedeutung bekam. Für den Redner unerläßlich ist die Kenntnis der Gesetze, die er nicht nur für Reden vor den Volksversammlungen und dem Senat braucht, sondern auch in Rechtsstreitigkeiten *(causae publicae).* Deren Ausgang »hing nicht selten von der Redegewandtheit ab, mit der Ankläger und Verteidiger ihre Sache zu führen verstanden; und sie hatten vielfach einen rein politischen Charakter. Selbst bei Streitigkeiten in Zivilsachen *(causae privatae)* war der Erfolg weitgehend bestimmt von der rednerischen Geschicklichkeit der Sachwalter *(patroni).* Und auch diese Prozesse hatten im politischen Leben eine gewisse Bedeutung: Sie waren für den aufstrebenden Politiker ein Mittel, um in den breiten Massen der Bevölkerung sich bekannt und beliebt zu machen und auf diese Weise seine Person für die Wahlen zu empfehlen.«[142] Verbunden mit der Gesetzeskenntnis muß das Wissen um die Verwaltung und Lenkung des Staates sein. Die Geschichte gibt schließlich dem Redner einen Vorrat an Beispielen, der sowohl nützlich ist für die gedankliche Reflexion als auch als Überzeugungsmittel vor dem Senat, dem Gericht oder der Volksversammlung.

Cicero teilt die Philosophie in ihre drei Teile auf: die Naturwissenschaft, die Dialektik und die Ethik (die »Lehre von dem Leben und den Sitten«, die »vom Redner gründlich erlernt werden«[143] muß). Während die ersten beiden Disziplinen eher vernachlässigt werden können, ist die Kenntnis der dritten unbedingt nötig, wenn der Redner auf das Volk wirken will; er muß die Sitten des Volkes kennen, er muß sie zu beurteilen wissen, er muß um das »Schickliche« wissen. »Die Grundlage der Beredsamkeit aber, wie von allen anderen Dingen, ist das richtige Taktgefühl. Denn wie im Leben, so ist in der Rede nichts schwieriger als die Einsicht, was sich schickt; πρέπον *[prepon]* nennen es die Griechen, wir dürfen es wohl *decorum* nennen. [...] Der Redner hat [...] auf das Schickliche [...] zu sehen.«[144]

Cicero verlangt schließlich die »ganze Staatswissenschaft und Gelehrsamkeit«[145] als Wissensgebiet des Redners. Der Redner muß über »alles, was auch immer bei den Menschen Gegenstand der Erörterung werden kann«[146], gut, das heißt wirkungsvoll, reden können. Dieses Ideal des *»perfectus orator«* ist schon vor Cicero in ähnlicher Weise bestimmt worden. Es ist ihm nicht nur durch den Akademiker Philon von Larissa, seinen Lehrer, übermittelt worden[147], sondern ebenso begründet in der Tradition der Sophisten (behauptete doch Gorgias, er wisse über jedes Thema gelehrt zu reden) und des Aristoteles, der die Rhetorik als die Kraft bezeichnete, in allen Dingen das Überzeugende zu finden[148], einer Tradition also, die zum Selbstverständnis des Redners seine politische Wirksamkeit rechnete. Die Forderung der »universalen Beredsamkeit« beinhaltet jedoch nicht, daß der Redner ausnahmslos alles wissen muß. »Nicht jedoch will ich den Rednern, zumal den unsrigen, deren Zeit von den Geschäften des Staatslebens so sehr in Anspruch genommen wird, eine so große Last aufbürden, daß ich ihnen nicht vergönnen sollte, einiges nicht zu wissen.«[149] Der ideale Redner muß ein umfangreiches Wissen besitzen, er muß in der Lage sein, über jedes Gebiet eine Rede zu halten, was jedoch nicht ausschließt, daß er sich in speziellen Fällen von einem Spezialisten Rat holt, da er – selbst kein Fachwissenschaftler – sich nicht in jedem Fall auskennen kann. Wichtig ist jedoch, daß er die speziellen Fälle verarbeiten, sodann wirkungsvoll über sie sprechen und sie, um sie besser beurteilen zu können, in einen allgemeinen Zusammenhang stellen kann. »So sucht der Redner, nicht jener gewöhnliche, sondern der ausgezeichnete, von dem wir sprechen [...], immer die Streitfrage womöglich von den einzelnen Personen und Zeitumständen fernzuhalten. Es läßt sich umfassender über die Gattung als über die Art sprechen, so daß, was vom Ganzen bewiesen ist, auch vom Teile als bewiesen gelten muß.«[150]

Der Redner muß also versuchen, jeden speziellen Fall (Hypothese oder finite Frage) zu einem allgemeinen (These oder infiniten Frage) zu machen. In der Darstellung des besonderen Falls als allgemeiner werden erst »größere«, »gewichtigere« Aspekte und Zusammenhänge deutlich, die die Rede »gewichtig und geschmackvoll«, »besonders licht- und wirkungsvoll« machen.[151]

Cicero kritisiert die Schulrhetoren, da sie nur über die besonderen Fälle sprechen können. Es ist die Kritik an der minimalistischen Anforderung an das Wissen des Redners, der nicht in allgemeinen Zusammenhängen über ethisch-philosophische und politische Probleme sich äußern kann, sondern meint, es genüge, »von den Sitten der Menschen das zu wissen und zu sagen, was den Sitten der Menschen nicht zuwiderläuft. [...] Die Schriften der Philosophen aber spare er sich für eine solche tusculanische Erholung und Muße, wie wir sie jetzt genießen, auf.«[152]

Cicero selbst war durch die Philosophen Philon und später Antiochos beeinflußt worden. So erklärt er von sich: »Andererseits bekenne ich, daß ich als Redner, wenn ich einer bin, oder was auch immer sein mag, nicht aus den Werkstätten der Rhetoren, sondern aus den Hallen der Akademie hervorgegangen bin.«[153]

In der Methode der Akademiker und Peripatetiker, sowohl für als auch gegen jeden allgemeinen Satz zu reden[154], sieht Cicero eine praktische Übung, die auch dem Redner von Nutzen ist. »Sollte aber dereinst einer auftreten, der nach des Aristoteles Weise über alle Gegenstände für und wider seine Ansicht vortragen und nach dessen Regeln bei jeder Sache zwei entgegengesetzte Vorträge halten oder nach des Arkesilios und Karneades Weise gegen jeden vorgelegten Satz gründlich reden und mit dieser wissenschaftlichen Bildung auch die Übung der Rednerschule und die Fertigkeit im Reden, vereinigen könnte, so würde ich sagen, der ist der wahre, der vollkommene, der einzige Redner.«[155] Cicero erkennt hier bereits in der Übungsrede die Möglichkeit, entgegengesetzte Standpunkte einzunehmen, um so für die rednerische Praxis zu erlernen, den eigenen parteiischen Standpunkt besser zu vertreten, da die Argumente des Gegners bereits bekannt sind und »entschärft« werden können (z.B. mit den Figuren: *subiectio, conciliatio, praeparatio, concessio* u.a.). Zur Übung rät Cicero, allgemeine Themen zu behandeln; das versetze den Redner in die Lage, über den besonderen (über jeden) Fall in der Praxis überzeugend zu sprechen.

Die Beschäftigung mit der Philosophie und den genannten Wissenschaften sieht Cicero immer im Zusammenhang mit der Rhetorik und unter praktischen Aspekten. Wie Isokrates warnt er vor einer zu intensiven Beschäftigung mit der Philosophie, die schließlich die praktischen Aspekte der Rhetorik aus dem Auge verliert.[156] Cicero ist Eklektiker und betrachtet die verschiedenen Philosophien stets unter dem Gesichtspunkt der Brauchbarkeit für die rednerische Praxis.

Häufig betont er, daß es nicht ausreiche, nur über die Kunstvorschriften der Rhetorik *(ars)* Bescheid zu wissen. »Es müssen noch gute Veranlagung *(natura)*, *imitatio* (Studium mustergültiger Vorbilder und deren Nachahmung), *exercitatio* und eine gründliche Allgemeinbildung hinzukommen: lauter Dinge, die mit der *ars* nichts zu tun haben und die man unter dem gemeinsamen Begriff *artifex* zusammenfassen kann.«[157]

Als Voraussetzungen des Redners, die durch keine Kunst lehrbar sind, daher seiner Natur zuzurechnen seien, fordert Cicero »eine bewegliche Zunge, eine klangvolle Stimme, eine starke Brust, Leibeskräfte und eine gewisse Bildung und Gestaltung des Gesichtes und Körpers [...] das Gemüt und der Geist müssen eine schnelle Beweglichkeit besitzen, so daß sie in der Erfindung Scharfsinn und in der Entwicklung und Ausschmückung Reichhaltigkeit zeigen und das dem Gedächtnis Anvertraute fest und treu behalten. Und sollte jemand meinen, diese Eigenschaften könnten durch Kunst erlangt werden – das ist aber falsch.«[158] Cicero schätzt sehr wohl die Möglichkeiten, die durch die technischen Mittel der Rhetorik gegeben sind, und wendet sich gegen die Philosophen, die erklären, ein gewichtiger Inhalt bedürfe zur Darstellung keiner kunstmäßigen Rede, sondern der Mensch besitze »von Natur aus« die Fähigkeit, diesen angemessen darzustellen; er räumt jedoch ein, daß der ideale Redner gewisse Voraussetzungen der *natura* mitbringen muß, um die *ars* zu erlernen.

Diese Kunstregeln der Rhetorik sind Ergebnisse einer Erfahrungswissenschaft, sie sind, entstanden und entstehen durch »Beobachtungen, die man in der Erfahrung und Ausübung der Rede macht, von einsichtsvollen und erfahrenen Männern bemerkt und aufgezeichnet, durch Worte bestimmt, nach den Gattungen erläutert und in gewisse Abteilungen gebracht«.[159]

Die Rede muß, so Cicero, »aus der Erkenntnis der Sachen [...] erblühen«[160], da weder der Schmuck der Worte sich finden lasse ohne erzeugte und deutlich ausgedrückte Gedanken, noch irgendein Gedanke lichtvoll sein könne ohne das Licht der Worte.[161] Der Erkenntnis der Sachen legt Cicero als »Richtschnur« für den Redner die Wahrscheinlichkeit zugrunde, denn nichts ist zuverlässiger als das, »was in jedem Falle für mich den höchsten Grad der Wahrscheinlichkeit hat, da die absolute Wahrheit im Verborgenen liegt«[162]. Die Feststellung, daß die absolute Wahrheit der menschlichen Erkenntnis nicht zugänglich ist, hat für Cicero nicht die Absage an die »Welt des Scheins« zur Folge, vielmehr wirkt der Redner auf das Bestehende mit seiner Kunst ein, indem er zum Stoff der Rede das Wahrscheinliche, das Erkennbare und Nützliche macht.

Wie nun über jeden Gegenstand je nach der Parteizugehörigkeit des Redners verschiedene Standpunkte vertreten werden können, so hat auch der Redner die Aufgabe, dem Nutzen seiner Partei (Partei-*utilitas*) durch die Wahl seiner Worte und die Ausführung seiner Rede zu dienen. Dabei wird er versuchen, den Willen der Zuhörer zu lenken. Ein vollkommener Redner ist, »wer auf dem Forum und in Zivilprozessen so spricht, daß er *beweist [probare], unterhält [delectare] und den Willen der Zuhörer beherrscht [flectere]*. Beweisen ist notwendig, Unterhaltung angenehm; wer aber den Willen der Zuhörer zu bestimmen weiß, der trägt den Sieg davon; [...]. Der Zahl der Pflichten eines Redners ist die Zahl der Redegattungen gleich die *schlichte* Gattung ruht im Beweisen, die *gemäßigte* im Ergötzen, die *stürmische* bemächtigt sich des Willens der Zuhörer.«[163] Entsprechend jeder Redegattung bedient sich der Redner der drei Stilarten: *stilus tenuis* oder *humilis, stilus medius* oder *mediocris* und *stilus grandis* oder *gravis*. Die Anwendung der drei Stilarten richtet sich sowohl nach den Zuhörern als auch nach dem Redegegenstand. Das »Niedrige [muß] schlicht, das Erhabene mit Würde, das zwischen beiden Liegende in rechter Mischung«[164] vorgetragen werden. Der Redner darf das innere und das äußere *aptum* nicht verletzen, er muß angemessen von einer Sache für ein Publikum reden.

Bei der Wahl der Wörter, die unter Berücksichtigung der »Schicklichkeit« – wie der gesamte Vortrag – zu erfolgen hat, unterscheidet Cicero zwischen eigentlichen und uneigentlichen. Dem Gegenstand ist nicht immer ein bestimmtes Wort zugeordnet, oder aber dies Wort läßt ihn vielleicht nicht im rechten Licht (im Sinne der Parteilichkeit) erscheinen; so kann der uneigentliche, übertragene Gebrauch eines Wortes den Gedanken oft treffender bezeichnen oder eine Sache kürzer ausdrücken (in Wortverbindungen) als das eigentliche Wort *(verbum proprium)*. Auch finden »die Menschen an den uneigentlichen, wenn sie mit Verstand gewählt sind, ungleich größeren Gefallen. Dies kommt, glaub' ich, daher, teils weil es von Scharfsinn zeugt, wenn man das vor den Füßen Liegende überspringt und anderes aus der Ferne herbeiholt, teils weil der Zuhörer dadurch mit seinen Gedanken zu anderen Vorstellungen geführt wird«[165]. Die uneigentlichen Ausdrücke gehören zum Schmuck *(ornatus)* der Rede, den der Redner anwendet, um den Zuhörer emotional zu beeinflussen, um ihn gefällig zu stimmen oder ihn mitzureißen.[166]

Nun gab es in Rom verschiedene Auffassungen von der Anwendung des Redeschmucks. Die eine wird mit dem Schlagwort »Asianismus«, die andere mit »Attizismus« bezeichnet (als dazwischen liegend charakterisiert man den »rhodischen Stil«). Als Asianismus wird die Stilrichtung gekennzeichnet, die in stärkerem Maße Redeschmuck verwendet; Hortensius, ein Prozeßgegner Ciceros, gilt als deren bedeutendster Vertreter der Zeit. Die Attizisten dagegen bedienen sich vorwiegend der schmucklosen, nüchternen Sprache; Cicero wendet sich in seinem Buch »Der Redner (orator)« gegen diese Auffassung des Attizismus. Nach dem Vorbild des Demosthenes (384–322) muß sich »wahrer« Attizismus durch seine Wirkung auszeichnen. Ein Redner darf zwar keinen unnötigen, aufgedunsenen Schmuck benutzen, sich jedoch auch nicht auf eine bestimmte Redeweise festlegen. Er muß den Verhältnissen entsprechend entweder Schmuck benutzen oder aber schmucklos reden, je nach Gegenstand und intendierter Wirkung.

Die Schönheit der Rede besteht in ihrer Wirkung, in ihrem Nutzen. Auch in der Natur ist die Schönheit stets mit dem Nutzen verbunden. Anmut und Schönheit eines Körpers können nicht von dessen Tüchtigkeit getrennt werden! Die These von der Verbundenheit von Schönheit und Nutzen wendet Cicero nicht nur auf die Betrachtung der Natur an, sondern auf alles, was der Mensch schafft, sofern es zweckmäßig hergestellt ist.[167] Er erklärt im Buch »Vom Redner (De oratore)«: »Was ist an einem Schiff so notwendig wie der Bord, der hohle Schiffsraum, das Vorderteil, das Hinterteil, die Segelstangen, die Segel, die Mastbäume? Und doch haben diese Dinge auch für das äußere Ansehen eine solche Schönheit, daß sie nicht bloß zur Sicherheit, sondern auch zum Vergnügen erfunden zu sein scheinen.«[168] Die Dinge, die den größten Nutzen in sich schließen, zeigen die größte Schönheit, »die meiste Würde, ja oft auch die meiste Anmut«[169].

Auch in der Kunst verbindet sich Schönheit mit dem Nutzen. Der Künstler ahmt bei der Ausführung seines Werkes nicht die Realität nach, »sondern in seinem eigenen Geist ruhte ein Ideal der Schönheit«[170]. Die Nachahmung des Künstlers bezieht sich auf »die Form der Dinge *(forma),* welche Platon ›Idee‹ nannte«[171]. Die platonische Kunsttheorie erfährt jedoch eine Veränderung; die Kunst wird nicht mehr als Nachbildung der »bewegten Welt« in göttlicher Inspiration zu einer dritten Wirklichkeitsstufe erklärt, sondern Cicero versucht das gedachte Ideal als Maß an die Wirklichkeit zu legen und diese entsprechend zu gestalten. Das Unvollkommene soll in Richtung des vorgestellten Vollkommenen verändert werden.[172] »Sofern Schönheit das Offensichtlichwerden des Seins ist und dieses in seinem Sich-Zeigen in Grenzen, in Maß und Ordnung auftritt, bekundet das Schöne sich immerzugleich als ziel- und sinnvoll. Deswegen ist es auch jeweils nützlich und alles Nützliche schön.«[173] Die absolute Schönheit, das wahre Sein, so Cicero, liege für den Menschen im Dunkeln. Der erkennbare Teil, das vorgestellt Vollkommene, gilt dem Menschen als Leitbild des Handelns in der realen Welt. Cicero muß erkennen, daß die Urteile über das Schöne »mannigfaltig« sind; er erklärt die Urteilskraft, den Geschmack *(iudicium)* als angeboren. Geist und Seele haben beim Sachverständigen ein natürliches Maß für die Schönheit.[174] Der Geschmack wird bei Cicero zu einem natürlichen Gefühl, zu einem angeborenen Sinn, der mit den anderen Sinnen in seinem Verhalten in bezug auf Entzücken und Mißfallen zu vergleichen ist.[175]

Am nahesten der Rhetorik verwandt ist die Dichtkunst.[176] Der Unterschied wird in der freieren Wortwahl und in der Einteilung in verschiedene Arten (in das Tragische, Komische etc.) gesehen. Cicero verlangt vom Dichter, übrigens ebenso wie Horaz, nicht nur das *ingenium,* die Naturanlage, sondern auch die Kenntnis der *ars,* der Regeln der Poetik und Rhetorik, denn Dichtung, die wirken will, muß sich ihrer Möglichkeiten dazu bewußt sein. Wie nach Cicero »*movere* und *docere* die Aufgabe des Redners, so sind nach Horaz *prodesse [...]* und *delectare* die Aufgabe des Dichters«[177]; nicht allein Gefallen, auch Belehrung wird intendiert. Auch bei »Horaz beruht die Objektivität der Kunst nicht mehr auf der Vermittlung metaphysischer Ideen, sondern auf ihrer geschichtsbildenden Wirkung.«[178]

6. Kritik am Verfall der Beredsamkeit / Pseudo-Longinos

Mit dem Niedergang der römischen Republik wandelte sich auch der Charakter der Rhetorik. Wie schon nach der Auflösung der griechischen Stadtstaaten wurde die Redekunst aus der praktischen Politik zurückgedrängt. Im Kaiserreich fand sie ihren Ort der Betätigung an den Schulen; wieder zielte ihre Wirkung nicht auf Bereiche der praktischen Politik, in denen es galt, Entscheidungen zu fällen, die für das Gemeinwesen von Wichtigkeit waren. Die Redner dieser Zeit gefielen sich darin, selbst bei der Darstellung strittiger Themen, diese nicht mit der Intention der Durchsetzung eines Parteiinteresses vorzutragen, sondern sie auch den Forderungen der epideiktischen Rhetorik unterzuordnen, die an die Art und Weise, wie etwas dargestellt ist, ihr Maß anlegt, wobei der Redegegenstand und das Parteiinteresse in den Hintergrund treten.

Zur Welt des Redners wurde das Theater. Als Schauspieler versuchten die Lehrer der Beredsamkeit und deren Schüler, dem Publikum Vergnügen zu bereiten, indem sie virtuosenhaft die Figuren und kunstvollen Vorschriften der Rhetorik in ihren Deklamationen verwendeten. Der Inhalt dieser Deklamationen war romantisch und wirklichkeitsfremd, bewegte sich teilweise in komplizierten Scheinproblemen; ein Beispiel: »Das Gesetz bestimmt, daß im Falle einer Vergewaltigung die Frau entweder den Tod ihres Verführers oder ihre Heirat ohne Mitgift fordern kann. Ein Mann vergewaltigte zwei Frauen in einer Nacht; die eine verlangte seinen Tod, die andere die Heirat.«[179] Zwar war auch die Lösung dieses Falles strittig, und der Redner konnte seine Meinung vertreten, doch war diese keiner Partei von Nutzen, so daß sie austauschbar wurde und der Zuschauer mithin nur noch die Form der Darstellung beurteilte; der Inhalt – unter dem Aspekt des Nutzens betrachtet – wurde zur Nebensächlichkeit.

Cicero erklärte bei der Darstellung der Drei-Stil-Lehre, daß dem Gegenstand (wie dem Publikum) gemäß gesprochen werden müsse; erhabenen, wichtigen Redegegenständen war der *stilus gravis* vorbehalten; die Unwichtigkeit ihres Redegegenstandes versuchten die Deklamatoren zu kompensieren, indem sie im *stilus gravis* redeten und Wichtigkeit vortäuschten. Hier wird der Asianismus mit seiner schmuckreichen Rede und dem Fehlen des bedeutenden Inhalts zum Stil der schwülstigen, »verfallenen« Beredsamkeit, der *corrupta eloquentia*.[180]

Doch wurde in der Kaiserzeit auch Kritik am »Verfall der Beredsamkeit« geübt. Petronius (1. Jh.) sah die Schuld daran in der Erziehung an den Rednerschulen, weil dort nichts Praktisches gelehrt würde und weltabgewandte Themen in unangemessener Form behandelt würden. Er gibt als Regeln zur Ausbildung des Redners an: »Wes Sinnen auf die Wirkung ernster Kunst gerichtet sei, / Wes Geist nach Großem strebt, der bilde seine Sitten erst nach strenger Regel reiner Einfachheit. / Der blicke nicht erhobnen Haupts nach stolzem Königshof, / [...]; auch sitz' er als Klaqueur / Nicht im Theater, wo die Bühne sein Gelach erkauft. / [...] Die ersten Jahre widm' er unbeirrt der Dichtkunst sich / Und labe mit beglückter Brust sich an Homeros Quell. / Frei lock' er dann die Zügel, von sokrat'schem Geist erfüllt, / Und schüttle kühn Demosthenes' gewaltge Waffen drauf.«[181] Der schwülstigen Beredsamkeit seiner Zeit stellt Petronius die Beredsamkeit Ciceros als Beispiel entgegen, dem nachzustreben sei.

Auch der Rhetor Seneca der Ältere (etwa 55 v. Chr.–40) erkannte und kritisierte den Verfall der Beredsamkeit und die Praxis der Deklamatoren. Er sieht die Ursa-

chen in einem allgemeinen Verfall der Sitten und dem Luxus seiner Zeit. Als
Grund, der zu diesem Wandel führte, sieht er einen unerklärlichen »geheimnisvollen
Naturvorgang«[182], Geschick und Verhängnis.

Tacitus (etwa 55–116/20 n.Chr.) läßt in seinem »Dialogus« einen Gesprächsteil-
nehmer, Messalla, den idealen Redner offensichtlich in Anlehnung an Cicero definieren. Die Ursachen der *corrupta eloquentia* werden in der veränderten Erziehung
der Jugend und in der politischen Praxis der Prozeßredner gesehen, die Gesetze und
Senatsbeschlüsse nicht kennen, »das Recht der Gemeinde von sich aus verlachen,
vor dem Studium der Philosophie gar und den Lehren der Weisen im Innersten zurückschrecken«[183]. Maternus hält Messalla entgegen, daß der früheren Beredsamkeit nicht nachzutrauern sei, und bemerkt dabei, daß die Gründe der Ausprägung
dieser Beredsamkeit in der Austragung gesellschaftlicher Interessenkonflikte liegen;
diese aber will er ausgeschaltet wissen. »Nicht über eine geruhsame und friedliche
Sache sprechen wir, die sich über Rechtschaffenheit und Bescheidenheit freut, sondern es ist diese große und denkwürdige Beredsamkeit ein Zögling der Willkür, welche die Toren Freiheit nennen, Begleiterin von Bürgerkriegen, Stachel für ein zügel-
loses Volk ohne Fügsamkeit, ohne Wahrhaftigkeit, frech, leichtfertig, anmaßend, die
nicht in wohlgeordneten Staatswesen entsteht.«[184] Die Abwertung der Austragung parteilicher Interessen entspricht der Ideologie des Kaiserreiches. Maternus
fordert einen geordneten Staat, in dem keiner gegen die Gesetze verstößt und in
dem die Regierten »fügsam« gegenüber den Regierenden sind. »Was sind denn lange
Meinungsabgaben im Senat nötig, da die Besten schnell im Einverständnis
sind?«[185] Die Parteilichkeit, die nach Cicero selbstverständlich dem politischen
Handeln zugrunde lag, wird im Sinne der Monarchie abgewertet. So werden auch
die Forderungen Ciceros und Horaz' an die Dichtkunst nicht mehr anerkannt;
Dichtung entfernt sich vom gesellschaftlichen Geschehen: »Wälder aber und Haine
und eben die Abgeschiedenheit [...] bringen mir soviel Genuß, daß ich es zu den
vorzüglichsten Früchten der Gedichte rechne, daß sie nicht im Getriebe, nicht, indem der Prozessierende vor der Tür sitzt, nicht unter kläglichem Aufzug und Tränen
von Angeklagten angefertigt werden, sondern die Seele in reine und lautere Orte
entweicht und sich heiliger Heimat erfreut. Das ist der Anfang der Kunst des Wortes, das ihr innerstes Heiligtum.«[186]

Aus der Zeit des Verfalls der Beredsamkeit ist die Schrift »Vom Erhabenen« erhalten, eine theoretische Abhandlung über die Beredsamkeit. Im 17. und 18. Jahrhundert sah man Kassios Longinos (1. Jh.) als Autor dieser Schrift an; es gilt jedoch als erwiesen, daß weder Kassios noch Dionysios Longinos, unter dessen Namen die Schrift tradiert wurde, Verfasser dieser fragmentarisch erhaltenen Abhandlung sind. »[A]uch sonst ließ sich keiner der uns bekannten Rhetoren bisher
als Urheber erweisen. Selbst die Zeit der Abfassung kann man nicht genau fixieren, die vorsichtige Vermutung geht auf das erste nachchristliche Jahrhundert. Die
Diskussion über den Niedergang der Beredsamkeit [...], über den auch der ältere
Seneca, Petron, Tacitus und Quintilian schrieben, wäre kaum zu einer späteren
Zeit möglich.«[187]

Bei der Frage nach den Gründen der »verfallenen Beredsamkeit« läßt der Verfas-
ser der Schrift einen Philosophen die Frage diskutieren, ob nicht die Despotie die
Redekunst in Schmeichelei verwandle.[188] Der Verfasser entgegnet jedoch dem
Philosophen, daß es leicht sei, das Gegenwärtige zu tadeln, nicht in der Gesell-

schaftsform, nicht in der Unterdrückung der Interessen sucht er die Gründe des Verfalls der Beredsamkeit, er stellt als Ursachen krankhafte Triebe fest, die zur »Natur des Menschen« gehören und, falls sie nicht unterdrückt werden, auswuchern. Indem er durch diese Anthropologisierung die gesellschaftlichen Ursachen des Verfalls leugnet und diesen als Begleiterscheinung des allgemein menschlichen Niedergangs, als Schuld »des« Menschen individualisiert, kann er zu dem Schluß kommen, daß Herrschaft über Menschen notwendig sei. »Vielleicht ist es für Menschen wie uns besser, beherrscht zu werden als frei zu sein, sonst würden die unersättlichen Begierden, wenn sie, wie aus einem Zwinger entwichen, sich völlig entfesselt auf den Nächsten stürzen könnten, die Welt mit der Flut der Übel überschwemmen.«[189]

Beklagt wird, daß keine großen und überragenden Naturen, die die Anlage zum idealen Redner haben, mehr geboren werden, kritisiert wird der Asianismus der Deklamatoren; diese können das »Erhabene« in ihren Reden nicht zur Geltung bringen, denn ihnen fehlt der entsprechende Redegegenstand. So wird aus dem Pathos ein »hohles« Pathos, aus scheinbar kunstvollem und gefälligem Schreiben »überspannte Geziertheit«[190]. Auch der Schwulst entsteht durch diesen Fehler. Die Angst vor der kraftlosen und trockenen Sprache führt zur künstlichen, überreicherten, dem Gegenstand unangemessenen. »Aber wie beim Körper, so sind im Sprachlichen gedunsene und künstliche Schwellungen häßlich und führen zweifellos zu ihrem Gegenteil; nichts, heißt es, ist dürrer als der Mann mit Wassersucht.«[191]

Doch nicht nur gegen den Asianismus wendet sich diese Schrift, sondern auch gegen die rhetorischen Schulen des Kaikilios und des Dionys von Halikarnaß (1. Jh. v. Chr.)[192], die als strenge Attizisten das Erhabene nicht im Sinne seiner Theorie darstellen können. Denn erhabene Sprache, vorgetragen durch den Redner, der nicht »niedrig und gemein« gesinnt ist, faßt die »Macht des Göttlichen« und bringt sie zum Ausdruck. Pseudo-Longinos gibt verschiedene Quellen des Erhabenen an: »Es gibt fünf Quellen, könnte man sagen, die für die erhabene Sprachkunst am fruchtbarsten sind, wobei diese fünf Formen als ihre gleichsam gemeinsame Grundlage die Begabung, sich sprachlich auszudrücken, voraussetzen. [...] Das erste nun und wichtigste ist die Kraft zur gedanklichen Konzeption [...] Als zweites folgt das starke, begeisterte Pathos.«[193] Beruhen diese Quellen größtenteils auf natürlicher Anlage *(natura),* so können die nächsten durch die Kunst *(ars)* erlernt werden: »Die besondere Bildung der Figuren [...], dann eine edle Ausdrucksweise. [...] Die fünfte Ursache, die zugleich alles vor ihr Liegende abschließt, ist die würdevoll-hohe Satzfügung.«[194] Diese Rhetorikkonzeption bezieht sich nicht auf die deliberative oder iudiciale Gattung, sie entwirft eine Form der epideiktischen Rhetorik in Anlehnung an Platon. Das »Erhabene« wird als etwas Feststehendes betrachtet. »Kurz, halte das für wahrhaft und vollkommen erhaben, was jederzeit einem jeden gefällt.«[195]

Als wichtigste Quelle des Erhabenen wird die »Kraft zur gedanklichen Konzeption« gefaßt, die zur *natura* des Redners gehören muß; Voraussetzung dazu ist die »Seelengröße«. Die Natur hat »unseren Seelen sogleich ein unzähmbares Verlangen eingepflanzt nach allem jeweils Großen und nach dem, was göttlicher ist als wir selbst. Darum genügt selbst der ganze Kosmos nicht für die Betrachtungen und Gedanken, die der menschliche Geist wagt, sondern häufig überschreitet unser Denken die Grenzen dessen, was uns umgibt.«[196]

Durch dieses Überschreiten der Grenzen im Denken wird nicht eine andere Möglichkeit der Realität antizipiert, sondern das Denken löst sich von der Realität und verlegt sich in ein Eigenreich. Der Redner steht zwar noch in der Realität und ist mit ihr durch die Redesituation eng verbunden, deshalb kommt es bei ihm noch auf »den Gehalt an Wirklichkeit und Wahrheit«[197] an, der Dichter aber neigt »zu Übertreibungen, die ins Fabelreich gehören und alles Glaubwürdige überschreiten«[198].

Ciceros Auffassung des Schönen als des Nützlichen kann unter diesen Aspekten von Pseudo-Longinos nicht akzeptiert werden, denn »das Nützliche oder auch das Notwendige ist uns leicht bei der Hand, Bewunderung jedoch erregt immer das Unerwartete«[199]. Dabei muß es der Redner jedoch verstehen, die Kunstmittel seiner Rede – darin folgt der Verfasser der rhetorischen Tradition seit Aristoteles – als natürlich erscheinen zu lassen. »Die Kunst nämlich ist dann vollkommen, wenn sie Natur zu sein scheint, die Natur wiederum erreicht ihr Ziel, wenn sie unmerklich Kunst in sich birgt.«[200] Die »Nachahmung der Natur« durch die Kunst erfährt jedoch hier eine Umdeutung gegenüber dem ciceronianischen Begriff, denn sein Naturbegriff bezieht sich nicht primär auf die erfaßbare Außenwelt, in der der Mensch lebt und deren Teil er darstellt, sondern – abgetrennt davon – auf die menschliche Seele und die »göttliche Eingebung«[201]. »Das Erhabene ist der Widerhall einer großen Seele.«[202]

Das Göttliche, das Nachzuahmende, ist getrennt vom menschlichen Leben (Pseudo-Longinos kritisiert Homer genau an dem Punkt, wo er »die Götter zu Menschen gemacht hat«[203]), der Dichter soll dieses außerzeitliche, außerhalb der Realität liegende Göttliche darstellen. »Auf diese Weise hat auch der Gesetzgeber der Juden, ein außergewöhnlicher Mensch, die Macht des Göttlichen würdig gefaßt und dargestellt.«[204]

Zur Verbesserung der eigenen Darstellungsweise ist die Kenntnis der alten Schriftsteller und das Lernen daraus, wie sie das Erhabene »würdig gefaßt« haben, nötig. Der Mensch hat mit der Kunst der Rede, mit den passenden Worten das Göttliche, Erhabene angemessen darzustellen. Dabei gibt der sprachliche Ausdruck die Möglichkeit, »die Rede in einem bestimmten Glanz wie eine herrliche Statue erstrahlen«[205] zu lassen und als bestimmten »Höhepunkt und Gipfel der Rede«[206] das Erhabene darzustellen, das, »wie ein Blitz«, die Zuhörer überwältigt und bewegt.[207]

7. Quintilian und die Ausbildung zum Redner

Marcus Fabius Quintilianus (etwa 35–100) begann am Ende der Regierungszeit des Domitian seine »Ausbildung des Redners« – in zwölf Büchern – abzufassen. Er, der »berühmteste Professor der Rhetorik in Rom und der erste Mensch des Abendlandes, von dem wir wissen, daß er [...] einen öffentlich besoldeten Lehrstuhl innehatte«[208], eignete sein Werk dem Marcellus Vitorius zu, zur Erziehung seines Sohnes, »dessen frühe Jugend schon unverkennbar das Licht der Begabung«[209] zeigte.

So ist dieses Werk nicht ein Handbuch der Rhetorik, das »rhetorische Kniffe« für die Gerichtspraxis oder deren Gebrauch den Deklamatoren vermitteln will, sondern eine umfangreiche Schrift über die Erziehung, deren Ziel durch die Person des »idealen Redners« gekennzeichnet wird. Damit verbunden ist für Quintilian die Verarbeitung dessen, was bisher auf dem Gebiet der Rhetorik erforscht und geschrieben wurde; hierin steht er in der Folge Ciceros und erweist sich als »Erbe des *augusteischen Bildungsbewußtseins*« (Rahn): »Was in dem noch *rude saeculum* des Cato begonnen, ist jetzt zur Reife gediehen: griechische und römische Bildung haben sich quantitativ und qualitativ vereinigt, und so sind denn auch die Voraussetzungen gleichsam durch Addition zu errechnen, daß aus der Summierung des Guten die Verwirklichung des Besten, des *perfectus orator,* näher gerückt ist.«[210]

Die Erziehung zum Redner läßt Quintilian bereits im frühen Kindesalter beginnen. Schon die Amme sollte nicht fehlerhaft sprechen, da das Kind sich nicht an eine Sprache gewöhnen darf, die es später wieder verlernen muß[211]; zur Erziehung empfiehlt Quintilian nur die besten Lehrer an den öffentlichen Schulen, da die Gemeinschaft mit anderen Schülern für die Ausbildung förderlich sei. »Vor allem soll sich der künftige Redner, der ja in aller Öffentlichkeit und mitten im Licht des Staatslebens stehen muß, daran gewöhnen, schon von zarter Jugend an keine Angst vor Menschen zu haben oder in einem Einsiedlerleben wie im Schatten dahinzudämmern.«[212] Weiter verfolgt Quintilian den Erziehungsgang des idealen Redners, wie er als Kind dem Grammatiker übergeben wird[213], seinen Rhetorikunterricht beginnt[214], sich das notwendige Wissen des guten Redners aneignet, dann schließlich, nachdem er seine Ziele als Redner verwirklicht hat, sich im Alter früh genug zurückzieht, damit er sich nicht als Mann präsentiere, an dem die negativen Wirkungen des Alters erkennbar werden, und um dem Vorwurf zu entgehen, er »wolle lieber ver- als entsagen«[215].

Quintilian will die Erziehung zum ciceronianischen *perfectus orator* beschreiben; sein vollkommener Redner ist – nach Cato – »ein Ehrenmann, der reden kann (*vir bonus dicendi peritus*)«[216]: »Dem vollkommenen Redner aber gilt unsere Unterweisung in dem Sinne jener Forderung, daß nur ein wirklich guter Mann ein Redner sein kann; und deshalb fordern wir nicht nur hervorragende Redegabe in ihm, sondern alle Mannestugenden.«[217] Die Tugend ist nach Quintilian in der menschlichen Natur enthalten, sie kann durch Schulung (Bildung) entfaltet und hervorgebracht werden.[218] Dazu benötigt der Redner die Kenntnis der Philosophie, besonders der Moralphilosophie, aber auch die der Naturphilosophie und Logik, der Unterrichtsgegenstände also, die die Philosophen lehren, die der Redner aber gleichsam als sein »Eigentum« zurückfordern muß. Quintilian kritisiert die Philosophenschulen seiner Zeit, die, entfernt von jeder Praxis, Moralphilosophie betreiben. So faßt er »die Weltanschauungsfragen von einem praktischen Gesichtswinkel aus ins Auge, er naht sich der Philosophie mehr vom Standpunkt der Ethik und sucht sie als Lehrmeisterin der charaktervollen Denkungsart grundlegend für den Redner zu gestalten.«[219] Quintilians idealer Redner ist »ein römischer Weiser [...], der nicht in abgeschiedenen Erörterungen, sondern in praktischen Versuchen und Leistungen sich als ein Mann von echter Bürgerart erweist«[220].

Die Philosophie der Philosophenschulen bekommt eine propädeutische Rolle in der Ausbildung zur praktischen Redekunst zugewiesen. Der stoischen Ethik verpflichtet, stellt Quintilian fest, daß die praktische Tätigkeit Vernunft und Tugend erweisen soll. Als tugendhafte praktische Tätigkeit versteht er nun die Tätigkeit des Redners. »Philosophie kann man nämlich heucheln, Beredsamkeit nicht.«[221]

Bereits in früher Jugend muß der angehende Redner sich mit den grundlegenden Wissenschaften zu seiner Allgemeinbildung befassen, die die Voraussetzung für das praktische Handeln darstellt. Diese Allgemeinbildung umfaßt – neben der Rhetorik – die Gebiete der Philosophie, Grammatik, Musik, Geometrie (der Zahlen und Figuren) und Astronomie, also die späteren *artes liberales.*

Um die Kunst der Rede zu lernen, ist zuerst einmal die grammatisch richtige Sprache notwendig; dazu soll die Sprachlehre verhelfen. Ferner ist es Aufgabe des Grammatiklehrers, die bekanntesten Dichter und Redner zu lesen und zu erklären. (Quintilian gibt im 10. Buch, 1. Kap. ausführliche Erläuterungen, welche Dichter, welche Redner und Geschichtsschreiber zur Lektüre empfohlen werden können.) Dabei ist darauf hinzuweisen, daß der Dichter sich nicht so streng wie der Redner davor hüten muß, die rhetorischen Tugenden *(virtutes oratoris)* zu verletzen. Verstöße haben bei »den Verfassern von Gedichten [...] Nachsicht verdient« oder müssen »sogar zum Lobe angerechnet«[222] werden. Der Dichter ist in der Wahl seiner Worte nicht so sehr gebunden wie der Redner, denn der Verszwang entschuldigt ihn, »es sei denn, sie träfen die Wahl zwischen zwei Wörtern ohne daß die Fügung der Versfüße ein Hindernis bildete«[223]. Die Interpretation der Werke der Dichter schult die Urteilskraft. Daneben verschafft sich der angehende Redner – ebenso wie bei der Lektüre der Redner und Geschichtsschreiber – Beispiele, die er in seinen Reden verwenden kann.[224] Lehrreich ist, neben einigen Tragödien, auch die Behandlung der Komödie, »die ja für die Beredsamkeit soviel bieten kann, da sie alle menschlichen Typen und Gefühlsregungen durchläuft«[225].

Auch die »sogenannte Affektlehre der Musik«[226] ist dem Redner von Nutzen; die Rhythmik der Musik ist der Metrik verwandt, die Tongebung ist brauchbar, da auch der Redner durch Ton, Heben, Senken und Modulation seiner Stimme beim Zuhörer Affekte erzeugt. Quintilian führt das Beispiel des C. Gracchus an, von dem es heißt, er habe sich vor der Rede durch einen Musiker mit einer kleinen Pfeife die Tonlage geben lassen, um seine Stimme auf die richtigen Grundtöne einzustellen.[227]

Die Geometrie braucht der Redner zur Entfaltung seines Scharfsinns; sie teilt sich in die beiden Bereiche der Zahlen und Figuren. Es wäre unschön für einen Redner, müßte er sich, in Unkenntnis der Zahlen, vor Gericht der Fingergebärde bedienen, um einer Rechnung zu widersprechen; die Geometrie kann bei Streitfragen um Landvermessungen nützlich sein.[228] Eng verbunden mit der Geometrie ist die Astronomie, die Bestimmung und Berechnung der Gestirne und des Kosmos; sie gehört zur Allgemeinbildung des Redners, da durch sie Orts- und Zeitberechnungen durchgeführt werden können; scheinbar »unerklärbare« Sonnenfinsternisse, die Furcht einflößen, werden durch sie erklärt.[229] Voraussetzung zum Unterricht der Rhetorik ist also die Allgemeinbildung, »der Kreis des Wissens [...], den die Griechen ἐγκύκλιος παιδεία *[enkyklios paideia]* nennen«[230].

Schließlich wird der Schüler dem Rhetoriklehrer zum Unterricht übergeben. Er lernt die Mittel, den Stoff einer Rede aufzufinden, ihn zu ordnen, sich gut auszudrücken (Quintilian lehrt, daß bei der Drei-Stil-Lehre zwischen den einzelnen drei Hauptstilarten deren Mischungen liegen, und trägt damit den Theorien seiner Zeit, die die drei Stilarten um diverse andere vermehrt hatten, Rechnung) und das Gedächtnis zu schulen, schließlich noch den Vortrag[231]; der Redner sieht dabei auf die Gestik und das Mienenspiel des Schauspielers und verwendet Brauchbares für seinen Vortrag. Für das Auftreten des Redners gibt Quintilian bis ins Detail gehende Ratschläge, etwa, wie die Körperhaltung dem würdigen Auftreten des Redners gemäß ist[232], wie die Hände dem Vortrag gemäß bewegt werden sollen[233], wie die Fußstellung angemessen wirkt[234], sogar den »gepflegten Anzug« ohne »Besonderheiten« rät Quintilian dem Redner und gibt genaue Regeln zur Beachtung. »Denn sowohl die Toga wie das Schuhwerk und Haar bietet gleichen Anstoß durch zu große Sorgfalt wie Vernachlässigung.«[235]

Der Redner hat nicht nur zu wissen, was nützlich für die Rede ist, sondern auch, was sich ziemt. »Manchmal indessen kommt es [...] hierbei zu Widersprüchen, doch sooft beides gegeneinander steht, wird über die reine Nützlichkeit das siegen, was sich ziemt.«[236] Das Schickliche, sich Ziemende, erfährt neben seiner Bestimmung durch Moralphilosophie und Konvention eine weitere Bestimmung durch die Person des Redners. Entsprechend seinem Alter, seiner körperlichen Konstitution, seiner sozialen Stellung etc. hat er seinen Vortrag zu gestalten.

»Die Hauptsache bei der Kunstlehre sei, daß sich schicke, was man mache«[237], und die Rhetorik ist die Wissenschaft des guten Redens *(bene dicendi scientia)*.[238] Diese Definition meint, daß der Redner zwar das Interesse einer Partei vertritt, verlangt aber, daß er bei seinem Vortrag die »Schicklichkeit« nicht verletzt. »Unser Redner aber und seine Kunst, [...] ist nicht vom Erfolg abhängig: zwar strebt nach dem Sieg, wer redet, doch wenn er gut geredet hat, hat er, auch wenn ihm der Sieg nicht vergönnt ist, geleistet, was die Kunst ausmacht.«[239]

Quintilian definiert die Rhetorik sowohl als »eine sittliche Leistung«[240] als auch »als Kunst der praktischen Betätigung oder politischen Lenkung«[241], bei der die Wirkung im Sinne des Parteiinteresses als Ziel verstanden wird. Den Redner, der seine Kunst nur um der Kunst willen betreibt, vergleicht er mit dem »Künstler«, den Alexander der Große sah: dieser konnte Kichererbsen aus einem bestimmten Abstand durch ein Nadelöhr fallen lassen, ohne daß eine danebenfiel. Für seine »Kunst« gab Alexander ihm als angemessene Belohnung – Kichererbsen.[242]

Damit die Beredsamkeit stets dem tugendhaften Handeln verpflichtet bleibt, soll sie nicht dazu benutzt werden, Geld zu verdienen, »denn sobald erst einmal die Zunge eine Erwerbsquelle zu werden begonnen hatte und es zum festen Brauch wurde, die gute Gabe der Beredsamkeit zum Schlechten zu gebrauchen, ließen die, die für geschickte Redner galten, die Sorge um die Sitte beiseite.«[243] Der Redner, der genügend Geld besitzt, darf keinen Gewinn aus seinem Talent ziehen, derjenige aber, der darauf angewiesen ist, soll sich nicht entlohnen lassen, sondern das Geld mit dem Bewußtsein annehmen, »selbst bei weitem mehr geboten zu haben«[244].

Der ideale Redner Quintilians ist somit ein Ehrenmann, der ohne materielle Zwänge die Fragen der »Schicklichkeit« – das, was sittlich »gut oder verwerflich« ist – mit den Kenntnissen der Philosophie und Ethik entscheiden kann. Denn wie ein Feldherr, so bedient sich auch der Redner in manchen Fällen des falschen Scheins; doch wenn er zuweilen Falsches sagt und dem Richter die Wahrheit vorenthält, so tut er dies stets um der Wahrheit willen, denn viele Handlungen sind nicht an sich gut zu heißen, aber doch nach ihren Beweggründen.[245] »Wir wollen hier gar keinen Zweifel lassen: Angenommen es hat jemand einen Anschlag auf einen Tyrannen gemacht und ist deshalb angeklagt: Wird dann etwa nicht der Redner, so wie wir ihn fordern, es wünschen, daß ein solcher Mann heil davonkommt?«[246] Selbst die »strengsten Stoiker« müßten gelten lassen, »daß ein ehrenhafter Mann einmal in die

Lage kommen wird, eine Lüge auszusprechen«[247], sei es in harmlosen Fällen, z.B. bei der Erkrankung von Kindern, oder aber, um einen »Strolch davon abzubringen, einen Menschen zu erschlagen«[248].

Dem Vorwurf, daß die Rhetorik zwar den rechtschaffenen Mann fordere, aber durch die Vertretung entgegengesetzter Parteiinteressen durch zwei Redner mit sich selbst in Widerspruch gerate, hält Quintilian entgegen, daß in diesem Fall »die Sache [...] gegen die Sache, nicht die Rhetorik gegen sich selbst steht«[249] und daß »bisweilen gerechte Streitfälle zwei weise Männer in Gegensatz bringen«[250]. Es ist somit legitim für den Redner, ein parteiliches Interesse wahrzunehmen und in der Rede »den Richter nicht nur zu dem zu treiben, wohin ihn auch die Natur des Vorgangs von selbst führen wird, sondern Erregung der Leidenschaft, die noch nicht vorhanden ist, zu schaffen oder sie über das Vorhandene hinaus zu steigern.«[251]

Die Regeln, die die Rhetorik dazu gibt, sind keinesfalls unumstößlich, sondern Ratschläge, die entsprechend der Situation und dem Nutzen der Partei verändert werden können.[252]

Quintilian kritisiert die bestehende »Redekunst« als schwülstig, entartet und fehlerhaft. »In erster Linie leitet er den Verfall der Beredsamkeit analog zu Seneca (ep. 114) von der Verderbnis der Sitten her.«[253] In der Bestimmung dieser Ursache und der Kritik der Deklamatoren, deren Welt der »Zauberer, Pestilenzien, Orakelworte, Stiefmütter«[254] vor der Realität des Prozeßredners zusammenbricht, stimmt Quintilian mit seinen Zeitgenossen überein. Er betrachtet den Verfall der Beredsamkeit als Geschmacksverirrung, die Fähigkeit, über natürliche Schönheit zu urteilen, sei pervertiert: »Jene Erscheinungen jedoch, wie verrenkt sie auch immer sind, bestaunen wir als erlesener, nicht anders als bei manchen Herren verkrüppelte und irgendwie entstellte Körper höher im Preise stehen als solche, die von den Vorzügen ihres Aussehens nichts eingebüßt haben. Glauben doch auch Leute, die sich vom Schein blenden lassen, die Schönheit bei Menschen, die ihre Haare am Körper glatt ausrupfen, sich Locken brennen und in Farbe erstrahlen, die nicht ihr eigen ist, sei größer als sie die unverdorbene Natur verleihen kann, so daß es scheint, als käme die Schönheit des Körpers von der sittlichen Mißgestalt des Geistes!«[255]

Cicero folgend, definiert Quintilian den Geschmack *(iudicium)* als nicht lehrbar, als angeboren, und vergleicht ihn mit dem Geschmackssinn *(gustus)* und dem Geruchssinn. Der Geschmack *(iudicium)* ist zwar dem Menschen angeboren, gehört also zur *natura*[256], ist aber gefährdet und birgt in sich die Möglichkeit der Geschmacksverirrung (nicht des Verfalls oder Wegfalls). So ist es nötig, durch die Erziehung den Redner zu einem gefestigten und nicht mehr gefährdeten Geschmacksurteil[257] zu führen, denn die Lehre vom Urteilsvermögen ist eng mit allen Bereichen der Redekunst verbunden.

Quintilian versucht, den Verfall der Beredsamkeit und die »Geschmacksverirrung« seiner Zeit durch seine bis ins Detail geplante Erziehung zum Redner zu überwinden. Unter diesem Aspekt ist er bemüht, das Erbe der rhetorischen Tradition in der Linie der Sophisten, Aristoteles' und Ciceros anzutreten und für diese Erziehung zu verarbeiten. Entsprechend jener Tradition ist der »ideale Redner« Quintilians ein politisch handelnder Mensch, kein Redner-Schauspieler in der Art der Deklamatoren seiner Zeit.

In der »Natur des Menschen« ist – so Quintilian – seine Bildungsfähigkeit begründet. »Geistig stumpfe und ungebildete Menschen jedoch kommen natürlicherweise nicht häufiger zur Welt als durch Mißgestalt und Mißbildungen gezeichnete Körper.«[258]

Die Natur des Menschen schafft also die besten Voraussetzungen; Aufgabe der Erziehung ist es, diese zu entwickeln und zu ihrem Ziel, dem idealen Menschen in der Person des praktisch handelnden Redners zu führen.[259] Anlage und Begabung *(ingenium)* jedoch sind verschieden, »eine von der Stoa ebenfalls betonte und vertretene Ansicht; *der Fortschritt bei Fabius* liegt vor allem in der Betonung der Pflicht des Lehrers, der Individualität des Schülers sorgsam nachzugehen und auf Grund der gewonnenen Erkenntnisse seinen Unterricht und seine Erziehungsarbeit einzurichten.«[260]

Voraussetzungen der Ausbildung zum Redner sind somit die natürliche Anlage *(natura),* die Regeln der rhetorischen Theorie *(ars),* der Fleiß *(studium),* die Übung *(exercitatio)* und schließlich die Nachahmung *(imitatio)* anerkannter Vorbilder; die Nachahmung darf sich jedoch nicht auf die bloße Kopie des bereits Gesagten oder Geschriebenen richten, sondern soll sie überbieten. Die Rede des idealen Redners muß sich durch ihre Originalität, ihre Eigenheit als Produkt des in der bestehenden Wirklichkeit wirkenden Subjekts auszeichnen: »Schimpflich ist es geradezu, sich damit zu begnügen, nur das zu erreichen, was man nachahmt. Denn noch einmal: was wäre geschehen, wenn niemand mehr zustande gebracht hätte als sein Vorgänger.«[261]

B. Christliche Erbschaft der Rhetorik im Mittelalter

1. Einleitung

Die Geschichte der Rhetorik im Mittelalter ist geprägt durch das Zusammentreffen der überkommenen antiken Kultur mit der christlichen Lehre. Der Kirchenvater Hieronymus (ca. 345–420) verglich das christliche Erbe an den Wissensdisziplinen der Antike mit der Behandlung einer gefangenen Frau.[1] Er deutete eine Bibelstelle allegorisch und lieferte damit ein im Mittelalter oft wiederholtes Argument: Wer in einem Kriege Gefangene genommen und ein mitgefangenes »Weib von schöner Gestalt« liebgewonnen habe, der mag sie getrost in sein Haus nehmen. »Und sie schere dann ihr Haupt, beschneide ihre Fingernägel, lege ihre Gefangenenkleidung ab, verbleibe in deinem Hause und betraure noch einen Monat lang ihren Vater und ihre Mutter. Danach magst du zu ihr eingehen und sie ehelichen, daß sie dein Weib sei.«[2]

Hieronymus ist der Übersetzer der Vulgata, des Bibeltextes, der die zahlreichen schlechten und anonymen lateinischen Übertragungen, die in den ersten nachchristlichen Jahrhunderten kursierten, verdrängte und dessen Latein zur Grundlage der Gelehrtensprache des Mittelalters wurde; die Vulgata stellt auch den maßgeblichen Bibeltext der römisch-katholischen Kirche dar. Hieronymus nimmt mit diesem Gleichnis eine vermittelnde Position im Streit um die Rolle der »heidnischen Wissenschaften« in der christlichen Kultur ein, der von der Zeit des Urchristentums bis weit ins Mittelalter reichte; in ihm wurde immer wieder die in der Heiligen Schrift offenbarte göttliche Weisheit der Christen mit der heidnischen Menschenweisheit konfrontiert.

So legt etwa Tertullian (ca. 160–220), der älteste lateinisch-christliche Autor[3], von dem Schriften erhalten sind, in seinen Ausführungen »De praescriptione haereticorum« (Prozeßeinrede der Irrlehrer) dar, daß jegliche Abweichungen von der kirchlich-apostolischen Wahrheit als Irrlehre zu gelten hätten. Er kritisiert besonders den Rückgriff auf antikes Kultur- und Gedankengut und führt als warnenden Beleg die Äußerungen des Paulus im Brief an die Kolosser an. Der Apostel sei in Athen gewesen, und er warne doch vor jenen, die durch Philosophie und leeren Trug versuchten zu täuschen (Kol. 2,8). »Was hat Athen mit Jerusalem zu schaffen, was die Akademie mit der Kirche, was die Häretiker mit den Christen?« fragt Tertullian mit rhetorischem Geschick. Nicht minder beredsam fährt er fort: Mögen die Ketzer »meinethalben, wenn es ihnen so gefällt, ein stoisches und platonisches und dialektisches Christentum aufbringen! Wir indessen bedürfen seit Jesus Christus des Forschens nicht mehr, auch nicht des Untersuchens, seitdem das Evangelium verkündet worden. Wenn wir glauben, so wünschen wir über den Glauben hinaus weiter nichts mehr. Denn das ist das erste, was wir glauben: es gebe nichts mehr, was wir über den Glauben hinaus noch zu glauben haben.«[4]

Der Unwille der frommen Eiferer richtete sich besonders gegen die Hauptdisziplinen der antiken Kulturüberlieferung, gegen die Grammatik, Dialektik und die

Rhetorik. Was brauche man die alte Grammatik? Oder, so fragt etwa Arnobius aus Sicca (um 300), einst Rhetor in Sicca Veneria, nach seiner plötzlichen Bekehrung aber ein Feind aller heidnischen Überlieferung und Verfasser einer Schrift »Gegen die Heiden« (Adversus gentes [nationes], ca. 303 verf.), oder werde etwa die Wahrheit einer Aussage durch einen grammatischen Fehler gemindert? Dialektik wird als Schlinge und Falle für Gutgläubige angesehen, die Rhetorik schließlich sei, so Titianus (ca. 300), zur Ungerechtigkeit und Verleumdung erfunden.[5] Titus Flavius Clemens von Alexandrien (um 150–215) verfaßte eine »Mahnrede an die Heiden« (Protreptikos pros tus Hellenas, entst. 195) und verkündete, daß das Evangelium, nicht aber die Rhetorik und Philosophie zum besseren Menschen leite; Caecilius Cyprianus Thascius (um 200–258), auch ein Bekehrter, wendet sich ebenso gegen die heidnische Philosophie wie später Lucius Caecilius Firmianus Lactantius († ca. 330), der in seinen »Göttlichen Unterweisungen« (Divinae institutiones) aus der Widersprüchlichkeit der Philosophen auf die Unwahrheit der heidnischen Lehren schlechthin schloß und diesen die wahre, christliche Weisheit entgegensetzte.[6]

Die Abwertung der *sapientia saeculi,* des weltlichen, menschlichen Wissens, gegenüber der *sapientia spiritualis,* der geistlichen, göttlich inspirierten Einsicht, resultierte aus der Stellung des frühen Christentums gegenüber dem Staat und der in ihm präsenten Tradition und Kultur; wie man der christlichen und nicht der weltlichen Weisheit folgte, so setzte man dem weltlichen Reich das Reich Gottes entgegen und leitete daraus die Verweigerung des Kaiseropfers und die Absage an die späteren kaiserlichen Vergötterungsansprüche ab. Die Ausschreitungen gegen die Christen und die Verfolgungen unter Decius, Valerian und Diokletian im 3. und zu Beginn des 4. Jahrhunderts folgten letztlich aus dieser Oppositionsstellung.

Nach dem Toleranzedikt von Mailand (313) und der gewährten Religionsfreiheit unter Konstantin, nach der Erhebung des Christentums zur Staatsreligion unter Theodosius (381) schließlich änderte sich diese Situation. Zwar gab es, wie es zuvor ja auf der anderen Seite auch Fürsprecher der antiken Kultur gegeben hatte, noch immer die ablehnende Haltung zu den heidnischen Wissenschaften, es mehrten sich aber jene Stimmen, die für eine differenziertere Auseinandersetzung mit dem antiken Erbe eintraten, die, wie der eingangs zitierte Hieronymus, eine vermittelnde Sichtweise befürworteten. Das vierte Jahrhundert war dabei das für die Begründung der christlichen Kultur und die »Entwicklung der alten katholischen Kirche wichtigste. Der Kampf gegen den Hellenismus war so gut wie überflüssig geworden: auf diesem Gebiet war die Kirche längst aus der ›militans‹ eine ›triumphans‹ geworden.«[7] Zur Entwicklung einer christlichen Kultur reichte nicht länger das bloße Bekenntnis zur Heiligen Schrift; das konnte die »gebildeten Heiden« kaum von den Vorzügen der christlichen Lehre überzeugen, bemängelten sie doch die ungeschliffene literarische Form der Heiligen Schriften und auch die schlechten Übersetzungen. So ist es kaum verwunderlich, daß die größten und wirkungsvollsten Prediger, die die alte Kirche hervorbrachte, Gregor von Nazianz (329/30–390/91), Basileios der Große (um 330–407) und Ioannes Chrysostomos (347–407), das Bekenntnis zum Christentum mit einer ausgezeichneten hellenistischen Bildung verbanden, sie waren »ausgerüstet mit den seit Jahrhunderten im Kampfgetümmel und Siegesjubel erprobten Waffen hellenistischer Rhetorik.«[8]

Grundlegend für die Einstellung der christlichen Kirche zur antiken Bildung wurde ein Traktat von Basileios über den nützlichen Gebrauch der heidnischen

Schriften (pros tus neus). Basileios mißt der überlieferten heidnischen Weltweisheit propädeutischen Wert bei. Zur Verdeutlichung bedient er sich eines Bildes aus dem platonischen Höhlengleichnis: »Erst müssen wir uns daran gewöhnen, die Sonne im Wasser zu sehen, ehe wir unseren Blick auf das Licht selbst heften.«[9]

In Anlehnung an die Heilige Schrift konkretisiert Basileios seine Aussage mit einem weiteren Bild: »Wie könnte man denn wohl die heidnische und die christliche Lehre in ihrem Verhältnis zueinander bildlich darstellen? Etwa mit einem Baume, dessen eigentlicher Wert darin liegt, daß er zu seiner Zeit Früchte trägt, der aber doch auch seinen Schmuck hat und Blätter treibt, die die Zweige umrauschen. So verlangt auch die Seele vornehmlich eine Frucht in der Wahrheit (Joh. 8,32; 2. Kor. 4,2); aber es steht ihr auch das Gewand fremder Weisheit nicht übel an, wie denn auch Blätter der Frucht Schatten und ein liebliches Aussehen verschaffen.«[10]

Das Verhältnis zu den antiken Wissensdisziplinen wurde nicht selten durch die Bewertung der Rhetorik bestimmt. Ihre Ablehnung war aber genau besehen auch oft nur eine Abwendung von der Deklamationskunst, die Ablehnung der prunkvollen, geschmückten Rede, der das Ideal der Einfachheit entgegengesetzt wurde. Basileios etwa erklärte, er ziehe die Klarheit des Ausdrucks der bloßen Schönrednerei vor, die Schule Gottes brauche nicht die Regeln des Enkomions und beschäftige sich nicht mit sophistischen Eitelkeiten.[11] Ambrosius (339–397) räumt sogar ein, daß rhetorischer Schmuck hin und wieder recht nützlich sei, ja sogar in der Heiligen Schrift vorkomme, er setzt aber lobend gegen die Philosophen und Redner, also offenkundig gegen die sogenannte Zweite Sophistik, den schlichten *stilus historicus* des Evangelisten Lukas.[12] Wie also schon Platon gegen die Rhetorik der ersten Sophistik zu Felde zog und dabei eine Redekunst entwickelte, die mit seiner Philosophie übereinstimmte, so sind es auch hier oft gewandte Redner, die gegen die herrschende Rhetorikauffassung angehen. Obwohl also Rhetorik und Christentum in Konflikt gerieten, »kann das Christentum in gewissem Sinne als eine rhetorische Religion angesprochen werden. Die vielbändigen Werke der lateinischen Patristik lassen erkennen, daß in den frühen Jahrhunderten ein christlicher Führer zugleich Schriftsteller und Redner, Lehrer, Apologet, Briefeschreiber, Prediger war, ein Mann, der das geschriebene und gesprochene Wort sich ganz zu Diensten machte. Die Patristiker verfuhren darin mit größter Selbstverständlichkeit, sie waren in den heidnischen Schulen erzogen worden, hatten vielfach Rhetorik gelehrt. Sie hatten die Kunst der Überredung und des Ausdrucks gelernt, und diese Kunst stellten sie mit allen Regeln in den Dienst ihrer Religion.«[13]

2. Augustinus und die christliche Beredsamkeit

Auch Aurelius Augustinus (354–430), der Sohn eines römischen Veteranen und einer gläubigen Christin, vereinigte in seiner Person die griechisch-römische Bildung und, nach seiner Taufe im Jahre 387, den christlichen Glauben. Bezeichnenderweise war es das neuplatonisch gefärbte Christentum des Ambrosius, das ihn überzeugte. Zuvor war er Rhetoriklehrer gewesen, als Zwanzigjähriger in seiner Heimatstadt Thagaste in Numidien, im Jahr darauf in Karthago, 383 war er bereits so bekannt, daß er nach Rom berufen wurde und bald darauf in die kaiserliche Residenz Mailand.

Augustinus war also vertraut mit den Schriften der rhetorischen Tradition, er studierte in der Zeit vor seiner Bekehrung, so erinnert er sich, »in noch ungefestigtem Alter die Lehrbücher der Beredsamkeit, in der ich mich auszuzeichnen wünschte. Verwerflich und nichtsnutzig war die Absicht, die ich dabei hegte, denn es ging mir nur um die Befriedigung der Eitelkeit.«[14] Als Rhetoriklehrer bot er dann, bekennt er, »siegreiche Geschwätzigkeit feil« und unterwies seine Schüler »ohne Trug in den Künsten des Trugs, nicht daß sie sich ihrer zum Schaden Unschuldiger, aber doch wohl gelegentlich zum Vorteil Schuldiger bedienten.«[15]

In der Abwendung von der Rhetorikauffassung der 2. Sophistik folgt Augustinus vielen seiner Zeitgenossen ebenso wie in dem biblisch begründeten Anspruch auf ein Erbe der heidnischen Wissenschaften. Er gebraucht dabei ein oft wiederholtes Bild: Wie das Volk Israel Gold, Silber und die Kleider der Ägypter übernahm, so sollten die Christen die Weisheiten der Heiden sich zum besseren Gebrauch aneignen. Denn nicht in allem irrten deren Schriften! Sie enthielten beispielsweise »einige sehr nützliche Sittenvorschriften; ja selbst über die Verehrung Gottes kann man bei ihnen manches Wahre finden. Was sie so als ihr Gold und Silber besitzen, das haben sie sich nicht selbst gegeben, sondern sozusagen aus den Schächten der überall waltenden göttlichen Vorsehung (wie aus einem Bergwerk) gezogen.«[16] Das Studium der überlieferten Wissenschaften könne kaum schaden, denn ein einfaches Prinzip schütze davor: »Mag der Mensch außerhalb der Heiligen Schrift gelernt haben, was er will: dieses sein Wissen wird aber dort verurteilt, sobald es schädlich ist; ist es aber nützlich, dann findet es sich auch in der Heiligen Schrift.«[17]

In seinem Werk »De doctrina christiana« (Von der christlichen Lehre) versucht Augustinus nun, die überlieferten Wissensdisziplinen der Antike für die christliche Lehre fruchtbar zu machen. Es umfaßt vier Bücher, Buch 1 bis 3 wurden um 397, Buch 4 wurde mehr als ein Vierteljahrhundert später im Jahre 426 verfaßt. Mit dieser Schrift beginnt nach Jahrhunderten des Niedergangs der Redekunst eine neue Epoche der Rhetorik[18], ja der vierte Teil, der sich hauptsächlich mit den Problemen der Redekunst befaßt, »läßt sich als eine christliche *Ars Rhetorica* oder besser als ein christliches *De Oratore* begreifen, denn das Werk hat mehr mit Cicero als mit der Tradition der Schulen gemein.«[19]

Die Aufgabe seiner Abhandlung »Von der christlichen Lehre« faßt Augustinus bündig zusammen: »Um zwei Punkte dreht es sich bei jeglicher Beschäftigung mit den (heiligen) Schriften: einmal um die *Auffindung [modus inveniendi]* dessen, was verstanden werden soll, und dann um die *Darstellung [modus proferendi]* des Verstandenen.«[20] Die ersten drei Bücher wenden sich nun dem Teil der Auffindung und der Lehre der Heiligen Schrift zu, sie sind gewissermaßen eine Anleitung zum Verständnis und zur Interpretation, während das vierte Buch sich mit der Darstellung der aus der Schrift gewonnenen Lehren befaßt.

Augustinus‹ Schrift ist nicht die erste zur biblischen Hermeneutik. Wenige Jahre zuvor, um 390 n.Chr., hatte der Donatist Tyc[h]onius (um 400), ein Anhänger jener schismatischen Religionsgruppe im Norden Afrikas also, die nach Donatus von Casae Nigrae benannt wurde[21], das Werk »Liber regularum« (Regelbuch) geschrieben, in dem er sieben Regeln zum Verständnis des Schriftsinnes geben wollte. Zwar schätzte Augustinus seinen Vorgänger auf dem Gebiet der christlichen Hermeneutik, dessen Werk war aber nicht frei von häretischen Anschauungen; auch dieser

Aspekt mag Augustinus bewogen haben, seine eigenen Erläuterungen zum Verständnis der Heiligen Schrift darzulegen.

Die beiden ersten Bücher von »De doctrina christiana« handeln von der Vorbildung und den Voraussetzungen für ein fruchtbares Bibelstudium, das erste Buch befaßt sich mit Glaubensfragen, die aus der Bibel abgeleitet und verantwortet werden können, das zweite dann vorwiegend mit den Verständnishilfen, die die Profanwissenschaften bieten, und wie mit ihnen zu verfahren sei. Das dritte Buch befaßt sich mit der Deutung der Bibel und versucht dafür Regeln zu geben, die sieben letzten Kapitel erörtern dabei eingehend die sieben Regeln des Tyc[h]onius. Das vierte Buch schließlich beschäftigt sich mit der Vermittlung und Darstellung der erworbenen Einsichten und bringt Ansätze zu einer systematischen Homiletik, die sich auf spätere Entwürfe und Erörterungen zur Predigtheorie auswirkten. Gesondert erschien dieser Teil später, nach Einführung der Buchdruckerkunst, unter dem bezeichnenden Titel »De arte praedicandi« (Straßburg 1465).

Augustinus rechtfertigt die Aufnahme der Rhetorik in den Kreis der nützlichen Disziplinen mit dem alten Argument, daß die Redekunst in ihrem Gebrauch und Nutzen betrachtet werden müsse. Ihre Regeln selbst »sind wahr, obgleich auch durch sie Falsches geraten werden kann. Weil aber das Angeratene auch wahr sein kann, so ist nicht die Gabe der Beredsamkeit an sich schuldbar, sondern der verkehrte Wille jener, die davon einen schlechten Gebrauch machen.«[22] Er geht allerdings nicht weiter auf die Regeln der Rhetorik ein, obwohl er im 3. Buch einige Tropen erläutert. »Was jene Tropen anbelangt, so liest man in den heiligen Büchern nicht allein Beispiele von allen, sondern von einigen sogar die Namensbezeichnung, wie z.B. Allegorie, Änigma, Parabel. [...] Um die Zweideutigkeiten der heiligen Schriften aufzulösen, ist darum die Kenntnis der Tropen notwendig, weil man, falls der Sinn nach dem Wortlaut gefaßt widersinnig ist, ganz gewiß die Frage stellen muß, ob denn nicht vielleicht dieser oder jener Tropus in den nicht verstandenen Worten angewendet ist. Auf solche Weise wurde schon gar mancher verborgene Sinn herausgefunden.«[23] Die Tropen, deren Kenntnis eine wichtige Voraussetzung zur Bibelinterpretation darstellt (in gewisser Weise wurde damit auch ein formalästhetischer Anspruch begründet), gehörten zu Augustinus' Zeit allerdings nicht zu dem Wissen, das der Rhetoriklehrer vermittelte, sie wurden vielmehr als zur Grammatik gehörig gerechnet, in deren Aufgabenbereich ja auch die *enarratio poetarum*, die Interpretation der Dichter, fiel.

Im vierten Buch nun betont Augustinus nachdrücklich die Bedeutung der Rhetorik, wenn er auch nicht deren Vorschriften lehren wolle; die möge sich sein Leser von anderswoher holen. Mit viel Pathos verteidigt er die Redekunst: »Wer wagte [...] die Behauptung, die Wahrheit müsse in ihren Verteidigern gegen die Lüge unbewaffnet sein? [...] Jene sollen durch trügerische Beweisgründe die Wahrheit bekämpfen und der Lüge Geltung verschaffen dürfen, diese aber sollen weder die Wahrheit zu verteidigen noch die Lüge zu widerlegen vermögen! Jene sollen bei dem Versuch, ihre Zuhörer um jeden Preis in den Irrtum zu treiben, deren Gemüt schrecken, betrüben, erfreuen, feurig ermahnen dürfen; die Verteidiger der Wahrheit aber sollen eine kalte und matte Rede voll Schläfrigkeit halten müssen! Wer ist so töricht, eine solche Forderung zu ersinnen?«[24]

Allerdings, so schränkt Augustinus ein, solle die Kenntnis der Rhetorik in einem eigens dafür bestimmten angemessenen Zeitraum erlernt werden, der nicht zu lang sein dürfe. Denn der antiken Tradition entsprechend sieht er als Voraussetzung für den guten Redner neben dem Eifer *(studium)* im Erlernen der Technik und der Übung *(exercitatio)* durch Nachahmung *(imitatio)* das Talent *(ingenium)* an. »Wo aber eine natürliche Anlage zur Beredsamkeit fehlt, da werden weder die Vorschriften der Rhetorik begriffen noch nützen sie etwas, wenn trotz großer Mühe ihr Verständnis nur zu einem kleinen Teil eingebläut werden konnte.«[25] Es lohne sich also nicht, eine große Zeitspanne für das Erlernen von Regeln aufzuwenden. Denn vielleicht werde der, bei dem der Rhetorikunterricht keinen Erfolg hatte, durch Lektüre und Nachahmung zu einem brauchbaren Redner. »Wir wissen doch, daß sehr viele ohne im Besitze der rhetorischen Vorschriften zu sein, viel beredter sprechen als gar manche, die sie gelernt haben, während andererseits niemand beredt ist, der nicht Abhandlungen und Reden beredter Männer gelesen oder gehört hat.«[26]

Solche Äußerungen stellen nun keineswegs eine Abwertung der Rhetorik dar, lediglich eine andere Bewertung des Verhältnisses von natürlicher Anlage und den Möglichkeiten der erlernbaren Kunstmittel, als es in den Rhetorikschulen der Zeit üblich war. Beim Erlernen der Redekunst gibt Augustinus der Nachahmung einen sehr viel größeren Raum als der Regelkenntnis, was sich im Unterricht in der bestimmenden Stellung der *lectio,* der Lektüre und Vorlesung, ausdrückte. Dennoch aber sieht er ganz im Sinne des ciceronianischen *orator perfectus* als Ideal die Verbindung von Weisheit und Beredsamkeit; wobei sich allerdings die Weisheit am (durch die heidnischen Wissenschaften geförderten) Verständnis der Heiligen Schrift mißt. »Es gibt also Männer der Kirche, welche die göttlichen Aussprüche nicht allein weise, sondern auch beredt behandelt haben«[27]; aufs glücklichste finde sich diese Verbindung bei den Verfassern der Heiligen Schriften. Am Beispiel der Briefe des Apostels Paulus und des Buches Amos weist Augustinus nun das häufige Vorkommen rhetorischer Mittel (Klimax und Antithese etwa) nach. »Hätte ich Zeit, dann könnte ich den ganzen Vorzug und Schmuck der Beredsamkeit [...] auch in den heiligen Schriften jener Männer nachweisen, welche die göttliche Vorsehung zum voraus berufen hat, um uns zu unterweisen und aus dieser verkehrten Welt ins ewige Leben zu versetzen.«[28]

Augustinus sieht die Wahrheit der Heiligen Schrift in natürlicher Weise mit den Mitteln der Rhetorik verbunden, diese würden nicht, wie in den zeitgenössischen Rhetorikschulen, zum Selbstzweck vorgetragen. So kann er feststellen, daß deren Verfasser zwar göttlich inspiriert seien, sich aber, indem sie die Wahrheiten angemessen vortrügen, rhetorischer Mittel bedienten. »Wir behaupten nun zwar nicht, der Apostel [Paulus] habe die Vorschriften der Beredsamkeit absichtlich befolgt, wir leugnen aber auch nicht, daß seine Weisheit mit Beredsamkeit verbunden ist.«[29] So versucht Augustinus einen Kompromiß zu finden zwischen seiner Behauptung, die Bibelschriften seien mit rhetorischen Mitteln geschrieben, und dem paulinischen Diktum, jede Heilige Schrift sei von Gott eingegeben (omnis scriptura divinitus inspirata; 2. Tim. 3,16).

Die Rhetorik bezeichnet er als eine Erfahrungswissenschaft, die aufzeichne, was sich in vorzüglichen Geisteserzeugnissen der Redner finde; es könne daher also auch nicht wundernehmen, daß sich jene Beispiele der Redekunst auch in den Zeugnissen finden, »die der Schöpfer des Verstandes gesendet hat. Darum wollen wir es offen aussprechen, daß unsere kanonischen Autoren und Lehrer nicht bloß weise, sondern auch beredt sind, beredt freilich nach einer Art von Beredsamkeit, die solchen Männern geziemt.«[30]

Ganz im Sinne des antiken *vir-bonus-Ideals* argumentiert der Kirchenvater auch, wenn er von seinem idealen Redner fordert, daß sein praktisches Leben den von ihm vorgetragenen und gepriesenen frommen Lehren entsprechen müsse, weil es Vorbildcharakter für die Gläubigen habe. Er zitiert als Autorität den Paulus (1. Tim. 4,12): »Werde ein Vorbild der Gläubigen im Wort, im Wandel, in der Liebe, im Glauben, in der Reinheit.« Allerdings verkennt Augustinus nicht, daß auch Leute mit schlechtem Lebenswandel dem Guten dienen könnten: »dieses (schlechte) Leben aber auch zu lehren, daran hinderte sie der ihnen nicht gehörige Lehrstuhl.«[31]

Die Aufgaben, die Augustinus dem Redner zuweist, stimmen mit denen von Cicero gegebenen überein, er führt diesen sogar ausdrücklich an: »Ein beredter Mann also hat die wahren Worte gesprochen, der Redner müsse so sprechen, daß er belehre, ergötze und rühre *[docere, delectare, flectere]*.«[32] Die Notwendigkeit des Belehrens liege im Stoff der christlichen Rede selbst, dem Ergötzen müsse man in Rücksicht auf den verdorbenen Geschmack Tribut zollen. Das aber reiche noch nicht aus! »Wenn also der kirchliche Redner eine Pflicht einschärft, dann muß er nicht bloß lehren, um zu unterrichten und darf nicht bloß ergötzen, um zu fesseln, sondern er muß auch rühren, um zu siegen. Denn derjenige muß noch durch eine erhabene Beredsamkeit zur Zustimmung hingerissen werden, bei dem dies weder der bis zu seinem Zugeständnis geführte Beweis der Wahrheit noch auch die Zugabe eines anmutigen Stiles bewirkte.«[33]

Wie Cicero verbindet Augustinus mit den Aufgaben des Redners auch die drei Stilarten, nachdem in der Spätantike die Dreistillehre vielfach umgestoßen worden war und an ihre Stelle eine ganze Rosette von Stilarten getreten war. Er trennt dabei aber, im Gegensatz zu Cicero, ausdrücklich den Stoff der Rede von der Stillage, denn alles, was ein christlicher Redner vorzutragen habe, sei groß und bedeutend; somit sei die Verwendung der Stilart vorwiegend durch die richtig erkannte Aufgabe des Redners und die Notwendigkeit der Abwechslung, das rhetorische Prinzip der *varietas* also, bestimmt. Augustinus erläutert entsprechend unterschiedliche Stillagen an Bibelstellen. Auch könne man die unterschiedlichen Stilebenen mischen, ja auch der einfache Stil könne durch die Bedeutung des Gesagten bewegen. Das Hauptbestreben der christlichen Rede müsse sich vor allem auf die Klarheit richten. Als Ziel der Beredsamkeit definiert er schließlich die Aufgabe, »durch das Reden zu der beabsichtigten Wirkung zu überreden; darum spricht der beredte Mann zwar an sich in jeder der drei Stilarten passend für diesen Zweck der Überredung: aber erst mit der Tatsache der Überredung hat er sein Ziel erreicht.«[34]

3. Die *artes liberales* im Mittelalter

Wenn Augustinus dem weisen christlichen Redner die Beschäftigung mit den heidnischen Wissenschaften nahelegt, so sind damit jene Disziplinen gemeint, die als *artes liberales,* als Freie Künste, das Bildungssystem und den Unterricht des Mittelalters prägten und mit denen die Rhetorik tradiert wurde. Schon Seneca (4–65) sprach von den *studia liberalia* und *artes liberales,* den Namen leitete er von der gängigen Meinung ab, daß die Studien eines freien Mannes würdig seien (»quia homine libero digna sunt«).[35] Allerdings muß der Begriff *ars* »von ›Kunst‹ im modernen Sinne streng geschieden werden. Er bedeutete ›Lehre‹ in dem Sinn, den das Wort in ›Sprachlehre‹ hat. Die antike Etymologie brachte das Wort mit *artus* ›eng‹ zusammen: die artes schließen alles in enge Regeln ein.«[36]

Seneca verweist auch auf die Herkunft der Freien Künste aus der *enkyklios paideia,* dem Kreis jenes allgemeinen Wissens, das in der Antike als Bildungsgrundlage für alle weiteren Studien gesehen wurde. Die Philosophen betonten stets den »vorbereitenden, propädeutischen Charakter«[37] der Disziplinen, in der Spätantike allerdings »wurde die Voraussetzung hinfällig […], daß die freien Künste die Propädeutik der Philosophen darstellten. Diese [die Philosophie] hörte auf, eine wissenschaftliche Disziplin und eine Bildungsmacht zu sein. Das bedeutet, daß am Ausgang des Altertums die freien Künste als einziger Wissensbestand übrigblieben.«[38] Allerdings wurden sie auch in ihrer christlichen Ausprägung der *sapientia spiritualis* unterstellt, und nicht zuletzt dienten sie auch als Übung des Geistes *(exercitatio animi).* Die Anzahl der Disziplinen, die zur griechischen Grundbildung und den späteren *artes liberales* gehörten, war zunächst nicht präzise festgelegt, wenn auch Hugo von St. Victor [1097–1141] die Siebenzahl später damit begründete, daß die Schüler des Pythagoras es sieben Jahre lang nicht wagen durften, »ihm für das Gesagte eine Begründung abzuverlangen«[39]. Bei den verschiedenen Autoren schwankte die Anzahl vielmehr, bei Philon von Alexandrien etwa lassen sich sechs Disziplinen nachzählen (es fehlt die Arithmetik), bei Seneca fünf (es fehlen die Rhetorik und Dialektik) – obwohl sicherlich das Fehlen der ein oder anderen Disziplin damit zu erklären ist, daß deren Inhalte von den ihr verwandten aufgenommen wurden.[40] Marcus Terentius Varro (116–27 v. Chr.) aber nannte in seinem »Disciplinarum libri novem« (34/33 v. Chr. verf.) noch neun Disziplinen, neben den bekannten sieben fügte er Medizin und Architektur hinzu.[41]

Martianus Capella aus Karthago, ein heidnischer Schriftsteller, ließ diese beiden Disziplinen wieder aus; sein Werk »De nuptiis Philologiae et Mercurii« (Die Hochzeit Merkurs mit der Philologie), das zwischen 410 und 439 verfaßt wurde, vermittelte den Kanon der Sieben Freien Künste den christlichen Schriftstellern des Mittelalters. Diese »für das ganze Mittelalter maßgebende Darstellung der freien Künste«[42] besteht aus neun Büchern, die in der Form der sogenannten Menippeischen Satire längere Prosastücke mit kleineren Verseinlagen verbinden. In den ersten beiden Teilen wird eine mythisch-allegorische Rahmenhandlung geschildert, die nachfolgenden Teile widmen sich jeweils einer der Freien Künste. Die allegorische Rahmenhandlung erzählt in zahlreichen mythologischen Anspielungen die Hochzeit Merkurs mit der Philologie. »Als Hochzeitsgeschenk erhält die Braut die sieben freien Künste.«[43] Diese erscheinen in Gestalt von Frauen, deren Äußeres Aufschluß über ihren Charakter gibt. Die Grammatik etwa ist eine betagte Frau, die schon in

Memphis lebte, dann in Attika, nun erscheint sie im römischen Gewand; Messer und Feile hält sie in einem elfenbeinernen Kästchen bereit, um den Sprachfehlern der Kinder zu Leibe zu rücken. Die Dialektik erscheint bläßlich und wenig weiblich, eine gewundene Schlange in der Hand, die Regeln in der anderen, dazu mit giftigen Vipern, die sie unterm Gewand verbirgt; die Rhetorik schließlich kommt nach diesen beiden als schöne, majestätische Frau, sie hält Waffen, mit denen sie ihre Gegner verletzen kann, in ihren Händen, an ihrem Gewande glänzen die Redefiguren.[44] Diese allegorischen Gestalten wirkten auf die mittelalterliche Kunst und Dichtung. So erscheinen sie etwa »an den Fassaden der Kathedralen von Chartres und von Laon, in Auxerre, in Notre-Dame von Paris, aber auch noch bei Botticelli.«[45]

Den drei sprachlichen *artes,* die später – wahrscheinlich zur Zeit Alkuins – unter dem Namen *Trivium* zusammengefaßt wurden, folgen die vier mathematischen Disziplinen, die seit Boethius (um 480–524/26) *als Quadruvium,* später als *Quadrivium* zusammengefaßt wurden. Die Benennung erklärte Hugo von St. Victor in seinem »Didascalicon« damit, daß sie als beste Werkzeuge und Anfangsgründe »dem Geiste den Weg [...] bahnen zur vollen Erkenntnis der philosophischen Wahrheit. Daher der Name Drei-Weg [*Trivium*] und Vier-Weg [*Quadrivium*], weil sie für einen regen Geist gleichsam die Wege sind, auf denen er in die geheimen Gemächer der Weisheit vordringt.«[46] Zwar hatte die Philosophie zu Zeiten Hugos von St. Victor wieder einen anderen Wert bekommen als zuvor, dennoch zeigt sich aber eben auch in diesen Benennungen der propädeutische Charakter, den die *artes* auch in den Jahrhunderten davor nicht verloren. Die Reihenfolge, in der Martianus Capella die Künste abhandelte (Grammatik, Dialektik, Rhetorik, Geometrie, Arithmetik, Astronomie und Musik), deutet auf die tradierte Zweiteilung in philologische und mathematische Disziplinen; die Folge innerhalb dieser Teilung variiert aber später. Rhetorik erscheint oftmals vor der Dialektik; Grammatik steht allerdings immer an erster Stelle, da sie als die Grundvoraussetzung aller Fächer angesehen wird. Die Ausführungen über die Freien Künste sind bei Martianus Capella sehr viel ausführlicher als in den Werken späterer Schriftsteller, die Behandlung des *Triviums* und *Quadriviums* erfolgt etwa in gleichem Umfang. Mit dem sprachlichen und interpretativen Interesse der Geistlichen rückte in der Folgezeit das *Trivium* immer stärker in den Vordergrund, während die Disziplinen des *Quadriviums* zurücktraten – nicht zuletzt, da das kosmologische Denken als Lehre von den Quantitäten, das in der Antike und Spätantike die Disziplinen verband, durch ein auf ihre pragmatische Nutzung in der christlichen Lehre zielendes Denken abgelöst wurde.[47]

Bereits in den »Institutiones divinarum et saecularium litterarum« (Unterweisungen in den göttlichen und weltlichen Texten; verf. zwischen 551 u. 562) des Flavius Magnus Aurelius Cassiodorus Senator (um 490–583) erfährt das *Quadrivium* deutlich weniger Aufmerksamkeit als die sprachlichen Fächer. Cassiodor hatte diese Schrift verfaßt, nach seinem Rückzug aus dem öffentlichen Leben im Jahre 555 in das Kloster Vivarium, das er selbst auf seinen Gütern gegründet hatte. Der einstige Quästor Theoderichs, Konsul und Patricius, hatte bereits 535 mit Papst Agapitus I. versucht, eine Gelehrtenschule in Rom zu gründen, jetzt machte er sein Kloster und dessen umfangreiche Bibliothek »zum ersten Bildungszentrum Italiens«[48]. Cassiodors Schrift ist eine Art Studienführer und Handbuch, es besteht aus zwei Teilen, deren erster (»Institutio divinarum lectionum«) sich mit der geistlichen und deren zweiter (»Institutio saecularium lectionum«) sich mit der weltlichen Bildung befaßt. Diese Zweiteilung deutet sicherlich auf den Einfluß von Augustinus »De doctrina christiana« hin, die kanonische Ordnung der *artes* (allerdings vertauschen Rhetorik und Dialektik ihren Platz) auf den des Martianus Capella. So handelt der erste Teil vom Studium der Heiligen Schrift, er geht näher auf Ausgaben, Übersetzungen und Einzelfragen ein, befaßt sich mit den Kirchenvätern und Aspekten der Bibelforschung, schließlich auch mit dem Mönchsleben. Die freien Künste im zweiten Teil werden sehr knapp abgehandelt, Cassiodor verweist dabei auf die Werke der Klosterbibliothek. Überhaupt ist die Schrift ein Kompendium, in dem der Autor versucht, das tradierte Wissen zusammenzustellen und für den christlichen Unterricht zu retten.[49]

Die Grammatik etwa präsentiert einen Auszug aus Donatus, die Rhetorik geht hauptsächlich auf die »Ars rhetorica« des Fortunatianus (wahrsch. 4. Jh.), ein spätantikes Kompendium, zurück[50], daneben finden sich Referenzen an Victorinus und Quintilian sowie Beispiele von Cicero; die Dialektik beruht auf Boethius, Aristoteles, Porphyrius, Cicero, Victorinus und Martianus.[51]

Cassiodors Schrift vermittelte kompilatorisch die antike Bildungstradition den nachfolgenden Autoren, trotz der sich oft auf kaum mehr als Hinweise beschränkenden, knappen Darstellung ist sie in ihrer weitgefaßten Anlage eine Art Rettung des antiken Erbes für den christlichen Unterricht. »Cassiodor hatte wirklich die letzte Stunde der Rettung ausgenützt. Die politischen Ereignisse im Zusammenhang mit dem Langobardensturm, Pest, Erdbeben, Überschwemmungen, Hungersnöte und ähnliches ließen Städte und Schulen veröden, Bilder wurden vernichtet und Bücher verbrannt.«[52]

In der Folgezeit knüpften Autoren, die den Kanon der *artes* in den Unterricht aufnahmen, am Werk Cassiodors an. So Isidorus von Sevilla (um 560–636) mit seinen »Etymologiarum sive Originum libri XX« (Etymologien oder Ursprünge; im Mittelalter waren beide Titel, Etymologiae und Origines, üblich; entstanden in den letzten Lebensjahren des Verfassers und nicht vollendet). »Das Werk geht darauf aus, die Summe des menschlichen Wissens kurz darzustellen. [...] Eigentümlich ist die Disposition des Werkes, das mit den sieben freien Künsten beginnt, nach flüchtigem Überblick über die Medizin zum Recht und zur Zeiteinteilung übergeht, dann sich ausschließlich christlichen Stoffen zuwendet und über Sprachen, Völker, Reiche und Staatswesen handelt. Nach einer längeren etymologischen Episode wird der Faden wieder aufgenommen und Isidor handelt nun über den Menschen, über die Tiere, die Welt und ihre Teile.«[53] Es folgen geographische Ausführungen und Bemerkungen zu vielerlei Themen. In seiner Darlegung der Freien Künste folgt Isidor – teilweise wörtlich – der Schrift Cassiodors, daneben benutzt er zahlreiche antike Quellen. Isidor ist mit seinem enzyklopädisch angelegten Werk neben Cassiodor und Martianus Capella der Vermittler der Freien Künste für das Mittelalter, damit auch der Rhetorik für den Unterricht.

Auf diese Grundlagen wird bei den Reformen während der sogenannten karolingischen Renaissance zurückgegriffen. In seiner »Epistola Generalis«, einem Rundschreiben an die Geistlichen des Reiches, kommt Karl der Große (ca. 742–814) auf den Zustand der Lehre zu sprechen: »Weil uns daran liegt, daß der Zustand unserer Kirchen sich ständig zum Besseren entwickelt, mühen wir uns in wachsendem Eifer darum, die Werkstatt der wissenschaftlichen Bildung, die durch die Untätigkeit unserer Vorfahren fast verödet ist, wiederherzustellen, und wir laden alle, die wir erreichen können, auch durch unser eigenes Beispiel zum Studium der freien Künste ein.«[54] Auch in seiner bekannten »Admonitio generalis« (Allgemeiner Mahnerlaß) aus dem Jahre 789 versuchte Karl auf die Verbesserung der Kirchenschulen hinzuwirken.

Im Jahre 781 berief er den northumbrischen Gelehrten Alkuin (ca. 783–804) an seinen Hof. Wie schon die Siebenzahl der Künste bei früheren christlichen Autoren durch mystische Spekulationen und Verweise auf Bibelstellen begründet war, so auch bei Alkuin. »Die Weisheit hat sich selbst ein Haus gebaut, sieben Säulen hat sie sich zurechtgehauen« (Spr. 9,1), zitiert er in seiner »Grammatica«. Sodann werden die Künste als Stufen dargestellt, die »aus dem Nest der Trägheit [...] auf die Zweige der Weisheit« führen, »Grammatik, Rhetorik, Dialektik, Arithmetik, Geometrie, Musik und Astronomie. Mit ihnen beschäftigen sich die Philosophen in der Muße und bei der Arbeit. [...] Diese Wege sollt ihr, meine innig geliebten Söhne, in eurer Jugend täglich durchlaufen, bis ihr in reiferem Alter mit kräftigerem Geist zu den Gipfeln der heiligen Schrift gelangt.«[55]

Alkuins Schüler Hrabanus Maurus (um 784–856) nahm in seiner Schrift »De institutione clericorum« (Über die Unterweisung des Klerus; verfaßt 819) diese Lehren auf. Nachdem er in deren beiden ersten Büchern verschiedene Lehrsätze und Grunddogmen des christlichen Glaubens abgehandelt hat, gibt er im dritten und letzten Buch eine kurze Einführung in das Studium der Heiligen Schrift, um sodann – allerdings recht kurz und nur hinweisartig – eine Einführung in das Studium der Freien Künste zu geben. Die Künste der Heiden müßten – und nicht nur in diesem Topos wird die Traditionslinie zu Augustinus deutlich –, wenn sie Wahres enthielten, ihren unrechten Besitzern zum christlichen Gebrauch genommen werden, denn das Volk Israel verabscheute auch nicht das Gold und Silber Ägyptens.[56]

Es läßt sich also eine Tradierungslinie der *artes* (wenn auch in den beiden Jahrhunderten vor Alkuin unterbrochen) durch das frühe Mittelalter ziehen; auch im Schulbetrieb des 10. Jahrhunderts findet sich der Fächerkanon, und noch Johannes von Salisbury (ca. 1110–1180) hält ihn zu Ende des 12. Jahrhunderts in seinem »Metalogicon« als Weg zur umfassenden menschlichen Bildung der zunehmenden Spezialisierung und der mit der Neubewertung der Philosophie sich zum Selbstzweck entwickelnden Dialektik entgegen. In den *artes* sieht er das Erbe der Antike, und nicht zufällig gebraucht er das bekannte Bild: Die modernen Menschen seien »klein wie Zwerge im Vergleich zu den antiken Meistern, den Riesen. Aber die Zwerge können auf die Schultern dieser Riesen steigen und so weiter sehen als sie«. [57]

4. Die Rhetorik im Trivium

Die Rolle, die die Rhetorik im Rahmen der christlichen Bildung bekam, war durch Augustinus nachwirkend bestimmt worden. Sie sollte zum einen der Interpretation der Heiligen Schrift dienen, zum anderen zum Ideal des beredten christlichen Weisen führen. So wird sie auch von den beiden christlichen Enzyklopädisten Cassiodor und Isidor im Rahmen der philologischen Fächer der Grammatik nähergestellt, denn diese hatte ja seit Quintilian nicht nur zur korrekten Rede anzuleiten, sondern dem Grammatiker oblag auch die *enarratio poetarum,* die Interpretation der Schriftsteller.

Zwar rückt der Aristoteles-Herausgeber und -Kommentator Boethius die Rhetorik näher an die Dialektik, diese enge Verbindung bekommt jedoch erst mit dem Interesse für Philosophie im 12. Jahrhundert wieder besondere Bedeutung. Die Verbindung wurde durch den inventionellen Teil der Rhetorik und die Topik hergestellt; Boethius gab bekanntlich die Topik des Aristoteles und des Cicero als Kommentator heraus. Im 4. Buch seiner Schrift »De differentiis topicis« (im Mittelalter »Topica Boetii« genannt) erklärt er, daß sich Rhetorik und Dialektik ähnlich und unähnlich zugleich seien. Die Dialektik befasse sich mit den allgemeinen Fragen (Thesen), die nicht aus konkreten Umständen resultieren, die Rhetorik mit konkreten Fragen (Hypothesen), die gerade durch konkrete Umstände hervorgerufen werden. Es ist die Unterscheidung, die schon Hermagoras vornahm, die sich auch in Ciceros »De inventione« findet[58], die dieser aber, als der *orator doctus* zum Rednerideal erhoben wurde, später nicht mehr aufrechterhielt.[59] Aus Ciceros Topik übernimmt Boethius auch die Toposdefinition als »Sitz der Argumente«, *sedes argumentorum,* eine Definition, die von den nachfolgenden Autoren im Rahmen einer der Dialektik zugewiesenen Topik immer wieder aufgegriffen wurde.

Da aber in der Zeit nach Augustinus der besondere Nutzen der Freien Künste darin gesehen wurde, daß sie zum Bibelverständnis und zur Verbreitung des Glaubens leiten sollten, ist es kaum verwunderlich, daß gerade der Grammatik und der Rhetorik eine besondere Bedeutung zukam, daß aber auch besonders diese beiden Fächer in ihrer herausragenden Bedeutung den späteren Gegnern der »heidnischen Wissenschaften« zum Angriffspunkt dienten. So etwa dem Hiob-Kommentator Papst Gregor dem Großen (ca. 540–604); in seiner »Epistola ad Leandrum« (Brief an Bischof Leander von Sevilla; verf. 595) erklärt er, Gottes Wort verwehre »seinen Erklärern ausdrücklich einen nichtigen Wortschwall, der keine Früchte trägt«. Deshalb habe er es bei seinem Hiob-Kommentar auch verschmäht, sich »an die eigentliche Redekunst, wie sie uns ein oberflächlicher Lehrbetrieb aufdrängt, zu halten. Wie schon der Wortlaut dieses Briefes zeigt, hüte ich mich nicht vor dem holprigen Mytacismus, noch meide ich die Sprachvermengung des Barbarismus, ich lege keinen Wert auf die Wortstellung, die Formen der Verben und die Fälle bei den Präpositionen; denn ich halte es für ganz unwürdig, die Worte des himmlischen Orakels auf die Regeln des [Grammatikers] Donatus festzulegen.«[60] Denn, so bekräftigt Gregor an anderer Stelle, »im gleichen Munde können nicht das Lob Jupiters und das Lob Christi wohnen.«[61] Später, im 11. Jahrhundert, wiederholte Petrus Damiani (1007–1072) diese Kritik. Der allmächtige Gott bedürfe »der Grammatik nicht (*deus omnipotens nostra grammatica indiget)* und sandte als Apostel nicht Philosophen und Rhetoren aus, sondern einfache Fischersleute. [...] In einer asketischen Schrift wird dargelegt, daß die Striemen der Geißelung eher zum Studium der heiligen Schrift vorbereiten als die Syllogismen der Dialektik, die schön tönenden Worte der Rhetorik und die mathematisch-astronomischen Studien.« Er empfiehlt schließlich: »Siehe da, Bruder, du willst die Grammatik lernen? Dann lerne nur das Wort Gott in der Mehrzahl beugen.«[62]

Zeigten Gregors Äußerungen Nachwirkungen in den folgenden beiden Jahrhunderten, so kann sich die Lehre des Petrus Damiani nicht gegen den im Lehrbetrieb verankerten Kanon der Künste, gegen Rhetorik und Grammatik durchsetzen. Zu sehr hatten die reformerischen Bemühungen am Hofe Karls gerade auf eine Verbesserung der Sprache gezielt, dagegen, »daß in unsern Tagen bei den heiligen Lesungen des Gottesdienstes unverständliches Kauderwelsch«[63] ertöne. »Vernachlässigt nicht«, hatte Karl der Große gewarnt, »das Studium von Sprache und Schrift, ja mehr noch, in demütiger und gottgefälliger Gesinnung wetteifert miteinander im Lernen, damit ihr leichter und besser in die Geheimnisse der heiligen Schriften einzudringen vermögt. Wenn dann in deren Text Redefiguren, bildliche Ausdrücke und andere derartige Dinge vorkommen, so wird doch zweifellos jeder Leser um so müheloser ihren geistigen Sinn erfassen, je gründlicher er durch die sprachliche Schulung vorgebildet ist.«[64] Wieder ist es das von Augustinus vorgetragene Argument, Grammatik und Rhetorik könnten, da sie Tropen und Figuren lehren, zum Textverständnis verhelfen. Auch der Angelsachse Beda Venerabilis (672/73–735) hatte dazu zwei Schriften verfaßt, »De metrica arte« (Über die Metrik) und »De schematibus et tropis sacrae scriptura« (Über die Figuren und Tropen der Heiligen Schrift).

Wie aber sahen die Hilfsmittel der Rhetorik aus, welche Art von Rhetorik wurde im mittelalterlichen Unterricht gelehrt? Zunächst halten sich Unterricht und Überlieferung bei den frühen Enzyklopädisten noch weitgehend an antike und spätantike Kompendien. Hervorgehoben wird von Cassiodor auch der moralische Anspruch, der sich mit der Rhetoriküberlieferung verbindet. Mit Blick auf Quintilian definiert er Rhetorik als das Wissen, um in öffentlichen und rechtlichen Fragen gut zu reden *(bene dicendi scientia in civilibus quaestionibus)*, um sogleich den moralischen Anspruch des *»bene dicere«* durch das bekannte Rednerideal Catos zu betonen: »So ist denn der Redner ein Ehrenmann, der reden kann.« *(Orator igitur est vir bonus dicendi peritus.)*[65] Diese Definition wird von Isidor und Hrabanus Maurus wörtlich übernommen, wobei auch gerade in der Schule des Alkuin die Verbindung von Beredsamkeit und Tugend betont wurde, wie dessen »Dialogus de rhetorica et virtutibus« (Dialog über die Rhetorik und die Tugenden) zeigt. Zu Beginn betont er die Verbindung von Rede, Vernunft und Menschlichkeit mit der Geschichte, die schon Cicero im ersten Buch von »De inventione« vortrug: Durch die Kraft der Rede sammelte ein Weiser die wild lebenden Menschen und machte »aus wilden Ungeheuern [...] sie zu sanften und zahmen Wesen.«[66]

Cassidor stellt, wenn auch äußerst knapp und stichwortartig, ein Lehrgebäude vor, das von der Erläuterung der Redeteile über die Affektlehre und die aristotelischen *genera*, über die Status-Lehre, die Lehre von den *loci*, die Nennung der Vertretbarkeitsgrade und vielem mehr versucht, ein möglichst geschlossenes System der Rhetorik zu tradieren.

Auch Isidor hält daran fest und äußert sich zudem eingehender zur Figurenlehre, wie vorher Martianus Capella. Alkuin allerdings rekurriert mehr auf einen Aspekt, den auch Augustinus betonte. Er verzichtet auf die Darstellung eines rhetorischen Systems und betont die Vorzüge der *imitatio*. Zwar schreibt er, alle »Regeln und Vorschriften der Redekunst« müßten befolgt werden, erläutert aber dann: »Ein scharfer und feuriger Geist erwirbt die Kunst der Rede leichter durch Lesen und Anhören guter Redner als durch theoretisches Studium. Auch außerhalb des Kanons – des Hortes der Autorität – gibt es kirchliche Schriften, aus denen ein verständiger Mann die Redekunst unbeabsichtigt erlernt, auch wenn er nur dem Inhalt seine

Aufmerksamkeit zuwendet. Er wird zur Vollendung gelangen, wenn er außerdem sich in der Niederschrift, im Diktat und mündlichen Vortrag übt.«[67]

Es wäre aber verfehlt zu glauben, der Schüler hätte seine gesamten Rhetorikkenntnisse bloß durch Lektüre und Vorlesung *(lectio)* und die Nachahmung *(imitatio)* erwerben sollen. Aus den Äußerungen des Hrabanus Maurus zur Grammatik (er wiederholt dort übrigens des Basileios Gleichnis von der »gefangenen Frau«) ist zu entnehmen, daß ein großer Teil dessen, was traditionell und auch in späteren Epochen wieder zur Rhetorik gerechnet wurde, vom Grammatiker im Rahmen der Interpretation der Dichter *(enarratio poetarum)* gelehrt wurde. Die Figurenlehre etwa, die durch Augustinus für die Bibelinterpretation ja besondere Bedeutung bekommen hatte, wird bei Hrabanus Maurus nicht vom Rhetoriker, sondern vom Grammatiker gelehrt[68]; die Lehre vom Rhythmus und die Metrik rechnete schon Isidor zu dessen Aufgabenbereich. Bereits Quintilian hatte davon gesprochen, daß zu seiner Zeit die Vorschriften von den Tropen »auch die Sprach- und Literaturlehrer *[grammatici]*« zu geben pflegten, reklamierte sie aber nachdrücklich für »den Schmuck der Rede.«[69]

Der Grammatikunterricht des Mittelalters wurde nun durch die Schriften des Aelius Donatus (um die Mitte des 4. Jh.) bestimmt. In der »Ars minor«, dem kleineren Lehrbuch, behandelt Donatus die Redeteile *(partes orationes);* in diesem Fall sind aber damit gemeint: Substantiv, Adjektiv, Pronomen, Verb, Adverb, Präposition, Konjunktion und Interjektion. In der »Ars maior« befaßt sich der Autor mit dem Grammatikunterricht für Fortgeschrittene; im dritten und letzten Teil (der oft gesondert von den anderen beiden tradiert und nach dem ersten Kapitel »Barbarismus« genannt wurde) behandelt Donatus dann Metaplasmen, Wortfiguren und Tropen.[70] Priscianus (5./6. Jh.) allerdings verzichtet in seiner »Institutio de arte grammatica« (Unterweisung in der Grammatik; entstanden vor 526) trotz einer umfangreichen Anlage auf Stilistik und Metrik. Da aber Donatus‹ »Barbarismus‹ »in der frühern Zeit der Grammatik Priscianus' gewöhnlich als Anhang beigegeben wurde«[71], dürfte dem Schüler schon vor Beginn des Rhetorikunterrichts ein großer Teil der Figurenlehre bekannt gewesen sein, sie gehörte zu den elementaren Kenntnissen. Erst die Grammatiken des beginnenden 13. Jahrhunderts, das »Doctrinale« (1199) des Alexander von Villa Dei (1160/70–1250) und der »Graecismus« (1212) des Eberhard von Béthune (Ebrardus Bethuniensis, um 1200), traten im Unterricht an die Seite und auch an die Stelle von Donat und Priscian; auch sie behandelten die Figurenlehre.

Wurde Rhetorik zunächst im Rahmen der enzyklopädischen Werke Cassiodors und Isidors in Anlehnung an antike Lehrbücher als geschlossenes Lehrgebäude überliefert, so beruft sich Hrabanus Maurus auf Augustinus und unterwirft Rhetorik verstärkt der Forderung nach dem Nutzen für die christliche Erziehung und Bildung. Im Unterricht nun machte die *lectio,* die Lesung von Texten, einen wesentlichen Bestandteil aus; wie weit ihre Bedeutung ging, zeigt das bezeichnende Mißverständnis Cassiodors: er leitet die Benennung der Unterrichtsdisziplinen als *artes liberales* von *liber,* Buch, ab.[72]

So mußte die Grammatik als Interpretationslehre im Rahmen der *enarratio poetarum* an Bedeutung gewinnen, wurde mit ihr doch die Kenntnis der Figuren und Tropen vermittelt: Grammatische und rhetorische Figuren ließen sich dabei *per definitionem* kaum voneinander trennen.[73] Ein großer Teil der Rhetorik wurde mehr und mehr von der Grammatik übernommen, und mit der Figurenlehre ging fast die gesamte Lehre von Stil und Ausdruck *(elocutio)* in ihr auf, die Metrik fiel ja ohnehin in ihren Bereich. Ein anderer Teil, die *inventio* und mit ihr die Topik, wurde besonders seit Ende des 11. Jahrhunderts weitgehend von der Dialektik beansprucht. Zwischen diesen Disziplinen verlor das überlieferte Lehrgebäude der Rhetorik an Bedeutung, zumal ihr als Lehre von der guten Rede in öffentlichen und rechtlichen Fragen (die einheitliche Definition von Cassiodor über Isidor bis Hrabanus Maurus lautete ja: *»bene dicendi scientia in civilibus quaestionibus«*) im gesellschaftlichen Leben des Mittelalters kein ausgeprägtes Betätigungsfeld gegeben war. Es ist dies zwar eine Grundtendenz, die Entwicklung war jedoch nicht einheitlich, sie steht im Zusammenhang mit einer Wandlung der Freien Künste. »Die Bedeutung der ›Artes‹ hat sich gewandelt, ihre Anordnung, ihre inneren Beziehungen zueinander, ja selbst die Methoden ihrer Vermittlung, oder besser gesagt: man erkannte die Künstlichkeit jener Aufteilung, jenes Studienplanes, jener Beziehungen der ›Artes‹ zueinander.«[74] Es trat kein anderes System an die Stelle der Freien Künste, aber an den neuen Schulen, die sich in den Bischofsstädten bildeten, schließlich an den Universitäten nahm die Spezialisierung zu. Chartres war bekannt für die naturwissenschaftlichen Studien, Astronomie und Medizin, Salerno ebenfalls für Medizin, Bologna für die Jurisprudenz, Paris schließlich für die Theologie. Das System der *artes* in seiner alten Form blieb am ehesten im Bereich Italiens erhalten, mit ihm auch die Tradierung der Rhetorik. Mehr und mehr aber lebte und wandelte sich die Rhetorik in Spezialdisziplinen. Sie bestimmte die Briefstellerkunst *(ars dictaminis* oder *ars dictandi),* über die Grammatik fand sie Eingang in die Poetik *(ars poetriae* oder *ars versificandi),* schließlich wurde sie – mit Rückgriff auf Ansätze des Augustinus und Bedas – in die Predigtlehre *(ars praedicandi)* einbezogen; sie beeinflußte die Theologie und die Bibelauslegung, über die Topik und *inventio* die Dialektik, ebenso die Jurisprudenz mit den in der iudicialen Beredsamkeit geprägten Theorien (besonders etwa der *Status*-Lehre), wobei sich das Rechtsstudium aus dem Rhetorikunterricht entwickelte, in dem ja Rechtsprobleme behandelt wurden.[75]

Selbst noch der schematisierte Lehrbetrieb der Scholastik war von der Rhetorik beeinflußt. Tradiert wurde die *lectio,* »die Vorlesung, aufgebaut auf Sentenzen, die oft Autoritäten zitierten und so auch Bibelstellen. Den Sentenzen folgten die Interpretationen und Kommentare, das Mittelalter war eine Blütezeit des Kommentars. Bei den lectiones verhielten sich die Scholaren, bereits auch die Baccalaurei zuhörend und aufnehmend, wie das ja bei der heutigen Vorlesung immer noch üblich ist. Erst in den alle acht bis vierzehn Tage stattfindenden *disputationes* konnten die Studierenden zu Wort kommen. Die disputatio wurde eröffnet durch eine quaestio, eine Problemstellung, die der vorsitzende Professor vortrug und als fragliche Thesis der folgenden Auseinandersetzung zugrunde legte. Die Auseinandersetzung wurde geführt zwischen einem defendens, einem Verteidiger, und einem opponens, einem Gegner, die Gründe und Gegengründe in kurzen scharfen Syllogismen gegeneinander schleuderten und derart in Verteidigung wie Angriff mit ihrer geübten Schlagfertigkeit Rittern im Turnier verblüffend glichen. [...] Zudem fanden über die beiden Hauptveranstaltungen der lectio und der disputatio hinaus in größeren Zeitabständen Veranstaltungen statt, die man *quodlibeta* nannte, also Veranstaltungen über Beliebiges, über Nebenbei, über Fragen, die nicht ohne weiteres in die Strenge der Systematik hineinpaßten.«[76] Noch im Ablauf der Disputation ist der Aufbau der römischen Schuldeklamation in allen Schritten wiederzuerkennen.[77] Beherrscht wurde der Unterricht durch die Lektüre von Autoren, von Autoritäten. Als Autoritäten galten jene Autoren, die anerkannte, aber eigene Behauptungen aufgestellt hatten. »Der Leser ist immer ein Leser, nie ein Autor. *Roger Bacon,* der *Albertus Magnus* tödlich treffen will, klagt ihn an, er habe der gutgläubigen Menge seine eigenen Thesen ausgelegt, als seien es ›authentische‹, als sei er ein ›Autor‹, und er habe die törichten Studenten von Paris dazu verführt, ihn neben *Aristoteles, Avicenna* und *Averroës* zu zitieren.«[78] Galt es so, den Text der Autorität zu deuten und zu interpretieren, kamen auch den durch die Grammatik und Rhetorik überlieferten Hilfsmitteln Bedeutung zu.

5. Die Autoritäten des mittelalterlichen Rhetorikunterrichtes

Wurde im Mittelalter die Grammatik mit Donatus und Priscianus verbunden und die Philosophie mit Aristoteles, so galt Cicero als *die* Autorität des Rhetorikunterrichtes. Neben den mittelalterlichen Schriften zur Beredsamkeit – sie waren ja oft nur hinweisartig gehalten – bestimmten überlieferte Texte der antiken Rhetoriktradition den Unterricht, sie hatten die *auctoritas antiquitatis,* die Autorität des hohen Alters, und damit besondere Bedeutung. An erster Stelle sind dabei zwei Schriften zu nennen, die man Cicero zuschrieb. Die erste Schrift, »De inventione rhetorica« (Von der rednerischen Erfindungskunst), die Rhetorica vetus (alte Rhetorik) und auch Rhetorica prima oder prior genannt wurde, stammte bekanntlich tatsächlich von Cicero, nicht aber die zweite, die »Rhetorica ad Herennium«, die als Rhetorica nova oder auch als Rhetorica secunda und posterior bekannt war. Die Rhetorica vetus wurde für die Behandlung der *inventio* herangezogen, die Rhetorica nova für den Unterricht in den anderen Teilen der Redekunst, besonders auch für die Figurenlehre; es existieren zahlreiche Kommentare zu diesen beiden Schriften. Die späteren Werke Ciceros, »De oratore«, »Orator« und »Brutus«, spielten im mittelalterlichen Rhetorikunterricht eine geringere Rolle, wohl aber wurden sie durch die Vermittlung anerkannter Autoritäten wirksam. So hatte Augustinus ja in der Entwicklung seiner Auffassung von den drei Stilarten auf den »Orator« zurückgegriffen (unter ausdrücklicher Anführung der Schrift); auch ging das von ihm entwickelte Bild des christlichen Weisen, der zu reden und zu überzeugen versteht, auf das in Ciceros späteren Schriften entwickelte Ideal des *orator doctus* zurück. Es ist zwar richtig, daß der technisch-pragmatische Charakter der Frühschrift Ciceros und der Herennius-Rhetorik immer betont wird und die Schriften gerade deshalb besonders als Unterrichtswerke herangezogen wurden, dennoch wäre es aber verfehlt anzunehmen, nur dieser technische Aspekt sei überliefert worden. Die enge Bindung von Moral und Redekunst im idealen Redner ist stets betont worden. Ciceros »De oratore«, im frühen Mittelalter noch gelesen, geht als vollständiger Text allerdings verloren, es überleben aber verkürzte Bearbeitungen; eine ungekürzte Fassung der Schrift wird erst im Jahre 1422 wiederentdeckt.[79]

Ähnlich verhielt es sich mit Quintilians »Institutio oratoria«. Auch sie wurde noch im frühen Mittelalter gelesen, so daß der Einfluß seiner erzieherischen und moralischen Ausführungen nicht zu unterschätzen ist; dies zeigt schon die noch von Hrabanus Maurus tradierte Rhetorikdefinition, wenn es auch scheint, als habe dieser die Definition von Cassiodor und Isidor übernommen. Diese aber kannten Quintilians Schrift sicherlich. Auch in der sogenannten Renaissance des 12. Jahrhunderts wird – wie in Chartres und Bec – die »Institutio« viel beachtet[80], allerdings in einer verkürzten Fassung. Es scheint, als sei im 9. Jahrhundert der vollständige Text verlorengegangen, etwa 150 Jahre lang, im 10. und 11. Jahrhundert, lassen sich keine klaren Hinweise auf eine Kenntnis Quintilians finden.[81] Von der »Institutio« sind drei Fassungen zu unterscheiden; zunächst der vollständige Text, sodann der *textus mutilatus,* der verkürzte Text, von dem wiederum zwei Varianten vorlagen[82], schließlich gab es noch Florilegien mit Exzerpten. Daneben tauchten die »Declamationes maiores« und die »Declamationes minores« (auch bekannt als »De causis«) auf, zwei Sammlungen von Deklamationen, die fälschlich als von Quintilian stammend angesehen wurden.[83] Der vollständige Text der »Institutio« wird erst im Jahre 1416 von Poggio Bracciolini in St. Gallen wiederentdeckt, verborgen in einem dunklen Kerker. »Nun wanderte in einer der alten St. Gallener Abschriften die ganze Institutio nach Italien, nun entstanden viele Kopien und verbreiten sich von Italien aus nach Frankreich und Spanien, nach England und Deutschland, nun tauchten andere alte Exemplare auf.«[84] Insgesamt darf der unmittelbare Einfluß Quintilians in der Zeit vorher nicht überschätzt werden; allerdings ist er immer wieder im Unterricht tradiert worden. Waren es im frühen Mittelalter Cassiodor, Isidor und Alkuin, so traten in der Zeit danach Lupus Ferrariensis (um 805–862), Johannes von Salisbury (ca. 1110–1180) und der Dominikaner Vincenz von Beauvais († um 1264) als bedeutende Vermittler auf. Vincenz legte besonderen Wert auf die moralisch-pädagogischen Aspekte der Schrift, er gilt als der Verfasser der umfassenden enzyklopädischen Schrift »Speculum maius« (Größerer Spiegel), in dessen Teil »Speculum doctrinale« die Philosophie, Grammatik, Rhetorik und Poetik neben angewandten Wissenschaften behandelt werden. Sein Einfluß auf die gelehrte Nachwelt war so groß, daß, wenn »man nach 1250 Quintilian angeführt findet«, man immer fragen muß, »ob die Sätze aus Vincenz übernommen sind oder ob wirklich direkte Beschäftigung nachweisbar ist.«[85]

Es ist bezeichnend, daß seit dem 9. Jahrhundert eben nur unvollständige Texte von »De oratore« und der »Institutio« kursierten. Darin dokumentiert sich aber schlagend das Interesse, die Rhetorik so zu formen, daß sie den Intentionen einer Epoche entgegenkam, die durch eine zunehmende Spezialisierung geprägt ist. Die rhetorische Theorie wird nicht mehr als ganzes Lehrgebäude tradiert, sondern entsprechend den sich gesellschaftlich entwickelnden Anwendungsbereichen für wirkungsvolle Sprache umgeformt und in Spezialdisziplinen aufgenommen.

Die »Rhetorik« des Aristoteles hatte (obwohl er doch als *der* Philosoph galt) für den mittelalterlichen Rhetorikunterricht keine herausragende Bedeutung. Schon der Aristoteles-Kommentator Boethius sah Cicero als Ausgangspunkt an, um das Verhältnis von Rhetorik und Dialektik zu bestimmen, und weder Cassiodor noch Isidor, Alkuin oder Notker Labeo schienen die Rhetorik des Philosophen zu kennen. Sie wurde erst durch die arabischen Kommentatoren wieder eingeführt, und das Interesse an ihr rührte vornehmlich vom Interesse am Philosophen Aristoteles, das im 13. Jahrhundert in Paris bestand. Gerade dort aber wurde das Fach Rhetorik im Lehrbetrieb nicht gepflegt – im Gegensatz etwa zu Bologna, wo die ciceronianische Tradition ungebrochen blieb. Es ist bezeichnend, daß die meisten der erhaltenen »Rhetorik«-Handschriften denen von anderen Schriften beigefügt sind, zumeist gerade jenen zur Ethik und Politik, in deren Zusammenhang sie wahrscheinlich behandelt wurden. Aristoteles' »Topica« und »De sophisticis« wurden daneben zu Standardtexten des Dialektik-Unterrichts.[86] So ist zu vermuten, daß, obwohl in der Pariser Reform von 1366 die Rhetorik vom universitären Unterricht ausdrücklich ausgeschlossen wurde[87], eine verdeckte Überlieferung der Rhetorik auch in dieser Phase der Scholastik existierte, gingen doch viele der ursprünglich rhetorischen Aufgabenbereiche in anderen Disziplinen, besonders in der Grammatik, Dialektik und Philosophie auf.

6. Juristenrhetorik und *ars dictaminis*

Die Verbindung von Jurisprudenz und Rhetorik ist schon in der Antike von besonderer Bedeutung, gerade das *genus iudiciale* wirkte besonders prägend auf die rhetorische Theorie, wobei die Rhetorik, indem sie versuchte, Denk- und Argumentationshilfen zu geben, prägend für die juristische Auseinandersetzung mit dem Stoff wurde. Da auch die Autoren des Mittelalters die Rhetorik als das Wissen und die Fähigkeit definierten, gut in öffentlichen und rechtlichen Angelegenheiten *(quaestiones civiles)* zu reden, nimmt es nicht wunder, daß schon während des frühen Mittelalters im Zusammenhang mit den *artes liberales* und der Rhetorik juristische Themen Platz im Lehrbetrieb finden konnten. Isidor behandelt aus diesem Grunde in seinen »Etymologiae« nach den *artes liberales* die Medizin und die Jurisprudenz zusätzlich. Im 7. Jahrhundert erscheint die Rhetorik als mit der Rechtslehre eng verbunden, Desiderius etwa, von 629–654 Bischof zu Cahors, wurde zunächst in Grammatik und Rhetorik, sodann im Recht unterrichtet, der Hl. Bonitus, Bischof von Clermont, erhielt ebenso wie der Hl. Aicadrus mit den Sieben Freien Künsten Unterricht im Recht. In York wurde im 8. Jahrhundert, so bezeugt Alkuin, an der Domschule nach dem Trivium auch das Recht gelehrt.[88] Es ist recht offenkundig, »daß die Rhetorik selbst in Zeiten wissenschaftlichen Niedergangs, als die Rechtskunde aus dem Unterricht verschwand, ein wenn auch kümmerlicher und dürftiger Unterschlupf für juristisches Wissen war, und daß auch in der Folgezeit, als die Jurisprudenz wieder an Aufmerksamkeit gewann, sie sich nicht ganz der Einflußsphäre der Rhetorik entziehen konnte.«[89] Auch in einer Zeit, in der sich die rechtlichen Aufgaben in Verwaltung und Gerichtsbarkeit zunehmend differenzierten, im »Ringen zwischen Regnum und Sacerdotium, zwischen der althergebrachten Ordnung und [...] neuen Reformideen«[90], ist die Verbindung von Rhetorik und Jurisprudenz zu erkennen. Zu Beginn des 11. Jahrhunderts etwa befaßte sich Notker Labeo († 1022) besonders unter dem Gesichtspunkt der »Systematisierung von Problemgesichtspunkten, der die in seiner Zeit komplizierter werdende Rechtsanwendungspraxis dringend bedurfte«, mit der in der *inventio* übertragenen *Status*-Lehre, um »Sicherheit im rechtlichen Problemdenken zu erreichen.«[91] Auch gelangte gerade in Bologna, einem Ort, an dem die ciceronianische Rhetoriktradition besonders gepflegt wurde, die Jurisprudenz zu besonderer Bedeutung; mit der Pflege von Rhetorik und Rechtsunterricht wurde Bologna zu Beginn des 12. Jahrhunderts auch zu einem Zentrum der *ars dictaminis,* obwohl diese Kunst, Briefe und Schriftstücke zu verfassen, schon früher in der Benediktiner-Abtei von Monte Cassino entstand. Die älteste Anleitung zum kunstmäßigen Verfassen von Briefen scheint

Alberich von Monte Cassino mit seinen 1087 verfaßten Schriften »Dictaminum radii« (oder »Flores rhetorice«) und »Breviarum de dictamine« gegeben zu haben.[92]

Allerdings gab es lange zuvor sogenannte Formelsammlungen, »in denen Briefe, des persönlichen Moments entkleidet, zusammengestellt wurden, um als Muster für ähnliche Fälle zu dienen. Solche Sammlungen dienten dem praktischen Bedürfnis. Namentlich in den Schulen der lombardischen Bischofsstädte wurden aber Studien betrieben, die auf eine mehr wissenschaftliche Behandlung solcher Dinge hinausliefen. Denn hier war das Altertum noch insofern rege, als sich auf dem Studium des Triviums die praktische Ausbildung des Sachwalters aufbauen mußte, der als Nachfolger des römischen Juristen keine geringe Rolle spielte. Und weiter lebendig blieb das Altertum in gewissem Sinne in der päpstlichen Kanzlei, die sich nach und nach zu einem Briefstil durchgerungen hatte, der in der christlichen Welt des Abendlandes als das Muster des Geschäftsstiles galt. Es ist daher kein Zufall, daß gerade in Italien zuerst die systematische Behandlung des Briefstils einsetzte.«[93]

Das Verdienst Alberichs war es nun, durch die Übertragung rhetorischer Vorschriften ein Hilfsbuch geschaffen zu haben, das nicht nur wie die frühen Formelsammlungen starre zu kopierende Muster bot, sondern das den differenzierten Anforderungen an die Kanzleien gerecht wurde und eine theoretische Anleitung zum Schreiben von Briefen und Urkunden gab.[94] Es folgten in der Zeit danach zahlreiche solcher Hilfsbücher, bei denen zumeist in einem vorangestellten theoretischen Teil eine Einführung in die Rhetorik des wirkungsvollen Briefeschreibens gegeben wurde, der dann ein Teil mit Musterbeispielen folgte. Bekannt sind etwa die »Praecepta dictaminum« (1111–1118 entst.) des Bologneser Lehrers Adalbertus Samaritanus, die »Rationes dictandi prosaice« (1119–24 entst.) des Hugo von Bologna, eines Schülers von Alberich, die »Aurea gemma« (1119) des Henricus Francigena, der Briefsteller Bernhards von Meung, des »offenbar fruchtbarsten und am meisten verwerteten französischen Diktators aus der zweiten Hälfte des 12. Jahrhunderts«[95], und, neben zahlreichen Schriften, deren Verfasser unbekannt sind, die »Ars dictandi« des Thomas von Capua, die im ersten Jahrzehnt des 13. Jahrhunderts entstand, zwar keine wirklichen Neuerungen bietet, aber im wesentlichen ein »Abbild der Briefstiltheorie« gibt, »wie sie sich seit den grundlegenden Arbeiten Alberichs von Monte Cassino allmählich ausgebildet hatte«[96]. Die bekanntesten deutschen Autoren auf diesem Gebiet sind Ludolf von Hildesheim, »Summa dictaminum« (um 1239), und Konrad von Zürich mit seiner »Summa de arte prosandi« (1276).[97] Obwohl sich die meisten Schriften wenig unterscheiden, gibt es doch auch originelle Beispiele. So etwa die des florentinischen Juristen und Rhetors Magister Boncompagno (1165–1240). Nicht allein, daß er – in einer Art Wettstreit mit Cicero – eine »Rhetorica novissima« schrieb, er verfaßte ebenfalls eine Schrift mit dem Titel »Rota Veneris«, einen Liebesbriefsteller mit Briefmustern und Ratschlägen, wie im Verhältnis der Liebenden zueinander die wirkungsvolle Sprache von Nutzen ist, um »die Situation günstig auszunutzen oder aber zum Besseren zu wenden«[98]. In einem anderen Briefsteller berücksichtigt er in drei Kapiteln, wie ein Student, der fern von der Familie lebt, diese um Hilfe aus seiner bedrängten finanziellen Lage bittet.[99] Insgesamt spiegeln die theoretischen Schriften aber die Ursache des Entstehens der Gattung wider, vorwiegend leiten sie an zu politischen, diplomatischen, juristischen und geschäftlichen Briefen, selbst noch der Briefsteller des Laurentius von Aquilegia, »Practica sive usus dictaminis« (um 1300), eine recht merkwürdige Schrift, in der der Verfasser versucht, Wörter und Satzteile in Blöcken zu gliedern, die sich wiederum nach Wahl mit anderen in Blöcken zusammengefaßten verbinden lassen und so, in der vorgegebenen Ordnung der Teile des Briefes, durch wahlweise Verbindungen das gewünschte Schriftstück ergeben.[100]

Überhaupt aber ist der Einfluß der Lehre von den Redeteilen auf die verschiedenen Briefsteller am augenfälligsten. Thomas von Capua etwa nennt, mit ausdrücklichem Hinweis auf die Tradition, fünf Briefteile: *salutatio, exordium* oder *benevolentie*[!] *captatio, narratio, petitio* und *conclusio*.[101] Die Parallele zu den Redeteilen ist offenkundig, allerdings springt auch ein gewichtiger Unterschied ins Auge: es gibt nicht nur einen Einleitungsteil, sondern dem *exordium* ist der Teil mit der Begrüßungsformel und Anrede als *salutatio* vorangestellt. Dieser Teil nun wird besonders eingehend behandelt, entsprechend der differenzierter werdenden sozialen Distinktion in der mittelalterlichen Gesellschaft wird gerade der *salutatio* besondere Aufmerksamkeit gewidmet – galt doch schon in der Rhetoriktradition die Einleitung als der Teil, in dem der Leser für das Vorzutragende geneigt gemacht werden sollte. Diese Rolle übernimmt in der *ars dictandi* wohl auch das *exordium,* das ja vielfach ausdrücklich mit der *captatio benevolentiae* identifiziert wurde, die *salutatio* vermittelt aber den ersten Kontakt mit dem Adressaten und ist deshalb besonders wichtig. Jene feinen Differenzierungen bei den Attributen der Anrede finden sich noch bei den Briefstellern des 19. Jahrhunderts[102], die Form der Anrede war im Mittelalter aber ungleich differenzierter und schwieriger, so daß die Behandlung der *salutatio* oft zum wichtigsten Teil der Briefsteller wurde. Da erschienen Beispiele, wie der Papst den Kaiser anzureden habe und umgekehrt, wie ein Bischof den Papst zu begrüßen habe und umgekehrt, ein Bischof unter ihm Stehende, ein Bischof einen anderen oder auch ein wissensdurstiger Schüler seinen Lehrer etc.[103] Die Briefsteller bezeichneten die Adressaten mit passenden Attributen. Hugo von Bologna unterschied dabei drei Gruppen von Personen: Höher-, Gleich- und Tiefergestellte. Entsprechend mußte sich der Stil des Briefes ausnehmen. Auch Adalbertus unterschied für die *salutationes* drei Klassen von Adressaten *(sublimis, mediocris, exilis),* und entsprechend der Gruppenzugehörigkeit war die *salutatio* und der Brief einzurichten.[104]

Als Aufgabe der *ars dictaminis* wird in den Briefstellern oft das kunstmäßige Schreiben sowohl in Prosa wie in gebundener Form, silbenmessend-metrisch und akzentuierend-rhythmisch, bezeichnet. Tatsächlich befassen sie sich aber zumeist nur mit dem Prosa-Briefstil, wenn auch die Grenzen zwischen Prosa und Poesie verwischt sind.[105] Auf eingehende Darlegungen zum Stilproblem und zum rhetorischen Schmuck wird von den Theoretikern zumeist verzichtet, dagegen aber eine Lehre zum *cursus* oder zum rhythmischen Satzschluß aufgegriffen, die sich unabhängig von der *ars dictaminis* entwickelt hatte. Diese Lehre wird keinem speziellen Briefteil zugeordnet, sie erscheint zumeist als Anhang zu den Schriften. Bereits das »gesamte Altertum hat den Rhythmus der kunstvollen Prosarede vor allem in den Schlüssen der Kola gefunden, wo er durch die Pausen naturgemäß am deutlichsten hervortrat.«[106] Im Altertum wurde das rhythmische Schlußkolon als *clausula* bezeichnet, es beruhte allerdings auf der Quantität der Silben. »In der patristischen Zeit (z.B. zuerst bei Augustin) erfolgt der allmähliche Übergang zum Silbenakzent. Aufs kürzeste und primitivste ausgedrückt, besagt die Regel des Cursus, daß zwischen den beiden letzten betonten Silben eines Satzes mindestens zwei, niemals mehr als vier unbetonte Silben stehen sollen.«[107] Es war dies eine Wohlklangsregel, die von der Briefstellerkunst aufgenommen wurde, einher ging eine gewisse Vernachlässigung der anderen elocutionellen Elemente der Rhetorik.

7. Ars poeticae

Jene Vernachlässigung des rhetorischen Schmucks in der *ars dictaminis* mag aber auch damit erklärt werden, daß der Unterricht über Tropen und Figuren immer mehr zu dem Aufgabengebiet des Grammatikers gehörte und so deren Kenntnis ein selbstverständliches Grundwissen darstellte. Die Bedeutung der Grammatik innerhalb der Wissenschaftsdisziplinen wuchs im 12. und 13. Jahrhundert[108], sie wurde gleichsam als der Schlüssel zu allen anderen Fächern betrachtet. In alten allegorischen Darstellungen erscheint sie als Frau, die mit ihrer rechten Hand einem Schüler eine Tafel mit dem Alphabet zeigt, in der anderen einen großen Schlüssel hält und einen Turm damit aufschließt, in dem die Vertreter der Wissenschaften sitzen.[109] In groben Zügen lassen sich zwei Richtungen innerhalb der Grammatik dieser Zeit erkennen, die eine betont die Verbindung zur Dialektik, die andere – eher traditionelle – übernimmt Bereiche der Rhetorik.

Die erste Richtung ist durch einen Titel gekennzeichnet, welcher der Schrift »Summa grammatica« ihres Vertreters Johannes von Dacia († 1280) hinzugegeben wurde: »Grammatica speculativa«. Ihre Vertreter wurden *modistae* genannt (abgeleitet von ihrer Beschäftigung mit den *»modi significandi«),* ihnen schwebte, basierend auf der scholastischen Philosophie, eine Art universale Grammatik vor (in gewisser Weise sind diese Scholastiker den heutigen Linguisten vergleichbar). Um 1245 formulierte Roger Bacon (ca. 1214–1292) in seiner »Summa grammatica«, die Grammatik sei in ihrer Substanz ein und dieselbe in allen Sprachen, wenn sie auch akzidentell variiere.[110]

Dagegen stand eine andere Richtung in der Tradition von Donatus und Priscian. Hugo von St. Victor (1096–1141), der in seinem enzyklopädischen Werk »Didascalicon« die *artes liberales* als die Grundlage weiteren Wissens bezeichnete, schrieb eine »Grammatica«, in der er auf die Tropen und Figuren zu sprechen kommt und dabei auf die Herennius-Rhetorik verweist.[111] Alexander von Villa Dei (1160/70–1250) schrieb sein »Doctrinale« (Lehrbuch) in Versform und Eberhard von Béthune (um 1200), von diesem beeinflußt, seine Schrift »Graecismus« (1212), so benannt nach dem Anfangswort eines Teils mit griechischen Ausdrücken. Beide Schriften waren so erfolgreich, daß sie sogar teilweise Donatus und Priscian aus dem Unterricht verdrängten. In ihnen werden ausführliche Hinweise zu den Tropen und Figuren gegeben, Alexander diskutiert immerhin 80 Figuren, Eberhard 28 Metaplasmen, 30 Figuren, 21 Tropen und 23 *colores rhetorici.*[112] Bei den *colores rhetorici,* den Farben der Rhetorik, bezieht er sich auf eine Schrift dieses Titels von Onulf von Speyer (um 1050), ein Figurentraktat; ebenso wie die anderen bekannten Figurensammlungen, Marbods von Rennes »De ornamentis verborum« (1. Hälfte des 12. Jh.) und die Schrift des Anonymus von St. Omer (Mitte d. 13. Jh.), rekurriert er auf die Herennius-Rhetorik. Mit der Lehre von der Interpretation der Dichter, *enarratio poetarum,* war nun ein wichtiger Teil der rhetorischen Tradition zu den Grammatikern übergegangen. Johannes von Salisbury (1110–1180), der in seinem »Metalogicon« ein »Lob der Beredsamkeit« ausspricht, empfiehlt zum »Studium der Grammatik u.a. Cicero, Caesar, Quintilian, Martianus, Donat, Servius, Priscian, Cassiodor, Beda und vor allem Isidor.«[113]

So nimmt es nicht wunder, daß die rhetorische Tradition auf dem Umweg über die Grammatik in die Poetiken des ausgehenden 12. und beginnenden 13. Jahrhunderts fand. Es ist sehr bezeichnend, daß die zwischen 1208 und 1213 verfaßte »Poetria nova« des Engländers Galfredus de Vino salvo in vielen Handschriften auch »Galfredi rhetorica« genannt wird.[114] Die Verbindung zur Rhetorik zeigt sich auch bei Matthäus von Vendôme (12. Jh.), dem Verfasser einer der frühesten mittelalterlichen Poetiken, der »Ars versificatoria« (um 1175 verf.); er ist auch der Verfasser eines »Poetischen Briefstellers« und war also auch mit dieser durchaus rhetorischen Gattung vertraut. »Die *artes dictandi,* soweit sie nicht bloß oder vorwiegend Formelsammlungen sind, decken sich in ihrem stilistischen Teil mit den Poetiken, nur gilt die Stillehre hier nicht für Gedichte, sondern für den öffentlichen und privaten Brief.«[115] Daß sich in der Stillehre des Johannes de Garlandia (1195–1272) Poetik und *ars dictaminis* kreuzen, verrät schon der Titel: »Poetria de arte prosayca, metrica et rithmica« (vgl. Anm. 105).

Die Bezeichnung »Poetria nova« ist programmatisch[116], sie deutet auf Neues, auf Veränderung. »Diese *Poetria nova* löste eine Anschauung von Dichtung ab, in der es weniger auf das Verfassen von Poesie in rhetorisch-technischer Vollendung, als vielmehr auf das Erneuern der antiken *auctores* im Sinne christlicher Ethik ankam. Die antiken Meister werden stärker als formale Vorbilder gesehen, und wenn auch Dichtung weiterhin als dienende Kunst gilt, die wesentlich der Vermittlung von Glaubenswahrheiten dient, so erhält sie doch im menschlich-beschränkten Bereich eine gewisse Eigengesetzlichkeit und entwickelt ihre eigenen Regeln, die zumeist abhängig sind von den Regeln der *ars rhetorica*.«[117]

Matthäus von Vendôme etwa greift in dem von der *descriptio,* der Beschreibung von Personen und Orten, handelnden Teil seiner »Ars versificatoria« auf die rhetorische Lehre von den *loci* zurück. Galfredus richtet sich in seiner »Poetria nova« bei der Darstellung der *inventio* nach Ciceros »De inventione«. Auch in ihrer Einteilung ist sie antiken Rhetoriken sehr ähnlich, der *inventio* folgt eine *dispositio,* vor dem elocutionellen Teil ist ein Kapitel über die *amplificatio* und *abbreviatio* eingeschaltet, am Schluß stehen – getreu der rhetorischen Tradition – *memoria* und *actio;* im letzten Teil gibt Galfredus Anweisungen zum Vortragen von Gedichten. Auch die anderen bekannten Poetiken des Mittelalters, des Gervasius de Saltu lacteo um 1215, Verfasser des »Tractatus de arte versificatoria et modo dictandi«, und der »Laborintus« (zwischen 1212 u. 1280 verf.) des Eberhardus Alemannus, spiegeln den rhetorischen Charakter der Gattung; zudem rekurrieren sie auf Galfredus und Matthäus. [118]

Charakteristisch für die poetische Theorie des Mittelalters ist die von den Briefstellern beeinflußte Verknüpfung der Dreistillehre mit dem sozialen Status der dargestellten Personen. Galfredus schreibt in seiner zweiten bedeutenden Schrift, dem »Documentum de modo et arte dictandi et versificandi«, Horaz habe zwar nichts von den Stilen berichtet, er selbst unterscheide aber drei Stilarten: *humilis, mediocris, grandiloquus.* Vergils Werke werden nun als Beleg dafür herangezogen, daß sich den Stilarten Personen und Werke zuordnen lassen. In den »Bucolica« finde sich der

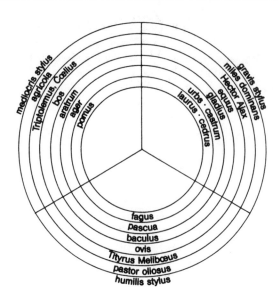

rota Vergilii

einfache Stil, in den »Georgica« der mittlere, in der »Aeneis« der hohe.[119] Johannes von Garlandia führt in seiner »Poetria de arte prosayca metrica et rithmica«, die er fast zur gleichen Zeit mit Galfreds »Documentum« verfaßte, »die Schematisierung der Lehre von den *genera dicendi* oder *stili* noch ein Stück weiter. Bei ihm wird nun offensichtlich, daß hinter der Zuordnung von sozialen Bereichen als Stoff zu den Stilarten die Vorstellung von der in genau abgegrenzte Stände gegliederten Gesellschaft steht. [...] Der Stil erscheint nun als eine ausschließlich an die dargestellten Personen gebundene Sprachform, wobei der Aspekt des Sprachlichen fast völlig verschwindet, so daß *stilus* fast als ständisch bestimmter Personenbereich – der dann den Stoffbereich erschließt – bezeichnet werden könnte.«[120]

In drei Standesbereiche ordnet Johannes die Menschen. Als *personae curiales* sieht er etwa den Papst, Kardinäle und den Klerus, die Kaiser, Könige, Fürsten und die weltliche Macht an; als *personae civiles* den Beamtenstand und die Stadtbewohner, als *rurales* die Jäger, Bauern, Winzer und die Landbewohner. Einer Gliederung in Standesbereiche entsprechend, habe Vergil drei Stilarten »erfunden«, den *gravis stilus,* den *mediocris stilus* und den *humilis stilus.* Die Personen und Sachen, die in den entsprechenden Werken die Stilart bezeichnen, sind von Johannes in einem aus Kreisen bestehenden Schema, der *rota Vergilii* (dem Rade Vergils), zusammengestellt.

Dem *stilus humilis* entsprechen der ruhende Hirte, Tityrus, Meliboeus, der Stab, Weideland und die Buche, dem *stilus mediocris* der Landmann, Triptolemus, Coelius, das Rind, der Pflug, das Feld und der Obstbaum, dem *stilus gravis* der Feldherr und Herrscher, Hector, Ajax, das Roß, das Schwert, die Stadt und das Lager sowie der Lorbeerbaum und die Zeder.[121] Bereits Donatus hatte in seiner »Vita Vergilii« je ein Werk einem bestimmten Stil zugeordnet, in den Poetiken des 13. Jahrhunderts nun fließt eine sich anschließende Tradition der Vergilinterpretation mit der durch die *artes dictandi* vermittelten rhetorischen Tradition zusammen.[122]

Neben der Auffassung von den drei Stilen bildete sich eine Lehre von der Art der Ausschmückung, die zwischen dem schweren und dem leichten Schmuck unterschied. »Den *Ornatus facilis* oder Modus gravis, den schweren Schmuck, die ornata difficultas, kennzeichnen alle Arten übertragenen Ausdruckes, Tropen also und bestimmte Sinnfiguren, den *Ornatus facilis,* den leichten Schmuck, Sermo levis oder simplen Stil – die Verwendung der Colores rhetorici und der Determination«[123]. Da die Dreistillehre in ihrer Bindung an Stände weitgehend von der sprachlichen Ausgestaltung gelöst wird, der sie noch bei Augustin fast vollständig verschrieben war, kommt dieses Moment in der Differenzierung zwischen *ornatus facilis* und *ornatus difficilis* zur Geltung. Parallel zu der an der Vergil-Interpretation anknüpfenden Stiltheorie entwickelt sich in den mittelalterlichen Poetiken auch eine Stilzuweisung für die Tragödie und die Komödie, bei der ebenfalls Standesbereiche mit den Stilarten verbunden werden; mit dem hohen Stil sind die Herrscher und Großen verbunden, mit dem einfachen das einfache Volk. Allerdings wird keine unmittelbare Verbindung hergestellt mit »dem Begriff der Stände, wie er in die eigentliche Stiltheorie eingeht«.[124] Es dürfte vielmehr die Zweiteilung in leichten und schweren Schmuck der Stilunterscheidung von Komödie und Tragödie ebenfalls entgegengekommen sein. Diese Unterscheidung nun verband sich mit der Tradition der Zuordnung von Personen zu den dramatischen Gattungen, wie sie seit den Ausführungen des Aristoteles in der »Poetik« bestand.

8. Ars praedicandi

Die Kunst des Predigens entstand nicht erst im Mittelalter, ihre Tradition liegt im jüdischen Glauben begründet. Die Lesung der Schrift und deren Erklärung im Vortrage waren in der jüdischen Liturgie fest begründet. Allerdings gab es keine Vorschriften oder Regeln für den wirkungsvollen Vortrag, wenn auch die Art und Weise durch Nachahmung und Gewohnheit tradiert wurde.[125] In der christlichen Religion nun kam der Predigt durch den Auftrag Christi an die Jünger, in alle Welt zu ziehen und allen Völkern zu predigen (Matthäus 28,19), eine besondere Bedeutung zu. Die frühen christlichen Prediger schöpften dabei aus der Tradition des jüdischen Gottesdienstes; die Lehre von der Predigt wurde durch die *imitatio* übermittelt und die überlieferten Formen der Schriftauslegung und des Vortrags aufgegriffen. Schon die Evangelisten hatten »fest gefügte Stücke der mündlichen Überlieferung in ihre Evangelien aufgenommen«[126], ebenso fanden diese Eingang in die Predigten, die im gemeinschaftlichen Gottesdienst des frühen Christentums nach der Schriftlesung den Sinn des Gelesenen darlegen sollten. Eine Durchwirkung der Predigt mit den Mitteln der antiken Rhetorik fand mehr und mehr im 4. und 5. Jahrhundert statt. Die Forderungen der Gebildeten an die Predigt waren geschult an der überlieferten heidnischen Kultur, an der Eloquenz der ciceronianischen Rede, und auch die bekannten Prediger jener Zeit, etwa Basileios der Große, Gregor von Nazianz, Gregor von Nyssa, Johannes Chrysostomos oder auch Augustinus, konnten »ihre rhetorische Bildung und Meisterschaft […] keinen Augenblick verleugnen. Sie und mit ihnen viele andere bauten ganze Zyklen von Predigten aus den Büchern der Heiligen

Schrift auf. Am berühmtesten sind wohl die Predigtreihen des Johannes Chrysostomos über sämtliche Briefe des Apostels Paulus und die Zyklen des heiligen Augustinus über die Psalmen und das Johannesevangelium.«[127]

Neben diesen an die Heilige Schrift gebundenen Predigten gab es die (später so benannten) Themenpredigten, in denen das rhetorische Element besonders wirksam wurde. Sie orientierten sich an säkularen Prunkreden, und der enge Zusammenhang von Predigt und Schrifttext war gelöst; zwar waren sie wohl thematisch mit der Schrift verbunden, es war aber nicht mehr die bloße Darlegung und Interpretation, die den Predigtaufbau bestimmte, sondern das Wirkungsinteresse der Prediger dominierte, die »ihre persönlichen Anliegen (z.B. Gregor von Nazianz) oder wichtigere Ereignisse eines Landes oder eine[r] Gemeinde zum Vorwurf ihrer Predigten«[128] machten. Obwohl in diesen Themenpredigten, bedingt durch die Bildung der Prediger, der Einfluß der Rhetorik unübersehbar ist, gab es dennoch keine formulierte Predigttheorie, die sich die Erkenntnisse der klassischen Rhetorik zunutze gemacht hätte.

Die Grundlagen dazu finden sich allerdings bereits in Augustinus »De doctrina christiana«, und auch ein wesentliches Moment der späteren Predigtlehre wurde bereits im 4. Jahrhundert unter dem Einfluß der Figurenlehre geprägt: die zur Predigt gehörende Interpretation der Heiligen Schrift nach vier unterschiedlichen Arten der Auslegung. Guibert von Nogent (1053–1121) bezeichnete diese vier Arten der Schriftauslegung später als die Räder, durch die die ganze Heilige Schrift bewegt werde (»quibus quasi quibusdam rotibus volvitur omnis sacra pagina«)[129]; unterschieden wird zwischen der historischen Auslegung, der Tropologie, Allegorie und der Anagoge. Johannes Cassianus (geb. um 360) erklärte diese vier Formen am Beispiel der Stadt Jerusalem, da in der Heiligen Schrift »ein und dasselbe Jerusalem vierfach verstanden werden kann, nach der Geschichte als Stadt der Juden, nach der Allegorie als Kirche Christi, nach der Anagoge als jene himmlische Stadt Gottes, die unser aller Mutter ist, und nach der Tropologie als Seele des Menschen, die häufig unter diesem Namen von Gott gescholten oder gelobt wird.«[130] Diese Formen der Schriftauslegung für die Predigt finden sich in zahlreichen Texten des Mittelalters von Eucherius von Lyon (gest. 450), von Honorius von Autun (12. Jh.), Johannes von Salisbury (ca. 1110–1180) über die eschatologischen Auslegungen des Abtes Joachim von Fiore (ca. 1130–1202) bis zu den Schriften Bonaventuras (1217/18–1274), Thomas' von Aquin (1226–1274) und Dantes (1265–1321) (Dante überträgt sie auch auf das Verständnis profaner Schriften). Sicardus von Cremona (ca. 1160–1215) sieht sie geradezu als Standbeine der Heiligen Schrift an, wenn er sie mit den vier Füßen eines Opfertisches vergleicht. Er definiert das geschichtliche Verständnis durch die Aufgabe des Geschichtsschreibers, »geschehene Ereignisse unter Verwendung der ursprünglichen Bedeutung der Worte darzustellen«; eine »Allegorie liegt vor, wenn mit Worten oder Dingen Geheimnisse der Kirche bezeichnet werden [...] ›Allegorie‹ aber heißt soviel wie ›fremde Rede‹. Die Tropologie [von *tropos* und *logos* abgeleitet] ist eine moralische Rede über Unterweisung und Besserung der Sitten, und sie geschieht in offenen oder bildlichen Worten [...]. Und ›Tropologie‹ besagt ›umgewandte Rede‹, weil das Gesagte auf die Bezeichnung der Sitten hin umgewandt wird. Eine Anagoge ist die Rede, die zu den höheren Dingen hinführt, etwa von zukünftigen Belohnungen oder dem kommenden Leben spricht.«[131]

Gerade das Vorkommen von Tropen und Figuren in der Bibel hatten ja auch Augustinus und Beda betont und deren Kenntnis als Voraussetzung für das Verständnis der Heiligen Schrift gesehen, das wiederum die gedankliche Grundlage des Predigers und seine inventionelle Aufgabe darstellt. Augustinus hatte zudem noch den beredten Verkünder der christlichen Lehre als Ideal gezeichnet und somit den Einfluß der Rhetorik auf Interpretation wie auch auf den Vortrag geltend gemacht. Auch war sein Redner-Ideal vom rhetorischen *vir-bonus-Ideal* geprägt.

Mit der Person des Predigers befaßt sich eingehend Gregor der Große in seiner zu Anfang seines Pontifikats (591) verfaßten Schrift »Regula Pastoralis«. Mit den Worten der christlichen Verkündigung müssen ein vorbildliches Leben und gute Taten einhergehen, zudem berücksichtigt Gregor (der sich bei seiner Hiob-Interpretation ja geradezu als Gegner der üblichen Rhetorik bezeichnet hatte), daß die Kunst des Predigers darin bestehe, seine Predigt einem bestimmten Publikum anzupassen, er betont den situativen Aspekt der Predigt (wobei die Differenzierung des Publikums sich vornehmlich nach den Arten der Sünde und der potentiellen Sünder richtet, die gemahnt werden müssen).[132]

Augustinus' und Gregors Schriften wurden so zu den »Grundlagen der mittelalterlichen Predigttheorie«[133], die im 13. Jahrhundert besonders ausgeprägt wurde, aber auch schon in den Schriften Guiberts von Nogent und Alanus' ab Insulis ihre Vorläufer fand. Guibert von Nogent erläutert in einer kleinen Schrift, welche Ordnung eine Predigt haben müsse: »Quo ordine sermo fieri debeat«. Guibert sieht das Publikum, zu dem der Prediger zu sprechen habe; es seien Gebildete und Ungebildete gleichermaßen, die aber zugleich angesprochen und zufriedengestellt werden müßten. Ganz im Sinne der rhetorischen Affektenlehre richtet er »sein Augenmerk auf die Regungen der menschlichen Seele [...], die allen gemeinsam sind und daher auch von allen verstanden werden können.«[134] Die Aufgabe der Schriftauslegung wird dem Prediger von Guibert ebenso zugewiesen wie von Alanus ab Insulis († 1202 oder 1203). Alanus definiert in seiner »Summa de arte praedicatoria« die Predigt als öffentliche und allen zugängliche Unterweisung in Sitten und Glauben, dabei sollen die Zuhörer Kunde vom göttlichen Willen erhalten. »Nach biblischen Geboten werden drei Arten der Predigt unterschieden: praedicatio in verbo (nach Marc. 16,15, Praedicate evangelium omni creature), in scripto (nach dem Vorbild der Apostelbriefe, die als geschriebene Predigten aufgefaßt werden) und in facto (nach dem Wort: ›Omnis Christi actio nostra est instructio‹).«[135] Ganz anders als bei der Beurteilung poetischer und profaner Schriften (im »Anticlaudianus« ziert Rhetorik die Deichsel [Grammatik] und die Achse [Dialektik] des Wagens der *sapientia* mit Edelsteinen und Blumen[136]) geht Alanus bei seinen Vorschriften zur Predigtlehre von anderen Leitsätzen aus. Nun wird zwar das christlich-antike *vir-bonus*-Ideal Augustinus' wachgerufen und der Bischofsstab zu seinem Symbol (dessen Krümmung bedeute, daß das, was der Prediger vorschreibe, dieser auch auf sich selbst zurückbeziehen müsse), die üppige Anwendung rhetorischer Mittel lehnt Alanus allerdings ab. »Diejenigen, welche die Zuhörer durch den Glanz ihrer eigenen Redekunst zu gewinnen trachten, sind keine treuen Verwalter des göttlichen Worts, sondern Lohndiener, mercenarii, die den Beifall der Welt über die Ehre Gottes stellen.«[137] Die Stärke der Predigt entstehe aus den in ihr angeführten Autoritäten. Dieses Prinzip ist aber auch durchaus rhetorisch, wie überhaupt Alanus nicht auf den Gebrauch rhetorischer Mittel verzichten kann; die *captatio benevolentiae* und die Forderung der *brevitas* haben einen festen Platz in seiner Predigtlehre. Allein im Gebet, »wenn sich die Rede des Menschen an Gott selbst wendet [...], werden alle rhetorischen Mittel in ihrer Wirkung hinfällig«[138].

Ganz anderes schreibt dazu Wilhelm von Auvergne († 1249) in seiner Schrift »Rhetorica Divina«. Zwar gebe es viele Schriften über die weltliche Redekunst, so Wilhelm in seiner Einleitung, es müsse aber auch Anweisungen zur Rede des Menschen mit Gott, zur *rhetorica divina,* geben. Der Prediger, der die Angelegenheiten der Seelen vor Gott bringe, befinde sich in einer ähnlichen Lage wie der Anwalt, der durch wohlgesetzte Worte die Sache seines Klienten vor den Richter bringe: er müsse durch die Kunst seiner Rede den höchsten Richter gnädig stimmen. Wilhelm von Auvergne entwickelt sodann eine »kunstgerechte Rhetorik des Gebets, in der nach dem Schema der antiken Redelehre unterschieden wird: *narratio, petitio, confirmatio, conclusio«.*[139] Mit der konsequenten Übertragung der Mittel der antiken Rhetorik steht Wilhelm von Auvergne (Rhetorica divina; De faciebus mundi; De arte praedicandi) in einer Reihe mit anderen Theoretikern des frühen 13. Jahrhunderts, mit Alexander von Ashby (De modo praedicandi), Thomas von Salisbury und Richard von Thetford. »Nach 1250 kamen andere, wie Arnold von Podio, Johannes von Wales und Walter von Paris. In der Zeit von 1300 bis 1400 konnten mehr als 30 Autoren bestimmt werden, hinzu kommen noch eine ganze Reihe von Werken, deren Autoren anonym blieben. Wenigstens 20 weitere Schreiber konnten vom fünfzehnten Jahrhundert benannt werden.«[140]

Nun gibt es zwar Unterschiede in den einzelnen Predigtlehren, dennoch aber lassen sich charakteristische Merkmale definieren. »Als *ars praedicandi* überträgt Rh[etorik] die Lehren antiker Beredsamkeit, vor allem Anweisungen, die Stoff und Stil und deren Kongruenz betreffen, auf die christliche Predigt, analysiert Fragen der Publikum-Psychologie (Predigt-Formulare für jeden Stand, jedes Alter, jeden Beruf, vom Papst bis zur Dirne!), des Spannung-Erregens, des Wechsels der Töne und der Affektation, behandelt Probleme des Stils – im sakralen Raum ist Mäßigung geboten: Gebeine eines Heiligen wollen nicht kunstreich geschmückt werden –, zeigt Praktiken auf, wie die Materie zu längen und zu kürzen sei, kurz, sie gibt dem *concionator Christianus* den Rang eines *orator* und der Predigt die Bedeutung eines Plädoyers.«[141]. Die Regeln, die der Redner für seine Absicht zu überzeugen kennen muß, müßten auch vom Prediger beherrscht werden, erklärt etwa Thomas von Salisbury (der vermutlich mit Thomas Chapham identisch ist), und in seiner Schrift »Summa de arte praedicandi« gibt er stellenweise wörtliche Zitate aus der Herennius-Rhetorik wieder.[142] Richard von Thetford (um 1245) machte in seiner »Ars dilatandi sermones« gerade die Amplifikation zu seinem Hauptthema, und in Roberts von Basevorn 1322 verfaßter Schrift »Forma praedicandi« finden sich noch einmal all jene Elemente vereint, die die *ars praedicandi* bestimmten, ja noch einmal fordert er mit Augustinus den weisen und beredten christlichen Prediger und gibt ihm zweiundzwanzig Leitpunkte an die Hand, die helfen sollen, die Predigt zu zieren; deren Herkunft aus der rhetorischen Tradition ist nicht zu übersehen. Er gibt etwa Anweisungen zur Invention des Themas, zur Weise, wie die Zuhörer zu gewinnen seien, zur Amplifikation, zur Digression, ja schließlich auch zur Modulation der Stimme und zur angemessenen Gestik.[143]

Es kann jedoch auch kein Zweifel bestehen, daß in die Predigtlehren des Mittelalters auch andere Traditionen eingeflossen sind (die Dialektik etwa in der Lehre von den *modi),* auch sind die aus der Rhetorik übertragenen Elemente den Anforderungen der Predigt angepaßt, die ein anderes Ordnungsschema als das der überlieferten Redeteile entwickelt hat (dem biblischen *thema* und *prothema* folgt die *divisio* des Themas durch ein Bibelzitat, die *distinctio* der Ideen und ihre *dilatatio,* ihre amplifizierende Erläuterung, bei der man sich wieder auf die Regeln zum vierfachen Schriftsinn bezieht). In all diesen Umformungen aber, in den Anpassungen an Stoff und Redesituation, selbst in den Verquickungen mit anderen Einflüssen ist eine rhetorische Traditionslinie zu erkennen, eine Linie, die von Cicero über Augustinus mit vielerlei Verzweigungen zu den Predigtlehren des Mittelalters und über diese hinaus reicht.

C. Studia humanitatis und Barockstil –
Die Rhetorik vom 15. bis zum 17. Jahrhundert

1. Epochenbezeichnungen

Renaissance, Humanismus, Reformation, Klassizismus, schließlich Barock – das sind noch nicht alle Bezeichnungen, mit denen man den Zeitraum zwischen dem Ausgang des Mittelalters und der Frühaufklärung begrifflich hat fassen wollen, sie alle benennen bestimmte charakteristische Eigentümlichkeiten, ob sie mehr das Gewicht auf die Aneignung der Antike, auf den Umbruch im religiösen Denken oder auf einen stilistischen Grundzug legen, doch keine umfaßt die gesamte Zeitspanne von drei Jahrhunderten. Dennoch berechtigen die einheitlichen Merkmale, die ihre Kultur ausgeprägt hat, dazu, sie als eine Gesamtheit historischer Tendenzen zu betrachten, die trotz aller unterschiedlichen Züge (etwa mehr klassizistischer oder mehr barocker Richtung) einen gemeinsamen Ursprung haben und in ihm einen gemeinsamen Nenner enthalten.

Die Grundlagen des Bildungssystems werden seit Anfang des 15. Jahrhunderts in der Wiederentdeckung und Erbschaft der Antike erworben, im 16. Jahrhundert durch Reformation und Gegenreformation modifiziert und beherrschen das 17. Jahrhundert; sie stehen gänzlich in der rhetorisch-pädagogischen Tradition. Literatur, Kunst, Musik (hier besonders Inventionsmethode, Affektenlehre und Figurensystem[1]), doch auch die kritische Methode der Wissenschaften, Geschichtsschreibung (man denke an Salutati) und die höfische Kultur sind rhetorisch fundiert und ausgebildet. Noch die Distinktion von Klassizismus und Barock (oder Manierismus) sowie die so benannten Stilqualitäten sind aufgetragen auf den gegensätzlichen Gebrauch des Redeschmucks *(ornatus)* in der römischen Antike, also den Antagonismus von Attizismus und Asianismus. Hinzu kommt die »Schlüsselstellung« des lateinsprachigen Schrifttums[2]), sie wird erst im 17. Jahrhundert durch Opitz, Meyfart, also auf den Gebieten der Poesie und Beredsamkeit, und durch die Sprachgesellschaften langsam aufgehoben, auch dies aber ohne Bruch rhetorischer Kontinuität und ganz nach ihren Voraussetzungen. So kommt Joachim Dyck zu dem Resümee, daß »das deutsche Barockzeitalter eine Spätzeit verkörpert, in der alle vorhergehenden Denkpositionen und Argumentationen wie im Brennpunkt eines Hohlspiegels zusammenlaufen«[3].

2. Die Wiederentdeckung und das Studium der alten Schriftsteller

Im September 1392 schrieb Coluccio Salutati (1331–1406), seit 1375 Kanzler von Florenz und einer der bedeutendsten italienischen Frühhumanisten[4], an Pasquino de Paquelli, Kanzler des Fürsten Grafen von Virtù: »Ich weiß nicht, trefflicher Mann, bester Bruder und teuerster Freund, ich weiß wirklich nicht, womit ich anfangen soll. Denn du hast mich mit einer so großen Gabe beglückt, daß ich vor Freude kaum bei Sinnen bin, und wenn ich schreiben möchte, drängt sich mir bald die Dankespflicht auf, dann wieder fällt es mir ein, dein so herrliches Geschenk, das mir nicht nur die Erfüllung eines Wunsches gebracht hat, sondern mich geradezu beseligt hat, zu preisen, oder schließlich fühle ich mich getrieben, mit dir darüber zu sprechen, welch reichen Trost ich fand beim Lesen der Briefe Ciceros, die du mir so großzügig und freigebig geschickt hast. All dies ist dermaßen gewaltig und übersteigt so sehr meine Kräfte, daß mein Geist es nicht fassen kann, noch die Dürre meines Stils, der mir doch sonst genügt, um auszudrücken, was mir in den Sinn kommt, es darzustellen vermag.«[5] Natürlich ist die Auseinandersetzung mit der Antike nicht erst ein Kennzeichen und die Errungenschaft des Humanismus, der von Männern wie Petrarca (1304–1374), Boccaccio (1313–1375) oder Salutati in den oberitalienischen Stadtstaaten ausging, sondern schon für das Mittelalter, für seine Rechtfertigung der Bibel gegenüber der antiken Literatur, für den Nachweis des Kunstcharakters der biblischen Bücher von grundlegender Bedeutung: die in den Rhetorenschulen gebildeten kirchlichen Schriftsteller und Theologen analysierten die biblische Sprache mit der an Cicero geschulten Rhetorik. Doch hat der Humanismus eine ganz andere Zielrichtung, die sich schon aus seinen Entstehungsbedingungen ergibt; er ist Bestandteil einer wirtschaftlichen, sozialen und wissenschaftlichen Entwicklung von ganz neuer Vitalität, die wohl hauptsächlich aus dem blühenden Handelskapitalismus folgte und im Bankwesen und in der Technik gleichermaßen beobachtet werden kann. So sind denn auch die geistigen Träger der diesen Tendenzen entsprechenden neuen Kultur Literaten und Forscher, die ihren ganzen Ehrgeiz, ihre ganze Tätigkeit auf die von ihnen gefertigte Welt richten und dafür in der Antike die wichtigsten Gewährsmänner fanden. »Die Lektüre der antiken Schriftsteller bedeutete, ein immer größeres historisches und kritisches Bewußtsein zu erwerben, sich Rechenschaft abzulegen über sich selbst und die anderen Menschen, den Umfang der menschlichen Welt und ihre Entwicklung zu begreifen, zu verstehen, daß die Menschheit zwar eine vielseitige, aber dennoch einheitliche Gesellschaft ist, deren Entwicklung von einer Kraft vorangetragen wird, die sich in der Zeit fortsetzt und den Raum besiegt. Das erneute Studium der antiken Autoren, deren wahren Sinn man wiedergefunden hatte, wurde zur Entdeckung der Bedeutung des Gesprächs und der menschlichen Zusammenarbeit, zur Initiation der Menschen in die Welt. Wenn man die Jugend mit den Klassikern erzog, so half man ihr damals wirklich, die gemeinsame Menschlichkeit in ihrer Entwicklung und in ihrer Einheit zu erkennen.«[6]

Die humanistische Auslegung der antiken Klassiker geht von der Erfahrung aus, daß jede Rede an ihre Enstehungsbedingungen, ihre Situation, Ort, Zeit, Raum und Adressaten gebunden bleibt, an alle Bedingungen, die das äußere *aptum* erfordert, und ihr Sinn also auch nicht unabhängig davon und in der bloßen rationalen Rekonstruktion der Begriffe (wie in der scholastischen Philosophie) gefunden werden kann. Nur umfassende literarische, historische, kulturgeschichtliche Kenntnisse vermögen derart die richtige, nämlich ursprüngliche Bedeutung der Werke zu erschließen. An die Stelle der abstrakten rationalen Wahrheit tritt die konkrete historische Genese, denn nur dadurch, daß wir Entstehung und Entwicklung der Texte begreifen, begreifen wir ihren Gehalt. So wird es zur wichtigsten Aufgabe der Humanisten, allen Begriffen die der jeweiligen Zeit entsprechenden Namen zu geben, sie also in einer Weise zu übertragen, die ihr historisch gebundenes Verständnis möglich macht und sie nicht aus dem Zusammenhang (des Werkes, des Autors, der

Zeit), der sie prägte, entfernt, sondern die Wortbedeutung gerade durch ihn determiniert sieht. »Die Bedeutung eines Wortes in den verschiedenen Texten erweist sich dem (humanistischen) Philologen immer wieder als ein ›tropus‹, dem jeweils eine neue Bedeutung übertragen wird.«[7] Die übersetzerische Tätigkeit der Humanisten, ob Leonardo Bruni (1369–1444) nun die »Nikomachische Ethik« oder Rudolf Agricola (1443–1485), einer der wichtigsten Begründer des Humanismus in Deutschland, die Reden des Demosthenes übertrug, geht von dieser rhetorischen Sprach- und Literaturauffassung aus und begründet die Dominanz der Rhetorik gegenüber der Philosophie. Denn es gehört ja ein spezifisch rhetorisches Vermögen dazu, über das Verständnis der formgebenden Situation zum jeweiligen Verständnis der Sache zu gelangen und diese wiederum in einen ihr angemessenen Ausdruck zu übertragen, der eine wesentliche Gemeinsamkeit mit ihr besitzen muß: es ist dasselbe Vermögen, das der Redner beim metaphorischen, ›übertragenen‹ Sprechen benutzt, in dem seine Kunstfertigkeit nicht allein gipfelt, sondern das, nur in besonders pointierter Weise, das Verfahren der Sprache überhaupt nachahmt; denn »schon fast alles, was wir reden, [ist] Figur.«[8]

Diese neue Methode der Philologie findet ihre Legitimation in den Aussagen der übersetzten und kommentierten Klassiker selber, doch beschränkt sie sich nicht bloß auf diesen Bereich. Indem sich der Rhetor in dem Besitz des zeitgemäßen, doch vorbildlichen und allgemeingültigen Wissens sieht, emanzipiert sich die Wissenschaft von Philosophie und Theologie, wird zu einem allgemeinmenschlichen Bildungswissen, von dem Sinn, Zweck und Glückseligkeit des Lebens abhängen. Doch ist dieses Wissen nicht von seiner – sprachlichen – Form zu trennen und nur über sie zugänglich, *sapientia* und *eloquentia* sind eine Einheit. In dieser Überzeugung wurzeln humanistische Bildung und humanistische Pädagogik, wurzelt die Hochachtung vor der sprachlichen Form, denn sie ist der einzige Schlüssel zum Inhalt, wurzelt zuletzt die politische Macht der Rhetoren an den Höfen der Renaissance. In einem großen Brief über sprachliche und wissenschaftliche Bildung hat Leonardo Bruni den neuen Bildungsbegriff der Zeit entfaltet und seine Allgemeingültigkeit schon dadurch betont, daß er ihn am Musterfall »einer gebildeten Frau« erörtert. Kenntnis der theologischen Wissenschaften reiche bei weitem nicht aus, »große, ausführliche, geübte und tiefbegründete Erfahrung der Schriften« (nämlich der antiken) gehöre dazu, wobei es auf die sorgfältige Auswahl ankomme (»Denn das Lesen unerfahrener und unschicklicher Autoren hängt dem Leser deren Laster an und befleckt den Geist mit ähnlicher Fäulnis; denn die Lektüre ist gleichsam die Nahrung des Geistes, durch die die Gesinnung genährt und beeinflußt wird.«) und der Aufbau der jeweiligen Schrift »nicht nur im Großen sondern auch im Kleinen«, ihr Sprachgebrauch, ihre Syntax analysiert werden müsse. Diese Ausbildung bedarf der Ergänzung durch historische Studien, wiederum vermittelt durch die Schriftsteller (Livius, Sallust, Tacitus, natürlich Cicero und Vergil, Platon und Homer), die mit dem Wissen auch die vollkommene Form lehren, von der die Kultur und die Stellung im Leben abhängen. »Denn im allgemeinen gelangt man zu dieser ›hervorragenden Stellung‹, von der ich vorhin sprach, nur durch Kenntnis vieler verschiedener. Deshalb muß man viel gesehen und gelesen haben und sich um die Philosophen, Dichter, Redner, Historiker und alle anderen Schriftsteller bemühen. Denn daraus entspringen Vollkommenheit und Genügen, so daß wir – wortreich, gewandt, geschmückt sprechend – bei keiner Sache leer und roh erscheinen. Hinzuzunehmen ist die Erfahrung in den *litterae*, die man nicht als unbedeutend unterschätzen sollte [...] Die *litterarum peritia* und die *rerum scientia* sind in gewisser Weise miteinander verbunden«[9].

Die wenigen Veränderungen im Schulunterricht, die die humanistische Pädagogik durchsetzte, betreffen vor allem Rangfolge und Einteilung der Fächer. Obwohl sie das System der *septem artes liberales* lockert, bleibt es aber in seiner strukturierenden Funktion unangetastet – schließlich war es ein Produkt und Spiegel der antiken Bildung, welche die Humanisten in ihrer Gültigkeit nicht schwächen, sondern stärken wollten. Weshalb vor allem das Sprachstudium in den Mittelpunkt rückte und (die wichtigste Neuerung) durch das Griechische ergänzt wurde, also seinen Platz natürlich im *Trivium* erhielt. »Die Grundlage des gesamten Unterrichts ist der Elementarunterricht im Lateinischen, ein solider Grammatikunterricht systematischer Art. Neben der Formenlehre werden besonders Prosodie und Metrik geschätzt, für die – beachtlich für Italien in der Mitte des 15. Jahrhunderts! – neben Vergil immer noch das Doctrinale empfohlen wird. Auf der zweiten Stufe setzt das Griechische ein: Formenlehre, leichte Prosaiker, Homer, andere Dichter. Zugleich beginnt die höhere Lateinstufe, die Battista Guarino die geschichtlich betriebene nennt. Die Reihenfolge der Lektüre ist Geschichte, Poesie, Rhetorik, Philosophie. Geschichte, Erdkunde und Astronomie werden in der Lektüre, aber nicht nach eigenem Aufbau und nicht zu eigenen Zwecken behandelt. So ergibt sich ein konsequent humanistischer Lehrplan.«[10] Höchstes Ziel humanistischer Bildung ist die Eloquenz, ihr werden alle anderen Lehrgegenstände untergeordnet. Die ersten vier Jahre waren fast ausschließlich der Grammatik der antiken Sprachen vorbehalten, dazu wurden einige besonders ausgewählte klassische Autoren gelesen; nach dieser gründlichen Vorbereitung erst begannen die Studien in Rhetorik und Dialektik, denen die Fächer des *Quadriviums* folgten. In der im Spätmittelalter entstehenden Differenzierung der Universitäten fiel der Rhetorik zusammen mit den anderen freien Künsten (in der Artistenfakultät) die Vorbereitung auf das Studium in den drei höheren Fakultäten Theologie, Jurisprudenz und Medizin zu, was aber über ihren wahren Einfluß noch nicht genug verrät: zumindest Jurisprudenz und Theologie müssen gerade unter humanistischem Einfluß als rhetorische Domäne gelten. Da die humanistische Bewegung ein gesamteuropäisches Phänomen war, gibt es keine nationalen Sonderentwicklungen von Belang. Erst die Reformation mit einer neuen Betonung der Muttersprache sollte auch hier eine Änderung bringen.

Darüber hinaus freilich beschränkte sich ihr Beitrag im wesentlichen auf einige Akzentverschiebungen (Melanchthon wollte dem Griechischen gegenüber der lateinischen Sprache ein größeres Gewicht verschaffen) und auf die Einführung des Religionsunterrichts als Schulfach. »Gegen Ende des [16.] Jahrhunderts ist die Stelle der Religion vor der Grammatik schon ziemlich gesichert, am Anfang des 17. Jahrhunderts allgemein, und im Braunschweig-Wolfenbüttel'schen Lehrplan von 1651 sehen wir schon die Ordnung stabilisiert, die dann praktisch zwei Jahrhunderte herrschen sollte:

Caput I. De sacris studiis.
Caput II. De morum censura.
Caput III. De latina lingua.
Caput IV. De lingua graeca.
Caput V.et ultimum. De bonarum artium rudimentis ... «[11]

Dialektik und Rhetorik bleiben unangefochten, während zum realistischen Wissen (Geometrie, Astronomie, auch Geographie) vor allem die Arithmetik und die Geschichte hinzutraten. Das Beispiel einer protestantischen Schulordnung aus dem Jahre 1546 spricht im übrigen für sich: »Erstlich soll die Grammatica, als die Mutter und Ernährerin der andern Künste, mit fürnehmlichem Fleiß betrieben werden mit allen ihren Zugehörigen, als Orthographie, Etymologie, Syntax und Prosodie. Darneben nützliche lectiones aus guten Autoribus, al ex Terentio, Plauto, Cicerone, fürnehmlich Epistolae Ciceronis et officia, auf daß die Knaben, beiderlei, durch Regel und Exempel zur lateinischen Sprache angeleitet, schicklich reden und schreiben lernen. Beineben auch lectiones aus Poeten, als Virgilio, etliche Bücher Ovidii, daß die Knaben auch die metrica begreifen, lernen Verse machen und reifen Vorrath in gutem Verstande erlangen. Item: Grammatica graeca und eine lectionem aus griechischen Autoribus. Es ist auch nöthig, daß gelesen werden Arithmetica, Sphaera und Musica, item Dialectica et Rhetorica, dazu etliche Principa philosophiae naturalis et moralis. Der Katechismus muß in der Schule stets mit sonderem Fleiße getrieben werden, damit die Knaben einen gewissen Unterricht in den fürnehmsten Hauptartikeln christlicher Lehre begreifen mögen. Vornehmlich aber muß der kleinen Knaben, als der Fiberlisten, fleißig abgewartet werden, daß dieselbigen lernen: reinlich lesen und schreiben, sonderlich aber den Katechismus Lutheri laut, langsam, deutlich und unterschiedlich zu recitieren. Es soll auch alle Wochen ein gemein Exercitium gehalten werden, Episteln lateinisch zu schreiben und eines jeden Knaben Schreiben besonders übersehen und fleißig emendirt werden: desgleichen soll auch alle Wochen ein Exercitium versificandi geschehen. Tägliche Abend-Precationes und Disputationes, in welchen die Knaben einer den andern übet in den lectionibus, so sie den Tag über gehört haben. Dazu sollte einen Monat um den andern eine öffentliche Disputatio der Lectionen gehalten werden. Solche Ordnung der lectionum, exercitiorum und disputationum, item eine gehorsame und ziemliche Schulzucht zu erhalten, gehören aufs wenigste sechs fürnehmliche Personen: 1. ein Schulmeister, 2. ein Mag. philosophiae und Professor graecae linguae, 3. ein Sphaerista, 4. ein Grammaticus und Rhetor, der zierliche und ziemliche Verse schreiben könnte, 5. ein Kantor, der ein ziemlicher Musikus sei, 6. ein Katechete.«[12]

Die humanistische und philologische Methode der Wissenschaft hat auch die Theologie verändert und jenen Prozeß eingeleitet, an dessen Ende die Autorität der Bibel verblaßt oder sogar grundsätzlich fragwürdig wird.[13] Denn die Theologie wird nicht nur zu einer Wissenschaft unter anderen, sondern gezwungen, sich derselben Methoden zu bedienen, die den Erkenntnisstand der Zeit repräsentierten. Das bedeutete zunächst zwar, daß die Theologie wieder konkret im überlieferten Text der biblischen Bücher und der Kirchenväter begründet und aus ihrem historischen und philologischen Studium entwickelt wird. Angemessenes Verständnis der christlichen Offenbarung erlangte jetzt nur noch derjenige Theologe, der auch ein guter Philologe war, also Grammatik, Dialektik und Rhetorik beherrschte. Allein mit ihrer Hilfe konnte es ihm auch gelingen, christliche Verkündigung und Argumentation wirkungskräftig durchzusetzen, ohne sie ist er Heiden und Ketzern hilflos ausgeliefert, wie Salutati in seiner Kritik am Bildungsstand der Priester und Mönche seiner Zeit ausführte.[14] Daß von diesem Fortschritt und der Vervollkommnung der historischen und philologischen Arbeitsmethoden nicht nur die kirchliche, also apologetische Bibelwissenschaft profitierte, die hiervon ihren Ausgang nahm und zu den großen Bibelrhetoriken des 16. Jahrhunderts führte[15], wurde allerdings schon bald offenbar. 1440 erschien von Lorenzo Valla (1407–1457), Professor der Rhetorik und Eloquenz in Rom, die Schrift »De falso credita et ementita Constantini donatione declamatio«, in welcher die »Konstantinische Schenkung« als gefälschte Urkunde entlarvt und somit der Anspruch des Papstes auf die kirchliche und weltliche Herrschaft in Italien seiner wichtigsten Stütze beraubt wurde. In der Tradition der rhetorisch-humanistischen Textkritik steht noch der moderne Begründer der philologischen Bibelkritik Jean Astruc (1684–1766), der 1753 anonym sein Werk zur Quellenforschung des Alten Testaments erscheinen ließ (und darin die elohistische von der jahwistischen – er nennt sie jehovistisch – Quelle unterschied); genau 30 Jahre später erschien es unter dem deutschen Titel in Frankfurt am Main: »Muthmaßungen in Betreff der Originalberichte, deren sich Moses wahrscheinlicherweise bey Verfertigung des ersten seiner Bücher bedient hat«.

3. Luther und die Reformation

Die humanistische gelehrte Kritik ist, wenn nicht eine der Wurzeln, so zumindest ein wesentliches Medium und Werkzeug der Reformation gewesen, deren wichtigstes Ideal, die Originalbeziehung zur Schrift, ohne die rhetorische Philologie des 16. Jahrhunderts nicht denkbar ist. Desiderius Erasmus (1467–1536) und Johann Reuchlin (1455–1522) gehören zu den bedeutendsten Wegbereitern eines neuen hermeneutischen Verhältnisses zur Bibel, wie es sich dann in der Reformation durchsetzen sollte. Einen »Voltaire des 16. Jahrhunderts« hat Dilthey Erasmus von Rotterdam genannt[16] und ihn als einen urbanen Schriftsteller und in allen Formen und Gattungen gewandten Rhetor charakterisiert, der das moderne Humanistenlatein mit größter Kunstfertigkeit beherrschte, aber auch den derben Scherz nicht verschmähte, ein mutiger und kompromißloser Streiter für Toleranz und ein humorvoller Betrachter menschlicher Schwächen und Torheiten, ein aufgeklärter Geist und gebildeter Christ zugleich. Er verehrte Cicero, den »beste[n] Redekünstler«, der wie ein Heiliger zu verehren sei, »wenn er die christliche Philosophie gekannt hätte«, »das erhabenste und erste Vorbild«[17] der Studien, die er doch zuletzt auf die christliche Offenbarung ausgerichtet wissen will. »Dazu erwirbt man das Wissen, die Philosophie, die Beredsamkeit, um Christus zu verstehen, um Christi Ruhm zu feiern. Hierin liegt das Ziel der gesamten Bildung und Beredsamkeit.«[18] Hierin lag auch das Ziel seiner Edition des Neuen Testaments nach der griechischen Erstausgabe mit Übersetzung (1516), Erläuterungen und Paraphrasen (1518). Doch zeigt seine Auseinandersetzung mit Luther, daß diese kirchenkritischen und gegen die scholastische Theologie gerichteten Schriften und Arbeiten doch ganz im Kontext humanistischer Bildung entstanden sind und ihr verpflichtet bleiben.

Das gilt im wesentlichen auch für Reuchlin, dessen theologisch-philologische Studien, besonders die »Rudimenta linguae Hebraeicae« (1506), einem originalen Verständnis der christlichen Quellenschriften dienen sollten; seine Hauptwirkung aber ist in anderen Bereichen zu finden: im deutschen Bildungssystem, welches er auf das Studium der alten Sprachen und der antiken Schriftsteller gründen wollte; in der Wissenschaft von den antiken Sprachen, für die er Lehr- und Wörterbücher verfaßte; ja sogar auf dem Gebiet kabbalistischer Spekulationen: »De verbo mirifico«, »Vom wunderwirkenden Wort« (1494), und »De arte cabbalistica«, »Über die Kabbalistische Kunst« (1517), heißen die Bücher, die nach kabbalistischer Weise zur Erkenntnis des geheimen Sinns der Heiligen Schriften beitragen sollten.[19]

In einer vielzitierten Sentenz hat Martin Luther (1483–1546) den Unterschied zwischen seiner theologisch-rednerischen Eigenart und der humanistischen Gelehrsamkeit pointiert: »Dinge und Wörter: Melanchthon; Wörter ohne Dinge: Erasmus; Dinge ohne Wörter: Luther; weder Dinge noch Wörter: Karlstadt.«[20] Vor allem die Selbstaussage hat gewirkt und ein Verständnis Luthers gefördert, das durchaus nicht der Wirklichkeit entsprach. Denn er war ein genauso gebildeter Mann wie irgendein anderer seiner humanistischen Kollegen und Widersacher, schrieb, wenn es darauf ankam, ein ebenso elegantes Humanistenlatein wie sie und beneidete den »Magister Philipp« (gemeint ist Melanchthon) um sein unangefochtenes Gelehrtendasein.[21] Man darf also seine Attacken gegen die »weisen, klugen Weltleute […], die mit ihrer Vernunft mit Gottes Wort nicht über einstimmen, ja je verständiger und klüger sie sind, je mehr und hoffärtiger sind sie wider Gottes Wort«[22] – man darf solche Schelten nicht verallgemeinern. Gerade weil Luther ein Redner war durch und durch, regierte die Situation, regierten Adressaten und Wirkungszweck seine Rede, ob in den Tischgesprächen oder vor der Gemeinde, in der Diskussion mit Erasmus oder vor einem geistlichen Kollegium. So wäre es auch töricht, aus seiner Kritik an der Rhetorik und an rhetorischer Praxis eine einheitliche Ablehnung der Rhetorik zu folgern.[23]

Nein, Dinge ohne Wörter, das war auch seine Sache nicht. Er benötigte die Rhetorik als hermeneutische Wissenschaft ebenso (»Die falsche Auslegung der Schrift im Papsttum soll uns zum Studium der gelehrten Wissenschaften und der Redekunst bewegen, die einem Theologen höchst nötig sind.«[24]) wie für seine homiletischen Maximen und die Predigt. Zu Luthers Rhetorik gehört die Bestimmung ihrer Leistung und ihrer Grenzen, gehört die Versicherung ihrer Eigenart durch die Kritik anderer, gegensätzlicher rhetorischer Positionen. Wenn er Stellung bezieht gegen die »wünderlichen, seltsamen, ungebräuchlichen Worte«[25], gegen »viel beredte Prediger«, die nur Worte und keine Sachen kennen (»sie könnten viel schwatzen und nichts recht lehren«[26]), die »mit viel Worten übergehen und sehr gähren«[27], so steht diese Auseinandersetzung völlig in der Tradition des innerrhetorischen Streits zwischen Attizismus und Asianismus. Wobei er für Luther natürlich eine bestimmte ideologische Richtung erhält, denn über die rhetorische Form kritisiert er diejenigen, die sich ihrer bedienen, also Ketzer und Schwärmer, aber auch die gebildeten Erasmianer, die ihm im Verdacht eines bloßen rhetorischen Formalismus stehen. *Res* statt *verba!* – dieser Schlachtruf ist seit der Antike immer wieder erklungen, die Parole jeder Rhetorik-Reform, in ihrem Zeichen steht auch die Erneuerung der deutschen Rhetorik durch die Aufklärer des 18. Jahrhunderts.

Es ist auch durchaus folgerichtig, daß sie sich immer wieder auf Luther beriefen, dessen Rhetorik von dem Wirkungszweck der Überzeugung ausgeht und dem *docere* das Vorrecht vor den emotionalen Wirkungsfunktionen einräumt. »Dialectica docet, rhetorica movet«[28], das ist eine durchaus traditionelle Bestimmung. »Die furnehmste Frucht und Nutz der Dialectica ist, ein Ding fein rund, kurz und eigentlich definiren und beschreiben, was gewiß ist. Darum soll man sich gewöhnen zu guten, rechtschaffenen, vernehmlichen Worten, die im gemeinen Gebrauch sind, und ein Ding eigentlich und verständlich anzeigen und geben; welchs eine sonderliche Gnade und Gabe Gottes ist.«[29] Der schärferen Distinktion halber nennt Luther Dialektik, was in Wahrheit ebenfalls rhetorische Domäne ist, denn das Lehrgespräch *(oratio concisa)* in der Dialektik unterscheidet sich stilistisch durchaus nicht prinzipiell von der *argumentatio*, die ebenfalls in Form einer *oratio concisa* auftreten kann, »wenn auch das faktische Zwiegespräch [...] unterdrückt ist zugunsten eines immerhin dialektischen Monologs [...] vor dem Publikum«[30].

Daß Luther den Terminus Dialektik als Sprach- und Redestil verwendet, wird überall deutlich. So rede der »Dialecticus« »von allen Dingen wohl und geschicklich«[31], oder, noch deutlicher: »Dialectica lehret noch gibt das Vermögen nicht [...] von allen Sachen zu lehren; sondern ist nur ein Instrument und Werkzeug, dadurch wir fein richtig und ordentlich lehren, was wir wissen und verstehen [...]. Dialectica gibt nicht die Materie, davon man reden und lehren will; sondern lehret nur, wie man fein ordentlich, eigentlich und richtig, kurz und einfältig davon lehren und reden soll.«[32] Die Mündlichkeit, deren Lob Luther so häufig hören ließ (»Denn ohne Gottes Wort ist alles nichts und vergebens [...]. Darum hat uns Gott an sein mündlich Wort gebunden, da er spricht Lucä am zehenten Capitel: ›Wer euch höret, der höret mich.‹ Da redet er von dem mündlichen Wort, das aus dem Munde eines Menschen gehet [...].«[33]) und die seiner Beredsamkeit die eigentümliche Prägung gibt, ist eine Folge der dialektischen Auffassung der Rhetorik. Sie empfiehlt traditionell die lockere, willkürlich, gewöhnlich erscheinende Rede *(oratio soluta)*, wie sie in der gesprochenen Alltagssprache erscheint, »zur Erreichung des Eindrucks der Einfachheit« nachzuahmen[34], so daß *oratio soluta* und *oratia concisa* ineinander übergehen können. Quintilian: »Es ist also vor allem die Rede in einer Form gebunden und verwoben, in einer anderen ungebunden, wie dies im Gespräch und in Briefen der Fall ist, wenn diese nicht etwas behandeln, was über ihr eigentliches Wesen hinausführt.«[35] Und an anderer Stelle: »Nun gibt es ja zwei Arten der Rede, einmal die fortlaufende, die man *rhetorisch* nennt, sodann die *zerspaltene*, die *dialektisch* heißt. Beide Arten hat Zeno in so enge Verbindung gebracht, daß er die letztere mit einer geballten Faust, die erstere mit der entfalteten Hand veranschaulicht.«[36] Quintilian war Luthers wichtigster antiker Lehrmeister, er preist ihn als einzigartigen Rhetor und Pädagogen, sorgte dafür, daß er im Lehrprogramm der Wittenberger Universität seinen festen Platz erhielt, und war sich mit Melanchthon in dieser Hochschätzung vollkommen einig. Auch dies übrigens in humanistischer Gemeinsamkeit. Im Jahre 1416 erst war in St. Gallen eine Handschrift der »Institutio oratoria« aufgefunden und damit Quintilian wiederentdeckt worden; es ist dann zu einem Hauptbuch der Epoche geworden, dessen Wirkung im gesamten europäischen Bildungssystem bis ins 18., 19. Jahrhundert hinein anhielt.[37]

Trotz seiner Betonung der schlichten, nachdrücklichen, deutlichen Rede und des ihr entsprechenden Stilideals hat aber Luther durchaus auch die bewegende Macht der Rede gekannt und ihre Wirksamkeit für die reformatorische Predigt bestimmt. Zunächst lassen sich selbst in seinem Verständnis von Rhetorik und Dialektik die ihnen entsprechenden Redeweisen nicht säuberlich trennen: »Wie ein Prediger geschickt sein soll zu predigen [...] Ein Prediger soll ein Dialecticus und Rhetor sein, das ist, er muß können lehren und vermahnen. Wenn er nu von einem Dinge oder Artikel lehren will, soll ers erstlich unterscheiden, was es eigentlich heißet; zum Andern definieren, beschreiben und anzeigen, was es ist; zum Dritten soll er die

Sprüche aus der Schrift dazu führen und damit beweisen und stärken; zum Vierten mit Exempeln ausstreichen und erklären; zum Fünften mit Gleichnissen schmücken; zu letzt die Faulen ermahnen und munter machen, die Ungehorsamen, falsche Lehre und ihre Stifter mit Ernst strafen, also doch, daß man sehe, daß es aus keinem Widerwillen, Haß oder Neid geschehe, sondern allein Gottes Ehre und der Leute Nutz und Heil suche.«[38] Zum anderen hämmert er den Predigern ein: denkt an die Gemeinde, denn bei »den Zuhörern steht das Urteil«[39] über die Predigt und »den Zuhörern [soll man sich] anpassen«[40], jede Predigt richtet so ein, »daß man das gut verstehe«[41]. Das rhetorische Verständnis der Predigt führt dann bei den Adressaten, die Luther als Gemeinde vor Augen hat, zur eindeutigen Bevorzugung des schlichten Redestils (»Alle Prediger sollen sich gewöhnen, daß sie schlicht und einfältig predigen, und sollen bei sich bedenken, daß sie jungen unverständigen Leuten predigen, Bauern, die ebenso wenig verstehen wie die Jungen [...] und das ist der allgemeine Fehler der Prediger, daß sie predigen, daß das arme Volk gar wenig draus lernt.«[42]). Doch auch dieser will gelernt sein: »Einfältig zu predigen ist eine große Kunst.«[43] Eine Kunst, die gerade vor dem ›einfachen Volk‹ nicht in argumentativer Beweisführung sich erschöpfen darf. Daher betont er die »Ehrfurcht«, mit der »der Dienst am Worte Gottes« verbunden sein müsse[44], weist auf die Gleichnisse Christi hin (»alles darum, daß es die Leute verstehen, fassen, behalten könnten«[45]) und verlangt als dritte von den neun Eigenschaften eines guten Predigers, daß er »wohl beredt sein«[46] solle. Ein Blick in Luthers Predigtpraxis lehrt, welche Bandbreite solche »Wohlredenheit« für ihn besaß, daß auch seine Bauernpredigten reichhaltig von den (freilich meist sanft) bewegenden und rührenden Mitteln der Rhetorik Gebrauch machten, er also etwa die Exordialtopik der Sympathie-Erregung, alle Möglichkeiten der direkten und indirekten Anrede, der *amplificatio*, des fingierten Dialogs, des illustrierenden Exempels benutzte und sich durchaus nicht vor pathetischem Aufschwung, der heftigen Gemütserregung scheute: »Is nu das nicht ein um messlich, grosser, herrlicher werck und wünder [...] soltestu nicht billich mit allen freuden dein gut dran wogen [...] und fur freuden springen [...]?«[47] Nicht umsonst nennt er, wenn er von der Rede der Propheten spricht, den heftigen Affekt *(vehemens affectus)* das überzeugendste Argument und damit den Grund dafür, daß der Heilige Geist die Tropen und Figuren benutzt, wenn er durch seine Jünger spricht.[48] Luther beherrschte alle Redeweisen und setzte sie ein, wenn Wirkungszweck und Adressaten das verlangten; was er auch tat, so faßt Walter Jens zusammen, »Gedichte schreiben, Fabeln erzählen, Lieder komponieren, Send-, Mahn-, Kampf- und Trostschreiben verfassen – er hat immer gepredigt, sprach von der Kanzel herab, auch wenn er in der Schreibstube saß, und zielte, als geistlicher Lehrer, in allen Gattungen der Schriftstellerei auf jene Verbindung von herzbewegender Rede und schlichter Diktion ab, die ihm seine rhetorische Tradition offerierte«[49].

Es hätte nie das Mißverständnis von dem schlicht belehrenden, volkstümlich einfachen, dem unrhetorischen, auf Lehre und Unterweisung beschränkten Prediger Martin Luther gegeben, wenn die in allen zentralen Punkten feststellbare Übereinstimmung mit Philipp Melanchthons (1497–1560) Auffassung *ad rhetoricam et dialecticam* genug beachtet worden wäre. Das Verhältnis beider Disziplinen hat Melanchthon in seinen rhetorischen Lehrschriften unmißverständlich und für die reformatorische Lehre exemplarisch geklärt. Der Großneffe Johann Reuchlins, der von seinem berühmten Verwandten in humanistisches Denken und den Geist der neuen Sprachwissenschaft eingeführt worden war, der Rudolf Agricola (1443–1485) und Erasmus verehrte und von ihnen lernte, hat die in der Tradition längst begründete Verbindung von Rhetorik und Dialektik in der Gemeinsamkeit der Topik erneut hergestellt.[50] Melanchthons »De Rhetorica libri tres« ist erstmals 1519 erschienen und beginnt mit der Erörterung dialektischer Probleme. Denn die Dialektik garantiert die Wahrheit der Rede, sie lehrt, die Irrtümer zu vermeiden und die Sache zu beurteilen, doch kommt es darauf an, diesen Inhalt auch wirkungskräftig auszuschmücken, so daß er praktisch wird und nicht (wie in der Scholastik) zur unfruchtbaren esoterischen Lehre, die keinen Bezug zum Leben mehr hat. Diesen garantiert die Rhetorik, welche damit die Dialektik und alle anderen Wissenschaften übertrifft. So braucht der Redner und Lehrer zwar beide Wissenschaften, und Melanchthon hat ihre Einheit in seiner Rhetorik von 1531 noch mehr betont, doch »kommt der Dialektik die dienende, der Rhetorik die herrschende Stellung zu«[51]. Besonders augenfällig sieht er ihre Gemeinsamkeit in der Topik verkörpert, für Melanchthon von herausragender Bedeutung sowohl bei der Exegese der biblischen Schriften (mit der Analyse des Römerbriefes hat er selber 1519 eine großartige Probe aufs Exempel gegeben) als auch für die Interpretation der Geschichte als Heilsgeschichte in der dialektischen Verschränkung von Gesetz und Gnade und schließlich für sein Rednerideal, in dem Dialektik und Rhetorik sich vereinen. Gewiß, auch Melanchthon lehnt die rhetorische Kunstfertigkeit um ihrer selbst willen ab, doch ist er überzeugt, daß die Wahrheit ohne das bewegende Wort verschlossen und wirkungslos bleibt. »Dinge *und* Wörter: Melanchthon« – zumindest mit dieser Charakterisierung hatte Luther vollkommen recht.

Es ist nicht schwer, sich vorzustellen, welchem Pol Luther in seinem prägnanten Überschlag Thomas Müntzer (1489–1525) zugeordnet hätte, wenn es ihm gelungen wäre, dessen Namen dabei überhaupt in den Mund zu nehmen: der Name Karlstadts (1480–1541) genügt in diesem Zusammenhang, denn der ehemalige Mitstreiter gehörte da für ihn schon längst in die Reihe der Ketzer und Schwärmer, als deren verwerflichster ihm Thomas Müntzer erschien. In der Rhetorik der Reformation verkörpert er am vollkommensten die revolutionäre Beredsamkeit. Die Idee von dem einen Reich Gottes, das hier und jetzt zu verwirklichen sei, inspirierte Pathos und leidenschaftliche Ungeduld seiner Reden. Als erster der Reformatoren hielt er, Ostern 1523, den Gottesdienst ganz in deutscher Sprache und entwickelte entsprechende Kirchenverordnungen; ob er nun, in der Interpretation des paulinischen Römerbriefs, das Widerstandsrecht des Volkes neutestamentarisch begründet oder, in der berühmten Fürstenpredigt, die Auslegung Danielis münden läßt im Aufruf zum Befreiungskampf des göttlichen Reiches mitten in der Zeit: »Um daher die rechte Wahrheit an den Tag zu bringen, müßt ihr, Regenten euch an den Beschluß dieses Kapitels halten – Gott gebe, ob ihrs gerne tut oder nicht – wo Nebukadnezar den heiligen Daniel zum Amtmann eingesetzt hat, das gute rechte Urteil zu fällen, wie es der Heilige Geist sagt, Psalm 58. Denn die Gottlosen haben kein Recht zu leben außer [jenes], das ihnen die Auserwählten gönnen wollen, wie im Buch des Auszugs [Israels], 2. Mose 23 geschrieben steht. Freut euch, ihr rechten Freunde Gottes, daß den Feinden des Kreuzes das Herz in die Brüche gefallen ist. Sie müssen recht tun, wiewohl sie es niemals geträumt haben. So wir nun Gott fürchten, warum wollen wir uns [dann] vor losen, untüchtigen Menschen einsetzen? 4. Mos. 14, Jos. 11. –

Seid nur keck! Der will das Regiment selber haben, dem alle Gewalt im Himmel und auf Erden gegeben ist, Matth. am letzten, der euch, Allerliebste, bewahre ewig. Amen.«[52]

Fürwahr eine revolutionäre Bibelexegese, der die revolutionäre Rhetorik, das zu Kampf und unerschrockener Tat bewegende Wort vollkommen entspricht: »Einem gerechtfertigten Prediger sind die Worte Gottes nicht mit honigsüßen Worten und Heuchelei in den Mund gesetzt, sondern mit einem inbrünstigen und rechten, ernsten Eifer, um die gedichteten Christen zu entwurzeln, zu [zer]brechen, zu zerstreuen und allen ihren bösewichtischen Glauben, den sie durchs [bloße] Hörensagen oder aus den Büchern von Menschen wie tückische Diebe gestohlen haben, zu zerstören.«[53]

4. Redekunst und Dichtkunst

In einem Brief an die Universität Ingolstadt im Mai 1492 erläutert Konrad Celtis (1459–1508), wie notwendig den akademischen Lehrern die Beredsamkeit sei und wie sehr es ihn erstaune, daß unter ihnen »niemand zu finden ist, der Briefe oder Reden, Gedichte oder Geschichtswerke zierlich und elegant geschrieben hätte gleich den Italienern, deren Universitäten zwar zahlenmäßig hinter uns zurückstehen, uns aber an Gelehrsamkeit weit überragen«. Ursache dieses Mangels: das »Wesen der Redekunst« bleibt unverstanden, und es gibt kein Lehrbuch der Rhetorik. »Im Interesse der Wissenschaften und aus Liebe zu ihnen fühlte ich das Bedürfnis, dieser Krankheit abzuhelfen; daher legte ich die Vorschriften für die Abfassung einer Rede und gewissermaßen einen Extrakt der ciceronianischen Beredsamkeit in übersichtlicher und klarer Anordnung dar«[54]. Die Selbstverständlichkeit, mit der Gelehrsamkeit, Eloquenz und Dichtkunst als Einheit gesehen werden, pointiert die humanistische Wissenschaftsauffassung und ihre Opposition zur scholastischen Überlieferung. Die Forderung nach allseitiger Bildung, der *uomo universale,* ist das Ideal der Zeit, die Kenntnis aller Dinge *(scientia rerum divinarum et humanarum)* nicht nur dem Gelehrten notwendig, sondern ebenso dem Dichter; eine Überzeugung, die in Italien nicht nur Petrarca und Boccaccio, sondern auch Salutati oder Poggio Bracciolini (1380–1459) vertraten. Denn wie der Stoff des Dichters unbegrenzt ist, menschliches und göttliches Wissen zugleich umfaßt, so läßt sich poetische Vollkommenheit nur durch enzyklopädisches Wissen erreichen. Auch das Hauptargument in der humanistischen Verteidigung und Lobpreisung der Poesie klingt in solchen Maximen schon an: daß nämlich der Dichter über eine Fähigkeit verfügt, die ihn vor allen anderen auszeichnet. »Glaube nicht, lieber Bruder«, schreibt Salutati, »daß die Poesie solcher Art wäre, daß man sie mit menschlicher Vernunft begreifen könnte. Sie wird auf göttliche Weise eingeflößt und stammt von Höchsten her.«[55] Der Rückgriff auf die antik-platonische Lehre vom göttlichen Wahnsinn, der die Dichter ergreife und durch ihren Mund rede, hat das Verständnis der humanistischen Poetik oft erschwert[56], scheint doch darin schon der zentrale Gedanke der späteren unrhetorischen Genieästhetik vorgeprägt. Doch löst sich der scheinbare Widerspruch leicht, und Eduard Norden hat sicher recht, wenn er die »bis zur Identifikation reichende Gleichstellung der Poesie und Rhetorik«[57] als Kennzeichen der humanistischen Poetik nennt. Wenn Salutati die Dichtung von der Natur selbst *(ipsa natura)* bestimmt sieht, zitiert er als Gewährsmann Cicero[58], und wirklich ist ja seit der Antike die Naturbindung der Redekunst und die Naturanlage als Voraussetzung ihrer Ausübung ein vielgebrauchter Allgemeinplatz. Er macht die Rhetorik nicht überflüssig, denn die *ars* ist eine ebenso notwendige Bedingung des Kunstwerks. Konrad Celtis hat das Verhältnis beider in einem Brief an Sebald Schreyer klar und unmißverständlich herausgestellt: »Gleichwie jede Art von Tieren im Kreislauf des Jahres ihre feste Brunftzeit hat, und wie sie dann wieder nach bestimmter Zeit die Frucht ihres Leibes gebären, so ist es, wie ich sehe, in diesen Dingen auch bei den gelehrtesten Männern, wenn sie eine große Dichtung ausarbeiten oder eine Rede, die der Mitteilung würdig ist, verfassen. Nicht zu jeder Zeit nämlich und nach ihrem Belieben, sondern nur, wenn sie von einer Kraft in ihnen, oder soll ich sagen: von einer Gottheit, getrieben, in Begeisterung geraten, und wenn der Schaffensdrang sie überkommt. Aber so wie es beim Embryo geschieht, lassen sie das Werk, wie es in allen Dingen am klügsten ist, ganz allmählich nach Erfindung, Anordnung des Stoffes und Ausführung in Worten bis zu seiner Vollendung reifen. Du weißt ja, daß Quintilian das unvorbereitete Geschwätz völlig ablehnt, und daß viel darauf ankommt, ob man die Frucht bis zum Zeitpunkt der Geburt reifen läßt oder sie unreif abstößt, und daß es einen großen Unterschied macht, ob man sich allein oder für viele oder alle schreibt.«[59]

In dieser Auffassung stimmen die Humanisten überein, ob Scaliger oder Melanchthon, ob Pontanus oder Vossius, späterhin Opitz oder Harsdörffer: der von der Natur oder göttlich begabte Dichter ist immer auch Rhetor, der die *ars* beherrschen muß, will er seine Wirkung erreichen. Und diese beruht natürlich immer noch auf dem *principium docendi* mittels der Gefühlserregung und damit der Willensbeeinflussung. In seinen »Poetices libri VII« (1561) hat Julius Cäsar Scaliger (1484–1558) diesen Zusammenhang unter Berufung auf Aristoteles und die klassische Rhetorik für sein Zeitalter mustergültig formuliert, »eine der großen Taten der damaligen Geisteswissenschaft«, wie Dilthey bewundernd hervorhebt, um dann die Grundzüge dieser Wirkungspoetik zu skizzieren: »Aus den Charakteranlagen (mores) entspringen die Gemütsbewegungen (affectus). Und diese gehen als innere Akte (actus interiores) den äußeren Handlungen voraus. Der Zweck der Dichtung besteht nun in der moralischen Belehrung des Menschen [...]; der Dichter lehrt Affekte durch Handeln. Die Handlung ist also das Gewand, in das der Dichter seine Lehre einhüllt, und der Affekt ist der eigentliche Gegenstand der Belehrung, welche auf die Bestimmung unserer Handlungen wirken will. Ferner wird die Lehre von den Affekten noch an einer anderen Stelle benutzt, in dem wichtigen dritten Buche, wo dort von der künstlerischen Darstellung von Charakteren und Leidenschaften die Rede ist.«[60] Schon Klaus Dockhorn hat auf die Herkunft dieser Affektenlehre aus der rhetorischen Tradition aufmerksam gemacht[61], so daß die Deutung des *Imitando-delectare-Prinzips* (das Scaliger von dem *persuadere* und *movere* der Rhetorik als Kennzeichen der Poesie absetzte) im Sinne einer Loslösung von dem rednerischen Wirkungszweck[62] gewiß so nicht zu halten ist. Auch Scaligers deutscher Gefolgsmann, Martin Opitz (1597–1639), verteidigt die Eigenart der Poesie, welche »die dinge nicht so sehr beschreibe wie sie sein / als wie sie etwan sein köndten oder solten«, mit dem Argument: »Dienet also dieses alles zue ueberredung und unterricht auch ergetzung der Leute; welches der Poeterey vornemster zweck ist.«[63] Opitzens gesamtes »Buch von der

Deutschen Poeterey« (1624) ist auf rhetorischem Fundament erbaut, wie schon seine Ordnung deutlich macht. Widmet er in den ersten Kapiteln der Aufgabe, dem Wesen und Ursprung der Poesie, dem Dichterideal und der Verteidigung der deutschen Poesie seine Aufmerksamkeit, so behandelt er in den folgenden Abschnitten *inventio, dispositio, elocutio* und Verslehre; eine Einteilung, der die meisten Poetiken des 17. Jahrhunderts folgen werden.

5. *Vir bonus* und rhetorisches Bildungsideal

Gibt es für die Theorie einer Kunst keinen eigentlicheren Zweck als die Praxis, so mußte gerade die Rhetorik einen sehr umfassenden Praxisbegriff entwickeln, der sich auf die Verwirklichung der Rede im umfassenden Sinne als Form der Lebenspraxis zu beziehen und auch die seit Platon immer wieder vorgebrachten kritischen Einwände (Scheincharakter der Worte; Überreden statt Überzeugen; Rhetorik als Schmeichelkunst) zu berücksichtigen hatte. Daher wurde die Rhetorik nur für diejenige Praxis bestimmt, die zur Ordnung des ethisch Guten (im stoischen Sinne) gehört, und ihre erste Aufgabe mußte darin bestehen, den Redner so zu bilden und solange zu unterweisen, bis er selber Teil dieser Ordnung, ein *vir bonus*, ein guter und rechtschaffener Mann, geworden ist.[64] Für die Rhetoriker in Humanismus und Barock gilt ein solch hoher sittlicher Anspruch unverändert fort. Der Redner wird als moralisch handelnder Mensch schlechthin definiert. In ihrer immerwährenden Auseinandersetzung mit der Philosophie bestimmt sich die Rhetorik als die Kunst, die im Unterschied zu den müßigen oder auch demagogischen Spekulationen der Sophisten und den Zweideutigkeiten und Unklarheiten der Philosophen, die (wie Salutati kritisiert) niemals zu einem gewissen Ergebnis gelangen[65], die Wahrheit ausspricht – und diese besteht darin, richtig zu leben, drückt sich in der Haltung und im Gepräge eines Menschen ebenso aus wie in seiner Redeweise, seinen Umgangsformen, seiner Lebensmeisterung. Es gilt, zwischen bloßem Wissen *(scientia)* und Weisheit *(sapientia)* zu unterscheiden, doch auf letztere kommt es im Leben wirklich an. So die rhetorische Überzeugung, die dann auch dem Poeten zugute kommt: »Ja wenn sie einen gar verächtlich halten wollen / so nennen sie ihn einen Poeten: wie dann *Erasmo Roterodamo* von groben leuten geschahe. / Welcher aber zur antwort gab: Er schätzte sich dessen lobes viel zue unwürdig; denn auch nur ein mittelmässiger Poete höher zue halten sey als zehen *Philosophastri.*«[66] Johann Matthäus Meyfart (1590–1642) verweist unermüdlich in seiner »Teutschen Rhetorica« (1634) auf den sophistischen Mißbrauch der Beredsamkeit. Die Sophisten bauschten auf, verwirrten die Zuhörer, stellten sich selbst zur Schau, schmeichelten und lögen. All das ist für den wahren Redner ein Schreckbild, und in dieser Gesinnung steht ihm der Poet in nichts nach. Auch sein Selbstverständnis verlangt, daß er mit seinem Werk allein das moralisch Richtige fördert. So verbietet, um einige Beispiele zu nennen, Scaliger dem Poeten jederlei Unwahrscheinlichkeit, da er mit den Mitteln seiner Kunst die Wahrheit abzubilden habe.[67] Für Opitz ist die Poeterey »eine erziehrin des lebens von jugend auff«[68], Johann Klaj (1616–1656) beschwört den Dichter als einen guten Mann *(vir bonus)*[69] ebenso wie Harsdörffer (1607–1658), der »die Liebe zur Tugend / durch ein lebendiges Gemähl«[70] einpflanzen will.

Woher bezieht aber nun der *vir bonus* des 16. und 17. Jahrhunderts die notwendigen Maßstäbe für Rechtschaffenheit und Weltklugheit? Während die moralischen Kategorien aus der stoischen und vor allem christlichen Tugendlehre stammen, wird die Norm der Weltklugheit unmittelbar aus der Rhetorik abgeleitet: Wenn der Redner das Ziel, seine Hörer zu überzeugen, erreichen will, muß er dem praktisch Vernünftigen, dem Angemessenen Rechnung tragen. Er wird Hörer, Zeit, Ort, Gelegenheit und sich selbst als Person bei seiner Rede berücksichtigen müssen. Die Rhetorik faßte diese Angemessenheit immer mit dem Begriff des äußeren *aptum,* seine Forderung wäre also nicht erfüllt, wenn ein junger Mann in einer Prunkrede Lebensweisheiten von sich gäbe, die nur einem gereiften Menschen anstünden.

Die Rückbesinnung auf die Antike hat eine neue Lektüre der oratorischen Klassiker und Lehrbücher zur Folge. Die Humanisten entdecken dabei eine praktische Potenz der Rhetorik, die ihre Kritik am verknöcherten scholastischen Wissenschaftsbetrieb fundiert. Sie formulieren ein Bildungsideal, das sich von den scholastischen Zielen scharf abhebt: Ein »gemeinsamer Sinn für das Wahre und das Rechte, der kein Wissen aus Gründen ist, aber das Einleuchtende [...] zu finden gestattet«[71], soll jetzt geschult werden. Das praktische Wissen erscheint gleichberechtigt neben dem theoretischen, weil allein dieses die konkreten Umstände in ein Urteil einbeziehen kann, welches Tunlichkeit und Angemessenheit berücksichtigt. Kurz, die Wahrheitsforschung komme weniger der Philosophie als der Rhetorik zu. Diese Ideen setzen eine überaus fruchtbare Entwicklung in den Wissenschaften in Gang.

Das praxisorientierte Bildungsideal der Rhetorik zeigt aber nicht nur seine Sprengkraft auf der Universität und in den Schulen, eine Initialzündung von kaum abschätzbaren Folgen geht von ihm aus, als die Höfe es für sich usurpieren. Die wichtigste Quelle dafür ist das »Buch vom Hofmann« (Il libro del Cortegiano, 1527) des Grafen Baldesar Castiglione (1478–1529). Es zeigt die Verschmelzung von Hofideal und humanistisch-rhetorischer Sittlichkeit. Das Buch übte den größten Einfluß auf den europäischen Adel aus und förderte dadurch in entscheidender Weise »den Durchbruch zu einer geistigen, auch den humaniora geöffneten Hofkultur«[72]. »Der Hofmann soll, wenn es ihm gelegen kommt, beredsam und in Gesprächen über den Staat klug und vorsichtig sein und soviel Urteil besitzen, daß er sich den Sitten der Nationen, bei denen er sich befindet, anzupassen weiß; in kleineren Dingen sei er gefällig und spreche über alles verständig: vor allem aber strebe er immer nach dem Guten und sei nicht neidisch und verleumderisch; und nie lasse er sich dazu herbei, Gnade und Gunst auf lasterhaftem Wege und durch unanständige Mittel zu suchen.«[73] Daß Sitte und Lebensart den Menschen machen, diese humanistische Überzeugung verteidigt auch Castiglione ausdrücklich. Dummheit nennt er es, wenn der Hofmann seine Vorzüge verbirgt, während er sie doch nur durch Kunst zu ihrer glänzenden Erscheinung zu bringen habe. »Und wenn ihr einen Edelstein habt, der sich ungefaßt als schön erweist und in die Hände eines guten Goldschmiedes kommt, der ihn durch richtige Fassung noch sehr viel schöner erscheinen läßt, dann werdet ihr nicht sagen, daß jener Goldschmied die Augen dessen, der ihn sieht, betrügt!«[74] Als Messer Federico in derselben Unterredung des in Dialogen geschriebenen Buches etwas salopp den Vorwurf der Täuschung für solche Veredelung wenigstens scheinbar akzeptiert, betont er doch wenig später, daß der Hofmann nicht »den Namen eines Lügners oder Eitlen« erwerben dürfe und in allen Gesprächen darauf zu achten habe, »nicht das Wahrscheinliche zu verlassen und auch nicht zu oft jene Wahrheiten zu sagen, die das Aussehen von Lügen haben«[75] – eine zutiefst rhetorische Lehre, die gerade der Wahrheitsfindung verpflichtet ist.

Der vollkommene Hofmann ist ganz nach dem Modell des *vir bonus* der Rhetorik entworfen, auch wenn weder Volksversammlung noch Gericht, sondern die höfische Gesellschaft den Ort seiner praktischen Bewährung definiert. Universale Bildung, die sich nie in bloße trockene Fachgelehrsamkeit versteigen darf, eine Konversation, die alles Gekünstelte und Gezierte vermeiden, schließlich in allem Verhalten, allen Handlungen und Tätigkeiten Leichtigkeit *(sprezzatura)* und Anmut *(grazia)* zeigen muß. Die *urbanitas* des ciceronianischen *vir bonus* entfaltet in den fiktiven Gesprächen am Hof von Urbino ihre glänzendsten Seiten. Das souveräne Auftreten, die Feinheit im geselligen Umgang, das gut abgemessene und wohl angemessene Verhalten *(decoro),* das sich zu keinen Extrempositionen hinreißen läßt, die allseitige Bildung und vornehme Gesprächsführung, schließlich die Identifikation von Tugendhaftigkeit mit wahrem Adel, verbunden mit bis ins Detail gehenden Erörterungen von Bekleidungsfragen, Problemen des Spiels und der Unterhaltung, selber unterhaltend mit vielen kulturhistorisch interessanten Beispielen erläutert, verbinden sich zu einem Bildungsideal, in dem zwar die demokratisch nivellierende Ideologie der *humanitas* zugunsten einer Restitution adliger Prärogative in den Hintergrund tritt, das aber doch alle wesentlichen Inhalte humanistischer Kultur in sich aufnimmt und zu einer höfischen Form integriert, die von allgemein europäischer Wirkung werden sollte. Die Überzeugung, daß Sprache wirkungsbezogenes Mittel der Verständigung und Medium aller kulturellen Tätigkeit sei, daß aber der Sprechende in allen seinen Äußerungen und seiner ganzen Erscheinung seine eigene Wahrheit darstelle und sich daher ihr angemessen zu verhalten habe, die Überzeugung schließlich, die für die soziale Organisation strukturbildend bleiben sollte, daß nämlich die Verfügung über die Form auch die Verfügung über den Inhalt bedeute, ob *gentilhomme* oder *honnète homme,* ob der Gebildete oder der Gentleman – sie sind ohne diese Überzeugung nicht denkbar. In allen diesen Musterbildern wurde der *vir bonus,* wenn auch den jeweiligen sozialen Repräsentationsbedürfnissen der auf sie zugeschnittenen Individuen angepaßt, zu einer merkwürdig konsistent bleibenden Idealfigur. Er widersteht nicht dem historischen Wandel, sondern hält sich durch ihn durch: als Verpflichtung und Orientierungsgestalt in einem historischen Prozeß, in dem der humanistische Auftrag dieses Bildes bislang nur ästhetisch verwirklicht werden konnte, nicht aber in sozialer Realität aufging.

Es dauert nicht lange, bis dieses Ideal integrierender Bestandteil auch der bürgerlichen Emanzipation wird.[76] Harsdörffer macht folgende Verse auf das Erkennungszeichen der Mitglieder der »Fruchtbringenden Gesellschaft« (ein Gesellschaftspfennig, am Band zu tragen). Sie besteht zu Dreiviertel aus Adligen:

»Reichbelobtes Tugendband /
Wann du keine Gleichheit findest /
Unter hoh- und schlechtem Stand /
Sag / wie du sie gleich verbindest:
Teutschgesinnter Tugendmut
Ist das reich- und gleichste Gut.«[77]

In der Folgezeit sollte gerade dieses Musterbild dann der bürgerlichen Adelskritik gelten, die Ideal und Wirklichkeit aneinander mißt. Bis zum Ende der Barockepoche wird noch die Forderung, der Redner müsse ein *vir bonus* sein, von Autor zu Autor weitergegeben. Dann aber bestreiten unter anderem Christian Weise (1642–1708) und sein Nachfolger Talander (1661–1740) den ethischen Anspruch der Rhetorik: »Die Redekunst ist ein Vermögen dem Zuhörer alle Dinge ein- und auszureden«[78]; »[…] was die Politischen Ministros betrifft / so werden solche in Consiliis schlechte Expedition erhalten / wenn sie nicht die Gemüther zu gewinnen / und nach Belieben einen guten bösen Affekt einzupflanzen wissen.«[79] Weise wie Talander geben der Rhetorik das praxisorientierte Ziel, »daß die Jugend durch anmuthige Wege fortgebracht und durch nuetzliche Übungen zu dem Nutze des Maenlichen Lebens vorbereitet werde«[80]. Die Jugend soll Karriere machen, und das kann sie am absolutistischen Hof oder im Stadtregiment dann besonders gut, wenn sie sich anpaßt und nach dem Munde redet. »Damit aber erhält der alte Topos von der Bindung der Beredsamkeit an die Staatsform eine neue Bedeutung.«[81] Die Einübung einer zwiespältigen Rollenidentität, auf die das politische Ideal nun hinausläuft, hat mit den ursprünglichen humanistischen Intentionen nicht mehr viel gemein.

6. »Dinge« und »Worte«

»Nach dem wir von den dingen gehandelt haben / folgen jetzund die worte; wie es der natur auch gemeße ist. Denn es muß ein Mensch jhm erstlich etwas in seinem gemüte fassen / hernach das was er gefast hat außreden.«[82] Derart überlieferungsgetreu beginnt Opitz das Kapitel »Von der zuebereitung und ziehr der worte« seiner Poetik. Die Behandlung der *res* gehört zur Arbeitsphase der *inventio,* die die Auffindung und Ausschöpfung des Stoffes lehrt, die entsprechenden *verba* findet der Redner nach Maßgabe der in der *elocutio* dargestellten Ausdrucksregeln. Alle Autoren des Zeitalters behalten diese Trennung bei.

Wenn Opitz *res* und *verba* mit Dinge und Worte, Harsdörffer mit Sache und Worte bezeichnet, so haben diese Übertragungen einen doppelten Sinn. Einmal wird darunter der Gedankeninhalt verstanden, zum anderen aber auch der konkrete Gegenstand selbst, erst der Kontext gibt über die gemeinte Bedeutung Auskunft. Wichtig ist nun, daß die Rhetorik den Redner verpflichtet, den realen *res* Gerechtigkeit widerfahren zu lassen. Für die Zeit des 16. und 17. Jahrhunderts hieß das konkret, daß der christlich geordnete Kosmos in rechter Weise abzubilden sei, ein Ziel, das man systematisch, mit Hilfe von Norm und Regel (etwa der Dreistillehre) sicher zu erreichen wußte. Die humanistischen Rhetoriker isolierten *res* und *verba* voneinander und fügten sie in der ihnen einzig richtig erscheinenden Weise wieder zusammen. Die klassische Rhetorik hat ihnen zwar vorgearbeitet, wir begegnen hier aber einem noch weiter ausgearbeiteten System und einer Sprachhaltung, in der Naivität und Spontaneität miteinander verbunden sind.

Die beschriebene Grundanschauung wird von den beiden sprachphilosophischen Richtungen geteilt, die sich seit dem Altertum bis in die Epoche des Barock erhalten und über die Herkunft der Sprache widersprüchliche Theorien entwickelt haben. Die eine Auffassung behauptet, daß es eine natürliche Übereinstimmung von Wort und Sache gebe (Ähnlichkeitsprinzip/*physei*-Lehre), die andere sieht in Übereinkunft und Übung den Ursprung der Wortbedeutung (Konventionsprinzip/*thesei*-Lehre).[83]

Einige bedeutende Sprachtheoretiker – die Humanisten Becanus (1563–1624), Reuchlin, Paracelsus (1494–1541) und auch der große Grammatiker des Barock, Schottel (1612–1676) – stehen der *physei*-Lehre nahe. Über »Adams Sprache« philosophiert der Mystiker Jakob Böhme (1575–1624). Den gleichen Hintergrund haben auch die beliebten etymologischen Spekulationen der Zeit, die die Herkunft der Wörter dadurch zu ergründen suchen, daß man ihr lautmalendes Urbild rekonstruiert. Den meisten sprachwissenschaftlichen Erörterungen liegt freilich das Konventionsprinzip zugrunde, wie etwa bei Bibliander (1504–1564) und Scaliger.

Für die Praxis der Rhetoriker und Poetiker spielt der Streit zwischen *physei*- und *thesei*-Lehre in einem grundsätzlichen Punkt keine Rolle: In jedem Fall hat das Wort eine feste Beziehung zur Sache, die lehrbar ist. Erst in dem Augenblick, wenn eine Sache mit der ihr allein zustehenden, objektiv richtigen Formulierung benannt ist, ist diese Sache wirklich und dann auch kunstvoll bewältigt. Man geht davon aus, »daß Sprachkunst eine überpersönlich-allgemeine Äußerungsform des Menschen darstellt«[84]. »Man kennt die Dinge nur durch die Worte; wem die Macht über die Sprache fehlt, der wird notwendigerweise kurzsichtig, verblendet und närrisch in seinem Urteil über die Dinge sein.«[85] Niemals wird daher eine individualistische »Sprachnot« das Selbstverständnis der zeitgenössischen Autoren verwirren, höchstens die Klage über mangelnde Fertigkeit und Zeitnot.

Eine bedeutsame Folgerung ergibt sich aber für den Umgang mit neuartigen Sprachfügungen. Der barocke Poet und Theoretiker Harsdörffer dekretiert in seinem »Poetischen Trichter« (»Die Teutsche Dicht- und Reimkunst ohne Behuf der lateinischen Sprache in VI Stunden einzugiessen«) von 1647/48 einmal: »Ob nun wol der Poet bemühet ist neue Erfindungen an das Licht zu bringe / so kan er doch nichts finden / dessen Gleichheit nicht zuvor gewesen / oder noch auf der Welt wäre.«[86] Und ergänzt später: »Es findet / bildet / weiset / mahlet / stellet / setzet der Poet was nie gewesen ist / zufassen eine Lehre / dahin er abzielt.«[87]

Während er also auf der einen Seite »neue Erfindungen« bezweifelt, räumt er sie andererseits wieder ein. Doch löst sich der scheinbare Widerspruch vor dem Hintergrund der *physei*-Lehre auf. Harsdörffers Poet will in die Geheimnisse der Welt eindringen? indem er sich der Sprache als Schlüssel bedient. Wenn er Sprachexperimente mit Worten, Buchstaben, Zahlen und Bildern anstellt, so können sie auch einem mythisch-magischen Zweck dienen. Die *physei*-Lehre begünstigt offenbar (das legt das Beispiel Harsdörffer nahe) das Ausbrechen aus der Konvention, und es wird verständlich, daß die Manieristen mit solchen Aussagen nicht nur als Gegner der überkommenen Rhetorik, sondern auch als Herausforderer der bestehenden Ordnung beargwöhnt wurden.

Die Dichtkunst besitzt von jeher weite Freiräume *(licentia poetarum)* für Abweichungen von der erwarteten Form, z.B. für neue Bilder, aber auch für veraltete Ausdrücke, bizarre Vergleiche, ›falsche‹ Wortstellung oder ungewöhnliche Rhythmen. Da sie seit der Antike gegenüber der Rhetorik nicht selbständig ist – alle Prinzipien und Formen sind von ihr erarbeitet worden –[88], verwundert es andererseits nicht, daß sie auch deren Grundüberzeugung teilt, das ungewohnte Wort müsse in jedem Fall durch die Wirkungsabsicht des Ganzen gerechtfertigt sein. Der substantielle Unterschied zwischen Rhetorik und Poetik besteht allein darin, daß das Thema der letzteren in weit stärkerem Maße das uneigentliche Sprechen ist. Humanismus und Barock fügen dieser traditionellen Akzentsetzung keinen neuen Aspekt hinzu: »Die andere dagegen ist die übertragene Redeweise, die auf etwas anderes hindeutet, als sie unmittelbar aussagt, und so durch Ähnlichkeit die Phantasie anregt und schließlich durch den zweifachen Sinn des Intellekts berührt und bildet. Das ist die Sprache der Dichter.«[89] Um den »rechten Grieff« zu lernen *(ars)*, wie Opitz es ausdrückt[90], müssen die Poeten in die Schule der klassischen Rhetorik gehen. Soll aber ein großes Kunstwerk entstehen, dann ist freilich noch mehr vonnöten. Bis gegen Ende des Barock werden die antiken Metaphern von der Naturgabe *(natura)* und der göttlichen Eingebung wiederholt.[91] Boccaccio zitiert, stellvertretend für viele Autoren, Cicero, wenn er sagt, daß der Dichter »von Natur aus durch die Kräfte des Geistes erregt und durch einen fast göttlichen Geist angehaucht«[92] werde.

7. Die Dreistillehre

Die Ausarbeitung eines Schemas von drei Stilarten geht auf die Antike zurück. Dort leitet die Rhetorik die Art und Weise, über einen Gegenstand zu sprechen, von der Redeabsicht des Redners ab. Will der Redner durch Tatsachen überzeugen *(docere)*, gebraucht er den pragmatischen Stil, will er seine Hörer erschüttern und Affekte erregen *(movere)*, den pathetischen Stil, will er aber unterhalten und erfreuen *(delectare)*, bedient er sich einer sanfteren Affektstufe, des ethischen Stils. Es gibt eine Reihe lateinischer Fachbegriffe und deutscher Übertragungen für diese Stilarten, am gebräuchlichsten sind: *genus humile, genus grande* und *genus medium* (niederer, mittlerer und hoher Stil).

Schon früh ordnet man den Stilarten bestimmte Objektbereiche zu, um sie auf diese Weise angemessen behandeln zu können, aber erst im Mittelalter wird die soziologische Kategorie des Standes an den Stil geknüpft.[93] Dabei dienen die Werke Vergils als eine klassische Beglaubigung für diese neuartige Interpretation. In den »Bucolica« sieht man den niederen Stil verwirklicht, in den »Georgica« den mittleren und in der »Aeneis« den hohen. Diese Stufung wird ausgearbeitet, indem man typische Gegenstände der Umwelt jener als Stände aufgefaßten Berufe von Hirten, Bauern und Kriegern, von denen in Vergils Dichtungen die Rede ist, katalogisiert. Das Ergebnis ist ein verbindliches Muster der »Dinge«, welche in den jeweiligen Stilarten vorkommen sollen und untereinander nicht austauschbar sind.[94]

Der Humanismus rückt von diesem festen Schema ein wenig ab. Die Distanzierung ist Folge der neuen Auffassung vom Menschen, der nicht mehr vornehmlich nach seinem Stand in der Welt eingeordnet wird. So meint Petrus Ramus (1515–1572), man könne über jeden Gegenstand in allen Ausdrucksweisen schreiben, jedoch schließt er grundsätzlich eine Beziehung der drei Stilarten zu den ihnen entsprechenden Gegenständen nicht aus: »Vollkommen ist der Redner, der von Unbedeutendem anspruchslos sprechen kann, von Mittelmäßigem gemäßigt und von Großem erhaben.«[95] Für Scaliger treten in entschiedener Weise die dramatischen Gattungen der Tragödie und Komödie neben und an die Stelle der Werke Vergils: Im niederen Stil sollen z.B. Hirten oder Personen beschrieben werden, die in der Komödie aufzutreten pflegten. Während der hohe Stil in der Tragödie seine Entsprechung findet, bleibt der mittlere Stil ohne Bezug zu einer Gattung.[96] Obgleich die zeitgenössischen Theoretiker die drei Stilarten deutlich in ihrem Rang unterscheiden, muß doch jede von ihnen den hohen Ansprüchen der rhetorischen Tugenden genügen: Die sprachliche Ausgestaltung hat angemessen *(aptum)*, verständlich *(perspicuitas)*, grammatisch korrekt *(puritas)* und mit Schmuck *(ornatus)* versehen zu sein.

Auch nach Ende des Mittelalters besteht die Opposition christlicher Theoretiker gegen die vom Heidentum erarbeiteten kunstvollen Redemittel fort. Petrarca und Salutati sehen sich daher veranlaßt, die Dichtung zu verteidigen, die sich dieser Mittel bedient. Sie weisen wie manch ein Autor vor ihnen auf die rhetorischen Kunstgriffe in der Bibel und bei den Kirchenvätern hin. Für Luther wird auf der Höhe der Reformation noch einmal wie im Mittelalter die Rhetorik Magd der Theologie, welche aus der Redekunst in einem gewissen Umfang Mittel für die Glaubensrechtfertigung schöpfen könne. »Ein Prediger ist wie ein Zimmermann, sein Werkzeug ist Gottes Wort. Weil die Zuhörer, an denen er zu arbeiten hat, unterschiedlich sind, darum soll er nicht fortwährend in derselben Tonart lehren, sondern, entsprechend den Unterschieden unter den Zuhörern, bisweilen trösten, schrecken, schelten, versöhnen usw.«[97] In einer anderen Tischrede heißt es: »Die eine Sache beherrschen, können leicht davon reden. Denn der Kenntnis der Dinge folgt die Kunst des Redens. Daher schlägt es denen fehl, welche ohne Kenntnis der Dinge durch Kunstgriffe glänzen wollen. Ich kann keine Predigt nach der Kunstlehre machen.«[98] Luther gibt mit seinen Predigtanweisungen vor allem die allgemein gültige Beschreibung des pragmatischen Stils und der zugehörigen Redeabsicht des Belehrens. Die protestantische Predigtlehre propagiert in der Nachfolge Luthers dann meist den niederen Stil für die Vermittlung des Evangeliums, während die katholische Kirche im Glaubenskampf den entgegengesetzten Weg beschreitet und den hohen Stil in lateinischsprachigen Reden bevorzugt. Luthers Adressat ist vornehmlich das einfache Volk, der katholische Rhetor hingegen appelliert in jedem Fall an ein höfisches und gelehrtes Publikum.

Die Barockrhetoriken nun schenken dem niederen Stil wenig Aufmerksamkeit. Wie Scaliger schreibt Opitz der »Tragedie« den hohen Stil vor und der »Komödie« den niederen Stil, doch ist im Grunde für ihn nur die erstere beschreibungswürdig. Auch bleibt die feste Bindung des Stils an die ständische Ordnung erhalten: »Hergegen in wichtigen sachen / da von Göttern / Helden / Königen / Fürsten / Städten vnd dergleichen gehandelt wird / muß man ansehliche / volle vnd hefftige reden vorbringen / vnd ein ding nicht nur bloß nennen / sondern mit prächtigen hohen worten vmbschreiben [...] Die mittelere oder gleiche art zue reden ist / welche zwar mit jhrer ziehr vber die niedrige steiget / vnd dennoch zue der hohen an pracht vnd grossen worten noch nicht gelanget.«[99]

Hier wird die Vorliebe des Barockzeitalters für den hohen Stil mit seinen Möglichkeiten in Pathos und Bildlichkeit symptomatisch deutlich. Harsdörffer scheint die mittlere Stillage eher mit einer positiven Wertung versehen zu wollen, er ordnet ihr zudem – möglicherweise als einziger Barockautor – den »gemeinen Burgersmann« zu: »Wie nun dreyerley Hauptstände / also sind auch dreyerlei Arten der Gedichte, welche auf den Schauplatz gesehen und gehöret werden. I. die Trauerspiele / welche der Könige / Fürsten und grosser Herren Geschichte behandeln. II. Die Freudenspiele / so deß gemeinen Burgermans Leben außbilden. III. Die Hirten oder Feldspiele / die das Bauerleben vorstellig mache / und Satyrisch genennet werden.«[100] Oder an anderer Stelle: »Zierlich ist / wann man hohe Dinge mit hohen prächtigen Machtworten / mittelmässige mit feinen verständigen / und nidrige mit schlechten Reden verträget [!].«[101] Dieser Satz ist im Text ausdrücklich als ein Zitat Scaligers gekennzeichnet (welcher wiederum nur eine Äußerung Ciceros wiedergibt). Es wäre zuviel gesagt, daß sich der Patrizier Harsdörffer in Anknüpfung an die humanistische Tradition für seinen Stand eine eigene Ausdrucksweise in Form der mittleren Stilart erobert hätte, denn die »Hirtenspiele« sind nicht etwa im einfachen Ausdruck verfaßt, sondern als modische Schäfereien möglichst in eleganten Versen. Für die Barockzeit gilt allgemein: »Lehre und Praxis der Stilebenen geraten [...] in Bewegung, nach oben und nach unten. Die eigentliche humanistische Mittellage wird [...] nur selten theoretisch gerechtfertigt oder praktiziert. Wir beobachten eine Zentrifugalbewegung von der mittleren Ebene weg.«[102] Trotz aller guten Warnungen der Theorie, die sich der antiken Rhetorik verpflichtet weiß, folgt die Praxis einem immer größer werdenden Prunkwillen. Bei den Autoren der sogenannten zweiten schlesischen Dichterschule überschwemmt der hohe Stil die ihm gesetzten Grenzen, er verliert also die Abgestimmtheit mit Sache und Publikum. Die Stilmittel, schon immer ungeheuer wichtig für die Barockautoren, verselbständigen sich zum Schwulst. Und im selben Augenblick vermag das Sprachkunstwerk nicht mehr zu überreden, zu überzeugen, sondern allenfalls noch zu überwältigen.

Das 18. Jahrhundert wird dann unter dem Leitbegriff des Natürlichen einen Literaturstil entwickeln, der in der Dreistiltheorie dem mittleren Rang entspricht. Die neuen Theoretiker, allen voran Gottsched, schmähen nicht nur den Schwulst, sondern den hohen Stil des Barock insgesamt, denn die in und mit ihm gemeinten Wertungen erscheinen nun suspekt. Wir können diesen Wandel der Anschauungen bei Christian Weise studieren. Er unterscheidet nur noch zwei Stilarten: eine »weitläuffige fliessende«[103] und eine, die »sehr kurtz, nervos und nachdencklich«[104] ist. Beide Redeweisen können jeweils in drei Stilhöhen erscheinen, die noch dem überlieferten Schema entsprechen, jedoch die Gebundenheit an eine ständische Wertordnung abzustreifen suchen: »leicht und natürliche / künstliche und mittelmäßige / schwer und weit-ausgeführte«[105]. Weise sagt klipp und klar, was er vom hohen Stil hält: Er ist für ihn der »hohe oder mühsame Stylus«[106], der nur »zu verdrüßlichen Zeiten« geraten will, hingegen schreibe man den »simplen Stylus« »zu glückseliger zeit« – »so kan ein jeder gedencken, von welchem ich den besten Staat mache«[107].

Die Abwertung des hohen Stils mit einer politisch-soziologischen Erklärung zu versehen, wie etwa, daß das Bürgertum hier nun endlich seine eigene Ausdrucksform gefunden habe, ist deswegen nicht unproblematisch, weil der Modewandel schon in der 2. Hälfte des 17. Jahrhunderts gerade an den Höfen selbst feststellbar ist. In Berlin, Dresden und anderswo wird die kunstlose Sprache eines Canitz (1654–99) oder eines Besser (1654–1729) von der adligen Gesellschaft gefeiert. Trotzdem hat der ätzende Hohn des 18. Jahrhunderts über den Schwulst schon eine gesellschaftliche Spitze, weil der hohe Barockstil sich mit der ständischen Kategorie des Höfischen identifizieren läßt: Jedes bedeutungsvolle Thema wird allein im höfischen Bereich angesiedelt, und der große Schmuck des Sprachkunstwerkes ist entsprechend auch nur hier zu finden.

Die Dichter oder Redner des 17. Jahrhunderts können also über die Wirklichkeit des Lebens nicht frei verfügen, sondern sind auf angemessene Gegenstände festgelegt, die wiederum bestimmte Ausdrucksweisen erfordern. In der Tragödie oder im höfischen Roman etwa dürfen nur Standespersonen als handelnde Figuren auftreten. »Wird gegen dieses Gesetz verstoßen, dann macht sich der Dichter der Unwahrscheinlichkeit und damit der Unwahrheit schuldig: Er würde sich der Lächerlichkeit preisgeben oder als literarischer Revolutionär mit dem Unverständnis der Leser rechnen müssen.«[108]

Für die Interpretation literarischer Werke – Poesie oder Prosa – des 16. und 17. Jahrhunderts ist es wichtig zu wissen, daß sowohl die Gattungen wie auch die einzelnen Sprachmittel den festgelegten Stilbereichen zugeordnet sind. Über die Unterscheidung von Tragödie und Komödie ist schon gesprochen worden. Entsprechend gibt es den höfischen und den nichthöfischen Roman. Die Satire ist dem niederen Stil vorbehalten. Die deutsche Predigt und das protestantische Kirchenlied sollten ebenfalls einfach in Wortwahl und Aufbau sein. Eher höfisch sind katholische geistliche Dichtungen der Mission, da sie auf ein anderes Publikum abzielen. Reden, Briefe und Gedichte sind gleichfalls an bestimmte Adressaten gerichtet: Der hohe bzw. der niedere Stil zeigen, ob die Ausrichtung mehr oder weniger höfisch ist. Dieses feste System sprengt aber schon Gryphius' Drama »Cardenio und Celinde« (1657), weil es ein bürgerliches Thema in der Form der Tragödie behandelt. Auch den Unterschied zwischen einer von einem Laien gehaltenen Leichenrede und einer vom Geistlichen gesprochenen Leichenpredigt kann man am Stil ablesen. Nicht uns, aber der Zeit ist es selbstverständlich, daß es Autoren gibt, wie Grimmelshausen, die sowohl höfische wie auch satirisch-volkstümliche Romane schreiben.

Die Stilarten bestimmen auch die einzelnen Sprachmittel. In den Rhetoriken des 16. und 17. Jahrhunderts werden die antiken Kategorien und Vorschriften mit nur geringen Abwandlungen tradiert. Für die Umsetzung in die deutsche Sprache ist Meyfarts »Teutsche Rhetorica« (1634) am bedeutendsten. Im hohen Stil haben alle von ihm beschriebenen (etwa fünfzig) Tropen und Figuren ihren Ort. Für besonders wirkungsvoll erklärt er die Metaphern, die Steigerungs- und Wiederholungsfiguren, Umschreibungen, Umstellungen, Häufung, Ausruf und Gegensatz. Meyfart warnt allerdings bei jedem Sprachmittel, das er definiert und mit Beispielen erläutert, vor einem Zuviel des Guten: »Im Anfang aber ist zu erinnern / das bey den Tropen müsse ein sittsame Maß in acht genommen werden«[109]. Oder: »Diese Art wird Ellipsis genennet / vnd muß von dem Redner sparsam gebrauchet werden.«[110] Oder noch detaillierter: »Ein gelehrter Redener kan stattliche vnd prächtige Paronomasien machen / wenn er die Zuhörer belüstigen / vnd nicht so gar auff die Warheit sehen wil. In Rathschlagungen vnd Gerichtshandelungen sol der Redner dieser Figur sich enthalten / denn man mercket leichtlich / daß / wenn der Redner so offt mit der Paronomasien gezogen kömmet / er grossen Fleiß vnd Kunst auff seine Reden gewendet habe. Ist aber dem also / kan der Zuhörer leichtlich muthmassen / der Redner suche nicht für allen die Warheit / Redligkeit / Dapfferkeit / vnd Ernsthafftigkeit / sondern wie er die Ohren vnd Gedancken der Zuhörer belüstigen / verwirren vnd übermeistern wolle.«[111]

In der Praxis macht aber auch gerade in dieser Epoche erst die Vielzahl der Kunstmittel auf engem Raum die wahre Meisterschaft des erhabenen Sprechens aus. Der niedere Stil dagegen verlangt Zurückhaltung und Maßhalten. Nur wenige Figuren sind dieser Redeweise ganz verboten, zu ihnen gehört etwa der Ausruf. »Von der Ruffigur ist zuwissen / daß sie nur in wichtigen Sachen vnd vornehmen Materien muesse gebraucht werden. Wer dieser Ruffigur sich in schlechten Händeln gebraucht / vnterstehet sich aus einer Mucken den grossen Elephanten zumachen / aus grosser Thorheit.«[112] In der Theorie haben demnach die sprachlichen Zeichen, sowohl, was ihren Inhalt, wie auch, was ihre formale Gestalt betrifft, eine bestimmte Wertigkeit. Um so leichter ist der Stilbruch zu erkennen. Die satirische Produktion arbeitet mit ihm und besitzt darin ein schier unerschöpfliches Reservoir. [113]

8. Manierismus

Bei dem Bestreben des Redners, sein Publikum für sich zu gewinnen, ist die Erzeugung von Affekten das wirkungsmächtigste Mittel. Die Affektenlehre ist deshalb ureigenstes Gebiet der Rhetorik, ein Stück angewandte Psychologie. Zweierlei Weisen der emotionalen Beeinflussung der Zuhörer kennt man traditionell: Die sanftere Affektstufe heißt *ethos,* und ihr Ausdruck ist das *delectare* (erfreuen, ergötzen), während die heftigere Affektstufe *pathos* heißt und ihre intendierte Wirkung das *movere* (bewegen, erschüttern) darstellt. Körperliche Beredsamkeit und *ornatus,* also die Verwendung von Tropen und Figuren, verhelfen dazu. Die Rhetorik-Lehrbücher des 16. und 17. Jahrhunderts bieten deshalb auch alles andere als »öden Formalismus« bei der Behandlung der rhetorischen Figuren: Der Adept der Beredsamkeit sollte nicht etwa, weil es so üblich war, seine Rede mit diesem oder jenem Kunstmittel aufputzen, sondern die Tropen und Figuren werden immer konkret auf ihre emotionale Wirkung hin eingesetzt und damit der Redeabsicht sinnvoll untergeordnet.

Zu allen Zeiten sind Redner der Versuchung ausgesetzt und erlegen, die Redemittel um ihrer selbst willen paradieren zu lassen und den Bezug zur Sache zu vernachlässigen. Das Publikum durch Sprachkunststücke zu verblüffen oder durch die Überfülle großer Worte zu berauschen kann dann durchaus Zweck genug sein. Die Antike hat entsprechende Tendenzen mißbilligend mit dem Begriff des Asianismus gekennzeichnet. In der weiteren Geschichte der Beredsamkeit haben bestimmte Schulen und Richtungen, insbesondere aber der Zeitgeschmack in unterschiedlicher Weise die intellektuellen oder emotionalen Redefunktionen begünstigt.

Im Humanismus ist das vorherrschende rhetorische Stilideal die *elegantia.* Darunter wird ein maßvoller, geistreicher und klarer Stil verstanden, in dem die sprachlichen Kunstgriffe wie natürlich erscheinen. Auch die höfische Beredsamkeit, wie sie etwa Castiglione vertritt, betont das Maßhalten, dabei Prinzipien der klassischen Rhetorik mit höfisch-ritterlichen Leitideen vereinigend. Auf den ersten Blick bringt die Barockrhetorik, da sie vielfach wörtlich humanistisches wie klassisches Erbe repetiert, ebenfalls keine neue Bewertung. Im Widerspruch hierzu stehen aber doch Opitzens besondere Freude an ganz neuen Wörtern, die er durch Zusammensetzungen gewinnt, oder Meyfarts einer schlichten Fügung keinerlei Raum lassende prunkvolle Beispielsätze und seine mitreißende Anleitung zur Klangmalerei wie auch – als letztes Beispiel – Harsdörffers vielfältige Bild-, Wort- und Klangexperimente in den didaktisch angelegten »Frauenzimmer Gesprechspielen« (1642–49). Die Praxis von Rede und Dichtung im Barock geht jedoch noch weit über jenen von der Theorie gegebenen Rahmen hinaus, indem sie alle Möglichkeiten des *movere* und/oder des *delectare* bis an die Grenzen auszuschöpfen sucht.

Ernst Robert Curtius hat in seinem 1948 in 1. Auflage erschienenen Werk »Europäische Literatur und lateinisches Mittelalter« alle literarischen Tendenzen, die der Klassik zuwiderlaufen, mit dem Begriff des Manierismus belegt und damit die bis heute anhaltende Manierismus-Diskussion initiiert. Er versteht unter Manierismus eine Abweichung von der grundlegenden klassischen Norm der Rhetorik, derzufolge ein Gegenstand in natürlicher und angemessener Form dargeboten werden muß.[114] Der Manierismus sei als stilistisches und inhaltliches Phänomen eine Gesetzmäßigkeit der abendländischen Literatur. In ihrer Geschichte gebe es immer wieder Zeiten, in denen der Manierismus dominiere, und eine solche sei auch das Barockzeitalter. Curtius will deshalb die Bezeichnung Barock durch Manierismus ersetzt haben.

Für die Forschung wirkte jedoch nicht Curtius' globale Charakterisierung, sondern die engere Festlegung von Manierismus durch Hocke und Hauser[115] befruchtend. Sie beschreiben damit primär eine spezifische Epoche der Kunst zwischen Renaissance und Barock, die sowohl die Dichtung und Beredsamkeit wie auch die bildende Kunst kennzeichnet. Die manieristischen Künstler wollten, so ihre These, unterhalten *(delectare),* aber nicht mehr um einer Sache willen. Das *delectare* bedeute für sie lediglich, das Publikum zu verblüffen und in Erstaunen zu versetzen. Hocke hat für diese Haltung das irreführende Wort »Para-Rhetorik« geprägt.[116] Das *ingenium* (die Erfindungskraft) werde auf Kosten des *iudicium* (der Urteilskraft) für souverän erklärt. Es gelte nicht mehr zu entscheiden, wie man eine Sache am klarsten und damit am gefälligsten auszudrücken vermag, sondern nur noch, wie man sie auch oder gerade noch sprachlich zu fassen vermöge. Folgerichtig sei die Öffentlichkeit, für die das Kunstwerk geschaffen werde, nur klein, gesellschaftlich abgehoben und bestehe aus Esoterikern. An formalen Mitteln hätten die Dichter des Manierismus die »Ingenieurkunst mit Sprache«[117] geliebt, so etwa seltsame, neuartige Bilder und Vergleiche, bizarre Metaphern, Embleme, Wortspiele, Pointen, Concetti, wie sie von den großen Theoretikern, den Tesauro, Pellegrini, Gracián u.a. eingehend erörtert wurden.[118] Auch bevorzugt der Manierismus bestimmte Themen und Stoffe, vor allem das Mystische, Magische (»die Welt als Labyrinth«), die Angst, das Erotische und das Monströs-Grausame. Man hat darin den Ausdruck einer Krise sehen wollen, die auf politische, soziale, wirtschaftliche und geistige Ausnahmezustände in der zweiten Hälfte des 16. Jahrhunderts zurückgeführt werden könne; vergleichbare Umstände führten zu ähnlichen Ausdrucksformen, und Hocke nennt auch entsprechende Beispiele aus dem 19. und 20. Jahrhundert.[119]

Als Epochenstil ist der Manierismus bislang nur für die Kunst der romanischen Länder nachgewiesen und dort im Zeitraum zwischen 1520 und 1650 situiert worden. Was die deutsche Literatur anbelangt, so spürt man in den entsprechenden Schriften eine gewisse Verlegenheit; manieristische Literaturwerke werden hier und dort gesichtet, aber eine einheitliche Ableitung aus gesellschaftlichen Bedingungen fällt schwer. In neuester Zeit hat Mühlemann für das 16. Jahrhundert Fischarts »Geschichtklitterung« (1575) als manieristische Groteske entdeckt. Hocke nennt für das 17. Jahrhundert vor allem Autoren aus dessen zweiter Hälfte wie Harsdörffer, Czepko, Lohenstein, Klaj, Hofmannswaldau und faßt sie als Nachzügler einer europäischen Manierismus-Bewegung auf. Die *argutia*-Mode (der Scharfsinnigkeitsstil) wird übereinstimmend als eines der wesentlichen Merkmale des Manierismus betrachtet[120], eine weitere Variante ist der Marinismus (nach Giambattista Marino, 1569–1626),

welcher durch preziöse und übersteigernde Beschreibung weiblicher Schönheit auf-
fällt und schon in der 1. Hälfte des 17. Jahrhunderts auch in deutschsprachigen
Werken erscheint.[121]

Als unwesentlich betrachten andere diese geisteswissenschaftliche Ursachenfor-
schung.[122] Für sie ist der Manierismus ein Stilphänomen, und sie verstehen darunter auch den Schwulst-Stil des Barock, was sie mit der traditionellen Literaturkritik seit Gottsched verbindet, Curtius eingeschlossen, dessen Ansatz von Hugo Friedrich nur ausgeführt wird. Der Manierismus ist für ihn durch eine »Überfunktion
des Stils« ausgezeichnet.[123] Nicht bestimmte Stilmittel und auch nicht deren
Häufung machten den Manierismus aus, sondern die Tatsache, daß der Stilaufwand
keine Sinnsteigerung mit sich bringe.[124] Doch läuft diese Interpretation Gefahr,
inhaltlich belanglose Literatur mit manieristischer gleichzusetzen, was eine Trennung von Form und Inhalt bedeutete. Gerade die zugespitzte formale Kunstfertigkeit enthält auch eine Aussage und eine besondere kulturelle Haltung. In dieser Interpretation gilt etwa auch Christian Hofmann von Hofmannswaldau als Vertreter
des deutschen Manierismus.[125]

Für die Literaturwissenschaft entstehen nicht geringe Probleme, wenn sie barok-
ke und manieristische Kunst zu trennen sucht, denn beide bedienen sich der von
der Rhetorik bereitgestellten Mittel, und beide tun dies in einer nicht-klassischen
Weise. Auf keinen Fall darf allein aufgrund formaler Mittel, die irgendwie zuvor
als manieristisch eingestuft worden sind, die Zuordnung getroffen werden. Jedes
einzelne Kunstwerk müßte vielmehr auf die in ihm enthaltene Wirkungsintention
(Hockes Differenzierung in anti-rhetorisch und propagandistisch-rhetorisch für Manierismus und Barock stellt nur ein Beispiel für die solcherart fast zwangsläufigen
Verwirrungen dar[126]), auf das spezifische Publikum und dessen Geschmack sowie
auf den gesellschaftlichen Kontext im weitesten Sinne untersucht werden. Endlich
ist der deutschen Beredsamkeit und Dichtung die antiklassische Formgebung – die
manieristische wie die barocke gleich welcher Definition – im 16. und 17. Jahrhundert sowohl durch die neulateinische[127] als auch durch die romanische Literatur
vorgegeben. Und da beide als Vorbilder gelten, muß der Ausdrucksstil der deutschsprachigen Autoren als europäisches Phänomen begriffen werden.[128]

9. Rhetorik und Muttersprache

Bei ihren gründlichen Studien des klassischen Lateins entdecken die italienischen
Humanisten, daß ihre eigene Muttersprache eine Geschichte hat, und kommen zu
der Auffassung, die Kultur eines Volkes sei um so gediegener und wertvoller, je be-
wußter sie sich ihre Ursprünge und ihre Eigenarten mache. Die betonte Rückwen-
dung der gelehrten Welt zur Antike fordert schließlich eine dialektische Gegenposi-
tion heraus, die etwa einen Salutati sagen läßt: »Jetzt sagt mir aber bitte, warum
und in welcher Hinsicht Ihr die Alten den Modernen, die Ihr so verachtet, vorzieht? Gebt außer dem nebelhaften Ruhm und dem Ruf des Altertums nur einen
einzigen, wenn auch ganz winzigen Grund an, warum wir jene überholten und leb-
losen Autoren den späteren und neueren voranstellen sollen.«[129] Diese revolutionär wirkende Haltung hat unmittelbare Auswirkungen auf das Verhältnis zur muttersprachlichen Literatur. Boccaccio kann bereits berichten, daß »schon einige in

wunderbarer Weise in der Muttersprache geschrieben und die einzelnen Bereiche der Poesie durchwandert haben«[130]. Die Humanisten nördlich der Alpen folgen der zuerst in den romanischen Ländern eingeschlagenen Richtung in zeitlichem Abstand. Zunächst erwacht das Interesse für die Literatur des eigenen Volkes. Beispielsweise ediert Celtis 1501 die lateinischen Werke der Roswitha von Gandersheim (935–975) und liest in Wien über althochdeutsche Dichtung. Im Jahre 1639 wird dann Opitz einen Markstein durch die Herausgabe des mittelhochdeutschen Annoliedes setzen.

War mit der Reformation eine Reihe von Gelehrten, die Träger der rhetorischen Bildung, in ihren Schriften religiösen Inhalts von der lateinischen zur deutschen Sprache übergewechselt, so wird ab 1600 nun auch weltliche Poesie mehr und mehr deutschsprachig. Dabei sehen sich die wissenschaftlich gebildeten Autoren durch die nationalsprachige Literatur des Auslands, die bereits in hoher Blüte steht, angespornt und bestätigt. Es kommt bald sogar zu nationalistisch wirkenden Tönen und Versuchen, durch wissenschaftliche Argumente die Gleichwertigkeit, wenn nicht sogar die Überlegenheit des Deutschen zu beweisen. Man legt das hohe Alter wie auch die Reinheit, also die Unvermischbarkeit der Muttersprache dar. Justus Georg Schottel (1612–1672) etwa führt die deutsche »Haubt-Sprache« über das Keltische als Ursprache bis zur Babylonischen Sprachverwirrung zurück[131], womit ihre Vorrangstellung unanfechtbar erscheint. Doch sind dies Argumente, die aus der rhetorisch geprägten Tradition der Sprachtugend *(latinitas)* stammen und nun einfach auf das Deutsche übertragen werden.

Die vorgefundene deutsche Sprache in all ihren Ausprägungen gilt daher nicht an sich schon als Wert, sondern nur insofern, als sie der formal ausgearbeiteten und künstlerisch veredelten Sprache der lateinischen Dichtung entsprechen kann. Nur eine solche Sprache, in der Realität eine besondere Schicht der Muttersprache, ist nach Auffassung der gelehrten Schriftsteller als Mittel der Rede und der Dichtung annehmbar, eine Argumentation auf dem Boden der rhetorischen Forderung nach der wohlgestalteten und korrekt organisierten Sprache als Voraussetzung des Redeerfolges. Je nach dem spezifischen Zweck der Rede, nach der literarischen Gattung wie auch nach dem allgemeinen Sprachgebrauch des Publikums ergeben sich dann gemäßigte bis höchste Ansprüche an die Sprache. Da die gelehrten Autoren des 17. Jahrhunderts in Deutschland eine Kunstdichtung schaffen wollen, müssen sie sich zwangsläufig um die Vervollkommnung der deutschen Sprache bemühen. Der größte deutsche Sprachwissenschaftler dieser Zeit, Schottel, spricht von einer »Kunstsprache«, die entstehen müsse, und nennt sie »Hoch Teutsche Sprache«[132]. Man ist sich allerdings nicht darüber einig, auf welche Weise die literaturfähige Sprache gefunden werden kann. Schottel und seine Anhänger schlagen den Weg der Festlegung aufgrund sprachwissenschaftlicher Analyse ein, denn sie glauben, daß die ursprüngliche Regelmäßigkeit der Sprache[133] auf diese Weise wieder freizulegen sei. Die Gegner dieser Position wollen einen bestimmten, sozial und geographisch festgelegten kultivierten Sprachgebrauch zum Vorbild und Muster machen, den es zu verallgemeinern gilt. Schon Dante (1265–1321) hatte die Volkssprachen Italiens durchmustert und die »erlauchte, maßgebende, bei Hof gesprochene und höfische Sprache«[134] am höchsten eingestuft. Im deutschen Sprachraum stellen u.a. Fürst Ludwig von Anhalt, Gueintz, von dem Werder bis schließlich Gottsched und Adelung den Sprachgebrauch der sächsischen Höfe, später insbesondere des Meißener Hofes

sowie der »gebildeten Stände« Obersachsens als vorbildlich hin.[135] Da der mittel-
deutsche Raum in der Tat im 17. Jahrhundert und späterhin eine kulturelle Füh-
rungsrolle innehat, sind die Gegner Schottels vom rhetorischen Standpunkt aus
vollkommen im Recht, denn der Erfolg von Rede und Dichtung wäre immer in Frage gestellt, wollte man eben jenes Hauptpublikum mit einer von ihm nicht akzeptierten Sprachform konfrontieren. Alle Autoren, auch jene, die die sächsische Vor-
herrschaft anfechten, sind sich aber darüber einig, daß Sprachpflege dringend not
tut. Harsdörffer drückt die allgemeine Meinung aus: »Wie aber die Griechische und
Lateinische Sprache / nach vieler hundert Jahren Arbeit / zu endlicher Vollkommenheit gelanget / so ist solche dieser Zeit bey dem Anfang nicht zu verhoffen / sondern beruhet alles auf genausichtiger Verbesserung glücklich.«[136]

So wie die Rhetorik von der lateinischen Sprache die Tugenden der Angemessenheit *(aptum)*, der Korrektheit *(latinitas, puritas)*, der Verständlichkeit *(perspicuitas)*
und des besonderen Schmuckes *(ornatus)* verlangt, muß auch die deutsche Sprache
allen diesen Ansprüchen genügen.[137] Wir begegnen mit dem Aufblühen der
deutschsprachigen Kunstdichtung im 17. Jahrhundert den gelehrten Sprachgesellschaften, die sich der Entwicklung der Sprache widmen. Man sagt den Fremdwörtern den Kampf an (obwohl sie im höfischen Kreis eher zu- als abnehmen; hier führen die adligen Sprachreiniger ein bemerkenswert zwiespältiges Sprachleben), man
verfaßt Grammatiken und Orthographielehrbücher und plant, die von Dialekten
und der Umgangssprache abgehobenen »hochdeutschen« Wörter in Lexika zu sammeln. Die Ergebnisse der sprachpflegerischen Bemühungen in Theorie und Praxis
sind so erfolgreich, daß das 18. Jahrhundert darauf zurückgreifen und das große
Werk der Normierung der Literatursprache abgeschlossen werden kann, das bis heute die Grundlage aller öffentlichen Rede und aller nicht-dialektalen Literatur geblieben ist.

D. Rhetorik der Aufklärung – das 18. Jahrhundert in Deutschland

1. Aufklärung und Beredsamkeit

Für die erste Generation der Aufklärer bildeten die Opposition zur scholastischen Pedanterie, die Verbreitung des Wissens über den engen Kreis der Gelehrtenrepublik hinaus, die Bemühungen um ein neues Publikum und die Beziehung des Wissens auf das Leben den einheitlichen Beweggrund ihrer Tätigkeit, ob sie als Universitätsprofessoren (Christian Thomasius), höfische Beamte (Gottfried Wilhelm Leibniz) oder als Lehrer und Erzieher (Christian Weise) wirkten. Nicht dem Denkinhalt, sondern der Denkart wurde die Priorität eingeräumt, und Ernst Cassirer hat dieses allgemeinste, doch prägnante Merkmal der Aufklärung mit Recht zur Grundlage seiner Darstellung gemacht. »Die Vernunft ist weit weniger ein […] *Besitz,* als sie eine bestimmte Form des *Erwerbs* ist. Sie ist nicht das Ärar, nicht die Schatzkammer des Geistes, in der die Wahrheit, gleich einer geprägten Münze, wohlverwahrt liegt; sie ist vielmehr die geistige Grund- und Urkraft, die zur Entdeckung der Wahrheit und ihrer Bestimmung und Sicherung hinführt […]. Das gesamte 18. Jahrhundert faßt die Vernunft in *diesem* Sinne. Es nimmt sie nicht sowohl als einen festen *Gehalt* von Erkenntnissen, von Prinzipien, von Wahrheiten als vielmehr als eine *Energie;* als eine Kraft, die nur in ihrer *Ausübung* und *Auswir*kung völlig begriffen werden kann. Was sie ist und was sie vermag, das läßt sich niemals vollständig an ihren Resultaten, sondern nur an ihrer Funktion ermessen.«[1] Zuallererst erweist sich die Funktionalität der Vernunft in der Sprache, die damit also mehr als bloß deren Medium, nämlich ihr konstitutiver Bestandteil ist. Die Aufmerksamkeit, die schon die ersten Aufklärer, die schon Leibniz wie erst recht Thomasius dem Zustand und der Vervollkommnung der Sprache widmeten, ist nur von dieser Voraussetzung her zu verstehen, und sie erklärt auch die Bedeutung, die die Rhetorik für die Aufklärung gewinnen mußte. Denn wenn die sprachliche Ausübung notwendiger Teil der Vernunfttätigkeit ist und damit, aufklärerischer Überzeugung nach, zur Vernunft selber gehört und über deren Verwirklichung entscheidet, tritt der Wirkungsaspekt der Sprache in den Vordergrund.[2] Nicht bloß als richtiger, korrekter Ausdruck des Denkens (wofür besonders die Grammatik zuständig ist), sondern auch als sein klares und wirkungsvolles *organon,* wodurch überhaupt nur die Philosophie in die Lebenspraxis integriert werden kann. Wenn man das 18. Jahrhundert das Jahrhundert der Philosophie genannt hat, so ist damit nicht (trotz Christian Wolff und seiner Schule) die Herrschaft der Schulphilosophie gemeint, sondern die einer rednerisch bestimmten Kultur des Denkens, die im wesentlichen humanistische Impulse weiterführte. Die Philosophiegeschichtsschreibung hat es sich angewöhnt, die Aufklärung von ihrem Ende, also der Erkenntniskritik Kants, aus zu betrachten, was zu ebensolchen Beschränktheiten und Verzerrungen führen mußte wie die Würdigung der deutschen Literatur dieser Epoche von der Weimarer Klassik her. Der Inbegriff der Aufklärung umfaßt die praktische Philosophie der Vernunft und ihre Rhetorik. Oder, wie es noch 1784 Moses Mendelssohn (1729–1786) in seiner Schrift »Über die Frage: was heißt aufklären?« formulierte: »Bildung, Kultur und Aufklärung sind Modifikationen des geselligen Lebens; Wirkungen des Fleißes und der Bemühungen der Menschen, ihren geselligen Zustand zu verbessern.«[3]

2. Begriff und Zweck aufklärerischer Redekunst

Die wichtigsten Gewährsmänner für die frühaufklärerische Rhetorik waren Gottfried Wilhelm Leibniz (1646–1716) und Christian Thomasius (1655–1728): während jener aus einem allgemeinen sozial- und bildungspolitischen Interesse für die deutsche Sprache eintrat, so setzte dieser die Tendenzen zu einer Popularisierung des Wissens fort, die im späten 17. Jahrhundert im Medium des höfischen Bildungsverständnisses vorherrschten und von einem Mann wie Christian Weise auch theoretisch bereits zur Geltung gebracht worden waren.

Leibniz' Schrift »Ermahnung an die Teutsche, ihren Verstand und Sprache besser zu üben, samt beigefügten Vorschlag einer teutschgesinnten Gesellschaft« von 1697 gehört ebenso wie der im selben Jahr geschriebene Essay »Unvorgreiffliche Gedanken betreffend die Ausübung und Verbesserung der Teutschen Sprache« und dem sehr viel früheren Aufsatz »De optima philosophiae dictione« nicht nur zu den wichtigsten Initiativen für die Entwicklung einer neuen deutschen Literatursprache, sie enthalten auch die philosophische und kulturpolitische Begründung aufklärerischer Rhetorik. Eines der größten Hemmnisse für die Entwicklung und Verbreitung der deutschen Wissenschaften und Philosophie sieht Leibniz im Fehlen einer breiten, zur Herstellung und Verbesserung des Gemeinwohls gebildeten Schicht von Bürgern, die »so ein mehr freies Leben führen« und dadurch »eines weit edleren Gemüts und tugendhaften Lebens« fähig sind. »Denn an sich selbst nicht Reichtum, noch Macht oder Geschlecht, sondern die Gaben den Unterschied machen. Wann man nun mich fragen will, was eigentlich der gemeine Mann sei, so weiß ich ihn nicht anders zu beschreiben, als daß er diejenigen begreife, deren Gemüt mit nichts anders als Gedanken ihrer Nahrung eingenommen, die sich niemals höher schwingen und so wenig sich einbilden können, was die Begierde zu wissen oder die Gemütslust vor ein Ding sei, als ein Taubgeborener von einem herrlichen Konzert zu urteilen vermag.«[4] Leibniz' Hinwendung zur Bildungs- und Sozialpolitik war gewiß auch darin begründet, daß seine Wirkungsmöglichkeiten auf staatspolitischem Gebiete nur außerordentlich begrenzt waren und sich in Ratschlägen, Gutachten und Denkschriften mit zweifelhaftem Erfolg erschöpfen mußten. Nur durch die soziale und kulturelle Stärkung des Bürgertums mochte es gelingen, das »gemeine Beste« auch gegen die Interessen der Fürsten und des Adels durchzusetzen. »Je mehr nun dieser Leute in einem Land, je mehr ist die Nation abgefeinet oder zivilisiert, und desto glückseliger und tapferer sind die Einwohner. / Können wir nun dieser Leute Zahl vermehren, die Lust und Liebe zu Weisheit und Tugend bei den Deutschen heftiger machen […], so achten wir dem Vaterland einen der größten Dienste getan zu haben, deren Privatpersonen fähig sein.«[5] Dem Bürgertum zu einem einheitlichen öffentlichen Bewußtsein zu verhelfen, darin sieht schon Leibniz eine der wichtigsten Aufgaben für die Zukunft und die erfolgversprechendste Möglichkeit, die Nachteile der deutschen Geschichte doch noch wettzumachen. In der »Ermahnung« zählt er die wichtigsten auf: fehlende nationale Einheit, Religionstrennung,

Kulturlosigkeit vieler fürstlicher Höfe, jahrzehntelanges Fehlen des »Edlen Friedens« und die »Kriegswunden«, fehlendes kulturelles Zentrum, schwaches Bürgertum; sein gesamtes kulturpolitisches Bemühen war darauf abgestellt, diese Aufklärung durch Bildung und Erziehung durchzusetzen, an ihrem Ende sollte die irdische Glückseligkeit des Menschen stehen. Auf diesen utopischen Horizont bleibt seine Wirksamkeit immer bezogen, ihn schrittweise zu erreichen, entwarf er seine Bildungsprogramme und Akademiepläne. Sollte die Aufklärung breite Schichten des Volkes erreichen, durfte sie nicht bloß auf die kleine Gelehrtenrepublik beschränkt bleiben, und so rücken die Möglichkeiten und Bedingungen, die Methoden und Techniken des Aufklärers zwangsläufig ins Zentrum seines Interesses. Die »Gelehrten, indem sie fast nur Gelehrten schreiben« und alle diejenigen, »so kein Latein gelernet, von der Wissenschaft gleichsam ausgeschlossen« haben, sind an der Isolierung ihres Standes selber schuld.[6] Und doch, meint Leibniz, kann nur von ihnen eine Verbesserung des Lebens und der Kultur, der Wissenschaften und Künste ausgehen, daher müssen sie überzeugt werden, endlich ihre französischen Sitten, ihre Abhängigkeit von ausländischer Kultur und Sprache aufzugeben. »Sind wir also in den Dingen, so den Verstand betreffen, bereits in eine Sklaverei geraten und werden durch unsre Blindheit gezwungen, unsere Art zu leben, zu reden, zu schreiben, ja sogar zu gedenken, nach fremden Willen einzurichten.«[7] So gilt seine Sorge zunächst dem Zustande der deutschen Sprache, die ja nicht nur Instrument der Kommunikation ist, als solche nennt er ihren Gebrauch »bürgerlich« und schränkt sie auf die Unterhaltung und ihren »Gebrauch im Rahmen des bürgerlichen Lebens« ein[8], sondern darüber hinaus auch eine philosophische Funktion hat. »Die Worte dienen, 1.) um unsere Gedanken verständlich zu machen, 2.) um dies auf leichte Weise zu tun, und 3.) um einen Zugang zur Kenntnis der Dinge freizulegen.« Alle drei Funktionen aber sind im Aufklärungsprozeß untrennbar miteinander verbunden. Wer nicht die Sprache beherrscht (die richtigen Worte findet), kann weder seine Ideen ausdrücken noch gar die Übereinstimmung oder Nichtübereinstimmung seiner Ideen mit dem, »was wirklich ist«, feststellen, also auch zu keinen Erkenntnissen über die Wirklichkeit kommen, und er kann schließlich »die anderen über die Erkenntnisse, die er haben mag, nicht aufklären«[9]. In der »Ermahnung« nun geht es ihm hauptsächlich um diese aufklärende Wirkung der Sprache, deren Pflege und verständlicher Gebrauch die Bedingung dafür ist, daß »Weisheit und Wissenschaft unter die Leute kommen«[10] kann. Was aber den Verstand betrifft und die Sprache, »welche gleichsam als ein heller Spiegel des Verstandes zu achten, so glaub ich, diesfalls habe ein jeder Macht, seine Gedanken vorzutragen«[11]. Die »Wiederbringung der teutschen Beredsamkeit«, die doch einmal, so erklärt er unter Berufung auf Luthers Bibelübersetzung, in voller Blüte gestanden hatte, ist daher eine der wichtigsten Erfordernisse, worunter er »nicht nur von der Reinigkeit der Worte, sondern von den Arten der Vernunftschlüsse, den Erfindungen, der Wahl, der eigentlichen Deutlichkeit, der selbstwachsenden Zierde und Summe der ganzen Einrichtung der Rede will verstanden haben, wobei es uns allenthalben mangelt«[12]. Seine ganze »Ermahnung« gipfelt schließlich in der Forderung einer Vereinigung von »Verstand, Gelehrsamkeit und Beredsamkeit«[13], in der Wiedererweckung des rhetorisch-humanistischen Bildungsideals.

Leibniz war zu solchen sehr weitgehenden Überlegungen durch Schottels »Teutsche Sprachkunst« (1641), insbesondere aber durch Thomasius angeregt worden, der schon 1687 sein »Collegium über des Gratians Grund-Reguln, Vernünftig, klug und artig zu leben« in deutscher Sprache abgehalten, aber anders als Leibniz die Unvollkommenheit des Deutschen für derzeit so groß befunden hatte, daß er es zum schriftstellerischen Gebrauch für untauglich hielt. Das Thema dieser berühmten Leipziger Vorlesung deutet aber auch bereits auf die Herkunft von Thomasius' Bestrebungen und auf ihre eigentlichen Beweggründe. In seinen Vorschlägen, alles Schulmäßige zu vermeiden, einen klaren, verständlichen und wirkungsvollen Stil zu benutzen und eine »honnete Gelehrsamkeit, beauté d'esprit, un bon gout und Galanterie«[14] zu entwickeln, meldet sich der Gusto Gracians, jenes Geschmacksideal also, das das Bildungsziel aller rhetorischen Erziehung bezeichnete und den honnête homme, den vollendeten Weltmann Gracians und Thomasius' ebenso charakterisiert wie zuvor den vollkommenen Hofmann im »Libro del Cortegiano« des Baldesar Castiglione. Die bürgerliche Forderung nach einer Popularisierung des Wissens entstammt also paradoxerweise einem höfischen Bildungsverständnis, wo es seinen realistischen Sinn in säkularisierten Bildungs- und Umgangsformen längst entfaltet hatte.

In Thomasius' rhetorischer Lehre spielen die genuinen Mittel der Beredsamkeit, die die affektische Stimulierung des Publikums zum Zweck haben, noch eine wesentliche Rolle und werden – ganz im Sinne der Tradition – zur Unterscheidung von Rhetorik und Philosophie gebraucht. Während der Redner bewegen, also die Gefühle seiner Zuhörer anregen soll, sich dazu des rhetorischen Schmucks, der Beispiele, Gleichnisse und Figuren bedient, gibt der Philosoph der schlichten Redeweise den Vorzug. Dennoch kündigt sich bei ihm schon die für die Aufklärungsrhetorik bezeichnende Bevorzugung der rationalen Wirkungsintention an. So empfiehlt er etwa den Jurastudenten, immer darauf zu achten, daß Beweise und Argumente wichtiger als Worte seien, daß es nicht darauf ankomme, vor Gericht mit großem Redeschmuck zu beeindrucken, sondern daß es auf die überzeugende, deutliche Mitteilung des Sachverhalts ankomme.[15] Und in seiner »Ausübung der Vernunfft-Lehre« (1691) verallgemeinert er diese Festlegung zum Bildungsziel in allen Wissenschaften: »Der Verstand eines weisen Mannes ist begierig Warheit in deiner Schrifft zu finden, und kanst seine Begierde nicht besser stillen, als wenn du ihm dieselbe mit Hauffen giebst, und mit vergeblichen Worten nicht aufhältest, oder mit verführischen Worten ihn an statt der Warheit Irrthümer beybringen wilst.«[16]

Die Ausrichtung der Rhetorik auf rationale Überzeugungsherstellung wird zu ihrem Grundzug im 18. Jahrhundert. »Philosophische Oratorie«, der Titel ist Programm, und Johann Andreas Fabricius (1696–1769) wollte ihn auch so aufgefaßt wissen, selbst wenn der Untertitel (»Das ist: Vernünftige anleitung zur gelehrten und galanten Beredsamkeit, wie sich selbige so wohl in öffentlichen reden, als auch im täglichen umgang, bey allerhand materien, auf mancherley art, durch eine glückliche erfindung, nette expreßion und ordnung zeigen müsse, mit auserlesenen exempeln erläutert, und mit einem register versehen.«) diese Absicht wieder zu dementieren scheint. Doch die Definitionen gleich zu Anfang seines Buches lassen keinen Zweifel an der Priorität rednerischer Wirkungsintentionen: »Die Oratorie a) ist eine vernünftige anweisung zur beredsamkeit, das ist, zu der geschicklichkeit, solche Wörter zugebrauchen, welche mit unsern gedancken genau überein kommen, b) und in solcher ordnung mit solcher art seine gedancken fürzustellen, daß in denen die unsere worte hören oder lesen, eben die gedancken und regungen entstehen, die wir ihnen beybringen wollen, damit die glückseligkeit des menschlichen geschlechts befördert und der umgang unter ihnen angenehm gemacht werde. [...] Also bestehet das wesen der beredsamkeit in dem accuraten ausdruck der gedancken, und es irren diejenigen, welche solches in der menge leerer worte, a) in pedantischen formuln, in figuren, in argutien, b) in der gleichheit mit andern berühmten rednern, in dem klange der rede, c) in der kunst den leuten was weiß zu machen, d) in der fertigkeit von sachen pro- und contra zu schwatzen, e) und in andern dergleichen kleinigkeiten suchen. [...] Die beredsamkeit hat einen doppelten endzweck, einen allgemeinen und einen gantz besondern. Den allgemeinen hat sie mit der gantzen gelehrsamkeit, auch so gar mit der sprache gemein, nemlich die glückseligkeit und das vergnügen der menschlichen gesellschaft zu befördern. Der besondere endzweck aber ist, durch geschickten ausdruck seiner gedancken in andern eben die gedancken und regungen erwecken, die man selbst bey sich hat und empfindet und in andern rege zu machen suchet.«[17]

Vier Jahre nach der »Philosophischen Oratorie« erscheint Gottscheds »Grundriß einer vernunftmäßigen Redekunst« (1728), den er in der 1736 veröffentlichten »Ausführlichen Redekunst« zu dem für die Epoche wohl wichtigsten Lehrbuch erweitert hat. Johann Christoph Gottsched (1700–1766) hatte sich da schon in Leipzig vor dem Zugriff rücksichtsloser Soldatenpresser in Sicherheit gebracht, war als Autor und Herausgeber zweier moralischer Wochenschriften (»Die vernünftigen Tadlerinnen« und »Der Biedermann«) bekannt geworden, hatte sich längst (1724) habilitiert und war auf dem besten Wege, zu jener mächtigen Autoritätsfigur in der deutschen Kultur zu werden, der sich jeder stellen mußte, der auch noch lange nach dem Höhepunkt seines Wirkens auf seinen Gebieten tätig wurde. Beredsamkeit definierte er zunächst ganz nach Ciceros oder Quintilians Vorbild als die Geschicklichkeit, »*seine Zuhörer von allem, was man will, zu überreden, und zu allem, was man will, zu bewegen*«[18]. Doch wenn er derart ganz traditionell den rhetorischen Zweck als Überredung des Zuhörers faßt, so macht er bei den bevorzugten Mitteln der Überredung ganz ähnliche Einschränkungen wie Fabricius: die wirkungsvollsten sind nämlich die sachlichen Gründe und Ursachen, worunter er »*alte und neue, theoretische und praktische, dogmatische und historische Wahrheiten*«[19] verstanden wissen will. Wie die Beweisgründe »durch eine Reihe unumstößlicher Vernunftschlüsse« gefunden werden, sind die Beweggründe in der Sittenlehre verankert.[20] Die Überzeugung mit Hilfe der Vernunft ist das oberste Ziel, doch nur bei Gebildeten auch zu erreichen. »Wir kommen auf das wichtigste Capitel der ganzen Redekunst, welches von den Beweisgründen handelt. Hierauf kommt in der Überredung alles an, und da diese der Hauptzweck der Beredsamkeit ist, so sieht man leicht, daß der Beweis das rechte Hauptwerk sey, darauf ein Redner allen seinen Fleiß anwenden muß. Alles übrige, was man in einer Rede sagen kan, gehört entweder nur zu den Zierrathen und Nebendingen; oder es ist nur eine Vorbereitung zum Beweise; oder auch eine Folgerung aus demselben. Der Beweis giebt also der ganzen Abhandlung ihre Festigkeit, so wie die Gebeine und Nerven dem menschlichen Körper. So wenig nemlich ein Klump des besten Fleisches, und wenn es mit der schönsten Haut überzogen wäre, zu den menschlichen Verrichtungen geschickt seyn würde, wenn es ihm inwendig an Knochen und Sehnen fehlen sollte: Eben so wenig kan eine Rede, die in der Schreibart und in allen übrigen Stücken unverbesserlich wäre, ihren Endzweck erhalten, wenn es ihr an tüchtigen Beweisgründen mangelt. Man kan dieses nicht gnugsam einschärfen, da es nur gar zu viel Leute giebt, die ein jedes weitläufiges Gewäsche, es bestehe nun woraus es wolle, eine gute Rede nennen, wenn nur die Schreibart erträglich ist. Einige thun in ganzen Reden nichts anders, als daß sie erklären. Andere pflegen lauter Erläuterungen und zusammen geraffte Zeugnisse, eine Ausführung zu nennen. Noch andere meynen mit lauter guten Einfällen, und so genannten hübschen Gedanken etliche Blätter zu füllen. Wieweit aber dieses alles der Natur der wahren Beredsamkeit zuwieder sey, kan ein jeder leicht abnehmen.«[21]

Für das große Laienpublikum muß der Redner allerdings zur Überredung »durch wahrscheinliche Gründe« seine Zuflucht nehmen und auf die emotionale Erregung abzielen: »Ob nun wohl aus dem bisherigen ein jeder leicht begrifet, was wir durch die Ueberredung verstehen: So muß ich doch noch mit wenigem zeigen, wie dieselbe von einer Ueberführung unterschieden sey. In meiner Vernunftlehre ist solches zwar bereits geschehen; doch gehört es hieher auch: Und also muß ich es nicht vorbeylassen. Einen überführen, heißt einen durch eine Reihe unumstößlicher Vernunftschlüsse, die aus den ersten Gründen hergeleitet werden, oder durch eine Demonstration, zum Beyfalle bewegen, ja nöthigen und zwingen. Diese Art andern Wahrheiten beyzubringen, gilt nur da, wo man sein Erkenntniß auf den höchsten Grad der Gründlichkeit getrieben, und solche Zuhörer vor sich hat, die eine so geübte Vernunft besitzen, daß sie eine lange Kette von Schlußreden fassen, und einsehen können. Nun ist es leicht, zu denken, daß ein Redner weder allezeit so viel Einsicht von den Sätzen die er vorträgt, haben kan; noch auch, wenn er sie gleich hätte, solche geschickte Zuhörer antreffen würde, die eines so gründlichen Vortrages gewohnt wären. Daher schickt sich vor ihn nichts besser, als die Ueberredung; das ist ein Vortrag der Wahrheit durch wahrscheinliche Gründe, die ein Zuhörer von mittelmässigem Verstande, ohne alle Mühe fassen und einsehen kan. Diese Art der Beweise läßt sich nun überall finden, wo nur Wahrheit zu vermuthen ist. So gar in historischen Wahrheiten, wo der Beweis durch Zeugen, oder die Ueberzeugung, statt findet, kan man sich derselben bedienen, wenn es an Zeugen fehlen sollte.«[22] Ganz nach dem Vorbilde Gottscheds hat Daniel Peucer (1699–1756) in seiner »Teutschen Oratorie« (1739) die wahre Beredsamkeit von der falschen geschieden (»Die wahre braucht rechte und erlaubte Mittel [...]. Sie hat einen richtigen und rechtschaffenen Endzweck, nemlich: / a. Die Überzeugung von der Wahrheit im Verstande. / b. Die Reitzung zur Liebe der Tugend im Willen.«[23]), dann die Notwendigkeit der Beredsamkeit aber sehr entschieden aus der emotionalen Natur des Menschen abgeleitet: »Hieraus folgt, daß die Beredtsamkeit zwar nothwendig ist; aber nur unter einer gewissen Bedingung. Denn wären die Menschen ohne herrschende Affecten, so brauchten sie weder gebundene, noch ungebundene Beredtsamkeit. So lange also die Menschen in Affecten stecken werden: so lange wird man die Beredtsamkeit nothwendig brauchen müssen.«[24]

Vereinfacht ausgedrückt verläuft die Aneignung der Rhetorik im 18. Jahrhundert bis in die vierziger Jahre hinein nach diesem Muster, die emotionale Überzeugungsherstellung durch Erregung der sanften Gefühle oder der heftigen Leidenschaften wird nur als Zugeständnis an die menschliche Unvollkommenheit gewertet und die eigentliche Aufgabe der Rhetorik in der Aufklärung des Verstandes, also in der rationalen Wirkungskomponente *(docere)*, gesehen. Strukturbildend für diese Distinktion war gewiß die Hierarchisierung der Erkenntnisweisen, die in der Leibniz-Wolffschen Philosophie ausgeprägt wurde. Wie Leibniz hielt Wolff die Seele für eine Monade, eine einfache Substanz also, die die Kraft in sich hat, sich in der Welt nach dem Stand ihres Körpers in ihr und den Veränderungen folgend vorzustellen, die die Sinnesorgane registrieren. Das ist die *vis repraesentativa universi,* und sie bewirkt, da sie potentiell das Universum in seiner Gesamtheit umfaßt, daß in jeder einzelnen Vorstellung Gegenwart, Vergangenheit und Zukunft bereits enthalten sind, nur in jeder Seele auf eine andere Weise und in einem anderen Grad von Deutlichkeit. Allein danach nämlich unterscheiden sich die verschiedenen Erkenntnisse: ob sie undeutliche, verworrene und bloß sinnliche Vorstellungen liefern oder zu klaren und deutlichen Anschauungen führen. Zwei Weisen der undeutlichen Erkenntnis sind nach Wolffs Ansicht dem Menschen möglich: Erkenntnisse durch die Empfindungen und Erkenntnisse durch die Einbildungskraft. Die einen liefern Vorstellungen oder Bilder der gegenwärtigen körperlichen Dinge, der anwesenden sinnlichen Welt; die Einbildungskraft dagegen stellt abwesende sinnliche Gegenstände und Vorgänge dar, liefert also Phantasiebilder, die sich nun wiederum unterscheiden in solche, die frühere Vorstellungen bloß reproduzieren (in der Fähigkeit, sie wiederzuerkennen, besteht das Gedächtnis), oder solche, die Bilder von noch nie wahrgenommenen Gegenständen vor die Seele bringen. In der Fähigkeit, diese Phantasiebilder durch neue Verknüpfung früherer Vorstellungen zu erzeugen, besteht das Dichtungsvermögen. Die höheren Erkenntnisfähigkeiten, von denen jene beiden anderen nur Vorstufen sind, nennt Wolff Verstand und Vernunft, beide liefern deutliche Vorstellungen, der Verstand durch Unterscheidung, Vergleichung und Reflexion oder Begriff, Urteil und Schluß, die Vernunft, als höchste Erkenntnis, indem sie die Vorstellung vom Zusammenhang der Dinge und des Universums hervorbringt.

Die damit gegebene Rangfolge der Erkenntnisvermögen, gewiß in der ganzen abendländischen Denktradition vorgebildet, hat in dieser besonderen Form beinah unabsehbare Folgen für sämtliche Zweige des Wissens gehabt und auch auf die Ausprägung der Rhetorik gewirkt. Ihre Theoretiker versuchen ja nichts anderes, als der Beredsamkeit in der Stufenfolge der Erkenntnis einen höheren Platz zu sichern, als er den bloß undeutlichen Vorstellungen zukommt. In der Auseinandersetzung zwischen Gottsched und den Schweizern spielt dieser Aspekt denn auch eine wichtige Rolle, denn selbst wenn er auf dem Felde der Poetik und Dichtkunst ausgetragen wird, widerspricht der Vorzug, den Breitinger (1701–1774) der Phantasie und dem Wunderbaren und Neuen einräumt, der Grundüberzeugung der rationalistischen Vermögenspsychologie und mußte Gottscheds Zorn erregen. »Die Menschen werden nicht alleine durch die Vernunft geleitet, sondern sie folgen mehreremahl und gemeiniglich dem Trieb ihrer Neigungen. Diese sind dem Menschen so natürlich worden, und haben in seinem Hertzen so tief gewurtzelt, daß die Vernunft selbst mit ihren heilsamen Erinnerungen weit dahinten stehen muß, wenn sie die Affecte nicht ihren Absichten gemäß einnehmen kan. Und wenn man betrachtet, daß die Menschen ohne die Neigungen in eine verdrüßliche und unschlüssige Unthätigkeit verfallen würden, wird man sich nicht verwundern, daß sie dieselben mit so vielem Fleisse zu unterhalten und zu ernehren trachten. Daher kömmt auch, daß der Grund der merckwürdigsten menschlichen Handlungen in der ungleichen Vermischung der Gemüthes-Neigungen zu suchen ist, welche durch die äusserlichen Umstände aufgebracht, und gantz verschiedentlich aus einander gesetzt werden.«[25]

Der Ausgang des Streits läßt keinen Zweifel daran, daß Gottscheds Position der Vergangenheit angehörte. Die Entwicklung der deutschen Literatur, Klopstock (»Das Herz ganz zu rühren, ist überhaupt, in jeder Art der Beredsamkeit, das Höchste, was sich der Meister vorsetzen, und was der Hörer von ihm fordern kann.«[26]) und Lessing, der die Wirkung des Trauerspiels in die Erregung von Furcht und Mitleid setzte, Empfindsamkeit und Genieperiode – das alles sind Stichworte zu einer Geschichte der gebundenen Rede (wie man die Poesie im Gegensatz zur Eloquenz einst bezeichnete), die ohne den Funktionswandel innerhalb der Rhetorik nicht denkbar ist, ja recht eigentlich durch das Hervortreten der genuin rhetorischen Wirkungsweisen *delectare* und *movere* aus ihrer zeitweiligen rationalistischen Verborgenheit initiiert und weitergetrieben wurde. Es war denn auch ein klassisches rhetorisches Werk, das als Ferment dieser Entwicklung diente: die eine Zeitlang Dionysios von Halikarnassos oder auch Kassios Longinos zugeschriebene Schrift »Vom Erhabenen«, deren Verfasser man aber nicht kennt und die wahrscheinlich aus dem ersten nachchristlichen Jahrhundert stammt. In ihr wird das Erhabene und Große, das Erstaunliche und Übergewaltige »als Höhepunkt und Gipfel der Rede«[27] gefeiert, also in der Erregung der heftigsten Leidenschaften auch die größte Kunstfertigkeit gesehen.

Eben diese rhetorische Nobilitierung der emotionalen Wirkung hatte eine weitere überraschende Konsequenz: die Ausbildung der Ästhetik als einer philosophischen Disziplin durch Alexander Gottlieb Baumgarten (1714–1762). Nicht nur der Aufbau seiner »Aesthetica« (1750–1758) folgt dem System der antiken Rhetorik, er entwickelt auch seine Hauptthesen auf rhetorischer Grundlage.[28]

Die von den rationalistischen Rhetorikern als Verlegenheit empfundene Konstitution der menschlichen Natur dient ihm gerade positiv gewendet zur anthropologischen Begründung seines Entwurfs. *Ars pulchre cogitandi* nennt er die ästhetische Doktrin, und wenn er die ästhetische Erfahrung auch noch als untere Erkenntnis einstuft, dunkel und verworren, so bedeutet sie doch nicht bloßes Durchgangsstadium zur deutlichen Erkenntnis: so wie der Nacht nicht »gleich heller Mittag [folgt], sondern es ist eine Dämmerung dazwischen«[29]. Kunstwirkung wird nun als eine besondere Erfahrungsweise beschrieben, die spezifisch menschlich ist und nicht einfach, sei es selbst durch deutliche Erkenntnis, ersetzt werden kann. »Wenn man den Philosophen als einen Fels vorstellet, der bis über die Hälfte in die Wolken geht, mit der Überschrift non perturbatur in alto, so vermißt man den Menschen und bedenkt nicht, daß die Stoiker mit ihren Weisen schon lächerlich wurden. Der Philosoph bleibt ein Mensch, folglich behält er Sinnlichkeit, und auf dieser Verbesserung muß er auch als Philosoph denken.«[30] Noch vorsichtiger zwar als Gianbattista Vico (1668–1744), der in Italien fast gleichzeitig und ebenfalls auf rhetorischer Grundlage die künstlerische Erfahrung als notwendiges Pendant des kritisch-reflektierenden Denkens erklärt, betont auch Baumgarten das Besondere der sinnlichen Erkenntnis.

Die Wiederbelebung und Neubewertung der emotionalen Beweggründe der Redekunst hatte unübersehbare Folgen. Das neuerwachte Interesse an der rhetorischen Affektenlehre (Georg Friedrich Meyer: »Theoretische Lehre von den Gemüthsbewegungen überhaupt«, 1744), an den Wirkungen der Einbildungskraft führte einerseits zur Erfahrungsseelenkunde und damit zur empirischen Erfassung des Seelenlebens, andererseits zur Begründung ästhetischer Erkenntnis und ihrer philosophischen Reflexion, die sich mehr und mehr von den rhetorischen Ursprüngen entfernte. Die rationalistische Einengung der rhetorischen Wirkung auf die Aufklärung des Verstandes hatte aber vorher schon von ganz anderen Voraussetzungen aus der Redekunst als Instrument popularphilosophischer Wirkungsabsicht nur noch eine eigentlich untergeordnete Funktion zugebilligt. Indem derart das 18. Jahrhundert die Grundlagen des rhetorischen Systems voneinander isolierte und selbständig weiterentwickelte, schuf es tatsächlich die Voraussetzungen für den jähen Traditionsabbruch der Rhetorik als einer eigenständigen, dominierenden Disziplin des Wissens und der Bildung, wie man ihn dann in der ersten Hälfte des 19. Jahrhunderts beobachten wird. Eine Auflösung, die freilich nicht das Ende, sondern das apokryphe Weiterleben in den verschiedensten Kultur- und Lebensbereichen bedeutete.

Die Versuche mancher Rhetoriker, das Getrennte wieder zu vereinigen, mußten scheitern. So hat zwar der Königsberger Professor der Dichtkunst, der Hofprediger und Schulrat Johann Gotthelf Lindner (1729–1776) in seinem »Kurzen Inbegrif der Aesthetik, Redekunst und Dichtkunst« (1771/72) den Zweck der Beredsamkeit sowohl in »sinnliche Ueberredung und Rührung« setzen wollen wie in die Darlegung der Gründe, die aber »lebhaft ausgeführt werden müßten«[31]; so hat auch, um noch ein zweites, späteres Beispiel zu nennen, der Braunschweiger Professor der schönen Literatur, Johann Joachim Eschenburg (1743–1820), in seiner »Theorie der schönen Wissenschaften und Künste« (1783) den rhetorischen Zweck wieder aus »Unterricht, Unterhaltung, Rührung und Überzeugung« zusammengesetzt sein lassen: »Bei jeder einzelnen Gattung der Schreibart muß die Absicht derselben aus ihrer Natur bestimmt werden, ob und in wie fern sie den Verstand aufklären und unterrichten, oder die Einbildungskraft angenehm unterhalten, oder Empfindungen erregen, oder den Willen lenken und bessern soll.«[32] Aber außer dem praktischen Wert, den diese Handbücher zweifellos noch hatten, war von ihnen eine weitere Wirkung nicht zu erwarten. Sie hielten die Erinnerung an die rhetorische Tradition noch einige Jahrzehnte wach, ohne sie wirklich wiederbeleben zu können.

3. Die Bearbeitungsphasen der Rede

Die antike Rhetorik hat den Ablauf der Phasen bei der rhetorischen Bearbeitung eines Gegenstandes für die Folgezeit und weit über das 18. Jahrhundert hinaus musterhaft beschrieben und ausgeprägt. Ob Gottsched oder Sulzer, Peucer oder Lindner, an den *officia oratoris* hat sich auf den ersten Blick nicht viel geändert: am Anfang steht nach wie vor die Erfindung, ihr folgt die »Anordnung oder Einrichtung einer Rede« (Gottsched), dieser wiederum der rednerische Ausdruck, und der Redevortrag schließt die Reihe ab. In seiner »Theorie und Geschichte der Red-Kunst und Dicht-Kunst« (1757), die Christoph Martin Wieland (1733–1813) für seinen Züricher Privatunterricht den vorliegenden Lehrbüchern gemäß verfaßt hat, erläutert er denn auch ganz schulgerecht die »Hauptstücke, die zu einer jeden Rede gehören«:

»I. Die Invention besteht im Aussinnen der Gründe, wodurch man seinen Satz entweder beweisen oder sehr wahrscheinlich machen will, und derjenigen Vorstellungen und Wendungen, wodurch die Einbildungs-Kraft und die Affecten der Zuhörer am besten eingenommen werden können.

II. Die Disposition ist die Anordnung aller Teile einer Rede, ohne welche der Zuhörer durch die Menge und Mannigfaltigkeit der Vorstellungen in Verwirrung gesetzt wird, das meiste, was er gehört hat, wieder vergißt und also dem Zweck der Rede nicht entsprechen kann.

III. Zur Elocution gehört die geschickte Auswahl der Worte und Redens-Arten, der Bilder und Gleichnisse, durch welche der Redner seine Gedanken ausdrückt.

IV. Endlich gehört zur Pronuntiation und Action eine mit Anstand, Nachdruck und Annehmlichkeit begleitete Moderation oder Lenkung der Stimme, Miene und Geberden.«[33]

Dem memorierenden Einprägen der Rede *(memoria)* sowie ihrer Übungsfälle im Unterricht *(exercitatio)* wird meist nur nebenbei Erwähnung getan, oder sie werden implizit bei den Übungstechniken des rhetorischen Unterrichts behandelt. Doch machen sich bereits Veränderungen bemerkbar, die sich zwar bis Ende des Jahrhunderts noch innerhalb der Rhetorik vollziehen und ihre Systematik nicht sprengen, aber ihrer Tendenz nach schon auf die Öffnung des geschlossenen rhetorischen Lehrgebäudes zielen. So etwa schlägt Johann Gotthelf Lindner eine andere Gliederung der rhetorischen Aufgabengebiete vor: »Man kan indeßen, um die ganze Prose zusammen zu faßen, die Beredsamkeit eintheilen 1) in das Äußerliche oder den Ausdruck, 2) in das Innerliche oder Erfindung und Anlage der Gedanken.«[34] Eine solche Zweiteilung bildet die spätere Distinktion von Rhetorik und Stilistik bereits vor, und es gibt auch andere Erscheinungen, die diese Tendenz verstärken. Sechzig Seiten, ziemlich genau ein Sechstel seiner Darstellung, widmet Gottsched im »Allgemeinen Theil« seiner »Ausführlichen Redekunst« der *elocutio,* die traditionell als der schwierigste und wichtigste Bereich, ja als Kernstück der Rhetorik überhaupt galt und differenzierter ausgebildet wurde als alle übrigen Bereiche. Im »Versuch einer Critischen Dichtkunst« entspricht Gottsched bezeichnenderweise der überlieferten Bedeutung der *elocutio* ohne Einschränkung: auf etwa zweihundert Seiten, der Hälfte des Umfangs vom ersten Teil des Buches, handelt er die poetische Einkleidung der Gedanken durch Worte ab. Das heißt nichts anderes, als daß die Lehre vom Redeschmuck, von den Tropen und Figuren, von der poetischen Wortwahl, den Perioden und ihren Zieraten, dem Wohlklang und seinen Maßen mehr und mehr von dem Bereich der Rhetorik in den der Poetik verlagert und schließlich zur poetischen Stilistik ausgebildet wird, die ihre Herkunft aus der Rhetorik möglichst vergessen machen will. Bei den rationalistischen Theoretikern der Rhetorik mußte der *ornatus* ja im Verdacht stehen, die Aufklärung des Verstandes, Belehrung und Unterweisung als den Endzwecken der Beredsamkeit eher zu behindern als zu befördern, und so sind denn auch die entsprechenden Erörterungen im allgemeinen mit deutlich restriktiver Absicht geschrieben. »Insonderheit ist es nöthig, daß man mit denen tropis und figuren, vernünftig umzugehen wisse, und selbige nicht ungeschickt austheile. a) Beyde müssen der natur des objecti und der gedancken davon gegründet seyn, und denen eigenschaften des affects sich conformieren, denn wo diese hauptstücke fehlen, da ist auch die anbringung der troporum und figuren ein fehler. Also sind alle diese künstliche und gute zierrathen billig zu verwerffen, wann man sie bey keinen hohen und pathetischen obiectis anbringet, b) wann sie monströse ideen rege machen, c) alle so wohl natürliche als moralische capacität überschreiten, d) keine natürliche schönheit zum grunde haben und dannenhero mehr für eine läppische schmincke, e) als angenehmen putz zu halten.«[35]

So Fabricius in der »Philosophischen Oratorie«, und es sind recht kräftige Worte, die ihm zur Abschreckung und zur Verdeutlichung seines Standpunktes einfallen: »Wo man diese hier beygebrachte cautelen negligiret, den stilum gar zu sehr künstelt, mit fleiß und ohne noth ungebräuchlich redet, allzu sinnreich und erhaben sprechen will, so entstehet ein pedantischer, phantastischer, aufgeblasener und abgeschmackter stilus, welcher bey geringen dingen die prächtigsten zierrathen verschwendet, und deren verächtlichkeit nur noch mehr dadurch an den tag bringet; welcher von aussen allerly unnützen pracht herbey holet, ohne das wesentliche schöne zu consideriren; welcher bey dem putz auf niederträchtige, gezwungene und läppische kleinigkeiten verfällt, und an statt solider gedancken, kindische einfälle fürträget.«[36] Friedrich Andreas Hallbauer (1692–1750) geht dann sogar soweit, die Figurenlehre für überflüssig zu erklären, weil der Schmuck als eine natürliche Folge aus den Affekten selber hervorgehe. Hallbauers theologische Herkunft und seine aufklärerische Gesinnung verraten freilich noch ein anderes Motiv für diese Reduktion, das auch in seiner Kritik an der »homiletischen Pedanterei« zum Ausdruck kommt: der Versuch, neue Wirkungsmöglichkeiten zu finden und sie durch die natürliche Sprache der Affekte zu erzielen.

In Hallbauer kulminiert auch schon die Kritik, die von der aufklärerischen Rhetorik am System der inventorischen Forschung, der Topik, geübt wurde, die in der Tat im 17. Jahrhundert längst nicht mehr der ursprünglichen antik-rhetorischen Intention gemäß zur *inventio rerum* als vielmehr zur schmückenden Ausgestaltung der Rede und des Gesprächs dienten. Schon Gottfried Polycarp Müller (1684–1747), der mit seiner »eloquentia nov-antiqua« zu einem der wichtigsten Theoretiker der pietistischen Beredsamkeit in Deutschland zählt[37], nennt die oratorischen Realien ein »Puppenspiel der oratorischen Kinder«, »nur vor einfältige / denen man diese oratorischen Trödel-Buden gerne zu ihrem Vergnügen überlässet.«[38] An ihrer Stelle empfiehlt er selbstgefertigte Realiensammlungen, deren Gegenstände aus Geschichte, Geographie, Moral und Politik stammen sollen. Radikaler und polemischer noch formuliert Hallbauer seine Kritik an den »Realien-Crämer[n]«. »Was ihnen nur zu Gesichte kommt, das schreiben sie ab: sie schreiben ihre eigenen Bücher oft mehr, als einmal aus: denn einige tragen es erst in *miscellanea,* hernach aus diesen in *collectanea.* Kommen sie zu einem guten Freunde, so stenkern sie ihm gleich die Bücher durch: Kaum haben sie eins aufgeschlagen, so greiffen sie schon nach der Schreibtafel, oder nach weissen Papier, das sie wol zu dem Ende immer bey sich führen: und alsdenn gehet es an ein schreiben. Man kann kein Buch vor ihnen behalten, das sie nicht gleich abschreiben, so bald sie es nur gewahr werden. Sonderlich Journale und Zeitungen müssen gleich brüh-warm excerpiret werden. Sie schreiben eine Sache wol etlichemal; aus einem zettel oder der Schreibtafel in ein Buch; aus einem Buche ins andere; unter verschiedene Titel u.s.f. Ihr ganzes Studium bestehet in schreiben, colligiren, excerpiren, annotiren [...]. Und ob sie gleich mercken, daß sie bey dem colligiren nichts in Kopf kriegen, daß sie die Augen verderben, daß sie das *malum hypochondriacum* sich zuziehen, daß sie ihre ganze Gesundheit dabey zusetzen; so können sie sich doch von solcher Begierde nicht los machen. Dadurch geschieht es oft, daß sie ihre mit großer Mühe gemachte *excerpta* nicht brauchen können; und zwar entweder, weil sie sich vor der Zeit zu tode excerpiren, oder weil sie wegen ihres kräncklichen Leibes ganz unbrauchbar sind.«[39]

In der satirischen Kritik wird der Entstehungprozeß der Realienbücher deutlich, und das Schwergewicht der Kritik liegt auf dem Gegensatz zwischen unmittelbarer Lebenswirklichkeit und leblos antiquarischer Gelehrsamkeit, der von nun an die Diskussion über die Realien beherrschen wird. Schon Hallbauer empfiehlt Erfahrung und eigene Meditation als die wahren Realienquellen, und Gottsched betonte wenig später im Zusammenhang seines neuen Wissenschaftsverständnisses sowie unter dem Einfluß der englischen empiristischen Philosophie: »Man fordert wirkliche Realien, das ist, Sachen, Wahrheiten, Gründe, Gedanken; nicht aber Purpur und Gold, Marmor und Porphyr, Blumen und Thiere, Perlen und Edelgesteine, Vögel und Fische, Bäume und Steine etc. Dieses sind Lapalien dargegen zu nennen; daher verderbe man seine Zeit nicht mit Zusammenschreibung solcher Alfanzereyen; sondern lerne lieber gründliche Wissenschaften, die den Verstand aufräumen, und den Geist erweitern.«[40] Das ist nicht neu. Gottsched erweist sich vielmehr auch hier als getreuer Schüler Wolffs, der Naturerklärung als Resultat einer Verbindung von Erfahrung und Vernunft auffaßte und das Experiment als die Möglichkeit, die Natur zu unserer Unterrichtung von sich sprechen zu lassen.

4. Rhetorische Stillehre

Die rhetorische Stillehre im 18. Jahrhundert entwickelte sich in Opposition zur schmuckvollen, wortreichen und gesuchten Redeweise der vergangenen Epoche gemäß den obersten Tugenden der Richtigkeit, Sachlichkeit und Deutlichkeit, mit denen Leibniz und Thomasius auch das stilistische Programm des Jahrhunderts vorgegeben hatten. Hallbauer: »Zu einem guten stilo wird erfordert, daß er richtig 1), rein 2), deutlich 3), üblich 4), zusammenhangend 5), ungezwungen 6), gleich 7), zierlich 8), und nach der Materie, den Lesern oder Zuhörern, auch nach der Absicht gerichtet sey 9).«[41] Das ist den antiken Gewährsmännern getreu nachformuliert. Besonderes Gewicht legt Hallbauer auf den »teutschen stilo«, da ja die Redeanweisungen »nach der Natur und den Eigenschaften einer ieden Sprache insbesondere eingerichtet werden.«[42] Von seinen neun Stilbestimmungen, die er im weiteren ausführt, sind besonders die Paragraphen drei und acht maßgebend für seine ganze Absicht. »3) Die Deutlichkeit ist eine Haupt-Tugend des teutschen Stili: denn sie macht, daß der Endzweck desselben erhalten wird, nemlich andern seine Gedancken mitzutheilen. Gleichwol aber wird diese Tugend von vielen so gar sehr aus den Augen gesetzt: sie können sich nicht einbilden, daß ihre Reden und Schriften beredt seyn würden, wenn sie deutlich wären, und von iedermann gleich verstanden würden: daher kommen sie so hochtrabend, verdeckt und dunckel aufgezogen, daß man auch mit vieler Mühe kaum errathen kann, was sie haben wollen.«[43] Die Qualität der zierlichen Rede liegt, ganz der Haupt-Tugend entsprechend, im »angenehmen Klange« und »rechter Übereinstimmung«, in »guter Verknüpfung« sowie in »richtige[m] Maß und Ordnung«, in »Lebhaftigkeit« und angemessenen »Zierrathen«, die der Redner »nicht am unrechten Orte, bey unrechten Materien, etc. anbringen [muß]: welches sonderlich bey den tropis und figuris zu mercken ist«[44]. Dieses Stilideal wird von Gottsched wirkungsmächtig kodifiziert: schmucklose Deutlichkeit, natürliche Leichtigkeit, klare Syntax und vernunftgemäße Verknüpfung, das sind seine wichtigsten Merkmale, durch ihn sollen Schwulst und sprachliche Affektiertheiten endgültig aus der deutschen Schreibart verschwinden. Nach dem schlechten, unverständlichen Ausdruck und der Pedanterie, nach der affektiert-nachäffenden und phantastischen Schreibweise ist vor allem der Schwulst sein Hauptangriffsziel: »Ich komme nun auf die hochtrabende oder schwülstige Schreibart, die man auch die allzuhohe zu nennen pflegt: Wiewohl das schwülstige niemals eine wahre Hoheit an sich hat. Die Franzosen nennen diesen Fehler *l'Enflure,* und die Engländer *Bombast,* deutsch könnte man ihn auch den Schwulst nennen. Die Griechen haben die gar zu hochsteigenden Reden und Gedancken Μένεωφα genennet, welchen Titul auch Herr Werenfels in seiner Abhandlung, im lateinischen behalten hat, wer diesen und den oftbelobten Longin lesen wird, der wird sehr viel Regeln und Exempel davon antreffen. Bey uns Deutschen hat Lohenstein zuerst die Exempel des Schwulstes gegeben, die so viele andre angesteckt haben. Was bey Andr. Gryphio, nur ein großsprecherischer Windmacher Horribilicribrifax oder Diridaridatumtarides im Munde führt, das ist nach der Zeit auch bey ernsthaften Scribenten Mode geworden. [...] Nun könnte ich noch wohl viele andre Exempel von der gar zu hochtrabenden Schreibart anführen; und da würde die lohensteinische Lobrede auf den Herrn von Hofmannswaldau, des Herrn von Königsdorfs Lobrede auf den Kayser Leopold, und so manches andre Stück, so in Deutschland eine Zeitlang sehr bewundert worden, nicht vergessen werden. Allein es ist unnöthig mich länger dabey aufzuhalten. Man merke nur, daß die falsche erhabene Schreibart dreyerley Art ist. Die erste braucht von niedrigen Sachen wirklich erhabene Ausdrückungen. Die andre braucht von grossen Dingen, nur schwülstige aber nicht wirklich hohe Redensarten. Die dritte bedient sich bey gemeinen Dingen, einer aufgeblasenen nicht aber wahrhaftig erhabenen Art des Ausdrukkes.«[45]

Trotz der Schwulstkritik und des nüchternen Stilideals einer verständlichen, klaren, zwar lebhaften, aber nur mäßig geschmückten Ausdrucksweise, die alle Extreme meidet und mit dem *stilus medius* oder *mediocris* so ziemlich zusammenfällt, behält aber die alte Dreistillehre ihre Gültigkeit. Ob Hallbauer, Gottsched, Lindner, Sulzer oder Eschenburg, das klassische rhetorische Wirkungsschema prägt die Stiltheorien des 18. Jahrhunderts weit über den Bereich der Beredsamkeit hinaus, strukturiert die ästhetischen Entwürfe von Baumgarten bis Schiller und natürlich die Poetik der Zeit. Zusammenfassend schreibt Eschenburg: »Da der Zweck eines prosaischen Aufsatzes entweder Unterricht, oder Wohlgefallen, oder Rührung seyn kann, und in jedem einzelnen Aufsatze einer dieser Zwecke herrschend zu seyn pflegt; so giebt es in Rücksicht auf die Absicht des Schriftstellers und die Würde seiner Schreibart, drei Hauptgattungen derselben, nämlich: die *niedre* oder *populäre,* die hauptsächlich zur Erörterung, Belehrung und Ueberführung bestimmt ist; die *mittlere* Gattung, die mit jener Absicht zugleich auch den Zweck der angenehmen Unterhaltung des Geistes verbindet; und die *höhere* Schreibart, die vornehmlich zur lebhaften Rührung der Phantasie und der Gemüthsbewegungen geschickt ist. Andre einzelne Arten des Styls, z.B. des naifen, glänzenden, rührenden, blühenden, mahlerischen, u.s.f. lassen sich unter diese drei Gattungen begreifen, und auf sie zurückführen.«[46] Die Bezeichnungen wechseln zwar (in der »Ausführlichen Redekunst« unterscheidet Gottsched die vernünftige, natürliche und edle Schreibart)[47], aber nicht die gemeinten Begriffe. Auch die Vorlieben für einzelne Stilideale sind dem historischen Wandel unterworfen; der Streit Gottscheds mit den Schweizern hat auch hier als Einschnitt gewirkt. Die Hochschätzung des Erhabenen bei Klopstock (»Das Erhabene, wenn es zu seiner vollen Reife gekommen ist, bewegt die ganze Seele, und welche Seele am meisten? Die selbst Hoheit hat ... «[48]) und seiner Schule, Schillers Theorie des Erhabenen und Pathetischen, seine Auffassung von Anmut und Würde sind ohne diese Verlagerung in der Einschätzung der Stilqualitäten nicht denkbar. Auch der Aufstand gegen das tintenklecksende Säkulum, mit dem sich in den siebziger Jahren eine neue, junge Generation von Schriftstellern durchsetzte, zeugt von der Wirksamkeit jener Veränderung. Die Wendung der »Stürmer und Dränger« gegen die rhetorisch dominierte Regelpoetik, gegen Rhetorik überhaupt bedeutet in Wahrheit, wie Klaus Dockhorn erwiesen hat, die Fortführung bestimmter rhetorischer (nämlich der emotionalen, affektischen) Wirkungsintentionen im Sinne einer *rhetorica contra rhetoricam,* eine Erscheinung, die im 18. Jahrhundert nicht eben selten auftritt und auf andere Weise auch im Pietismus und in der Kultur der Empfindsamkeit zu beobachten ist.

5. Redekunst und Dichtkunst

»Die Poesie hat was gantz besonders, daß sich Niemand selbst geben kan, sondern es von der Natur erhält. Das ist eben das Göttliche, welches man der Poesie gemeiniglich beyleget. Es kan einer wohl Verse machen, aber er ist darum nicht ein Poet. Zu einem guten Gedichte wird nicht bloß erfordert, daß es nichts gezwungenes in der Construction, seine richtige Scansion und Reime habe: es müssen auch poetische Gedancken, Einfälle, Redensarten und Worte da seyn. Diese werden einem mit dem poetischen Geist belebten ohne sondere Mühe zufliessen: ein anderer martert sich erschrecklich, und bringt doch nichts poetisches heraus. Ja guten Poeten werden nicht einmal, wie das andere die Geschicklichkeit zu poetisiren haben. Daher sie den poetischen Geist bald durch ein Glaß Wein, bald durch Lesung eines guten Poetens, welches das beste ist, bald durch einen Spatziergang, bald durch andere Mittel zu erwecken pflegen, und sich in die poetische Entzückung setzen. Denn die poetischen Ausdrückungen sind viel erhabener, lebhafter und kühner, als die oratorischen: daher muß auch die Verfassung des Gemüths darnach eingerichtet seyn. Man wird auch gewahr, daß sich einige besser zu dactylischen Versen, andere besser zu Jambischen, andere besser zu Trochäischen schicken. Einigen fliessen die Sonnete, andern die Arien, noch andern die Madrigale besser etc. Ein jeder suche sich also darinne hervor zu thun, wozu er am meisten geschickt ist. Hat aber einer gar kein Naturel zur Poesie, der lasse das Versemachen bleiben: will er aber mit Gewalt ein Poet werden, so lasse er sich für einige Thaler bey einem Comite Palatino Caesareo dazu krönen.«[49] Hallbauer stimmt mit seiner Ansicht von der Poesie, die eine Abgrenzung von der Redekunst einschließt, mit den meisten seiner Zeitgenossen und Vorläufern überein. Auch der Redner bedarf natürlich der Naturanlage, ungleich wichtiger aber ist sie für den Dichter: wenn sie ihm nicht den poetischen Geist geschaffen und gebildet hat, wird alle seine Mühe, werden seine künstlichen Bemühungen umsonst sein. Auch das zweite Merkmal entspringt traditioneller Übereinkunft: die sprachliche Form der Dichtkunst ist besonders ausgezeichnet, ihre Stilhöhe geht über den oratorischen Ausdruck hinaus. Doch gewinnt diese Unterscheidung für die Aufklärung natürlich eine stärkere Bedeutung, weil Dichtung und Beredsamkeit nicht mehr wie im 17. Jahrhundert hinsichtlich des stilistischen Ausdrucks füreinander einstehen: den Grad der Entfernung voneinander kann man geradezu als Maß für die Selbständigkeit benutzen, den die Dichtkunst im Laufe des Jahrhunderts gewinnt. Denn vergleichbare Ausführungen finden sich natürlich auch in Gottscheds »Critischer Dichtkunst«, die dem Dichter ebenfalls mit Horaz *ingenium et mens divinior* zuerkennt und erläutert: »ein Poet muß dergestalt [...] eine starke Einbildungskraft, viel Scharfsinnigkeit und einen großen Witz schon von Natur besitzen, wenn er den Namen eines Dichters mit Recht führen will.«[50] Doch treten neben die Naturanlage – man muß wohl sagen gleichberechtigt – »Kunst und Gelehrsamkeit«: »So wird denn ein Poet, der auch die unsichtbaren Gedanken und Neigungen menschlicher Gemüther nachzuahmen hat, sich nicht ohne eine weitläufige Gelehrsamkeit behelfen können. Es ist keine Wissenschaft von seinem Bezirke ganz ausgeschlossen.«[51] Natürlich besonders die Philosophie, die ihm auch Menschenkenntnis vermittelt und sein kritisches Urteilsvermögen schult. Gottscheds Poet, man sieht es, ist ganz nach dem Bilde seines Rhetors entworfen, und kann er sich auch größerer Freiheiten rühmen, so sind die Unterschiede doch immer nur graduell, und in der Hauptsache stimmen sie überein: in der Bindung von Poesie und Beredsamkeit an Vernunft und Moral, in der didaktischen Zwecksetzung und der kritischen Begrenzung aller produktiven Vermögen in den Schranken der Natur und des menschlichen Verstandes. Bodmer und Breitinger vertreten in allen diesen Punkten keinen wesentlich anderen Standpunkt, freilich lassen sie der emotionalen Wirkung und der Tätigkeit der Phantasie einen größeren Spielraum. »Das Wahre des Verstandes gehöret für die Weltweißheit, hingegen eignet der Poet sich das Wahre der Einbildung zu [...]. Er hat nicht nöthig seine Vorstellungen vor wahr zu verkauffen; wenn sie nur nicht ungläublich sind, so eröffnen sie ihm schon den Zugang zu dem menschlichen Hertzen, so daß er dadurch die erforderliche Würckung auf dasselbe thun kann.«[52] Damit ist ein Weg eingeschlagen, den Baumgarten weitergehen wird (»Wer schön denken will, muß in die Zukunft sehen. Eine neue Eigenschaft eines schönen Geistes [...]. Er muß die Sprache des Herzens reden, das ist rühren, soll er andere rühren, so muß er selbst zuvor gerührt sein. Er kann nicht rühren, wann er nicht Begierden erregt, und er kann nicht Begierden erregen, wann der Gegenstand derselben nicht zukünftig ist. Ja, will er besonders schön sein, so muß er zuweilen alle Empfindungen unterdrücken können, und die Einsicht in die Zukunft allein herrschen lassen, und über alles erheben.«[53]), der zu Mendelssohn und Lessing, Karl Philipp Moritz und Herder führt und schließlich die Trennung von Poesie und Moral in der Autonomie der Dichtung vollendet. Den wesentlichen Unterschied zwischen Rede- und Dichtkunst wird dann schon Eschenburg ganz im Sinne der klassischen und idealistischen Ästhetik im Endzweck beider Künste finden, »in so fern der prosaische Schriftsteller [wie er den Rhetor hier nennt] hauptsächlich Deutlichkeit, Wohllaut, Unterricht, Unterhaltung und Ueberzeugung, der Dichter hingegen sinnlich vollkommene und möglichst lebhafte Darstellung seiner Gegenstände zur Absicht hat.«[54]

6. Rednerideal und bürgerliche Erziehung von Thomasius bis Knigge

Die Verwirklichung der Rede durch den Vortrag *(pronuntiatio),* durch Mimik, Gestik, sogar Handlungen *(actio),* die körperliche Beredsamkeit, ist nicht etwa eine zweitrangige rednerische Aufgabe. Cicero mißt dem Redevortrag entscheidende Bedeutung bei, weil auch der größte Redner, beherrscht er ihn nicht, versagt, der mittelmäßige, der sich aller Vortragsmittel virtuos bedient, über ihn triumphiert.[55] Drei Überzeugungsmittel stehen dem Redner grundsätzlich zur Verfügung: die Sache, die Emotionen und die eigene persönliche Glaubwürdigkeit. Wenn es ihm nicht gelingt, in seinem Auftreten, seiner Erscheinung und Ausdrucksweise überzeugend zu wirken, wird er sein oratorisches Ziel nicht erreichen. Diese körperliche Beredsamkeit dient also – gemäß dem *vir-bonus*-Ideal der Rhetorik, das gut reden, gut sein und gut erscheinen vereinigt – nicht etwa dazu, den Zuhörer zu täuschen, sondern soll den wahren Geist, die Gesinnung, den Charakter des Redners in seinem eigenen Wirkungsinteresse zur Geltung bringen. Oberster Maßstab auch für die körperliche Beredsamkeit ist also das *aptum,* die Angemessenheit sowohl nach innen, an Ethos, Redegegenstand und Redeausdruck; wie auch nach außen, an die äußeren Umstände der Rede, ihren Anlaß, ihre Adressaten, ihren Raum. In der europäischen Kulturgeschichte ist dieser Teil der Rhetorik ungemein wichtig geworden: in der Schauspielertheorie, Charakterologie und Physiognomik, in der rhetorischen Erziehung (aus der erst spät, im 17. und 18. Jahrhundert, die Pädagogik in unserem Sinne hervorging), vor allem aber im gesellschaftlichen Umgang, ob es sich nun um die Formen der höfischen oder der bürgerlichen Geselligkeit handelt. Wie schon der vollkommene Hofmann des Grafen Castiglione nach dem Vorbilde des rednerischen *vir-bonus*-Ideals entworfen war, so orientieren sich an ihm auch die bürgerlichen Persönlichkeitsideale der Aufklärung. Die Vermittlungsglieder sind freilich vielfältig, beschränken sich nicht nur auf die Hofmannsliteratur, sondern umfassen auch die »politische Bewegung« des 17. Jahrhunderts, die entscheidend von der Gesellschaftslehre Graciáns geprägt war. Neben Christian Weise hat vor allem Christian Thomasius für die Verbreitung des politischen Lebensideals in der deutschen Aufklärung gesorgt: sein »Collegium Gratians Grund-Reguln / Vernünftig / klug und artig zu leben« (1687) hatte dafür programmatische Bedeutung. Wichtiger werden sollte sein »Kurtzer Entwurff der politischen Klugheit / sich selbst und andern in allen Menschlichen Gesellschafften wohl zu rathen / und zu einer gescheiden Conduite zu gelangen; Allen Menschen / die sich klug zu seyn düncken / oder die noch klug werden wollen / zu höchst-nöthiger Bedürffnis und ungemeinem Nutzen« (1710). Das erste Kapitel handelt »Von der Klugheit insgemein« und enthält entsprechend der rhetorischen *honestum-utile*-Doktrin die Definition: »Die Klugheit ist [...] eine Lehre / darinnen wir von den Mitteln / die zur Erlangung des gewünschten Endzwecks dienen, unterrichtet werden. Allein auch die Weißheit zeiget uns (sonderlich in denen Regeln der Ehrbarkeit) die Mittel / dadurch wir zu der höchsten Glückseligkeit / und was uns daran hinderlich ist / vermeiden können.«[56] Das Buch handelt von der Klugheit, zu raten und sich selbst zu raten, »sich in täglicher Conversation wohl aufzuführen« oder in der »auserlesenen Conversation« zu glänzen, von der Klugheit des Hausvaters und von der Klugheit in bürgerlicher Gesellschaft, womit das richtige berufsständische Verhalten gemeint ist. Die Anweisungen reichen von allgemeinen Lebensmaximen (»Ein Weiser bringet sein Leben nicht mit Speculiren / sondern mit Thun und Arbeiten zu. Wer nichts thut / thut auch nichts gutes / sondern faullenzet.«[57]) bis hin zu ganz konkreten Verhaltensregeln (»So redet auch ein kluger Kopf nicht leicht von einem, der zugegen ist / damit er ihn nicht mit Tadeln oder Loben zu nahe treten möge.«[58]). Das Verhältnis der Ehegatten zueinander, Kindererziehung, das Betragen den Dienstboten gegenüber, die Ausführung der Geschäfte – alle diese Fragen werden mit kurzen Unterweisungen behandelt und im Sinne praktischer Menschenkenntnis und einer christlich begründeten Sittenlehre entschieden. Mit diesem »Kurtzen Entwurf« und anderen Schriften (im »Politischen Redner« beschäftigt er sich etwa auch mit der Kleidung während der verschiedenen Komplimentiermöglichkeiten) steht Thomasius am Anfang der bürgerlichen gesellschaftlichen Beredsamkeit, die in dem sprichwörtlich gewordenen Buch des Freiherrn von Knigge »Über den Umgang mit Menschen« kulminieren sollte.[59]

Zwei Aufgaben erfüllte die ideologische Anerkennung des *vir-bonus*-Ideals durch das Bürgertum: es diente der Kritik am Adel, dessen Wirklichkeit mit der Berufung auf das Ideal – das eben auch seines zumindest gewesen war – der Prozeß gemacht wurde, und es half dem Bürger, eine kulturelle Identität zu finden, die dann auch wieder seine politischen Aspirationen legitimieren helfen konnte. Knigges Bemühungen sind ohne weitere Vorgänger nicht denkbar. Die Autoren der Moralischen Wochenschriften, Campes »Theophron oder der erfahrene Ratgeber für die unerfahrene Jugend« (1783), Meißners »Menschenkenntnis« (1787), die Werke Gellerts, der Pädagogen und Popularphilosophen gehören ebenso dazu wie die französischen Moralisten, wie Rousseau oder Locke, der der englischen Prägung des *vir bonus* im Gentleman seine feste Gestalt gab. Natürlich auch Gottsched, der in seinen theoretischen Werken und seinen Reden das bürgerliche Bildungsideal weiter ausgeführt und propagiert hat. Die »wahre Beredsamkeit«, schreibt der Autor der »Ausführlichen Redekunst«, ist »gleichsam ein Zusammenfluß aller ernsthafften und anmuthigen Wissenschaften, ja der höchste Gipfel der Gelehrsamkeit«[60]. Aus dieser Auffassung von der Rhetorik folgt zwangsläufig wie in der antiken Redekunst, der Gottsched bis ins Detail verpflichtet ist, seine Konzeption vom vollkommenen Redner: »Durch einen Redner verstehe ich einen gelehrten und rechtschaffenen Mann, der die wahre Beredsamkeit besitzet.«[61] Da der Redner die Wahrheit wirkungsvoll verkünden soll, muß er einmal die Sache selbst, über die er redet, gründlich kennen, zum anderen (um Verstand und Willen seiner Zuhörer nach den ethischen Grundsätzen lenken zu können) auch die Vernunft- und Sittenlehre wie schließlich die Psychologie, die Lehre von den Affekten und Gemütskräften des Menschen beherrschen. Ein Ungelehrter kann also gar kein guter Redner sein, gibt es doch keine freie Kunst, keine Wissenschaft, die für die vollkommene Beherrschung der Beredsamkeit unnötig oder nutzlos wäre.

Entsprechend der ethischen Fundierung der Beredsamkeit muß der Redner Gottscheds ebenfalls ein rechtschaffener Mann sein – in seiner »Akademischen Rede, daß ein Redner ein ehrlicher Mann sein muß«, begründet er ausführlich diese Auffassung vom Redner mit dem Hinweis auf Quintilian. Denn ein zwar beredter, aber böser Mensch schadet der Gesellschaft, und nur »ein aufrichtiger Menschenfreund« sieht auch darauf, »wie er [...] das gemeine Beste befördern, [...] ja die ganze Welt glücklich machen« kann. [62]

Für den Rationalisten Gottsched sind Vernunft und Moral untrennbar, und wie er der Meinung ist, daß »die wahre Beredsamkeit allezeit die Wahrheit und Tugend zu Gefährten habe«[63], wie er ein neues Mitglied in der »Vertrauten Rednergesellschaft« darauf hinwies, daß nur Männer von »altem Schrote und Korne«, von »alter deutscher Redlichkeit« der Gesellschaft angehörten, so wollte er jeden Redner zum guten Manne in jenem umfassenden Sinne der *vir-bonus*-Lehre ausbilden. Wie Cicero und vor allem Quintilian betont auch er Rhetorik als eine pädagogische Theorie mit universalem Anspruch und befindet sich damit völlig im Einklang mit den vorherrschenden sozialen Tendenzen seiner Zeit. Er vermeidet natürlich bei seiner Wiederbelebung der römischen Theorie der körperlichen Beredsamkeit sorgsam jedes Extrem. Die Charakterdarstellung und die Umgangsformen des Redners werden für ihn genauso durch Redlichkeit und Vernünftigkeit bestimmt wie die stilistische Realisierung der Rede. Das gilt besonders für den Gebrauch von Figuren und die Darstellung und Erregung von Gemütsbewegungen, Tränen sind dem Redner nur gelegentlich erlaubt.[64] Solche menschliche Ordnung aber ist erst Ergebnis einer sorgfältigen guten »Auferziehung«. Der Professor für Logik und Metaphysik an der Universität Leipzig verstand sich durchaus nicht nur als Theoretiker, seine praktischen Bemühungen um eine Realisierung des rhetorischen Bildungsideals in bürgerlicher Absicht ergänzten und korrigierten seine Redekunst. Unter seiner Leitung diente seit 1727/28 die »nachmittägliche Rednergesellschaft« an der Leipziger Universität der praktischen Ausbildung in der Beredsamkeit. Theorie und Praxis bildeten auch für ihn die in der Tradition immer wieder geforderte Einheit und weiteten sich bereits aus zu einer allgemeinen Lehre vom Umgang mit Menschen; denn das rhetorische Idealbild – Gottsched betont es immer wieder – läßt sich nicht auf einen einzelnen Berufsstand oder eine einzelne Sphäre bürgerlichen Lebens abziehen, sondern formuliert den Anspruch, daß der Mensch seine Bestimmung nur als soziales, freies und gleiches Wesen in einer vernünftig geordneten Welt erfüllen kann.

Der Titel des erfolgreichsten Buches dieses Genres, Adolph Freiherr von Knigges »Über den Umgang mit Menschen« (1788), ist Programm und wird von seinem Autor gleich zu Beginn erläutert. »Der Gegenstand dieses Buches kommt mir groß und wichtig vor, und irre ich nicht, so ist der Gedanke, in einem eignen Werke Vorschriften für den Umgang mit allen Klassen von Menschen zu geben, noch neu.«[65]

Gerade aber in seiner demokratischen, von Knigge für neu erachteten Begründung ist der »Umgang mit Menschen« der rhetorischen Überlieferung verpflichtet, die nicht allein den Gemeinplatz von der Rhetorik als Tochter der Republik bis ins 19. Jahrhundert trägt[66], sondern die mit ihrer auf universelle Wirkung hin angelegten *aptum*-Doktrin eine Auffassung vom Menschen entwickelt hat, die zwar die besonderen Bedingungen (soziale Umstände der Rede, was auch eine besondere Beachtung der ständischen Ordnung erfordern kann) berücksichtigt, durch diese hindurch aber auf diejenigen Eigenschaften und Merkmale des Adressaten zielt, die die Wirkung der Rede garantieren, weil sie allen Menschen kraft ihres natürlichen Ursprungs zukommen. Der Redner hatte schon bei der Abfassung seiner Rede, in deren ersten Stadien *intellectio* und *inventio,* nicht nur die innere Stimmigkeit seiner Argumentation, später in der *elocutio* die angemessene Beziehung zwischen *res* und *verba* zu wahren, sondern ebenso deren angemessen-richtige, geziemende Position in der sozialen Konfiguration der Rede zu bestimmen. Diese Forderung schloß sowohl die Berechnung der Rede auf ein selten homogenes Publikum ein wie auch eine sorgfältige Abstimmung im Verhalten des Redners; in der Praxis bedeutete dies die Einübung von Verhaltensweisen, die vor jedem Publikum Aussicht auf Erfolg versprechen konnten, weil sie generell menschlicher Konstitution entsprechen. Die bürgerliche Reaktivierung rhetorischer Theorie richtet sich natürlich auf diese demokratisch interpretierbaren Elemente[67] – und die Frage, die Knigge zu beantworten sucht, wie der bürgerliche Mensch am besten das Leben zu meistern imstande sei, führt beinahe zwangsläufig zur humanistisch-rhetorischen Bildungstradition zurück, da sie vor allem den Menschen als erziehbares, der Erziehung bedürftiges Wesen bestimmt und damit einen Weg gewiesen hatte, wie der nach Herkunft und sozialer Stellung Benachteiligte seinen Rückstand aufzuholen vermag.

»Jeder Mensch gilt in dieser Welt nur so viel, als wozu er sich selbst geltend macht«[68] – so der erste Satz des ersten Kapitels im »Umgang mit Menschen«. Bezeichnend für Knigges System ist die Verbindung eines solchen Pathos der Selbsterzeugung des Menschen mit einer streng moralischen Erörterung, die zunächst alle negativen Folgen betrachtet, welche aus der konsequenten Verwirklichung dieser Maxime entstehen können, um dann erst deren Berechtigung für alle diejenigen nachzuweisen, die im »strahlenden Bewußtsein der Wahrheit und Redlichkeit«[69] leben. Nochmals und unmißverständlich bekräftigt Knigge gegen Schluß seines Werks dessen Absicht: »Ich habe aber in diesem Werk nicht die Kunst lehren wollen, den Menschen zu seinen Endzwecken zu mißbrauchen, über alle nach Gefallen zu herrschen, jeden nach Belieben für unsre eigennützigen Absichten in Bewegung zu setzen. Ich verachte den Satz, daß man aus den Menschen machen könne, was man wolle, wenn man sie bei ihren schwachen Seiten zu fassen verstünde. Nur ein Schurke kann das und will das, weil nur ihm die Mittel zu seinem Zwecke zu gelangen, gleichgültig sind; der ehrliche Mann kann nicht aus allen Menschen alles machen, und will das auch nicht.«[70] Mit dieser Argumentationskette belegte schon die antike Rhetorik den Gegensatz zwischen Überreden und Überzeugen, auf ihr fußt die Formulierung des Rednerideals vom *vir bonus,* und sie konstituiert auch manch kritischen Widerspruch im »Umgang mit Menschen«, in der Erörterung der einzelnen bürgerlichen Tugenden und ihrer gesellschaftlich-geselligen Darstellung. So vertritt Knigge nicht die krasse Nützlichkeitsmoral, wie sie vor allem die Moralischen Wochenschriften verbreiten, in Gestalt des fleißigen und nützlichen Bürgers[71], der seiner Arbeit nachgeht, nicht weil er dazu verdammt ist – die biblische Arbeitsauffassung, die auch das ganze Mittelalter beherrschte –, sondern weil er sie für sinnvoll und segensreich erachtet: sie festigt und fordert seine soziale Stellung und dient dem Allgemeinwohl. Wie wenige Jahre später Friedrich Schiller, der den Nutzen als das große Idol, als Trugbild seiner Zeit charakterisieren sollte, so arbeitet auch Knigge an einer Bildungskonzeption, die im kritischen Widerspruch zu den herrschenden und immer offenbarer werdenden Tendenzen der bürgerlichen Gesellschaft steht. Pflege und Veredlung des Individuums ist sein Ziel, und allein solche Vervollkommnung ist Voraussetzung für einen vollkommenen gesellschaftlichen Umgang. »Strebe nach Vollkommenheit, aber nicht nach dem Scheine der Vollkommenheit und Unfehlbarkeit«[72], heißt einer der Zentralsätze der Abhandlung. Zu dieser Vollkommenheit gehört sowohl die Entwicklung der Tugend – die scharf gegen die »äußere Tugend«, den Schein der Tugend also, abgegrenzt wird – wie auch eine möglichst umfassende wissenschaftlich-künstlerische Ausbildung. Zwar verurteilt Knigge die seichte Vielwisserei: »mich ekelt vor den herumwandelnden enzyklopädischen Wörterbüchern; mich ekelt vor den allwissenden, rezitirenden jungen Herrn«, ruft er aus und verlangt statt dessen gründliche und tiefe Kenntnis eines Faches.[73] Allein, trotz dieser nur scheinbar den zeitgenössischen Tendenzen nach einer einseitigen Ausbildung Tribut leistenden Aufforderung macht er wenig später unmißverständlich klar, daß ihm als eigentlich vorbildlich nur der Umgang mit einem gebildeten Manne gilt, »der philosophischen Geist, Gelehrsamkeit und Witz verbindet. Es ist ein Glück, an der Seite eines solchen Künstlers zu leben, dessen Geist durch Kenntnisse gebildet, dessen Blick durch Studium der Natur und der Menschen geschärft, bei dem durch die milden Einwirkungen der Musen das Herz zu Liebe, Freundschaft und Wohlwollen gestimmt und die Sitten sind gereinigt worden.«[74] Zur Kultivierung des bürgerlichen Individuums zählt Knigge sowohl die Beförderung der leiblichen Gesundheit, die Veredlung der Gemütskräfte und der Leidenschaften wie schließlich die Entwicklung der »Fakultäten seines Verstandes und Gedächtnisses«[75]. Die Verfeinerung der inneren »Fähigkeiten [und] Anlagen«[76] geht einher mit »äußerem Anstand«, mit »Haltung und Harmonie im äußern Betragen«[77], ohne Rücksicht auf die Situation, in der sich der Mensch befindet: »Selbst in Deinem Äußern, in Deiner Kleidung sieh Dir nicht nach, wenn Du allein bist.«[78]

Bis in Einzelheiten ließe sich Knigges Gesellschaftsbuch auf das ihm zugrundeliegende rhetorisch-humanistische Muster hin dechiffrieren. Die ganze Gesellschaftskunst, die es lehrt, steht unter dem Primat der angemessenen Wirkung der Person, angemessen nach außen, an die äußeren Lebensumstände, und angemessen nach innen, an die moralische Verfassung des Menschen; beides in Einklang zu bringen macht wahre Bildung aus: Feinheit in »Sitten und Gebärden«, eine feinere Bildung in den Wissenschaften, die Angemessenheit des eigenen Verhaltens zu den sozialen Verhältnissen, in denen man sich befindet, zu Ort, Zeit und Gelegenheit. Natürlichkeit und Schicklichkeit im Umgang sind dem Menschen nicht schon von Natur garantiert. Leichtigkeit und Zwanglosigkeit im Gespräch lassen sich lernen. »Ein großes Talent, und das durch Studium und Achtsamkeit erlangt werden kann, ist die Kunst, sich bestimmt, fein, richtig [...], nicht weitschweifig auszudrücken, lebhaft im Vortrage zu sein, sich dabei nach den Fähigkeiten der Menschen zu richten, mit denen man redet, sie nicht zu ermüden [...], nach den Umständen trocken oder lustig, ernsthaft oder komisch seinen Gegenstand darzustellen und mit natürlichen Farben zu malen. Dabei soll man sein Äußeres studieren, sein Gesicht in seiner Gewalt haben, nicht grimassiren [...]. Der Anstand und die Gebärdensprache sollen edel sein; man soll nicht bei unbedeutenden und affektlosen Unterredungen [...] mit Kopf, Armen und andern Gliedern herumfahren und um sich schlagen [...]. Kurz, alles, was eine feine Erziehung, was Aufmerksamkeit auf sich selbst und auf andere verrät, das gehört notwendig dazu, den Umgang angenehm zu machen.«[79]

Da die Rhetorik immer schon nicht allein die Kunst der richtigen und wahren Wirkung der Rede, sondern auch die des Redners in einem gesellschaftlichen Bereich gewesen ist, konnte die Kunst, mit seinem Publikum »umzugehen«, zu einer allgemeinen Kunst des »Umgangs mit Menschen« erweitert werden. In einem sehr umfassenden Sinne – das jedenfalls lehrt die Konstellation, in der Knigges Abhandlung zu sehen ist – steht die Rhetorik im Zentrum aller bürgerlichen Bemühungen im 18. Jahrhundert, die auf die Herstellung einer öffentlichen Meinung, Ausdruck bürgerlicher Mündigkeit und sozialer Emanzipation zielten. Auch Kants Verdikt über die Beredsamkeit als einer Lügen- und Schmeichelkunst, die »keiner Achtung würdig sei«, trifft nur die *corrupta eloquentia* und hier vor allem die höfische Rhetorik (wie schon die Wortwahl zeigt), nicht, wie allzu pauschal später interpretiert, jene Redekunst, in der sich auch Kant selber als Meister zeigte. Schillers Konzeption einer ästhetischen Erziehung, seine Bildungsideale »schöne Seele und erhabener Charakter« sind ebenso bisher zu wenig beachtete Zeugnisse rhetorischer Tradition wie auch Jean Pauls Geniedoktrin oder seine Vorstellung vom Idealmenschen als der regulativen Idee seiner Erziehlehre: »Sollte man übrigens den Preis- und Ideal-Menschen in Worte übersetzen: so könnte man etwan sagen, er sei das harmonische Maximum aller individuellen Anlagen zusammengenommen.«[80]

Die für die Geschichte der Aufklärung in Deutschland konstitutive rhetorische Überlieferung erschließt überhaupt erst die besondere Konstellation der Werke; von der philosophischen Kritik bis hin zum Unterhaltungsroman der Karoline von Wobeser (»Elisa, oder das Weib, wie es sein wollte«) gibt sie die Gestalt der Erziehung wieder, die die Humanisierung des Bürgers vollenden sollte.

Zum wichtigsten Ort dieser Erziehung wurden Schule und Universität. Mit seinem »Grund-Riß zu einer Vernunftmäßigen Rede-Kunst« hatte Gottsched ein oratorisches Schulbuch geschrieben, das im Unterricht der deutschen Sprache an den Lateinschulen für Jahrzehnte seinen festen Platz hatte und maßgeblich daran beteiligt war, die »teutsche Oratorie« gleichberechtigt neben der lateinischen Rhetorik im Lehrplan zu etablieren. Das methodische Hauptprinzip ist die *imitatio,* die Nachahmung der großen klassischen Vorbilder, doch schon Hallbauer wird an dieser mechanischen Übertragung des rhetorischen *imitatio*-Gedankens auf den Sprachunterricht der Kinder Kritik üben. Seit etwa Mitte der dreißiger Jahre ist daher ein realistischer Zug in der Unterrichtsmethode zu beobachten, die sich mehr und mehr an die natürliche Gesetzmäßigkeit der menschlichen Entwicklung anschließt, kulminierend in Pestalozzis Methode: »Mir scheint es jetzt, die Methode ruhe wesentlich auf der Organisation einer Reihenfolge von Kunstmitteln, die Naturanlagen des menschlichen Geists allgemein und harmonisch zu entwickeln, und ihr Eigentümliches bestehe wesentlich darin, *den Gebrauch aller Kunstmittel im Unterricht,* die nicht immediate Folgen unserer noch ungebildeten Naturanlagen, sondern spätere Resultate ihrer durch die Kunst gebildeten Kräfte sind, allgemein und solang *hinauszusetzen und zu verspäten,* bis die Naturanlagen, die diesen Kunstmitteln zum Grund liegen, an sich selbst auf den Punkt gebracht und entwickelt worden, auf welchem sie sich einfach, leicht und harmonisch an die künstlichen Unterrichtsmittel anschließen.«[81] Beginnend schon früh, mit Johann Jakob Schatz' »Kurtze und Vernunftmäßige Anweisung zur Oratorie oder Beredsamkeit« (1734), setzt sich in der Aufklärung eine realistische Lehrart durch, die aber nicht etwa die Rhetorik verdrängt, sondern ihr nur methodisch einen anderen Platz und eine veränderte Funktion zuweist. Denn wenn der Unterricht, wie es später Pestalozzi formulierte, immer von einem »Anschauungsfundament«[82] ausgehen soll, muß die Grammatik auf der sinnlich-praktischen Sprachübung und die Rhetorik auf der empirisch ausgerichteten stilistischen Erfahrung, auf *exempla* und *imitatio* beruhen.[83] »Wenn man die Schönheiten eines Schriftstellers erklären will, so muß man unter der Hand manche Regel miteinstreuen, die man aus der Aesthetik, Rede- und Dichtkunst, die dem Lehrer genau bekannt seyn müßen entlehnt hat. Erleutert man nun diese Regeln, so wie es die Gelegenheit giebt, wieder mit andern Beispielen, die aus deutschen Schriftstellern genommen sind, welche bereits mit dem jungen Menschen gelesen worden sind, so ist es ganz natürlich, daß er nach und nach die wichtigsten Regeln der Schreibart und ihrer mancherlei Gattungen auf eine sinnliche Art aus Beispielen gleichsam spielend erlernt.«[84]

Neben dem Geschmack soll die Lektüre aber auch Vernunft und Verstand bilden und die Kenntnisse vermehren. Praktische Übungen, also Aufsätze, Reden, auch poetische Produktionen, treten hinzu, so daß die Rhetorik nicht nur zur allgemeinen muttersprachlichen Unterweisung, sondern auch zur Vervollkommnung des schriftlichen und mündlichen Ausdrucks diente. Ihr Ziel war ganz praktisch bestimmt, die Gymnasiasten sollten lernen, in der Geselligkeit und im Geschäftsleben, zu Hause und im Kontor ihren Mann zu stehen. Zu den Übungen gehörten Formulare, Briefe, Erzählungen und Aufsätze mit beruflichen Absichten. Diese Orientierung wird bei den Reformpädagogen besonders deutlich. In Basedows »Elementarwerk« (1774) zählt die »Wohlredenheit« in der deutschen Sprache zu den wichtigsten Bildungsaufgaben; musterhaftes Lesen, *imitatio* der Vorbilder, mündliches Vortragen, das Schreiben von Erzählungen und Abhandlungen gehören zum Kernbestand des Unterrichts. Dabei setzt man je nach dem Alter der Kinder an ihrem jeweiligen Erfahrungsbereich an und steigert die Gegenstände bis hin zu den öffentlichen Geschäften, für welche alle diese Fertigkeiten erworben werden. Im gesamten Schulsystem des 18. Jahrhunderts war die Rhetorik also fest verankert, und vor allem der Sprachunterricht (der noch Mitte des 19. Jahrhunderts nach der Württembergischen Schulordnung zwei Drittel des Gesamtunterrichts an den Gymnasien ausmachte)[85] war ihre Domäne auch noch im folgenden Jahrhundert.

Auf den Universitäten gehörte die Rhetorik zum Kollegium der Artisten, also der nach den Theologen, Juristen und Medizinern vierten Fakultät: ihr gehörten nach traditionellem Verständnis die Lehrer der sieben freien Künste an. Ihre Aufgabe beschränkte sich im wesentlichen darauf, die für das Studium in einer der höheren Fachwissenschaften nötige Vorbildung zu vermitteln, sie durften nur Magister ernennen, während die drei obern Fakultäten zum Doktor promovieren konnten. »Nachhilfeunterricht für die Zukurzgekommenen, das war die *eine* Aufgabe jener vierten und letzten [Fakultät], die in einem jahrhundertelangen Kampf gegen die großen drei einen Sieg nach dem andern errangen und dennoch an ihrem Hansentisch blieben. Sie gewannen sehr früh schon die Ehe-Erlaubnis [...]; sie verbesserten im Konzil die Abstimmungs-Modalitäten zu ihren Gunsten; sie machten der Bevormundung durch die Visitations-Fakultäten, der Theologen und Mediziner, ein Ende; aber sie behielten ihre abgetrennten Sitze im Senat, das Zeichen eines minderen Ranges. Während die Theologen den Kanzler stellten, die Juristen sich Herzogliche Räte nannten, die Mediziner als oberste Gesundheitsbeamte fungierten, waren die Philologen Knaben-Erzieher im Dienst der drei großen.«[86] Freilich änderte sich dieser Zustand im Laufe des 18. Jahrhunderts bedeutend. Die artistischen Wissenschaften gewannen von zwei Seiten her den bedeutsamsten Einfluß auf die Universitäten des 18. Jahrhunderts: indem besonders Philosophie und Rhetorik die oberen Fakultäten, vor allem natürlich Theologie und Jurisprudenz, von innen her zu beherrschen begannen und die Aufklärung derart zum Siege führten: Der Jurist Thomasius in Leipzig und Halle ist ein frühes Paradebeispiel, und Gottsched kann unter seinen Musterreden sogar eine mit dem Titel »Ein Jurist muß ein Philosoph

seyn« aufführen[87]; und indem von der Artistenfakultät die entscheidende geistige
Bewegung der Epoche ausging: die Leibniz-Wolffsche Philosophie. Halle und Leipzig wurden im Zuge ihres Siegeszuges die führenden Universitäten der Aufklärung,
doch auch die anderen Hochschulen wurden von den herausragenden Vertretern der
Wolffschen Philosophie beherrscht. In Halle lehrten Georg Friedrich Meier und
später Johann August Eberhard, in Göttingen Feder, Heumann und Meiners, in Ro-
stock Eschenbach und Tetens, in Kiel Martin Ehlers, in Wittenberg Hollmann und
Baumeister. Kaum nötig, an Gottscheds Wirken in Leipzig zu erinnern, wo Christian Friedrich Schmid und Gellert, Garve und Platner lehrten. Viele von ihnen gehören mindestens ebenso in die Geschichte der Rhetorik wie in die der Philosophie,
eine Personalunion, die nun noch einmal von anderer Seite die enge Verbindung
von Aufklärung und Beredsamkeit demonstriert.

7. Die Beredsamkeit nach ihren wichtigsten Gattungen

Verstand man im 17. Jahrhundert im allgemeinen unter *rhetorica* die rhetorische
Theorie, während die Redepraxis als *eloquentia* oder *oratoria* bezeichnet wurde, bür-
gerte sich nach der anfänglichen Identifizierung von »Oratorie« und Redekunst im
18. Jahrhundert mehr und mehr der Gebrauch von »Redekunst« für die rhetorische
Theorie und von »Beredsamkeit« für die rhetorische Praxis ein; »Wohlredenheit«
bezeichnet dagegen eine besondere Stilqualität: »Die Wohlredenheit drückt nach
dem Klange des Wortes nichts weiter aus, als eine Fertigkeit wohl, das ist zierlich,
und anmuthig zu reden, oder zu schreiben. Sie besteht also fast gänzlich in einer
guten Schreibart, oder in vernünftigen und wohl ausgedrückten Gedanken.«[88]
　　Zusammenfassend gilt: auch für das 18. Jahrhundert gehören *rhetorica docens*
und *rhetorica utens,* Theorie und Praxis der Beredsamkeit, zusammen und strukturieren die Lehrbücher, die – wie etwa Gottscheds »Allgemeine Redekunst« – auf die
theoretische Darlegung die praktische Übung folgen lassen. Deren Themen nun
richten sich nach den verschiedenen Redegattungen, deren Zahl in den meisten
Fällen allerdings nicht mehr der aristotelischen Trias von Gerichtsrede, politischer
Rede und Festrede folgt, sondern oft eine Vielzahl von Redegegenständen und damit Redegattungen aufführt. Fabricius begnügt sich mit fünf Redegattungen: Reden
im gemeinen Leben, Schulreden, politische Reden, juristische Reden und geistliche
Reden. Hallbauer nennt fünfzehn Möglichkeiten: »In Absicht der Materien kann
man ihn gar vielfältig eintheilen 1), z. E. in den Gespräch- 2), und Briefstilum 3),
in den historischen 4), gelehrten 5), philosophischen 6), theologischen 7), juristischen 8), medicinischen 9), galanten 10), lächerlichen 11), satyrischen 12), in de-
clamatorium 13), den poetischen 14), und theatralischen 15).«[89] Gottsched behandelt die »bey uns gewöhnlichen Arten der Reden« nur im Übungsteil seiner
»Ausführlichen Rede-Kunst« und unterscheidet zwei Hauptgruppen, die größeren
und die kleineren Reden: »Zu den ersten gehören die Lobreden und Parentationen
auf grosse Herren, auf Helden, Staatsleute, große Gelehrte u. d. gl. Ferner folgen
die academischen Reden der Lehrer und Lernenden. Darauf folgen die Kanzelreden
und Predigten, imgleichen allerley andre kleine Reden eines Geistlichen im Beicht-
stuhle, beym Krankenbette u.s.w. Weiter kommen die Reden, so zur Uebung gehalten werden, wenn man noch nicht Gelegenheit hat, öffentlich aufzutreten. Nun

kommen die kleinen Leichabdankungen und Standreden, die Anwerbungs- und Be-
antwortungsreden, die Hochzeit und Strohkranzreden. Endlich werden wir auch die
Hofreden, die bey Landtagen, Gesandtschaften, Vorstellungen, Huldigungen und
Krönungen, Grundlegungen zu neuen Gebäuden, und Einweihungen neuer Acade-
mien u. d. gl. vorzukommen pflegen, mitnehmen.«[90] Eschenburg, um noch ein
spätes Beispiel zu nennen, erörtert in seiner Rhetorik nacheinander die folgenden
Schreibarten: Schreibart der Briefe, Dialogische Schreibart, Dogmatische Schreibart,
Historische Schreibart (unterteilt in Charaktere – Biographie – Romane – Historie),
zuletzt die »Rednerische Schreibart« im »engern Verstande«, die wiederum in politische Reden und Kanzelreden untergliedert ist.

Eine feststehende Gattungseinteilung hat sich im Laufe des Jahrhunderts nicht
ausgebildet, jeder Autor legt sich die vielfältigen Möglichkeiten seinen Absichten
gemäß zurecht, nicht einmal über den Einteilungsgrund herrscht Einigkeit: So regelt Andreas Hallbauer die Redegattungen im Kapitel über den »teutschen stilum«,
unterscheidet also nach der »ganzen Form«[91], nicht den Redegegenständen entsprechend. Überblickt man die neben den drei antiken Redegattungen wichtigsten
und teilweise selbständig ausgebildeten Arten, so lassen sie sich in abermals drei Abteilungen gliedern: die geistliche Rede oder Homiletik und die Briefstellerei, die
beide schon ihre selbständige Geschichte aufweisen, schließlich die rhetorische
Kunstprosa oder Essayistik, die so recht eine Errungenschaft der auf die Popularisierung und Ästhetisierung des Wissens gerichteten Aufklärung ist.

Wenn auch die Gerichtsrede, für die Antike der ausgezeichnete, die beiden anderen Redearten überragende Musterfall der Rhetorik, in den meisten Lehrbüchern
des 18. Jahrhunderts noch berücksichtigt und mehr oder weniger ausführlich erörtert wird, kann an ihrer untergeordneten Rolle kein Zweifel bestehen. Während sich
in England und Frankreich die gerichtliche neben der politischen Redekunst sehr
differenziert entwickelte, blieb sie in Deutschland und Österreich auf den schriftlichen Bereich beschränkt, da das Gerichtsverfahren in beiden Ländern das ganze
Jahrhundert hindurch vorwiegend geheim war und schriftlich abgewickelt wurde.
Gerade auf ihrem Paradefeld, dem Strafverfahren, hatte die Gerichtsrede keinen
Platz, ein mündliches Hauptverfahren wurde erst in der ersten Hälfte des 19. Jahrhunderts nach französischem Vorbild im Rheinland, später in Baden geübt.[92]
Kein Wunder, daß Hallbauer im Kapitel »Von den teutschen Reden« die Gerichtsreden nicht berücksichtigt und den juristischen Gegenstand nur aufführt bei den
Briefen, ihnen auch da nicht einmal ein eigenes Kapitel widmet und sie im übrigen
nur unter stilistischen Gesichtspunkten größerer Beachtung für würdig hält: »Der
juristische *stilus* ist eine Schreib-Art, welche in Canzeleyen, in Gerichts*collegiis* und
von *practicis iuris* gebraucht wird [...]. Der eigentliche juristische *stilus* ist derjenige,
dessen sich die Advocaten in rechtlichen Sachen bedienen. Der *stilus iuris publici*
wird gebraucht in Sachen, die das gemeine Recht und den Staat betreffen, daher er
auch wol der Staats*stilus* genennet wird. Es hat Herr D. Glafey vor, etwas *de stilo
publico* heraus zu gegeben. Siehe *Antonii Fabri electa iurcs publici*. Der *Canzeley-sti-
lus* ist der, dessen man sich in Canzeleyen, Regierungen und andern *collegiis* bedie-
net zu Abfassung der Befehle, Bescheide, Urthel, usw. Der *Cammer-stilus* ist in
Rescripten und Verordnungen, welche die Oeconomie und das Cammer-Interesse
betreffen, üblich. Der *Curial-stilus, stilus curiae* ist eine Schreib-Art, welche von
Fürsten, oder diesen gleichen Personen, oder auch von Canzeleyen und *collegiis* im

Namen der hohen Obrigkeit gebraucht wird. Vor allem wird erfordert, daß man die einmal eingeführten Titel und Ceremonien genau beobachte: weil aber dabey wol an allen Höfen was besonders vorfällt; so kommt alles darauf an, daß ein Secretarius sich sorgfältig erkundige, was an dem Hofe Herkommens ist, an welchem er beför- dert wird, und wie derselbe gegen andere in Titeln und Ceremonien sich verhalte, was vor Vorzüge er für andern habe, oder was für Submißion er gegen andere brau- che. Es ist dieses das allerdelicateste, dabey ein Secretarius, der nicht vorsichtig ge- nug ist, leicht fehlen kann.«[93]

Gottsched gar berührt das *genus iudicale* nur im Kapitel über Schul- und Univer- sitätsreden, während er den Hof- und Staatsreden immerhin eigene Ausführungen widmet. Dafür hat er sich immer wieder mit der spezifisch deutschen Form der juri- stischen Rede auseinandergesetzt, dem bereits im 17. Jahrhundert voll ausgebildeten und auch noch das 18. Jahrhundert vorherrschenden Kanzlei- oder Amtsstil mit sei- ner Steifheit, Geziertheit, Umständlichkeit, mit seinen übermäßigen Verknüpfungen und abgedroschenen Konjunktionen, der Fremdwörterhäufung und dem unterwürfi- gen Ton. Im 27. Blatt des »Biedermann« läßt er einen Kritiker des Kanzleistils auf- treten: »Ich setze zum voraus, meine Herren, daß eine gute Schreibart rein, regelmä- ßig, üblich und deutlich seyn müsse: und daß hergegen eine unreine, unrichtige, altväterische und unverständliche Art des Ausdruckes vor verwerflich zu halten sey. Wenn man mir dieses zugiebt, wie ich nicht anders vermuthe; so ist es leicht zu zei- gen, daß der eingeführte Juristische oder Hof- und Canzelley-Stilus, an allen vier er- wehnten Tugenden der guten Schreibart einen grossen Mangel habe. Er ist nicht rein: theils weil er nothwendig eine Vermischung, zweyer oder mehrerer Sprachen erfordert, und weil man sich gar nicht bemühet, die durch den Schlendrian einmal angenommenen Formeln in seiner Muttersprache auszudrücken, obgleich solches bißweilen gantz leicht angehet. Er ist nicht regelmäßig, weil er alle Gedancken durcheinander wirfft, die doch billig gantz besondre Sätze hätten ausmachen sollen: wie uns die Vernunfft- und Sprach-Lehre solches vorschreibet. In einer Juristischen Schrifft wird der Eingang, Vortrag, Beweis und Einwurff, ja die Wiederlegung samt allen Einschränkungen und Bedingungen, und endlich auch der Beschluß, ohne alle Abtheilung der Perioden in einen Zusammenhang gebracht, daß man sie gleich- sam in einem Athem durchlesen muß, und nirgends ausruhen kan: welches vor eine augenscheinliche Unrichtigkeit der Schreibart zu halten ist. Man lese nur die soge- nannten Acten in einer Rechts-Sache: so wird man zuweilen etliche Blätter um- kehren müssen, ehe ein eintzigmal der Verstand einer Rede aus ist, und durch ei- nen Punct beschlossen wird. Er ist zum dritten altväterisch: und zwar wegen der vielen verlegenen Verbinds-Wörter, altfränckischen Redensarten, und seltsamen Formeln, die längst aus den Unterredungen der artigen Welt verbannet worden; auf den Rathhäusern hergegen, als was heiliges beybehalten werden. Der Canzel- ley-Stilus ist endlich auch undeutlich; weil die Vermischung der drey vorigen Feh- ler unmöglich was anders, als ein unverständliches Wesen nach sich ziehen kan. Ich sahe neulich in einer Gerichts-Stube einen wackern Landmann, der, wie es schien, ein Pachter eines ansehnlichen Ritter-Gutes war. Er wollte die Verabschie- dung seiner Rechts-Sache, von den Schreibern desjenigen Gerichte, wohin er ge- höret, auslösen. Man laß ihm sein Urtheil vor; er nahm es hernach selbst und laß es zum andernmal begierig durch: doch es war ihm unmöglich, den Sinn und Ver- stand davon zu begreifen. Er trat deßwegen wieder zu dem Canzelley-Bedienten, der ihm dieselbe zugestellet hatte, und sprach: Mein Herr, was ist denn nun die Meynung? Französisch und Lateinisch verstehe ich nicht; aber Deutsch verstehe ich wohl. Worüber ich mich des Lachens unmöglich enthalten konnte.«[94] Gottscheds Stilkritik hat zwar auf die Dauer nicht mehr als eine gewisse Mäßigung bewirkt, vor allem aber den Einfluß des Kanzleistils auf die Prosaliteratur, wie man ihn von Christian Thomasius bis Johann Gottfried Schnabel immer wieder findet, zurückgedrängt und damit der deutschen Literatursprache eine weitere Schranke beiseite geräumt.

Eine politische Rede im Sinne von Parlamentsrede, Rede vor der Volksversammlung konnte es im Deutschland des 18. Jahrhunderts noch weniger geben als die Gerichtsrede; die ritualisierte höfische Beredsamkeit lieferte dafür – auch stilistisch – keinen Ersatz. So traktieren die Rhetoriken statt dessen »Huldigungs-Reichs-Kriegs-Land-Stifts-tags-reden« (Hallbauer)[95] oder schlicht, wie Gottsched, Hof- und Staatsreden, wobei die beiden Exempel dazu für sich selbst sprechen: »Huldigungsrede an den Churfürsten von Sachsen« und »Huldigungsrede an dessen Gevollmächtigte«. Dennoch besaß die politische Beredsamkeit ihre Domäne, wenn auch keine Rostra darin vorgesehen war: und zwar in der kritischen politischen Literatur der Aufklärung, die von den Moralischen Wochenschriften bis zur Satire (Jean Paul: Grönländische Prozesse, 1783/84), von Schubarts »Teutscher Chronik« bis zu Wielands oder Knigges politischen Schriften reicht, die »moralische Anstalt« der Bühne ebenso umfaßte wie die Flugblattliteratur im Gefolge der Französischen Revolution; natürlich muß auch die ganze jakobinische Publizistik in Deutschland dazugerechnet werden. Eine politische Prosa, die mit allen rhetorischen Mitteln arbeitete, bürgerliche Propagandaliteratur, die aufklären, aber auch Haß und Abscheu, Trotz und Widerstandsgeist wecken sollte; selten wird sie so ausdrücklich reflektiert wie in Knigges Essay »Über Schriftsteller und Schriftstellerey«: »Schriftstellerey ist also öffentliche Mittheilung der Gedanken; gedruckte Unterhaltung; laute Rede, an Jeden im Publico gerichtet, der sie hören will; Gespräch mit der Lesewelt; und aus diesem Gesichtspunkte betrachtet, können wir die Rechte und Pflichten der Schriftsteller bestimmen.«[96]

Die Festrede, das *genus demonstrativum,* deren Gegenstand Lob oder Tadel einer Person oder Sache ist, wird in den Rhetoriken des 18. Jahrhunderts in mannigfachen Arten beschrieben. »Lob-Reden 1) werden auf hohe Personen 2) in einem hohen und scharfsinnigen stilo geschrieben 3) und müssen also auch hohe und auserlesene Sache vortragen 4).«[97] So Hallbauer. Gottsched begründet im entsprechenden Kapitel seiner »Ausführlichen Redekunst« den hohen Rang, den er dieser Gattung einräumt: »Zuerst nehme ich die grossen Lobreden vor, die auf grosse Herren, Helden, Staatsbediente, und andre hochverdiente Männer, sowohl bey ihrem Leben, als nach ihrem Tode gehalten zu werden pflegen. Ich setze aber dieselben nicht ihrer Leichtigkeit halber voran: Sondern darum, weil sie dasjenige sind, worinn ein Redner ein rechtes Meisterstück seiner Kunst ablegen kann.«[98]

An besonderen Regeln empfiehlt er, die Einleitung dem Redeanlaß (Festtag o. ä.) zu entnehmen, den Hauptsatz des Lobes schlicht und ohne Übertreibung zu nennen, zur Erklärung den Lebenslauf zu erzählen, die Beweise aus Leben, Tugenden und Taten zu beziehen, die Affekte der Ehrfurcht und Bewunderung (oder Trauer bei Leichenreden) zu erregen und »daß die Schreibart darinnen die edelste und erhabenste seyn muß, die nur ein Redner in seiner Gewalt hat«[99]. Lindner weist lediglich darauf hin, daß für Reden dieser Art die »allgemeinen Regeln des Stils und der Beredsamkeit« zu berücksichtigen seien. »Man bringe sie am rechten Ort und mit Klugheit an, als in Lobreden mehr starke Gedanken, ausgebreitetere Gemälde, Flug in Figuren, Pracht in Ausdrücken, doch alles mit Wahl und Geschmack.«[100] Die Festrede ist für die meisten Rhetoriker zum eigentlichen Paradigma ihrer Kunst geworden, und wenn dieser Wechsel auch gewiß eine Folge der sozialen und politischen Verhältnisse in Deutschland und lange vorbereitet war, darf man ihn doch nicht nur, was naheliegt, aus der Perspektive der Machtlosigkeit und Handlungshemmung des bürgerlichen Intellektuellen bewerten. Die Lobrede und alle ihre Unterarten (Glückwunsch-, Empfangs- und Willkommensreden, Vermählungs- und Geburtstagsreden, Kondolenz- und Trauerreden, Stand- und Personalreden) eröffneten der Literatur im privaten bürgerlichen Leben ebenso wie bei Staatsakten, in der Literatur und in der Philosophie ein Betätigungsfeld, wie man es sich umfassender gar nicht vorstellen kann. Es wurde neben den Bildungsinstitutionen zum Hauptgrund, worin die rhetorische Überlieferung verankert und an eine neue Zeit weitergereicht werden konnte. Zweifellos ist es deshalb auch der Rhetorik zu verdanken, wenn die deutsche Literatur innerhalb nur weniger Jahrzehnte die Höhe erreichen konnte, die Wielands Werk beispielhaft repräsentiert. Er war es auch, der das Rezept dazu früh schon seinen Schülern verraten hat: »Seit dem Untergang der alten Republiken haben beynahe alle schönen Künste ihren ehemaligen Glanz verloren, und ob es gleich von Zeit zu Zeit große Meister in denselben gegeben hat, so ist doch gewiß, daß sie bey Weitem nicht mehr in einem so allgemeinen Ansehen stehen, daß sie nicht mehr unentbehrlich sind, und es deswegen an Institutis mangelt, wodurch selbige befördert werden könnten. Es bleibt daher einem, der ein Redner zu werden verlangte, außer seinem eigenen Fleiß, wenig Hilfe übrig. Er muß zuvorderst die Schriften, die uns von den alten Rhetoribus übrig geblieben sind, studieren, und sich daraus die Reglen der Kunst sammeln. Hierauf muß er ein eignes und langwieriges Studium von den besten Oratoribus machen, er muß die Reden derselben analysieren, um zu sehen, wie die Invention und Disposition darin beschaffen sey. Er muß auf die Wendungen acht geben, mit welchen sie ihre Gedanken ausgedruckt haben; am meisten aber auf die Kunstgriffe, wodurch sie die Affecten der Zuhörer zu ihrem Vortheil erreget und ihren Beweggründen den gehörigen Nachdruck gegeben haben. Während dieser Arbeit muß man sich beständig üben, selbst bald Erzählungen, bald orationes moratas, bald pathetische Reden und endlich würkliche Declamationen, Plaidoyen und dergleichen aufzusetzen.«[101] Die Rhetorik ist die Schule der deutschen Literatur im 18. Jahrhundert – der Satz gilt bis Lessing und Jean Paul, Friedrich Schiller und selbst Goethe, der sich sowenig ins Handwerk sehen lassen wollte, daß er alles Handwerkliche vorsichtshalber verpönte. Und er gilt buchstäblich für eine ganze literarische Gattung, die von der Rhetorik überhaupt geschaffen und in Deutschland durchgesetzt wurde: für die Kunstprosa, den Essay.

Frankreich (Montaigne) und England (Bacon) waren der deutschen Literatur auch auf diesem Felde voraus. »Die fruchtbarste und natürlichste Übung unseres Geistes ist, nach meinem Geschmack, das Gespräch«, so beginnt Montaigne seinen Essay »Von der Kunst des Gesprächs«. Begründung: »Das Bücherstudium ist eine träge und matte Anregung, bei der man nicht warm wird, während das Gespräch Belehrung und Übung zugleich ist.«[102] Aus dem Gespräch ist der Essay hervorgegangen, und dialogisch ist seine Form geblieben, Montaigne verlangt sie von jedem Schriftsteller, der ihn fesseln soll: »Es liegt mir im Blut, ebenso sehr auf die Form zu sehen wie auf den Inhalt, ebenso sehr auf den Fürsprecher wie auf seine Sache.«[103] Die deutschen Schriftsteller sind ihm darin gefolgt, denn der dialogische Essay, die rhetorische Kunstprosa, war vorzüglich dazu geeignet, die Wissenschaften wieder das Sprechen zu lehren und damit Aufklärung im ganzen bürgerlichen Stand zu verbreiten. »Der Nutzen der Redekunst ist in Absicht auf die Cultur der Schreibart allgemein«, erklärte Lindner kurz und prägnant.[104]

Unter dem Einfluß der Rhetorik entwickelt sich damit auch ein für Deutschland neuer Schriftstellertypus, denn der aufklärerische Diskurs beruht auf der Einheit von Sprechen, Erklären und Wissen mit dem Ziel des Handelns und entspricht damit genau der rhetorischen Theorie der Literatur, in der sich Wissen und Sprache wechselseitig bedingen und praktisch geworden die soziale Ordnung stiften.

»Diese Regeln«, so hatte bereits Christian Thomasius 1710 seinen »Kurtzen Entwurf der Politischen Klugheit« eröffnet, »sind nicht zum disputiren/peroriren oder speculiren / sondern zur praxi geschrieben«[105]. Diese Praxis bedeutet gesellige, soziale Tätigkeit, und Thomasius schließt sich damit, wie die gesamte Aufklärung, der Aristotelischen Lehre an, die den Menschen als *zoon logon echon* bestimmte, als mit *logos* begabtes Wesen, wobei *logos* die Einheit von Sprache und Vernunft bezeichnet. Im ersten Paragraphen des 5. Kapitels seiner »Politischen Klugheit« definiert Thomasius: »Der Mensch ist ein zahmes und geselliges / nicht aber ein wildes noch zur Einsamkeit geschaffenes Thier. Der Grund aller Gesellschafften ist die *Conversation.*«[106] Vielzitiertes Vorbild ist Platon. So schreibt Christian Heinrich Schmid (1746–1800) in seiner durchgängig rhetorischen »Theorie der Poesie« (1767): »Durch ihn, unsern Plato, ward zuerst die dürftige Philosophie, die bey aller ihrer Gründlichkeit sich immer noch nicht aus den Schulen in die feinere Welt wagen durfte, mit dem Überflusse der schönen Wissenschaften vermählt«[107]. Im selben Jahr erscheint Moses Mendelssohns »Phädon« mit dem berühmten Einleitungsessay »Charakter des Sokrates«, in welchem der Autor die Vorzüge des sokratischen Gesprächs rühmt, die er vor allem darin sieht, »daß man von Frage zu Frage, ohne sonderliche Anstrengung ihm folgen konnte, ganz unvermerkt aber sich am Ziele sah, und die Wahrheit nicht gelernet, sondern selbst erfunden zu haben glaubte«[108]. Späteren wird dieser Dialog zum vorbildlichen Muster der Gesprächskunst. »Man kan den Gesprächsstil«, so meint 1772 Johann Gotthelf Lindner im zweiten Teil seines »Kurzen Inbegriffs der Aesthetik, Redekunst und Dichtkunst«, »wegen der unterhaltenden Lebhaftigkeit zu allem anwenden. Man lese die Dialogen des Sokrates im Plato, Plutarchs Gastmahl, u. a. m. Wielands letzte Gespr. des Sokrates, Vernets sokrat. Dialogen, Moses Mendelssohns Phädon, Sulzer über die Schönheit der Natur, Baile zwischen Arist. und Eugen, Bonhours Kunst witzig zu denken, la Physique du Beau, Boileaus sat. Gespr. über die Ritterromanen«[109]. In seinem »Philosophen für die Welt« ist das Gespräch Engels meistbenutzte Form, unterhaltend zu unterrichten, ob nun über das Verhältnis von Schönheit und Weisheit (in einem Disput unter den olympischen Göttern), des Schriftstellers zu seinem Kritiker oder »Über die Bestimmung zum Tode«, worüber sich zwei Freunde unterhalten.[110] Das Ideal des gebildeten philosophischen Gesprächs preist Knigge in seiner Abhandlung »Über den Umgang mit Menschen« (1788) als den Höhepunkt aller Geselligkeit, und von Eschenburg bis Sulzer, Garve und Eberhard ist es immer wieder das gleiche Argument, mit dem diese Hochschätzung begründet wird: die Wahrheiten werden nicht allein gelehrt, sondern auch »fühlbar gemacht«, wie es Friedrich von Blankenburg (1744–1796) unter Hinweis auf Sulzer in seinen »Literarischen Zusätzen zu J. G. Sulzers Allgemeiner Theorie der schönen Künste« (1796–98) erläutert.[111] In seinem großen Essay »Über Gesellschaft und Einsamkeit« (1797) wird Garve (1742–1798) die Bedeutung, die das Gespräch für die popularphilosophische Aufklärung besaß, noch einmal zusammenfassend begründen. Gleich eingangs erinnert er daran, daß die lebendige Rede vor der Erfindung der Schreibekunst einziger Lehrmeister der Menschen gewesen sei. »Selbst da, in etwas spätern Zeiten, die eigentliche Wissenschaft oder die Philosophie entstand: erschien sie zuerst nur unter der Gestalt einer gesellschaftlichen Unterhaltung. Für die Vernunft hatten die Griechen keinen andern Nahmen, als den der Rede; wissenschaftliche Untersuchungen anstellen hieß bey ihnen, sich über die Gegenstände derselben unterreden; und zu Folge ihres ältesten Nahmens ist die Logik nichts anders, als die Kunst eines gelehrten Gesprächs«[112]. Garve begründet nun die Aktualität des Gesprächs für die Aufklärung mit den »Vorzüge[n] des gesellschaftlichen Unterrichts«: »Das was man im Gespräche lernt, hat auch gleich die Form und den Ausdruck, in welchen es sich am leichtesten wieder an andre im Gespräche mittheilen läßt.«[113] Das Gespräch ist das wichtigste Medium, mit dem die Gesellschaft »auf Bildung des Verstandes und Herzens« Einfluß nimmt[114], und es bleibt daher »ewig die Quelle des solidesten, reinsten und größten Vergnügens, welches der menschliche Umgang gewährt«[115].

Neben dem Dialog ist folgerichtig der Brief eine der beliebtesten Darstellungsformen. Eschenburg definiert beispielhaft: »Ein Brief ist eigentlich nichts anders, als die schriftliche Rede einer Person an eine andre von ihr abwesende Person gerichtet, und vertritt die Stelle der mündlichen Rede, die man an diese Person richten würde, wenn sie anwesend wäre. Der Briefwechsel ist folglich eine schriftliche Unterredung abwesender Personen.«[116] Er wird zu einer Unterredung zwischen Schriftsteller und Leser, wenn diesem die Rolle des Adressaten zufällt, da die Antwortbriefe ausgespart werden. Damit wird der Brief, ehemals Dokument und Zeugnis, zum didaktischen Kunstgriff, in dem die Wirkungsabsicht der aufklärerischen popularphilosophischen Prosa besonders deutlich zum Ausdruck kommt: den Leser in ein erhellendes Gespräch zu verwickeln, ihn zum aktiven Mitdenken zu bewegen, ihn derart zum »Selbstdenker« zu machen, wie das Sokrates, auch darin das große Vorbild, bezweckt hatte.

Für Gottsched war die Briefstellerei ein Sonderfall der Rhetorik und benötigte keine eigenen Regeln. Während er noch im »Grundriß zu einer Vernunfftmäßigen Redekunst« dem Brief eine besondere Erörterung widmet, wird er in der »Ausführlichen Redekunst« nur beiläufig als Exempel zitiert.[117] Diese implizite Behandlung entspricht der antiken Überlieferung; hinzu kam, daß Gottsched in den am Kanzleistil orientierten Briefstellern des 17. Jahrhunderts ebensowenig Gefallen finden konnte wie an der galanten Briefstil-Lehre August Bohses (Talander) oder Christian Friedrich Hunolds (Menantes), da war nichts zu verbessern, sondern allenfalls auf neuer Grundlage etwas Neues zu schaffen. Im übrigen empfahl er Benjamin Neukirchs (1655–1729) »Anweisung zu Teutschen Briefen« (1709), in welcher er schon manche seiner stilistischen Vorstellungen vorweggenommen sah. Wenn also seine rhetorischen Lehrschriften in der Geschichte der Epistolographie auch nur indirekt wirkten, ist ihr Einfluß für eine Neubestimmung des Briefstils entscheidend geworden. Vernünftige, regelmäßige Schreibart, Abstimmung der Stilhöhe auf den ständischen Rang des Adressaten, zwanglose Natürlichkeit, Deutlichkeit, Lebhaftigkeit, das sind die Forderungen, mit denen die späteren Briefsteller, also etwa Johann Christoph Stockhausen (1725–1784), Johann Wilhelm Schaubert (1720–1751) und – allen voran – Christian Fürchtegott Gellert (1715–1769), die Kultivierung des brieflichen Ausdrucks im 18. Jahrhundert vollendeten. »Ich will einmal setzen, ein guter Brief muß natürlich, deutlich, lebhaft, und nach der Absicht der Sache überzeugend geschrieben seyn. Wird nun wohl ein Insinuationsbrief eine andre Regel, als ein galanter, ein Freundschaftsbrief eine andere als ein vertrautes und geschäftliches Schreiben erfordern? [...] Wer gut schreiben will, der muß gut von einer Sache denken können. Wer seine Gedanken gut ausdrücken will, muß die Sprache in der Gewalt haben. Das Denken lehren uns alle Briefsteller nicht. Eine geübte Vernunft, eine lebhafte Vorstellungskraft, eine Kenntniß der Dinge, wovon man reden will, richten hier das meiste aus.«[118] Mehr als auf die Theorie, auf feste Regeln und Muster setzt Gellert auf *imitatio* und praktische Übung. Die Analyse von guten und schlechten Beispielen (wie er sie in seiner »Praktischen Abhandlung von dem guten Geschmacke in Briefen« – 1751 – vorexerziert) und die bewußte Nachahmung der großen Vorbilder (er nennt etwa Cicero, Plinius, Seneca), das sind die besten Wege zu guten Briefen. Oberste Maxime freilich: der Brief vertritt »die Stelle einer mündlichen Rede, und deswegen muß er sich der Art zu denken, die in Gesprächen herrscht, mehr nähern, als einer sorgfältigen und geputzten Schreibart.«[119]

Soweit wie Gellert in der Forderung nach einem natürlichen, doch weiterer Regeln nicht bedürftigen Briefstil mochte kaum einer der späteren Theoretiker gehen, die Bedürfnisse des Alltags und die überlieferten Briefkonventionen erwiesen sich insgesamt als stärker. Auch in den Rhetorik-Lehrbüchern findet man später meist wieder differenziert entfaltete Briefstil-Lehren. Ein Seitenblick zum Beispiel auf Lindners »Kurzen Inbegriff der Rhetorik und Poetik«: im Kapitel »Von Briefen und dem Briefstil« werden nicht nur allgemeine stilistische Merkmale genannt (»Alle Briefe wollen also 1) Natürlichkeit, Simplicität und Leichtigkeit der Gedanken, und besonders die schöne Naivetät, d.i. schöne Natur, schöne Simplicität, Kunst mit Natur und Leichtigkeit verbunden [...] 2) Deutlichkeit in Vortragsschreiben 3) Lebhaftigkeit 4) Klugheit in Absicht auf die Person, an die man schreibt... «[120]), sondern auch wieder genauere Anweisungen für die verschiedenen Briefarten gegeben (»Die Veranlaßungen aller Briefe sind 1) Wohlstand 2) Geschäfte 3) Witz.« [121]), für Antwortschreiben ebenso wie für Erstzuschriften auch zwischen Charakter- und Affektbriefen unterschieden und schließlich noch eine Tabelle zur Titulatur angefügt. Bezeichnend, daß Lindner bereits literarische Musterbeispiele zitiert: aus Richardsons Briefroman »Clarissa« oder Rabeners satyrischen Briefen. Der Brief wurde (und darin liegt besonders Gellerts großes Verdienst) zum Medium des Individualstils und entfaltete vor allem in der Empfindsamkeit (nach Richardsons und Rousseaus Beispiel) seine ganze literarische Wirksamkeit.

Über ein letztes bedeutendes Verbindungsglied hat schließlich die Rhetorik auf die deutsche Literaturentwicklung entscheidenden Einfluß ausgeübt: über Homiletik und Predigt. Stammen doch die bedeutendsten Schrifsteller der Epoche aus Pfarrhäusern: Wieland und Schubart, Jean Paul und Herder, Forster und Schlözer, um nur einige zu nennen. »Die christliche Religion«, so Wieland, »hat zu einer neuen Art von Beredsamkeit Anlaß gegeben, welche die geistliche Beredsamkeit [...] genennet wird. Die großen Veränderungen, die seit der Zerstörung der alten Republiken in Europa vorgegangen, haben der Beredsamkeit fast keinen andern Ort übrig gelassen, wo sie sich in ihrer ganzen Stärke déployiren kann, als die Canzel.«[122] Es war wiederum die Wolffsche Schule, Gottsched und seine Anhänger, die der aufklärerischen Kanzelberedsamkeit gegen die verzierte, prächtige und emblematisch verbildlichte Predigt zum Siege verhalfen. Predigtlehrer wie Johann Lorenz von Mosheim (1664–1755) mit seinen »Heiligen Reden« (1725ff.) und der »Homiletischen Anweisung, erbaulich zu predigen« (1763), oder Johann Jakob Rambach (1693–1735) mit seinen »institutiones hermeneuticae sacrae« (1724) wären ohne die Reform und Durchsetzung der deutschen Rhetorik nicht denkbar. Fabricius hatte auch den Prediger in die Disziplin seiner »Philosophischen Oratorie« genommen und seinen Zweck in die geistlichen Reden gesetzt, »die an ein gemischtes auditorium gerichtet werden, selbigem den Inhalt des göttlichen wortes, betreffend die pflichten des zuhörers, nach den regeln des christenthums, fürzutragen, zu erklären, und sie zur ewigen seeligkeit daraus zu erbauen«[123]. Hallbauer, außerordentlicher Professor der Theologie in Jena und herzoglich sächsischer Kirchenrat, hatte schon 1723 sein homiletisches Hauptwerk geschrieben (»Nöthiger Unterricht / Zur Klugheit / Erbaulich zu Predigen zu Catechisieren und andere geistliche Reden zu halten. Nebst einer Vorrede von der Homiletischen Pedanterey.«) und war darin gegen homiletische Collectaneen und pedantisches Nachbeten zu Felde gezogen. In der »Teutschen Oratorie« faßt er seine Predigttheorie in 41 Maximen zusammen; die wichtigsten: »[...] 4) Die Texte sind nicht zu dem Ende verordnet, daß man sie weitläufig erklären solle, sondern daß man daher Anlaß nehme, eine wichtige Glaubens-Lehre, oder eine nöthige Lebens-Pflicht abzuhandeln. 5) Wenn man selbst Texte erwehlet; soll man solche nehmen, die eine Glaubens-Lehre oder Lebens-Pflicht vortragen. Dabey man sich denn zugleich nach der Beschaffenheit der Zuhörer, der Zeit und übrigen Umstände zu richten hat. 6) Der Prediger muß vor allen Dingen sich um den wahren Verstand des erwehlten Textes bekümmern: hat er diesen, so wird es ihm leicht seyn, aus demselben ein Thema zu machen, und dieses einzutheilen, auch denselben zu erklären. Die Texte auf gewisse Genera zu ziehen ist so unmöglich, als unnütze. [...] 15) Eine Predigt muß man aus eigener Meditation schreiben / nicht aus andern Schriften zusammen stoppeln. 16) Die eigene Meditation muß von der Klugheit regirt werden / damit man rede / wie es der Zustand der Zuhörer und die Umstände erfordern. 17) Denn die Homilie ist keine Kunst / sondern eine Klugheit. 18) Eine Predigt soll nicht lang, aber durch und durch erbaulich seyn. [...] 23) Dogmatische und Moralische Texte können ausführlich erkläret werden: denn dadurch bringt man den Leuten eine gründliche Erkenntniß bey. 24) In der Erklärung richtet man sich nach dem Begriff des gemeinen Volcks. Critica und Philologica gehören hieher nicht. 25) Überhaupt muß man die Materien auf der Cantzel nicht auf eine Schul-Art ausführen / sondern wie es einem Redner und zwar vor Zuhörern / deren der größte Theil ungelehrte sind / geziemet. [...] 36) Wer einfältig (erbaulich) predigt, predigt gelehrt; wer gelehrt predigt, predigt einfältig. 37) Es ist leicht, aus commentariis und Büchern gelehrte Sachen auszuschreiben: es erfordert mehr Geschicklichkeit, nach eigener Überlegung alles zur Erbauung zu richten.«[124]

Gottsched betont im wesentlichen die Zuständigkeit der allgemeinen Redekunst auch für die Predigt (»Und wie kan man also mit Grunde der Wahrheit behaupten, daß die geistliche Beredsamkeit ganz andre Regeln haben müsse, als die weltliche.«[125]) und verweist im übrigen auf das vortreffliche Exempel: »Hat uns nicht Herr Abt Mosheim dergleichen Muster gegeben, die einem jeden zeigen können, wieweit die Regeln einer vernünftigen Beredsamkeit, eine gekünstelte Homiletik übertreffen?«[126] Mosheims Lehre ist ein Produkt aufklärerischen Denkens, der Prediger soll Wissen, Erfahrung, philosophische Erkenntnis zur Glaubensdarlegung benutzen, und die Belehrung des Verstandes geht der Erbauung des Willens voran. Eine Tendenz, die sich übrigens auch in den katholischen Predigten vor allem der Ordensgeistlichen durchsetzt und die »Anleitung zur geistlichen Beredsamkeit« (1770/72) des Jesuiten Ignaz Wurz (1731–1784) kennzeichnet.[127]

Die Themen der geistlichen Reden richten sich ebenso nach dem allgemeinen kulturellen Zeitgeist und unterscheiden sich oftmals kaum von den Titeln der zeitgenössischen Popularphilosophie – ob über die Erziehung, die Tugenden, moralische Konfliktsituationen, über Phänomene der Natur, des beruflichen Alltags, der schönen Künste gehandelt wurde. Auf seine trocken-verständige Weise hat Eschenburg den Zweck aufklärerischer Predigt gegen Ende des Jahrhunderts noch einmal zusammenfassend beschrieben: »Da die vornehmste Absicht des Kanzelvortrages auf den Unterricht christlicher Gemeinen in den Lehrsätzen, Wohltaten und Pflichten ihrer Religion, und auf Ermunterung zur dankbaren Schätzung der erstern, und zur willigen Ausübung der letztern gerichtet ist; so muß der geistliche Redner hauptsächlich dahin sehen, daß er die vorzutragenden Wahrheiten dieser Absicht gemäß wähle, seine Zuhörer nicht mit müßigen Spekulationen oder streitigen Glaubenslehren unterhalte, sondern vornehmlich fruchtbare, praktische Sätze abhandle; daß er in seinem Vortrage durchgehende Ordnung und Deutlichkeit beobachte, sich jeder Klasse seiner so gemischten Zuhörer verständlich zu machen wisse, ohne jedoch der nöthigen Würde seines Vortrages durch die Popularität desselben etwas zu benehmen; daß er endlich nicht bloß flüchtige gute Regungen und Entschließungen zu erwecken suche, sondern feste Vorsätze und Gesinnungen, die auf den künftigen Wandel seiner Zuhörer einen wohlthätigen, fortwirkenden Einfluß haben.«[128]

Der Sonderfall für die Homiletik des 18. Jahrhunderts ist die pietistische Rhetorik, die sich zwar in erklärter Opposition zur überlieferten Theorie und Praxis der Predigt ausbildete, deshalb aber nicht weniger rhetorische Züge aufweist. Zunächst scheinen die Glaubenssätze pietistischer Frömmigkeit jeder Rhetorisierung zu widersprechen: die Bezeugung des Glaubens in subjektiver Innerlichkeit, die Kirchenfeindlichkeit oder wenigstens -gleichgültigkeit, die Konzentration auf Seelengemeinschaft und Selbstentäußerung, Hingabe, Gelassenheit, innere Ruhe, ein auf innerer Übereinstimmung beruhendes Gemeinschaftsgefühl, das sich gleichwohl in Nächstenliebe und rastloser Tätigkeit verwirklicht. Auch die Selbstaussagen der führenden pietistischen Theologen sprechen für sich. Spener (1635–1705): »Die Göttlichen warheiten aber sind von solchem liecht und kraft / daß sie auch in ihrer einfalt vorgetragen selbs in die seelen eindringen und ihre kraft nicht erst von menschlicher wolredenheit zu entlehnen bedörffen.«[129] Oder Zinzendorf (1700–1760): »Meine Poesie ist ungekünstelt: wie mir ist, so schreibe ich. Höhere und tieffere Worte pflege ich nicht zu gebrauchen, als mein Sinn ist. Die Regeln setze ich aus den Augen ums Nachdrucks willen.«[130] Doch die scheinbar antirhetorische Tendenz erweist sich bei näherem Zusehen als bloße Verlagerung der rhetorischen Wirkungsintentionen. Wenn Spener als seinen Predigtzweck verkündet, dem »affectui animi [...] in sprach und gebärden allemal den zaum zu lassen / und also zu reden / wie mirs gerade dismal ums hertz war / ohn einige affectation, daß die zuhörer warhafftig an mir den unterscheid sehen / wie man einmal kälter / ein andermal erwärmter / ein mal freudig / ein andermal niedergeschlagener seye / und also immer von meiner gemüths-bewegung / die sich in der rede treulich ausdrückete / urtheilen könten / und nicht in gezwungener gleichartigkeit erkennen müsten / daß es ein bloß studirtes werck seye / welches nachmal weniger afficirt«[131], wenn er also die Gemütsbewegungen, die der Ausdruck seiner religiösen Erfahrungen sind, durch deren wahre Darstellung in den Zuhörern hervorrufen und derart von Herz zu Herz wirken will, so beschreibt er nichts anderes als die emotionale Wirkungsweise des klassischen Redners. Denn die Emotionsdarstellung basiert nach rhetorischer Überzeugung auf den Affekten, die der Redner wirklich durch *visiones,* Phantasiebilder in sich hervorgerufen hat. Die pietistische Rhetorik hat das Ziel, die religiösen Visionen in der Gemütsbewegung nach außen zu bringen und unmittelbar auf die Zuhörer zu übertragen, ihr Hauptmittel ist die bildliche Ausdrucksweise. Doch rächt sich der Verzicht, diese Affektrhetorik in eine Kunstlehre zu überführen, der gleichsam spontane Gefühlsausdruck bedient sich gerade der eingeschliffenen, konventionalisierten Sprachmuster, weil Verstand und Urteil umgangen werden. So kommt es zu der paradoxen Erscheinung, daß die Forderung, unmittelbar von Herz zu Herz zu wirken, gerade eine formalisierte Bildersprache erzeugt, die bald schon äußerlich, regelhaft und abgenutzt wirkt. Diese Erkenntnis förderte dann im 18. Jahrhundert die Hinwendung der pietistischen Predigt zur Rhetorik[132], wenn darunter auch »eine angenehme und unaffectirte Beredsamkeit«[133] verstanden wurde: die »Eloquentia nov-antiqua«.

8. Rhetorik und Hochsprache

Die Leistung Gottscheds bei der Festsetzung einer einheitlichen deutschen Schriftsprache (und damit sein Verdienst um die deutsche Nationalliteratur) ist oft gewürdigt und viel untersucht worden. Bei der Frage, welchem der deutschen Dialekte der Vorzug zu geben sei, welcher also die Richtschnur für diejenigen Fälle abzugeben habe, in denen der Schriftgebrauch in den deutschen Sprachprovinzen voneinander abweicht, war seine Wahl auf die meißnisch-obersächsische Sprache gefallen. Normierung und Durchsetzung dieses Sprachgebrauchs (die fast unglaubliche und größte Leistung Gottscheds) wären ohne das rhetorische Rüstzeug nicht möglich gewesen[134], ja die gesamte sprachtheoretische Diskussion basiert auf Prämissen aus der rhetorischen Überlieferung.

Dominanz des mündlichen Sprachgebrauchs, Empfehlung einer mittleren Redeweise, welche die Extreme meidet, Orientierung an der Sprache der Gebildeten: das sind spätestens seit Quintilian rhetorische Kernmaximen. Zur Begründung (und später Verteidigung) seiner Mundart-Auswahl geht er von der Erfahrung aus, daß die sächsische Mundart in der deutschen Literatur vorherrscht, die *auctoritas* der Schriftsteller demnach ebenso für sie bürgt wie die Vorliebe der Hofkreise. Die hochdeutsche Mundart, die er verbreiten will, ist also die Sprache der Literatur und des geselligen, gebildeten Umgangs; der Dialekt, die Sprache des Volkes aber sollte generell davon ausgeschlossen werden. Die wichtigsten Argumente dafür sind schlagend und haben nichts mit elitärer Ständepolitik zu tun, wie sie Gottsched groteskerweise bis heute vorgeworfen wird: »Was man in ganz Deutschland versteht, das ist allererst recht gut deutsch.«[135] Nur wer verstanden wird, kann überzeugen – diese rhetorisch-aufklärerische Überzeugung steht hinter Gottscheds Sprachreform, und man braucht sich nur einen plattdeutschen Redner auf einer süddeutschen Kanzel (oder umgekehrt) vorzustellen, um Gottscheds Wirken für einen freien und gleichen sprachlichen Verkehr in Deutschland in seiner ganzen Bedeutung würdigen zu können. Und es sind dann natürlich auch die Sprachtugenden der antiken Rhetorik, die das Hochdeutsche zu erfüllen hat, nämlich Sprachrichtigkeit *(puritas),* Klarheit *(perspicuitas),* Schmuck *(ornatus)* und Angemessenheit, Schicklichkeit *(decorum).* Die von der Grammatik garantierte Sprachrichtigkeit wird wiederum rhetorischem Gebrauch gemäß festgelegt durch das in sich stimmige Sprachgesetz *(ratio),* die Überlieferung *(vetustas),* die vorbildliche und anerkannte Sprachpraxis der Musterautoren *(auctoritas)* und den unter Gebildeten üblichen Sprachgebrauch *(consuetudo).*

Der Pfarrersohn Johann Christoph Adelung (1732–1806) war es dann, der Gottscheds Reform zum erfolgreichen Ende führte, indem er dessen Absichten, die Bemühungen seiner Anhänger, die Korrekturen seiner Gegner zusammenfaßte und in seinen Lehrbüchern der Grammatik sowie dem berühmten Wörterbuch publizierte. Auch für ihn war das kulturell führende Sachsen »Sitz und Quelle der Einheit unserer Schriftsprache«[136], die »oberen Classen« der soziale Bezugspunkt, der Sprachgebrauch der Maßstab für die Sprachrichtigkeit. »Was also gut und richtig *Hochdeutsch* ist, kann so wenig aus allgemeinen Grundsätzen, als aus den befolgten Analogien einer andern Mundart bestimmt werden, weil sonst aller Unterschied unter Sprachen und Mundarten aufhören müßte; sondern allein aus dem Hochdeutschen Sprachgebrauche; d. i. aus dem Sprachgebrauche der südlichen chursächsischen Lande, welche das Vaterland der Hochdeutschen Mundart sind, wo sie (versteht sich von selbst unter den oberen Classen) noch so rein gesprochen wird, als sie von den besten Schriftstellern nur geschrieben werden kann.«[137] Adelungs »Grammatisch-kritisches Wörterbuch der Hochdeutschen Mundart« (1774–1786) hat der einheitlichen Schriftsprache zur Verbreitung über alle deutschen Provinzen verholfen, es war das Standardwerk der Epoche, und selbst wer – wie etwa Goethe – darüber spottete, benutzte es doch. Auch die hochdeutsche Literatursprache ist damit zuletzt ein Produkt rhetorischer Wirksamkeit.

E. Ubiquität der Rhetorik
Vom Verfall und Weiterleben der Beredsamkeit
im 19. Jahrhundert

1. Zäsur in der Wissenschaftsgeschichte

Gerade die Epoche, die von den Historikern auch das bürgerliche Zeitalter genannt worden ist, bringt für die Geschichte der Rhetorik als wissenschaftlicher Disziplin einschneidende Veränderungen. Beschreiben kann man sie als komplexe Verflechtung von Wandel, Transformation und Verdrängung. Den wissenschaftlichen Einfluß in Hochschule und Schule verliert die Rhetorik, die ihr gewidmeten Lehrstühle werden bald von Germanisten und Historikern, Philosophen und sogar Naturwissenschaftlern besetzt, und die Literatur im weitesten Verständnis (von der Poesie bis zur wissenschaftlichen Abhandlung, von der Parlamentsrede bis zu Drama und Roman) löst sich von ihrem rhetorischen Begriff, wird Gegenstand anderer, problem- und sachbezogener Disziplinen, denen die Wirkungsintention und Formkultur der geschriebenen oder gesprochenen Rede entweder gleichgültig oder nur in der Stilanalyse zugänglich sind. Diese Unterbrechung in der Wissenschaftsgeschichte der Rhetorik hängt gewiß mit der Spezialisierung des Wissens zusammen, die überhaupt eine Errungenschaft des 19. Jahrhunderts ist und sich nicht nur auf Deutschland beschränkt; andererseits ist hier die Ablehnung der Rhetorik besonders kraß, so daß noch spezifische Ursachen hinzukommen, wie fehlende demokratische Überlieferung, Kultur der Innerlichkeit und Zerstörung der Vernunft – Schlagworte, die zwar auch Teilerklärungen geben, aber so pauschal nicht stimmen. Hier öffnet sich noch ein weites Feld für detaillierte, auch kulturvergleichende Untersuchungen. Fest steht aber zweifellos, daß die Phänomene, für welche die Rhetorik die zuständige Theorie darstellt, im 19. Jahrhundert an Bedeutung sogar noch gewonnen haben, denn es ist nicht nur das Zeitalter des Liberalismus, sondern auch der Massenorganisation, nicht nur die Epoche der *l'art-pour-l'art*-Ästhetik, sondern auch der Propaganda und zweckgerichteten Pressebotschaften. Das politische Leben ist selbst in Deutschland nicht allein auf den Kompromiß der sozialen Interessen, sondern ebenso auf Parteibildung und Auseinandersetzung der Programme gerichtet, in der Kultur entwickeln sich Formen der Repräsentation, die auf Eindruck und Überwältigung zielen, und ein pragmatischer, auf Nützlichkeit und Parteiinteresse setzender Bildungsbegriff dominiert in den Erziehungsinstitutionen. In der Tat: »Welche Widersprüche sind in dieser Epoche beschlossen! Widersprüche, an denen wir noch zu tragen, die wir noch auszutragen haben.«[1] Denn wenn man von der »Ubiquität von Rhetorik«[2] oder der »Rhetorisierung des bürgerlichen Lebens«[3] gesprochen hat, so steht dieser Befund zwar im Gegensatz zur Haupttendenz der Wissenschaftsgeschichte, kann aber auch als Bestandteil ihrer Erklärung dienen.

Hegel hat seine These, daß der »Gedanke der Welt [...] erst in der Zeit [erscheint], nachdem die Wirklichkeit ihren Bildungsprozeß vollendet und sich fertig gemacht hat«[4], zwar bei der Reflexion der »Stellung der Philosophie zur Wirklichkeit«[5] gewonnen, doch enthält sie ein gültiges Erklärungsmodell für die Konstitution und Geschichte aller Wissenschaften, die einen umfassenden Begriff der Wirklichkeit in einer Erscheinungsebene bezwecken. Die Rhetorik als kohärentes Bildungssystem hat sich aufgelöst in die modernen Spezialdisziplinen der Wissenschaften vom Menschen und der Gesellschaft, während die rhetorische Praxis total wurde und sämtliche Lebensbereiche zu durchdringen begann: eine Entwicklung, die wohl in der ersten Hälfte des 20. Jahrhunderts ihren Höhepunkt erreicht hat. Wiederum, so kann man nun formulieren, ist damit »eine Gestalt des Lebens alt geworden«[6] und die Zeit gekommen für ihren Begriff, in unserem Fall für den rhetorischen Begriff. Die Renaissance der Rhetorik in der Gegenwart mit ihrem aufs neue umfassenden Erkenntnisanspruch ist dafür ein sicheres Zeichen: sie zielt auf produktive Erinnerung, auf die Aneignung der rhetorischen Tradition und ihre Veränderung nach Maßgabe der Wirklichkeit, die es zu begreifen und zu beeinflussen gilt.

2. Romantische Rhetorik

In den geläufigen Vorstellungen von der romantischen Schule hat die Rhetorik keinen Platz, doch zeigt sich darin eher die Eigenart des späteren Romantik-Bildes als die der romantischen Schriftsteller selbst. Wenn Novalis den Dichter zum »transcendentale[n] Arzt«[7] und die Poesie zur Antizipation »der zukünftigen Welt«[8] macht, so ist damit immer schon der Wirkungszweck eingeschlossen: »Poesie = Gemütherregungskunst«, notierte er[9], rechnete die Ästhetik zur Psychologie[10] und kritisierte die bloß kunstimmanente Betrachtungsweise: »Künstlerische Einseitigkeit – Kunstwercke, blos für Künstler – Popularitaet – Kunstwercke für auch Nichtkünstler.«[11] Diesen Gedanken und theoretischen Skizzen liegt die rhetorische Affektenlehre zugrunde, die die eigentliche Kunst und Aufgabe der Rede in die emotionale Stimulierung des Publikums setzte. Dieses Kernstück der Rhetorik (Klaus Dockhorns Forschungen, etwa zu William Wordsworth, haben es erwiesen) strukturiert die romantische Ästhetik und lieferte ihr die entscheidenden Kategorien, auch wenn sie oftmals terminologisch neu gefaßt werden. So nennt Novalis ästhetische Wirkung zwar (ganz dem romantischen Sprachgebrauch folgend) Bezauberung, definiert sie dann aber ganz analog und bis in die Wortwahl hinein nach rhetorischem Vorbilde: »Alle Bezauberung geschieht durch partielle Identification mit dem Bezauberten – den ich so zwingen kann, eine Sache so zu sehn, zu glauben, zu fühlen, wie ich will.«[12] Der Zweck der romantischen Beredsamkeit unterscheidet sich nur graduell von der überlieferten Doktrin (»Es erscheint mir«, schrieb Cicero, »nichts so vortrefflich als die Kunst, durch die Rede die Aufmerksamkeit der Menschen [...] zu fesseln, ihre Gemüter zu gewinnen, ihre Neigungen zu leiten, wohin man will, und wovon man will, abzulenken.«[13]), und es verwundert nicht, wenn sich die romantische Stillehre ebenso nach der ästhetisch-emotionalen Wirkung richtet wie bisher schon und die Stilabsicht in der heftigen, überwältigenden Gemütserregung kulminiert: »Es giebt verschiedene Grade des *eindringlichen* Sprechens und Schreibens. *Entscheidend sprechen und schreiben –* befehlend kategorisch – das ist der höchste Grad. Die Abstimmungen d[es] Grads nach den Menschen, die man vor sich hat – können nun bestimmt werden.«[14]

Friedrich Schlegel (1772–1829) hat für die romantische Beredsamkeit den prägnanten Begriff »enthusiastische Rhetorik« geprägt, die heftige, bezaubernde, das

Alltagsleben transzendierende Gefühlserregung bildet ihren Fluchtpunkt. »Es gibt eine materiale, enthusiastische Rhetorik die unendlich weit erhaben ist über den sophistischen Mißbrauch der Philosophie, die deklamatorische Stylübung, die angewandte Poesie, die improvisierte Politik, welche man mit demselben Namen zu bezeichnen pflegt. Ihre Bestimmung ist, die Philosophie praktisch zu realisieren, und die praktische Unphilosophie und Antiphilosophie nicht bloß dialektisch zu besiegen, sondern real zu vernichten.«[15] Schlegel will also die Rhetorik auf die Beredsamkeit in ihrer affektischen Qualität konzentrieren[16], weil er in der emotionalen Wirkungskraft ihr eigentliches bewegendes Prinzip erkennt – auch dies gemäß rhetorischer Übereinkunft. Das *movere,* die heftige Gemütserregung, zielt auf praktische Entscheidung und Handlung, seine bewegende Macht zeigt sich in der Beeinflussung des Willens, nicht der Erkenntnisvermögen. Freilich werden damit die emotionalen Wirkungsfunktionen der Beredsamkeit (durchaus der klassisch-antiken wie auch der aufklärerischen Bestimmung widersprechend) vom rationalen Überzeugungszweck getrennt, dem sie, der überlieferten Theorie gemäß, zum Erfolg und zur realen Durchsetzung zu verhelfen hätten. In den Überlegungen von Novalis und Schlegel erhält die Rhetorik damit insgesamt eine neue Aufgabe.

Denn zum Selbstzweck soll sie nicht werden. Gefühlserschütterung, Enthusiasmus, Rührung, ja sogar Berauschung versetzen den Menschen in die Lage, die engen Grenzen des Gewöhnlichen zu überschreiten, den Alltag, die Prosa des Lebens hinter sich zu lassen und eine Freiheit zu gewinnen, die ihm das soziale Leben sonst versperrt. »Die *Freiheit* durch *Rhetorik* und das sollte wohl die einzige Bestimmung der Rhetorik sein. – ‹Das Werk *Bestimmung des Menschen,* sollte von dieser Art sein›. Die unendliche Sehnsucht, Wehmuth und Erinnerung kann nur durch Musik erweckt werden. *Musik* und *Rhetorik* sind also der Philosophie und auch der Religion unentbehrlich.«[17] Der Autor der spätantiken Schrift »Vom Erhabenen« konnte als Gewährsmann dieser Rhetorik-Interpretation dienen: denn auch für ihn erhebt das Große, Hohe, Hinreißende den Menschen »weit über alles nur Sterbliche«, macht ihn wirklich erhaben und der »Seelengröße des Gottes« verwandt[18], versetzt ihn gar in einen »rauschhaften Taumel« und übt einen »betörenden Zauber«[19] aus – Maximen, deren Fruchtbarkeit sich nicht nur in der romantischen, sondern (von ihr aus) auch in der avantgardistischen Poetik des 19. Jahrhunderts erweisen sollte: wir finden sie bei Baudelaire und Mallarmé ebenso wie in der Moderne.

Der vielleicht wichtigste zusammenfassende Versuch einer Neubegründung der Rhetorik, weil er über die Aneignung und Weiterführung einzelner rhetorischer Theoreme hinausgeht, stammt ebenfalls aus dem Kreis romantischer Schriftsteller: von Adam Müller (1779–1829), dem Freunde von Kleist und Gentz, der sich in Metternichs Diensten höchst zweideutig auszeichnete. 1812 hielt er in Wien seine berühmten »Zwölf Reden über die Beredsamkeit und deren Verfall in Deutschland« – keine schulmäßige Darstellung der Rhetorik, sondern eine Analyse ihrer Voraussetzungen und aktuellen historischen Gestalt sowie die prinzipielle Rekonstruktion ihrer Theorie. Müllers Hauptgründe für den Verfall der Beredsamkeit in Deutschland: die Schriftlichkeit und Selbstgenügsamkeit der deutschen Literatur (»die Beschreibsamkeit unsrer Nation«[20]); das fehlende Publikum (»Und wenn die Natur Talente für die Beredsamkeit über Deutschland so reichlich ausstreute, wie über den Boden irgend eines anderen Landes, so sind es ja in Deutschland nur einzelne, *die hören;* es gibt kein Ganzes, keine Gemeinde, keine Stadt, keine Nation, die wie mit Einem Ohre den Redner anhörte.«[21]), denn nur der gute Hörer kann auch ein guter Redner sein; die fehlende Sprachkultur (»Die Dialekte unserer Sprache sind [...] schöne Denkmale vaterländischer Treue [...]; aber wie schroff stehen sie untereinander, wie sperren und spannen sie die einzelnen Gebiete von Deutschland gegeneinander...«[22]); die fehlende republikanische Tradition (»Darum gedeiht in Republiken die Beredsamkeit, nicht bloß, weil jedem mitzureden erlaubt ist, sondern weil jeder frühe gewöhnt wird einzugehen in die freie Gesinnung, in das Ohr des Nachbars, weil, wer herrschen will, so vieles Unabhängige, soviel eigentümliche Weise zu hören und zu empfinden, neben sich dulden muß.«[23]). Eine wichtige Voraussetzung der Beredsamkeit sieht Müller, romantischer Geselligkeits-Kultur entsprechend und die Ansätze der Aufklärungsrhetorik aufgreifend, im Gespräch, dem »erste[n] aller Genüsse, weil es die Seele aller anderen Genüsse ist: auf diese einfache Formel reduziert sich das ganze verschlungene Treiben unseres Lebens«[24]. Für Müller vereinigt der Redner drei Personen in sich: zuerst die beiden Teilnehmer eines Gesprächs, in ihrer eigentümlichen Farbe und Manier, These und Antithese explizierend, sodann aber, diese beiden dämpfend, veredelnd und unsichtbar versöhnend, eine höhere Instanz, »die Seele des Redners, die über dem Streite der Glieder thront«[25]. Müllers Interpretation der Rede als eines dialektischen Streits der Argumente, in welchem Spruch und Widerspruch, die eigene These und die Antithese des Gegners gegeneinandergeführt werden um des jeweiligen Parteiinteresses willen, ist aus der rhetorischen Überlieferung entwickelt, wenn er auch die Parteilichkeit, die jedes rhetorische Erkenntnis- und Handlungsinteresse leitet, zurücksetzt zugunsten eines Antagonismus prinzipiell gleichberechtigter Standpunkte; sie sind nun nicht mehr auf zwei Parteien verteilt, sondern in der Person jedes einzelnen Redners verkörpert. Doch die Verinnerlichung des dritten, nach dem Modellfall der forensischen Rede: des richterlichen Prinzips, worin er das eigentliche Wesen der neuen Beredsamkeit sehen möchte, bringt die Rhetorik nun gänzlich um ihren Gewinn, zielt nicht auf die Entfaltung der Widersprüche, um aus ihnen die Wahrheit, die Maßstäbe des richtigen und falschen Verhaltens, das Lob- oder Tadelnswerte zu entwickeln, sondern auf Unterwerfung und Einsicht in die Notwendigkeit: »ich aber sage, daß es einen würdevollen Gehorsam, einen Stolz der Dienstbarkeit gibt, dies erhebt die neue Welt über die alte.«[26] Die Konsequenz für die Rhetorik: »Sich selbst anzuklagen wissen, sich an allen Stellen der Rede demütigen vor dem Höheren, das durch unsern Mund redet, tief eingehen in das Gemüt des Zuhörers, in seine Eigenheit; nie vergessen, daß man nur Glied eines Gesprächs sei, welches unsre Beredsamkeit trage und steigre, und daß es jener dritte, jener Geist, welcher unsichtbar im Gespräch waltet, sei, dem alle Frucht und Wirkung der Rede zugeschrieben werden müsse.«[27] Mit einem Wort: die neue Beredsamkeit kann »nur eine heilige, eine christliche Beredsamkeit«[28] sein. »Wenn alle Hausmittelchen der Überredung, wenn alle die ängstlichen Lehren der Alten befolgt und erschöpft sind, wenn man Hörer hat wie sie sein sollen, wenn sich die Kunst abgemattet, um eine große Wirkung hervorzubringen – dann fühlt man, daß ohne jene Quelle, aus der die Gefühle der Ehre, der Liebe, des Gehorsams, der freien Dienstbarkeit geflossen sind, die ganze Mühe der Rede, sowohl was ihre Form, als was ihren Stoff betrifft, nicht belohnt werden kann.«[29] Das Fundament von Müllers neuer Beredsamkeit ist die Homiletik, seine Inspirationsquelle war der Pfarrer und spätere Hofprediger des preußischen Königs Franz Theremin (1780–1846), mit dem Müller in seiner Berliner Zeit befreundet war. Theremin hat seine Theorie auch selber zusammengefaßt, in dem 1814 erstmals veröffentlichten und 1837 in zweiter, verbesserter Auflage erschienenen Buch »Die Beredsamkeit eine Tugend, oder Grundlinien einer systematischen Rhetorik«. »Eine wissenschaftliche Gestalt«, so Theremin, »kann die Rhetorik nur gewinnen, wenn man sie »auf einen festen Grundsatz«[30] zurückzuführen vermag; er findet ihn dann, wie nicht anders zu erwarten, in der christlichen Ethik. Müllers Rhetorik zog übrigens die Konsequenz aus gewissen Säkularisierungserscheinungen der christlichen Predigt, die sich schon im 18. Jahrhundert andeuten, aber erst im darauffolgenden Zeitalter vollendet werden sollten.

3. Rhetorik, Poetik, Stilistik

Für das 18. Jahrhundert gilt noch (sieht man von einigen Tendenzen der Weimarer Klassik ab) die Einheit von Rhetorik und Poetik; die Stilistik gehörte sowieso zum Bereich der *elocutio,* die seit der Antike das differenzierteste Gebiet im rhetorischen System und in den rhetorischen Lehrbüchern darstellte. Die Veränderung dieses Selbstverständnisses geschieht allmählich, die Lehrbücher behalten in der neuen Epoche zunächst ihre Gültigkeit: Eschenburg, Sulzer, Adelung bleiben auch nach der Jahrhundertwende vertraute Namen und finden noch einzelne Gefolgsleute. So etwa Theodor Heinsius (1770–1849), der in seinem umfassenden Werk »Teut, oder theoretisch-praktisches Lehrbuch der gesammten Deutschen Sprachwissenschaft« (1807–1812) bei vordergründiger Kritik an Adelung doch dessen Intentionen fortsetzt. Neben der deutschen Sprachlehre enthält das Buch: Stilistik, Rhetorik, Poetik, Deklamatorik, Mimik und den Abriß der Literaturgeschichte. Die Stilistik ist für ihn noch keine bloße Schwundstufe der Rhetorik, sondern als *elocutio* in ihr System einbezogen.[31] Eine große Rolle spielen die praktischen Übungen, die Proben und Beispiele, die Stoff zur Ausarbeitung und zur Rede liefern sollen. Ähnliche Zielsetzung hat das Lehrbuch eines anderen Schulmannes: die »Praktische Rhetorik oder vollständiges Lehrbuch der deutschen Redekunst« von Christian Friedrich Falkmann (1782–1844), dessen Aufbau ganz dem traditionellen System verpflichtet ist. Doch stehen diese Namen für Rückzugsgefechte. Die allgemeine Tendenz der Epoche, die man auch auf anderen Gebieten beobachten kann, Theorie und philosophische Reflexion von der Praxis zu trennen, setzt sich auch auf rhetorischem Gebiet durch und führt zur Trennung der Stilistik von der Rhetorik, die entweder als Lehre von der Auffindung und Anordnung des Stoffes aufgefaßt wird (wie von Karl Reinhard in seinem »Entwurf der Theorie und Literatur des Deutschen Styles«, 1796) oder nur noch für die mündliche Rede zuständig erscheint (bei Christian Wilhelm Snell, 1755–1834, oder Karl Ferdinand Becker, 1775–1849). Ganz konsequent hielt Ludwig Uhland (1787–1862) daher andererseits seine praktischen Rede- und Schreibübungen an der Universität Tübingen (1830–1832) unter dem Titel »Stilistikum« ab und erläuterte seine Absicht mit den Worten: »Im übrigen wird mein Anteil darin bestehen, daß ich vorzüglich über die technische Behandlung des Stoffes, die Zweckmäßigkeit der Anordnung, die Angemessenheit der Darstellung für ihren Gegenstand, über Stil und Ausdruck im allgemeinen meine Meinung äußre. Erscheinen in dieser Beziehung unsre Übungen zunächst als ein Stilistikum, so werde ich doch, wenn der Gegenstand im Bereiche meiner eigenen Beschäftigungen liegt, keinen Anstand nehmen, auch auf die Sache selbst einzugehen«[32]. Kein Zweifel, daß diese Veranstaltung wenige Jahrzehnte zuvor unter rhetorischer Ägide und mit entsprechendem Titel angekündigt worden wäre, zumal sie auch zur »Übung im freien, mündlichen Vortrage«[33] anleiten sollte und die Gegenstände vom Studenten »in der gemeinfaßlichen Sprache des Lebens, des geistig geselligen Verkehrs«[34] zu fassen waren.

Die Tendenz zur Instrumentalisierung einzelner Bereiche der Rhetorik läßt sich auf verschiedenen Ebenen beobachten. Die auf den emotionalen Qualitäten beruhende Stillehre wird zur Töne-Rhetorik, die dem Wohllaut der Rede höchsten Wert beimißt und sie in die Nähe der Musik rückt.[35] Die noch von Knigge zur umfassenden gesellschaftlichen Beredsamkeit gedachte Umgangskunst verkommt zum bloßen Regelbuch des Complimentierwesens, wie sich an den Bearbeitungen seines Werks ebenso wie an dessen zahlreichen Nachahmungen zeigen läßt. Ob Carl Friedrich von Rumohrs (1785–1843) »Schule der Höflichkeit für Alt und Jung« (1834; »Gegenwärtig [...] bezeichnet das Wort Höflichkeit [...] die Gewohnheit und Kunst in jeglicher Beziehung von Menschen zu Menschen, im Reden, wie im Handeln, stets den zu treffenden Ton zu finden und anzuschlagen.«[36]) oder das »Handbuch des guten Tones und der feinen Sitte von Konstanze von Franken« (23. Aufl. 1900) – das rhetorische Bildungsideal ist vollkommen auf seine pragmatischen Züge veräußerlicht. Nicht anders die Briefsteller, die alle mehr oder weniger genau dem Vorbilde eines ihrer erfolgreichsten Autoren nacheifern: Otto Friedrich Rammler, dessen »Universal-Briefsteller oder Musterbuch zur Abfassung aller in den allgemeinen und freundschaftlichen Lebensverhältnissen sowie im Geschäftsleben vorkommenden Briefe, Documente und Aufsätze« (1836) 1867 in der 40. bearbeiteten Auflage verbreitet war, auf etwa 50 Seiten Lautlehre, Wortlehre und Satzlehre abhandelt, weitere 20 Seiten dem Stil und der Form der Briefe, vor allem aber den Titulaturen widmet, um dann auf fast 300 Seiten eine Sammlung von Musterbriefen anzufügen. Eine umfangreiche Blütenlese »Deutscher Classicer« füllt die letzten 200 Seiten des Buches, das die gesellig-aufklärerische Kunst des Briefeschreibens ganz abstellt auf die durch Nachahmung erworbene nützliche Fertigkeit, »schriftliche, an eine oder mehrere Personen gerichtete Mittheilungen«[37] zu verfassen.

Während demnach die *rhetorica utens,* die Anweisung zur praktischen Rede- und Schreibübung, sich in der Stilistik als rein technisches Anwendungswissen verselbständigt, gehen die theoretischen und systematischen Aufgaben mehr und mehr auf die Gebiete der Ästhetik und Poetik über, die freilich die zweckgebundene rhetorische Prosa nur am Rande oder gar nicht behandelt. Eine der wenigen Ausnahmen ist Wilhelm Scherers (1841–1886) von Richard M. Meyer 1888 posthum veröffentlichte »Poetik«, die ganz auf rhetorischen Grundlagen beruht und eine einheitliche theoretisch-wissenschaftliche Behandlung der Redekunst anstrebt: »Es ergiebt sich nun aus allen diesen Betrachtungen sofort, daß eine umfassende und rein abzugrenzende Wissenschaft möglich ist, welche die Kunst *der Rede* systematisch behandelt. Diese gesamte Kunst der Rede ist in dem traditionellen Titel ›Rhetorik Poetik Stilistik‹ enthalten. Aber dieser deutet hin auf ein Fachwerk, welches auf Vereinzelung der Disciplinen beruht. Wir constatirten dagegen, daß sich die Forderung gerade nach einer umfassenden Betrachtung der Kunst der Rede ergiebt.«[38] Immer wieder weist Scherer auf die Bedeutung der antiken Rhetorik für die wissenschaftliche

Analyse der literarischen Werke hin und strukturiert auch ganz ausdrücklich seine eigene Poetik nach den rhetorischen Gliederungsprinzipien.[39] Die zukunftsweisende Bedeutung dieses Entwurfs, der einer Kunstontologie ebenso energisch widersprach wie der praktizistischen Stilistik und Sprachanalyse, wurde nach der Veröffentlichung im allgemeinen gar nicht wahrgenommen. Oskar Walzel über Scherers Poetik: »Sie enttäuschte schon, als sie hervortrat; sie mag den Leser von heute noch mehr enttäuschen.«[40]

4. Literaturkritik und Literaturgeschichtsschreibung

Das kritische Vermögen hat in der Rhetorik und im Produktionsprozeß der Rede seinen festen Platz. Aristoteles erkennt dem Redner die Aufgabe zu, beim Urteilen »über bestimmte Fälle« entscheidend mitzuwirken.[41] »Die Kunst der Rede besitzt, wer bei jedem Gegenstand die durch ihn möglichen Überzeugungsmittel zu überblicken weiß.«[42] Cicero unterscheidet zwischen der Entdeckung und Unterscheidung einer Sache *(inventio)* durch den Redner und die ebenfalls von ihm vorzunehmende anschließende Beurteilung und Prüfung *(iudicium):* »Eines gründlich durchgebildeten Geistes bedarf ich, wie der Acker nicht einmal, sondern zwei- und dreimal gepflügt werden muß, damit er desto bessere und größere Früchte hervorbringen könne. Eine gründliche Durchbildung des Geistes aber besteht in Übung, in Hören, Lesen und Schreiben. Zuvörderst nun muß man das Wesen der Sache, das niemals versteckt liegt, betrachten; man untersuche, ob es eine Tatsache sei oder was sie für eine Beschaffenheit habe oder welchen Namen sie führe.«[43]

Doch hat diese Unterscheidung für Cicero nur modellhaften Charakter, so daß Quintilians vorsichtige Korrektur nur als eine Verdeutlichung zu verstehen ist: »Manche haben […] der Erfindung *die Urteilskraft* zugeordnet, weil zuerst die Erfindung komme und dann erst das Urteilen. Ich gehe nun soweit zu glauben, man könne nicht einmal erfinden, ohne zu urteilen. Denn es heißt ja auch von keinem, er habe Widerspruchsvolles, Allgemeines, Törichtes erfunden, sondern er habe es nicht gemieden. Cicero hat zwar in seiner Rhetorik das Urteil der Erfindung untergeordnet. Mir scheint es aber so sehr mit den drei ersten Abteilungen verschmolzen zu sein – denn auch Anordnung und Darstellung könnten doch nicht ohne Urteilskraft entstehen –, daß ich glauben möchte, auch der Vortrag entlehne sich das meiste von ihm.«[44]

In der Folgezeit entwickelt sich der Begriff der Kritik vor allem aus dem Begriff der rhetorischen Beurteilungskunst *(iudicium)* und wird im humanistischen Verständnis präzisiert durch die hinzutretende Bedeutung von *analysis,* die auch schon im rhetorischen Unterricht von Bedeutung war, wenn es darum ging, die klassischen Autoren zu lesen und an der Kunstfertigkeit ihrer Werke für die eigene Praxis zu lernen. Die Ganzheit wurde aufgelöst und das Werk in seinen Teilen geprüft. Diese auflösende, zersetzende Wirksamkeit ist mit Begriff und Funktion der Kritik untrennbar verknüpft und hatte sich im 18. Jahrhundert auch durchgängig erhalten.

Noch die romantischen Schriftsteller konnten daran anknüpfen. Schlegel bestimmte sie in seinem Lessing-Essay sowohl als »historische Konstruktion des Ganzen der Kunst und der Dichtkunst« wie auch als »Absonderung des Unechten«: »Damit nun wenigstens Raum geschaffen werde für die Keime des Bessern, müssen die

Irrtümer und Hirngespinste jeder Art erst weggeschafft werden.«[45] Auch hat die Kritik populär zu sein und »im Kreise des allgemein Verständlichen« zu bleiben, sie ist gleichsam »ein Mittelglied der Historie und Philosophie«[46]. Denn man kann »nur dann sagen, daß man ein Werk, einen Geist verstehe, wenn man den Gang und Gliederbau nachkonstruieren kann. Dieses gründliche Verstehen nun, welches, wenn es in bestimmten Worten ausgedrückt wird, charakterisieren heißt, ist das eigentliche Geschäft und innere Wesen der Kritik.«[47] Adam Müller beschreibt in seinen »Vorlesungen über die deutsche Wissenschaft und Literatur« (1806), ausgehend von Schlegel, die deutsche Kritik und hebt ihren *vermittelnden* Charakter«[48] hervor. »So wenig Natur und Kunst sich widersprechen, vielmehr beide nach unendlicher Vereinigung streben, ebensowenig verliert die echte Kritik an Strenge, wenn sie sich mit der Freiheit und Toleranz der Geschichte versöhnt. Nicht bloß als Fehler des Individuums sind die Unvollkommenheiten menschlicher Werke zu betrachten, sondern auch als Glieder in der Bildungskette des Ganzen.«[49] Diese Vermittlung selber soll nach Analogie des Gesprächs vor sich gehen, wie Müller dann in seiner Erläuterung der Kunstkritik für die Leser des Phöbus ausführt, denn sie werden Zeugen »eines recht bunten und klugen Gesprächs sein«[50].

Am rhetorischen Ursprung und Grundzug der romantischen Literaturkritik kann kein Zweifel bestehen, wenn auch etwa Friedrich Schlegel das Schwergewicht nicht auf die Methode, sondern den individuellen »Kritischen Geist« legt[51] und die rhetorischen Techniken der kritischen Analyse mehr und mehr an Bedeutung verlieren. Diese zwiespältige Tendenz setzt sich fort und wird für die Folgezeit herrschend, das gilt gerade auch im Bereich der jungdeutschen Kritik und des Vormärz, wo die Politisierung der Kritik ihren rhetorischen Charakter deutlich hervortreten läßt, doch die Abneigung gegen vorgegebene Kriterien noch wächst, so daß die rhetorische Methode der Analyse und Kritik von Literatur schließlich ganz in Vergessenheit gerät. Denn entgegen Gutzkows (1811–1878) Berufung auf Lessing und Schlegel (»Wenn wir eine neue Kritik bekommen, so wird es die der *Charakteristik* seyn. Beurtheilt den Dichter in seinem Wesen, aber nicht in seiner Stellung! Zergliedert sein Werk und Ihr werdet ihm Gerechtigkeit widerfahren lassen!«[52]), beschränkte sich die kritische Praxis meist auf die Diskussion der literarischen Botschaft und ihre politische Einschätzung. Man wollte, wie Heine, »keinen Unterschied machen [...] zwischen Leben und Schreiben«[53] und machte eben dadurch die Kritik zur Zweckform im politischen Kampf, zur Sonderform der politischen Rede und damit zum Exempel rhetorischer Praxis – ohne daß sie selber bei der Auseinandersetzung mit den kritisierten Werken rhetorisch verfuhr. »Wer aber dem jungen Deutschland schreibt«, so Ludolf Wienbarg (1802–1872) in der Zueignung seiner »Ästhetischen Feldzüge«, »der erklärt, daß er jenen altdeutschen Adel nicht anerkennt, daß er jene altdeutsche, tote Gelehrsamkeit in die Grabgewölbe ägyptischer Pyramiden verwünscht und daß er allem altdeutschen Philisterium den Krieg erklärt und dasselbe bis unter den Zipfel der wohlbekannten Nachtmütze unerbittlich zu verfolgen willens ist«[54].

Je mehr die Rhetorik an Geltung und Ansehen verliert, um so mehr verkommt die Kritik zur bloßen journalistischen Tagesware, um so weiter öffnet sich die Kluft zwischen Ästhetik und der ihr immer näher gerückten Poetik auf der einen und der akademischen Literaturgeschichtsschreibung auf der anderen Seite. Denn hatte diese zu Anfang auch durchaus politische Züge, weil der Historiker nach Gervinus' (1805–

1871) Einsicht »ein natürlicher Verfechter des Fortschritts« ist und als solcher mit der Sache der Freiheit sympathisiert, »weil ja Freiheit gleich ist mit Regung der Kräfte und weil darin das Element liegt, worin er atmet und lebt«[55] und betonte noch Hermann Hettner (1821–1882), daß sich die Poesie »von dem gesunden Brote des wirklichen Lebens und der Geschichte« nähre[56], so wird die deutsche Literaturgeschichte nach der Jahrhundertmitte zugleich antiquarischer und nationalistischer, wird zur Geschichte großer Männer, zum irrationalistischen Dichterkult, und es entwickeln sich die noch heute nachwirkenden Allgemeinplätze. Abwertung der bloß rationalistischen Aufklärung, Befestigung der Weimarer Klassiklegende, Idolatrie und einseitig irrationalistisches Verständnis der Romantik, Verachtung aller zweckhaft-politischen Literatur wie etwa der des Jungen Deutschland und des Vormärz. Andererseits leben in der Praxis der Literaturgeschichtsschreibung selber durchaus rhetorische Kunstfertigkeiten weiter, wie überhaupt die Historiographie des 19. Jahrhunderts noch in den Zusammenhang rhetorisch-narrativer Erkenntnisweise gehört. Julian Schmidt (1818–1886) in der Vorrede zu seiner »Geschichte des geistigen Lebens in Deutschland« (1862): »Nur Individuen können dargestellt werden, und auch wenn man das Volk darstellen will, muß man es in Individuen auflösen [...] Warum soll es die Literaturgeschichte [...] anders machen? – Auch ihre Schlachten, Heldentaten, Umwälzungen knüpfen sich an bestimmte Persönlichkeiten, deren Zahl verhältnismäßig ebenso beschränkt ist als in der politischen Geschichte [...] Die Form der Erzählung bedingt mit Notwendigkeit die chronologische Folge. Die Ursache muß vorher erzählt werden, ehe die Wirkung erzählt wird [...] Zu häufig vergißt die Geschichte, daß sie vor allem *erzählen* muß.«[57]

5. Die politische Rede

Das Stiefkind der deutschen Rhetorik bisher, die politische Rede, erlebt im 19. Jahrhundert in Deutschland ihre ersten Höhepunkte, und es treten Rednerpersönlichkeiten auf, die nun auch für ein parlamentarisches Forum erfolgreich wirken und in der Frankfurter Nationalversammlung 1848 den Ernstfall erleben. Freilich hatte die politische Beredsamkeit auch vorher schon manche Glanzzeit erlebt, doch dies (denkt man etwa an Carl Gustav Jochmann) vor allem in schriftlicher Form. Erinnern wir uns an die patriotische Rhetorik zur Zeit der Befreiungskriege: an die publizistischen Kämpfe des Johann Joseph Görres (1776–1848), an die Flugschriften Ernst Moritz Arndts (1769–1860) oder an Fichtes (1762–1814) »Reden an die deutsche Nation« (1807/08). Die politische Lyrik jener nationalen Befreiungsbewegung ist ebenso wie diejenige der späteren Vormärzpoeten in Vers und Reim gebundene politische Rede, unmittelbares Agitations- und Propagandamittel. Hier herrscht trotz gewisser Veränderungen in der politischen Zwecksetzung eine Kontinuität des Selbstverständnisses und der rhetorischen Ausdrucksmittel, die sich auch am kontinuierlichen Wirken einzelner bedeutender Repräsentanten ablesen läßt.

Die ersten Impulse zu politischer Dichtung erhielt der junge Ludwig Uhland vom Befreiungskampf und der Kriegslyrik (der »Gesang vom Vaterland« entstand 1813), er wurde dann zum Vorkämpfer liberaler Ideen in der württembergischen Politik, im Frankfurter Paulskirchenparlament saß er auf der linken Seite und stimmte auch meist mit der Linken, die großdeutsche Lösung hielt er für die einzig wahre Alternative zu der unglücklichen staatlichen Zerrissenheit Deutschlands. Die große Rede gegen das Erbkaisertum (»Ich gestehe, einmal geträumt zu haben, daß der großartige Aufschwung der deutschen Nation auch bedeutende politische Charaktere hervorrufen werde und daß hinfort nur die Hervorragendsten an der Spitze des deutschen Gesamtstaates stehen werden. Dies ist nur möglich durch Wahl, nicht durch Erbgang.«[58]), diese Rede gehört zu den Gipfelpunkten politischer Beredsamkeit der Epoche und zu den klassischen Stücken deutscher Prosa, sie endet mit den sofort berühmt gewordenen Worten: »Glauben Sie, meine Herren, es wird kein Haupt über Deutschland leuchten, das nicht mit einem vollen Tropfen demokratischen Öls gesalbt ist.«[59]

In meisterhafter Form zeigen die Proben aus Uhlands Rede schon ein Hauptkennzeichen der Paulskirchen-Rhetorik[60], nämlich Pathos, Erhabenheit und Bildersprache. Gewiß gab es auch die Kathedervorträge, die didaktischen Exkurse und trockenen juristischen Darlegungen, sie bestimmten den Alltag des Parlaments, die Behandlung von Jagd- und Schiffahrtsfragen, von Verwaltungsentscheidungen und Kompetenzabgrenzungen. Das rhetorische Niveau der Reden aber wurde von Männern wie Radowitz und Ruge, Waitz und Blum, Lichnowsky und Vogt, Raveaux und von Gagern bestimmt, und ihnen versuchten alle ehrgeizigen Redner nachzueifern. Nicht unwichtig für den Stil der Reden war freilich der Ort, an dem sie gehalten wurden: die Rednerbühne der Paulskirche, die sich etwas unterhalb des Präsidiumstisches, also der alten Stelle des Altars, aber noch um drei Stufen höher als der Boden befand. Von hier aus mußten alle Reden gesprochen werden, denn die miserable Akustik der Kirche erlaubte keine andere Möglichkeit, ja selbst dieser herausgehobene Platz war noch ungünstig genug und verlangte vom Redner die gewaltige Stimmkraft eines Robert Blum, wollte er überall deutlich verstanden werden. Das »verdammte Reden von der Tribüne herab« und die »Unmöglichkeit einer wirklichen Debatte«, wie der Abgeordnete Detmold klagte[61], waren gerade günstige Bedingungen für eine herausgehobene, erhabene und geschmückte Redeweise, verlangten sie geradezu. Die Gefahr liegt nahe, und tatsächlich wurde die pathetisch hinreißende Beredsamkeit eines Radowitz oder Blum bei den Rednern aus dem zweiten oder dritten Glied zum Schwulst, tendierte zur Phrase und blumigen Leerformel. Ob die »Räder des schnell dahinrollenden Schicksalswagens« (Mareck)[62], das »Gespenst der Not« (Vischer)[63] oder der »siegesstolze Held, welcher mit dem Schlachtenlorbeer seine kranzdunkle Stirn umwunden« (Schulz)[64] – das große Wort, der allegorische Ausdruck, das poetische Bild bestimmten den Redestil. Die häufigsten Figuren sind die der Wiederholung und Nachdrücklichkeit, der Vergrößerung und Steigerung, man liebt Metapher und Hyperbel, alle affektsteigernden Mittel, mit denen der Zuhörer richtiggehend emotional bearbeitet werden soll, die aber oftmals die gegenteilige Wirkung hatten: so ging die dreimalige Wiederholung der Formel »Deutschlands Einheit und Freiheit« in einer Gelächtersalve unter[65], und manch schwülstige Passage wurde respektlos und lauthals kommentiert.

Bei allen Entgleisungen und aller geschmacklosen Schwulstrhetorik – die große deutsche Staatsrede wurde erst von den großen Rednern der Paulskirche geschaffen. Es gab Vorläufer in den Kammern der süddeutschen Landtage, doch viele von ihnen finden sich dann in der Frankfurter Nationalversammlung wieder. Auch versteht es sich von selber, daß die revolutionär-enthusiastische Stimmung der Märztage der Grund für die pathetische Beredsamkeit der ersten Parlamentsphase war. Nachdem freilich der Höhepunkt der liberalen Politik erreicht und überschritten war und sie gar ihrer Auflösung zutrieb, die großen Redner sich zurückzogen, Robert Blum gar vom Kriegsgericht verurteilt uncl hingerichtet worden war, geriet auch die Parlamentsrhetorik immer formelhafter und kulminierte schließlich in den die Realität gänzlich mißachtenden apodiktischen Reden und Beschlüssen des Stuttgarter Rumpfparlaments.

Nach dem Scheitern der Nationalversammlung, der Einigung Deutschlands von oben und der Entwicklung Preußens zum Militärstaat entwickelte sich die politische Beredsamkeit wieder auf mehreren, institutionell voneinander unabhängigen Ebenen: in der kritischen oppositionellen Publizistik (etwa der »Neuen Rheinischen Zeitung«), den Arbeitervereinen, aus denen 1863 unter dem Einfluß Ferdinand Lassalles (1825–1864) der »Allgemeine Deutsche Arbeiterverein« hervorging, und schließlich dem zwar entmachteten, doch als Rednerbühne nach wie vor wichtigen Parlament. Was wäre die politische Beredsamkeit im kaiserlichen Deutschland aber ohne Otto von Bismarck (1815–1898)? »Er handle konkret, schrieb er einmal, er wolle Zwecke erfüllen, nicht Theorien verwirklichen. So unbestimmt und wandelbar aber seine Ansichten waren, so stark waren seine Instinkte [...] An das Prinzip der Legitimität glaubte er so wenig wie an andere Prinzipien oder ›Ismen‹. Das Volk fürchtete er nicht [...] Furchtlos, geistreich, kampf- und lebensfreudig, hochmütig, witzig und überlegen konnte er mit Parlamenten, fremden Regierungen, der eigenen Nation umspringen [...] Durch einschmeichelnde Argumente gewinnen konnte er auch; auch täuschen [...] Er war brutal und ein Höfling von den vollkommensten Manieren, der geistreichste Causeur; kraftvoll, Jäger und Waldmann, doch auch wieder den Landjunker nur spielend, nervös und kränkelnd; Ehrenritter und mit allen Wassern gewaschener Politiker; Royalist und Rebell. Er war ein verwegener Spieler, aber auch ernst und fromm und trug schwer an schweren Verantwortungen.«[66] Das kurze Porträt Golo Manns bezieht sich auch schon auf den Redner Bismarck, der nicht nur ein Virtuose der Politik, sondern auch ihrer Beredsamkeit gewesen ist, und wenn er gegen sie Tatkraft und Handlungsvermögen ausspielte, muß man diese Haltung selber als Mittel rhetorischen Überzeugungswillens nehmen: »Im Uebrigen, meine Herren, ist Redenhalten nicht meine Beschäftigung«, verkündete er im preußischen Abgeordnetenhaus 1866 und ergänzte diese Selbstaussage unter lautem Widerspruch: »Ich bin kein Redner, ein Vorzug, den ich dem Herrn Vorredner bereitwillig einräume. Ich vermag nicht, mit Worten spielend, auf Ihr Gefühl zu wirken, um damit Thatsachen zu verdunkeln.«[67] Freilich, die pathetische, gehobene Kunstrede nach Art des Paulskirchenstils lag ihm ebensowenig wie die posenhafte, demagogische Beredsamkeit Lassalles oder die kämpferisch-revolutionäre Rhetorik sozialistischer Provenienz, wie sie August Bebel (1840–1913) oder Wilhelm Liebknecht (1826–1900) verkörperten (welch letzterer herbe Kritik an der Parlamentsrhetorik seiner Zeit übte, doch die »magnetische, fast zauberhafte Macht des lebendigen Wortes« als einen Faktor bezeichnete, »dessen das politische und geistige Leben einer Nation nicht entbehren kann.«[68]). Sachlichkeit und Leichtigkeit, Verständlichkeit und Gesprächston sind die allgemeinsten Merkmale von Bismarcks rednerischer Eigenart, nur in seinen Anfängen bereitete er seine Reden sorgfältig vor, später und erst recht als Minister machte er sich nur wenige Notizen. »Ich habe nicht die Zeit, meine Herren, meine Reden vorzubereiten; dazu habe ich nicht die Arbeitskraft, und ich bin, wenn ich vor ihnen spreche, und selbst in langen Reden, in einer gewissen Sorge, daß das Wort, was mir über die Lippen fällt, vielleicht nicht das richtig gewählte sein werde.«[69] Bismarck redete zwanglos, locker und mit der Neigung zu humoristischem Gesprächston, konnte aber auch volkstümlich derb und polemisch verletzend werden, doch zeigte er sich dabei selten von seiner rhetorisch stärksten Seite. Wie als Politiker, so baute er auch als Redner auf die Wirkungsmacht der Tatsachen; das Argument der Geschichte als eines objektiven, jederzeit berufbaren Überzeugungsmittels und die Rekonstruktion der politischen Gesamtlage sind seine wichtigsten Beweisstätten, er beutete sie aus in den großen Staatsreden wie derjenigen im Jahre 1888: »Wir Deutsche fürchten Gott, aber sonst nichts auf der Welt«, und zitierte sie in kurzen Debattenbeiträgen gleichsam herbei. Natürlich beherrschte er auch die gefühlsbewegende, pathetische Redeweise (wie gerade der Schluß, die hinreißende *peroratio* der eben genannten Rede demonstriert), doch benutzte er sie selten und meist nur als Schlußstein der zwingenden Beredsamkeit aus Tatsachen und politischer Erfahrung. Sein Sekretär berichtete, daß er stundenlang diktieren konnte (»Das war kein ruhiger Strom langsam dahingleitender Gedanken; er sprach stoßweise, bisweilen eine lange Pause machend, dann wieder die hervorquellenden Worte nur mit Mühe zurückhaltend, um ein Nachschreiben überhaupt zu ermöglichen.«[70]) und daß sich bei der Ausarbeitung des Diktats »die tadellose Disposition des Ganzen« zeigte: »Jede angeführte Tatsache und jede Schlußfolgerung stand an der richtigen Stelle; es war eine schnurgerade Auseinandersetzung ohne Wiederholungen und Seitensprünge.«[71] Dieser natürlich kunstfertige und zielgeübte Sinn für sachliche Zusammenhänge, für die genaue Folge auch langer und verwickelter Gedankenketten, der virtuose rednerische Umgang mit den politischen Realien waren seine Hauptwaffen in der Auseinandersetzung mit den politischen Gegnern, die ihm oftmals, wie Rudolf Virchow (1821–1902) oder Eugen Richter (1838–1906), die Gründer der »Deutschen Freisinnigen Partei«, rhetorisch durchaus gewachsen, ja an kämpferisch-bewegender Redeweise sogar überlegen waren.

6. Gerichtliche Beredsamkeit

Der Heidelberger Professor für Rechtswissenschaft Karl Salomo Zachariä (1769–1843) hat die moderne gerichtliche Beredsamkeit in Deutschland theoretisch begründet. 1810 veröffentlichte er seine »Anleitung zur Gerichtlichen Beredsamkeit«, die für das 19. Jahrhundert grundlegende Schrift in dieser Disziplin. Von Karl Josef Mittermaier (1787–1867), dem unermüdlichen liberalen Streiter für die Öffentlichkeit und Mündlichkeit des Verfahrens, bis hin zu Hermann Friedrich Ortloff (1828–1920) und seiner zweibändigen »Gerichtlichen Redekunst« (1887) reicht sein Einfluß. Er war ein gebildeter Mann, der vom Gerichtsredner nicht allein rhetorische Fertigkeiten wie Sprachbeherrschung und freie Rede verlangte, sondern auch das Sprachstudium in Griechisch, Latein, Französisch, die Kenntnis der Dichter, Redner und Philosophen voraussetzte und sich (in der Vorrede) schon meinte glücklich preisen zu können, »wenn dieser Versuch nur etwas dazu beytrüge, die Liebe für die alte Literatur bey meinen Kunstgenossen zu wecken oder zu erhöhn«[72]. Tatsächlich war er der Überzeugung, daß sich »in den rhetorischen Werken der Griechen und Römer so ziemlich alles [findet], was sich über die gerichtliche Beredsamkeit sagen läßt«[73]. Sein Buch bietet daher wirklich eine konzentrierte, seinen Absichten gemäße Darstellung der antiken Theorie der forensischen Beredsamkeit.

Voraussetzung jeder Gerichtsrhetorik ist das mündliche Prozeßverfahren, und Zachariä geht auch auf die unmittelbare Veranlassung seines Versuchs ein. »Ich habe hier und in der Folge nur den Anklageproceß vor Augen, weil nur in dieser Proceßart die Sache öffentlich und mündlich verhandelt wird.«[74] Und auch das bislang nur im »Königreich Westphalen«. Nachdem er in der Einleitung Fragen der Abgrenzung und Definition geklärt hat (»Die *gerichtliche Beredsamkeit* ist die Fertigkeit, objectiv-zweckmäsige und subjecitv-interessante Reden vor Gericht zu halten. Der Inbegriff der Regeln, welchen eine gerichtliche Rede, wenn sie beredt seyn soll, entsprechen muß, wird die *Theorie der gerichtlichen Beredsamkeit* oder die *juristische Rhetorik* genannt. Diese ist also eine Art der besondern oder angewendeten Rhetorik. Sie zerfällt, so wie die Rhetorik überhaupt, in einen *theoretischen* und in einen *praktischen* Theil.«[75]). Er behandelt im »Ersten oder Theoretischen Teil der Juristischen Rhetorik« die Statuslehre ganz nach antikem Vorbild, unterscheidet »Streitfragen, die sich auf die Sache beziehn« *(genus rationale),* von den »Streitfragen, die sich auf die Rechtsquelle beziehen, aus welcher die Entscheidung einer Rechtssache zu entlehnen ist« *(genus legale),* gibt dann auch die Unterarten an, auf der einen Seite »*Status conjecturalis*«, »*Status definitvus*«, »*Status qualitatis*« und »*Status translativus*«; auf der anderen Seite die Auslegungsfragen: Gibt es ein Gesetz für den vorliegenden Fall; welches Gesetz ist auf welche Weise für den vorliegenden Fall anwendbar? Doch fügt Zachariä der Statuslehre eine Anmerkung bei, die auf einen wichtigen historischen Unterschied aufmerksam macht, da der zeitgenössische gerichtliche Redner »immer ein gelernter Rechtsgelehrter« ist[76], der die Prinzipien zur Beantwortung dieser Fragen in der Wissenschaft aufzusuchen hat.

Der ebenfalls ganz schulgerechten Abhandlung der Redeteile folgt eine nun eher allgemein-verkürzende Skizze des Redeausdrucks durch Worte, also der *elocutio,* sie handelt »Von der grammatischen Vollkommenheit«, »Von der logischen Vollkommenheit« und »Von der rednerischen Vollkommenheit«, worunter die wichtigsten Tropen und Figuren, Periodenbau und Numerus zusammengefaßt sind. Kapitel über den mündlichen Vortrag (»Schon die Art, wie das Haar gelegt, der Körper bekleidet oder geschmückt ist, hat auf den Eindruck, den der Redner durch seinen Vortrag machen kann, den entscheidenden Einfluß.«[77]), die Regeln für die einzelnen Redeteile und die verschiedenen Arten der gerichtlichen Reden schließen den ersten Teil des Buches ab, dessen zweiter, praktischer Teil aber nur einige allgemeine Bemerkungen über die Bildung des Redners und eine »gerichtliche Rede des Kanzlers d'Aguesseau« wiedergibt. Schon aus den Schwerpunkten seiner »Anleitung« ergibt sich der wesentliche Unterschied, den Zachariä (und auch darin werden ihm die späteren Theoretiker der juristischen Rhetorik natürlich folgen) zwischen den Voraussetzungen und Zielen der alten und der modernen Forensik sieht: dem Recht darf nicht durch subjektive und sogar widerrechtliche Gründe Genüge getan werden. »Die griechischen und römischen Rhetoren übersahen dieses Prinzip [das Rechtsprinzip] entweder ganz oder machten davon in ihren Schriften über Rhetorik nicht den Gebrauch, den sie davon hätten machen können und sollen. Vergl. insbesondere *Quintilian II, 15.* Ebenso waren die griechischen und römischen Redner weit davon entfernt, ihre Reden mit jenem Prinzip in Übereinstimmung zu setzen. Ihre gerichtlichen Reden sind vielmehr, von dieser Seite betrachtet, fast ohne Ausnahme gerade das Widerspiel von dem, was sie sollten. Man hielt es allgemein für erlaubt, von der Rednerkunst, als einer Kunst, sich der Schwächen der Menschen zu seinen Absichten zu bedienen, Gebrauch zu machen, um sich des Sieges zu versichern [...] Mit Recht eiferten daher die Philosophen und Staatsmänner gegen diese Beredsamkeit, die in Rednerkunst (richtiger Rednerkünste) ausartete; vergl. den Gorgias des *Plato.*«[78]

Die auf Zachariäs »Anleitung zur Gerichtlichen Beredsamkeit« folgenden Lehrbücher, wie Oskar Ludwig Bernhard Wolffs (1799–1851) »Lehr- und Handbuch der gerichtlichen Beredsamkeit« (1850) oder die »Vorschule der gerichtlichen Beredsamkeit für Rechtsanwälte« von W. Schall und E. Boger (1855), fügen den überlieferten theoretischen Lehrsätzen meist nur noch mehr oder weniger umfangreiche Beispielsammlungen von Gerichtsreden hinzu, von denen Ortloff bemerken wird, daß man aus ihnen nur ersehen könne, »wie die deutsche Beredsamkeit nicht sein soll«, weil sie »nach dem Beifall eines unverständigen Publikums und namentlich einer schlechten Journalistik« haschen.[79] »Nachdem seit sechs Jahren im deutschen Reiche auch der bürgerliche Prozeß ein mündlicher geworden ist, erschien es an der Zeit zu sein, obschon sich in ihm die Regeln der gerichtlichen Redekunst sehr vereinfachen, auch die gerichtliche Rhetorik im bürgerlichen Prozeß mit in den Kreis der Betrachtungen zu ziehen.«[80] Ortloffs »Gerichtliche Redekunst« ist wohl der für das 19. Jahrhundert umfassendste Versuch, Theorie und Praxis der Forensik mit dem Stand der Jurisprudenz seiner Zeit und ihrer Prozeßordnung zu vermitteln. »Es galt überhaupt ein Hilfsmittel für *junge Juristen an erster* Stelle zur leichteren Erwerbung der Kenntnis von Regeln der gerichtlichen Redekunst zu schaffen, da auf den Hochschulen außer der Referier- und Dekretierkunst selten Gelegenheit zur Erlernung einer Theorie der Redekunst geboten wird und die bei den praktischen Übungen etwa gebotene Gelegenheit, sich im Halten von Reden zu versuchen, nur gering ist und in der Erwartung, daß sich das alles später in der Praxis von selbst finden werde, wenig benutzt wird. Daher ist der junge Rechtspraktiker meist auf das Anhören von Gerichtsreden und allmähliche Selbstübung hingewiesen. Beobachtet man aber die Redner in Gerichtssälen, so begegnet man oftmals neben aller Gewandtheit einem gewisssen Naturalisieren und Sich-Gehenlassen auf diesem Gebiete, ohne irgend eine Beachtung der Regeln der Rhetorik; höchstens erkennt man noch eine Anlehnung an die Elementarsätze der Referierkunst, Festhalten an der Einteilung in den geschichtlichen und kritischen Teil und an die s. g. Separations- oder an die Kombinationsmethode. Insofern hatte Guyet [...] Recht, wenn er dem ›nicht selten vorkommenden Dünkel der Rechtsgelehrten‹ den Stab gebrochen wissen wollte, als ob sie für ihre gerichtlichen Reden und Redekunst nicht der wissenschaftlichen Kenntnis der Rhetorik bedürften, sondern selbst und aus eigenem Arsenal alles Nötige beschaffen könnten; – ›die durch solche beschränkte Ansicht notwendig herbeigeführte Handwerksmäßigkeit in der rednerischen Behandlung *des gerichtlichen Materials und die Zernichtung der wahren, tief eindringenden gerichtlichen Beredsamkeit sollte genugsam davor warnen!*‹«[81]

Im Aufbau folgt Ortloff seinem erklärten Gewährsmann Zachariä zwar (ein allgemeiner theoretischer Teil am Anfang, dann der besondere oder praktische Teil), doch wie haben sich die Gewichte verschoben: ein Drittel Theorie, zwei Drittel Praxis, und deren Erörterung wird fast ganz von der Beweislehre eingenommen! Cicero und Quintilian sind auch für ihn die wichtigsten antiken Rhetoriker, jedem

Jurastudenten empfiehlt er das fortgesetzte Studium ihrer Werke, und deren Einteilungsstruktur liegt auch dem theoretischen Teil des Buches zugrunde. Doch treten immer wieder im engeren Sinne juristische Erörterungen in den Vordergrund: so wenn der »Einfluß der Stellung des gerichtlichen Redners auf seine Reden« nach den Rechten und Pflichten der Prozeßparteien im Strafverfahren bestimmt und nach den deutschen und österreichischen Gesetzen unterschieden wird[82] oder die rhetorischen Mittel auch bei der Urteilsfindung durch Laiengerichte auf reine Verstandes- und Vernunfterwägung konzentriert und am Bilde des »rechtsgelehrten Richters«[83] orientiert bleiben. »Der Umstand, daß für die Gewinnung der richterlichen Überzeugung der Gesamteindruck mitwirkend sein darf, berechtigt die Parteiredner nicht, zur Unterstützung dieses, welcher an sich mancherlei geradezu Unbeschreibbares enthält, aus den zu beurteilenden Thatsachen und Persönlichkeiten, der Reflexion der Richter einseitige Richtungen zu geben, Liebe oder Haß, Mitleid, Hoffnung, Furcht, Abscheu, Zorn und Schrecken zu erregen und das Gemüt der Richter in Mitleidenschaft zu verführen, um einseitige Zwecke durch die Oberherrschaft der Gefühle zu erreichen.«[84] Der rednerische Ausdruck wird daher fast gänzlich in Angemessenheit und Klarheit der Darstellung gesetzt, während für die spezifisch rhetorischen Mittel »nur wenige Sätze als beachtenswert«[85] zu empfehlen seien; es folgen die geläufigsten Tropen und Figuren, doch immer mit restriktiver Tendenz und der Empfehlung verbunden, ihre Kenntnis verhelfe besonders dazu, die eigentlich unerlaubten Kunstgriffe des Gegners aufzudecken[86]. Die rechtspositivistische Bindung des Richters und der Prozeßparteien an das Gesetz, die Ortloffs Rhetorik enge Grenzen setzt, hat schließlich die beinahe verselbständigte Beweislehre zur Folge, in welcher der Rhetorik fast ausschließlich noch strukturierende Funktion zukommt: »Sache der Vernunft und Logik ist es, die Wahrheit zu ermitteln durch Erhebung von Beweisen aus den Beweismitteln, und ebenso, über die Beweisgründe zu urteilen; aber die geschickte Auffindung, Ordnung und Verwendung geeigneter Beweisgründe (Argumente) zum Zwecke einer Beweisführung ist die unmittelbare und eigentliche Aufgabe der Rhetorik, welche in der Aus- und Beweisführung ihren Höhe- und Sammelpunkt gefunden hat. In der juristischen Rhetorik dreht sich die Beweisführung im großen ganzen darum, ob etwas wahr und recht ist; die Überzeugung der Richter dadurch hierfür zu gewinnen, damit sie ihr Urteil darauf richten, ist der besondere und Endzweck der Argumentation.«[87] So bringt das 19. Jahrhundert zwar durch die generelle Einführung des mündlichen und öffentlichen Gerichtsverfahrens eine Renaissance der Gerichtsrhetorik auch in Deutschland, aber zugleich deren Reduktion auf die zweckmäßige Feststellung der Tatsachenbeweise und der nach dem Gesetz anzuwendenden Rechtssätze. Erst die Überwindung des formalen Rechtspositivismus durch Freirechtsschule, soziologische Schule und die Interessenjurisprudenz schaffte Raum für eine neue und entscheidendere Geltung der juristischen Rhetorik – daß er nur wenig genutzt wurde, hängt mit dem allmählichen, doch unaufhaltbaren Abbruch der rhetorischen Tradition in dieser Epoche zusammen.

7. Geistliche Beredsamkeit

Überblickt man die Entwicklung der geistlichen Beredsamkeit im 19. Jahrhundert, so fallen vor allem zwei Tendenzen auf: mit ihrer rhetorischen Grundlage verliert die Predigttheorie als eigenständige Gattung an Bedeutung, es gibt zwar noch homiletische Schriften, darunter so hervorragende wie Franz Theremins »Die Beredsamkeit eine Tugend« (1814), doch ist es ein Zeichen, daß der gewichtigste und berühmteste Prediger der Epoche, Friedrich Schleiermacher (1768–1834), zwar zahlreiche rhetorisch inspirierte Werke und Vorlesungen verfaßt (über Hermeneutik, Kritik, Ästhetik), sich natürlich auch über Aufgabe und Form der Predigt geäußert, aber keine systematische Homiletik geschrieben hat. Obwohl in Predigtgeschichten oftmals der Abstand zum 18. Jahrhundert hervorgehoben wird, entwickelt die geistliche Rede des 19. Jahrhunderts doch im wesentlichen die Entwicklungen der aufklärerischen Epoche weiter, ob als »dialogisches Verfahren«[88] bei Schleiermacher, der die aufklärerische Gesprächskultur auf die Predigt, d.h. das Gespräch mit seiner Gemeinde, überträgt, ob in der ethischen Auffassung der Predigt als einer sittlichen Tat bei Theremin (»die Beredsamkeit in allen ihren verschiedenen Formen ist nichts weiter als die Entwicklung des ethischen Triebes selbst«[89]), ob in der Erneuerung der pietistischen Textexegese als Erweckungsbewegung oder ob schließlich in der Entwicklung der Predigt zur Kultpredigt, die ihren Höhepunkt zweifellos in Schleiermacher hatte, aber das gesamte 19. Jahrhundert beherrschte und auch die Literatur nachhaltig beeinflußte – Nietzsches »Zarathustra« ist dafür wohl das spektakulärste Beispiel. In ihrer Theorie vor allem zehrt die Predigt des 19. Jahrhunderts von der Homiletik des 18. Jahrhunderts – das gilt auch für die katholische Predigtlehre, die natürlicherweise besonders von Jesuiten gepflegt wurde. Ihren Zweck bestimmte etwa Joseph Jungmann (1830–1885) gegen Ende des Jahrhunderts in seiner voluminösen zweibändigen »Theorie der geistlichen Beredsamkeit« (1877) noch ganz traditionell als die Absicht, »dadurch christliches Leben unter den Menschen« zu wecken und zu fördern: »Die geistliche Beredsamkeit ist die Kunst, die christliche Lehre [...] vermittelst der Rede so darzustellen, daß die Darstellung geeignet ist, christliches (oder übernatürliches) Leben zu wecken und zu fördern.«[90] Nicht viel anderes liest man in dem, mit einem Porträt Luthers geschmückten »Handbuch der geistlichen Beredsamkeit« (1849) von Oskar Wolff: »Die geistliche oder religiöse Rede hat den Zweck, die Lehren des religiösen Glaubens und die Anwendung derselben auf Geist, Gemüth und Leben vorzutragen, zu entwickeln und auf das Überzeugendste darzuthun. Ihre Bedeutung ist also die höchste von allen und ihr nächstes Ziel die *Erbauung* des Zuhörers, d.h. die Hervorbringung einer möglichst vollkommenen religiösen Gesinnung und ihr entspringenden nachhaltigen Richtung auf das Göttliche und Ewige.«[91]

Die Bedeutung der geistlichen Beredsamkeit der Epoche liegt also in der rhetorischen Praxis, wie das in so vielen anderen ihrer Domänen auch der Fall ist; will man sie abschätzen, »so muß man etwa an Zacharias Werner denken, dessen Predigten in der Zeit des Wiener Kongresses eine gesellschaftliche Sensation bildeten, oder an Fabrizio, den Helden in Stendhals ›Karthause von Parma‹, dessen Predigten das Theater an Anziehungskraft übertrafen. *Die Predigt ist salonfähig.*«[92] Nicht belehren und bekehren soll die Predigt, sondern christlich-fromme Gesinnungen darstellen. Schleiermachers Predigten in der Berliner Dreifaltigkeitskirche waren gesellschaftliche Ereignisse, ihre Themen stammen aus dem häuslichen, bürgerlichen, sozialen Leben, auch politische Gegenstände gehören dazu wie die nationale Befreiungsbewegung, die sich etwa in der berühmten Neujahrspredigt 1807 widerspiegelt, oder das Verhältnis des Christen zum Staat. Das politische Verständnis der Predigt, natürlich ebenso ein Erbe der Aufklärung, hat auch Theremin in seiner Rhetorik thematisiert und nachdrücklich bekräftigt: »Ich muß hier meine Leser bitten, auf ein Resultat aufmerksam zu seyn, das sich aus der bisherigen Untersuchung mit der größten Gewißheit ergibt [...], daß nämlich die kirchliche Beredsamkeit mit der politischen, ihren Ideen, das heißt, ihrem Wesen nach, durchaus Eine und Dieselbe ist. Wodurch wir übrigens nicht leugnen, daß sie nicht in ihrer äußeren Form bedeutend von einander abweichen; denn Staat und Kirche sind sehr verschiedene Verhältnisse, und den Verhältnissen hat jede sittliche Thätigkeit immer einen wesentlichen Einfluß auf sich gestattet.«[93] Diese Verweltlichung und Ästhetisierung der Predigt, von Schleiermacher macht- und wirkungsvoll in seiner Schrift »Über die Religion. Reden an die Gebildeten unter ihren Verächtern« schon 1799 vollzogen, trieb die sonderbarsten Blüten nicht nur unter seiner Ägide. Johann Heinrich Bernhard Draeseke (1774–1849), evangelischer Bischof und nicht minder berühmter Kanzelredner, wurde auf seinen Reisen vom Publikum stets jubelnd begrüßt und im Triumphzug begleitet, und die Predigten Friedrich Wilhelm Krummachers (1796–1868) hat kein Geringerer als Goethe »narkotische Predigten« genannt: »Er setzt voraus, der Mensch tauge von Haus aus nichts, droht auch wohl einmal mit Teufeln und ewiger Hölle; doch hat er stets das Mittel der Erlösung und Rechtfertigung bei der Hand. Daß jemand dadurch rein und besser werde, verlangt er nicht, zufrieden, daß es auch nicht schade, weil, das Vorhergesagte zugegeben, auf oder ab die Heilung immer bereit ist und schon das Vertrauen zum Arzte als Arznei betrachtet werden kann. Auf diese Weise wird sein Vortrag tropisch und bilderreich, die Einbildungskraft nach allen Seiten hingewiesen und zerstreut, das Gefühl aber konzentriert und beschwichtigt. Und so kann sich ein jeder dünken, er gehe gebessert nach Hause, wenn auch mehr sein Ohr als sein Herz in Anspruch genommen wurde.«[94]

Es gibt kaum einen gesellschaftlichen, kulturellen Bereich, den die religiöse Beredsamkeit nicht durchdrang und mehr oder weniger stark prägte: Wienbargs Essays »Wanderungen durch den Thierkreis« (1835) sind großenteils verkappte politische Predigten, den Reden des Büchnerfreundes Friedrich Ludwig Weidig verwandt; die Beredsamkeit der Paulskirche mit ihren Berufungen auf die »stummen Seufzer« und »rührenden Bitten«, auf den »erstickten Notschrei« und die »Versündigung an der deutschen Nation«, ihrem Lobpreis der »heiligen Hallen«, des »Tempels der Freiheit« oder des »Altars des Vaterlandes«[95]; die massenhaft verbreitete Erbauungsliteratur, die Familienzeitschriften, die häuslichen Feste; Elise Polko (1823–1899) beschreibt »Unsere Pilgerfahrt von der Kinderstube bis zum eigenen Herd«, und Karl May (1849–1912) verfaßt »Geographische Predigten« (1876): »Jene Gestirne predigen Seine Majestät herrlicher, als es der Geist eines Sterblichen vermag. Jene Gestirne, die aus dem ewigen All uns anstrahlen, sind heilige Offenbarungen von oben, sind Propheten der Ewigkeit, die uns anrufen, sind Weissagungen von dem unbekannten Jenseits, das unser wartet.«[96] Karl Barth hat von Schleiermacher gesagt: »Nicht eine Schule stiftet er, sondern ein Zeitalter«[97] – das Wort gilt gerade auch außerhalb des theologischen Bereichs. Seine Synthese von Religion und allgemeiner

Bildung hat für das bürgerliche Zeitalter wahrlich unübersehbare und noch kaum erforschte Folgen gehabt und einen, vielleicht *den* wesentlichen Beitrag zur umfassenden Rhetorisierung des Lebens geleistet, welche das kulturelle Gepräge der Epoche beinahe auf allen Ebenen bestimmt: die Sprache Zarathustras und des Rembrandtdeutschen zeugen jeweils auf ihre Weise davon.

8. Rhetorik in der Schule

Eine neuere These »Über die Ursachen des Verfalls der Rhetorik im ausgehenden 18. Jahrhundert« (Manfred Fuhrmann) besagt, daß die »Rhetorik vor allem der Einübung des Lateinischen als unerläßlicher Voraussetzung für das Universitätsstudium« gedient habe und daß der Wegfall dieser Voraussetzungen die praktischen rhetorischen Übungen überflüssig gemacht und damit die Basis der Rhetorik im Bildungswesen aufgehoben habe[98]. Doch zielten gerade die wesentlichen Bemühungen der aufklärerischen Theoretiker tatsächlich auf die Begründung einer deutschen Rhetorik, daß sie dabei nicht erfolglos waren, zeigt nun aber folgerichtig die Schulrhetorik des 19. Jahrhunderts. »Ein Blick in die Geschichte des Schulwesens im 19. Jahrhundert belehrt zunächst darüber, daß die um 1812 einsetzende Phase schulischer Reformen keineswegs die Wendung zu einer philosophisch-ästhetischen Bildung bringt. Die Reformen betreffen nicht den Rhetorik-Unterricht, sondern haben die Aufwertung des muttersprachlichen Unterrichts gegenüber den alten Sprachen sowie die Einbeziehung der sogenannten Realienfächer zum Ziel. Die Schulgesetzgebungen, die dann um 1830 die Reformphase beenden, führen im wesentlichen zu einer Konsolidierung des gelehrten Schultyps (Gymnasium) durch Abspaltung des Realtyps.«[99]

Gewiß ist die Bindung des Rhetorikunterrichts an die alten Sprachen Latein und Griechisch zunächst noch von entscheidender Bedeutung, da sie mehr als die Hälfte der Wochenstunden beanspruchen. Der Unterricht in der Rhetorik (zusammen mit Metrik und Poetik) bleibt mit dem Studium der antiken Literatur verbunden, konzentriert sich aber besonders auf die Klassiker der Beredsamkeit, also etwa Demosthenes, Xenophon und Pindar, Cicero, Quintilian und Tacitus, doch werden sie auch schon durch die Schriften »deutscher Classicer«[100] ergänzt, besonders die Sekunda war dafür vorgesehen. Friedrich Thiersch (1784–1860), auf den die für das Zeitalter durchaus exemplarische (nur Preußen folgt mit etwa einem Jahrzehnt Verspätung nach) Schulreform im ersten Drittel des Jahrhunderts zurückgeht, hat auch die Aufgaben und Ziele des Rhetorikunterrichts beschrieben: »Die nächst höhere Classe führt uns zu den Studien der Beredsamkeit. Lesung der classischen Reden mit Ernst und Gründlichkeit getrieben in der oben bezeichneten Art ist auch hier die Grundlage und die Seele der Bemühung, welche neben dem wissenschaftlichen auch noch den sehr praktischen Zweck haben soll, die freie, zusammenhängende Rede der Jugend, und, mit dem Dichter zu reden, den noch zarten Mund derselben zu bilden, und ihm das lebendige Wort zu stärken, welches in den letzten Menschenaltern auf eine so arge, und man darf sagen, barbarische Weise durch das papierne oder geschriebene geschwächt, verworren und gedrückt worden ist. Die allerärgste Schreiberei, welche jemals unter den Menschen erschienen ist, schließt fast allen mündlichen Verkehr mit dem Vertrauen auf das, was gesagt ist, ohne geschrieben zu seyn, so vollkommen aus, daß unser schönes Sprichwort ›ein Wort, ein Mann‹ wenigstens in jenem schreibseligen Gebiet der Berichte, der Gutachten, der Instruktionen und Remonstrationen, der Commissionen, der Organisationen und Reorganisationen, der Vorträge, der Anträge, der Nachträge, der Aufträge, und was sonst noch getragen und nicht getragen wird, Geltung und Sinn verloren hat. Ungeübt aber in dem mündlichen Vortrag, verkannt, verachtet und versäumt, ist das lebendige Wort auch in sich selber schwach und schmucklos geworden, und wenn es möglich wäre, so hätten wir mit dem Gebrauche der freien männlichen Rede auch die Erinnerung daran verloren, um sie ganz und gar in die endlosen Stöße von beschriebenen Papieren zu begraben. Wird nun die freie Rede aus ihrer Versäumniß und Vergessenheit hervorgezogen, um sich in öffentlicher Verhandlung als das, was sie seyn soll, und nicht mehr ist, als klare, zusammenhängende, überzeugliche Darstellung fester Ansicht und bestimmten Willens zu zeigen, in wie trauriger Gestalt tritt sie dann an das Licht hervor? Verworren und abschweifend, strauchelnd bei jedem Schritt, zurückgehend in die Anfänge, das Hauptsächliche überspringend, das Unbedeutende verfolgend, unsicher im Beginnen, fehlgreifend im Beschließen, ein Aergerniß der Verständigen, eine Thorheit oft selbst der Unverständigen, und das in Verhandlungen, die das Wohl des Vaterlandes von dem Vaterlande selbst zu erwägen bestimmt sind, und durch ihre Aermlichkeit und Kleinheit so unendlich weit hinter dem Reichthum und der Größe eines solchen Gegenstandes zurückbleiben! [...] Und in der That, nichts ist des Menschen würdiger, als das lebendige Wort, welches ihn von den Thieren unterscheidet, und ihn als ein denkendes, und das Gedachte darzulegen geschicktes, als ein vernünftiges Wesen zeiget, nichts schöner und wirksamer als eine wohlgeordnete Rede im wohlgestalteten Vortrage, die eine löbliche Gesinnung, oder eine verständige Ansicht offen und einnehmend darzulegen weiß. Sie führt den Hörer zwischen Ueberflüssigem und Unklarem, zwischen Trug und Wahn, hinweg zu dem Wesentlichen und zu der Natur der Sache; sie zeigt dieselbe in ihrer Eigenthümlichkeit des Beyfalls würdig, wenn sie gut, der Verwerfung, wenn sie schlecht ist. Sie entfaltet die Gründe mit Sicherheit, und eilt zum Schluß mit Unwiderstehlichkeit. Sie erregt das Herz für das Rühmliche und erfüllet es mit Widerwillen gegen das Unrühmliche. Sie weckt und stärkt das Gefühl für das dem gemeinen Wesen heilsame und ehrenvolle, und wie eine lichte Flamme an die empfänglichen Herzen schlagend, entzündet sie im Augenblick die Liebe zum Könige, zum Vaterland, und erhebt zu Entschlüssen und Thaten, welche der Unsterblichkeit würdig sind.«[101]

Mit der Ausbreitung und Emanzipation des Deutschunterrichts ändert sich an der Bedeutung der Rhetorik im Themenkanon nichts, wenn auch die Lehrbücher und vorbildlichen Autoren wechseln, oder besser: zu den antiken Klassikern und ihrer Rhetorik treten noch die musterhaften deutschen Schriftsteller und die deutsche Rhetorik. So sieht der Lehrplan für die höheren Schulen in Preußen 1867 für die Untersekunda außer der Lektüre von »ausgewählten deutschen Schriftstellern« den Unterricht in Poetik und Rhetorik, »Recitationen und freie Vorträge« über Gegenstände aus der Literatur und Geschichte sowie Aufsätze und Übersetzungen vor. In der Obersekunda kommen mittelalterliche Literatur und historische Grammatik hinzu, Stil- und Ausdruckslehre für den Aufsatz werden noch wichtiger. In Unter- und Oberprima wird die ausgedehnte Lektüre deutscher Klassiker von Luther bis Herder, Lessing und Goethe ergänzt durch philosophische Propädeutika und

»Aufsätze mit Disponierübungen und rhetorische Erörterungen (Figuren, Tropen usw.). Freie Vorträge«[102]. Dabei existieren rhetorische Formen- und Stillehre, praktische Beredsamkeit und Organismusästhetik vielfach einträchtig nebeneinander, so daß etwa in demselben Deutschunterricht, in dessen Mittelpunkt rhetorische Übungen stattfanden, zugleich Karl Ferdinand Beckers (1775–1849) Buch »Der deutsche Stil« (1848), und sei es in der gestrafften Form der Schulausgabe, benutzt wurde, um die organisch vollkommene Stilentwicklung eines literarischen Werkes nachzuvollziehen, denn ihm ist »die Schönheit der Darstellung [...] mehr eine Naturgabe als ein Werk einer erlernten Kunst«[103]. Wenn die in Beckers Stilistik verbreitete Anschauung auch gegen Ende des Jahrhunderts in den Schulen zunehmend reüssiert, kann sie die rhetorische Bildung in den Gymnasien doch nicht ernsthaft bedrohen. Vor allem der Aufsatzunterricht erwies sich als Domäne rhetorischer Überlieferung. Für einen seiner wichtigsten Theoretiker, Ernst Laas (1837–1885), ist Aufsatzlehre neben sprachlicher und literarischer Bildung Hauptaufgabe des Deutschunterrichts, er nennt ihn, unter Berufung auf Aristoteles, eine »Denkschule« und »logisch-rhetorische Disciplin«: »Wir wollen ihn in der inductiven und deductiven Methode, im Definiren, Distinguiren und Combiniren, in der Divisio und Partitio, in der Aufstellung und Lösung von Problemen, in der sorgfältigen Lectüre von Büchern, in zweckbestimmtem Excerpiren, urtheilvollem Sichten und Gruppiren nach methodischem Stufengang von Unter-Secunda an geübt wissen.«[104] Den reinen Chrien-Drill, zu dem der Aufsatzunterricht vielfach verkommen war, lehnt er wie »jedes äußerliche Schema«[105] ab: »Man will einen ganz bestimmten Erfolg erzielen, einen Menschen auf einen bestimmten Punkt führen, der fest hingezeichnet ist; das Ziel fordert einen mit Bewußtsein und Kenntniß eingeschlagenen Weg [...] Man will einen Gegenstand so klar darlegen, daß Jemand, der die nöthigen Voraussetzungen von Kenntnissen und Bildung erfüllt, aber über dieser Sache gerade nicht mit sich Eins ist, die nöthige Einsicht nicht besitzt, nach Lesung der Arbeit sich befriedigt, weil gründlich, ordentlich, methodisch belehrt fühlt.«[106] Systematischer Unterricht in Rhetorik und Logik ist für den Erfolg dieses Programms ebenso unerläßlich wie die sorgfältig ausgewählte gründliche Lektüre, deren formale Erörterung unbeschadet »der ethischen Bildungszwecke des Gymnasiums«[107], ja diese sogar unterstützend, in den Vordergrund tritt; »bei den prosaischen und poetischen Stücken kommt die regelmäßige und schärfere Erörterung der Disposition, bei den poetischen im besonderen die immer umfassendere Unterscheidung zwischen prosaischer und poetischer Ausdrucksweise hinzu«[108]. Die ästhetische Leistung der Tropen und Figuren soll durch Beobachtung und Übung einsichtig gemacht und bis in die Alltagsrede hinein verfolgt werden. Immer wieder fällt bei der Durchsicht der Lehrprogramme und Schulbücher auf, daß der rhetorisch ausgerichtete Deutschunterricht des 19. Jahrhunderts einen durchaus modernen Literaturbegriff besaß, der etwa die Essays Lessings und Schillers, Geschichtsschreibung und Redekunst miteinschloß und sie erst um die Jahrhundertwende (zuerst, nach 1880, in Preußen) auf die Dichtung verengte, um mit ihr »die empfänglichen Herzen unserer Jugend für deutsche Sprache, deutsches Volkstum und deutsche Geistesgröße zu erwärmen«[109].

Eine nicht hoch genug einzuschätzende Konsequenz des allgemeinen Rhetorikunterrichts war die in allen Bereichen des privaten, öffentlichen und wissenschaftlichen Lebens anzutreffende Sprachkultur. Nicht nur ist die im engeren Sinne schöne

Literatur rhetorisch geprägt, weil ja auch die Schriftsteller durchgängig rhetorische Bildung besaßen, so daß die besonders von der philosophischen Poetik und Kunsttheorie betriebene Rhetorik-Verachtung von der literarischen Wirklichkeit tatsächlich aufgehoben und ad absurdum geführt wurde. Auch die sich in Reden, Briefen und Tagebüchern bezeugende Sprachfähigkeit im alltäglichen Leben, vor allem aber die wissenschaftliche Prosa der Epoche zeigen eine rhetorische Form und Kunstfertigkeit, die ganz selbstverständlich war und uns nur heute so außerordentlich dünkt. Ob die Werke Schopenhauers oder Brehms Tierleben, ob die Reiseberichte des Fürsten Pückler-Muskau oder die Schriften von Helmholtz, ob Clausewitz und Mommsen oder Gregorovius und Kuno Fischer, ob Friedrich Ratzel oder Jakob Burckhardt: die rhetorische Kunstprosa der Epoche kennt keine fachlichen Grenzen, weil sie in der allgemeinen rhetorischen Schulbildung verankert ist. Um es mit einem Hegelwort zu sagen: an dem, was unserem Geiste heute genügt, ist die Größe seines Verlustes zu ermessen.

9. Prunk-Rhetorik und Gründerzeit

Theatralischer Lebensstil und Repräsentationskunst der Gründerzeit sind lange vor der eigentlichen Reichsgründung ausgebildet worden, wenn sie auch mit ihr den Höhepunkt erreichten und die politische Legitimation bekamen. Wir kennen die Zeugnisse noch heute in der Straßenarchitektur etwa des Wiener Rings, im Villenbau, in der Gartenanlage, die Bilder Makarts und Lenbachs sind dafür ebenso sprechende Beispiele wie Langbehns »Rembrandt als Erzieher« oder die Festumzüge in München und Wien. Ein nicht so herausragendes, aber ebenso symptomatisches Exempel erzählt Theodor Fontane in seinen »Wanderungen durch die Mark Brandenburg« (1861), er schildert dort das in der Grafschaft Ruppin gelegene Gentzrode, die Besitzung des später fallierten Torffabrikanten Alexander Gentz, der hier seine »aufs künstlerisch Prächtige gerichteten Ideen« verwirklichte, ein Schloß in »orientalischem Geschmacke«, auf erhöhtem Terrain des »imposanteren Aussehens halber«, »desgleichen eine dem Schloß gegenübergelegene, durch eine künstliche Felsengrotte verschönte Parkanlage, die Richard Lucä […] ein Meisterstück gärtnerischer Kunst nannte«[110].

Solche Bauten waren auf Wirkung berechnete Veranstaltungen, denen die Innenarchitektur kongenial korrespondierte. Sie sind das Raum und Bild gewordene Pendant zu der in Reden und Schriften ausgeführten Prunk-Rhetorik. »Atembeklemmend lag bange Stimmung schwer und schwül über dem Königspalast zu Ravenna mit seiner düstern Pracht, mit seiner unwirtlichen Weiträumigkeit.«[111] Welches Erfolgsbuch der Epoche man immer aufschlägt, ob wie hier Felix Dahns »Kampf um Rom« (1876/78) oder Ludwig Ganghofers (1855–1920) »Das Schweigen im Walde« (1899), ob eine der heroischen Künstlermonographien der Zeit oder Heinrich von Treitschkes (1834–1896) »Deutsche Geschichte im 19. Jahrhundert« (1879–94), der vorherrschende Stilzug der Zeit ist, natürlich in unterschiedlicher Meisterschaft realisiert, die Größe und Erhabenheit, die auf Bewunderung und Überwältigung zielt, leidenschaftliche Affekte und Entzücken erregen will. »Tief schaute ich in sein flammendes Auge und rief in hoher Begeisterung: Ahasverus! Ahasverus! Warum ist deine Wange noch bleich, dein Auge noch müd und brennend? Warum irrst du noch in unbefriedigter Sehnsucht frieden- und freudelos durch die weite schöne Welt? Harrst du eines überirdischen Erlösers? Nein, hehrer Titane, du hast den äußern Messias verschmäht, ihn von dir gestoßen – nun denn, so erlöse endlich dich selbst! Ja, erlöse dich selbst! Du kannst es, wenn du strebest, *ganzer* Mensch zu sein!«[112] So Robert Hamerling (1830–1889), der Makart der Dichtung, über den Helden seines erfolgreichsten Versepos »Ahasver in Rom« (1866).

Pathos, Prunk und Schwulst dürfen aber nicht nur als formalästhetische Merkmale verstanden werden, sie sind der rhetorische Ausdruck eines Bildungsideals, das mit ihm auch gewaltsam durchgesetzt werden sollte. Peter Rosegger, der zur ersten Gesamtausgabe der Werke Hamerlings 1900 ein Geleitwort verfaßte, hat diese Funktion deutlich vor Augen. »Seine Werke«, schrieb er, »durchwogt [...] der ungestüme Pulsschlag des Riesengeisterkampfes der Gegenwart [...] Und wie er einerseits dem tiefen Herzensweben und der hohen Weltanschauung des deutschen Volkes Ausdruck und Glanz verliehen hat, so hat er andererseits unser nationales Ringen, unsere weltliche Entwicklung mit seinem begeisterten und begeisternden Saitenspiel begleitet«[113]. Das romantische Ideal des vorbildhaften Sängerdichters wird natürlich auch nicht bloß zitiert, sondern wirkungsvoll und theatralisch in Szene gesetzt, ihm korrespondiert das herrscherliche Künstlerbild der Zeit, das sich seine Muster aus Renaissance und Barock holte und im Rembrandt- oder Rubensgewande kostümiert erschien. In seiner Vorlesung über die historische Größe hat Jakob Burckhardt (1818–1897) zugleich die kritische Analyse und die theoretische Begründung für die Größensehnsucht seiner Zeit gegeben: »Unsern Ausgang nehmen wir von unserm Knirpstum, unserer Zerfahrenheit und Zerstreuung. Größe ist, was wir *nicht* sind.«[114] Und: »Künstler, Dichter und Philosophen haben zweierlei Funktion: den innern Gehalt der Zeit und Welt ideal zur Anschauung zu bringen und ihn als unvergängliche Kunde auf die Nachwelt zu überliefern.«[115] Doch versteht Burckhardt diese Zeugenschaft nicht als antiquarische Erinnerung, wie der antike Autor der Schrift »Über das Erhabene« faßt er die Größe als menschliches Bildungsideal und zugleich als absoluten Maßstab von Rede und Dichtung, in der alle Kunstfertigkeit und die rhetorische Wirkungsintention kulminieren. »Die als Ideale fortlebenden großen Männer haben einen hohen Wert für die Welt und für ihre Nationen insbesondere; sie geben denselben ein Pathos, einen Gegenstand des Enthusiasmus und regen sie bis in die untersten Schichten intellektuell auf durch das vage Gefühl von Größe; sie halten einen hohen Maßstab der Dinge aufrecht, sie helfen zum Wiederaufraffen aus zeitweiliger Erniedrigung.«[116] In diesem exemplarischen Sinne haben sie eine Formkraft, die auch aus Burckhardts Reden selber spricht. Friedrich Nietzsche (1844–1900), der den älteren Basler Kollegen verehrte, hat diese Vorstellung von Größe zum Angelpunkt seiner Lehre vom Übermenschen und seines »Zarathustra« (1885) gemacht, in seiner eigenen Rhetorik freilich, seiner Auffassung über Schriftstellerei und Stil ganz anders gedacht.[117] *»Hauptgrund der Verderbnis des Stils.* – Mehr Empfindung für eine Sache *zeigen* wollen, als man wirklich *hat*, verdirbt den Stil, in der Sprache und in allen Künsten. Vielmehr hat eine große Kunst die umgekehrte Neigung: sie liebt es, gleich jedem sittlich bedeutenden Menschen, das Gefühl auf seinem Wege anzuhalten und nicht *ganz* ans Ende laufen zu lassen. Diese Scham der halben Gefühls-Sichtbarkeit ist zum Beispiel bei Sophokles auf das Schönste zu beobachten; und es scheint die Züge der Empfindung zu verklären, wenn diese sich selber nüchterner gibt, als sie ist.«[118]

Ob in seinen Rhetorik-Vorlesungen oder den thematisch entsprechenden Aphorismen der späteren Bücher: Nietzsches Rhetorik geht von einem Ideal attizistischer Zucht und Form aus (»Strenge Überlegung, Gedrängtheit, Kälte, Schlichtheit [...] Übrigens ist diese kalte Schreib- und Gefühlsart, als Gegensatz, jetzt sehr reizvoll: und darin liegt freilich eine neue Gefahr. Denn die scharfe Kälte ist so gut ein Reizmittel als ein hoher Wärmegrad.«[119]) und wird ganz ausdrücklich in Opposition zu den ästhetischen Tendenzen seiner Zeit entwickelt. Sachlichkeit, Deutlichkeit, Angemessenheit, Kürze sind die stilistischen Haupttugenden und entsprechen im wesentlichen der unteren bis mittleren Stillage der rhetorischen Überlieferung, doch beherrschte Nietzsche selber vom *genus humile* bis zum *genus grande* die Redeweisen mit allen ihren Zwischentönen aufs meisterhafteste und variierte sie je nach Zweck, Absicht und Gegenstand. Das einst so über- und heute eher unterschätzte »Buch für Alle und Keinen« »Also sprach Zarathustra« kann ja gewiß nicht gänzlich als Produkt einer *corrupta eloquentia* angesehen werden, sondern enthält neben Schwulst und bloßer Pose ebenso Passagen großartiger, erhabener Einfachheit und wirklich mitreißender Pathetik. Entsprechend der eigenen späteren Maxime seines Autors: »Der höchste Typus: das *klassische* Ideal – als Ausdruck eines Wohlgeratenseins *aller* Hauptinstinkte. Darin wieder der höchste Stil: *der große Stil.* Ausdruck des ›Willens zur Macht‹ selbst. Der am meisten gefürchtete Instinkt *wagt sich zu bekennen.*«[120]

F. Aspekte moderner Rhetorik-Rezeption –
Das 20. Jahrhundert

1. Rhetorik-Renaissance und apokryphe Rezeption

Bietet schon die Geschichte der Rhetorik im 19. Jahrhundert ein höchst unübersichtliches Bild, weil die Konturen des Faches zu verschwimmen beginnen, so verstärkt sich dieser Eindruck im 20. Jahrhundert erheblich. Rhetorik ist zwar allgegenwärtig, in politischer Rede (man denke an das Dritte Reich) und Propaganda, in der Werbung und den neuen Medien Rundfunk und Fernsehen, doch als Wissenschaft scheint sie verschollen. In den Sprachwissenschaften dominieren historische oder strukturalistische Methoden, die Literaturwissenschaft (mit Ausnahme der Barockforschung) beschränkt sich auf ästhetische Beschreibung und Geschichtsdarstellung, Pädagogik und Didaktik arbeiten nur noch mit Schwundformen (Aufsatzlehre), und die anderen traditionellen Bereiche rhetorischer Theorie sind von neuen Wissenschaften okkupiert und dabei oftmals in isolierte Einzelfelder der Forschung zerstückelt worden, so daß etwa die gesellschaftliche Beredsamkeit Gegenstand der Soziologie, Psychologie, der Medien- und Kommunikationswissenschaft geworden ist, die sprachlichen und bildlichen Formen und Phänomene der Überredung und Meinungsbildung desgleichen. Die rhetorischen Methoden der Erziehung und des Unterrichts leben nur noch verdeckt und vereinzelt in den empirisch ausgerichteten Erziehungswissenschaften fort, das rhetorische Bildungsideal wurde durch pragmatische Wissensschulung und politisch-ideologische Leitvorstellungen ersetzt und die Redepraxis sich selber überlassen, sie verkam und führte zu jener Barbarei öffentlicher Rede, gegen die auch die literarische Kunstprosa nichts vermochte.

Nicht in allen Ländern war diese Auflösung und Zerstückelung rhetorischer Theorie so umfassend wie in Deutschland, sie wurde in Frankreich durch ein anderes Literatur- und Sprachverständnis, in den angelsächsischen Ländern durch die Kontinuität der demokratischen Tradition verhindert. Doch beginnen auch in Deutschland seit der Jahrhundertmitte und verstärkt seit den sechziger Jahren die Bemühungen um eine wissenschaftliche Rekonstruktion und Weiterentwicklung der Rhetorik, der wachsenden Einsicht folgend, daß die einzelnen Spezialdisziplinen die Kohärenz der Gegenstände des kulturellen und sozialen Lebens zerstören und ihre eigentliche Erkenntnis dadurch verhindern. Auch aus der Einsicht heraus, daß mit Hilfe der überlieferten rhetorischen Techniken und Methoden oft bessere, praxisnähere und weiterführendere Ergebnisse (etwa bei der Analyse öffentlicher Rede oder der Alltagskommunikation) erzielt werden können als etwa mit formallinguistischen, strukturalistischen, sozialwissenschaftlichen Paradigmen, die sich (bei näherem Zusehen) nicht selten sogar als Schwundstufen der Rhetorik herausstellen.

Doch hat diese neue Phase in der Rhetorik gerade erst begonnen, und die Schwierigkeiten sind enorm: sie reichen von der mangelhaften institutionellen Verankerung des Faches in Universitäten und Hochschulen, seiner unzureichenden Präsenz im Unterricht, der Isolation der einzelnen Wissenschaftler, womit auch die Verbindung zu der ausländischen Forschung (führend wohl Amerika und die »New

Rhetoric«) meist nur zufällig und unkoordiniert geknüpft wird – bis hin zum Stand der Grundlagenforschung, die oftmals noch über das Archivieren des umfangreichen und verstreuten historischen Materials (etwa der Predigten, der Erbauungs- oder der Flugschriftenliteratur) nicht hinaus ist und sich mit veralteten Lexika, Geschichts-darstellungen, Lehrbüchern begnügen muß. Die folgenden Kapitel beschränken sich daher auf einen eher kursorischen Überblick in Form enzyklopädischer Stichworte über die Gegenstandsbereiche und Fachgebiete, in denen die Rhetorik mehr oder weniger ausdrücklich wirksam geworden ist und weiterwirkt; wobei versucht wird, die konkurrierenden Richtungen und Rezeptionsweisen wenigstens anzudeuten und auch ausländische Entwicklungen zu berücksichtigen.

2. Literaturwissenschaft und Literaturkritik

Blickt man in die üblichen Handbücher und Einführungen in die Literaturwissen-schaft, die in den fünfziger und sechziger Jahren als Studienbücher verbreitet waren (auch heute meist noch gebraucht werden), so taucht die Rhetorik allenfalls beiläu-fig im Abschnitt Stilistik bei der Behandlung der Figurenlehre und Poetik auf[1]; die herrschenden Methoden (Geistesgeschichte, biographische und psychoanalytische, dichtungsontologische und schließlich soziologische oder ideologiekritische Be-trachtungsweisen) standen der Rhetorik gleichgültig, feindlich oder schlicht igno-rant gegenüber, ihr Literaturbegriff orientierte sich durchweg am un-, ja antirheto-rischen Dichtungsverständnis der klassischen deutschen Ästhetik, ganze Epochen (Renaissance, Humanismus, Barock, auch die Aufklärung) blieben deshalb Stiefkin-der germanistischer Forschung. Daran änderten auch die Arbeiten Karl Borinskis[2] zunächst wenig, und erst Ende der zwanziger Jahre beginnt die Erkenntnis vom rhetorischen Grundzug jener Literatur wenigstens die Barockforschung zu verändern. Doch bleibt diese Neuorientierung im literaturhistorischen Rahmen und die Rheto-rik auch unter dieser Perspektive Bestandteil einer überwundenen Stufe in der Ent-wicklung der europäischen oder deutschen Literatur.[3] Das änderte sich erst mit den großen Abhandlungen von Klaus Dockhorn, in welchen rhetorische Dispositio-nen und Theorie-Elemente (etwa das Wirkungsschema *docere – delectare – movere*) als grundlegend für die europäische Literaturentwicklung bis weit hinein ins 19. Jahr-hundert nachgewiesen und gerade für jene Epochen reklamiert wurden, die bislang als gänzlich unrhetorisch angesehen waren: »Wordsworth und die rhetorische Tradi-tion in England« (1944), vor allem aber »Die Rhetorik als Quelle des vorromanti-schen Irrationalismus in der Literatur und Geistesgeschichte« (1949). »Denn für die Rhetorik steht das Irrationale nicht als Problem neben anderen Problemen, sondern ist ihr bewegendes Prinzip. Das kann nicht anders sein. Als Antiphilosophie hat sich die Rhetorik, nach Idee und Schema ihrer Darstellung, aus dem Kampf der Rheto-ren mit den Philosophen um den Anspruch auf die Jugenderziehung im Stadtstaat entwickelt zu einer Zeit, da das Reden, der Einfluß durch die Rede auf größere Menschenmengen und Richterkollegien, ein epochales Merkmal der Zeit wurde und blieb. Von daher definiert die Rhetorik ihr Anliegen als ›Glaubhaftmachen‹ [...], ›persuasio‹, ›persuadere‹ als ein ›Gegenstück‹ der Dialektik, und gleich das erste, die spätere Entwicklung entscheidend festlegende Hauptwerk, die Rhetorik des Aristo-teles, nimmt, trotz ausdrücklicher Wahrung des philosophischen Standpunktes in

ihrem Bestehen auf den sachlichen Beweisen, die rhetorischen Gesichtspunkte maßgeblich in ihr Dispositionsschema auf. Sie nennt drei Arten des Glaubhaftmachens
[...], die Verläßlichkeit des Redners, das Ethos; die emotionale Disponierung oder
Zubereitung des Hörers, das Pathos; und das Eingehen auf die Sache [...], was Aristoteles später [...] Pragma nennt.«[4] Wenn Dockhorn nun auch durch die Konzentration auf die emotionalen Überzeugungsgründe und die rhetorische Affektenlehre in die Gefahr geriet, die rationale Komponente der Beredsamkeit und ihre
Verpflichtung auf die Beweisfunktion (»Beweisen ist notwendig«, dekretiert Cicero,
obwohl erst der »die ganze Macht des Redners« erkenne, der sich »des Willens der
Zuhörer« bemächtigt[5]) nicht wichtig genug zu nehmen, so hat er doch den Blick
auf die umfassende, durchaus nicht bloß Regel, Norm und Stil-Drill bedeutende
Wirksamkeit der Rhetorik gerichtet. Sie erweist sich als strukturbildend sowohl in
den ästhetischen Konzeptionen der Moderne (wie etwa Schillers Distinktion von
Anmut und Würde oder Hegels Gattungsästhetik) wie auch in der literarischen
Praxis der Schriftsteller (»Ich dagegen ziehe es vor, mit der Wahl eines *Effekts* zu beginnen [...]. Und wenn ich einen sowohl neuartigen als auch wirksamen Effekt gefunden habe, überlege ich mir, ob er am besten durch die Handlung oder durch die
Erzählweise hervorgebracht werden kann« – E. A. Poe[6]). Die Wirkung von Dockhorns umfassenden Konzeptionen setzte richtig erst Ende der sechziger Jahre ein[7],
doch sind sie noch längst nicht ausgeschöpft.

Dagegen hat ein anderes, fast gleichzeitig mit den Arbeiten Dockhorns erschie-
nenes Buch sehr schnell die literatur-, ja darüber hinaus die allgemeine geisteswissenschaftliche Forschung beeinflußt: Ernst Robert Curtius' »Europäische Literatur
und Lateinisches Mittelalter« (1948), ein schon klassisches Werk moderner Literaturgeschichtsschreibung auch insofern, als es die rhetorischen Tugenden Klarheit
und Wohlredenheit mit umfassender humanistischer Bildung vereinigt. »Durch Karl
den Großen wurde das historische Gebilde erst vollends konstituiert, das ich als ›lateinisches Mittelalter‹ bezeichne. Dieser Begriff ist in der historischen Literatur
nicht üblich. Für unsere Zwecke aber ist er unentbehrlich. Ich bezeichne damit den
Anteil Roms, seiner Staatsidee, seiner Kirche, seiner Kultur an der Prägung des gesamten Mittelalters, also ein viel umfassenderes Phänomen als das Fortleben der lateinischen Sprache und Literatur.«[8] Als ausgesprochen fruchtbar hat sich Curtius'
Wiederentdeckung der antiken Topik erwiesen, die nun nicht nur die Literatur des
von ihm untersuchten Zeitraums, sondern (wie er selber exkursartig immer wieder
ausführt) die europäische Literatur weit darüber hinaus und bis in die Neuzeit geprägt hat. Curtius definierte Topik als »Vorratsmagazin«, in dem man »Gedanken
allgemeinster Art«[9] finden kann: »Die topoi sind also ursprünglich Hilfsmittel für
die Ausarbeitung von Reden.«[10] Diese Bestimmungen, durch Zitate von Cicero
und Quintilian hinreichend gestützt, wurden nun Ausgangspunkt einer äußerst lebendigen Topik-Rezeption, die aber auch immer wieder als mißverständlich oder gar
falsch kritisiert wurde. Das Verständnis der *topoi* »als beliebig in der Literaturland-
schaft verstreute Bild- und Argumentationsstereotypen mit überzeitlicher Geltung«[11]
wurde als allzu vage und unaristotelisch verworfen. Doch beruht diese Kritik selber
auf einem Mißverständnis. Für Curtius sind die *topoi* ganz im Sinne der antiken
Auffassung »Fundgruben für den Gedankengang«[12], doch nicht in dieser ursprünglichen Bedeutung interessieren sie ihn, er untersucht ihren Wandel, nachdem
die Rhetorik in alle Gattungen der Literatur eingedrungen ist: »Damit gewinnen

auch die topoi eine neue Funktion. Sie werden Klischees, die literarisch allgemein verwendbar sind«[13]. Die gleichsam beweglichen Suchformeln werden also unter dem Einfluß literarischer Traditionsausbildung fixiert, so daß etwa aus dem *locus aetate* das konventionalisierte Argument *puer senex* wird, dessen Verwendung Curtius dann im einzelnen nachgeht; indem er diese (weil sie nun ebenfalls »in jedem Zusammenhang verwendet werden können«[14]) auch als *topoi* bezeichnet, hat er allerdings der späteren Fehldeutung seiner Auffassung Tür und Tor geöffnet. Daß auch sie sich als wirkungsvoll erwiesen hat, sei nur nebenbei bemerkt, denn sie lenkte die Aufmerksamkeit auf jene Konstanten im Prozeß der Literatur- und Geistesgeschichte, deren Aussagestil zwar historisch bedingt, deren Sinn aber invariant geblieben ist. Wobei Curtius diese Invarianz in den »Urverhältnisse[n] des Daseins«[15] begründet sieht, eine gewiß nicht notwendig zwingende Deutung (auch als Invariante der Richtung und damit zweckhaft ließe sich Curtius' *topos* auffassen), die aber auch für die konkrete Analyse der Werke, etwa in der Motivforschung, zunächst gar nicht von Belang zu sein braucht. »Jeder formale oder thematische Gesichtspunkt, jede logische oder psychologische, disputationstaktische oder ethischnormative Verhaltensregel, jedes objektive Faktum oder fiktionale Bild, jedes konkrete Beispiel oder einprägsame Merkwort *kann* unter bestimmten sozio-kulturellen Bedingungen den Rang eines Topos gewinnen.« (Lothar Bornscheuer)[16]

Noch von einem anderen Ausgangspunkt aus beeinflußte die Rhetorik die Literaturwissenschaft, wenn auch zunächst meist in apokrypher Gestalt, das heißt hier in Gestalt der formalistischen Methode, die nach 1945 vorwiegend durch den »New Criticism« vermittelt wurde. Das von René Wellek und Austin Warren gemeinsam geschriebene Buch »Theory of Literature« (1949) hat dieser Literaturansicht zu ihrer größten Wirkung verholfen, sie ist im Kern rhetorischer Herkunft. Die Sprache der Literatur wird im Gegensatz zur Wissenschaftssprache als »ausdrucksvoll« gesehen. »Sie vermittelt Stimmung und Haltung des Sprechers oder Schriftstellers, sie stellt nicht nur fest, sie drückt nicht nur aus, was sie sagt; sie möchte die Haltung des Lesers beeinflussen, ihn überzeugen, ihn letztlich sogar umwandeln.«[17] Mit diesem Literaturbegriff werden literarische Theorie, Kritik und Geschichte wieder zu einer einheitlichen Methode zusammengefaßt. Zwar beschränkt sich ihr Gegenstand explizit noch auf Werke mit reichhaltigem und umfassendem ästhetischen Wert[18], doch wird auch schon das »Studium lebender Dichter«[19] verlangt, und prinzipiell spricht nichts gegen eine Übertragung dieser literarischen Kritik auf die bislang mißachteten Bereiche der Massenliteratur und der Publizistik. Wellek/Warren berufen sich immer wieder auf die russischen Formalisten (Eichenbaum, Schklowskij) und den Prager Linguistik-Kreis, aus dem René Wellek selber kommt. Diesem Einfluß ist es wohl zu verdanken, daß der anfänglich programmatisch erläuterte Literaturbegriff schließlich formalistisch eingeengt und auf die eigene Logik der Literatur als Literatur, auf Sprache, Stil, Schmuck und Gattungsmerkmale (also im wesentlichen auf den elocutionellen Bereich) konzentriert wird. Die Loslösung der Werke aus dem öffentlichen, gesellschaftlichen und historischen Kommunikationsprozeß hat ganz konsequent zur systemlinguistischen Sprachanalyse geführt und die rhetorische Tradition auch von dieser Seite verschüttet; mit welchen Gestehungskosten, das hat man erst seit Anfang der siebziger Jahre erkannt, als nämlich das Interesse daran, den künstlichen und außerordentlich eng begrenzten Objektbereich der Systemlinguistik zu überschreiten, auch eine neue Hinwendung zur Rhetorik zur Folge hatte.

Aber immer noch fehlt »eine Untersuchung der wissenschaftstheoretischen Beziehungen zwischen Linguistik und Rhetorik sowie einer möglichen forschungspraktischen Kooperation«[20].

Durch die ausschließliche Konzentration auf die sprachlich-formalen Textkonstituenten und das Interesse, »auf der Grundlage von spezifischen Eigenschaften des literarischen Materials eine selbständige Wissenschaft von der Literatur zu entwickeln« (Boris Eichenbaum)[21], konnte auch ein anderer im New Criticism ebenso wie in der angelsächsischen Literaturtradition verankerter Programmpunkt von Wellek/Warrens Literaturtheorie in Deutschland nicht wirksam werden: die Synthese von Literaturkritik und Literaturwissenschaft. Weder hat sich (nach Ansätzen Ende der sechziger Jahre[22]) die Literaturkritik als eigener Gegenstands- und Praxisbereich der Literaturwissenschaft wirklich durchsetzen können, noch sieht der Kritiker in ihr die produktive Ergänzung seiner Tätigkeit oder den theoretischen Fluchtpunkt seiner Methoden.

3. Hermeneutik und Rhetorik

»Woran sonst sollte auch die theoretische Besinnung auf das Verstehen anschließen als an die Rhetorik, die von ältester Tradition her der einzige Anwalt eines Wahrheitsanspruches ist, der das Wahrscheinliche ... (verisimile), und das der gemeinen Vernunft Einleuchtende gegen den Beweis- und Gewißheitsanspruch der Wissenschaft verteidigt? Überzeugen und Einleuchten, ohne eines Beweises fähig zu sein, ist offenbar ebensosehr das Ziel und Maß des Verstehens und Auslegens wie der Rede- und Überredungskunst – und dieses ganze weite Reich der einleuchtenden Überzeugungen und der allgemein herrschenden Ansichten wird nicht etwa durch den Fortschritt der Wissenschaft allmählich eingeengt, so groß der auch sei, sondern dehnt sich vielmehr auf jede neue Erkenntnis der Forschung aus, um sie für sich in Anspruch zu nehmen und sie sich anzupassen. Die Ubiquität der Rhetorik ist eine unbeschränkte. Erst durch sie wird Wissenschaft zu einem gesellschaftlichen Faktor des Lebens.«[23] So Hans-Georg Gadamer in den metakritischen Erörterungen zu »Wahrheit und Methode«, seinem Hauptwerk von 1960, in welchem er auf außerordentlich folgenreiche Weise die vollkommene Durchdringung von »rhetorische[m] und hermeneutische[m] Aspekt der menschlichen Sprachlichkeit«[24] erneut ins wissenschaftliche Bewußtsein gerückt hat. Sein Ausgangspunkt bezeichnet die humanistische Tradition mit ihren Leitbegriffen Bildung, *sensus communis,* Urteilskraft und Geschmack. »Die These meines Buches ist nun, daß das wirkungsgeschichtliche Moment in allem Verstehen von Überlieferung wirksam ist und wirksam bleibt, auch wo die Methodik der modernen historischen Wissenschaften Platz gegriffen hat und das geschichtlich Gewordene, geschichtlich Überlieferte zum ›Objekt‹ macht, das es ›festzustellen‹ gilt wie einen experimentellen Befund – als wäre Überlieferung in dem selben Sinne fremd und, menschlich gesehen, unverständlich wie der Gegenstand der Physik.«[25] Womit Gadamer auch das humanistische Geschichtsverständnis aufgreift und Verstehen als ein Gespräch mit der Überlieferung, als Integration in ihren Prozeß, damit als Vermittlung der Jetztzeit mit der Vergangenheit durch das Medium der gemeinsamen menschlichen Erfahrung auffaßt. So gewinnen die zentralen rhetorischen Lehren von der Erzeugung des Wahrscheinlichen, der Herstellung des *sensus communis* oder des jede Fragestellung vorausbeeinflussenden Vorverständnisses (des Vor-Urteils, das ja nicht falsch sein muß und, der Topik zufolge, Beweisfunktion annimmt, wenn es Ausdruck des Gemeinsinns ist) fundamentale Bedeutung für den hermeneutischen Prozeß, und Gadamer kann feststellen, »daß die theoretischen Mittel der Auslegungskunst [...] weitgehend der Rhetorik entlehnt sind.«[26] Doch geht es ihm nicht um deren Ausweis und Erprobung, sondern um die hermeneutische Funktion (»Der Interpret, der es mit einer Überlieferung zu tun hat, sucht sich dieselbe zu applizieren. Aber auch hier heißt das nicht, daß der überlieferte Text für ihn als ein Allgemeines gegeben und verstanden und danach erst für besondere Anwendungen in Gebrauch genommen würde. Der Interpret will vielmehr gar nichts anderes, als dies Allgemeine – den Text – verstehen, d.h. verstehen, was die Überlieferung sagt, was Sinn und Bedeutung des Textes ausmacht.«[27]) und schließlich ontologische Begründung der Möglichkeit von Verstehen.

Die Diskussion um Gadamers Thesen[28] hat sich vor allem an seinen philosophischen Voraussetzungen und Schlußfolgerungen entzündet, ohne daß die von ihm überzeugend und unangefochten dargelegte Unentbehrlichkeit der Rhetorik für jede hermeneutische, ja allgemein wissenschaftliche Praxis (»Alle Wissenschaft, welche praktisch werden soll, ist auf sie angewiesen.«[29]) nun selber in ihren Konsequenzen durchdacht und, auch unter veränderten Prämissen, zum Angelpunkt einer rhetorischen Theorie der Textauslegung gemacht worden wäre. Gadamers wichtigster Gegner in der Kontroverse um die philosophische Begründung und Funktion der Hermeneutik, Jürgen Habermas, setzt seine Kritik an der Vorurteils-Struktur des Verstehens an, ohne freilich zu berücksichtigen, daß der Verstehensprozeß gerade aus der Öffnung und dem Infragestellen der überlieferten und vorgeprägten Meinungen besteht, aus ihrer Verflüssigung und probeweisen Negation, die es schließlich zum Urteil macht und zur Aneignung durch den Interpreten bereitstellt – ein Prozeß, der natürlich nicht nur Verwerfen oder Bestätigen bedeutet, sondern Weiterentwicklung, d.h. produktive Aneignung der Überlieferung. Selbst wenn sich darin zuletzt immer »ein Ganzes von Sinn [...] ansagt«[30], ist das Verstehen doch in solchem ontologischen Horizont noch eine Bewegung, nämlich eine schrittweise, unvollkommene, doch zu immer größerer Vervollkommnung fähige Entdeckung des Seins in der Sprache und durch sie (»Sein, das verstanden werden kann, ist Sprache.«[31]). Denn die ontologische Wendung der Hermeneutik ist durchaus nicht notwendig und könnte durch eine geschichtliche Umwendung aufgehoben werden, ohne daß dadurch etwa die rhetorische Konzeption der Hermeneutik überhaupt in Frage stünde.

4. Medien- und Kommunikationswissenschaft

»Der Glaube daran, es ließen sich gerichtete und vorhersagbare Wirkungen erzielen auf Wissen, Einstellung und Handeln von Menschen, insbesondere im politischen und ökonomischen Bereich, war und ist der eigentliche Motor der Kommunikationsforschung. Entsprechend gewichtig war das Ausmaß an Aufmerksamkeit und wissenschaftlicher Unterstützung, das der Wirkungsforschung zuteil geworden ist. Um so mehr muß es überraschen, daß nach fünfzig Jahren Wirkungsforschung die

Substanz gesicherter Erkenntnisse eher einer Konkursmasse denn einem prosperierenden wissenschaftlichen Fundus gleicht.«[32] Dieses desillusionierende Resümee (es stammt von einem Kenner der Forschungslage) gewinnt noch an Schärfe, wenn man die Geschichte jener wissenschaftlichen Methoden verfolgt, die als Kommunikationsforschung, Medienwissenschaft, Wirkungs- und Motivforschung oder auch Publizistik-Wissenschaft kursieren und im wesentlichen alle den gleichen Gegenstand haben: den durch Worte oder andere Zeichen vermittelten und möglicherweise durch die Massenmedien verstärkten menschlichen Kommunikationsprozeß. Tatsächlich gleicht der Weg dieser, hier und im folgenden zusammenfassend »Kommunikationswissenschaft« genannten Disziplinen der Anekdote jenes einsam aufgewachsenen Sonderlings, der das Wagenrad (nochmals) erfindet, wo es doch in der übrigen Welt längst von Kutschen, Karren und dergleichen wimmelt. Um es kurz zu sagen: theoretische Differenziertheit, Problembewußtsein, methodischer und technischer Rang der antiken Rhetorik übertreffen den Standard der Kommunikationswissenschaft bis heute bei weitem, und allein im Bereich der empirischen Wirkungsforschung (Laboratoriumsexperimente, Studio- und Heimtests, Interviews oder Repräsentativumfragen usw.) ist es zu einer Ausweitung und Differenzierung der Methoden gekommen, die von der rhetorischen Tradition wegführen – mit welchem Ergebnis, belegt aber das Anfangszitat.

Zwar gehört das einfachste Modell der Kommunikation (Sender – Mitteilung – Empfänger) und das ihm entsprechende lineare Wirkungsschema (so daß bei entsprechend ausgerichteter Mitteilung der Empfänger die vom Sender beabsichtigte Wirkung zeigt) der Vergangenheit an, doch hat seine schrittweise Entfaltung nur die Fragwürdigkeit des zugrunde gelegten Wirkungsmodells gezeigt. Ob das Lasswellsche Kommunikationsmodell nach dem Muster »Who says What in Which Channel to Whom with What Effect?«[33] (in dem jeder Rhetoriker unschwer die simplifizierte und dem anderen Zweck entsprechend modifizierte Topik-Merkformel erkennt) oder die Einsicht Lazarsfelds[34], daß die Wirkung durch welche Medien auch immer von Faktoren abhängt, die nicht im Bereich dieser Medien liegen: also sozialer, kultureller, psychischer Bedingungen, zu deren Verfassung die Medien selber keinen oder nur einen eher beiläufigen Beitrag leisten, oder ob schließlich das Konzept der Selektivität und Nichtlinearität von Wirkungen: mit allen diesen Erkenntnissen vollzieht die Kommunikationsforschung nur eine Entwicklung nach, die in der Antike schließlich in die Ausbildung des rhetorischen Systems und der ihm entsprechenden Lehrbücher mündete. Denn auch das Massenmedium »ist lediglich ein Kommunikator, bei dem das Verhältnis vom ›output‹ gegenüber dem ›input‹ sehr groß ist«[35], so daß der darüber vermittelte Vorgang sich nicht wesentlich von den Kommunikationsprozessen unterscheidet, die Gegenstand der Rhetorik sind.

Doch ist die Kommunikationswissenschaft nicht nur an der Struktur des Vermittlungsprozesses von Bedeutungen interessiert, für die sie unterschiedlich komplizierte Modelle gefunden hat, sie analysiert auch die verschiedenen Bestandteile des Übertragungsgeschehens. Denn die Zeichen, die es benutzt, beziehen ihre Bedeutung aus kultureller Übereinkunft und sozialer Erfahrung, aus individuellen Erlebnissen (etwa in der Kindheit) und subjektiven Stimmungen – Faktoren, die schon das reine Verstehen bestimmen und natürlich erst recht die erwünschte Einstellung beeinflussen. Erschwert wird diese Erkenntnis durch die vertikale und horizontale Schichtung der Bedeutungen in einer einzigen Mitteilung. So daß etwa die Frage

»Haben Sie das Geld abgehoben?« als erstes auf reine Sachinformation abzielen kann, durch diese hindurch aber etwas ganz anderes im Sinn hat, wenn sie zum Beispiel im Kontext eines Kriminalgeschehens gestellt wird. Ähnliches gilt für das Nebeneinander der Informationen, das bis zum Widerspruch gehen kann – so wenn man jemandem einen schönen Tag wünscht, doch das mit einem Gesicht, das diesen Gruß Lügen straft.

Ein dritter Forschungsschwerpunkt betrifft die Faktoren, die über das Ankommen, die Annahme einer Mitteilung entscheiden. Wie kommt es, daß manche Nachrichten überhört, übersehen werden (ein rotes Pik-As, unter ein sonst übliches Kartenspiel gemischt, wird beim Aufblättern gar nicht wahrgenommen), daß der Kontext konkurrierender Mitteilungen die eine Information abschwächt (eine Fülle von Katastrophennachrichten), die andere verstärkt (die Katastrophennachricht platzt in Festtagsstimmung), wie kommt es, daß dieselbe Information in der einen Gruppe Befriedigung, in der anderen Entsetzen hervorruft, und wie kann die unerwünschte Reaktion verhindert oder abgeschwächt werden? Diese Fragen beziehen sich auf das individuelle und soziale Bezugssystem der Adressaten – doch wie überwindet man die Schwierigkeiten, die durch derartige Prägungen gegeben sind? Indem konkurrierende Mitteilungen ausgeschaltet oder niedergelegt oder gleichgerichtet werden; indem vorgeprägte Haltungen, Vorurteile direkt thematisiert oder indirekt relativiert werden, indem man subjektive Besonderheiten offen kritisiert oder scheinbar unbeachtet läßt, indem man seine Mitteilung auf vertrautem Gebiet oder in ganz überraschender Umgebung präsentiert?

Der Rhetoriker wird alle diese Fragen wiedererkennen, wenn sie in der antiken Redelehre auch anhand anderer Paradigmata (vorzüglich der Gerichts- und Volksrede) behandelt werden; die letzte und vom Standpunkt empirischer Kommunikationswissenschaftler entscheidende Frage nach der faktischen Wirkung von Kommunikation und ihrer Nachweisbarkeit hat in bezug auf die Massenmedien, auf Werbung und politische Propaganda natürlich eine Bedeutung gewonnen, wie sie sich bei dem aktuellen und kohärenten Publikum des antiken oder auch des humanistischen Redners gar nicht einstellte. Doch sind die Forschungsergebnisse auf diesem Feld besonders verwirrend, widersprüchlich oder dürftig: von den unterschiedlichen Befragungsergebnissen, die man aus den Veröffentlichungen der Meinungsforschungsinstitute entnehmen kann, bis hin zu kontrollierten Versuchen. »Zu den besonders enttäuschenden Befunden der Kommunikationsforschung gehören die Vergleiche von Personen, die meinungsbildenden Einflüssen entgegengesetzter Art durch Massenmedien ausgesetzt waren; man erwartet, daß sie sich in ihrer Einstellung unterscheiden müßten, aber zumeist ist das nicht der Fall. Das wiederum verstärkt die Ansicht, daß die Wirkung der Massenmedien gering sein muß.«[36] Der Aufschluß, den die statistische Struktur der Sprache und aller anderen auf ihr beruhenden Zeichensysteme geben kann, ist offenbar viel zu gering, als daß sich daraus Wirkungsmechanismen und sichere Prognosen entwickeln ließen – gewiß auch ein Grund, weshalb die antiken Redetheoretiker darauf weitgehend verzichteten.

Rhetorik und Kommunikationswissenschaft unterscheiden sich aber grundsätzlich in einem anderen Punkt, den es gerade deshalb zu betonen gilt, weil beide Disziplinen inzwischen ihre Verwandtschaft entdeckt haben und in eine auch fruchtbare Wechselwirkung (etwa im Rahmen der »New Rhetoric«) getreten sind. In der

Lehre von der Angemessenheit hat die Rhetorik den theoretischen Rahmen, in Topik, Beweis- und Figurenlehre aber die methodischen und praktischen Folgerungen für ihre Art der Wirkungsforschung entwickelt. Denn natürlich braucht jeder Redner Informationen, um die beabsichtigte Wirkung seiner Rede auf sein Publikum adäquat einschätzen und so überhaupt erst erreichen zu können. Die rhetorische Technik gründet immer auf einer Erfahrungswissenschaft, und die einzelnen von ihr formulierten Regeln sind nicht allein linear-zweckhaft gerichtet, sondern zugleich Ergebnis eines Wirkungsmechanismus, den sie abbilden, um ihn erneut in Gang zu setzen; von der *inventio* bis zur *actio* ist die Struktur sämtlicher Prinzipien und Regeln derart zweiseitig. Der *topos* etwa darf nicht nur als eine Suchkategorie für besonders wirkungsvolle Argumente verstanden werden, er vermittelt auch ein Wissen über die Wirkungsfaktoren, deren Ergebnis er ist: »Ein Topos ist die Quelle und zugleich die Resultante verschiedener historisch-gesellschaftlicher Kräfte, ein erlerntes, prägendes, aber zugleich auch flexibles, veränderbares Bildungsmedium.«[37] Als solches aber verankert im kulturellen, religiösen oder moralischen Selbstverständnis einer Gesellschaft. Verfügung über die Form bedeutet eine humanistische Leit-Tendenz im Sinne der Renaissance oder der Aufklärung: das ist die Grenze, an der sich Rhetorik und Propaganda, Erziehung zur Mündigkeit und Manipulation unterscheiden. Die rhetorische Kommunikation nach antik-humanistischem Verständnis zielt deshalb zwar auch auf eine Haltungsänderung im Publikum, doch zugleich über den pragmatischen Anlaß hinaus. Die reine Funktionalisierung der Rhetorik in den Kommunikationswissenschaften verkürzt sie um den ihr wesentlichen Sinn des humanistischen Rede-Ideals, in dem Sprache zu Erkenntnis und zu erkennender Bewertung führt.

5. Neue Rhetorik und »New Rhetoric«

Neue Rhetorik, New Rhetoric oder nouvelle rhétorique sind Bezeichnungen für ganz verschiedenartige Rezeptionsweisen klassischer Rhetorik, die eigentlich nur zusammenstimmen in der Deklaration von Gemeinsamkeit mit der rhetorischen Überlieferung und dem Pathos des Neubeginns. Bei näherem Zusehen entpuppt sich der Differenzpunkt allerdings meist als instrumentelle Reduktion, terminologischer Etikettenschwindel durch bloße Umbenennungen und Veränderung des Ordnungsgefüges oder als Addition moderner Methoden der empirischen Sozialforschung und der psychologischen Motivationsforschung. Der Begriff Neue Rhetorik faßt also unterschiedliche Theorien und Forschungsansätze zusammen, soll hier aber, dem Selbstverständnis der Autoren folgend, beibehalten werden. Die heute wohl drei wichtigsten Richtungen sind:[38]

Die psychologisch-kommunikationswissenschaftliche Rhetorik, die »sich um eine objektive Beschreibung und Analyse der Vorgänge bei der Überredung« bemüht. [39]

Die philosophisch orientierte Argumentations- und Kommunikationstheorie, die ihren gemeinsamen Bezugspunkt in der Aristotelischen Rhetorik haben, doch jeweils die Akzente anders setzen.

Die linguistische und/oder semiotisch ausgerichtete Rhetorik, die von einer bloßen Rhetorik der Figuren bis zur Konzeption eines umfassenden Zeichensystems der Rhetorik reicht.

Die wichtigste Quelle der Neuen Rhetorik ist das Lehrbuch von Aristoteles geworden. Als einen Grund nennt Perelman »die klare Trennung von praktischen Disziplinen und theoretischen Wissenschaften«, wodurch die Funktion »der dialektischen Schritte und rhetorischen Diskurse« auf die gemeinsame Garantie für die Rationalität der praktischen Tätigkeiten festgelegt worden sei[40]. In der Tat behandelt Aristoteles die Rhetorik als abgegrenztes Wissensgebiet, in welchem die Gegenstände nicht eindeutig bestimmt, sondern abhängig von der Erörterung, von Wahl und Entscheidung sind und das daher auch besondere und besonders auszubildende Fertigkeiten verlangt: nämlich beweiskräftig argumentieren und psychologisch glaubhaft darstellen zu können. Der Gebrauch psychologischer Einsichten für die Überzeugungsherstellung, den Aristoteles lehrt, hat seine Rhetorik für die bis dahin wenig erfolgreiche Kommunikationswissenschaft so attraktiv gemacht. »Aristoteles schied die Ethik von der Wissenschaft [...] Er beschäftigte sich mit der Kunst der Überredung, den Reaktionen der Seele, und er bemühte sich um eine objektive Analyse dieses Vorgangs, ohne Rücksicht auf die Frage nach Gut und Böse [...] Die neue Rhetorik beschäftigt sich nun gleichfalls mit dem Prozeß der Überredung [...] Im Gegensatz zu Aristoteles kann sie sich dabei aber auf den gesicherten Wissensbestand der modernen Psychologie im Hinblick auf menschliches Verhalten stützen.«[41]

Vor allem in der Schule Carl J. Hovlands wurde auf der Basis dieses Rhetorik-Verständnisses und mit Hilfe behavioristisch-verhaltenspsychologischer Methoden der Prozeß der Gesinnungsbeeinflussung untersucht und experimentell erprobt. Die wichtigsten Leitfragen: Welchen Einfluß haben die Darbietungsformen auf die Einstellung der Adressaten? (Eins der Ergebnisse besagt, daß die Darstellung oder Nennung gegnerischer Argumente am Anfang einer Rede tatsächlich die wirksamste Immunisierung gegen deren späteren Einfluß darstellt[42] – Adam Müller hatte 150 Jahre vorher ebenfalls die Selbstanklage am Redebeginn als das wirksamste Überzeugungsmittel seiner ›neuen‹ Rhetorik empfohlen). Macht es einen Unterschied, ob die Informationsquelle seriös, fragwürdig oder anonym erscheint? (Am Anfang ja, je mehr Zeit vergeht, um so geringer werden die Unterschiede.) Welche Persönlichkeitsfaktoren sind der Überredung günstig, gibt es der Überredung besonders leicht zugängliche oder besonders verschlossene Charaktere, und worauf beruhen diese Prägungen? Was geschieht, wenn die kognitiven und emotionalen Gewißheiten miteinander in Widerstreit geraten? (Milton J. Rosenbergs These: das schwächere der beiden Überzeugungsmomente paßt sich dem stärkeren an.)

Die klassische Aristotelische Rhetorik ist für diese Untersuchungen natürlich allenfalls der theoretische und historische Ausgangspunkt, insofern in ihr die Theorie einer psychologischen Überzeugungsstrategie vorgebildet ist. Überredung ist für Hovland, Walter Weiss oder Irving Janis jeder sprachlichen Äußerung immanent (»Whenever we use language, we are using persuasion.«[43]), ein technologisches Rhetorikverständnis, das von anderen Theoretikern wie I. A. Richards (The Province of Rhetoric, 1965) durch biologische und triebpsychologische Erklärungen fundiert werden soll. Rhetorik bezieht sich in derartigen Konzeptionen dann konsequenterweise nicht mehr allein auf die Rede, sondern ist Bestandteil jedes Kommunikationsprozesses, auch wenn er sich in Tätigkeiten oder bloßen Haltungsänderungen ausdrückt; denn immer ist der Mensch um ein wirksames Verständnis, »comprehension« (Richards), seiner Überzeugungen bemüht, in welcher Gestalt sie auch auftritt.

Daß die »New Rhetoric« dann vielfach nur in einer Neubenennung geläufiger rhetorischer Sachverhalte besteht, macht etwa Richards mit den für seine Rhetorik zentralen Überlegungen zur Metapher deutlich: »tenor« nennt er den eigentlichen Sinn (»underlying idea«), »vehicle« den bezeichnenden Gegenstand (»that lends its selected characteristics to make the tenor clearer or more vivid«[44]), und die Grundbeziehung zwischen tenor und vehicle, das tertium comparationis, bezeichnet er mit »ground«. Richards entwickelt also am Beispiel der Metapher eine Zeichentheorie, die dem antiken Paradigma nachgebildet, doch auch in der Semantik von Peirce, Frege oder Carnap enthalten ist. Unter diesem Aspekt gewinnen die traditionellen rhetorischen Kategorien den Charakter von Zeichen, die Rhetorik selber wird zur allgemeinen Zeichenlehre, die sprachliche, bildliche und auditive Phänomene gleichermaßen zu erfassen vermag. »Wenn wir heute von ›antiker Semiotik‹ sprechen, dann nicht deshalb, weil es die besondere Disziplin der Semiotik im Fächerkanon des antiken Schulbetriebes schon gegeben hätte, sondern deshalb, weil die auf das Zeichenphänomen bezogenen Fragen und Antworten und die terminologische Fixierung dieser Aktivitäten und ihrer Resultate in der Antike diese Kennzeichnung rechtfertigen.«[45]

Die Tropen, vor allem Metapher und Metonymie, die schon Roman Jakobsen als herausgehobene Formen der Ersetzung verstand, werden von den meisten Autoren als die exemplarischen Zeichen aufgefaßt, an denen sich die semiotische Interpretation der Rhetorik besonders einsichtig machen läßt. »Eine Einheit steht anstelle einer anderen kraft einer ihnen gemeinsamen Ähnlichkeit. Aber die Ähnlichkeit hängt von der Tatsache ab, daß im Code schon fixierte Ersetzungsbeziehungen bestanden, die auf irgendeine Weise die ersetzten Größen mit den ersetzenden verbanden. Wenn die Verbindung unmittelbar ist, haben wir eine leichte Metapher [...] Wenn die Verbindung mittelbar ist [...], haben wir eine ›gewagte‹ Metapher, den ›Witz‹, die ›agudeza‹.« (Umberto Eco)[46]

Den Mechanismus dieser Bedeutungsübertragung oder Ersetzung aus einem System der nicht-codierten ikonischen, buchstäblichen Information in ein zweites System der codierten ikonischen Nachricht[47] untersucht Roland Barthes am Beispiel eines Reklamebildes, wobei er zu dem Ergebnis kommt, daß die Inhaltebene, das vom Bilde Bedeutete ein ideologisches Segment darstellt, das Bestandteil der kulturellen Einheit ist und mit einem Konnotationssignifikanten (der rhetorischen Figur) verbunden werden kann. Das Ordnungssystem dieser signifikanten Einheiten nennt Barthes »rhétorique«: »Diese Rhetorik kann nur hergestellt werden, wenn man von einer ziemlich umfassenden Bestandsaufnahme ausgeht, doch kann man schon jetzt voraussehen, daß man dann einige einst von den Alten und Klassikern entdeckte Figuren wiederfinden wird. So bezeichnet die Tomate das ›Italienische‹ durch Metonymie. In einer anderen Reklame löst die Folge von drei Szenen (Kaffeebohnen, gemahlener Kaffee, ausgebrühter Kaffee) durch einfache Gegenüberstellung – auf dieselbe Weise wie ein Asyndeton – einen bestimmten logischen Bezug aus.«[48]

Die semiotische Rhetorik konzentriert sich besonders auf die Figurenlehre als einen Schatz von Kunstgriffen, »die geeignet sind, Gefühle zu erregen«[49], und als eine »generative Technik, d.h. als Besitz von Argumentationsmechanismen, durch die man persuasive Argumentationen erzeugen kann«[50], doch hat sie auch den Ehrgeiz, über den Zeichencharakter der rhetorischen Figuren zu einem eindeutigeren und schlüssigeren Ordnungssystem zu gelangen. Denn die Unterscheidung von Zeichengestalt (Signifikant) und Zeichenbedeutung (Signifikat) als zwei Ebenen der Veränderung legt ein einfaches Dispositionsschema nahe: »Dementsprechend gibt es syntaktische und semantische rhetorische Figuren. Eine syntaktische Figur liegt vor, wenn mit der Zeichengestalt operiert wird. Eine semantische Figur liegt vor, wenn mit dem ›Signifikat‹ operiert wird.«[51] Auch wenn einzelne Autoren immer wieder die enge Konzentration der Semiotik auf den elocutionellen Bereich zu überwinden suchen, sogar praktische Gesichtspunkte der Text- oder Bilderzeugung mit in ihre Theorie einbeziehen (wie besonders Eco) und deren universale Gültigkeit bei der Mythenanalyse als eine Form der Ideologiekritik erweisen (R. Barthes, Mythen des Alltags; 1957), zuletzt rekurrieren sie immer auf eine Rhetorik der Formen, die dazu tendiert, den Zeichen ihre rhetorische Qualität, und das ist ihre Wirkungsintentionalität, ihre bewußt zweckgerichtete Funktionsweise zu nehmen oder doch allenfalls nur als eine Weise des Bedeutens neben anderen zu berücksichtigen. Und vollends gelöst wird die Rhetorik auf diese Weise aus dem Kontext des humanistischen Bildungssystems, in dem erst die spezifisch rhetorischen Wirkungsformen ihren rein instrumentellen Charakter verlieren.

Die gleichen Einwände treffen natürlich (und in noch stärkerem Maße) die linguistischen Modifikationen der Rhetorik, da auch sie sich vor allem auf die *elocutio* und die Klassifikationsmöglichkeiten der Tropen und Figuren beschränken. Aus der Perspektive einer isolierten »Rhetorik der Figuren« (Heinrich F. Plett) läßt sich freilich »die Frage nach der Beschaffenheit des persuasiven Zwecks«[52] nur allgemein derart beantworten, daß »jedesmal [...] das Moment des Umstimmens involviert [ist]«[53]. Ein anderer Autor definiert die rhetorische Intention innerhalb einer »Teildisziplin der Sprachpragmatik« als »hindernisüberwindende ›Wirkungsintention‹«, die nicht-appellative oder appellative Zwecke verfolgt: »Im ersten Falle richtet sich die rhetorische Intention auf die Überwindung von Wahrnehmungs-, Dekodierungs- und Interpretationshindernissen [...] Im zweiten Fall geht es um Beeinflussung langfristiger und augenblicklicher Zustände«[54].

In der Einleitung zu seiner »Allgemeinen Rhetorik« (1970), die Jacques Dubois zusammen mit anderen Autoren der Lütticher »Groupe μ« verfaßt hat, betont er, daß die Rhetorik ihr Wiederaufleben in Frankreich vor allem »dem Einfluß des Sprachwissenschaftlers Roman Jakobson«[55] zu verdanken habe; auch Dubois' Konzeption der Rhetorik beschränkt sich im wesentlichen auf die Begründung und Einleitung eines neuen Figuren-Modells, und er geht dabei von einer Nullstufe der Sprache aus, die ihrem pragmatischen, normalen Gebrauch entspricht und den Maßstab für die Abweichungen liefert, die durch Überschuß *(adjonction)* oder Defizit *(suppression),* Ersatz *(suppression-adjonction)* oder Vertauschung *(permutation)* zustande kommen – Begriffe, in denen man unschwer die von Heinrich Lausberg in seinem »Handbuch der literarischen Rhetorik« (1960) nach antik-rhetorischem Vorbild zusammengestellten Änderungskategorien wiedererkennt. Die mit diesen Operationskategorien nach ihrem Gegenstandsbereich (Wort, Satz oder Bedeutung) vorgenommene Klassifikation der Figuren weist den gleichen Nachteil auf wie noch alle textsemiotisch oder sprachwissenschaftlich inspirierten Neufassungen der rhetorischen Figurenlehre: Präzision und Konsistenz des elocutionellen Systems werden zum selbstzweckhaften Ideal der Restrukturierung der Rhetorik, worunter die Brauchbarkeit in jeder Hinsicht leidet. Zudem entpuppen sich (wie hier) derartige Systeme dann meist als bloße Erneuerung einer einzelnen Perspektive antiker rhetorischer Stiltheorie, die an die Stelle ihres polyperspektivischen (aber als unwissenschaftlich geltenden) Zugriffs gesetzt und konsequent unter neuer Terminologie durchgeführt wird. Das Ergebnis besteht dann in eben jenen »technischen und abstoßenden Termini«, die »pedantisch und schwerfällig sind«[56] und der alten Rhetorik von ihren Kritikern zu Unrecht nachgesagt werden, wie Dubois feststellt.

Auch im Rahmen der amerikanischen »New Rhetoric« gibt es Bemühungen um eine linguistische Neukonzeption der Rhetorik, deren Notwendigkeit mit dem Wechsel der Kommunikationsformen und der Entwicklung neuer Kommunikationstechnologien begründet wird.[57] Sobald der Linguist über den Satz hinausgehe (so Young und Becker in »Toward a Modern Theory of Rhetoric«), bewege er sich auf rhetorischem Gebiet, und ob er nun die Struktur einer syntaktischen Einheit, eines erweiterten Arguments oder gar eines Romans untersuche, mache prinzipiell keinen Unterschied, da es sich dabei jeweils um eine bestimmte Auswahl und Anordnung von Sprache handelt. Die traditionelle Unterscheidung von Grammatik, Logik und Rhetorik wird demnach hinfällig und auf der Basis einer tagmemischen Grammatiktheorie (die die grammatische Struktur sprachlicher Ausdrücke durch bedeutungsfreie – Taxeme – und bedeutungstragende – Tagmeme – Elemente konstituiert sieht) sowohl ein neues rhetorisches Beschreibungs- und Analysemodell für die Rede als auch Kriterien für die Anordnungsbeziehungen eines Themenfeldes oder die Selektion eines Konstruktionstyps in der Redeproduktion aufgestellt. Um eine solche auch erfolgversprechend durchführen zu können, haben Young und Becker einen Fragenkatalog entwickelt, mit dessen Hilfe die Vormeinungen und Einstellungen des Publikums (sein »emic system«, auch »internal views« genannt, im Gegensatz zu »external views«, also den noch fremden Positionen) untersucht werden können, also etwa: Wie sieht der Leser das Thema (»particle view«), in welchem Verhältnis steht es zu seiner geistigen Entwicklung (»wave view«), oder wie schätzt er seine funktionalen Elemente ein (»field view«)?

Im Gegensatz zur traditionellen Rhetorik, die das Publikum durch autoritätshaltige Argumente zu überzeugen suchte, bestimmen Young und Becker das Ziel der neuen Rhetorik als »Identification« und befinden sich damit in Übereinstimmung mit fast allen wichtigen Vertretern der amerikanischen »New Rhetoric«. Denn daß der Autor sein letztes Ziel darin sehen muß, das Publikum mit seiner Botschaft zu identifizieren und sie (in der Sprache der tagmemischen Rhetorik) zum Bestandteil von dessen »emic system« zu machen, ist auch der Fluchtpunkt von Kenneth Burkes Theorie, die in vielem grundlegend für die amerikanische neue Rhetorik geworden ist, obwohl sie sich durch vielfältigen Eklektizismus auszeichnet. Burke ersetzte, unter Berufung auf Aristoteles, den Schlüsselbegriff der alten Rhetorik »Überredung« oder »Überzeugung« durch Identifikation, die er in der menschlichen Natur begründet sieht. Ihre rhetorische Funktion erschöpft sich daher nicht in der zweckvollen Herstellung vorher fehlender Gemeinsamkeit unter parteilichen Gesichtspunkten, sondern geht über in die Motivationsforschung, die das Identifikationsbedürfnis in seinen verschiedenen Formen untersucht, klassifiziert und so instrumentell nutzbar macht; diese Seite der Rhetorik der Identifikation ist übrigens weiterentwickelt worden und Gegenstand der meisten privatwirtschaftlichen Rhetorik-Kurse, der Verkäufer- und Manager-Schulung in den USA und der Bundesrepublik. Eine Modifikation, die Burke sicherlich nicht beabsichtigt hat. Seine neue Rhetorik zielt darauf, mit Hilfe sprachlicher Strategien Haltungsänderungen herbeizuführen, die dann auch bestimmte Handlungen induzieren. Verfügung über die Sprache bedeutet Verfügung über die Gesellschaft: »Identifikation gleicht die Spaltung aus. Wären die Menschen nicht voneinander entfernt, gäbe es kein Bedürfnis nach dem Rhetoriker, um ihre Einheit zu proklamieren. Wären die Menschen ganz und wirklich von einer Substanz, würde die absolute Kommunikation zum Wesen des Menschen gehören.«[58] In einem fiktiven Gespräch zwischen Lehrer und Schüler[59] versucht Burke auch die praktische Seite der Rhetorik (als *rhetorica utens*) neu zu begründen. Indem er das soziale Leben allegorisch als Wanderung durch den »Wald der Symbole« darstellt, wird die praktische Verfügung über literarisch-rhetorische Strategien (etwa der Höflichkeit, der Ablenkung, der Vergeistigung) wiederum zu einem Mittel des gesellschaftlichen Erfolgs und der Überwindung von Krisen und Konflikten – Burkes Beispiele (Castigliones »Buch vom Hofmann« oder Machiavellis »Fürst«) sprechen für sich. Daß er diese Rhetorik dann selber als eine Art Trick (»ruse«) ausgibt, scheint seinem sprachphilosophischen Optimismus zu widersprechen und ist doch nur dessen realistische Kehrseite: die Verfügung über die Bedeutungen ist nur eine Umschreibung für Manipulation, die sich mit den unterschiedlichsten Zwecken verbinden kann.

Diese aus ihrer Geschichte altbekannte Zweideutigkeit der Rhetorik hat zu ebenfalls längst wohlvertrauten Rechtfertigungsversuchen geführt. Henry W. Johnstone (»From Philosophy to Rhetoric and Back«, 1974[60]) unterscheidet die »manipulative, unilateral rhetoric« von der »nomanipulative, bilateral rhetoric«[61] und meint mit dieser ›guten‹ Rhetorik ihre argumentationstheoretisch-philosophische Rekonstruktion, auch sie fußt auf der Aristotelischen Rhetorik, doch unter Einschluß der Topik, in welcher Aristoteles das dialektische Schlußverfahren behandelt. »Er sah in ihr [der Rhetorik] das Gegenstück (antistrophos) zur Dialektik: diese bezieht sich auf die in einer Kontroverse oder Diskussion mit einem einzigen Gesprächspartner eingesetzten Argumente, während die Rhetorik die Techniken des Redners betrifft, der sich in der Öffentlichkeit an eine Menge wendet, die über kein spezialisiertes Wissen verfügt und schwierigeren Überlegungen nicht folgen kann. Die neue Rhetorik bezieht sich jedoch im Gegensatz zur alten auf Reden an sämtliche Arten von Zuhörerschaft [...] sie analysiert auch die Argumente, die man in einer inneren Überlegung an sich selbst richtet.«[62] Chaïm Perelman, der herausragende Vertreter dieser argumentationstheoretischen Richtung der neuen Rhetorik, bringt Dialektik und Rhetorik zu einer neuen, an die Aufklärung erinnernden Synthese. Sie ist verbunden mit einer schroffen Wendung gegen die experimentelle Psychologie[63] und die Hypertrophie des positivistischen Glaubens an die Beweiskraft der Augenscheinlichkeit, wie sie etwa Young und Becker vertreten (»experimental evidence«, »extrinsic arguments«[64]). »Eine Argumentation kann keine Gewißheit verschaffen, und gegen Gewißheit läßt sich nicht argumentieren [...] nur bei umstrittener Gewißheit kommt die Argumentation ins Spiel.«[65] Perelmans rhetorische Argumentationslehre konzentriert sich auf die Erklärung der »quasi-logischen Argumente« (»Die vom Redner für seine These angeführten Gründe sind von einer anderen Art: es geht nicht um eine korrekte oder inkorrekte Beweisführung, sondern um stärkere oder schwächere Argumente«[66]), der Argumente aus der Struktur des Wirklichen, behandelt aber auch die Argumentation durch Beispiel, Illustration und Modell, durch Analogie und Verhältnismäßigkeit, paradoxe oder tautologische Fügungen. Doch spielt die Rhetorik der Figuren (die Perelman als unzulässige, in der Geschichte durch Petrus Ramus vorgeprägte und eingeleitete Einschränkung und Verarmung kritisiert[67]) nur eine geringe Rolle, während die Reihenfolge der Argumente *(dispositio)*, dem persuasiven Ziel der Rede angemessen, sorgfältige Beachtung erfordert. Kein Zweifel: Perelmans »New Rhetoric« ist eine genuine Fortführung der rhetorischen Tradition, gerade auch nach dem humanistischen Gehalt der Redekultur (»Statt eine notwendige und evidente erste Wahrheit zu suchen, von der all unser Wissen abhängt, verändern wir unsere Philosophie gemäß einer Sichtweise, nach der es die interagierenden Menschen und Gesellschaften sind, die allein für ihre Kultur, ihre Institutionen und ihre Zukunft verantwortlich sind, und die sich bemühen, vernünftige, unvollständige aber vervollkommenbare Systeme zu entwickeln. Der eigentliche Bereich von Argumentation, Dialektik und Rhetorik liegt dort, wo es um Werte geht.«[68]). Seinem dialektischen Ansatz entsprechend, bleibt freilich die emotionale Überzeugungsherstellung weitgehend unbehandelt und aus dem argumentativen Diskurs ausgeschaltet. Womit zwar den Problemen aus dem Wege gegangen wird, die sich aus einer vermögens- und kollektiv-psychologisch ausgerichteten rhetorischen Affektenlehre im Zeitalter der empirischen Psychologie, Sozialpsychologie und Psychoanalyse ergeben, doch damit ja die Erfahrung der emotionalen Wirksamkeit jeder Argumentation nicht hinfällig wird. Zwischen dialektischer Argumentationsrhetorik und kommunikationswissenschaftlicher Aneignung der experimentellen Psychologie wäre ein dritter Weg denkbar. Die statistische Struktur der Affektsprache erlaubt eine Systematisierung von Affektvorgängen, von welcher man sich zwar nicht deren Erklärung erwarten darf, die aber Instrumente für die emotionale Wirkung durch Ordnung verfügbar macht. Das bedeutete Wiederannäherung an die rhetorische Affektenlehre und ihre Interpretation zur aktuellen Verwendung – ganz wie Perelman dies mit den dialektischen Argumenten vorgeführt hat.

6. Philosophie und Rhetorik

»So lange die Philosophie ewige Wahrheiten, endgültige Gewißheiten wenigstens in Aussicht stellen mochte, mußte ihr der *consensus* als Ideal der Rhetorik, Zustimmung als das auf Widerruf erlangte Resultat der Überredung, verächtlich erscheinen. Aber mit ihrer Umwandlung in eine Theorie der wissenschaftlichen ›Methode‹ der Neuzeit blieb auch der Philosophie der Verzicht nicht erspart, der aller Rhetorik zugrunde liegt.«[69] Hans Blumenberg hat den Hauptgrund für das erstaunlich aktuelle Interesse der Philosophie an der Rhetorik benannt, für das seine eigenen Arbeiten (grundlegend: »Paradigmen zu einer Metaphorologie«[70]), aber auch die sprachphilosophischen Untersuchungen Karl-Otto Apels, Hans-Georg Gadamers Hermeneutik, Chaïm Perelmans Argumentationstheorie und Jürgen Habermas' Konsensustheorie der Wahrheit[71] die bekanntesten Beispiele liefern. Seit Platon hat sich an der Wahrheitsfrage der Streit zwischen Rhetorik und Philosophie entzündet und das Verhältnis beider Disziplinen, unbeschadet zeitweiser Annäherungen wie im Humanismus, von der Antike bis in die Gegenwart bestimmt. Gegenüber der philosophischen Vernunft erschien die rhetorische Vernunftkritik als ein Relativismus und die Beweisart des Redners, die sich am *consensus omnium* zu orientieren hatte, als eine Schmeichelkunst, die den Konsens erst manipulativ herstellte, den sie zur

Begründung ihrer Sätze ins Feld führte. Allein, alle Versuche, die Sphäre des Handelns mit einem Methodenkonzept zu durchdringen, das, einem metaphysischen Wahrheitsbegriff und seit dem 19. Jahrhundert dem naturwissenschaftlichen Wissenschaftsverständnis verpflichtet, zu letzten Begründungen führt, damit erst die Praxis wirklich vernünftig macht, haben sich als erfolglos herausgestellt. Sie waren auf Dauer nicht einmal in den sozialen Bereichen und politischen Systemen zu verwirklichen, die die Individuen nach den Gesetzen der instrumentellen Vernunft zu simulieren unternommen hatten, damit sie vernünftig würden. Aristoteles, der als Gewährsmann für die philosophische Wiederentdeckung der Rhetorik wichtiger als alle anderen antiken Theoretiker geworden ist, hat die Konfrontation von Philosophie und Rhetorik nach ihren verschiedenen Erkenntnisweisen formuliert, doch, anders als Platon, die eine nicht auf Kosten der anderen desavouiert: »Wahre [...] Sätze sind solche, die nicht erst durch anderes, sondern durch sich selbst glaubhaft sind [...]. Wahrscheinliche Sätze aber sind diejenigen, die Allen oder den Meisten oder den Weisen wahr erscheinen [...].«[72] Insofern die Rhetorik zu wahrscheinlichen Begründungen fähig macht, weil in ihr Urteile und Entscheidungen durch Konsens ihre Geltung erlangen, also plausibel werden, vermittelt sie in Handlungssituationen vernünftige Orientierung: sie ist die einzige praktische Philosophie, die weder vor der Unendlichkeit der Faktoren kapituliert, indem sie sie nach einem abstrakt-utopischen Konzept zu regulieren versucht, noch am Problem der Vermittlung scheitert, die ihren Praxisbegriff überhaupt konstituiert. »Wer [...] an die Existenz vernünftiger Wahlhandlungen glaubt, die durch Beratungen und Diskussion der unterschiedlichen Lösungen vorbereitet werden, kommt [...] ohne eine Theorie der Argumentation, wie sie die neue Rhetorik bietet, nicht aus.«[73] So Perelman, der allerdings dann doch ein universales Prinzip benötigt, auf das sich der Wahrheitsanspruch einer argumentativ begründeten Aussage zuletzt beziehen läßt: das »auditoire universelle«, eine abstrakte Metainstanz, die über die Verallgemeinbarkeit, also Gültigkeit, rhetorischer Konsensbildung entscheiden soll.[74] Eine solche Absicherung von Geltungsansprüchen rhetorischer Meinungsbildungsprozesse ist auch für Habermas unverzichtbar: »Der Kunst des Überzeugens und Überredens verdankt die philosophische Hermeneutik [...] die eigentümliche Erfahrung, daß im Medium umgangssprachlicher Kommunikation nicht nur Mitteilung ausgetauscht, sondern handlungsorientierende Einstellungen gebildet und verändert werden. Die Rhetorik gilt herkömmlicherweise als die Kunst, einen Konsensus in Fragen herbeizuführen, die nicht mit zwingender Beweisführung entschieden werden können. Die klassische Überlieferung hat der Rhetorik daher den Bereich des bloß *Wahrscheinlichen* vorbehalten, im Unterschied zu dem Bereich, in dem theoretisch die Wahrheit von Aussagen zur Diskussion steht. Es handelt sich also um praktische Fragen, die auf Entscheidungen über die Annahme oder die Ablehnung von Standards, von Kriterien der Bewertung und Normen des Handelns zurückgeführt werden können. Wenn diese Entscheidungen rational getroffen werden, fallen sie weder theoretisch zwingend, noch bloß arbiträr: sie sind vielmehr durch überzeugende Rede motiviert. In der merkwürdigen Ambivalenz zwischen Überzeugung und Überredung, die dem rhetorisch hervorgebrachten Konsensus anhängt, zeigt sich nicht nur das Moment Gewalt, das bis auf den heutigen Tag an den, wie immer auch diskussionsförmigen Willensbildungsprozessen nicht getilgt worden ist. Vielmehr ist jene Zweideutigkeit auch ein Indiz dafür, daß praktische Fragen nur dialogisch entschieden werden können und darum dem Kontext der Umgangssprache verhaftet bleiben.«[75] Um jenes »Moment Gewalt« zu eskamotieren und die Legitimität eines Wahrheitsanspruchs nicht der Kontingenz der Praxis ausliefern zu müssen, hat Habermas das utopische Konzept einer idealen Sprechsituation entwickelt, in dem es keinen Zwang außer dem »zwanglosen Zwang des besseren Arguments« gibt.[76] Solche Zugeständnisse an einen noch nicht überwundenen Anspruch der Philosophie, Aussagen und Entscheidungen mit einer letzten Gewißheit zu begründen und gültige von nichtgültigen Argumenten durch den Rekurs auf ein außerhalb der konkreten rhetorischen Situation befindliches regulatives Prinzip zu unterscheiden, werden von Kopperschmidt als »Verlegenheiten« gedeutet, die aus dem Verzicht auf die objektive Begründung von Wahrheit folgen.[77] Tatsächlich leugnen sie darüber hinaus ein konstitutives Element rhetorischen Denkens: trotz aller Konsensabsicht entwickelt sich die rhetorische Rationalität im *Streit* der Meinungen, in der parteilichen Auseinandersetzung über Probleme, die kontroverse Stellungnahmen im Regelfall nicht nur zulassen, sondern geradezu erzwingen. Daher gehörte die Rhetorik schon für die Griechen in den Bereich des *agon*, des kämpferischen Wettbewerbs, den sie in der Sphäre der Rede repräsentierte.[78] Die Berufung auf die gemeinsame Grundlage aller Erfahrungen und des Verhaltens des Menschen als eines auf Gemeinschaftlichkeit hin angelegten Wesens (*koinonia*, *sensus communis*) bedeutete keine Subsumption der Argumente unter ein überpersönliches Prinzip und gleichsam die Vorwegnahme des herrschaftsfreien Diskurses. Die Berufung der rhetorischen Argumentation auf die gesellschaftliche Gemeinsamkeit war von jeweils völlig konträren Streitpunkten aus möglich, ergab also Argumente für wie gegen die eigene Position des Redners: erst die Ratifizierung *einer* Argumentation und das Verwerfen der einen oder anderen gegnerischen Position durch das Publikum zeigte, ob der Bezug auf den Gemeinsinn zu Recht oder zu Unrecht erfolgte. Dieses interessiert-parteiliche Wesen charakterisiert rhetorische Argumentation bis heute und vermag ein Unterscheidungsmerkmal gegen logische oder ästhetische Überzeugungsherstellung abzugeben. Auf dem Boden von Habermas' Diskurstheorie konnte es daher auch Kopperschmidt in seiner Argumentationstheorie nicht gelingen, innerhalb des behaupteten rhetorischen Paradigmas zu bleiben: »Die Überzeugungskraft von Argumentationen ist eine Form des zwanglosen Zwangs, der sich in der Nötigung rational motivierter Zustimmung zur Geltung bringt und der von allen Formen nicht-argumentativen Zwangs prinzipiell unterschieden werden muß. In dieser Zustimmungsnötigung wird der zunächst problematisierte Geltungsanspruch einer Äußerung konsensuell ratifiziert. Der argumentativ erzielte faktische Konsens ist aber als wahrer bzw. vernünftiger Konsens nur qualifizierbar, wenn er unter formalen Bedingungen uneingeschränkter und herrschaftsfreier Verständigung (ideale Sprechsituation) zustande gekommen ist und nicht zum strategischen Mittel privater Interessendurchsetzung pervertiert wird (überzeugen versus überreden bzw. tendenziell universeller Konsens versus partikularer Konsens).«[79] Der Versuch, auf diese Weise dem unendlichen Begründungsregreß (a^1 weil a^2 weil a^3 weil a^n) zu entkommen, transzendiert die konkrete rhetorische Situation und überschreitet den Geltungsbereich der Rhetorik überhaupt; er ist auch unnötig, wie das Kopperschmidt in Ansätzen selber herausgearbeitet hat. Die Kriterien der Zugehörigkeit eines Arguments zur Sphäre des Problemfalls und seiner Angemessenheit zu der topischen Realität eines konkreten Auditoriums sind zwei genuin rhetorische Maßstäbe, an denen sich die Gültigkeit einer Aussage messen läßt. Doch sind diese Kriterien längst nicht vollständig, sondern grundsätzlich durch zwei weitere Klassen von Überzeugungsgründen zu ergänzen, die die antike Rhetorik entwickelt hat, die aber in der gegenwärtigen philosophischen Diskussion der Rhetorik, wenn überhaupt, dann nur eine beiläufige Rolle spielen; deren Konzentration auf die Aristotelische Rhetorik aus der Perspektive der Dialektik und Topik (und nicht der praktischen Vernunft und sittlichen Tüchtigkeit) hat die Aufmerksamkeit einseitig auf die rationale Argumentation fixiert, auch wenn Perelman eigentlich »den ganzen Menschen« als Adressaten berücksichtigen möchte.[80] Er hätte dafür ebenfalls in Aristoteles' Konzeption von *ethos*, *pathos* und *logos* als anthropologische, ethische und rhetorische Prinzipien die Grundlage finden können. »Man muß sich im Rahmen einer rhetorisch angeleiteten Entscheidungsfindung auf eine flexiblere Auffassung dessen einrichten, was als Begründung für eine vorgetragene Position akzeptiert wird, als es in denjenigen Philosophemen der Neuzeit üblich ist, die auf letzte Gewißheit zielen. Dieser weitere Begründungsbegriff wird in der Dreiteilung der Überzeugungsgründe manifest, wie sie in der klassischen Rhetorik vertreten wird. Während etwa die Diskurstheorie darauf beharrt, daß allein das logische Argument begründenden Charakter hat, ging die Rhetorik immer davon aus, daß nicht nur der Logos, sondern auch das Ethos und das Pathos als gleichberechtigte und nicht aufeinander abbildbare Dimensionen überzeugender Rede aufgefaßt werden müßten. Erst alle drei Überzeugungsdimensionen zusammen erschließen die Relevanz der verhandelten Fragen und verorten diese in einem mehr oder weniger explizit geteilten Handlungshorizont, der damit selbst zum Argument wird.«[81]

Im Zuge einer solchen nicht-reduktionistischen Rezeption der Rhetorik wäre dann auch eine Trennung wiederaufzuheben, die sämtlichen neuen Rhetorik-Theorien eigen ist: die Auflösung des ursprünglichen Zusammenhangs von rhetorischem Argumentieren und Produzieren, der Topik und *elocutio* voneinander isoliert hat, ungeachtet der signifikanten Tatsache, daß rhetorische Figuren und Argumentationsformen oft unter demselben Terminus geführt werden (z.B. »Antithese« oder »distinctio«). »Die rhetorischen Formen und Figuren sind [...] Formen der Anschauung. Es sind die Kulissen unserer Weltinszenierung«, konstatiert Mainberger und macht damit aufmerksam auf den rhetorischen Vernunftgebrauch, den auch die Philosophie, selbst dann, wenn sie Rhetorik zu destruieren versuchte, niemals zu transzendieren vermochte.[82] »Durch die sei's offenbare, sei's latente Gebundenheit an Texte gesteht die Philosophie ein, was sie unterm Ideal der Methode vergebens ableugnet, ihr sprachliches Wesen. In ihrer neueren Geschichte ist es, analog der Tradition, verfemt worden als Rhetorik.«[83] Diese Einsicht Adornos ist lange fruchtlos geblieben, auch der sogenannte *linguistic turn* hat in Gestalt der Sprachphilosophie den rhetorischen Produktionscharakter von Philosophie ein weiteres Mal übergangen.[84] In den letzten Jahren hat es dagegen zunehmend Untersuchungen von rhetorik-theoretischen Positionen philosophischer Autoren gegeben,[85] in denen gelegentlich auch der produktionsrhetorische Aspekt der Philosophie zur Sprache gekommen ist, wobei Nietzsche (mit seiner Einsicht: »Es giebt gar keine unrhetorische ›Natürlichkeit‹ der Sprache, an die man appelliren könnte: die Sprache selbst ist das Resultat von lauter rhetorischen Künsten [...]: die Sprache ist Rhetorik, denn sie will eine doxa, keine episteme übertragen«) als Anreger und Flügelmann die wichtigste Rolle spielt.[86] »Philosophie ist primär zugänglich als eine in der Öffentlichkeit kultureller Lebenswelt anzutreffende Redepraxis, die prinzipiell an mündliche oder schriftliche Textualität gebunden ist. [...] Die Evidenz der behaupteten Redezentriertheit und Textgebundenheit der Philosophie ergibt sich dagegen nicht aus dem Blickwinkel künstlicher Einstellungen oder begabungsabhängiger *intellektualer Anschauung*. Sie stellt sich vielmehr ohne weiteres für Philosophen und Nichtphilosophen bei Betrachtung des in der kulturellen Lebenswelt real existierenden Philosophierens ein. Philosophische Praxis präsentiert sich als orationales Geschehen des schulischen Unterrichtens und universitären Lebens. Sie vollzieht sich als Interpretation von Wiedergebrauchstexten, den philosophischen Klassikern. Sie manifestiert sich in Vorträgen von Kolloquien und Fachkongressen, der schriftlichen Textproduktion von Aufsätzen und Büchern und ihrer kritischen Rezeption in entsprechenden Rezensionen. Was liegt näher als eine Selbstbesinnung der Philosophie auf diese, ihre eigene textgebundene Realität und Redepraxis?«[87] Peter L. Oesterreichs Programm einer rhetorischen Metakritik der Philosophie schließt an Konzepte postmoderner dekonstruktivistischer Strategien an, wonach Texte wie Kunstwerke interpretiert werden und philosophische Texte wie literarische unendlich vieldeutig, stets neuen Interpretationen zugänglich sind. Deren Aufgabe hat schon Jacques Derrida unmißverständlich formuliert: »Der philosophische Text soll in seiner formalen Struktur, in seiner rhetorischen Spezifität und Diversität seiner Texttypen studiert werden, in seinen Expositions- und Produktionsmodellen – jenseits dessen, was man früher einmal Gattungen nannte –, auch im Rahmen seiner *Mises en scène* und in seiner Syntax, die nicht nur die Artikulation seiner Signifikate, seiner Bezugnahmen auf das Sein oder die Wahrheit wäre, sondern auch die Handhabung seiner Techniken und all das, was in sie Eingang findet. Kurzum, auch die Philosophie soll als eine ›Sondergattung der Literatur‹ betrachtet werden, die aus dem Vorrat einer Sprache schöpft und einen Komplex tropischer Ressourcen erschließt, entstellt oder umleitet, die älter sind als die Philosophie.«[88] Oesterreich macht auf eine Konsequenz der produktionsrhetorischen Untersuchung philosophischer Argumentationen aufmerksam, die die *auctoritas* der Philosophie berühren: indem sie »die rhetorische Vermittlung der Philosophie freilegt, schwindet auch die mit dem Zauber ihrer Unmittelbarkeit verbundene Nobilität und Dignität.«[89] Die Gedankenfigur nimmt Jean-François Lyotards Idee auf, daß das Relative und Einzelne stärker als das Wahre und Absolute sein kann, wenn nämlich die kleinen Argumente und sophistisch-paradoxen Sprachspiele die großen Hierarchien des Denkens gleichsam von innen auflösen. Hellsichtig hat Lyotard auch in Habermas' Diskurstheorie die Fluchtlinien des Absoluten aufgespürt und ihr gegenüber an einer agonalen Rhetorik als Widerstreit von Sprachspielen festgehalten. Für ihn gibt es daher keine gemeinsamen Regeln, denen sich verschiedene Diskurse zu unterwerfen hätten, weil sie nur Teil des »weißen Terror[s] der Wahrheit« (Lyotard) sind. Die Konsequenz ergibt freilich einen wiederum unpraktikablen Relativismus und Anarchismus, die die angestrebte Diskursgerechtigkeit gerade verhindert. Oesterreich nutzt davon den potentiell aufklärerischen Zug, da er die persuasiven Strategien scheinbar objektivistischer philosophischer Systeme von Platon bis Marx oder Lenin aufdeckt und die Unterscheidung von rhetorischer Präsentation und rhetorischer Suggestion, von der »jeweiligen Synthesis rationaler und imaginativer Logik« und der »Erzeugung eines ›bloßen Scheins‹ und damit des Pseudopersuasiven« ebenfalls möglich macht.[90] Mit seiner Untersuchung der persuasiven Verfahren in Platons »Gorgias« und Heideggers »Sein und Zeit« hat er auch bereits die Probe aufs programmatische Exempel vorgelegt,[91] darüber hinaus aber auch in seiner »Fundamentalrhetorik« die »persuasive Rede in der lebensweltlichen Öffentlichkeit« als das ontologische Substrat für eine Rhetorik der Praxis zu begründen versucht.[92] Eine besondere Rolle spielt in seinem Konzept dabei die Metapher als der Tropus, in dem das grundsätzlich metaphorische Wesen der Sprache naturgemäß auf besondere Weise evident erscheint.[93]

Diese Position erinnert nicht zufällig an die Nobilitierung der Metapher bei den Theoretikern der Postmoderne, mit denen Oesterreich die Absicht gemeinsam hat, Rhetorik als immanentes Konzept der Sprache überhaupt zu erweisen und derart einer Entgrenzung der Rhetorik, ihrer Universalisierung das Feld zu bereiten. Freilich vermeidet er deren Konsequenzen, weil er mit Aristoteles am rhetorischen Logos als dem regelhaft Wahrscheinlichen festhält und somit den philosophischen Diskurs nicht in einem irrationalen auflöst,[94] wie dies bei Derrida und im postmodernen Denken die mehr oder minder deutliche Gefahr darstellt.[95] Philosophische Texte auf ihre tropische Verfassung hin zu lesen, also Metapher und Metonymie zu den methodischen Hauptinstrumenten der Interpretation zu machen, ist eine – literarisch-rhetorische – Form des Zugangs, die den rhetorischen Vernunftgebrauch aber nicht überflüssig macht. »Die Rhetorik ist jene Instanz, kraft welcher unsere menschliche Vernunft kontingenzfähig gemacht wird. Ihr Pensum umschreibe ich so: die Philosophie leitet den für uns heute unumgänglich gewordenen geordneten Rückzug in die Welt ein. Auf diesem Rückzug sind zwei Dinge zu beachten. Zum einen, daß es geordnet zu und her gehe, zum andern, daß das Ziel, nämlich die Welt als der von uns zu besorgende Aufenthaltsort, nicht verfehlt werde.«[96] Derart hat Mainberger versucht, die »Reaktivierung rhetorischer Residuen in der Postmoderne« vor den unerwünschten Konsequenzen seiner Beliebigkeit oder irrationaler Hermetik zu bewahren, die schließlich eine Kommunikation ausschlösse, weil es für sie keinen (gemeinsamen) Gegenstand mehr gäbe, sondern nur noch gleichwertige und einander gleichgültige Interpretationen. Während die moderne Theorie der Metapher seit I. A. Richards »Philosophy of Rhetoric«[97] die kommunikative Funktion von Texten gegenüber ihrer dichtungsontologischen Deutung zu rehabilitieren unternommen hat, zeigt freilich gerade die postmoderne Metapherndiskussion, daß sie, mit Haverkamps Worten, zum vielfach kaum mehr überblickbaren »Austragungsort sprachanalytischer, strukturalistischer und hermeneutischer Differenzen« geworden ist,[98] also zu dem Forum, auf dem Blumenbergs »grundsätzliche Frage, unter welchen Voraussetzungen Metaphern in der philosophischen Sprache Legitimität haben können«, diskutiert wurde.[99]

Auf eine dritte Folge der rhetorischen Neuorientierung des zeitgenössischen Denkens muß in diesem Zusammenhang noch verwiesen werden: ihre Funktion bei der Ablösung der Geschichtstheorie von idealistischen Konzepten der Geschichtsphilosophie einerseits, vom naturwissenschaftlich vermittelten Ideal einer gesetzmäßigen Rekonstruktion des Geschichtsverlaufs andererseits. Denn auch Geschichte als Erfahrung tritt uns immer nur als rhetorisches Konstrukt in Form von Augenzeugenberichten, mündlichen und schriftlichen Erzählungen, Urkunden, Akten oder anderen Quellentexten entgegen. Die *res gestae* sind immer schon rhetorisch vermittelt und belegen somit auch auf dem Felde der Geschichtsschreibung Paul de Mans Feststellung: »Das Paradigma aller Texte ist eine rhetorische Figur [...].«[100] Im Lichte solcher Erkenntnis erweist sich der Fortschritt der rhetorisch geprägten Geschichtsschreibung, die bis ins 18. Jahrhundert dominierte und auch noch die historischen Schriften Friedrich Schillers prägte,[101] hin zum Historismus oder gar zu einer Geschichtswissenschaft, die sich, wo immer möglich, dem naturwissenschaftlich orientierten Comteschen Wissenschaftsbegriff anzugleichen suchte, als folgenreiche Fehlentwicklung. Siegfried Kracauer war einer der ersten, der, ausgehend von einer lebensweltlichen Perspektive auf die historischen Phänomene, die Unendlichkeit der Faktoren thematisierte, die Entscheidungen und Handlungen jeweils motivieren, so daß das Ziel des neuzeitlichen Historikers, durch konzentrierte Quellenerschließung und intensive Detailforschung ein zutreffendes Bild auch bloß eines kleinen Ausschnitts der historischen Realität zu erhalten, eine Chimäre bleiben muß.[102] »Indem der Historiker eine Geschichte erzählt, gehorcht er einer Notwendigkeit, die sich auf eine besondere Eigenschaft historischer Realität gründet.«[103] Ihr Kontinuität und Homogenität zu unterstellen gäbe ein gewagtes und glückloses Unterfangen ab. Weshalb man mit Recht von einem Multiversum der Geschichte gesprochen hat, und die notwendig selektive Aufnahme der Fakten ist immer schon eine konstruktive Leistung, die von einer Zielvorstellung geleitet wird. »Nach allgemeiner Übereinstimmung genügt es [...] noch nicht, daß sich eine historische Darstellung mehr mit realen als lediglich mit imaginären Ereignissen befaßt; und es reicht nicht, daß die Darstellung die Ereignisse in der Ordnung ihres Diskurses gemäß ihrer ursprünglichen chronologischen Abfolge präsentiert. Die Ereignisse müssen nicht nur im chronologischen Rahmen ihres ursprünglichen Erscheinens registriert sein, sondern auch erzählt *(narrated)* werden, das heißt, es muß gezeigt werden, daß sie eine Struktur, eine Sinnordnung besitzen, über die sie als bloße Aufeinanderfolge nicht verfügen.«[104] Insofern Geschichte ein Reich von Kontingenzen, Fragmenten, Abbrüchen, Wiederholungen, Neuanfängen ist, kündet sie von der »disruptiven Kraft der Freiheit«,[105] die menschliche Verhältnisse grundsätzlich unberechenbar, alle Längsschnittgesetze historischer Entwicklung zu wirklichkeitsfernen Abstraktionen macht. So ist es zuletzt die anthropologische Verfassung, die die Geschichte in den Bereich des Wahrscheinlichen rückt, und es erscheint nur konsequent, wenn auch von der Anthropologie neue Impulse zu einer Wiederbelebung der Rhetorik ausgegangen sind. »Der Hauptsatz aller Rhetorik ist das Prinzip des unzureichenden Grundes *(principium rationis insufficientis)*. Er ist das Korrelat der Anthropologie eines Wesens, dem Wesentliches mangelt. Entspräche die Welt des Menschen dem Optimismus der Metaphysik von Leibniz, der sogar den zureichenden Grund dafür angeben zu können glaubte, daß überhaupt etwas und nicht eher nichts existiert *(cur aliquid potius quam nihil)*, so gäbe es keine Rhetorik, denn es bestände weder das Bedürfnis noch die Möglichkeit, durch sie zu wirken. Schon die der Verbreitung nach bedeutendste Rhetorik unserer Geschichte, die des Gebetes, mußte sich entgegen den theologischen Positionen des rationalistischen oder voluntaristischen Gottesbegriffes an einen Gott halten, der sich überreden ließ; für die Anthropologie wiederholt sich dieses Problem: der für sie thematische Mensch ist nicht durch die philosophische Überwindung der ›Meinung‹ durch das ›Wissen‹ charakterisiert.«[106]

7. Die politische Beredsamkeit

Die politische Rede stellt eine jener drei klassischen Disziplinen dar, die schon Aristoteles benannte; gerade an ihr aber läßt sich in der Neuzeit auch der Verfall der rhetorischen Tradition und Redekultur ablesen. Der tradierte rhetorische Topos, der das Gedeihen und die Blüte der Redekunst an die Freiheit und das Austragen von Gegensätzen bindet, hat gerade im Selbstverständnis der politischen Rede, des *genus deliberativum,* ihren Ursprung. Als *die* Rhetorik wurde dabei stets die Redekunst betrachtet, die von Strittigem, von der Kollision unterschiedlicher Interessen handelte, also die politische und die juristische Beredsamkeit. Die epideiktische Rede hingegen entfaltete sich auch in Zeiten des Niedergangs, der Unfreiheit, der Tyrannen und Despoten. Aber gerade sie nahm besonderen Einfluß auf die Formen der politischen Beredsamkeit dieses Jahrhunderts.

Gewiß, auch die politische Rede des 20. Jahrhunderts hat bedeutende Vertreter gefunden. So verstand sich Rosa Luxemburg (1870–1919) »in hervorragender Weise [...] auf die Kunst der Agitation«[107], und auch der gelernte Jurist Karl Liebknecht (1871–1919) muß als gewandter Vertreter der kämpferisch-revolutionären Rhetorik der Sozialisten gelten, deren Vorläufer Bebel und Wilhelm Liebknecht waren. Oder man denke an die bedeutenden Redner der Weimarer Republik, an Walther Rathenau (1867–1922) und Gustav Stresemann (1878–1929), an den katholischen Priester und Sozialpolitiker Carl Sonnenschein (1876–1929) – ein »gewaltige[r] Volksredner von hohem Niveau« (Eschenburg) – oder an Joseph Wirth (1879–1956)! Schließlich auch, nach Gründung der Bundesrepublik, an Adolf Arndt (1904–1974) und Carlo Schmid (1896–1979)!

Das läßt allerdings nicht darüber hinwegsehen, daß die politische Beredsamkeit im 20. Jahrhundert insgesamt wesentliche Veränderungen erfahren hat. In der Propaganda, in der Öffentlichkeitsarbeit und der Imagepflege von Parteien und Politikern geht es nicht mehr primär darum, mit politischer Rede Entscheidungen zu bewirken oder durchzusetzen, vielmehr sollen vornehmlich Vorurteile und bestehende Meinungen gefestigt sowie bereits getroffene Entscheidungen popularisiert werden. Das *genus deliberativum* ist dabei weitgehend durch Elemente des *genus laudativum* bestimmt.

Am deutlichsten zeigt sich diese Wandlung der politischen Rede in der Propaganda des Dritten Reiches. Waren die Reden der klassischen politischen Rhetorik – angefangen bei Lysias, Isokrates, Demosthenes und Cicero bis in die neuere Geschichte, zu Mirabeau, Vergniaud und Danton – »trotz aller Leidenschaft und Überzeugungskraft«[108] argumentativ aufgebaut, so dienen die emotionalen Wirkungsmittel in der Propaganda gerade dazu, vom Argument abzulenken, die Intellektualität durch die Emotion auszuschalten. Hans Mayer vergleicht die klassische politische Rede mit der Propaganda des Dritten Reiches: »Früher dienten die Kunstmittel des Vortrages: Klangfarbe, äußere Erscheinung des Redners, Besonderheiten der Tracht und Geste dazu, sein Argument und Gedachtes wirkungsvoller und akzeptabler zu machen. Heute dienen die sinnlichen Gegebenheiten des propagandistischen Redners dazu, vom Argument und der gedanklichen Auseinandersetzung abzulenken. Früher sollten die Sinnlichkeiten zum Argument hinlenken: heute sollen sie sich an seine Stelle setzen. Man soll nicht das Argument, sondern den Redner und seine Sache akzeptieren. Darum strebte der Propagandist des Dritten Reiches stets nach der seelischen Bindung, die er für seine Person und – durch seine Person – für seine Sache nutzbar machen konnte.«[109] Nicht die intellektuelle Auseinandersetzung des Zuhörers mit dem Vorgetragenen wird vom Propagandisten intendiert, sondern die Identifikation mit der Ideologie über die eigene Person und über Emotionen. Dabei verselbständigen sich die rednerischen Mittel, gleichgültig gegenüber der Wirklichkeit, »zu einem beliebig manipulierbaren Instrumentarium faschistischer Herrschaft, die der Sprache in ihrem vollen Sinn nicht bedurfte.«[110]

Auf die Wirksamkeit der Rede bei der politischen Beeinflussung der Massen wies Adolf Hitler in seiner Schrift »Mein Kampf« hin; er zieht die wirkungsvolle mündliche Ansprache der Agitationsschrift vor, weil der Redner dabei in den Gesichtern seiner Zuhörer lesen und sich stets selbst korrigieren, den Vortrag seinem Publikum immer wieder anpassen könne.[111] Das Hauptinteresse des Redners solle darauf zielen, Emotionen zu erwecken und so sein Publikum zu leiten; bei der Wahl des Saales, bei der Wahl der Vortragszeit schon müsse der Redner im Auge haben, wie er Stimmung bei seinen Zuhörern erzeugen und sie so seinen Absichten geneigt machen könne. »Morgens und selbst tagsüber scheinen die willensmäßigen Kräfte des Menschen sich noch in höchster Energie gegen den Versuch der Aufzwingung eines fremden Willens und einer fremden Meinung zu sträuben. Abends dagegen unterliegen sie leichter der beherrschenden Kraft eines stärkeren Wollens.«[112] Dann könne der Redner die schon in natürlicher Weise geschwächte Widerstandskraft überwinden, um den Zuhörer zu gewinnen. »Dem gleichen Zweck«, so Hitler, »dient ja auch der künstlich gemachte und doch geheimnisvolle Dämmerschein katholischer Kirchen, die brennenden Lichter, Weihrauch, Räucherpfannen usw.«[113] Und tatsächlich wurden in den Großveranstaltungen der Nationalsozialisten zahlreiche Elemente sakraler Rhetorik und Inszenierung übernommen, der ganze Ablauf dieser Veranstaltungen war bis ins Detail geplant; durch Ehrungen, Weihen und ähnliche, der Liturgie entlehnte Elemente wurde die Stimmung erzeugt, die der Redner ausnutzen sollte, um die Masse zu bewegen. »Wenn der Mann, der aus seiner kleinen Arbeitsstätte oder aus dem großen Betrieb, in dem er sich recht klein fühlt, zum ersten Male in die Massenversammlung hineintritt und nun Tausende und Tausende von Menschen gleicher Gesinnung um sich hat, wenn er als Suchender in die gewaltige Wirkung des suggestiven Rausches und der Begeisterung von drei- bis viertausend anderen mitgerissen wird, wenn der sichtbare Erfolg und die Zustimmung von Tausenden ihm die Richtigkeit der neuen Lehre bestätigen und zum erstenmal den Zweifel an der Wahrheit seiner bisherigen Überzeugung erwecken – dann unterliegt er selbst dem zauberhaften Einfluß dessen, was wir mit dem Wort Massensuggestion bezeichnen. Das Wollen, die Sehnsucht, aber auch die Kraft von Tausenden akkumuliert sich in jedem einzelnen. Der Mann, der zweifelnd und schwankend eine solche Versammlung betritt, verläßt sie innerlich gefestigt: er ist zum Glied einer Gemeinschaft geworden.«[114] Über die emotionale Identifikation wurde der Zuhörer gewonnen, nicht durch das Argument, um das er betrogen wurde, das er dabei nicht vermißte. Der Zuhörer soll nicht überzeugt, er soll »geführt«[115] werden. Eine Rhetorik, die diese Anforderung nicht erfüllen kann und, so stellt eine Redelehre 1940 fest, »die psychologisch der Masse nicht gerecht wird, ist heute mehr denn je verfehlt.«[116] Die sprachliche Gestaltbildung, so lautet das Schlagwort, steht »im Blickpunkt von Rasse und Masse«[117]. Der Redner spricht die Vorurteile der Masse aus, er versucht mit emotionalen Mitteln seine Rede zu einem Gemeinschaftserlebnis werden zu lassen: »Einfache Menschen bewegen ihre Lippen mit. Unversehens, obgleich doch manche gar nicht wollen, brechen sie doch in Beifall aus. Die Mitgerissenen schlagen sich gar aufs Knie, stampfen mit dem Fuße und baden in dem herrlichen Wohlgefühl: gerade hier ist *das* ausgesprochen, gerade das, worüber man immer gegrollt, was man fanatisch gehaßt oder glühend geliebt und um dessen Ausdruck man immer gerungen hatte, gerade hier ist es herausgerufen in einem herrlichen und einzigartigen Erlebnis.«[118] »Die Nazis haben«, so bemerkte Ernst Bloch, »betrügend gesprochen, aber zu Menschen, die Sozialisten völlig wahr, aber von Sachen; es gilt nun, zu Menschen völlig wahr von ihren Sachen zu sprechen.«[119] Dazu nun bedarf es allerdings der Mittel der Rhetorik, und wenn Bloch fragt, woher »nur der Aberglaube, daß die Wahrheit sich selber Bahn breche«[120], stamme, bezieht er sich auf den alten rhetorischen Topos, der die Zusammengehörigkeit von Moral und Rhetorik hervorhebt: man dürfe die Waffen der Redekunst nicht den Feinden der Wahrheit überlassen, die bessere Sache müsse wirksam vertreten sein.

Nach der Gründung der Bundesrepublik Deutschland und mit dem Forum des Parlaments entstanden sicherlich Bedingungen, von denen ein positiver Einfluß auf die Entwicklung der politischen Rede erwartet werden konnte. Mehr und mehr werden aber die politischen Entscheidungen nicht im Parlament getroffen, sondern in Gremien und Ausschüssen, die die Vorarbeit für Beschlüsse leisten und eben auch vorentscheiden. Die Bundestagsdebatten »dienen dann vor allem der Legitimation politischer Entscheidungen vor der Öffentlichkeit, aber kaum der Entscheidungsfindung, was sie doch nach dem Ideal der Parlamentsrede tun sollten. Die Entscheidungen stehen vorher schon fest; sie werden in kleineren Gremien – Fraktionen, Ausschüssen, Kabinett – beraten und beschlossen. Im Plenum werden sie dann nur noch – strikt nach den Fraktionsgrenzen – bestätigt. Die Parlamentsrede im Bundestag dient also vor allem der Rechtfertigung der Entscheidung. Die Regierung muß ihre Entscheidungen vor dem Plenum und vor den Wählern – die über die Massenmedien entweder die Debatte mithören oder über deren Grundzüge informiert werden – legitimieren«[121]. Dabei nimmt die politische Rede einen ihrer Tradition fremden Charakter an; sie muß rechtfertigen, muß Beschlüsse akzeptabel machen, sie hat dabei eher werbenden als argumentativen Charakter.

Woher rührt diese Wandlung? Hans Dieter Zimmermann sieht eine wesentliche Ursache in der Veränderung der politischen Parteien zu Volksparteien. Sie wollen ihren Charakter als Interessenvertretung bestimmter Schichten weitgehend aufgeben; die Rolle der Rede im Parlament wird deshalb nicht mehr durch die direkte Argumentation für eine Parteisache bestimmt, sondern durch die Beschreibung und Darstellung von Kompromissen und Absprachen, die in den Gremien zwischen den unterschiedlichen Gruppen der Parteien getroffen wurden. Die politischen Gegensätze, denen mit den Kompromissen bereits ihre Spitze genommen wurde, dürfen nicht wieder hervorbrechen, der politische Redner entwickelt so eine Diplomaten- oder »Amtssprache« (Heinrich Bessler), in der die Tendenz zu vielsagenden Formulierungen offenkundig ist und die der »Abschirmung interner Abkommen«[122] dient.

Eine pragmatische, ohne langfristige Zielkonzeptionen arbeitende und auf Interessenausgleich bedachte Politik in den Gremien hat den Gegenstand der heutigen politischen Rede geprägt: Elemente der epideiktischen Rede bestimmen die politische Rede, die Redner passen sich »weitgehend ihren Zuhörern an, wenn sie politische Einstellungen bestätigen und Konflikten aus dem Wege gehen.«[123]

Die Inhalte der politischen Rede werden in einer formelhaften Sprache präsentiert, die sich oft in der einfachen Wiederholung eingefahrener Wendungen erschöpft. Die Sprache wird funktionalisiert, sie soll etwas Feststehendes und Eingefahrenes pragmatisch bezeichnen und zugleich das Urteil miteinbeziehen; dabei verliert sie ihr Moment der Offenheit. Die Inhalte und Begriffe erscheinen nicht mehr als interpretierbar, durch Parteiinteressen bestimmt und aus parteilicher Sicht dargestellt, sondern der Begriff »wird tendenziell durch das Wort absorbiert. Jener hat keinen anderen Inhalt als den, den das Wort im öffentlichen und genormten Gebrauch hat, und das Wort soll nichts über das öffentliche und genormte Verhalten (Reaktion) hinaus bewirken. Das Wort wird zum Cliché und beherrscht als Cliché die gesprochene oder geschriebene Sprache; die Kommunikation beugt so einer wirklichen Entwicklung des Sinnes vor.«[124]

8. Pädagogik und Rhetorik

War die Schultradition des 19. Jahrhunderts noch durchaus rhetorisch geprägt, so zeigte sich zu Beginn dieses Jahrhunderts im Schulbetrieb eine Wandlung, durch die die Rhetorik weitgehend aus dem Schulbetrieb herausgedrängt wurde. Diese Veränderung ist mit den Aufsatzreformen um 1900 herum verbunden und maßgebend durch die Kunsterziehungsbewegung und die von Dilthey geprägte Erlebnispädagogik beeinflußt; dabei wurde »der bis dahin vorherrschende, auf Verstandesschulung bedachte Reproduktionsaufsatz, der vorgegebene Gliederungs- und Formulierungsmuster nachahmte, durch den freien oder Produktionsaufsatz abgelöst.«[125] Der Schulaufsatz des 19. Jahrhunderts war als schriftliche Übung mit dem überlieferten rhetorischen Denken eng verbunden, in ihm wurden die traditionellen rednerischen Arbeitsphasen, die Auffindung der Gedanken *(inventio)*, die Gliederung *(dispositio)* und die sprachliche Formulierung *(elocutio)*, geübt; er stand in der Tradition der rhetorischen *Progymnasmata*, der Vorübungen, die seit der Antike und der besonderen Ausbildung durch die nach Quintilian lebenden Griechen Theon, Hermogenes und Aphthonios starken Einfluß auf die Geschichte des Unterrichtes hatten und noch in Gottscheds »Vorübungen der Beredsamkeit« von 1754 deutlich ausgeprägt erscheinen. Auch noch im 19. Jahrhundert bestimmen sie den Sprach- und Aufsatzunterricht.[126] Während so der Schulaufsatz des 19. Jahrhunderts im Zeichen der Rhetorik steht, hat sich erst im »20. Jahrhundert [...] das Bedürfnis nach argumentativer Schulung, soweit es überhaupt noch zur Geltung kommt, weitgehend verinnerlicht. Die gedanklichen Vorübungen, die bei Gottsched noch mindestens die ganze zweite Hälfte des Bestandes [der Progymnasmata] ausmachten, sind auf die pauschale Form der Erörterung oder – die Bezeichnung ist noch charakteristischer – des Besinnungsaufsatzes zusammengeschrumpft. Der Subjektivierung entspricht eben jene Entrationalisierung, die in der Absage an den ›Verstandesaufsatz‹ um 1900 zum Ausdruck kam.«[127] Dieser Wandlung der Ansprüche an den Aufsatz entsprach eine Entpragmatisierung des Deutschunterrichtes, in deren Verlauf auch der mündliche Vortrag – vom »Loben und Verwerfen, vom Plädoyer für und vom widerlegenden Angriff gegen vorgegebene Meinungen oder Verhaltensweisen ist schon im 19. Jahr-

hundert allenfalls in zurückgenommener Form die Rede«[128] – vollends verdrängt
wurde. »Das ziel- und zukunftsgerichtete Überredenwollen ist dem rückschauenden,
oft standpunktlosen Erleben und Begreifen, die rhetorische Extravertiertheit ist einer eher poetisch orientierten Introversion gewichen.«[129]

Eine Veränderung in der Einstellung zur Rhetorik ist erst wieder seit Ende der
60er Jahre zu bemerken. Die Forderung nach Aufnahme der Rhetorik in den Schulunterricht wurde zwischenzeitlich zwar auch hin und wieder erhoben, doch blieb sie
ohne bemerkenswerte Resonanz. Hans Bestian bemerkte etwa 1950: »Die Unrast
unserer Zeit, die politische Entwicklung und die Verbreitung des Rundfunks haben
es mit sich gebracht, daß das gesprochene Wort eine weit größere Bedeutung gewonnen hat als alles Geschriebene. Wenn wir uns nun daran erinnern, wie oft in
vergangenen Zeiten ein berechtigter Widerspruch unterblieb, wie oft die richtige Erkenntnis sich nicht durchsetzen konnte, weil gerade einsichtige, tiefgründige Menschen eine Scheu davor hatten, ihre Meinung zu äußern, während oberflächliche
Schwätzer oder listige Demagogen das Wort führten, so wird klar, daß die Erziehung zur freien Rede und zur verständnisvollen Kritik am gesprochenen Wort heute
mindestens ebenso notwendig ist wie irgendeine andere Aufgabe des Deutschunterrichts.«[130] Bestian entwickelt sodann den Schulstufen – Unter-, Mittel- und
Oberstufe – entsprechende Anleitungen zu Redeübungen für alle Altersgruppen.
Mit Erich Drach, der schon in den 20er Jahren die Bedeutung der Rhetorik für den
gesamten Schulunterricht erkannte, fordert er, daß Sprecherziehung und Redeübung
zum Lehrgrundsatz in allen Fächern werden müsse und nicht auf den Deutschunterricht beschränkt bleiben solle, »aber der Deutschunterricht muß die Vorausset-zun-
gen dafür schaffen, daß dieser Grundsatz ohne Zeitverlust und in der richtigen
Form in den übrigen Fächern angewandt werden kann.«[131] Auch Günter Diehl
forderte fünf Jahre später, »die Rhetorik mit praktischen Debattierübungen«[132]
im Schulunterricht aufzunehmen, und sieht ihren Wert besonders auch für die Lite-
raturinterpretation und die Stilbildung. Die Versuche und Forderungen blieben aber
ohne bemerkenswerte Folgen.

Ein tatsächlich breites Interesse für die Rhetorik in der Schule läßt sich dann gegen Ende der 60er und zu Anfang der 70er Jahre feststellen. Hans-Georg Herrlitz
und Hermann Hinrich Bukowski machten sich bereits 1966 Gedanken darüber, wie
Quintilians »Institutio oratoria« im Deutschunterricht zu beerben sei. »Wir haben
die didaktische Struktur des rhetorischen Sprachlehrgangs Quintilians darzustellen
versucht, um damit der modernen ›Sprachbildungs‹-Theorie ein ganz anderes Modell schulischer Sprachübung gegenüberzustellen. [...] Es wäre nun die Aufgabe er-
fahrener Unterrichtsmethodiker, einen rhetorischen Sprachlehrgang zu entwerfen,
der die didaktischen Anregungen Quintilians unter den Gesichtspunkten der modernen Gesellschaftssituation überprüft und neu formuliert.«[133]

Quintilian und die rhetorische Tradition blieben für die Schultradition allerdings
auch weiterhin ziemlich vergessen, vielmehr wurden verkürzte Rhetorikadaptionen
unter allerlei »innovationsträchtigen Namen (persuasive Kommunikation, kommu-
nikatives Handeln, handlungsauslösende Rede, redegesteuerte Arbeit etc.) ein Schla-
ger ersten Ranges auf dem sprachlichen und methodisch-didaktischen Bildungs-
markt.«[134] Die in vielen Rhetorik- und Kommunikationsmodellen sich nieder-
schlagende Reduktion der tradierten Theorie der Beredsamkeit und das von der Geschichte gelöste Interesse an der Technik machten es möglich, auf »dem Hinter-

grund von zunehmender Programmierungs- und Planungsnotwendigkeit des kapitalistischen Wirtschaftssystems, von Staatsinterventionismus, Bürokratisierung, Arbeitsentfremdung«[135] in den neuen Modellen das Bestreben nach Ausgleich gegensätzlicher Interessen, nach einem sozialtechnologischen sprachlichen Regelinstrument zu sehen: »Wenn also der rüde Befehl notwendig durch ›persuasive‹ Techniken ersetzt werden muß, dann ist die Stunde der verbalen Kommunikation, der ›Rhetorik‹ gekommen.«[136]

Allerdings waren es wohl vorwiegend die politischen Reformen und Forderungen um 1970 herum, die bewirkten, daß neue Richtlinien für den Deutschunterricht die Förderung von Kommunikations- und Kritikfähigkeit forderten. So begründeten auch einige Didaktiker und Pädagogen (Hellmut Geißner, Wilhelm Gößmann, Hans-Georg Herrlitz) ihre Forderung nach einer Rehabilitation der Rhetorik mit deren Bedeutung für die demokratische Staatsform, in der das Gespräch und die mündliche Rede eine wesentliche Rolle einnehmen. Nichtliterarische Texte und die mündliche Rede rückten so zunehmend ins Zentrum des pädagogischen Interesses.

Der Diskussion, dem Dialog und dem Gruppengespräch wurde Platz im Unterricht eingeräumt. Theodor Pelster forderte für den Sprachunterricht: »Neben den literarisch fixierten Texten müssen unbedingt Beispiele für Sprachvorgänge des täglichen Lebens erschlossen und theoretisch erörtert werden. Ähnlich wie die Formen der schriftlichen Darbietung erarbeitet, geübt und eingefordert werden, sollte es mit den Redearten geschehen. Man würde damit die Grundformen der Kommunikation wieder an die rechte Stelle rücken, von der sie durch die übertriebene Hochachtung vor dem schriftlich Fixierten verdrängt worden sind.«[137] Die neuen Forderungen führten allerdings nicht selten dazu, daß im Unterricht mündliche Rede und Gebrauchstexte nicht neben, sondern an die Stelle der Beschäftigung mit Literatur traten, dabei verbanden sich die Überlegungen nach Integration der Rhetorik im Deutschunterricht oft mit einem unbefangenen, verkürzenden Rhetorikverständnis, gegen das sich Klaus Dockhorn mit seiner programmatischen Forderung wandte: »Ausgangspunkt jeder Überlegung darüber, was die Kenntnis der klassischen Rhetorik für den Literaturunterricht auf der Höheren Schule leisten kann, muß die Tatsache sein, daß die Rhetorik seit Isokrates und Aristoteles bis mindestens zum Anfang des 19. Jahrhunderts die Ästhetik der redenden, aber auch der bildenden Künste gewesen ist, und zwar für den Bereich des gesamten Abendlandes.«[138] Von diesem umfassenden Rhetorikverständnis her ist es möglich, das rhetorische Erbe für den Sprach- und Literaturunterricht gleichermaßen fruchtbar zu machen, darüber hinaus es in eine Bildungskonzeption einzubinden, die einer orientierungslosen Pädagogik und einer perspektivenlosen Lernzieldidaktik Wege weisen könnte.

In die richtige Richtung weist der »Entwurf / Empfehlungen der Studienreformkommission Sprach- und Literaturwissenschaften (Germanistik/Anglistik/Romanistik) / verabschiedet in der 12. Sitzung der Studienreformkommission Sprach- und Literaturwissenschaften am 1. März 1982.« Dort wird auf die Rahmenvereinbarung der Kultusministerkonferenz 1972 Bezug genommen, die »die Rhetorik als Schulfach gesichert« wissen wollte, »um die Erfordernisse einer sich zunehmend versprachlichenden Gesellschaft zu erfüllen.« (S. 57) Der interdisziplinäre Charakter, die vielseitigen Verwendungsmöglichkeiten und damit die praktische Bedeutung der Rhetorik wurden hervorgehoben; in »einer hochtechnisierten, immer komplizierter strukturierten und administrativen Gesellschaft« gelte es, »eine Fülle von Aufgaben mit

sprachlichen Mitteln zu bewältigen« (S. 57); beispielhaft werden einige Einsatzge-
biete der Rhetorik bezeichnet:
»– Sie sollte zur Lösung von Führungsproblemen die Steigerung der Kommunikationsfähigkeit beitragen;
– Die allgemeine politische Bildung sollte die Fähigkeit zum freien Sprechen und
   zur Anfertigung prägnanter Texte fördern und fordern;
– Textanalysen von Gebrauchsliteratur sollten Argumentations- bzw. Manipulati-
   onstechniken erkennbar machen;
– Anweisungstexte (Gesetze, Verordnungen, Erlasse, Behördenformulare und -fra-
   gebogen, Beipackzettel für Medikamente, Gebrauchsanweisungen, Betriebsanlei-
   tungen, etc.) sollten verständlich und benutzerfreundlicher abgefaßt werden. Für
   die Herstellung dieser Texte gibt es bisher keine anleitende Ausbildung (jenseits
   der privaten Initiative).« (S. 57/58)
Darüber hinaus wird der fächerübergreifende Ansatz der Rhetorik in seiner Bedeutung für die Literaturwissenschaft, Linguistik, Philosophie, Psychologie, Sozialwis-
senschaft und Informatik herausgestellt und gewürdigt. (S. 58)

9. Jurisprudenz und Rhetorik

Die Frage, ob Rhetorik in der Jurisprudenz heute noch einen Platz behaupten
kann, hängt sehr wesentlich mit der Frage zusammen, welche Rolle die Interpretation im Recht spielt. Wären die Richter tatsächlich nur von Rechtsvorschriften und -
anweisungen völlig festgelegte Instrumente oder, um es mit Montesquieu auszudrücken, »lediglich der Mund, der den Wortlaut des Gesetzes spricht, Wesen ohne
Seele gleichsam, die weder die Stärke noch die Strenge des Gesetzes mäßigen können«[139], so hätte die Rhetorik in der Rechtsprechung, soweit es jedenfalls um die
Lösung von Rechtsproblemen geht, keine Aufgabe. Wie anders aber muß die Stellung des argumentativen Diskurses und einer damit verbundenen Rechtsrhetorik erscheinen, »wenn die richterliche Meinungsbildung, ja die Meinung von Recht überhaupt, als konstitutive Aufgabe und Verantwortung des Rechtsgesprächs und der
richterlichen Fallwürdigung erscheint und nicht als argumentierendes Streiten über
den ›wahren Inhalt‹ eines Rechtssatzes, Textes oder Prinzips.«[140]
   So sind es weitgehend grundsätzliche rechtstheoretische Überlegungen, die über
Wertschätzung oder Verachtung der Rhetorik in der Jurisprudenz entscheiden, und
Ottmar Ballweg deutet auf den springenden Punkt der heftig geführten Auseinandersetzungen um die Bedeutung der Rhetorik im Recht, wenn er darauf hinweist, daß die
Jurisprudenz sich wieder als *prudentia* begreifen lernen müsse, als Wissensdisziplin,
die sich mit dem Meinungsmäßigen, dem Wahrscheinlichen, nicht mit einer dem
Rechtssystem immanenten Wahrheit befaßt. Damit müsse sich das Rechtsdenken wieder seiner rhetorischen Wurzeln und Traditionen bewußt werden.[141]
   Grundlegend für die Auseinandersetzungen um den Wert der Rhetorik in der juristischen Argumentation ist eine zuerst 1953 erschienene Schrift Theodor Viehwegs, die mittlerweile in der 5. Auflage vorliegt und in zahlreiche Sprachen übersetzt wurde: »Topik und Jurisprudenz«; der Bedeutung entsprechend, die er der Diskussion um die »rhetorische Topik« zumißt, sieht Viehweg seine Schrift als »Beitrag
zur rechtswissenschaftlichen Grundlagenforschung« an.

»Die Topik«, so definiert der Verfasser, »ist eine von der Rhetorik entwickelte Techne des Problemdenkens. Sie entfaltet ein geistiges Gefüge, das sich bis in Einzelheiten hinein eindeutig von einem deduktiv-systematischen unterscheidet.«[142] Die beiden sich in der Jurisprudenz gegenüberstehenden Denkweisen sieht Viehweg durch eine idealtypische Charakterisierung gekennzeichnet, die Gian Battista Vico in seiner Schrift »De nostri temporis studiorum ratione«[143] traf; dort wird die rhetorisch-topische Denkweise als die alte Studienart der kritisch-systematischen als der neuen gegenübergestellt. »*Vico* kennzeichnet die *neue* Methode (critica) wie folgt: der Ausgangspunkt ist ein primum verum, das auch durch Zweifel nicht vernichtet werden kann. Die weitere Entfaltung erfolgt nach Art der Geometrie, d.h. also nach Maßgabe der ersten beweisenden Wissenschaft, die überhaupt auftrat, und zwar in möglichst langen Kettenschlüssen (sorites). Dagegen sieht die *alte* Methode (topica) so aus: Den Ausgang bildet der sensus communis (eingespielter Allgemeinsinn, common sense), der im Wahrscheinlichen (verisimilia) tastet, nach Maßgabe der rhetorischen *Topik* die Gesichtspunkte wechselt und vornehmlich mit einer Fülle von Syllogismen arbeitet. Die Vorteile der neuen Studienart liegen nach *Vico* in Schärfe und Genauigkeit (falls das primum verum ein verum ist); die Nachteile scheinen aber zu überwiegen, nämlich Verlust an kluger Einsicht, Verkümmerung der Phantasie und des Gedächtnisses, Dürftigkeit der Sprache, Unreife des Urteils, kurz: Depravierung des Menschlichen. Das alles aber verhindert nach *Vico* die alte rhetorische Methode und insbesondere ihr *Kernstück,* die *rhetorische Topik.*«[144]

Viehweg überträgt nun die von Vico getroffene Differenzierung, deren historische Ursprünge er zunächst darlegt, auf eine Charakterisierung des in der Jurisprudenz vorherrschenden Systemdenkens und des anders ausgerichteten topischen Problemdenkens, das zum Ausgangspunkt einer »rhetorischen Rechtstheorie« (Viehweg) wird. Die Kritik zielt dabei auf die nur scheinbare Schlüssigkeit eines Systems, das die aus eigenen Prinzipien und Axiomen gewonnenen Ableitungen als geschlossenes deduktives System begreift, obwohl es für keinen Juristen etwas Neues sei, »daß überall Grundsätze durchbrochen, eingeschränkt und modifiziert werden müssen«[145]. Vielmehr sehe sich der Jurist beim konkreten Fall einer Vielzahl von Gesichtspunkten gegenüber, die richtiger als Leitsätze oder *topoi* begriffen werden müßten und Ausgangspunkte der juristischen Argumentation seien.

Bei Viehwegs Ausführungen und den anschließenden Diskussionen ging es insgesamt wohl eher um das engagierte Plädieren für eine Systemoffenheit, denn den idealtypisch gezeichneten gegensätzlichen Charakter von Systemdenken und topischem Denken gibt es tatsächlich nicht. Das Anlegen von Topoikatalogen und das Verwenden von *topoi* zielten im vorwissenschaftlichen Bereich auf ein Systemdenken, die Adaption von Teilen der *inventio* hatte in der geschichtlichen Verbindung von Rhetorik und Recht in Antike und Mittelalter nicht zuletzt die Systematisierung des Denkens im Auge, das allerdings auf den konkreten Fall bezogen blieb. So enthält der *topos* selbst eine »ambivalente Unruhe zwischen Methodenanspruch und Methodenverzicht, wenn man so will: zwischen ganzheitlicher ›System‹- und okkasioneller ›Problem‹-Relevanz.«[146] Dennoch ist es aber die mit der Topik gewonnene Systemoffenheit, die Raum schafft für juristisches Interpretieren und Argumentieren, die es erlaubt, daß, »wie im forensischen Diskurs, in steigendem Maße auch sachliche, materielle Richtigkeits- und Gerechtigkeitsgesichtspunkte beachtet« werden, »die mit den schulmäßigen Legitimationsformen keineswegs konform gehen wollen.«[147]

Es geht bei der Betonung des topischen Denkens nicht darum, die gesetzliche Norm in Beliebigkeit zu überführen, es kommt vielmehr darauf an, einem unreflektierten vermeintlichen Automatismus der Rechtsanwendung entgegenzuwirken und mit der Fallbezogenheit den interpretativen Charakter jeder Rechtsauslegung und -anwendung hervorzuheben. Juristische Rhetorik kann somit angesehen werden als »die Methode zur sprachlichen Bewältigung von Fällen und Rechtssätzen. Sie hat mit der traditionellen juristischen Methodenlehre gemeinsam, daß es ihr um die sachgerechte Fallentscheidung in Übereinstimmung mit dem Gesetz geht. Sie unterscheidet sich aber dadurch, daß sie den Prozeß der Herstellung einer Entsprechung von Norm und Sachverhalt als einen rhetorischen Vorgang begreift, bei dem nichts anderes als eine methodenbewußte Sprachverwendung stattfindet.«[148]

Dabei ist nicht zuletzt intendiert, den Rechtsfall als einen sozialen Konflikt zu begreifen, in dem Recht argumentativ und für die Rechtsparteien akzeptierbar angewendet, begründet und vermittelt werden muß. Die »Akzeptabilität gerichtlicher Entscheidungen« im sozialen Umfeld, »in dem das Rechtssystem anwendbar sein soll«[149], ist oft auf rhetorisch-diskursive Begründungsformen angewiesen. Auch in Fällen, in denen sich Gesetzesvorschriften widersprechen, in denen Lücken in der Gesetzgebung zutage treten, ist die Technik des *»per omnes locos tractare«* unverzichtbar.

Damit erhält die Rhetorik in ihrer aristotelischen Definition als Vermögen, bei jedem Gegenstand die zur Überzeugung taugenden Mittel ins Auge zu fassen, einen wichtigen Platz in der Rechtspraxis zugewiesen, ja sie wird als konstitutiver Bestandteil der Rechtsauslegung und -prägung betrachtet und hilft, die »Verdinglichungen im Meinungsdenken durch Rückführung auf ihre sprachlichen und kommunikativen Voraussetzungen aufzulösen.«[150]

Darüber hinaus lassen viele allgemeine Rechtsgrundsätze »ebenso wie zahlreiche Regeln des Zivil- und Strafverfahrens ihren rhetorischen Ursprung ganz klar erkennen«[151], ja noch in den »Richtlinien für das Straf- und Bußgeldverfahren« (RiStBV H1, Nr. 13 ff.) ist in den Aspekten, die die Erwägungen bei der Strafzumessung leiten sollen, die rhetorische Lehre von den *loci a persona* zu erkennen; das allerdings zeugt weniger von einer ungebrochenen Tradierung als vielmehr von der engen Verbundenheit von rhetorischem und juristischem Denken.

Die tatsächliche Belebung der Rhetorik für die juristische Ausbildung und Praxis steht allerdings – trotz einiger Bemühungen darum – noch bevor; das bisherige Interesse innerhalb der Jurisprudenz bezog sich, wie geschildert, weitgehend auf die Brauchbarkeit einer topisch-rhetorischen Denkweise für die Theoriediskussion, hinter der sich bei näherem Hinsehen eine Auseinandersetzung mit dem Rechtspositivismus und dessen Gesetzesverständnis verbarg. Kein Zweifel, diese Diskussion hat die Notwendigkeit rhetorischen Denkens im Recht deutlich gezeigt, es kommt nun aber darauf an, den so gewonnenen Raum auch tatsächlich für die praktische Beerbung der rhetorischen Tradition zu nutzen.

10. Predigtlehre

»Je stärker die Homiletik sich jeweils von der Regierung der Rhetorik freimachte, um so deutlicher wurde jedesmal die Glaubenstheologie als die rechte Heimat der Homilektik sichtbar. Denn um so stärker war man in der Predigt auf den Inhalt, in der Predigtlehre auf die Behandlung des Inhaltes für Predigtzwecke angewiesen. Da war die Predigt sofort Verkündigung des Glaubens und seiner Inhalte.«[152] So lauten fast programmatisch die Eingangssätze zu einer Homiletik unserer Zeit. Es schien lange in diesem Jahrhundert, als wolle sich eine Auffassung von der Predigt durchsetzen, der die wirkungsbezogene Sprache verdächtig war und die aller Beschäftigung mit der Rhetorik abschwor. Denn nicht am Menschen, am Hörer, habe man sich zu orientieren, sondern am Worte Gottes; die Predigt solle nicht eine anthropozentrische Grundeinstellung haben, wo sie doch »ihrem Wesen nach theozentrisch sein müßte«[153] oder christozentrisch.

Allerdings wurde noch zu Beginn des 20. Jahrhunderts in der liberalen Theologie der situativ ausgerichteten Predigt große Aufmerksamkeit geschenkt. Friedrich Niebergall berichtete 1905 von den »neueren« Predigern, die »möglichst der Zuhörerschaft auf den Leib [...] rücken, um ganz eindringend einzuschärfen: *tua res agitur,* ich kenne dich und deine Not, erkenne auch mich und meine Hilfe.«[154] Und Martin Schion schrieb in dieser Zeit: »Die Rücksicht auf die Gemeinde verlangt eine *zeitgemäße* Predigt. Ein Tor, wer das ignoriert! Er verbaut sich selber den Weg.«[155] Nicht allein die Heilige Schrift, so wird betont, könne den Stoff für die Predigten abgeben, der Prediger müsse an den Problemen und am Seelenleben seiner Gemeinde anknüpfen, die er in mancherlei Gesprächen auf seinen Gängen während der Woche kennenlernen kann. Bei Selbstmorden in der Gemeinde, bei Unglücken, einer Feuersbrunst oder wenn der Hagelschlag ganze Felder niedergestreckt habe, erwarte die Gemeinde geradezu eine »Stellungnahme der Kirche und der Predigt zu den Ereignissen der Woche. Und Gottes Wort ist reich genug, daß es Licht auf jene fallen lasse oder klare Stellungnahme in Zweifelsfragen dazu gebe.«[156]

Eine Abwendung von den Tagesereignissen, von den alltäglichen Problemen und Nöten, von der Predigt als »bloße[r] Begleitmelodie« für das Leben, die »Sonntag für Sonntag in vielfacher Abwechselung der jeweiligen Lage des Menschen in Zeit und Welt entsprechend«[157] ertönt, vollzieht sich zu Beginn der zwanziger Jahre mit der dialektischen Theologie Karl Barths und Eduard Thurneysens. Das Gefühl für »Gottes eigene Sache« müsse wieder geweckt werden, weil es verlorengegangen sei; während des Krieges habe man Kriegspredigten gehalten, nun – 1921 – halte man Friedenspredigten: eines sei nicht besser als das andere, denn es deute darauf, daß das eigentliche Thema und der Stoff der christlichen Predigt verlorengegangen seien, nämlich die Verkündigung des Wortes Gottes. [158] Der Themenpredigt wird damit abgeschworen, die Predigt soll nicht länger ein Thema behandeln, sie sollte vielmehr Schriftauslegung sein, sie soll das Wort Gottes, den Bibeltext, auslegen und verkünden. Nicht durch die Ereignisse der Zeit solle sich die Predigt leiten lassen, sie folge der Wahrheit, die im Worte Gottes sich offenbart, und richte sich danach aus. »Darum erste Regel: *keine Beredsamkeit!*« rät Eduard Thurneysen apodiktisch. Denn der Prediger ist kein Advokat, der mit Kniffen für die schlechte Sache seines Klienten eintritt, kein Agitator und kein Krämer, er ist lediglich »Zeuge vor Gericht«[159] und bedarf der Redekunst nicht. Er macht eine Aussage im

Auftrage Gottes, er redet nicht aus eigenem Antrieb, sondern im Auftrag, er verkündet Gotteswort mit Menschenmund, er ist Zeuge, »der aufmerksam macht auf das Handeln dieser göttlichen Person«[160], auf Christus! Die Hinwendung zum Worte Gottes geht einher mit der Abwendung vom Menschenwort und vom Hörer, von den Bemühungen um eine kunstvolle und wirkungsvolle Gestaltung von Sprache und Predigt. Die göttliche Wahrheit, so wird unterstellt, bedürfe der kunstvollen Rede nicht, diese sei Beiwerk, Blendwerk, das von der eigentlichen Aufgabe des Predigers ablenke. Die Wahrheit breche sich ihre Wahrheit von selbst. Thurneysen spricht dies in einem Gleichnis aus: »je eifriger und geschäftiger geschaufelt wird, um den Kanal auszuheben, durch den die Wasser der göttlichen Worte rinnen sollten, desto gähnender schaut uns nur die Leere dieses Kanals entgegen; denn kein Schaufeln und Graben und Formen auf unserer Seite zwingt die Offenbarung von der anderen Seite herbei. Wo aber Offenbarung, d.h. wieder hervorbrechendes göttliches Wort ist, da gräbt sie sich ihr Bett selber und spottet unserer Kanäle.«[161] Die Verkündigung wird zu einem Akt der Inspiration, der Prediger – eben kein selbstbewußter Anwalt der Sache Gottes und der Menschen – wird zu einer Art Medium (die alte Inspirationslehre wird hier wieder aufgegriffen), und das Gotteswort kommt nicht zum Menschen »sozusagen auf einer Ebene, sondern [...] wirklich aus der *Höhe,* wirklich von oben, und zwar *senkrecht von oben.*«[162] Der Prediger zeugt nicht allein mehr von Gottes Wort, nein, seine Predigt ist Gotteswort in Menschenmund geworden, es hat sich in einer Art mystischen Aktes der Gemeinde offenbart.

Mit der Hinwendung zum Worte Gottes, mit der Unterordnung der Predigt unter Bibeltext und Exegese wird auch das Eingehen auf das »sogenannte *Bedürfnis des Hörers*«[163] hinfällig, entsprechend kommt auch in der von Karl Barth geforderten Gemeindemäßigkeit der Predigt kein Angemessenheitsanspruch der Sprache gegenüber den Zuhörern zur Geltung, vielmehr bedeutet diese Gemeindemäßigkeit, daß in der Mitte der Gemeinde »dem Worte Gottes gedient wird [...]. In ihrer Mitte: sie darf also auch dabei sein. Dieser Dienst am Worte Gottes ist nicht die Funktion eines Einzelnen, sondern dieser Dienst ist der Akt der Gemeinde.«[164]

Die Forderungen, wie sie von der dialektischen Kerygma-Theologie Karl Barths und seiner Nachfolger oder von der Sprachereignis-Hermeneutik an die Predigt gestellt wurden, waren indessen recht praxisfern, der »Mythos der selbstwirkenden Predigt«[165] wurde immer wieder mit einer Gemeinde, einem Publikum konfrontiert, das die konkreten alltäglichen Probleme in der Predigt wiedererkennen, das sich angesprochen wissen wollte, auch von den Dialektikern, Bekennern und Existentialisten, die ihre Attacken gegen die Beredsamkeit ritten. Und hatten nicht auch viele Predigten im 3. Reich erwiesen, als sich vorgebliches Gotteswort und Führerlob verbanden, daß es eine »dem Worte Gottes adäquate Redeform« nicht gibt und »niemals gegeben«[166] hat?

Gerade seit Mitte der sechziger Jahre wird die Kritik an der herrschenden antirhetorischen Predigtlehre immer vernehmbarer; »wird mit dem Anlegen des Talars, beim Gang auf die Kanzel aus dem Theologen ein Gottesorakel?« fragte Manfred Josuttis 1968 kritisch. »Hier muß die Kirche entweder ein permanentes Wunder oder ein ebenso permanentes Täuschungsmanöver organisieren.«[167] Gerade in einer Zeit, in der sich die Kirchenaustritte mehrten, in der eine Abwendung von der Kirche offenbar wurde, erinnerte Josuttis daran, daß der Prediger die Verantwortung für die Sprache seiner Predigt im ganzen trage, also nicht allein für den Inhalt, sondern auch für die Form seiner Ansprache. In Wahrheit komme somit der Prediger ohne die überzeugende Rede, ohne Rhetorik gar nicht aus. »Auch derjenige, der sie aus Überzeugung ablehnt oder über sie aus Unkenntnis nicht reflektiert, praktiziert Rhetorik: indem er die Sache des Evangeliums in der Sprache öffentlicher Rede vertritt.«[168] Es komme darauf an, daß sich der Prediger dessen bewußt wird und seine Sprache bewußt gestaltet.

Predigten sollen nicht länger »Exegesen mit einem homiletischen Schwänzchen bieten«[169], die den Gefahren »eines weltfernen introvertierten Monologs«[170] unterliegen. Die Alternative wird nicht länger im behaupteten Gegeneinander von Gotteswort und der Zuwendung zum Hörer gesehen, vielmehr wird betont, daß es darauf ankomme, von Gott zu Menschen zu reden – und das in einer realen Welt, in der Lebenswirklichkeit, im Hier und Heute der Menschen. »Ein Pfarrer«, so betont Walter Jens, »ist ein sehr konkretes Individuum, das einer sehr konkreten Gemeinde mit Hilfe einer sehr konkreten Sprache einen Text zu veranschaulichen sucht – ein Schriftwort, von dem er weiß, daß es, um inmitten von so viel Konkretheit seinerseits zum Konkretum zu werden, nicht nur ausgelegt, sondern ausgeführt werden muß: übersetzt und erweitert, bis zur Gegenwart hin verlängert und appliziert an die gegebene Situation.«[171] Diese Aufgabe erfordert die Absage »an die *unio mystica* auf der Kanzel«[172], sie fordert eine Besinnung auf die zwei Jahrtausende Rhetorik-Tradition, auf Augustin, auf Luther, auf die Redner Gottes. Der Prediger soll dabei weder ein »Kaufherr [werden], der für seine Ware Reklame zu machen sucht«[173], noch ein Effekthascher oder Propagandist, er sei – um mit Augustin zu sprechen – jener Mann, welcher »die göttlichen Ansprüche nicht allein weise, sondern auch beredt behandelt«[174].

11. Populäre Rhetoriken

»Sie werden in leitender Position nur überzeugen, wenn Ihre Mitarbeiter Sie als Menschen akzeptieren. Wie aber können sie das, wenn Sie sich nicht menschlich geben? Bemühen Sie sich also, menschlich zu wirken. Das können Sie aber nur, wenn Sie auch (kontrolliert) zeigen, was und wie Sie fühlen.«[175] Das Rednerbild, das dieser Anweisung zugrunde liegt, differiert charakteristisch von dem der Antike. Galt für Cicero und Quintilian, für die mittelalterlichen Rhetoriklehren bis hin zu Knigge in der gesamten rhetorischen Tradition ein *vir-bonus*-Ideal, das vom Redner Sittlichkeit, Moralität, Rechtschaffenheit und Tugend als Eigenschaften forderte, war also der gute, sittlich handelnde Mensch die Voraussetzung für die gute, überzeugende Rede, so wird die dort geforderte Menschlichkeit hier instrumentalisiert, sie wird, um des Erfolges willen, vorgespielt.

Diese Reduktion der rhetorischen Bildungsinhalte und ethischen Forderungen ist charakteristisch für die Rhetorikkonzeption, die den populären Rhetoriken zugrunde liegt. In der Erwachsenen- und Weiterbildung erkannte man in jüngster Zeit zunehmend den praktischen Wert der Rhetorik; Manager- und Verkäuferschulungen, Rhetorikseminare für leitende Angestellte sollen sicheres und überzeugendes Auftreten vermitteln, schließlich erschien zu diesem Thema eine große Anzahl von Schriften im Buchhandel, die sich auf die Rhetorik berufen und Erfolg und berufliches

Weiterkommen versprechen. »Entweder«, so stellt eine jener Gebrauchsrhetoriken die Alternative vor, »folgen Sie bereitwillig dem, der die Macht des Wortes zu benutzen weiß, oder Sie versuchen, die Redekunst zu erlernen, um jene geheimnisvolle Macht über andere auszuüben.«[176]

Mit den Versprechungen ist man schnell bei der Hand. Mehr Selbstsicherheit wird da in Aussicht gestellt, mehr Selbstbewußtsein, mehr Erfolgserlebnisse, mehr Anerkennung und Achtung, mehr Einflußmöglichkeiten, mehr Durchsetzungskraft bei Diskussionen und Konferenzen, bessere allgemeine Berufschancen – dieses sind nur einige wenige der Punkte eines seitenlangen »Vorteilkatalogs«, den ein Autor seiner Schrift beigibt; auch vergißt er nicht aufzuführen, daß ausgebildete Mitarbeiter »das Firmenimage und den Umsatz«[177] erhöhen. Die klassische Lehre der Beredsamkeit wird vollständig instrumentalisiert, der klassische Redeaufbau auf eine kurze 5-Punkte-Formel reduziert, deren erster Punkt zum Erwecken von Interesse oder Neugierde anhält, deren letzter an den Handlungsappell der *peroratio* erinnert.[178] »Checklisten« werden gereicht, die Vorbereitung und Erfolg überprüfbar machen sollen, kleine Zitatensammlungen beigegeben, mit denen Bildung vorgetäuscht werden kann, und oft werden Muster von Gelegenheitsreden den Ausführungen angehängt, deren Machart am Erfolg der eigenen Rezepte beim Autor zweifeln läßt.[179] Rhetorik wird reduziert auf einprägsame Sätze und Regeln, etwa eine »AIDA-Formel« (= *A*ufmerksamkeit, *I*nteresse, *D*efinition der Grundgedanken, *A*bschluß)[180], daneben befaßt man sich mit »Tricks und Kniffe[n]«; eine populäre Anleitung zur »Redekunst« etwa empfiehlt, wenn das überzeugende Argument nicht mehr hilft, als zwar nicht feine, so doch wirksame Methode: »Widerlegen Sie Ihren Partner oder Gegner zunächst einmal mit pseudosachlichen Überlegungen. Interpretieren Sie ihn einfach falsch. Nehmen Sie einen Teil seiner Sachargumente heraus, unterstellen ihnen einen anderen Sinn und widerlegen Sie Stück für Stück, was er angeblich gesagt hat. Damit drängen Sie Ihren Gegner zunächst in eine Verteidigungsposition. Er muß dem Publikum gegenüber erklären, daß er das ja gar nicht gemeint habe. [...] Nützt das alles noch nichts, dann stellen Sie die Persönlichkeit Ihres Gegners vollends in Frage. Bezweifeln alles an ihm, seine Zuständigkeit, seine Sachkenntnis, seine Befähigung, seine Glaubwürdigkeit, seinen guten Willen. Schieben Sie seinen Argumenten oder Behauptungen niedrige Motive unter, verdächtigen Sie ihn der Unfairneß, bezichtigen Sie ihn der Diffamierung und der Demagogie. Nehmen Sie seine eigenen Worte und legen Sie ihnen einen anderen Sinn bei, verwirren Sie die Begriffe.«[181] Rhetorik erscheint ohne ethische Grundlagen als Wissen um wirkungsvolle Techniken der Manipulation.

Auch in Anleitungen, die zu erfolgreicher »Gesprächstechnik und Verhandlungsführung« leiten sollen, bleibt das Interesse der Autoren auf das rein Technische beschränkt, etwa durch Ausführungen über den Augenkontakt oder durch einige schmale, aufs Praktische eingeengte Anweisungen zur Gestik und Mimik.[182] Eine ähnliche Beschränkung auf das Pragmatische findet sich auch in anderen Bereichen, in denen Gebrauchsrhetorik wirksam wird, etwa in Briefstellern, die zumeist auf formale Gestaltungshinweise hinauslaufen, auch in Anleitungs- und Musterbüchern zu Zeugnissen, Bewerbungs- oder Kondolenzbriefen.

Die erste Gruppe von Gebrauchswertversprechen zielt auf die technische Verbesserung der Redefähigkeit und reicht von sprechtechnischer Schulung bis zur Argumentationstechnik. Die zweite Gruppe stellt den Wert der Rhetorik für die –

altmodisch gesprochen – Persönlichkeitsbildung heraus, wobei die selbstsichere, freie, produktive Persönlichkeit als das Ergebnis rednerischer Vervollkommnung erwartet wird. Das Adressatenprofil der angewandten Rhetorik läßt sich darum recht gut eruieren, es bietet, wie nicht anders zu erwarten, einen traurigen Eindruck. Eine redegehemmte, von Lampenfieber, Unwertkomplexen und Denkblockaden im Berufs- und Gesellschaftsleben benachteiligte Persönlichkeit, deren äußeres Auftreten schief und ungelenk, taktlos und schwerfällig ist, ständig auf der Suche nach dem richtigen Wort, weder des Hochdeutschen noch der zusammenhängenden Rede mächtig, falsch atmend und artikulierend, gegen den Sinn betonend und sich ständig für das eigene Dasein entschuldigend, ohne überzeugende Argumente, voller Floskeln und Leerformeln, allenfalls durch ihren sozialen Status und die Führungsposition wirkend, nicht aus persönlicher Glaubwürdigkeit.

Der eben geschilderte *Rede-Krüppel* ist nur das Extrem des rhetorischen Adressaten, im Normalfall hat es der Trainer oder Rhetorik-Ausbilder mit Leuten zu tun, die durchaus redefähig und berufstüchtig sind, ja sich vielfach sogar in Spitzenpositionen befinden, aber in einzelnen Bereichen ihres rhetorischen Verhaltens Defizite aufweisen. Sie reichen von zu ausgeprägter Dialektfärbung bis zu mangelhafter Gesprächsführung, von ungeschicktem Konversationsverhalten bis zu formelhaftem, eintönigem Schreib- oder Redestil. Nach der Ursache solcher Mängel braucht man nicht lange zu suchen. Die rhetorische Beherrschung der eigenen Sprache ist zuallererst eine Folge der Kultur, in der man lebt; d.h., die Art und der Standard der kulturellen Sozialisation entscheiden über die rhetorische Kompetenz, die sich in einer Gesellschaft findet.

Die Situation, die ein Quintilian vorfand, war übrigens nicht anders: die rhetorische Unterweisung wendete sich offenbar bisher vor allem an Adressaten, die bereits über eine abgeschlossene (Berufs-)Ausbildung verfügten, und bestand in einer bloßen Verbesserung des zuvor erreichten Standes. Wobei er dem antiken Rhetorik-»Trainer« auch ein Motiv unterstellt, das uns ganz vertraut anmutet und von ihm schlicht als »Geltungssucht« ausgemacht wird. Dem gegenüber der eigene Entwurf eines Studiengangs »von vorn und unten«, was sowohl die Ausbildung von »Kindesbeinen« an bedeutet als auch methodisch den Unterricht von den elementaren Erfordernissen der Sprachbeherrschung her aufbaut. Denn die Kommunikationsfähigkeit des Menschen ist an seine Sprachentwicklung gebunden, das Kleinkind wird eben deshalb »infans« genannt, der Mensch, der noch nicht sprechen kann.[183]

So also sah der Weg aus, den Quintilian zu einer umfassenden Reformation der Rhetorik beschritt: keine schrittweise Verbesserung des bloßen Redehandwerks, sondern die Integration der Sprach- und Redeschulung in die Erziehung des Kindes und in die Schulbildung. Alle modernen Untersuchungen sprachlicher Sozialisation weisen in dieselbe, auch von Quintilian schon durch Erfahrung gewonnene Richtung. Das Redevermögen, das heißt die Geschicklichkeit, mit der von der Sprache Gebrauch gemacht wird und die die rhetorische Kompetenz bestimmt, ist bereits für den schulischen Erfolg grundlegend. Der Sprachlernprozeß beginnt aber bereits dann, wenn das Kind auf sprachliche Zeichen erst nur reagieren, sie aber noch nicht selber bilden kann. Die derart früh angeeignete rhetorische Fähigkeit bedingt in hohem Maße, was gelernt und wie gelernt wird, auf welche Weise die Objektbeziehungen gestaltet werden und aus welcher Perspektive die soziale Struktur kennengelernt wird, sie ist ein Mittel der Interaktion und der Reaktion auf die Umwelt. Was in der kindlichen Erziehung nicht gelernt wird, beeinträchtigt auch die Wirksamkeit allen späteren Lernens, das rhetorische Potential ist also in den Entwicklungsstadien nicht unverändert oder auch nur annähernd gleich.[184]

Die Schulung erwachsener Redner bedeutet immer gleichsam ein Nachsitzen und findet unter erschwerten Bedingungen statt, doch das Bewußtsein eben davon – so lautet meine erste These – geht den meisten Redelehrern oder Trainern ab. Das dahinterstehende Denkmodell ist ganz mechanistisch und geht von einem Kommunikationsschaden aus, der mit Hilfe entsprechender technischer Kenntnisse repariert werden kann, als handle es sich dabei um ein defektes Auto. Das niedrige oder sogar ganz fehlende Problembewußtsein spiegelt sich auch in der verräterischen Bezeichnung wieder, mit der der moderne Redelehrer sich selbst anpreist: als Trainer nämlich möchte er verstanden werden, und jede Sportveranstaltung führt es uns wieder vor Augen, um was für einen Typus von Lehrer es sich dabei handelt: das deutsche Universalwörterbuch des Duden kennt den Trainer auch nur als »jmd., der Sportler trainiert«. Und von den verschiedenen Bedeutungen, die dem Verb »trainieren« abgelesen werden, trifft vor allem eine für unseren Fall zu: »(bestimmte Übungen und Fertigkeiten) durch Training technisch vervollkommnen.«[185] Ein solches Selbstverständnis zielt auf ein ganz oberflächliches Sprach- und Redeverhalten, oder besser: es zielt bloß auf die Oberfläche, die Erscheinung unseres Sprach- und Redeverhaltens. Das Sprachpotential und die rhetorischen Vorgänge sind aber die Grundlagen der innersten Erfahrung eines Menschen und lassen sich nicht durch einfache Übungen konditionieren. Ich denke, daß es schon seinen Grund hat, wenn man von einer Evaluation, die diesen Namen verdient, also von einer wirklich fach- und sachgerechten Bewertung der Unterrichtsprogramme und des Erfolges rhetorischer Trainingskurse noch nichts gehört hat. Anders natürlich die wirklich körperlichen Voraussetzungen der Rede, die in der Sprecherziehung vervollkommnet werden: Stimmbänder oder Atem lassen sich trainieren wie die Beinmuskulatur eines Langläufers. Daß die Bezeichnung »Trainer« auf signifikante Weise zu kurz greift, beginnt übrigens dem einen oder anderen Rhetorikpraktiker bereits zu dämmern. Einer von ihnen faßte sein Unbehagen in deutliche Worte: »Vor allem die betriebliche Weiterbildung hat mit der eher unreflektierten Bezeichnung ›Rhetorik-Trainer‹ einen Begriff aus der Praxis der amerikanischen Management-Trainings übernommen. Solcherlei Terminologie erweist der Sache der Rhetorik indes einen zweifelhaften Dienst.«[186]

Im allgemeinen bleibt es bei solchen im wesentlichen verbalen Zugeständnissen, und das kann auch gar nicht anders sein, wie ich noch zeigen will. Doch kann es nicht schaden, sich zuvor einmal das Bild des Rhetorik-Lehrers zu vergegenwärtigen, das der Begründer des rhetorischen Schulbetriebs entwickelt hat. Man solle zuerst auf die Lebensführung schauen, empfiehlt Quintilian als erstes Kriterium der Lehrerwahl; Anstand, Rechtschaffenheit, pädagogisches Geschick sind weitere Qualitäten, denn der Schüler soll seinen Lehrer »lieben und verehren«[187] können wie einen Vater: »Es sei also der Redner der Mann, der den Namen des Weisen recht eigentlich verdient: nicht nur in seiner Lebensführung vollkommen – denn nach meiner Meinung genügt das noch nicht, wenn auch andere anderer Meinung sind –, sondern vollkommen durch sein Wissen und die Gabe, für alles das rechte Wort zu finden.«[188] Übersetzen wir diese Anforderungen in eine uns gemäße Terminologie, so darf zwischen der Rolle des Lehrers und der des »Schülers« kein Wertkonflikt entstehen, der Lernende muß bereit sein, die Sprachstruktur des Lehrenden zu akzeptieren und darauf zu reagieren. Ein angemessenes rhetorisches Verhalten setzt das Verhältnis gegenseitiger Achtung und gegenseitigen Vertrauens voraus. Vergleicht man diese zugegeben ideale Lehrer-Imago mit der Wirklichkeit des Rhetorik-Ausbilders, um Biffars Bezeichnung zu verwenden, so kann der Unterschied nicht grundsätzlicher und größer sein.

Bleibt zu fragen, was die Ursachen dieser unbefriedigenden Situation sind. Es gibt, anders als für Quintilian, heute kein auch nur einigermaßen verbindliches Berufsbild für den Rhetorik-Lehrer, es besteht nicht einmal Einigkeit über den Bedarf an Rhetorik in unserer Gesellschaft. Aus der schulischen Bildung sind die entsprechenden Lehrinhalte verschwunden oder auf ungenügende Restfaktoren wie die Aufsatzerziehung reduziert. Weder im Lateinunterricht – im 19. Jahrhundert noch ein wichtiges Medium rhetorischer Bildung, von dem alle Wissenschaften und Berufszweige profitierten – noch im Deutschunterricht spielen rhetorische Analyse- und Produktionsmethoden, Argumentationsverfahren und Schulung des topisch-rhetorischen Denkens eine auch nur geringe Rolle. Rhetorik ist längst noch nicht befreit vom Ludergeruch bloßen Überredungs-Trainings, und der Zustand der Angewandten Rhetorik mit ihrer Verkäuferschulung, ihrem Managertraining, ihrem manchmal recht zwielichtigen, auf jeden Fall aber alerten Lehrpersonal ist nicht dazu angetan, die alten und tiefsitzenden Vorurteile zu zerstreuen.

Diesem Mißtrauen steht freilich eine unbezweifelbar große Nachfrage gegenüber, nicht nur in der Wirtschaft, die ihre Führungskräfte für Verhandlungen und Öffentlichkeitsaufgaben angemessen ausbilden oder die innerbetriebliche Kommunikation verbessern möchte, nicht nur in allen Berufen, in denen der Publikumsverkehr eine wichtige Rolle spielt (vom Arzt oder Kommunalbeamten bis zum Fernseh-Moderator oder Hörfunk-Redakteur), auch in der universitären Ausbildung macht sich das rhetorische Defizit höchst hemmend bemerkbar. »Die [...] gesprochene Sprache bedingt in hohem Maße, was gelernt wird und wie es gelernt wird und beeinflußt so das zukünftige Lernen«[189] ebenso wie jede berufliche Weiterbildung in späteren Jahren. Die Einrichtung von Kursen »Deutsch für Deutsche«, wie sie etwa vor einigen Jahren von der TH Aachen vermeldet wurden, wirken wie ein Signal, doch gilt natürlich auch für sie die schon zuvor gemachte Einschränkung, daß die wichtigsten Weichen des individuellen Sprachverhaltens längst gestellt wurden und rhetorische Kompetenz nur noch als funktionelle Fähigkeit in bestimmten Bereichen zu erlangen ist.

So kumulieren die Defizite auf verheerende Weise, und eine wirkliche, d.h. methodisch abgesicherte und tiefgreifende rhetorische Weiterbildung hätte von ganz neuen Voraussetzungen auszugehen. Sie betreffen drei Schwerpunkte: zunächst den Bereich der Verbalisierung, der überhaupt einer rhetorischen Ausbildung erwachsener Schüler noch zugänglich ist; alsdann die rhetorische Argumentation und schließlich – damit eng verbunden – das topische oder Meinungs-Wissen, das die hervorragende rhetorische Domäne darstellt.

Für das erste Thema ist die Unterscheidung von zwei grundsätzlich verschiedenen Formen rhetorischen Verhaltens der Ausgangspunkt. Es gibt zwei Typen von Reden, die wir alle in unterschiedlichem Maße beherrschen: die eine ist vororganisiert und identisch mit dem von Herbert Marcuse beschriebenen Universum der öffentlichen Rede[190]; die andere organisiert sich gleichsam spontan, im Akt des Sprechens selber, und nimmt eine veränderte Gestalt an, die der Veränderung und den speziellen Erfordernissen des Sachverhalts und des Redners entspricht. Die erste ist gesellschaftlich genormt und ziemlich gut voraussagbar, die zweite individuell geformt und unerwartet. Jene ist Gemeinbesitz einer kulturellen Gemeinschaft (was die alte Rhetorik *sensus communis* nannte), diese ist an die individuelle Erfahrung gebunden und Ausdruck einer *besonderen Wahrnehmungsaktivität*. Dieses letztere rhetorische Verhalten ist im Erwachsenenalter nur teilweise veränderbar, weil es mit der Struktur der individuellen Geschichte, mit der Identität des einzelnen Menschen unlösbar verknüpft bleibt. Nur die Sprach- und rhetorische Erziehung des Kindes und Jugendlichen (in diesem Punkt wird Quintilian *immer* recht behalten) vermag auf die individuelle Rhetorik entscheidenden Einfluß zu nehmen. Versucht ein Rhetorik-Trainer, in diese Sphäre vorzudringen, werden die Wirkungen unkalkulierbar.

Das Universum der öffentlichen Rede aber (und damit ist auch die berufsspezifische Rede inbegriffen) ist allen gemein, nur bewegen wir uns darin auf höchst unterschiedliche, auch verschieden geschickte Art. Rhetorische Schulung im Erwachsenenalter findet hier ihr Hauptbetätigungsfeld, und die Differenzierung in die beiden prinzipiell verschiedenen Sprech- und Schreibweisen ist die notwendige Voraussetzung ihres Erfolges. Denn in der Praxis drücken wir uns selten ganz rein in einer dieser Sprachformen aus, wir mischen sie, und der Unterricht muß sie »entmischen«, entflechten, um eine rhetorische Verbesserung auf einem Felde zu erreichen. Diese Verbesserung macht sich dann natürlich im gesamten Sprachverhalten bemerkbar, da dies sich in der Regel aus beiden Formen zusammensetzt. Daher sind die größten Erfolge der praktischen Redeschulen einerseits dort zu erzielen, wo sich der Unterricht wirklich auf die öffentliche Sprache eines Sprechers beschränkt, also etwa in der Publizistik oder in der politischen Rede, und andererseits in der Sphäre unserer beruflichen Rollensprachen, in der wir – ob Ärzte, Lehrer, Beamte – oft mit erschreckender Sprachlosigkeit oder Dürftigkeit der Argumentation geschlagen sind.

Auf der Grundlage einer derartigen didaktischen Abgrenzung der Sprechweisen kann man dann auch glaubwürdig reden und überzeugend diskutieren oder verhandeln lernen – ohne übertriebene Erwartungen. Die Rhetorik war immer auch eine Sozialtechnologie, der es auf Gebrauchswert und sozialen Nutzen ankam. Der Hörer oder Gesprächspartner soll den Standpunkt des Redners teilen, er soll dessen Sache als die bessere, dessen Argumente als die vertrauenswürdigeren erkennen und danach seine Entscheidungen treffen. Der Irrtum des Sokrates, man brauche das Wahre nur auszusprechen, damit es unweigerlich wirke, hat bis in die modernen Wissenschaften hinein höchst unheilvolle Folgen gehabt. »Der Zuhörer ist richtunggebend«[191], hieß die Gegenmaxime von Platons Schüler Aristoteles, sie steht am Anfang der Rhetorik, und ihre Methoden und Techniken zielen alle darauf, diese Wirkungsintention zu realisieren: zum Zwecke eines parteilichen, interessierten Austragens von Gegensätzen, zur Aufhebung unproduktiver Zweifel und starrer Vorurteile, zum selbstbewußten Behaupten oder Durchsetzen der eigenen Position. Doch darf sie sich nicht auf die anfangs beschriebene Praxis beschränken. Sieht man in die populären Rhetorik-Lehrbücher, erblickt man sogleich eine durchaus fragwürdige Haupt-Tendenz: sie konzentrieren sich alle auf das schnell zu erwerbende Know-how des Sprechens, auf Aussprache und Auftreten, auf die Länge der Sätze, auf klare Gliederung und emotionale Glaubwürdigkeit, auf Vermeidung der Monotonie und des Eindrucks der Unsachlichkeit. Das sind meist wichtige Aufgaben, sie spielen bei jeder Rede, in jeder Verhandlung und Diskussion eine wichtige Rolle, wer die Mittel zu ihrer Verwirklichung beherrscht, wird immer einen augenblicklichen Vorteil vor demjenigen haben, der sie nicht besitzt oder ungeschickt handhabt.

Doch dieser Vorteil ist vorübergehend, kann *post factum* leicht ins Gegenteil umschlagen, weil Enttäuschung, Ärger, ja Aggressivität bei jedem entstehen, der sich als Opfer einer geschickten Strategie, doch nicht wirklich überzeugt findet. Die zentralen, dauerhaften Methoden, Überzeugung herzustellen oder Akzeptanz zu gewinnen, werden in den allermeisten Fällen nur am Rande oder gar nicht berücksichtigt. Glaubwürdig argumentieren lernt man auch nicht an einem Wochenende – und in einer Woche allenfalls die Anfangsgründe. Denn dazu wird nicht nur sachliche Kenntnis gefordert (die eigentlich vorausgesetzt ist), sondern Vertrautheit mit den rhetorischen (nicht den philosophischen) Schlußverfahren, mit der Entwicklung von Argumenten aus wissenschaftlichen Ergebnissen ebenso wie aus allgemeinen oder gruppenspezifischen Überzeugungen, mit den Regeln des rhetorischen Problemdenkens, das im Gegensatz zu jedem Systemdenken sämtliche Gesichtspunkte zur Problemlösung nutzt.

Welche Entscheidung auch immer getroffen, welche Wahl empfohlen werden will, sie schließen ein Werturteil ein, das sich weder logisch noch wissenschaftlich beweisen, das sich nur rhetorisch begründen läßt. Es wird aus anerkannten Werthypothesen gewonnen, durch Argumente begründet und einem Adressaten wirkungskräftig zur Bejahung oder Ablehnung dargestellt. Für diese Darstellung bedarf es *zuletzt* ganz gewiß auch der Hilfsmittel und Kniffe, auf die sich Rhetorik-Trainer und populäre Ratgeber beschränken: wer im Detail nicht vertrauenswürdig zu wirken versteht, dem nimmt man auch die Botschaft nicht ab. Diese Botschaft aber wirkt dauerhaft nur, wenn sie auch der kritischen Nachprüfung standhält, wenn sie argumentativ überzeugt, und das heißt, wenn sie in vollem Umfange rhetorisch kompetent vertreten wird. Das gilt für alle Berufsschichten, in allen Sphären der öffentlichen Rede und natürlich auch für eine Rhetorik (oder Dialektik oder wie immer man die Kurse und Ratgeber etikettiert) für Manager, für Betrieb und Wirtschaft, wo der augenblickliche Erfolg nur eine untergeordnete, der Dauer-Erfolg die Hauptrolle spielt. Er ist nicht anders zu erreichen als durch jene umfassende rhetorische Kompetenz, die Argumentationsgeschick, Wortmächtigkeit, persönliche Glaubwürdigkeit und emotionale Gemeinsamkeit verbindet. Auch sie kann gelernt, auf jeden Fall vervollkommnet werden, doch nicht in Schnellkursen, sondern nur in einem umfassenden Programm, das zunächst alle Grundlagen rhetorischer Argumentationskunst vermittelt und ihre Anwendung praktisch erprobt, um diese Kenntnisse und Fähigkeiten dann in periodisch wiederkehrenden Seminaren von kürzerer Dauer auf spezielle Bereiche, besondere Fragestellungen und Aufgaben zu adaptieren. In jedem rhetorischen Unterrichtsprogramm sollte der Topik, der Schulung im Meinungswissen, ein zentraler Platz zukommen. Dieses Wissen umfaßt alle Gegenstände, die Vico als *certum*[192] (nicht *verum*) bezeichnet hat, deren Sicherheit auf menschlicher Naturanlage, auf Gewohnheit und Überlieferung beruht und die in den sogenannten Kulturwissenschaften traktiert werden. Es kann sich dabei nicht um die Vermittlung von einer Art Formelschatz handeln, wie ihn die alten Florilegiensammlungen oder Kollektaneenbücher darstellten und deren Überzeugungskraft gerade unter ihrer Formelhaftigkeit litt. Erfahrung und Beobachtung müssen hinzutreten und ebenso wie Phantasie und Gedächtnis geschult werden. Das Modell einer solchen virtuellen Topik als Ergebnis eines rhetorischen Unterrichts könnte zum Beispiel Lichtenberg mit seinen »Sudelbüchern«[193] abgeben, doch sind natürlich auch andere Formen denkbar. Gezielte Einübung in die rhetorischen Meinungsbildungsprozesse der Gesellschaft und ihrer Institutionen ist in jedem Fall notwendiger Bestandteil rhetorischer Argumentationsschulung. Die praktische Bedeutung der kursierenden Meinungen besteht darin, dem politisch Handelnden wie dem Bürger soziale Deutungsmodelle und Orientierungshilfen zu geben. In jeder Debatte sind – meist unbewußt – kollektive Grundüberzeugungen wirksam, wie eine Gesellschaft sich politisch versteht, welche Probleme für die entscheidenden gelten und welche Lösungsstrategien als akzeptabel angesehen werden. Der rhetorische Unterricht müßte die in den modellhaften Diskussionen umlaufenden, vorsprachlich wirksamen oder halbbewußten kollektiven Meinungen und Einstellungen zur Sprache und zum Sprechen bringen, denn sie ordnen und selektieren die eigenen Wahrnehmungen und Informationen ebenso wie die des Publikums – wer sie kennt, mit ihnen umzugehen versteht, wird eine überzeugendere Argumentation führen können. Topoi in diesem Verständnis sind Sinnzusammenhänge, die Bewußtsein und Handlungsfeld strukturieren. Wer – um es an einem schlagenden Beispiel zu illustrieren – vor der Belegschaft eines Automobilwerks spricht und nicht den sozialen Topos »die da oben – wir hier unten«[194] beachtet, hat sein Spiel von vornherein verloren, weil er die fundamentalen Rahmenbedingungen rhetorischer Rede vernachlässigt.

12. Tübinger Rhetorik

Im Gegensatz zur Situation der Rhetorik in den USA, wo die meisten Universitäten »Departments of Speech« besitzen, an denen »history and theory of rhetoric«, »speech criticism« oder »psychology of persuasion« in Theorie und Praxis gelehrt und geübt werden[195], ist die Rhetorik in Deutschland nur an einer einzigen Universität institutionell verankert, an der Universität Tübingen, deren Seminar für Allgemeine Rhetorik seit 1967 besteht und seitdem auch einen selbständigen Studiengang Rhetorik anbietet. Aus ihm sind sehr verschiedenartige Arbeiten hervorgegangen, die sich kaum zu einer einheitlichen rhetorischen Forschungsrichtung zusammenfassen lassen. Altphilologisch orientierte Abhandlungen[196] stehen neben Studien zu Einzelproblemen der Rhetorikgeschichte oder umfassenderen historischen Darstellungen[197], Rhetorik-Essays neben systematischen Darstellungen, der historische Forschungsaspekt dominiert zwar, doch ist auch die argumentationstheoretische Richtung[198] sowie die praktische Rhetorik, *rhetorica utens*[199], vertreten. Aber die Vielfalt der Methoden und Richtungen sagt schon etwas über das Selbstverständnis der Tübinger Rhetorik aus, welche die reduktionistische Tradierung des Faches, die die meisten Rhetorik-Rezeptionen im 20. Jahrhundert kennzeichnet, überwinden möchte, um, anknüpfend an die traditionell fächerübergreifende Konzeption der Rhetorik, ihr in der europäischen Geschichte entfaltetes Verständnis als Theorie und zugleich integraler Bestandteil der lebensweltlichen Praxis sowie als humanwissenschaftliches Bildungssystem neu zu entwickeln und durchzusetzen.

Das Projekt setzt an bei einer neuen Lektüre der klassischen rhetorischen Texte, allen voran der Aristotelischen Rhetorik, die freilich nicht mehr allein im Zusammenhang der Formen und Gesetze des wissenschaftlichen Denkens und der Methodenreflexion gelesen, also auf ihren logischen Teil reduziert, sondern zusammen mit Politik und Ethik handlungstheoretisch rekonstruiert wird.[200] Die Trias von *ethos*, *logos* und *pathos* spielt dafür eine grundlegende Rolle als Voraussetzung des menschlichen Wesens, seiner Handlungsorientierung und Praxis, schließlich seiner überzeugenden Rede. Die drei *genera* der Überzeugungsgründe, die logischen, ethischen und emotiven, dürfen in ihrer praktischen Realisierung als Dialog oder Rede nicht voneinander getrennt, und sei es bloß nacheinander, wirksam werden, erst in ihrer Einheit ergeben sie auch eine überzeugende Argumentation. »Es gibt nun drei Ursachen dafür, daß der Redner selbst glaubwürdig ist; denn so viele Gründe gibt es – abgesehen von den Beweisen –, weswegen wir Glauben schenken. Es sind dies: Einsicht, Tugend und Wohlwollen; darüber nämlich, worüber wir reden oder Rat erteilen, wird Täuschung durch alle diese Gründe oder durch einen davon ausgeübt. Denn entweder sprechen sie aus Uneinsichtigkeit nicht die richtige Ansicht aus, oder aber sie sagen trotz richtiger Einsicht aufgrund ihrer Schlechtigkeit nicht das, was sie wirklich meinen, oder aber sie sind einsichtig und tugendhaft aber nicht wohlwollend, daher kommt es vor, daß sie trotz besseren Wissens nicht das Beste raten. Außer diesen gibt es keine weiteren Gründe, daher muß der, der alle diese Qualitäten zu haben scheint, bei den Zuhörern glaubwürdig sein. Wie es nun zu bewerkstelligen sei, daß die Redner einsichtig und rechtschaffen erscheinen, muß man aus der Untersuchung über die Tugenden entnehmen; denn durch dieselben Mittel stellt man sowohl den anderen als auch sich selbst als einen Menschen mit bestimmten Qualitäten dar. Über Wohlwollen und Freundschaft aber müssen wir in den Kapiteln über die Affekte handeln.«[201]

Indem die Rhetorik davon ausgeht, daß die rhetorische Situation immer schon vorverfaßt ist durch Vorurteile, ein Netz mehr oder weniger diffuser Meinungen, durch Interessen und Abwehraffekte, Stimmungen und moralische, ethnische oder politische Voreingenommenheiten, kann sie die strittigen Fragen nicht mehr allein im rationalen Horizont zu lösen versuchen, sondern muß ihren Zugang zur Praxis ebenso umfassend suchen. Die ethischen Argumente stellen die persönliche Glaubwürdigkeit und die Zugehörigkeit des Redners zur *koinonia* unter Beweis, während die Affekte, die Gefühlsgründe, auf die gemeinsamen psychischen Energien und Wunschpotentiale rekurrieren, die Redner und Publikum verbinden. Derart entsteht ein emotional gestimmter Raum, in welchem die Affektbrücken nicht nur dazu da sind, rationale Argumente zu transportieren oder zu verstärken, sondern selber argumentativ wirken. Wobei für die Gefühlsgründe dasselbe gilt wie für die topischen Kategorien: sie geben Argumente pro et contra her, können in Anklage wie Verteidigung gleichermaßen wirksam werden.

Rührt diese Funktionalität der rationalen *topoi* aus ihrem formal-instrumentellen Charakter, so diejenige der gleichsam affektiven *topoi* (der die Ambiguität der von ihnen gespeisten Motive und Symbole entspricht) aus der wechselseitigen Verschränkung von Progression und Regression im psychischen Mechanismus, so daß die Aristotelische Hermeneutik und Rhetorik der Affektgründe auch psychologisch ihre Bestätigung gefunden hat. »Affekte aber sind alle solche Regungen des Gemüts, durch die Menschen sich entsprechend ihrem Wechsel hinsichtlich der Urteile unterscheiden und denen Schmerz bzw. Lust folgen: wie z.B. Zorn, Mitleid, Furcht und dergleichen sonst sowie deren Gegensätze. Man muß bei jedem Affekt in dreifacher Hinsicht eine Unterscheidung treffen. Ich meine z.b. beim Zorn ist zu unterscheiden, in welcher Verfassung sich die Zornigen befinden, gegenüber wem man gewöhnlich zürnt und über welche Dinge. Denn wenn wir einen oder zwei von diesen Aspekten hätten, aber nicht alle, so könnten wir unmöglich Zorn erregen. Ähnlich steht es auch mit den übrigen [Affekten]«.[202] Eine solche »Disposition« des Affekts gilt es zu erzeugen, und die Rede ist dabei das Mittel, das »die Zuhörer in den Zustand versetzen muß, in dem sie zum Zorn [zum Mut oder zur Furcht, zu Wohlwollen oder Mitleid, Liebe oder Haß etc.] geneigt sind [...]«[203]

Gerade die rhetorische Trias von *ethos, pathos* und *logos*, ihre Interdependenz in jeder überzeugenden Rede, ist es nun auch, die die Flexibilität der *topoi* in ihrem Verhältnis zur sozialen Realität ausmacht. Die Topik wurde, ihrer Begründungsleistung entsprechend, bislang ausschließlich als Instrumentarium verstanden, das Reservoir von anerkannten Orientierungsinstanzen zu erschließen, die dann die logische Glaubwürdigkeit der Rede garantieren. Das ist die Funktion der Vor-Urteile in Gadamers Hermeneutik, und rhetorische Argumentation in ihrem rationalistischen Verständnis fußt auf bereits anerkannten Sätzen, die dem Argument seine Überzeugungskraft verleihen. Andererseits ist das Wechselverhältnis von *ethos, pathos, logos* in der rhetorischen Argumentation nach radikalem Verständnis noch längst nicht hinreichend ausgeleuchtet und bislang ebenfalls als ein Auslegungs- und Begründungshorizont *nach rückwärts* thematisiert, insofern auch die affektiven Topoi als wirksam offenbar nur gedacht werden können, wenn sie bereits zu den allgemein praktizierten und anerkannten, also faktisch vorliegenden Voreingenommenheiten einer Gesellschaft gehören. »Die Begründungsfunktion der schlagenden Argumente besteht darin, daß das Neue das Alte ist, aber auf eine Weise, die nicht nur in der einseitigen Perspektive eines dem Zweifel ausgesetzten und nach Verteidigung suchenden Partners als Verbindung von These und Argument gilt, sondern in der Perspektive aller Teilnehmer diesen Vorzug aufweist. Das Partikulare steht von Haus aus anderen Partikularitäten gegenüber; daraus erwächst der Streit. Die argumentative Rückführung des Partikularen zielt geradewegs auf etwas Nichtpartikulares, das allgemein zugänglich ist. Die den Streit lösende Verbindung von These und Argument kann von jedermann hergestellt werden, der beteiligt ist. Überwindung der Partikularität setzt also Partizipation am Allgemeinen voraus, die erkennbar aufgewiesen werden muß.«[204] Das ist die Bedeutung des Gemeinsinns (*sensus communis*), der in der Auslegung Vicos auf Instinkt, Gewohnheit und Überlieferung beruht. Im Reich der Rhetorik – das ist allen Rhetorik-Theorien bislang gemeinsam – gibt es nichts Neues unter der Sonne, weil sich ihr Licht der Argumentation aus den immer schon vorliegenden Energiequellen speist.

Wie aber wäre dann – wie in der Beratungsrede – eine Argumentation denkbar, die die Probleme der Zukunft (ob Frieden geschlossen werden soll oder nicht) nicht bloß aus der Perspektive der in Tradition und gesicherter Erfahrung gespeicherten Gemeinüberzeugungen entschiede, sondern eine bislang noch in keiner Gemeinüberzeugung begründbare Problemlösung entwickelte? Selbst wenn diese denkbar wäre, könnte sie jemals erfolgreich sein, da sie ja immer auf Dissens stoßen müßte? Diese, über die Aristotelische Rhetorik hinausgehenden Fragen entscheiden darüber, ob die Rhetorik Orientierungswissen bereitzustellen und zu vermitteln in der Lage ist, das nicht nur aus dem »Alten« seine Leistung und Plausibilität gewinnt, sondern selber einen neuen Auslegungs- und Handlungshorizont zu eröffnen vermag. So daß Rhetorik also nicht nur – wie Paul Feyerabend meint [205] – als Vermittlungsinstrumentarium neuentdeckter Tatsachen zu dienen hätte, also eine bloße Übersetzungsfunktion des Neuen mit Hilfe des Vertrauten wahrnähme, sondern Neuorientierung selber betriebe. Was der paradoxen Aufgabe gleichkommt, mit Überzeugungsmitteln zu arbeiten, die ihren Geltungsanspruch durch Berufung auf noch nicht akzeptierte, weil unbekannte, doch in Zukunft konsensfähige Gemeinsamkeiten (die es also noch nicht gibt) gewinnen. Wenn Blumenberg die rhetorische Anthropologie auf dem Menschen als dem Wesen, »dem Wesentliches mangelt«[206], gründet, ist damit bereits der erste Schritt in Richtung einer neuen Rhetorik, die auch die Rhetorik des Neuen umfaßt, getan. Aber auch nicht mehr. Der Mangel nämlich konstituiert den Menschen auch als dasjenige Wesen, das nicht nur stets seine Unzulänglichkeiten (z.B. mit Hilfe von Rhetorik) zu kompensieren gezwungen ist, sondern das darüber hinaus immer unterwegs ist, dessen Sein also intentional, auf Verringerung des Mangels, positiv gesprochen: auf Vollendung angelegt ist. Eine Konzeption, die mit der Aristotelischen Auffassung des Menschen als ein von Natur intentionales, nämlich nach Gemeinschaft strebendes Wesen (das nicht von vornherein schon vollendet ist) durchaus vereinbar erscheint.

Eine derart begründete Rhetorik widerspricht den gerade in den 90er Jahren unseres Jahrhunderts vorherrschenden Denkkonventionen an entscheidender Stelle, denn sie teilt zwar deren Ausgangspunkt, nämlich die »Fragwürdigkeit« und Anfälligkeit des Menschen, ohne doch die Folgerung, diese seien nämlich »ihr eigener, auszuhaltender Grund«[207], im ganzen Umfang als zwangsläufig anzuerkennen. Der Handelnde hat in seinem Tun immer einen praktischen Horizont, auf den er sich in seinen Absichten bezieht; diese notwendig mit Zukunft vermittelte Intentionalität ist aller rhetorischen Praxis und ihrer Theorie immer schon immanent, sie explizit und für die neue Rhetorik nutzbar zu machen das ehrgeizigste Ziel der Tübinger Rhetorik. Intention richtet sich demnach nicht auf Vermittlung mit dem längst schon Anerkannten, sondern mit zukünftig Anzuerkennendem, es hat Finalstruktur wie die Affekte, die der Rhetorik als Gefühlsgründe dienen und die sich hauptsächlich auf einen Zielinhalt, nicht auf einen Erfahrungsinhalt allein beziehen. Hier ist auch der systematische Ort einer neu gefaßten Figurenlehre, denn Tropen und Figuren sind einerseits die rhetorischen Formen, in denen sich die Wunschproduktion (individuell und kollektiv) ausdrückt, andererseits eben damit auch die Instrumente der affektiven Überzeugungsherstellung beim Adressaten. Eine Ordnung ergibt sich dabei nach dem Grad der Entfernung der »uneigentlichen« Ausdrücke von den beiden Extrempunkten der Skala *logos* und *pathos*, so daß etwa für Figuren wie *antithesis* oder *distinctio* die Nähe zur rationalen Argumentation, die Entfernung von den nichtlogischen emotiven Konsensgründen charakteristisch ist, während die Verhältnisse für *metonymia*, *ironia* oder *metaphora* genau umgekehrt liegen. *Ethos* und *pathos* bringen derart einen Überschuß in die rhetorische Argumentation, die der auf den Erfahrungsreichtum rekurrierende *logos* von sich aus nicht besitzt, d.h., durch sie vermag auch er Anschluß an die Dimension der Zukunft, auf die Handeln sich immer bezieht, zu gewinnen.

Von dieser Konstellation aus könnte sich auch eine neue Vermittlung zur ästhetischen Wende in der Rhetorik ergeben, die im allgemeinen als Verfallsphänomen gewertet wird. »Erst wenn man im hier entwickelten Sinne die Umorientierung der Rhetorik vom Kreis der *artes liberales* zum Kreis der *studia humanitatis* und insbesondere zu den neuen *artes* der poetischen und der bildenden Künste als einen Positionswechsel aus dem Bereich der *praxis* in den Bereich der *poiësis* versteht, tritt der fundamentale Funktionswandel der Rhetorik in der Phase ihrer humanistischen ›Erneuerung‹ ins volle Licht. Von Anfang an handelte es sich hierbei nicht um eine Erneuerung der ›politischen Redekunst‹ der Antike, sondern um deren Transformation zur ›schönen Redekunst‹ (um schon hier mit den Termini des 18. Jahrhunderts zu sprechen), deren Hauptinteresse auf die Versifikation und die Figurenlehre gerichtet [ist]. Mit der Öffnung zur Poetik setzte ein Prozeß der ›Poiëtisierung‹ bzw. der Artifizialisierung der Rhetorik selbst ein, so daß die Rhetorik auch allen anderen neuen Künsten der Renaissance-Epoche vielfältige Hebammendienste zu leisten vermochte.«[208] Doch mag es zu denken geben, daß gerade die Renaissance eine solche ›Umorientierung‹ vollzog, jene Epoche also, deren »primäre Motivation [...] durchaus eine ethisch-praktische«[209] war. Und wirklich macht gerade ästhetisches Handeln, *poiësis*, die Intentionalität der Praxis, ihre auf ein erst zu Errichtendes und nicht längst schon Vorhandenes gerichteten Bestrebungen, nicht nur besonders augenfällig – die Verbindung von *ethos*, *logos* und *pathos* wird im gerade auf den Horizont der Zukunft bezogenen Produktionsgeschehen der Kunst modellhaft vollzogen. Was bei Bruno sogar zu einer ästhetisch-poiëtischen Weltanschauung führte, die das Universum dem Kunstwerk analog sehen wollte und den Leidenschaften eine metaphysische Bedeutung zuerkannte. Sie bestimmen nicht nur das Wesen des Menschen, kommen im Dichter als dichterische Kraft zum Ausdruck, die nicht aus Vorhandenem abzuleiten ist, sondern sind auch im philosophischen Handeln als ursprüngliche, alle gegebenen Bedingungen übersteigenden Kräfte wirksam.

Schon dieses Beispiel zeigt, daß die historische Perspektive für neuzeitliche Problemstellungen Lösungshinweise enthält, die es sorgfältig zu rekonstruieren gilt, sie ist daher für die Tübinger Rhetorik nicht eine unter anderen, sondern grundlegend. Das gilt auch für die Problemkonstante des *Faches*: der ungesicherte disziplinäre Status der Rhetorik erscheint als Teil ihrer Geschichte seit den Anfängen. Auf Platons Rolle im destruktiven Verständnis dieser Frage wurde schon mehrfach hingewiesen, Aristoteles war es, der aus der Not eine Tugend, aus dem Mangel der Rhetorik an einem eigenen, von allen anderen differierenden Gegenstand den Vorzug des universalen Gegenstands gemacht hat. »Die Rhetorik stelle also das Vermögen dar, bei jedem Gegenstand das möglicherweise Glaubenerweckende zu erkennen. Denn dies ist die Funktion keiner anderen Theorie. Jede andere nämlich will über den ihr zukommenden Gegenstand belehren und überzeugen: wie die Medizin über das, was gesund bzw. krank ist, die Geometrie über die Vorgänge, die die Größe betreffen, die Arithmetik über die Zahl und in gleicher Weise auch die übrigen theoretischen Anweisungen und Wissenschaften. Die Theorie der Beredsamkeit scheint sozusagen in der Lage zu sein, das Glaubenerweckende an jedem vorgegebenen Gegenstand zu untersuchen. Darum behaupten wir auch von ihr, daß sie kein eigenes, auf eine bestimmte Gattung von Gegenständen beschränktes Gebiet theoretischer Anweisungen besitzt.«[210] Die wissenschaftliche Erkenntnis für sich genommen erscheint nur im Ausnahmefall glaubwürdig, die Regel ist vielmehr ihr Glaubwürdigkeitsdefizit, steht sie doch unvermittelt zu den Lebensvollzügen, in die sie eingreifen soll. Rhetorik hat die Aufgabe, das unvermittelte Wissen überzeugungs-

kräftig zu machen, seine (fachwissenschaftlichen) Grenzen zu überschreiten und auf
das bereits vermittelte Wissen zu beziehen, weshalb Aristoteles sagen kann, daß es
sich bei der rhetorischen Methode um ein Schlußfolgern »im Hinblick auf das handelt, was wir *topoi* nennen – diese sind nämlich die allgemeinen Gesichtspunkte in
bezug auf Recht, Natur, Politik und vieles andere verschiedener Art, wie beispielsweise der *topos* des *Mehr* und *Weniger*; denn man wird hieraus eben sowohl einen
dialektischen wie einen rhetorischen Schluß über Recht oder Natur oder über was
auch immer, bilden, obwohl diese Gegenstände ihrer Art nach verschieden sind –;
spezifische Gesichtspunkte dagegen sind solche, welche von Aussagen abgeleitet werden, die spezifischen Arten und Gattungen von Gegenständen angehören, wie es
z.B. Aussagen aus der Physik gibt, aus denen weder ein rhetorischer noch ein dialektischer Schluß für die Ethik gewonnen wird, und aus diesen wiederum andere Aussagen, aus denen es keine solchen für die Physik gibt.«[211] Oder mit den Worten
Gadamers: »Die Ubiquität der Rhetorik ist eine unbeschränkte. Erst durch sie wird
Wissenschaft zu einem gesellschaftlichen Faktor des Lebens.«[212]

Die allgemeinen *topoi* beanspruchen Geltung in allen Redegattungen und Wissensdisziplinen. (Mit seinem Beispiel meint Aristoteles Argumentationsformen wie
diese: Wenn jemand einen Tempelraub begeht, wird er auch einen Diebstahl bege-
hen; d.h., es wird das Geringere – oder »Weniger« – aus dem Schwerwiegenden –
oder »Mehr« – geschlossen.) Die besonderen *topoi* sind dagegen fachlichen Ursprungs und an einen bestimmten Gegenstandsbereich gebunden, wenn sie auch
ihre Plausibilität daraus beziehen, daß sie zu Bestandteilen eines übergreifenden allgemeinen Wissens wurden. Allgemeine und besondere *topoi* zusammengenommen
kann man als Kategorien des kollektiven oder gesellschaftlichen Bewußtseins einer
Epoche bezeichnen, das durch Bildung und Erziehung und durch die mannigfachen
Formen sozialer Osmose entsteht.

Derart gehört die Rhetorik einer vermittelnden Sphäre an, sie liegt zwischen den
Disziplinen als ein eigener Wissensbereich, der auf sie ebenso angewiesen ist wie sie
auf ihn. Darin besteht eine ganz besondere Chance, weil, um mit Kracauer zu sprechen, sich der »Grundgehalt einer Epoche«[213] aus ihren unbeachteten Regungen
und aus dem, was sich zwischen den Doktrinen ereignet, sehr viel schlagender bestimmen und sozial wirksam machen läßt als aus den Gegenstandsbereichen der einzelnen Wissenschaften heraus. Daß darin auch eine besondere Schwierigkeit liegt,
versteht sich ebenso, nämlich die der Unschärfe und Unbestimmtheit, eines katego-
rialen Oszillierens in jenem Zwischenraum: das macht ja bei der Arbeit an dem in
Tübingen entstehenden »Historischen Wörterbuch der Rhetorik«[214] das theoretische und alltäglich-praktische Grundproblem aus. Denn undurchsichtig ist hier
noch manches, wenn es auch bereits erhellende Durchblicke vor allem in den Arbeiten Gadamers und in den von ihm angeregten Studien gibt. Die Begründung der
Rhetorik als einen eigenen vermittelnden Bereich des Wissens zwischen den Dimensionen der anderen Wissenschaften wird noch auf lange hinaus das dringlichste
Projekt der Rhetorik-Forschung bleiben. Denn ein bisher völlig vernachlässigter
Grund für das Verschwinden der Rhetorik aus dem Wissenschaftskanon im 18. und
19. Jahrhundert ist der Imperialismus der Einzelwissenschaften selber, die in Gestalt
der kapitalistischen Wirtschaftsweise und der technisch-industriellen Revolution
glaubten, ihre eigene, von der überlieferten Rhetorik unabhängige Form der Praxis-
orientierung entwickeln zu können. Denn Gadamers These, jede Wissenschaft, die

praktisch werden wolle, brauche Rhetorik, schließt die Konsequenz mit ein, daß eine Wissenschaft, die ihren eigenen Bezug auf Praxis entwickelt, der Rhetorik eben nicht mehr bedarf. Tatsächlich beruhte die Überzeugungskraft der neuzeitlichen Naturwissenschaften, die zum eigentlichen wissenschaftlichen Paradigma wurden und sogar die Geistes- und Sozialwissenschaften infizierten, auf ihrer Anwendung, der Technik eben. Der Prozeß setzt früh ein, beginnt mit Bacons »natura parendo vincitur« und enthält bereits in diesen seinen Anfängen das antirhetorische Programm (»Novum organum«!).[215]

Die Gefahr einer solchen, die Dimension seelischer und geistiger Kräfte mißachtender Praxis um der Anwendung selber willen, hatte Giambattisto Vico, der italienische Rhetor und Aufklärer, schon thematisiert, ohne Erfolg. Doch eben durch ihr Absehen von den Voreingenommenheiten der menschlichen Welt und der Unendlichkeit der in ihr wirksamen Zufälle, ist die wissenschaftliche Praxis abstrakt geworden und hat sich verselbständigt. Dabei ist die paradoxe Lage entstanden, daß die Allmacht der Technik zunehmend als menschenwidrig, wenn nicht unmenschlich erfahren wird. Ein auch deshalb gefährlicher Vertrauensverlust, weil er die Entwicklung einer alternativen Technik, die auf Allianz, nicht mehr auf Ausbeutung mit der Natur setzt, gleichfalls behindern könnte.

Der Blick in die Kulturgeschichte des 18. und 19. Jahrhunderts zeigt nicht ohne Grund, daß die aufkommenden »exakten« Naturwissenschaften mit ihrem Erstarken auch Gegenbewegungen provozieren, die höchst unterschiedliche Niveaus bedienen (von der künstlerischen Romantik bis zum Spiritismus), aber alle Ausdruck eines fundamentalen Mangels sind, in dessen Vakuum die politischen Ideologien des 20. Jahrhunderts ungehindert eindringen können. Auch die aus dem Reich der Wissenschaften verdrängte Rhetorik kehrt, apokryph und maskiert, wieder: in der Entwicklung der Massenmedien (die Zeitung!), der Strategie der Massenorganisationen, der Beredsamkeit der Formen von Repräsentation, in Propaganda und Werbung, auch in den verschiedenen Sparten der Kulturindustrie. Allein, diese Erscheinungen eines verdeckten, unbegriffenen oft auch deformierten Weiterlebens der Rhetorik bezeichnen zugleich auch ein fatales Defizit: die in ihnen wirksame Wissensart, das rhetorische Meinungswissen, blieb unreflektiert, theorielos, weil seine Prämissen angeblich von den neuen Wissenschaften aufgenommen, im »modernen« Sinne generiert und vollzogen, in Wahrheit aber aus ihrer Sphäre ausgegliedert wurden, Kant hat in der »Kritik der reinen Vernunft« mit seiner Auszeichnung des Wissens vor dem Meinen und Glauben die philosophische Begründung des arhetorischen Geistes der neuzeitlichen Wissenschaft geliefert. Ohne diese Dissoziation wäre aber eine Diskussion »Ethik in den Naturwissenschaften« (die durch eine Diskussion »Ethik in den Geistes- und Medienwissenschaften« zu ergänzen wäre) überflüssig.

Für die Tübinger Rhetorik bezeichnet die Analyse der Transformationsgeschichte der Rhetorik seit dem 18. Jahrhundert, die über weite Strecken auf eine Rekonstruktion hinausläuft, den Ausgangspunkt eines neuen, eigenen Zugangs zu den Überlieferungen. Zwei Konsequenzen waren dafür von grundlegender Bedeutung. Die erste scheint trivial, bedeutet aber ihre geschichtliche Verankerung und zugleich die Basis für die Loslösung von bestimmten historischen Ausprägungen. *Die* Rhetorik gibt es nicht, hat es nie gegeben – ebenso wenig wie *die* Philosophie. Die jahrhundertelang sogenannte »Schulrhetorik« ist eine Fachbezeichnung (ebenso wie »Schulphilosophie«), die eine Vielzahl verschiedener, oft sogar gegensätzlicher Strömungen, Theorien, Konzepte unter sich begreift, sie vereinfacht, für den Unterricht an Schulen und Universitäten einrichtet oder auch zum Gegenstand eigener Forschung macht. Daß sie autoritativ als *die* Rhetorik auftritt oder aufgetreten ist, hat das Mißverständnis eines kohärenten Systems hervorgebracht. Tatsächlich gibt es eine solche Einheitlichkeit rhetorischen Wissens, rhetorischer Praxis nicht. Inhaltlich sinnvoll reden kann man nur von Rhetoriken oder rhetorischen Schulen (wie analog von Philosophien oder philosophischen Schulen), das gilt schon für die Anfänge in der Antike: zwischen Gorgias und Protagoras, Isokrates oder Aristoteles (dem Rhetoriker Aristoteles) gibt es ebenso prinzipielle Unterschiede wie zwischen Empedokles und Sokrates, Demokrit oder Platon.

Die zweite Konsequenz aus der Verabschiedung der Schulrhetorik betrifft den Gedanken der Erbschaft, das Herausstellen derjenigen Tendenzen und Rhetoriken, die den Bedürfnissen der Gegenwart entsprechen. Denn welche Rhetorik einer hat und vertritt, hängt nicht nur von der Zeit und Gesellschaft ab, in der er lebt, sondern ebenso davon, in welcher Weise er selber in Theorie und Praxis auf sie bezogen ist. Ob er also Konzepte, Impulse, Ideen für eine Rhetorik liefern kann, die ihre Aufgaben in einer diskursiv und demokratisch geprägten, international ausgerichteten humanistischen Gesellschaft verankert sieht. Unter dieser Perspektive galt es zunächst Abschied zu nehmen von einem Rhetorikverständnis, das den Redner zum Alleinherrscher in der sozialen und politischen Kommunikation macht, ihn als diejenige Instanz begreift, die im Persuasionsprozeß als allesentscheidende Leit-Instanz auftritt. Das Modell ist in einigen sophistischen Schulen aufgenommen (nicht bei Protagoras, nicht bei Isokrates), hatte auch prominente Verfechter wie Gorgias und (allerdings mit gravierenden Einschränkungen) Cicero, auch Augustinus (wenngleich als Medium göttlicher Weisheit und Beredsamkeit). Konjunktur und Perversion dieses Modells fallen historisch zusammen in den totalitären Ideologien und Regimen des 20. Jahrhunderts. Ein Beispiel: »Das Endziel aber, dem der Redner über alle Widerstände hinweg zudrängt, ist: daß die Hörer so werden, wie er sie haben will. So denken, so fühlen, so wollen, so handeln. Alles Reden strebt zum überreden. Das Überreden aber ist um so vollständiger, je weniger es durch spätere Einwirkungen wieder aufgehoben werden kann, je tiefer es in jenen Kern der Seele greift, der das Dauernde bleibt im Wechsel.« [1918,18] So 1918 der Rhetorik-Theoretiker Ewald Geissler (1880-1946), der konsequenterweise dann eine Art Staatsrhetoriker des ›Dritten Reiches‹ wurde. Diesem politisch nach 1945 in den westlichen Gesellschaften zwar diskreditierten, tatsächlich aber in Wirtschaft, Werbung, Medientheorie sowie im rhetorischen Trainer-Betrieb weiterwirkenden Redner-Bild entspricht die monologische Auffassung von Rede.

Die Tübinger Rhetorik ist einen anderen Weg gegangen. Denn auf den ersten Blick entsprechen zwar viele Rhetoriken dieser Tendenz, die in der Antike vielfach den Bedürfnissen von Volksversammlung und Gerichtsverfahren entsprach, im Mittelalter den feudalen kirchlichen Erfordernissen, in der Neuzeit den absolutistischen Strukturen. Doch neben diesen in der politischen Geschichte Europas begründeten redner-zentrierten und monologischen Rhetorik-Konzepten gibt es von den griechischen Anfängen an durchaus gegenläufige Entwicklungen, die mit dem agonalen Prinzip der griechischen Kultur zusammenhängen und wenigstens teilweise in der römischen Republik weiterwirken konnten. Für Aristoteles gehören Rhetorik und Dialektik zusammen, denn beide gründen sich auf das Meinungswissen der Gemeinschaft, auch wenn sie verschiedene Ziele verfolgen. Die sich im philosophischen Lehrgespräch verwirklichende dialektische Methode ist auf ein begriffliches, theoretisches Ziel ausgerichtet, während die Rhetorik in der politischen und forensischen Praxis verwurzelt ist, in ihr Gegenstand und Ziel findet. Daß dies vor allem in geschlossener Rede erfolgte, hängt mit den Erfordernissen der Volksversammlung und des Gerichtswesen zusammen, die Diskussion und Debatte in unserem Verständnis nicht kannten. Quintilian wird zwar in diesem Sinne »über die Grundlagen der Redekunst« als der »Kunst der großen Rede« schreiben, aber Rede und Dialog dann doch wieder nahe zusammenrücken, insofern er beide lediglich ihrer Form nach unterscheidet: fortlaufend im einen, unterbrochen und ineinander verschränkt im anderen Falle. Eine Anpassung an die Erfordernisse der Kaiserzeit, die Cicero noch nicht nötig hatte, weshalb er auch so ziemlich Aristoteles folgen konnte und die dialektische Disputation aus wissenschaftlichem Erkenntnisinteresse, die Rede aber aus den Erfordernissen der politischen und juristischen Praxis legitimierte. Daß der Redner aber »den gesamten Bereich der dialektischen Methode« zu beherrschen habe, stand auch für ihn fest.

Aristoteles hat noch in einem anderen Zusammenhang das dialogische Wesen der Rede berücksichtigt, indem er nämlich das Publikum als Beteiligten am Redegeschehen postulierte. In seiner berühmten Rede-Definition hat er den in der Tübinger Rhetorik entfalteten Horizont bereits anvisiert. Von den drei Instanzen, aus denen er die Rede zusammengesetzt findet – Redner, Gegenstand und Publikum –, zeichnet er das letztere aus: Er nennt das Publikum richtungsgebend für die gesamte Redeproduktion. Als einer der mitdenkt und urteilt sei der Zuhörer der »Zweck der Rede«. Berücksichtigt man die zusätzliche Qualifizierung des Zuhörers als mitdenkend und urteilend, zieht man des weiteren den gesamten Kontext heran, in dem Aristoteles die Rede verankert, vor allem das dialektisch Wahrscheinliche, das in allgemein akzeptierten Meinungen, den Bezugssätzen der Argumente, zum Ausdruck kommt, blickt man schließlich schon voraus auf die Verankerung der ethischen Überzeugungsmittel des Redners in Sitte und Gewohnheit (»noch entscheidender und auf noch entscheidendere Dinge bezüglich als die geschriebenen Gesetzte [sind] die auf der Gewohnheit beruhenden«), so kann kein Zweifel bestehen, daß Aristoteles die Rede prinzipiell als Gespräch, als Dialog fasste. Protagoras war ihm, nach allem, was wir wissen (denn es sind nur wenige Fragmente seines umfangreichen Werkes überliefert) darin vorausgegangen. Zu jeder Sachlage, jedem Problem, hatte er festgestellt, gibt es zwei entgegengesetzte Reden. Von der prinzipiellen Offenheit des Möglichen und Wahrscheinlichen her, dem allein rhetorisches Argumentieren gelten kann, ist das auch ein zwingender Schluß; man kann ihn schließlich dahingehend ergänzen, daß es zu jeder strittigen Frage eine Vielzahl voneinander abweichender Meinungen und somit Reden gibt, die, ob virtuell oder ausdrücklich, die Adressaten bewegen. Die Redesituation wird von der Konkurrenz divergierender Meinungen bestimmt, die man nicht nach wahr oder falsch sortieren kann. Die der Situation angemessene zu finden, kann beim Verzicht auf Zwangsausübung oder Manipulation nur gelingen durch dialektisch-dialogisches Austarieren: für die Verhandlung vor Gericht hat Cicero die Gesprächsstruktur der Rede mit der Rollenmetapher beschrieben: »So übernehme ich [...] vollkommen unparteiisch drei Rollen in einer einzigen Person, die meine, die des Gegners und die des Richters.« Eine solche Modellierung der Rede entspricht den Möglichkeiten und Schranken rhetorischer Erkenntnis, sie gibt auch einen Probierstein ab für die Unterscheidung von demokratischer Rhetorik und Propaganda, autoritärer und freiheitlicher Rede, Beratung und Manipulation.

Die Geschichte der Rhetorik hat gezeigt, wie hilflos moralische und politische Appelle bleiben und wie wenig sie es verhindert haben, daß die rednerische Praxis ein Tummelplatz sämtlicher Ideologien wurde. Sie hat aber auch gleichzeitig den Weg aus diesem Dilemma gewiesen: denn konkret und über die Deklaration hinaus hat sie den humanistischen Anspruch der Rhetorik in einem auf sprachlich-rednerischer Kultur begründeten Bildungssystem eingelöst. Die daraus zu ziehende Lehre kann nun nicht in einer abstrakten und von vornherein zum Scheitern verurteilten Neuauflage humanistischer Bildungskonzeptionen bestehen, doch wohl in der Aufforderung, sie überhaupt erst einmal mit aktuellem Interesse aufzunehmen und kritisch zu prüfen, damit aber zu einer möglichen rhetorischen Nachreife vorzubereiten. Das ist konkreter gemeint, als es klingt, und läuft auf eine Erneuerung und Bekräftigung praktischer bürgerlicher Humanität hinaus, die das Zeitalter der Vernunft und der Aufklärung historisch zuletzt entwickelt hat und der wir die Erklärung der Menschenrechte und die Demokratie, die Abschaffung der Sklaverei und die Befreiung der Bauern, die Sozialreformen und eine rechtsstaatliche Verfassung, die Emanzipation der Juden und die religiöse Toleranz, Gewaltenteilung und Meinungsfreiheit zu verdanken haben. Gewiß kann man neben diese »Tafel der Befreiungen« auch eine »Tafel der Bedrückungen« setzen, die alle Vereitelungen und Perversionen der ersten enthält[218], doch nicht diese, sondern jene gilt es zu beerben – im Geiste ungebundener Kritik, die auch einzig eine bürgerliche Errungenschaft und übrigens von der Geschichte der Rhetorik nicht zu trennen ist. Ein solcher Bildungsbegriff enthält natürlich normative Setzungen und muß sie enthalten: als Sichtbarmachung der historischen Tendenz, die es zu befördern gilt, weil sie allein und automatisch sich nicht durchsetzt. Daß die damit gestellten Probleme mehrdeutig und umstritten sind, bestätigt noch einmal die Zuständigkeit der Rhetorik, doch nicht im Sinne einer beliebigen Technik der Beratung und Diskussion, sondern als Sachwalterin der in ihrer Geschichte so vielfältig konkret gewordenen humanistischen Rede-Tradition.

Systematischer Teil

Vorbemerkung

Die folgende Einführung in Technik und Methode rhetorischen Arbeitens bei der Textauslegung und Textproduktion stützt sich auf das antike System der Rhetorik, vor allem Quintilians, hat also durchaus nicht die Absicht, eine Neuinterpretation dieses Systems oder gar ein neues Strukturmodell der Rhetorik oder ihrer Stillehre zu präsentieren; schon gar nicht ist daran gedacht, mit modernen und sogenannten wissenschaftlichen Rhetoriken zu konkurrieren – ist übrigens die antike, die mittelalterliche, die humanistische oder die aufklärerische Rhetorik denn unwissenschaftlich? Vielmehr gehen wir bei unserem Abriß des rhetorischen Systems von der Überzeugung aus, daß theoretische Differenziertheit, Problembewußtsein, methodischer und technischer Rang der antiken Rhetorik bislang unerreicht geblieben sind und daß gerade ihre Ausrichtung auf Praxis und Produktion der Rede, die immer gewahrte Einheit von *rhetorica docens* und *rhetorica utens*, ihr einen weiteren Vorzug vor modernen, oft selbstzweckhaften Theoriemodellen verschafft, welche ihre Bedeutung in den Institutionalisierungen des modernen Wissenschaftsbetriebes erschöpfen.

Natürlich dementieren wir auch dadurch nicht die konsequent historische Forschungsperspektive im ersten Teil des »Grundrisses der Rhetorik«, der diesen systematischen zweiten Teil vielmehr ganz im Gegenteil eindeutig in seiner Geltung festlegt: als ein für bestimmte Operationen (der Textauslegung, doch auch der Textproduktion) nutzbares Instrument, das den ausgesprochenen Systemwillen der antiken Rhetorik widerspiegelt. In ihm reflektierte sie die Auffassung von Rede als einer zusammenhängenden Ganzheit, deren Teile sich nicht voneinander isolieren lassen, ohne daß das Ganze Schaden nähme. Doch bleibt natürlich die folgende nach Kategorien geordnete Zusammenstellung ein »Grundriß«, der die Hauptlinien verfolgt, aber soweit ins Detail geht, wie es für die vielfältigen Bedürfnisse in Unterricht und Ausbildung nötig ist. Für alle speziellen Fragen der rhetorischen Interpretation und des Forschungsinteresses stellt die wiederum aktualisierte Bibliographie die wichtige weiterführende Literatur bereit.

A. Die Produktionsstadien der Rede
(*erga tou rhetoros / opera oratoris, partes artis*)

I. Klärung des Redegegenstandes (*intellectio*)

»Die Rhetorik stelle also das Vermögen dar, bei jedem Gegenstand das möglicherweise Glaubenerweckende zu erkennen. Denn dies ist die Funktion keiner anderen
Theorie. Jede andere nämlich will über den ihr zukommenden Gegenstand belehren
und überzeugen: wie die Medizin über das, was gesund bzw. krank ist, die Geometrie über die Vorgänge, die die Größe betreffen, die Arithmetik über die Zahl und
in gleicher Weise auch die übrigen theoretischen Anweisungen und Wissenschaften.
Die Theorie der Beredsamkeit dagegen scheint sozusagen in der Lage zu sein, das
Glaubenerweckende an jedem vorgegebenen Gegenstand zu untersuchen. Darum
behaupten wir auch von ihr, daß sie kein ihr eigenes, auf eine bestimmte Gattung
beschränktes Gebiet theoretischer Anweisungen besitzt.« (Ar. Rhet. I,2,1 [1355b])
  Als Redestoff oder Redegegenstand kommt grundsätzlich alles in Betracht, es
gibt nichts, was nicht Gegenstand der Rede sein könnte: »Stoff der Rhetorik [sind]
alle Gegenstände [...], die sich ihr zum Reden darbieten« (Quint. II,21,4).
»[G]erade im Begriff des Redners und dem Anspruch, gut zu reden, [scheint] das
Unterfangen und die Verheißung zu liegen [...], über jedwedes Thema, das sich
stellen mag, wortreich und wirkungsvoll zu reden« (Cic. de or. 1,21). Doch Quintilian und Cicero verlangen nicht vom Redner, daß er alles wissen muß: »Ich will jedoch gerade unseren Rednern [...] keine so große Last aufbürden, daß ich glaubte,
sie müßten alles wissen« (Cic. de or. 1,21). Vielmehr soll seine umfangreiche Bildung dem Redner ermöglichen, über alles gut, d.h. angemessen und wirkungsvoll zu
reden, wobei er sich in speziellen Fragen den Rat des Fachgelehrten holt.
  Mit *intellectio* meint die Rhetorik das Erkennen aller Sachen, Umstände und Beziehungen, die ein vorgegebener Redestoff beinhaltet; darin ist die allem vorausgehende Aufgabe des Redners zu sehen: dem Schüler der Rhetorik »wollen wir [...]
diesen Rat als ersten geben, [...] jede Sache, die er behandeln soll, sorgfältig und
gründlich zu studieren« (Cic. de or. 2,99). Vorschriften und Anleitungen für die *intellectio* gibt es nicht (s. Cic. de or. 2,100), jedoch muß der Redner über bestimmte
Naturanlagen, Kenntnisse und Erfahrungen verfügen, um den Redestoff erfassen zu
können. Zentraler Teil der *intellectio* (und von Bedeutung für alle Teile oder »Arbeitsstadien« der Rhetorik) ist der Überblick über den Redestoff, seine Zuordnung
zur Redegattung und die Formulierung und Beurteilung der Fragestellung, auf die
es zu antworten gilt. Daher soll im folgenden auf die Redegegenstände und ihre
Einteilungsgesichtspunkte eingegangen werden.

1. Gliederung der Redegegenstände

Da eine Einteilung der Gesamtmenge der Themen wegen der Vielzahl der möglichen Stoffe nicht aus den einzelnen Gegenständen gewonnen werden kann, können
die Redegegenstände selbst nur nach der Art, in welcher sie sich dem Redner dar-

bieten, und nach dem Verhältnis des Redegegenstandes zum Zuhörer bzw. des Redners zum Zuhörer eingeteilt werden. (Die beiden Einteilungsmöglichkeiten nach den Verhältnissen Redegegenstand/Zuhörer und Redner/Zuhörer können deshalb ohne weiteres als *eine* Einteilungsmöglichkeit aufgefaßt werden, weil das Verhältnis des Redners zum Zuhörer sinnvoll nur in Abhängigkeit vom Redegegenstand betrachtet werden kann.) Eine dritte Art der Einteilung ergibt sich, wenn das Verhältnis des Redegegenstandes zum Zuhörer umgekehrt wird und nach der Haltung der Zuhörer vom Redegegenstand unterschieden wird.

a) Die Gliederung der Redegegenstände nach den Fragen *(quaestiones)*

Gliedert man die Redegegenstände nach den Fragen, die ihrer Behandlung zugrunde liegen, so bestehen drei Möglichkeiten einer Einteilung:

α) nach der Konkretheit in *finite* (begrenzte) und *infinite* (unbegrenzte) Fragen (s. Quint. III,10,1), in Fragen also, die auf Probleme zielen, die konkret beantwortet werden können, und solche, die nur allgemein zu beantworten sind (*quaestiones finitae/infinitae*).

β) nach der Komplikation in einfache Fragen, zusammengesetzte Fragen (s. Quint. III,10,1) und vergleichende Fragen (s. Quint. III,10,3).

γ) nach dem *status* (der Begründungsform). Der *status* gibt den »Stand« einer Situation an, die Gegenstand einer Rede wird. Dieser Stand, er könnte auch Grundfrage oder Hauptfrage genannt werden, geht aus den widersprüchlichen Aussagen der Parteien hervor. Manfred Fuhrmann nennt ihn den »Streitstand, d.h. der Punkt, um den gestritten wird« (M. Fuhrmann, Antike Rhetorik, S. 103).

Modell-*genus* für die *status*-Lehre ist also das *genus iudiciale*.

– Der *status coniecturae*: Diesem *status* ist die Frage »Hat er es getan?« (»an fecerit?«) zugeordnet (s. Quint. III,6,5). Die hier gewonnenen Beweise gründen sich auf die Vermutung. Für die Anklage ist in diesem *status* zu erweisen, daß etwas geschehen oder vom Angeklagten getan worden ist; für die Verteidigung ergibt sich die Möglichkeit der »stärkste[n]« Verteidigung (s. Quint. III,6,83), nämlich die Tat zu leugnen.

– Der *status finitionis*: Ihm ist die Frage »Was hat er getan?« (»quid fecerit?«) zugeordnet, die durch die genaue gesetzliche und sachlich richtige Definition des Geschehens oder der Tat zu lösen ist (s. Quint. III,6,5).
Hier gilt es für die Anklage, den Beweis zu erbringen, daß genau dies geschehen ist; für die Verteidigung besteht die »nächststärkste« (Quint. III,6,83) Möglichkeit: »es sei nicht das geschehen, was einem vorgeworfen wird« (Quint. III,6,83).

– Der *status qualitatis*: »[W]enn der Angeklagte sagt: ›Auch wenn ich es getan habe, habe ich es zu Recht getan‹, so verwendet er den Qualitätsstatus« (Quint. III,6,10) – die zugehörige Frage lautet also: »Hat er es zu Recht getan?« (»an iure fecerit?«) oder allgemein: Ist die Tat in ihrer Qualität richtig bestimmt?
Im *status qualitatis* beruht die Verteidigungsmöglichkeit auf der »ehrenhaftesten« Antwort, »es sei zu Recht geschehen« (s. Quint. III,6,83), während von der Anklage das Gegenteil zu erweisen ist.

– Der *status translationis*: Dieser *status* bezieht sich auf die Rechtmäßigkeit der Verhandlung. Sie ist zu erweisen oder – Quintilian nennt es die letzte und nun allerdings einzige Rettung des Angeklagten (s. Quint. III,6,83) – zu widerlegen.

b) Die Gliederung der Redegegenstände nach dem Verhältnis Redegegenstand/Zuhörer

Bei der Betrachtung der Beziehung Redegegenstand bzw. Redner/Zuhörer sind zwei grundsätzliche Möglichkeiten festzustellen: entweder ist das, worüber zu reden ist, sicher (*certum*) oder zweifelhaft (*dubium*) (s. Quint. III,4,8).

Ist etwas sicher, so braucht keine Entscheidung getroffen oder herbeigeführt zu werden; daher wird das Sichere gelobt oder getadelt, je nach der geistigen Einstellung (s. Quint. III,4,8).

Ist dagegen etwas zweifelhaft, so läßt es sich erneut unterteilen: entweder steht frei zu wählen, für was man sich entscheidet, oder die Auswahl steht nicht frei, sondern wird durch die Entscheidung von anderen (den Richtern oder dem Gesetz zum Beispiel) vorgenommen. – Aus diesen Feststellungen ergeben sich drei Arten von Verhältnissen zwischen Redegegenstand bzw. Redner und Zuhörer, denen jeweils eine Redegattung entspricht.

α) Wenn etwas sicher ist, so ist das Verhältnis des Redners oder Redegegenstandes zum Zuhörer lobend oder tadelnd: die zugehörige Redegattung wird die lobende genannt (*genus demonstrativum* bzw. *genus laudativum*; s. Quint. III,3,14–15).

β) Wenn etwas Zweifelhaftes zur Wahl steht, so ist das Verhältnis Redner/Zuhörer beratend: die Gattung der Rede ist beratschlagend (*genus deliberativum*) und bezieht sich auf die Zukunft.

γ) Soll über das Zweifelhafte von anderen entschieden oder gerichtet werden, so erhalten wir die gerichtliche Gattung der Rede (*genus iudiciale*); sie bezieht sich auf die Vergangenheit, auf etwas Geschehenes.

Quintilian schließt sich der Aristotelischen Einteilung in die drei *genera* (s. Quint. III,4,12–15) mit der Begründung an: »denn es wird sich keine bei ihnen finden lassen, in der wir nicht loben oder tadeln, raten oder abraten, etwas anstreben oder abwehren müßten« (Quint. III,4,15). Die Gattungen sind, so betont Quintilian, nicht streng voneinander geschieden, sondern greifen ineinander über, d.h., in der beratenden Rede oder in der Gerichtsrede wird auch Lob und Tadel zu finden sein, in der beratenden wird auch über Geschehenes geurteilt werden müssen.

c) Die Gliederung der Redegegenstände nach dem Verhältnis Zuhörer/Redegegenstand

Aus dem Verhältnis Zuhörer/Redegegenstand werden fünf Vertretbarkeitsgrade einer Sache abgeleitet. Quintilian ordnet sie den Rechtsfällen zu (s. Quint. IV,1,40), sie betreffen jedoch durchaus auch die anderen *genera* der Rede und bezeichnen dann etwa deren Verständlichkeitsgrade.

α) *genus honestum*: Hier hat der Redegegenstand schon von sich aus genügend Gewinnendes, er entspricht den Erwartungen, Ansprüchen und Werten der Zuhörer völlig. Bezogen auf den Redner ist bei diesem Verhältnis zwischen Zuhörer und Redegegenstand die Behandlung ehrenhaft.

β) *genus humile*: Die Zuhörer sind uninteressiert am Redegegenstand, betrachten ihn als belanglos, und es gilt, die Aufmerksamkeit für den Redegegenstand zu gewinnen.

γ) *genus dubium* (oder *anceps*): Der Redegegenstand ist für das Publikum zweifelhaft, ungewiß, »doppelköpfig«. Eine solche Beziehung liegt z.B. bei Fragen vor, auf die sich verschiedene, gleichwertige Antworten geben lassen. Dieses *genus* macht das Wohlwollen der Zuhörer erforderlich.

δ) *genus turpe* (oder *admirabile*): In dieses *genus* fallen Redegegenstände, die die Zuhörer überraschen oder schockieren, da sie gegen die allgemein üblichen Vorstellungen verstoßen. Dieses *genus* stellt hohe Anforderungen an den Redner, er wird im allgemeinen als Einleitung die Einschmeichelung (*insinuatio*) verwenden müssen. Wichtige Mittel dieses *genus* sind die Steigerung (*amplificatio*) und die »Färbung« (*color*) (s. Quint. IV,2,88–91).

ε) *genus obscurum*: Dieses *genus* umfaßt die Redegegenstände, die dem Zuhörer schwer verständlich und schwer durchschaubar sind.

II. Das Finden und Erfinden des Stoffes *(heuresis / inventio)*

Inventio ist die Bezeichnung für das Auffinden der Gedanken und stofflichen Möglichkeiten, die sich aus einem Thema bzw. aus einer Fragestellung entwickeln lassen. Voraussetzung dafür ist das sorgfältige, gründliche Studium aller Umstände, die mit der zu behandelnden Sache in Zusammenhang stehen; der erste Schritt liegt deshalb in der *intellectio* (dem Erkennen des Redegegenstandes): dem Aufnehmen, Verstehen und Beurteilen des Vorgegebenen. »Sobald ich einen Fall und Sachverhalt erst gründlich kenne, zeigt sich mir sogleich der springende Punkt in der Auseinandersetzung.« (Cic. de or. 2,104; vgl. Cic. de or. 2,132) Dieses Erkennen des Streitpunktes ist wichtig für das Auffinden passender Gedankengänge und sicherer Beweise. Sie sollen – hinsichtlich der geforderten Mannigfaltigkeit der Rede (s. Cic. de or. 2,177) und ihrer drei Überzeugungsmittel des *docere* (belehren), *delectare* (unterhalten) und *movere* (bewegen, mitreißen) – reichhaltig sein.

Das Arbeitsstadium der Auffindung der Gedanken steht somit einerseits in Verbindung mit der *intellectio*, dem Überblick über den Redegegenstand, andererseits greift es vor auf das Arbeitsstadium der *dispositio* (Ordnung), in welchem die Anordnung der gefundenen Gedanken im Hinblick auf die Formulierung stattfindet. Der Übergang von einem Arbeitsstadium ins andere ist gleitend, er ist nicht eindeutig zu bestimmen. So ist z.B. bereits in der *inventio* abzuwägen, welcher Art die gefundenen Gedankengänge und Beweisgründe sind – ob sie festerer Art sind, ob sie auf Gewinnung und Erschütterung der Gemüter zielen, ob sie ihrerseits selbst der Beweise bedürfen, ob sie unbedeutenderer Art sind, ob sie bestimmte Erwiderungsmöglichkeiten bieten etc. (s. Cic. de or. 2,314). Dieses Abwägen steht eng in Zusammenhang mit dem Anordnen der Gedanken; dort gilt es, Hervorragendes an die erste Stelle und an den Schluß zu stellen, »[f]alls etwas nur durchschnittlich […], so kommt es in die Mitte, wo sich alles drängt und zusammenschart.« (Cic. de or. 2,314)

Die *inventio* ist eine parteiische Handlung: »Wenn ein Gesichtspunkt derart ist, daß er mehr nützt als schadet, beschließe ich ihn vorzubringen; das, worin ich mehr Negatives als Positives finde, verwerfe ich vollkommen und lasse es beiseite.« (Cic. de or. 2,102) Denn: »Wenn man […] bei der Beweisführung selbst eine Behauptung aufstellt, die entweder offenkundig falsch ist oder dem widerspricht, was man gesagt hat oder sagen wird, oder ihrer Art nach nichts mit der Praxis der Gerichte oder dem Forum zu tun hat, so sollte das nicht schaden?« (Cic. de or. 2,306) Hier zeigt sich sowohl die Rücksichtnahme auf die parteiliche Nützlichkeit in der *inventio* als auch die zur Wirkung notwendige Beachtung dessen, was der Rede in ihrem Zusammenhang und ihrer äußeren Bezogenheit angemessen ist.

Der Vorgang des Auffindens stützt sich in erster Linie auf Fähigkeiten, die nicht durch die Redekunst gelehrt werden. Diese Voraussetzungen sind, neben wissenschaftlicher Kenntnis, Scharfsinn und Fleiß, die beide zur »Naturanlage« (*natura*) des Redners gerechnet werden. Dem Fleiß kommt deshalb besondere Geltung zu, weil er es vermag, die natürlichen Anlagen zu aktivieren. »[D]enn diese eine Tugend schließt alle übrigen Tugenden ein.« (Cic. de or. 2,150) Zwischen Naturanlage (*natura*) und Fleiß (*studium*) bleibt noch ein Bereich für die Kunst (*ars*) übrig: Die Topik bietet die systematisierte Lehre von den Fundstätten der Beweise (*topoi, loci*). Jedoch können die von der *ars* gebotenen Fundstätten nur dem Redner nützen, »der sich entweder in der Praxis umgetan hat [...] oder im Hören und Nachdenken, [...] durch Eifer und Sorgfalt« (Cic. de or. 2,131). Ohne die genannten Voraussetzungen führen die Fundstätten zur geistigen Trägheit und zum monotonen Verfolgen von abgeleiteten Rinnsalen ohne eine Erkenntnis der Quellen (s. Cic. de or. 2,117).

III. Die Ordnung des Stoffes *(taxis / dispositio)*

Die gefundenen und nach ihrer Bedeutung und Stichhaltigkeit in Anbetracht der Sachlage abgewogenen Beweisgründe gilt es nunmehr zu ordnen. Diese Anordnung des Stoffs, »eine Form der Zusammenstellung, die in der rechten Weise das Folgende mit dem Vorausgehenden verknüpft« (Quint. VII,1,1), ist Gegenstand der *dispositio*.

Unter dem Gesichtspunkt der Aufgaben des Redners – zu unterrichten (*docere*), Leidenschaften zu erregen (*movere*) und zu unterhalten (*delectare*) – wird der Stoff der Rede in der *dispositio* behandelt. Der Redner soll sich sowohl rationaler als auch emotionaler Überzeugungsmittel bedienen und sie über die ganze Rede verteilen (s. Cic. de or. 2,310). Am Eingang – um für die Parteisache vorzubereiten – und am Schluß – um die Parteisache schließlich durchzusetzen – können die affektischen Mittel ausschließlicher verwendet werden als in den anderen Redeteilen, die unter dem Primat der Überzeugungsherstellung eine wohlabgewogene Einheit von rationalen und emotionalen Argumentationsgründen verlangen.

Die Disposition richtet sich nach der Redeabsicht, die auf eine parteiliche Vermittlung des Redegegenstandes zielt. Der nach den Suchformeln (*loci*) gefundene Stoff muß daher in einen zweckmäßigen Zusammenhang gebracht und zu Schlußfolgerungen, zu zentralen Thesen, zu Sachverhältnissen geformt werden, wobei man die »Einschnitte in der Argumentation [...] verbergen [soll], damit niemand die Argumente zählen kann – mit dem Ergebnis, daß sie der Sache nach zu trennen sind, doch in der Formulierung ineinander übergehen« (Cic. de or. 2,177). Die Beweisgründe erhalten ihre Kraft also einerseits aus der vernünftigen Anordnung und Abfolge in der Disposition, andererseits aus den Worten und der Ausdrucksweise. Auf den Einflußbereich der *elocutio* bzw. auf das Ineinandergreifen von *elocutio* und *dispositio* soll hier jedoch nur hingewiesen und die *dispositio* nicht speziell unter diesem

Aspekt behandelt werden. Hinsichtlich der Beweise ist bei der Anordnung zu berücksichtigen, daß man der Erwartung der Zuhörer möglichst schnell entgegenkommt und den stärksten Beweis an den Anfang stellt, auch sollten für den Schluß der Argumentation starke Beweise aufgespart bleiben – die in geringerem Maße zwingenden (aber durchaus nicht unbedeutenden oder fehlerhaften!) Beweise sollten das Mittelfeld einnehmen (s. Cic. de or. 2,314).

Die *dispositio* ordnet den Stoff der Rede im Interesse der Partei; sie kann nicht von den anderen Arbeitsphasen des Redners streng abgetrennt werden, sondern steht sowohl mit der *inventio* (dem Erfinden) als auch mit der *elocutio* (dem sprachlichen Ausdruck) und der *memoria* (dem Einprägen der Rede) in Zusammenhang. Die beiden grundlegenden Ordnungssysteme heißen *ordo naturalis* und *ordo artificialis*, natürliche und künstliche Ordnung.

Natürliche und künstliche Ordnung sind die regulativen Prinzipien der gesamten rhetorischen Tätigkeit und werden vor allem von der Arbeitsphase der *dispositio* an wirksam. Ihre Unterscheidung beruht letztlich auf der Entgegensetzung von *natura* und *ars*. Im ersten Buch »Vom Redner« betont Cicero, daß die Regeln keinen großen Redner machen, denn nicht sei »die Beredsamkeit aus einem theoretischen System, sondern das theoretische System aus der Beredsamkeit entstanden«. Aber er gesteht der Ordnung, die die Regeln in die Beredsamkeit gebracht haben, ihr Recht zur Erziehung zu und verlangt vor allem die Vorübung als Voraussetzung für die rednerische Vollkommenheit (s. Cic. de or. 1,144ff.). Es ist dies die in der Rhetorik allgemein gängige Antwort auf die Frage, ob der *natura* bei der Ausbildung des Redners größeres Gewicht zuzumessen sei oder der *ars*: »Ob ein Gedicht der Natur oder Kunst Vollkommenheit danke, / Hat man öfter gefragt. Der Fleiß ohne inneren Reichtum / Oder das rohe Genie ist meines Erachtens kein Vorteil; / Eines erfordert das andre, und beide verbünden sich innig.« (Horaz, Ars poetica, 408–411)

Man einigt sich in der Tradition schließlich darauf, daß die *natura* Vorbedingung der *ars* sei. Quintilian nennt die *natura hominis* meist *ingenium* und bezeichnet damit die geistige Anlage, der eine körperliche und ethische Anlage entsprechen. In seinen Erörterungen gleich zu Anfang der »Institutio oratoria« wehrt er sich auch dagegen, daß diese natürlich-geistige Begabung nur bei wenigen Menschen gegeben sei, vielmehr sei die Bildungsfähigkeit notwendig mit der menschlichen Natur verknüpft; nur müsse die Aufmerksamkeit frühzeitig darauf gelenkt werden, damit die Anlagen durch Kunst zur vollen Ausbildung gelangen. Die von Horaz postulierte Ausgewogenheit beider Prinzipien wird allerdings auch oft zugunsten des einen oder anderen von beiden aufgehoben, zumindest in dem Sinne, daß eines von beiden deutlich überwiegt.

1. Das natürliche Ordnungsprinzip *(ordo naturalis)*

Es beruht auf der Annahme, daß es eine natürliche, erkennbare Ordnung der Dinge gibt. »Auch ist es gewiß kein Irrtum zu glauben, die Natur selbst beruhe auf einer Ordnung, durch deren Verwirrung alles zugrunde gehen werde. So muß auch die Rede, der dieser Vorzug fehlt, unvermeidlich ins Gedränge kommen, ohne Lenkung dahinströmen und ohne inneren Zusammenhang vieles wiederholen, vieles übergehen, als irrte sie bei Nacht in ungekanntem Gelände, und ohne daß ihr ein Anfang und ein Ziel gesetzt ist, eher dem Zufall folgen als einem Plan.« (Quint. VII, Vorrede, 3) Aufgabe der Kunst ist es, die natürliche Ordnung zu erforschen und nutzbar zu machen. Als naturgemäße Anordnung der Rede bezeichnet Cicero die Folge der Redeteile: »Denn daß wir etwas sagen, ehe wir zur Sache kommen, daß wir sodann den Sachverhalt darlegen, daß wir ihn danach zu beweisen suchen, indem wir unsere Position erhärten und die feindliche erschüttern, daß wir dann so schließen und zum Ende kommen, das schreibt uns die Natur der Rede selber vor.« (Cic. de or. 2,307)

2. Das künstliche Ordnungsprinzip *(ordo artificialis)*

Es besteht in der Abweichung von der natürlichen Reihenfolge, also in der Vertauschung oder im Auslassen bestimmter Redeteile. Es wird gewählt, wenn das eigene Partei-Interesse das nahelegt, die Sache nur schwer zu vertreten ist, selber keiner natürlichen Ordnung folgt oder die natürliche Ordnung die geringere Wahrscheinlichkeit beanspruchen würde. Alles, was der Redner nicht aus der Natur der Sache entwickelt, wird ebenfalls dem *ordo artificialis* zugerechnet.

3. Ordnungsschemata

Auf welches der grundlegenden Ordnungsprinzipien auch immer die Rede sich bezieht, für die Gliederung des Stoffes innerhalb der Redeteile oder das Verhältnis der Redeteile zueinander bedarf der Redner bestimmter Gliederungsprinzipien; welche er zuletzt wählt, hängt vom Thema (ob es sich zum Beispiel aus zwei antithetischen Gedanken zusammensetzt oder auf eine katalogartige Auflistung von Informationen zielt), aber auch vom Zweck der Rede (ob primär informiert oder die Diskussion angeregt werden soll) und der voraussichtlichen Verfassung der Zuhörer ab (ob sie aufgerüttelt, unterhalten oder verwirrt werden sollen). Von der Vielzahl der Ordnungsschemata sind die wichtigsten hier zusammengestellt.

a) Die zweigliedrige, antithetische Disposition

Die Anordnung geschieht dem Gegensatz entsprechend, der durch den Fall, das Thema vorgegeben ist oder der diskussionsanregend aus dem Gegenstand entwickelt wird. Die beiden antithetisch gegenüberstehenden Teile werden nach Umfang und Gewicht der Argumente etwa gleich sein, damit die Zweigliedrigkeit nicht zur bloß kaschierten Eingliedrigkeit wird. Diese polare Auseinandersetzung der Gedanken hat die Vorteile der Klarheit und Übersichtlichkeit und ist durch die Spannung der Gegensätze auch sehr publikumswirksam. Diese Dispositionsform ist vor allem für kürzere Beiträge geeignet und wird sich in den meisten Fällen auf die wichtigsten Argumente beschränken, also keine Vollständigkeit anstreben, da sonst die Spannung zwischen den Gegensätzen leidet (bei dem Schema A-B) oder durch die dauernde Wiederholung von Gegensatzpaaren Ermüdung droht (bei dem Schema A-B, A-B, A-B, …).

b) Die dreigliedrige Disposition

Der Stoff wird in drei Teile (etwa: Einleitung, Mitte, Schluß) geteilt, wobei vor allem der Mittelteil die Fülle der Gedanken zu demonstrieren hat. Durch die Aufteilung der Mitte läßt sich die (übergeordnete) Dreigliedrigkeit auch auflösen, etwa nach dem Muster: $A + B_1 + B_2 + B_3 + C$.

c) Die viergliedrige Disposition

Der Mittelteil der dreigliedrigen Ordnung wird durch zwei antithetisch sich gegenüberstehende Gedanken oder Erörterungen geteilt: A-B-B-C.

d) Die fünfgliedrige Disposition

Der Mittelteil der dreigliedrigen Ordnung wird seinerseits dreigeteilt: A-B-B-B-C. Schon die Aufgliederung des Mittelteils in zwei Partien besitzt die Tendenz zur Verselbständigung: bei der dreifachen Teilung ergibt sich von selbst die Behandlung der Mitte als eines selbständigen Ganzen, das wiederum verschieden gegliedert sein kann. Die Fünfgliedrigkeit liegt zum Beispiel auch der Disposition des klassischen Dramas in fünf Akten zugrunde.

e) Die mehrgliedrige Disposition

Die mehrgliedrige Disposition strebt Vollständigkeit an, darf aber nicht in einer bloßen Aufzählung und Aneinanderreihung bestehen, sondern muß auf ein Ziel, einen Höhepunkt bezogen werden. Grundsätzlich ist es besser, nicht alles zu sagen und die Fülle der Gedanken zu begrenzen, also Überflüssiges, Beiläufiges, Minderüberzeugendes von vornherein gar nicht erst in der Disposition zu berücksichtigen. Die Überfüllung mit Stoff macht die Darstellung schwerfällig, schränkt die Nachprüfbarkeit ein und ermüdet Leser und Hörer. Doch sind hinsichtlich der Ausführlichkeit natürlich der Zweck der Darstellung und die gewählte Gattung zu berücksichtigen: eine umfangreiche Monographie stellt dabei andere Anforderungen als ein Aufsatz, eine Rede, ein Leitartikel.

IV. Der sprachliche Ausdruck *(lexis, hermeneia / elocutio)*

Die *elocutio* ist die Theorie des rednerischen Ausdrucks (s. Quint. VIII, Vorrede, 13) oder – sofern man die Arbeitsstadien des Redners (*partes artis*) betrachtet (s. Cic. de or. 1,142) – das Einkleiden (»vestire« [Cic. de or. 1,142]) der in der *inventio* gefundenen und in der *dispositio* angeordneten Begriffe (*res*) in Worte (*verba*): »die Ausarbeitung [in der *elocutio*] ist das Anpassen brauchbarer Ausdrücke [...] an das Aufgefundene« (Cic. de inv. I,7,9). Gegenstand der *elocutio* sind also die *verba*: sie werden entweder als einzelne Worte (*verba singula*) oder als Wortverbindungen (*verba coniuncta*) betrachtet (s. Quint. I,5,2). In der prinzipiellen Einschätzung dieser Produktionsphase gibt es kaum Unterschiede zwischen den Theoretikern. Die Metapher des Bekleidens für den Vorgang der sprachlichen Benennung von Sachen ist ein Gemeinplatz geworden, der aber zu falschen Schlüssen verführen könnte.

Die genaue Entsprechung von Wort und Sache ist das angestrebte Ziel, doch werden in dieser Forderung (um der Verdeutlichung und didaktischen Brauchbarkeit willen) zwei Bereiche unterschieden, die eigentlich zusammengehören. »Wenn Cicero direkt einmal von elocutionellen ›loci‹ spricht und vor allem die ideale rhetorische Begabung in der meisterlichen amplifikatorischen Bearbeitung der loci communes erkennt, so zeigt dies, daß die klassische schulrhetorische Unterscheidung der partes artis zwischen der res ›inventio‹ und einer hinzutretenden sprachlichen Ausgestaltung nur ad usum delphini gedacht war. Grundätzlich galt die einheitliche Hervorbringung von Sache und Wort als das höhere Prinzip.« (L. Bornscheuer, Topik, S. 93f.) Auch Quintilian hat diesen Tatbestand hevorgehoben und die *elocutio* die schwierigste Aufgabe des Redners genannt, aber vor einer Verselbständigung der Redekunst zu einer Art Ausdruckskunst um der schönen Wörter willen gewarnt. »Denn meistens hängen die besten Ausdrücke mit ihrem sachlichen Gehalt zusammen und lassen sich an ihrem eigenen Glanz erkennen. Wir dagegen suchen nach ihnen, als seien sie immer verborgen und versteckten sich vor uns. So glauben wir niemals, sie fänden sich im Bereich dessen, worüber zu reden ist, sondern wir suchen sie an anderen Stellen und tun dem, was wir gefunden haben, Gewalt an. Großzügiger muß die Erwartung sein, die wir der Beredsamkeit entgegenbringen. Wenn diese über die gesunde Kraft ihres ganzen Körpers verfügt, wird sie das Glätten der Nägel und das Ordnen der Haare nicht für ihre eigentliche Sorge halten. Aber meist kommt es auch so, daß bei solcher Sorgfalt die Rede sogar schlechter wird: erstens, weil die besten Ausdrücke am wenigsten weit hergeholt sind und dem einfachen, aus dem wirklichen Wesen der Sache selbst stammenden ähneln. Denn die Ausdrücke, die die Mühe verraten, die sie gemacht haben, und es sogar wollen, daß man sie für erfunden und gekünstelt hält, finden nicht nur keinen Anklang, sondern verlieren auch ihre Glaubwürdigkeit deshalb, weil sie den Sinn verdunkeln und ihn ersticken, wie die Saat bei üppigem Graswuchs erstickt.« (Quint. VIII, Vorrede, 21–23) Die eigentliche rhetorische Lehre besteht also in der Einheit von Denken und Sprechen, so daß Reden oder Schreiben dann nicht mehr bloß eine Bekleidung von Sachen mit Worten bedeutet, sondern Erkenntnis produziert und dadurch selber eine *ars inveniendi*, eine Erfinde- und Findekunst, darstellt. Sehr schön hat Lichtenberg in einem seiner Sudelbücher diese Überzeugung ausgedrückt: »Zur Aufweckung des in jedem Menschen schlafenden Systems ist das Schreiben vortrefflich, und jeder, der je geschrieben hat, wird gefunden haben, daß Schreiben immer etwas erweckt, was man vorher nicht deutlich erkannte, ob es gleich in uns lag.« (G.Ch. Lichtenberg)

Erkenntnisprozeß und Schreibprozeß sind dieser Theorie nach nicht nacheinander geordnet, sondern derart, daß sich die Verfertigung der Gedanken beim Reden und Schreiben selber vollzieht, um den Titel eines Aufsatzes von Kleist zu variieren, der noch ganz von rhetorischem Geist zeugt. Dennoch ist damit eine Fähigkeit beschrieben, die keiner von vornherein besitzt, so daß man sich etwa, das Thema vor Augen, an den Schreibtisch setzen und drauflosschreiben könnte, in dem Vertrauen, die Argumente und Beweise würden sich dabei schließlich schon selber und auch noch in der richtigen Reihenfolge einstellen. Die didaktische Trennung der Bereiche (Finden von Sachen und rednerischer Ausdruck) ist in jedem Fall für die Übung notwendig, und noch der erfahrene Redner oder Schriftsteller wird nicht ganz auf eine vorherige Reflexion des Stoffes und einen Ordnungsentwurf verzichten können;

das um so weniger, je umfangreicher das Vorhaben ist, welches er verfolgen möchte. Eine Glosse von 20 Zeilen bedarf selten eines Argumentekatalogs mit anschließender Disposition, denn hier fallen diese Bearbeitungsstadien wirklich mit dem sprachlichen Ausdruck zusammen, ein Buch von 200 Seiten braucht dagegen eine andere Vorbereitung. Doch auch bei dessen Ausführung wird man immer wieder die Beobachtung Lichtenbergs machen, daß sich etwa beim Schreiben die Sache entgegen der vorher angefertigten Disposition verändert, man also zu einem ganz anderen Ergebnis (oder zu anderen Teilergebnissen oder methodischen Vorgehensweisen) kommt als vorgesehen.

Der Zusammenhang zwischen *dispositio* und *elocutio* besteht darin, daß man für die Gedanken die Erfindung, für die Worte den rednerischen Ausdruck, für beides die Anordnung ins Auge zu fassen hat (s. Quint. VIII, Vorrede, 6). Die *dispositio* ist also der *inventio* und *elocutio* übergreifende Teil der Rhetorik. – Ein anderer Berührungspunkt zwischen *dispositio* und *elocutio* liegt in der Notwendigkeit, die Worte den Redeteilen und deren charakteristischen Aufgaben im Hinblick auf die Wirkungsintention, das *docere, delectare* oder *movere*, anzupassen.

Inventio und *elocutio* stehen miteinander in Verbindung, weil sorgfältig erarbeiteter und geordneter Inhalt bereits aus sich selbst die Worte hervorbringt (s. Quint. VIII, Vorrede, 21; vgl. Horaz: »Gern wird folgen das Wort, hat Umsicht die Wege bereitet.« [zit. n. Quint. I,5,2]) Das darf jedoch nicht dazu verleiten, in der *inventio* an Einzelheiten hängenzubleiben, da ein Übermaß an Mißtrauen in die gefundenen Begriffe (*res*) »den Fluß der Rede hemmt« (Quint. VIII, Vorrede, 27), das heißt: die Umsetzung der *res* in *verba* blockiert. Quintilian geht sogar soweit, daß er Schülern empfiehlt, sich die wissenschaftlichen Grundlagen der Rede mit den Kunstregeln der Wortfügung zu erarbeiten, durch Lektüre einen reichen Wortschatz zu erwerben und durch Übung die so gewonnenen Fertigkeiten in ein jederzeit verfügbares Vermögen zu verwandeln, »denn dem, der dies tut, werden die Gedanken mit ihren zugehörigen Bezeichnungen von selbst zufallen [...]. Wenn [...] die Redegewalt schon ausgebildet ist, wird der Ausdruck zu Gebote stehen, nicht so, als ob er sich einstelle, wenn man ihn suche, sondern als ob er immer mit dem Sinn verwachsen sei und ihm folge, wie der Schatten dem Körper« (Quint. VIII, Vorrede, 29–30), »denn dem, der dies tut, werden so die Gedanken mit ihren zugehörigen Bezeichnungen von selbst zufallen« (Quint. VIII, Vorrede, 29).

Die Tugend der *elocutio* liegt – entsprechend der technisch-moralischen Doppelsetzung der *ars bene dicendi* – sowohl im richtigen Sprechen wie auch im guten und zweckdienlichen Sprechen; im Hinblick auf die Verständlichkeit des Ausdrucks ist jedoch das richtige Sprechen als Voraussetzung für das höher bewertete gute (geschmückte) Sprechen aufzufassen. Der Vollkommenheitsanspruch der *grammatica* dagegen zielt allein auf das *recte dicendi*: die formale Richtigkeit des Ausdrucks.

Von der *elocutio* hängen Wirkung und Erfolg der Rede in einem besonderen Maße ab, da sie den Bereich betrifft, in welchem die gefundenen und geordneten Gedanken entweder verständlich und ansprechend entfaltet oder zerrissen und verzerrt werden (s. Quint. VIII, Vorrede, 22f.). Als typische Beispiele für die konsequent unangemessene Verbalisierung der Gedankenverbindungen nennt Quintilian den asianischen und den attischen Stil. »Denn weder waren die im asianischen oder sonst einem Redestil Verdorbenen unfähig, die Sachverhalte zu sehen oder anzuordnen, noch waren die Vertreter des Stiles, den wir trocken nennen, töricht oder blind bei ihren Prozeßreden, sondern den ersteren fehlte das rechte Urteil im Ausdruck und das rechte Maß, den letzteren die Entfaltung der Kraft« (Quint. VIII, Vorrede, 17). Das rechte Maß für die sprachliche Formulierung ist deshalb wichtigste Tugend der *elocutio* (s. Quint. XI,1,2); zu berücksichtigen einerseits bei der Beziehung zwischen *res* und *verba*, andererseits beim Zusammenhang zwischen *verba* und außersprachlichem Kontext. – Die weiteren Tugenden der *elocutio* (*virtutes elocutionis*) sind *latinitas, perspicuitas, aptum* und der passende *ornatus*: Sprachrichtigkeit, Klarheit, Angemessenheit und Redeschmuck.

Die *latinitas* zielt auf die syntaktische und idiomatische Korrektheit des Ausdrucks, die *perspicuitas* thematisiert die treffende Wort- und Ausdruckswahl, das *aptum* die nach innen und außen angemessene Rede, der *ornatus* die Schönheit des Ausdrucks. Alle vier Tugenden zusammen bilden ein System, in welchem die Tugend der Angemessenheit als übergeordnetes Regulativ wirksam ist. Der Verstoß gegen eine oder mehrere dieser Tugenden wird *vitium* (Fehler, Mangel) genannt – die Begriffe *virtus* und *vitium* sind also einander entgegengesetzt. Äußerst schwierig ist es jedoch, die *vitia* im einzelnen zu definieren, da der Kontext einer sprachlichen Äußerung jedes sprachliche Phänomen in eine Vielzahl von Bezügen stellt. Die Wirkungsintention zum Nutzen der Parteisache erlaubt es dem Redner, falls nötig, von den Vorschriften der Rhetorik abzuweichen (*licentia*). Derartige Normverletzungen müssen aber immer begründet sein, sei es, daß die eigene Parteisache nur sehr schwer vertretbar ist, sei es, daß Publikum oder Richter eine besondere Behandlung erfordern, etwa aufgrund ihrer sozialen Herkunft oder Zugehörigkeit. »Als eigentlicher Kernbereich der E[locutio] können die systematisch auseinanderzuhaltenden Bereiche von Sprachgebrauchsregeln sowie Figurentaxonomien und bestimmten Kompositionsregeln angesehen werden. Da die Rhetorik jedoch bis in die frühe Neuzeit hinein die maßgebliche Texttheorie einschließlich Stilistik blieb, wurde das Gebiet der E[locutio] immer mehr mit allen die Vertextung betreffenden Elementen angereichert; das gilt selbst für poetologische Bereiche im engeren Sinne, wie Metrik oder Gattungstheorie.« (J. Knape, Artikel »Elocutio«, HWRh, Bd. 2)

1. Angemessenheit *(prepon / aptum, decorum)*

Die Angemessenheit ist das grundlegende regulative Prinzip der Rhetorik sowie der von ihr beeinflußten Künste und Theorien, sein Geltungsbereich geht weit über den einer Stilqualität hinaus, als welche es in den rhetorischen Systematiken meist erscheint. »Angemessenheit wird die sprachliche Formulierung besitzen, wenn sie Affekt und Charakter ausdrückt und in der rechten Relation zu dem zugrunde liegenden Sachverhalt steht.« (Ar. Rhet., III,7,1 [1408a]) Schon diese frühe Aristotelische Bestimmung enthält Momente, die die Stilistik transzendieren und die ethische Dimension der Angemessenheit berücksichtigen. Denn nicht nur der zugrundeliegende Sachverhalt, sondern ebenso *pathos* und *ethos* sind durch die sprachliche Formulierung angemessen auszudrücken. Dabei bezieht sich die pathetische, auf die Erregung der Leidenschaften ausgerichtete Wirkungsdimension auf das Publikum oder die sonst entscheidungsmächtige Instanz, während mit *ethos* die charakterliche Qualität des Redners gemeint ist, die eine Überzeugungskraft nur dann gewinnt, wenn sie sich mit der Sache ebenso wie mit den pathetisch erzeugten Gefühlsgründen als übereinstimmend zu zeigen vermag. Derart bezieht sich die Kategorie auch auf das soziale Verhalten des Redners in einer bestimmten Redesituation, in welcher er in jeder Hinsicht angemessen zu agieren hat: in der Bestimmung des Gegenstandes, in der Wahl der Stilmittel, der Stilebene und der Redegattung, in der Berücksichtigung der äußeren Umstände (Zeit, Ort, politische Verhältnisse), der Adressaten und der eigenen Präsentation. Da, wie Aristoteles schon im ersten Buch seiner »Rhetorik« feststellt, der Zuhörer die grundsätzlich richtunggebende Instanz ist (s. Ar. Rhet. I,3,1 [1358a]), ob als Richter oder gegnerischer Anwalt, als politische Partei oder Festversammlung, gibt er den letzten, wenn auch außerhalb der Rede liegenden Bezugspunkt ab, der allen anderen Faktoren der Angemessenheit vorhergeht.

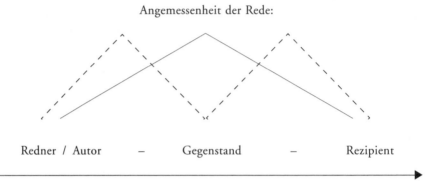

Angemessenheit der Rede:

Redner / Autor   –   Gegenstand   –   Rezipient

Zuhörer ist richtunggebend

In der modernen Rhetorik hat sich entsprechend der inneren (am Redegegenstand ausgerichteten) und äußeren (dem Publikum entsprechenden) Orientierung der Rede die Unterscheidung von äußerem und innerem *aptum* eingebürgert, die terminologisch keine antike Prägung ist, wie dem griechischen Denken überhaupt eine mechanische Trennung von inneren und äußeren Beweggründen fremd war. Sie ist gleichwohl zur didaktischen Klärung der höchst komplexen Redehandlung sinnvoll. Auch Quintilian läßt über die Priorität der Faktoren in einer angemessenen Redehandlung keinen Zweifel: »Denn da ja der Redeschmuck vielgestaltig und vielfältig ist und sich zu jeder Rede in anderer Form schickt, wird er, falls er den Gegenständen und Personen der Rede nicht angemessen ist, die Rede nicht nur nicht besser zur Geltung bringen, sondern sie sogar entwerten und die Kraft der Gedanken, die sie enthält, gegen sie selbst richten. Denn was nützt es, daß ihre Worte gut lateinisch klingen, treffend gewählt und schön sind, ja auch mit Redefiguren und Rhythmen vollkommen ausgestattet sind, wenn sie nicht zu dem stimmen, was wir bei dem Richter erreichen und in ihm erzeugen wollen: Wenn wir die hohe Form der Rede in kleinen Fällen, die kleine, gefeilte in feierlichen, die strahlende in gedrückten, die glatte in rauhen, die drohende in bittenden [...] Situationen vor Gericht anwenden?« (Quint. XI,1,2)

Der Redner bedarf einer besonderen Fertigkeit, um die Angemessenheitsforderung erfüllen zu können, ein Urteilsvermögen, das Cicero *iudicium* genannt hat. Schon für die *inventio* übernimmt es regulierende Funktion und wirkt mit der Erfindungskraft zusammen in den redestrategischen Vorüberlegungen (*consilium*), in denen sowohl Gründe der parteilichen Nützlichkeit wie auch solche der ethischen Vertretbarkeit wirksam werden. Damit steht die Unterscheidung zwischen *iudicium* und *consilium* parallel zu derjenigen von inneren und äußeren Angemessenheitsfaktoren, und der adressatengerichteten Redestrategie (*consilium*) entspricht das werkinterne Thema (*thema*). *Thema* und *consilium* werden sich in der Regel entsprechen, können aber auch in einem Verhältnis der Uneigentlichkeit oder der Ironie zueinander stehen, so daß der Redner seine Absicht auf bildlich-indirekte oder scheinbar entgegengesetzte Weise zum Ausdruck bringt.

a) Das innere *aptum*

Das innere *aptum* betrifft das angemessene Verhältnis aller Bausteine und Teile der Rede untereinander. Für die damit verbundenen Entscheidungen ist das Unterscheidungsvermögen (*iudicium*) zuständig. *Iudicium* heißt die Fähigkeit, das, was Kunst und Sprache zur Verfügung stellen, zu beurteilen und zu unterscheiden hinsichtlich der Brauchbarkeit für das Kunstwerk.

Die Vielfalt der Bezüge im inneren Gefüge eines sprachlichen Werkes, für die das *aptum* zu berücksichtigen ist, kann im weiteren nur in allgemeiner Form verdeutlicht werden.

Die in der *inventio* (Erfindung) unter Ausnutzung der *loci* gefundenen Gedankenverbindungen (*res*) und der in der *intellectio* (Erkenntnis des Redegegenstandes) erkannte und unter Fragestellungen (*quaestiones*) eingeordnete Stand der Sache (*status*, Streitstand) müssen miteinander harmonieren. Die Angemessenheit zwischen *intellectio* und *inventio* kommt darin zum Ausdruck, daß die gedankliche Entwicklung der Redegegenstände vernünftig ist: »Denn Argumente finden im Verstand selbst ihre Stütze und prägen sich ihm ein, sobald sie vorgebracht sind« (Cic. de or. 2,214). Das *aptum*-Verhältnis zwischen *inventio* und *intellectio* trägt der Forderung Rechnung, daß die gefundenen gedanklichen Verbindungen in der Natur der Sache als möglich angelegt sein müssen, zugleich bewirkt es, daß die Gedanken, indem sie alle dieses *aptum* in gleicher Weise wahren, untereinander harmonieren.

Das *aptum* regelt vor allem das Verhältnis der in der *inventio* gefundenen Gedanken (*res*) zu ihrer sprachlichen Verwirklichung (durch *verba*): »Aber die Kunst, passend zu reden, beruht nicht nur auf der Art des Ausdruckes, sondern geschieht mit der Auffindung der Gedanken gemeinsam.« (Quint. XI,1,7) Die Worte haben ihren Maßstab nicht in sich selbst, sondern auch in dem Gedankenzusammenhang, der sie als Zeichen verwendet (vgl. Quint. VIII,2,6). Unter diesem Aspekt ist die Forderung nach Klarheit nicht nur dem äußeren *aptum* im Hinblick auf Verständlichkeit, sondern auch dem inneren *aptum* zuzuordnen.

In dieses Angemessenheits-Verhältnis gehört ferner, daß die qualitative Bestimmung der Gedanken den Worten bzw. der Ausdrucksweise angemessen sein muß: »Denn was nützt es, [...] wenn wir die hohe Form der Rede in kleinen Fällen, die kleine, gefeilte in feierlichen, die strahlende in gedrückten, die glatte in rauhen, die drohende in bittenden, die gedämpfte in erregten, die trotzige und heftige in heiteren Situationen [...] anwenden?« (Quint. XI,1,2–3) Das *aptum* zwischen *inventio* und *elocutio* kommt auch darin zum Ausdruck, daß die Formulierung der Gedanken der in ihnen enthaltenen, nun freilich nicht mehr werkinternen Intention entspricht.

Zusammengefaßt fordert das *aptum* zwischen *inventio* und *elocutio*, daß der Redner seine Auffassung von einer Sache in angemessener Weise sprachlich verwirklicht. Diese allgemeine Forderung nach der inneren Angemessenheit zwischen *res* und *verba* wird in den Stilgattungen der Rede (*genera dicendi*) insofern normiert, als die *res* in drei Rangstufen qualitativ unterschieden werden. Für jede Stufe werden die angemessenen *verba* beschrieben, ihr Schmuck soll nach der Beschaffenheit des Stoffes ausgerichtet sein (s. Quint. VIII,3,11).

Des weiteren müssen sich *dispositio* und rednerische Formulierung entsprechen. Hier bewirkt das *aptum*, daß die Gedanken und die ihnen angemessenen Worte innerhalb der Gesamtrede und ihrer Teile den richtigen Ort finden und zueinander richtig angeordnet sind. Die *dispositio* ist als das *inventio* und *elocutio* übergreifende Ordnungssystem aufzufassen; die Tugend des *aptum* erfordert die Berücksichtigung aller *dispositio*-Regeln, zu denen (sofern man bei der Anordnung nicht nur an das ›Verteilen‹, sondern auch an das ›Zusammenfügen‹ denkt) die Kompositionsregeln zu rechnen sind.

Der Redeakt selber (*pronuntiatio, actio*) muß der Rede angemessen sein: der Vortrag (Artikulation, Intonation, Gestik etc.) und die als ›*inventio, dispositio, elocutio*‹ systematisierten Arbeitsstadien müssen einander entsprechen. So sollen an Redestellen mit starker Affekterregung beide Hände durch geeignete Gesten den Ausdruck verstärken (s. Quint. XI,3,116); die Intonation soll dem Gegenstand der Rede so angepaßt sein, daß sie bei frohen Gegenständen einen frohen Klang hat, im Zorn »[g]rimmig [...] rauh und drängend« ist (Quint. XI,3,63), sie kann je nach Erfordernis gepreßt oder spitz sein (z.B. wenn der Redner die Worte anderer Personen wiedergibt).

Die auf der Ebene der Produktionsstadien angeführten inneren *aptum*-Bezüge wurden in der Rhetorik weiter differenziert. Um nur einige Beispiele zu geben:

– Das *aptum* regiert auch die Beziehung der *verba* untereinander: so ist ein buntes Gemisch von Worten verschiedener Mundarten (s. Quint. VIII,3,59) und verschiedener Stilarten ein Verstoß gegen das innere *aptum*, wenn man »Erhabenes mit Niedrigem, Altes mit Neuem, Poetisches mit Gewöhnlichem« vermischt (Quint. VIII,3,60) (Beispiel: ›Der König ritt auf seinem Gaul‹).

– Der *ornatus* muß in sich stimmig sein: dieser *aptum*-Bezug ist normiert in der attischen, rhodischen und asianischen Stilart.

– Die in Anspruch genommene *licentia* muß der literarischen Gattung entsprechen: »Indessen sollten wir daran denken, daß der Redner den Dichtern nicht in allem folgen darf: weder in der Freiheit des Wortgebrauches noch in der Kühnheit der Redefiguren« (Quint. X,1,28).

b) Das äußere *aptum*

Das äußere *aptum* betrifft das Verhältnis zwischen der Rede (und ihren werkinternen Bestandteilen) und den außersprachlichen Systemen und Gegebenheiten. Für Entscheidungen, die das äußere *aptum* erforderlich macht, ist das *consilium* zuständig.

Consilium heißt die Fähigkeit des Redners, unter verschiedenen, im Hinblick auf das Kunstwerk brauchbaren Elementen dasjenige auszuwählen, das der Intention unter Berücksichtigung des sozialen Bereichs nützt. Die Fähigkeit des *consilium* setzt die des *iudicium* voraus bzw. enthält sie (s. Quint. VI,5,3).

Die Vielzahl der außersprachlichen Bezugspunkte, die für das äußere *aptum* zu berücksichtigen sind, lassen sich nach fünf Möglichkeiten unterscheiden:

– Allen voran die Zuhörer der Rede (Publikum) (s. Quint. XI,1,43; Cic. de or. 3,211; Cic. or. 21,71): »einen Unterschied macht nämlich der Segen des Glükkes und auch die Amtsgewalt, und es empfiehlt sich nicht das gleiche Verfahren vor dem Fürsten, einem Magistrat, einem Senator, einem Privatmann oder einem der nichts ist als frei, und es werden nicht im gleichen Ton die Verhandlungen vor öffentlichen Gerichtshöfen geführt wie die im Schlichtungsverfahren vor Schiedsmännern« (Quint. XI,1,43). Und: »Zumal ja schon vor einzelnen Richtern nicht das Gleiche bei gewichtigen wie bei minder gewichtigen Persönlichkeiten, und bei einem Bauern sich ziemt« (Quint. XI,1,45). Eine selbstverständliche Regel schon in der Alltagsrede: Zu Kindern wird anders gesprochen als zu Erwachsenen, zu Vorgesetzten anders als zu Untergebenen, zu Ärzten anders als zu Arbeitskollegen. Daher soll der Redner die Gedanken, Empfindungen und Anschauungen seiner Mitbürger erforschen, um mit Hilfe solcher sozialwissenschaftlichen und psychologischen Kenntnisse überzeugend reden zu können (s. Cic. de or. 1,51). Für alle Adressatenmöglichkeiten gilt als oberster Grundsatz, daß die Rede verständlich formuliert ist (*perspicuitas*).

– Der Ort der Rede (*locus*) (s. Quint. XI,1,46; Cic. or. 21,71): »und auch ob man in der Öffentlichkeit oder privat, in einem großen oder beschränkten Kreise, in einer fremden oder der eigenen Gemeinde, im Lager schließlich oder auf dem Forum spricht, macht einen großen Unterschied, und jeder Rahmen verlangt seine eigene Gestaltung und eine Art eigenes Ausmaß der Beredsamkeit« (Quint. XI,1,47); was an einem Ort für schicklich gilt, kann woanders als unangemessen angesehen werden.

– Der Zeitpunkt der Rede (*tempus*) (s. Quint. XI,1,46; Cic. de or. 2,210; Cic. or. 21,71): »[D]enn was wir Unfug nennen, leitet seinen Namen doch wohl daher, daß es sich nicht fügt [...]. Denn wer nicht sieht, was die Umstände fordern, [...] von dem sagt man, er treibe Unfug« (Cic. de or. 2,17).

– Person des Redners (Quint. XI,1,31; Cic. or. 21,71): »Auch der Ton der Beredsamkeit selbst geziemt sich je nach der Person in verschiedener Art« (Quint. XI,1,31). So ist nach Quintilian alten Leuten nicht die kühne, schwungvolle Rede angemessen (hier wird übrigens das *aptum* auf Personen angewendet: *aptum* zwischen Personen und Verhalten [s. Quint. XI,1,29]), sondern das Milde, Gefeilte; Militärpersonen sollten schmucklos, gerade und schlicht reden (s. Quint. XI,1,31–33); manches wird auch nur Fürsten gestattet (s. Quint. XI,1,36). Alter, Würde, Erfahrung, soziale Stellung des Redners (s. Quint. XI,1,29; Cic. de or. 2,211) entscheiden letztlich darüber, ob eine gewagte Äußerung als freimütig angesehen wird, als wahnwitzig oder als übermütig.

In Gerichtsreden wird dieses *aptum*-Verhältnis insofern wichtig, als der Anwalt meist leichter als der Angeklagte ohne den Vorwurf der Anmaßung loben oder mit Nutzen tadeln kann (s. Quint. IV,1,45f.). In der Literatur findet sich die Berücksichtigung dieses *aptum* überall dort, wo der Verfasser seine Worte ande-

ren, erfundenen Personen in den Mund legen muß, um sie äußern zu können.
-   Der Gegenstand der Rede (s. Cic. de or. 2,210; Quint. XI,1,14) ist unter dem Aspekt des äußeren *aptum* selbst bereits als Verhältnis aufzufassen: als Verhältnis zwischen der in Rede stehenden Sache und dem Publikum in Abhängigkeit von Ort und Zeit. Die Berücksichtigung des Gegenstandes der Rede bedeutet hier somit, daß die Rede dem Rang, den der Redegegenstand im Wertsystem des Publikums einnimmt, Rechnung tragen muß: die Sache kann als geringfügig oder peinlich, als schockierend, als nützlich, als gerecht usw. angesehen werden; ferner kann sie für das Publikum etwas Vergangenes, Gegenwärtiges oder Zukünftiges bedeuten; der Bezug zwischen Redegegenstand und Publikum kann rational sein, so daß die Information im Vordergrund der Rede stehen muß, und er kann emotionaler Art sein: die Rede muß dann der affektiven Besetzung des Redegegenstandes steigernd oder dämpfend Rechnung tragen.

Wirken kann die Rede nur, wenn sie den außer ihr liegenden Gegebenheiten angemessen ist, wenn sie die Realität berücksichtigt und in der sie umgebenden Realität als wahr erscheinen kann. (Erscheint sie nicht als wahr, so nützt es nichts, daß sie wahr ist.) Selbst wenn man die epideiktische Rede als Selbstdarbietung der Redekunst, eine Art l'art pour l'art, auffaßt und nicht (was sie in den meisten Fällen ist) als eine Vergewisserung ideologischer, ästhetischer, sozialer Gemeinsamkeit, wird der Zuhörer doch zumindest als Beurteiler der künstlerischen Demonstration angesprochen, die ihm auch verständlich sein muß. Eine ehemals wahre Rede kann durch die Überlieferung den Schein der Wahrheit verlieren; wenn sich die außer ihr liegende Realität verändert, verändert sich ihr äußeres *aptum* zu einem *inaptum*. Diese Gefahr droht grundsätzlich jeder Rede (der epideiktischen stark eingeschränkt und nur vorübergehend) und stellt eine besondere Schwierigkeit jeder politischen, stark situationsgebundenen Literatur dar. – Zur weiteren Entfaltung der Problematik des äußeren *aptum* in Literatur und Kunst mag es in diesem Zusammenhang genügen, auf die Realismusdebatten zu verweisen.

2. Sprachrichtigkeit *(hellenismos / latinitas, puritas)*

Oberste Regel des sprachlichen Ausdrucks in der Formulierungsphase ist die grammatische Richtigkeit: *puritas*; sie ist die Voraussetzung für die verständliche und geschmückte Rede (s. Quint. I,5,1 u. VIII,1,2; Cic. de or. 3,38).

Die Regeln der *puritas* – als einem Teilgebiet der Grammatik (s. Quint. I,5,1) – werden in den Geltungsbereich für Einzelworte (*verba singula*) und den für Wortverbindungen (*verba coniuncta*) aufgeteilt. In beiden Bereichen stützt sich die Sprachrichtigkeit auf vier Richtlinien, die zusammengenommen die Argumente für den sprachlich korrekten Ausdruck ergeben: die *ratio* (Sprachgesetz), die *vetustas* (Überlieferung), die *auctoritas* (Sprachgebrauch anerkannter Autoren) und die *consuetudo* (Gewohnheit, Brauch) (s. Quint. I,6,1).
-   Das Sprachgesetz (*ratio*) legt fest, ob eine Äußerung unter dem Aspekt des logisch folgerichtigen Gebrauchs von Sprache richtig oder falsch ist (s. Quint. I,6,1).
-   Die *vetustas* begründet die Sprachrichtigkeit durch die Tradition: »Das Alter der Ausdrucksmittel empfiehlt sich durch seine besondere Würde und seine, ich möchte sagen, religiöse Weihe.« (Quint. I,6,1) Aus dem Altertum übernommene

Wörter vermögen eine gewisse Hilfe in Fragen der Sprachrichtigkeit zu geben, jedoch ist im Hinblick auf den Sprachgebrauch (*consuetudo*) zu berücksichtigen, daß die Wörter der *vetustas* unverständlich und unangemessen geworden sein können (s. Quint. I,6,40f. u. 43). Für den Gebrauch altertümlicher Wörter gilt, daß sie der Rede zwar Ansehen und einen der Neuheit ähnlichen Reiz der Verfremdung (s. Quint. I,6,39) verleihen können, daß sie andererseits jedoch, sofern sie gesucht erscheinen und unverständlich geworden sind, gegen das *aptum* verstoßen können.

- Die dritte Regel der Sprachrichtigkeit stützt sich auf die *auctoritas*, den Sprachgebrauch anerkannter Geschichtsschreiber, Redner und Dichter: »selbst ein Fehler [in bezug auf den geläufigen Sprachgebrauch] kann einem Ehre machen, wenn man darin bedeutenden Vorgängern folgt« (Quint. I,6,2). Diese Regel wird unter Berücksichtigung der *consuetudo* und der Tugend des *aptum* in ihrer Gültigkeit eingeschränkt.
- Einflußreichste Richtlinie der Sprachrichtigkeit ist die *consuetudo*: der gegenwärtige, geläufige Sprachgebrauch, »denn es wäre ja fast lächerlich, die Redeweise, wie die Menschen (früher) gesprochen haben, der Redeweise, wie man jetzt spricht, vorzuziehen« (Quint. I,6,43). Der Sprachgebrauch wird jedoch – so Quintilian – nicht festgelegt durch die von der Mehrheit des Volkes gesprochene Sprache, sondern durch die Übereinkunft der Gebildeten (*consensus eruditorum*). »Also werde ich das Gebräuchliche in der Sprache die Übereinstimmung der Gebildeten nennen« (Quint. I,6,45).

Verstöße gegen die Tugend der *puritas* werden bei Einzelwörtern Barbarismus (s. Quint. I,5,6), bei Wortverbindungen Soloezismus genannt (s. Quint. I,5,34). Eine genaue Unterscheidung von Barbarismen und Soloezismen bereitet jedoch Schwierigkeiten, da der Fehler in Einzelworten oft erst durch den Kontext feststellbar wird (s. Quint. I,5,16 u. 35).

a) Sprachrichtigkeit bei Einzelwörtern (*latinitas in verbis singulis*)

Verstöße gegen die *puritas* können bezogen sein zum einen auf das Einzelwort als Ganzes, zum anderen auf Teile des Einzelwortes.

Verstöße gegen das Einzelwort als Ganzes liegen vor, wenn ein gebrauchtes Wort die Verständlichkeit erschwert. Zunächst sollen die Worte so wenig wie möglich »unrömisch und ausländisch« sein (Quint. VIII,1,2). Eine *licentia* für den Gebrauch von Fremdwörtern besteht dort, wo die Muttersprache keine eigenen angemessenen Benennungen zur Verfügung stellt. – Bei Wortneuschöpfungen wird die Onomatopöie als Barbarismus aufgefaßt.

Verstöße gegen Teile des Einzelwortes liegen vor, wenn Buchstaben oder Silben eingefügt, weggenommen, ausgetauscht oder versetzt werden.

Abweichungen von der richtigen phonetischen Zusammensetzung des Einzelwortes (sie wird durch den Sprachgebrauch, *consuetudo*, angegeben) können jedoch durch Forderung des inneren *aptum* – z.B. durch das Versmaß – notwendig werden. Daher wird in der Dichtung ein solcher Verstoß häufig entschuldigt. Die gestatteten Abweichungen heißen Metaplasmen.

Die Barbarismen (oder Metaplasmen) werden unter zwei Aspekten behandelt: zum einen unter dem Gesichtspunkt der Sprechweise (Orthoëpie) (s. Quint. I,6,20), zum anderen unter dem Gesichtspunkt der Schreibweise (Orthographie) (s. Quint. I,7,1).

b) Sprachrichtigkeit in Wortverbindungen (*latinitas in verbis coniunctis*)

In den Wortverbindungen erstrebt die Tugend der *puritas* sowohl syntaktische wie idiomatische Richtigkeit.

Verstöße gegen die Sprachrichtigkeit in Wortverbindungen werden Soloezismen genannt; die durch die *licentia* gestatteten Verstöße heißen *schemata* oder *figurae* (s. Quint. I,5,52 u. IX,3,6). Figuren des Redeschmucks und Schemata gehen ineinander über, da die schmuckvolle Rede auch in die Grammatik eingreift. So ist beispielsweise die metonymische Äußerung ›er klappte seinen Goethe zu‹ zugleich ein genehmigter Verstoß gegen die Grammatik.

– Soloezismen (bzw. Schemata) der Auslassung (*detractio*) in Wortverbindungen sind häufig zurückzuführen auf übertriebenes Bemühen um Kürze (*brevitas*): »Wieder andere entziehen im Wetteifer um die Kürze des Ausdruckes der Rede selbst unentbehrliche Worte« (Quint. VIII,2,19). Eine gestattete Auslassung ist z.B. in der Aposiopese reticentia zu sehen (s. Quint. IX,2,54).

> »Kameraden! Dieser Brief – freut euch mit mir!« (Schiller)
> »Ha, ihr sollt – ! Doch besser ich glätte der Wogen Empörung.« (Vergil)

– Soloezismen der Hinzufügung (*adiectio*) liegen vor, »wenn nämlich die Rede mit überflüssigen Worten belastet wird« (Quint. VIII,3,53); im Soloezismus durch die Hinzufügung (*per adiectionem*) wird ein Verstoß gegen die angemessene Kürze (*brevitas*) gesehen.

> »Ich selbst habe es mit eigenen Augen gesehen [...]« (Quintilian)

Auch die Tautologie, die Wiederholung eines Wortes oder einer Wendung, kann ein Soloezismus sein:

> »Nicht als [war] jener Prozeß einem Prozeß ähnlich, ihr Herrn Richter, war er nicht.« (Quintilian)

Als Schema ist die aussageverstärkende Hinzufügung (*adiectio*), der Pleonasmus, anzusehen (s. Quint. VIII,3,54):

> »Eingesaugt mit eigenen Ohren habe ich die Worte [...].« (Quintilian)

die affektische Wortverdoppelung (s. Quint. IX,3,28; Her. 4,28):

> »Heil! Heil aufs neue!« (Goethe)

die Synonymenhäufung:

> »Diese Mauern, diese Wände, neigen, senken sich zum Ende.« (Goethe)

die stufenweise Steigerung (*gradatio*):

> »Dem Africanus hat seine Energie Verdienst, das Verdienst Ruhm, der Ruhm Nebenbuhler verschafft.« (Rhetorik an Herennius)

– Der Soloezismus der Umstellung (*per transmutationem*) besteht in der Versetzung von Worten oder Wortgruppen innerhalb von Wortverbindungen. Er ist die Umstellung, »wodurch die Reihenfolge verwirrt wird« (Quint. I,5,39):

> »Da sind wohl Papiere (wie Sie ohne Zweifel [denn Ihre Augen sind jung] an der Außenseite sehen), welche kopiert werden sollten.« (J. F. Cooper)

Der Soloezismus der Umstellung wird auch *mixtura verborum* (Wortvermischung) genannt.
Erlaubte Umstellungen oder Versetzungen liegen den Figuren des Hyperbaton und der Anastrophe zugrunde.

> »Kinder haben – ausgenommen ein- und zweijährige, welche noch den Farben-Stachel bedürfen – nur Zeichnungen, nicht Gemälde vonnöten.«
> (Jean Paul)
> »Vater unser, der du bist im Himmel, [...]« (Bibel, Neues Testament)

– Der Soloezismus des Austausches (*per immutationem*) liegt vor, wenn aus einer Wortverbindung ein Teil herausgenommen und durch einen anderen ersetzt wird. Ein solcher Austausch wird sowohl nach den Kriterien der Angemessenheit (*aptum*) und der Klarheit (*perspicuitas*) bewertet – innerhalb des Redeschmucks (*ornatus*) wird er bei den Tropen behandelt – als auch nach den Regeln der Grammatik: ist der Austausch sprachlich falsch – das heißt, verstößt er gegen die Syntax oder überschreitet er den idiomatischen Spielraum, den der Sprachgebrauch (*consuetudo*) gewährt –, so ist er unter dem Aspekt der Sprachrichtigkeit (*puritas*) zu behandeln, ist er sprachlich vertretbar, so gehört er bereits zum Redeschmuck (*ornatus*) (s. Quint. IX,13,12f.).

3. Deutlichkeit *(sapheneia / perspicuitas)*

Die *perspicuitas* ist die Tugend der Deutlichkeit und Verständlichkeit der Rede und vom Redner in allen Produktionsstadien zu beachten. In der *inventio* und der *dispositio* ist es richtig, klare Gedanken zu fassen und sie ökonomisch anzuordnen (s. Quint. VII,10,11), damit die Rede verstanden und im Gedächtnis behalten werden kann (s. Quint. IV,2,35f.). Bei der Einkleidung der Gedanken in Worte (*elocutio*) muß beachtet werden, daß alle Gedanken treffend, sachgemäß und deutlich formuliert werden, damit die Aussageabsicht verwirklicht und die gewünschte Wirkung erreicht werden kann. Das Ideal liegt in einer Ausdrucksweise, die »so prägnant und konzentriert [ist], daß man nicht recht weiß, ob der Inhalt durch den Ausdruck oder ob die Formulierung durch den Gedanken deutlich wird« (Cic. de or. 2,56). Im Vortrag (*pronuntiatio* und *actio*) ist die Deutlichkeit durch klare, akzentuierte Aussprache sowie »Intonation« und durch angemessene Gestik und Mimik zu unterstützen.
Der der *perspicuitas* gegenüberstehende Fehler ist die *obscuritas*, die Dunkelheit (s. Quint. VIII,2,12). Als Ausnahme mag gelten, wenn der dunkle Ausdruck die eigentliche Wirkungsabsicht nicht etwa behindert, sondern gar unterstützt. Zu diesem

Fall gehören beispielsweise Formen der Unterstellung in bestimmten literarischen Gattungen (Polemik, Satire) oder auch mögliche Erfordernisse der Festrede, wenn es angeraten ist, gewisse Verdienste und Leistungen herauszustellen, andere aber dem Kundigen lediglich anzudeuten. Eine weitere Ausnahme von der Regel der Deutlichkeit soll wenigstens noch erwähnt werden: die »Sklavensprache«. Mit ihr wird die sprachliche Ausdrucksform bezeichnet, die nur von einem ganz bestimmten Adressatenkreis (den ›Sklaven‹) verstanden wird, dem anderen (den ›Herren‹) dagegen dunkel bleibt. Unter Diktaturen oder Zensurbedingungen erlebt die »Sklavensprache« Hochkonjunktur; werden ihre Zeugnisse überliefert, so sind sie den Nachgeborenen oft nicht oder nur nach sorgfältigen historischen Untersuchungen verständlich. Hierfür liefert etwa die deutsche Literatur des Vormärz viele Beispiele.

Die sprachliche *perspicuitas*, gerichtet gegen Ermüdung und Überanstrengung der Zuhörer (s. Quint. VIII,2,23), wird ebenfalls formal aufgeteilt in die Bereiche der *verba singula* und der *verba coniuncta*.

a) Die Deutlichkeit der Einzelwörter (*perspicuitas in verbis singulis*)

Die Deutlichkeit der Einzelwörter erfordert als erstes, daß die eigentlichen, sachgemäßen Bezeichnungen der Muttersprache verwendet werden, die »Benennung, die einem jeden Dinge eigen ist« (Quint. VIII,2,1).

Verstöße gegen die *perspicuitas* können beispielsweise durch Umschreibung (*periphrasis*) entstehen: ›in Salzbrühe dauerhaft gemachte Fische‹ statt ›Salzfische‹ (Quint. VIII,2,3), oder durch die Verwendung gesuchter Ausdrücke: ›iberische Gräser‹ statt ›Binsenseil‹ (Quint. VIII,2,8). Statt allgemeiner Begriffe sollen die spezielleren, eigentlichen Ausdrücke gesetzt werden (s. Quint. VIII,2,8): nicht ›Haus‹, sondern ›Hütte‹, ›Bungalow‹. Wörter, die der Gewohnheit nicht entsprechen und erläuterungsbedürftig sind, werden in der öffentlichen Rede im Hinblick auf die *perspicuitas* als uneigentliche Wörter aufgefaßt. Wörter dieser Art sind ungebräuchliche, veraltete Wörter (›dünken‹, ›fürbaß‹) oder gesucht fremdartige, gelehrsam klingende Wörter, schließlich Wörter, die nicht allgemein bekannt sind (regional gebräuchliche Wörter). Die Forderung, eigentliche und allgemein gebräuchliche Wörter zu verwenden, hat dort ihre Grenze, wo die Muttersprache keine eigene Bezeichnung bietet (s. Quint. VIII,2,4). Die Verwendung von uneigentlichen Wörtern kann jedoch auch dann eine Tugend der *perspicuitas* sein, wenn eigentliche Wörter (*verba propria*) zur Bezeichnung des Sachverhalts zur Verfügung stehen. Ein solcher Fall liegt bei metaphorischen Bezeichnungen vor, die die Sache durch ihre Uneigentlichkeit in besonderem Maße aktualisieren und verdeutlichen (er ist das Zugpferd des Unternehmens). Die uneigentliche, ›verfremdende‹ metaphorische Ausdrucksweise erreicht, daß die Sache nicht nur erkannt, sondern durch evidente Bildlichkeit ›empfunden‹ werden kann.

b) Die Deutlichkeit in Wortverbindungen (*perspicuitas in verbis coniunctis*)

In Wortverbindungen zielt die *perspicuitas* auf syntaktisch richtigen Satzbau und zielstrebigen, geordneten und fein abgemessenen Ausdruck (die *latinitas* wird als Voraussetzung der *perspicuitas* einbezogen). Thematisiert wird in diesem Zusammenhang jedoch nur das einfache Verständnis der Wortverbindungen, denn das bessere Verständnis, erreichbar durch Figuren und Tropen, ist bereits Gegenstand des Redeschmucks (*ornatus*).

Fehlerhafte Wortverbindungen können etwa begründet sein in Wortmischungen (*mixtura verborum*) (s. Quint. VIII,2,14), in Zweideutigkeit (*ambiguitas*) (s. Quint. VIII,2,16) und in zu stark verkürzter oder weitschweifig umständlicher Rede (s. Quint. VIII,2,17ff.).

Die *perspicuitas*, die auf klare, scharfe, eindeutige Ausdrucksweise zielt, darf aber nicht auf Kosten des Redeschmucks gehen (s. Quint. VIII,3,15). Für die öffentliche Rede gilt es, die Mitte zwischen den Tugenden der *perspicuitas* und des *ornatus* zu finden und sowohl deutlich als auch geschmückt zu sprechen (s. Quint. VIII,3,2). Deutlich ist die Rede dann, wenn sie den Beifall der Kenner findet und zugleich dem Ungeschulten ohne Anstrengung verständlich ist (s. Quint. VIII,2,22).

4. Stufenfolge der Rede- und Schreibweisen (*charakteres tes lexeos* / *genera dicendi, genera elocutionis*)

Rhetorische Überzeugung ist es, daß allein die Fähigkeit, fehlerfrei und deutlich zu reden, noch nicht die eigentliche Kunst des sprachlichen Ausdrucks darstellt. »Durch seinen gepflegten und schmuckvollen Ausdruck aber empfiehlt sich auch der Redner selbst, und geht es ihm bei den übrigen Leistungen um das Urteil der Kenner, so in dieser auch um den Beifall der Menge, und er ficht im Kampf nicht nur mit schlagkräftigen, sondern auch mit strahlenden Waffen.« (Quint. VIII,3,2)

Die Rhetorik lehrt also nicht primär die Kunst des spezialistischen Ausdrucks und einer Schreibweise, die sich allein an ein wissenschaftlich gebildetes Publikum wendet. Der Normalfall ist das Laienpublikum, das zwar auch nicht ungebildet ist, dem aber auf jeden Fall die genaueren Fachkenntnisse fehlen. Die Ausgangslage des antiken Redners unterscheidet sich – zumindest in diesem Punkt – nicht wesentlich von den Grundbedingungen, die ein Journalist in den modernen Massenmedien, ein Autor von Sachbüchern, aber auch ein Politiker oder ein Lehrer in der Erwachsenenbildung vorfindet.

Die Aufgabe besteht jedesmal darin, besondere Fachkenntnisse aus den verschiedensten Gebieten oder auch ein spezielles Erfahrungswissen in einer sprachlichen Form mitzuteilen, die sowohl sachangemessen als auch allgemeinverständlich und gegebenenfalls unterhaltsam und wirkungsvoll ist. Die Didaktik hat sich aus diesem *officium* der Rede entwickelt und leidet bis heute an dieser Abtrennung der Vermittlungstechniken von den Analysemethoden und Produktionstechniken der Rhetorik. Es geht dabei ursprünglich nicht um eine Popularisierung im landläufigen Sinne des Wortes, durch die der Gegenstand zwar vereinfacht, aber ebenso trivialisiert wird, so daß er nicht mehr in sachangemessener Weise zum Ausdruck kommt. Vielmehr fällt der Sprache hier die Aufgabe zu, auch schwierige Tatbestände derart einleuchtend zu formulieren, daß sie an ein ganz unterschiedlich zusammengesetztes Publikum mit uneinheitlichen Voraussetzungen vermittelt werden können. Das rhetorische Ideal einer solchen Schreib- oder Redeart hat Friedrich Schiller in seiner Abhandlung »Über die notwendigen Grenzen beim Gebrauch schöner Formen« zusammenfassend dargestellt: »Wer mir seine Kenntnisse in schulgerechter Form überliefert, der überzeugt mich zwar, daß er sie richtig faßte, und zu behaupten weiß; wer aber zugleich imstande ist, sie in einer schönen Form mitzuteilen, der beweist nicht nur, daß er dazu gemacht ist, sie zu erweitern, er beweist auch, daß er sie in seine Natur aufgenommen und in seinen Handlungen darzustellen fähig ist. Es gibt für die Resultate des Denkens keinen andern Weg zu dem Willen und in das Leben, als durch die selbsttätige Bildungskraft. Nichts, als was in uns selbst schon lebendige Tat ist, kann es außer uns werden, und es ist mit Schöpfungen des Geistes wie mit organischen Bildungen; nur aus der Blüte geht die Frucht vor.« (F. Schiller, Über die Grenzen beim Gebrauch schöner Formen. In: Ders.: Sämtliche Werke. 5 Bde. hrsg. von G. Fricke, H. G. Göpfert. Bd. 5. 4., durchges. Aufl. München 1967, S. 682.)

Im Vorgriff auf die unter dem Abschnitt *ornatus* noch zu behandelnden Erscheinungen kann im Zusammenhang mit dem *aptum* schon eine Doktrin erörtert werden, die die Vielfalt von sprachlichen *aptum*-Bezügen ordnet und normiert. Diese Einteilung stellt eine Auswahl bestimmter *aptum*-Verhältnisse in den Vordergrund und gibt ein feststehendes allgemeines Schema ab, in welchem sich der Redner in speziellen Fällen bewegt. Formuliert ist dieses Schema als Lehre von den verschiedenen Arten des guten Redestils (s. Quint. XII,10,58): in der Stillehre.

Von dieser Einteilung des Stils in *genera dicendi* ist die andere Einteilung in attische, rhodische und asianische Stilart zu unterscheiden: während die erste *aptum*-Bezüge koordiniert (zum Beispiel den Bezug zwischen *officium oratoris*, *ornatus* und *materia*) und Stil*ebenen* unterscheidet, orientiert sich die zweite ausschließlich an der Qualität und Quantität der Figuren, indem sie Stil*arten* im Hinblick auf den *ornatus* typisiert. Die im folgenden zu behandelnden *genera dicendi* können jeweils innerhalb der attischen, rhodischen und asianischen Stilart realisiert werden. (Zur Einteilung in attische, rhodische und asianische Stilart s. Quint. XII,10,16ff.)

Es werden drei Ausdrucksweisen oder Stilgattungen (*genera elocutionis*) unterschieden: die schlichte (*genus subtile*), die mittlere (*genus medium*) und die großartige (*genus grande*) (s. Quint. XII,10,58). Quintilian weist jedoch darauf hin, daß es zwischen den drei *genera dicendi* noch zahllose Unterarten gibt, die sich aus der Vermischung der Stilarten ergeben (s. Quint. XII,10,66ff.). Wirklich hat die Rhetorik auch sehr komplizierte Stillehren durchgesetzt. Der Redner muß je nach Erfordernis von allen Stilarten in der Rede Gebrauch machen können, um gut, d.h. für die Erreichung seines Zwecks wirksam zu reden (s. Quint. XII,10,69–72). »Über große Urteilskraft und ebenso auch über höchste Fähigkeiten wird also verfügen müssen, wer die Nuancen dieses dreifach gegliederten Bereiches meistern und beherrschen will.« (Cic. or. 21,70)

a) Die schlichte Stilart (*charakter ischnos* / *genus subtile, genus humile*)

Die schlichte Stilart, das *genus subtile* (oder *humile*), entspricht dem belehrenden Zweck. Sie erfordert Schärfe und Treffsicherheit des Ausdrucks (s. Quint. XII,10,59). Poetische Redefiguren, sprachlich gehobener, besonders reizvoller Ausdruck (etwa ungebräuchliche ältere Redewendungen) sind im *genus subtile* Verstöße gegen das *aptum*: Redeschmuck, Abwechslung in Satzbau und Ausdruck, Vielfalt in den Wendungen sollen zwar den Redestil angenehm gestalten, dürfen jedoch nicht hervortreten.

Das *genus subtile* entspricht somit dem alltäglichen Sprachgebrauch; seine Haupttugenden sind *puritas* und *perspicuitas*. Diese Tugenden hat die schlichte Stilart mit dem attischen Stil gemeinsam; während der attische Stil jedoch eine Bezeichnung für eine Stileigentümlichkeit ist, die (vornehmlich nur in der griechischen Sprache; s. Quint. XII,10,35ff.) auf alle Redegegenstände in allen Redegattungen und Redeteilen angewendet werden kann, ist das *genus subtile* innerhalb der Rede im wesentlichen der *narratio* und besonders der *argumentatio* zugeordnet (s. Quint. XII,10,59), da in diesen Redeteilen die Sache selbst im Vordergrund steht und die Erregung zu starker Affekte (z.B. durch das *genus grande*) leicht Mißtrauen erwecken könnte. Auch im *exordium* kann das *genus subtile* angebracht sein, denn »eine Vortragskunst, die ihre Kunst verbirgt und [...] unscheinbar wirkt, kommt oft besser an« (Quint. IV,1,60) als ein »ungewöhnliches Wort«, eine »kühne Metapher« oder ein »aus veraltetem Sprachgebrauch oder dichterischer Freiheit stammendes Wort« (Quint. IV,1,58).

Voraussetzung für die Verwendung des *genus subtile* ist allerdings (ebenfalls im Unterschied zum attischen Stil), daß es sich um gebräuchliche, alltägliche, »unbedeutende« Gegenstände handelt: »Bei unbedeutenden Gegenständen, wie sie in der Regel die Privatprozesse bieten, herrsche die knappe und gleichsam der Sache eng angepaßte Kunst der Behandlung, dabei in der Wortwahl höchste Sorgfalt; was an den allgemein gehaltenen Glanzstellen im Schwung dahinrauscht und unter der Fülle der sie überdeckenden Rede verborgen bleibt, wird hier deutlich ausgeprägt und [...] mit Sinneswahrnehmung durchtränkt sein müssen«. (Quint. IV,2,117–118)

Hervorzuheben ist, daß die dem *genus subtile* zugeordneten Redegegenstände bei Quintilian durch ihre geringere Bedeutung für das öffentliche, allgemeine Interesse bestimmt sind: es sind in diesem Sinne Gegenstände von privatem Interesse; sie werden noch nicht in einer Beziehung zu niederen sozialen Schichten gesehen, nicht als Gegenstände von an sich geringem sozialen Wert, Ansehen oder Prestige beschrieben.

b) Die mittlere Stilart (*charakter mesos, charakter miktos / genus medium, genus mixtum*)

Das *genus medium* (oder *mixtum*) ist die Stilart, die für die Unterhaltung und Gewinnung der Zuhörer am besten geeignet ist. Im Unterschied zur schlichten Stilart ist das *genus medium* durch mehr Metaphern und Redefiguren gekennzeichnet; Gedankenfiguren und Abschweifungen, Sentenzen und flüssige Wortfiguren lassen es erscheinen »wie ein Strom, der ruhiger und zwar in klarem Licht, aber an seinen Ufern von grünenden Wäldern beschattet dahinströmt.« (Quint. XII,10,60)

Innerhalb der Rede wird das *genus medium* hauptsächlich in der *narratio* verwendet, wo es auf eine »mitleiderregende« und zugleich eindringliche und scharfsinnige Redeweise ankommt (Quint. IV,2,62).

Eine Zuordnung der mittleren Stilart zu bestimmten Redegegenständen trifft Quintilian nur für die Erzählung: »[S]obald es sich um einen bedeutenderen Gegenstand handelt, darf man Grausiges so vortragen, daß es Erbitterung, Trauriges so, daß es Mitgefühl erregt, nicht so, daß diese Empfindungen schon voll ausgespielt würden, sondern doch so, daß sich gleichsam die ersten Umrisse abzeichnen, damit schon jetzt deutlich werde, wie das Bild des Geschehens am Ende aussehen wird.« (Quint. IV,2,120) Die Redegegenstände sollen also zumindest nicht unwichtig sein. Dies schließt nicht aus, daß sie das *genus grande* rechtfertigen könnten, jedoch ist die erhabene Stilart in der Erzählung ungeeignet, da das einmal erregte *pathos* verhindern würde, daß möglichst viel sachlicher Stoff gewonnen wird: das aber ist Ziel der *narratio* (s. Quint. VI,1,51). Der mittlere Stil ist die in der Rhetorik am wenigsten scharf bestimmte Stillage.

c) Die großartige, pathetisch-erhabene Stilart (*charakter megaloprepes, charakter hypselos / genus grande, genus sublime*)

Das *genus grande* (oder *sublime*) soll eine starke Affekterregung hervorrufen. Quintilian nennt es einen Strom, »der Felsen mitreißt [...] und sich seine Ufer selbst schafft« (Quint. XII,10,61; vgl. Ps.-L. 12,5). Alle glanzvollen und prächtigen Kunstmittel der Sprache (vordergründig die Tropen und Figuren) und des Vortrages (etwa: Kontraste des Stimmaufwandes, intensive, wuchtige Gestik) werden im schweren, erhabenen Stil zur Erregung starker Eindrücke ausgeschöpft. Der Zuhörer wird in allen Affekten regelrecht bearbeitet (»iudex [...] per omnis affextus tractus« [Quint. XII,10,62]). Die Aufgabe des Belehrens (*docere*) tritt in dieser Stilart in den Hintergrund (s. Quint. XII,10,62), dient aber letztlich zur praktischen Realisierung der Lehre und ist damit die emotionale Bekräftigung dessen, wovon die Zuhörer überzeugt wurden oder werden sollen.

Pseudo-Longinos mahnt zur Vorsicht beim Gebrauch pathetischer Figuren: Werden sie nicht für die richtigen Gedanken (s. Ps.-L. 10,1ff.) zur richtigen Zeit vorsichtig gehandhabt, so fallen sie wie hohles, plumpes Geschwätz in sich zusammen (s. Ps.-L. 29,1).

Die Redegegenstände müssen der großartigen Sprechweise angemessen sein, ihre Gewichtigkeit muß die Kraft des pathetischen Stils rechtfertigen (Cic. de or. 2,205): bei der erhaben-pathetischen Rede ist die Gewichtigkeit des Redegegenstandes in der Natur der Sache gegeben (s. Ps.-L. 23,4), bei der leidenschaftlich-heftigen und der feierlich-erhabenen Rede ist die Gewichtigkeit der Redegegenstände dadurch gegeben, daß sie für die Zuhörer von vornherein mit Ehre, Nutzen, Vorteil oder Verderben, Schaden oder Schimpf behaftet sind. Werden solche Gegenstände mit Nachdruck dargestellt (s. Cic. de or. 2,208), so kann die bereits vorhandene Gefühlslage zu starken Affekten wie »Zuneigung, Haß, Zorn, Neid, Mitleid, Hoffnung, Freude, Furcht, Verdruß« ausgebaut werden (Cic. de or. 2,206). Sind dagegen die Redegegenstände nicht von vornherein mit deutlichen Gefühlen der menschlichen Natur belegt, so steht der Redner vor der beinah unlösbaren Aufgabe, »an etwas, das sich nicht bewegen läßt, herumzuzerren« (Cic. de or. 2,205).

Abgesehen von den Erfordernissen hinsichtlich der *res* und *verba* setzt das *genus grande* den erfahrenen, geübten und reifen Redner voraus, das Genie: das *genus grande* wird als die am schwierigsten zu beherrschende Stilart angesehen (s. Quint. XII,10,77; Ps.-L. 29,1). Sowohl Quintilian als auch Pseudo-Longinos sehen in der erhabenen und pathetischen Sprechweise die wahre und höchste Form der Beredsamkeit (s. Quint. XII,10,65; Ps.-L. 1,3); Cicero nennt sie die feierliche und erhabene Sprache des Trauerspiels, zu der ein »energisch[er] und leidenschaftlich[er]« Vortrag nötig sei bei langsamen Eingängen und langsam abklingenden Ausgängen der Rede (Cic. de or. 2,211, 213 u. 227).

V. Das Einprägen der Rede ins Gedächtnis *(mneme / memoria)*

Mit *memoria* wird in der Rhetorik das Stadium der Redebearbeitung benannt, in dem sich der Redner seine Gedanken und deren sprachliche Formulierung zusammen mit den während der Redeaufführung geplanten Aktionen einprägt. »Was soll ich aber davon reden, welchen Vorteil das Gedächtnis dem Redner bringt, wie groß sein Nutzen, seine Wirkung ist? Daß man behält, was man bei der Information über den Fall erfahren und was man selbst gedacht hat? Daß sämtliche Gedanken fest im Bewußtsein bleiben? Daß alle Ausdrucksmittel wohl geordnet sind? Daß man demjenigen, von dem man informiert wird, oder dem, auf den man zu antworten hat, so aufmerksam zuhört, daß es den Anschein hat, als dringe ihre Rede gar nicht in die Ohren, sondern präge sich der Seele ein? So wissen denn nur Leute mit zuverlässigem Gedächtnis, was, wie lange und in welcher Art sie reden werden, was sie bereits erwidert haben und was noch zu sagen bleibt.« (Cic. de or. 2,355) Im abendländischen Bildungssystem spielte die *memoria* bis in die Neuzeit eine wichtige Rolle beim Unterricht und galt vielfach als die Voraussetzung fürs Studium. Die Gedächtniskunst zu üben war wesentlicher Bestandteil des Unterrichts – als Auswendiglernen und Zitieren der *auctores*, der vor allem antiken Autoritäten, der Philosophen, Schriftsteller und Dichter.

»Wer sich um Gelehrsamkeit müht, muß zugleich mit einer guten Fassungskraft und mit einem guten Gedächtnis begabt sein. Beide hängen bei jeglichem Studium und bei aller Unterweisung so eng zusammen, daß eines niemanden zu Vollendung führen kann, wenn das andere fehlt [...]. Die Fassungskraft findet die Weisheit und das Gedächtnis bewahrt sie.« (Hugo von St. Viktor)

Die Lehr- und Handbücher der Rhetorik enthalten oftmals detailliertere Anweisungen der Mnemotechnik, die vor allem auf bildlichen Vorstellungshilfen beruhen. Quintilian begründet sie aus der Erfahrung, »daß das Gedächtnis dadurch gestützt wird, daß man feste Plätze bezeichnet, an denen die Vorstellungen haften, und das wird jeder nach seiner eigenen Erfahrung glauben. Denn wenn wir nach einer gewissen Zeit an irgendwelche Örtlichkeiten zurückkehren, erkennen wir nicht nur diese selbst wieder, sondern erinnern uns auch daran, was wir dort getan haben, auch fallen uns Personen wieder ein, ja zuweilen kehren gar die Gedanken in unseren Geist zurück, die wir uns dort gemacht haben.« (Quint. XI,2,17) Als Beispiel wählt Quintilian dann ein Haus, das in viele Räume aufgeteilt ist, die nun in der Vorstellung mit all den Gedanken gefüllt werden, die wir uns einprägen wollen, um sie jederzeit wieder abrufen zu können. Das geschieht dadurch, daß der Redner bei seinem Vortrag in der Vorstellung alle Teile des Hauses in der Reihenfolge der Stockwerke und Zimmer durchläuft, um so nacheinander deren Inhalte erinnernd präsentieren zu können. Empfohlen wird von den Theoretikern für diese Raumeinteilung meist das fünfgliedrige Schema, das den Redestadien entspricht. Das gilt auch für die »Möblierung« dieser Räume durch Stoffe und Gedanken, die alle darauf abzielen, die im Gedächtnis geordnet gespeicherten Redekomplexe durch bestimmte Merkzeichen, die wie Signale wirken, kenntlich zu machen und ihre Abrufung auf diese Weise sicherzustellen. Diese bildlichen Vorstellungszeichen (*imagines*) sollen in einem inhaltlichen Bezug zum gesamten gespeicherten Redekomplex stehen, also etwa die Erzählung eines Mordfalles durch das besonders signifikante Mordinstrument, den ungewöhnlichen Tatort etc. bedeutet werden; darüber hinaus sollen diese Merkbilder eindringlich und affekthaltig sein.

VI. Vortrag und Körperliche Beredsamkeit
(hypokrisis / pronuntiatio, actio)

Actio und *pronuntiatio* werden zunächst nicht unterschieden, beide bezeichnen die gesamte rednerische Praxis vom wirkungsvollen Vortrag mit der Stimme bis zu Mimik, Gestik, der Haltung und Bewegung des Körpers, ja sogar bis zur gesamten Inszenierung des rednerischen Auftritts durch Begleitung wirkungsvoller Raum-, Bild- oder Ton-Arrangements. Schon Aristoteles spricht der rednerischen Aktion »die größte Wirkung« (Ar. Rhet. III,1,2 [1403b]) zu, ohne sie freilich im Kontext seiner argumentationstheoretisch begründeten Rhetorik etwa hoch zu bewerten. Viele Anekdoten, die sich um Demosthenes ranken, machen aber deutlich, daß das Bewußtsein von der Bedeutung der rednerischen Praxis wächst, seine Sprechübungen mit Kieselsteinen sind fast sprichwörtlich geworden. Cicero und Quintilian berichten von der Hochschätzung, mit der Demosthenes dieses *officium oratoris* auch im Vergleich mit den anderen rednerischen Aufgaben betrachtete: »Hat doch auch Demosthenes auf die Frage, was bei der ganzen Aufgabe, die der Redner zu leisten hat, an die erste Stelle zu setzen sei, den Siegesplatz dem Vortrag verliehen und ihm auch weiter den zweiten und dritten Platz [zuerkannt], bis man aufhörte, weiterzufragen, so daß es öffentlich war, daß er ihn nicht nur für die Hauptsache, sondern für das Einzige [was zählt] erkannt hatte.« (Quint. III,3,4)

Im Laufe der theoretischen Entwicklung dieses zu Aristoteles' Zeiten noch in keiner Lehre fixierten letzten Teils der rhetorischen Produktionsstadien wird *pronuntiatio* für den stimmlichen Vortrag reserviert, *actio* für die Körperberedsamkeit und die externe Inszenierung der Rede gebraucht.

»Der Vortrag, sage ich, hat in der Redekunst allein entscheidende Bedeutung. Denn ohne ihn gilt auch der größte Redner nichts, ein mittelmäßiger, der ihn beherrscht, kann aber oft die größten Meister übertreffen.« (Cic. de or. 3,213) Die einzelnen Anweisungen der Theoretiker, vom Autor der Herennius-Rhetorik bis zu Quintilian, richten sich dabei genau nach dem Zweck der Rede: zu überzeugen und den dafür während ihres Vortrags zu erregenden Affekten. Von den emotionalen Wirkungen, die als *ethos* und *pathos* systematisiert sind, meint *ethos* das Überzeugen durch die Glaubwürdigkeit des Redners, durch die Verläßlichkeit seines Charakters, die seinem Parteistandpunkt Ansehen und Gewicht verleiht. Klaus Dockhorn kennzeichnet unter Berufung auf Aristoteles, Cicero und Quintilian die von der Person des Redners ausgehende Wirkung als eine »Emotion der Neigung und des Zutraulich-Zutunlichen«, »als Emotion des Wohlwollens, der Freundlichkeit, der Geneigtheit, auch offenbar der Gelassenheit« (K. Dockhorn, Macht und Wirkung der Rhetorik, S. 53). Die menschlich-personhafte Glaubwürdigkeit des Redners und damit auch die der von ihm vertretenen Sache hängt weitgehend davon ab, wie sich in seinen Gesten, Gebärden, in dem Mienenspiel seines Gesichts und der Haltung seines Körpers, dem Klang der Stimme und im Ausdruck seiner Augen sein Charakter vorstellt. Dies Vorstellen heißt nicht Vorgeben, ausdrücklich weist auch Cicero darauf hin, daß der Redner als ›Darsteller des wirklichen Lebens‹ nichts mit dem Schauspieler als ›Nachahmer des wirklichen Lebens‹ zu tun habe (s. Cic. de or. 3,214). Der äußere Vortrag hat damit die Aufgabe, die Wirklichkeit des selbstverständlich auch charakterlich ›guten‹ Redners darzustellen (der als *vir bonus* ja vorausgesetzt wird) und zu verhindern, daß diese Wirklichkeit hinter einem verfehlten Vortrag verschwindet.

Solche Bestimmungen erweitern die Redelehre schon expressis verbis zu einer Anweisung zum richtigen und wahren Leben, das sich gesellschaftlich verwirklichen soll, machen sie tauglich für ein Erbe, wie es beispielhaft Castiglione angetreten hat, der das wichtigste Vermittlungsglied der gesellschaftlichen Beredsamkeit mit der Kultur der Lebensführung im neuzeitlichen Europa wurde.

Die Redeaufführung besteht also aus verbalem Vortrag und – vor allem der Affekterregung dienenden – Handlungen, die aber auch, wie das Vorzeigen von Indizien, die Beweisführung empirisch stützen können.

Hierher gehört – außer Gebärden und Körpersprache des Redners – das Vorführen von Zeugen, Objekten, zeichnerischen Darstellungen (z.B. Moritatentafeln), theatralischen Requisiten, schließlich auch der gesamte äußere Rahmen, sofern er vom Redner gestaltet oder mitgestaltet wurde und die Wirkung seiner Rede unterstützen soll; ein vor allem demagogisch vielbenutztes Mittel, das sogar die architektonische Gestaltung eines Platzes, den Schmuck des Podiums, Fahnen- und Plakatdemonstrationen miteinbezieht. Daß gerade solche meist zur heftigen Affekterregung des Publikums eingesetzte Mittel und Techniken vom Redner eine besondere Fähigkeit und Feinfühligkeit hinsichtlich der äußeren Bedingungen der Redesituation (äußeres *aptum*) erfordern, erinnert eindringlich Quintilian: »Besonders ist daran zu erinnern, daß nur ein Redner von höchster Kraft und Begabung sich daran wagen darf, zu Tränen zu rühren; denn wie diese Gefühlsregung bei weitem die heftigste ist, wenn sie ihre Kraft hat entfalten können, so wirkt sie, wenn sie nichts erreicht, so lau, daß ein schwacher Prozeßredner sie besser dem schweigenden Mitdenken der Richter überlassen hätte. Denn sowohl die Miene wie auch die Stimme und die ganze Erscheinung des aufgerufenen Angeklagten fordern meist gar die Menschen zum Spott heraus, wenn sie sie nicht haben rühren können. Deshalb möge der Prozeßredner seine Kräfte ermessen und sie sorgsam abschätzen und sich darüber im klaren sein, welche Last er auf sich laden will: diese Aufgabe kennt kein Mittleres, sondern entweder erzielt sie die Tränen oder – Gelächter.« (Quint. VI,1,44ff)

B. Die Beweise und ihre Fundstätten
(*pisteis, probationes*)

Die Suche nach Gedanken, Argumenten und Beweisen, die man besser inventorische Forschung nennt, weil sie methodisches Vorgehen ebenso wie Findigkeit und Einfallsreichtum erfordert, zielt auf das Finden und Erfinden möglichst aller zweckdienlichen sich aus einer Sache ergebenden Möglichkeiten zu ihrer rednerischen Ausführung. Der Redner wird sich also zunächst so umfassend wie möglich über das ihm gestellte Thema, seinen Fall informieren. Cicero, die Gerichtsrede als Beispiel vor Augen, schildert sein praktisches Vorgehen: »Ich für meinen Teil bemühe mich zumeist darum, daß jeder mich selbst über sein Anliegen unterrichtet und daß kein anderer dabei ist, damit er um so freier reden kann. Dabei vertrete ich gewöhnlich den Standpunkt des Gegners, damit er seinen eigenen verteidigt und alles vorbringt, was er sich zu seinem Fall gedacht hat. So übernehme ich, wenn er gegangen ist, vollkommen unparteiisch drei Rollen in einer einzigen Person, die meine, die des Gegners und die des Richters. Wenn ein Gesichtspunkt derart ist, daß er mehr nützt als schadet, beschließe ich ihn vorzubringen; das worin ich mehr Negatives als Positives finde, verwerfe ich vollkommen und lasse es beiseite. Damit erreiche ich, daß ich erst überlegen kann, was ich zu sagen habe, und dann rede. Diese beiden Dinge tun die meisten im Vertrauen auf ihr Talent gleichzeitig. Doch würden sie erheblich besser reden, wenn sie der Meinung wären, sie sollten sich erst Zeit zum Überlegen und dann zum Reden nehmen. Sobald ich einen Fall und Sachverhalt erst gründlich kenne, zeigt sich mir sogleich der springende Punkt in der Auseinandersetzung. Denn es gibt keine Auseinandersetzung zwischen Menschen, mag der Kern in einem Schuldvorwurf bestehen, wie bei einer Untat, oder in einem Rechtsstreit, wie bei einer Erbschaft, oder in einer Überlegung, wie bei einer Lobrede oder in einem Meinungsstreit, wie bei der Frage nach der rechten Lebensweise, es gibt nichts, wobei man nicht entweder fragt, was war, beziehungsweise ist und sein wird, oder welcher Art es ist, oder wie es bezeichnet wird.« (Cic. de or. 2,102–104)

Erkenntnis und Interesse gehören nach rhetorischer Überzeugung immer zusammen, die Beweise und Argumente haben also die Funktion, den eigenen Standpunkt des Redners überzeugungskräftig zur Geltung zu bringen, was jedoch nicht etwa zu skrupelloser Manipulation führen darf. Das Parteiinteresse findet seine Richtschnur an dem gemeinsamen Sinn für Wahrheit, Rechtlichkeit und Menschlichkeit, am *sensus communis*, der als gemeinsamer, verbindender Horizont auch noch der radikalen Streitfälle des Gemeinwesens gesehen wird. »Wenn man jedoch bei der Beweisführung selbst eine Behauptung aufstellt, die entweder offenkundig falsch ist, oder dem widerspricht, was man gesagt hat oder sagen wird, oder ihrer Art nach nichts mit der Praxis der Gerichte oder dem Forum zu tun hat, so sollte das nicht schaden? Wozu noch viele Worte? Gewöhnlich konzentriert sich meine ganze Sorge, um es noch häufiger zu sagen, immerfort darauf, nach Möglichkeit mit meiner Rede etwas Gutes anzurichten, wo nicht, so wenigstens nichts Schlechtes.« (Cic. de or. 2,306)

I. Einteilung der Beweise

Grundsätzlich stehen dem Redner zwei Gruppen von Beweisen zur Verfügung:

1. Natürliche Beweise (*pisteis atechnoi / probationes inartificiales*)

Damit sind Argumente gemeint, die auf vorgegebenen Tatsachen beruhen, »wie Dokumente, Zeugenaussagen, Verträge, Abmachungen, peinliche Befragungen, Gesetze, Senatsbeschlüsse, richterliche Entscheidungen, Erlasse, Rechtsauskünfte« (Cic. de or. 2,116). »Dokumente[], Zeugenaussagen, Verträge, Abmachungen, mündliche Abkommen, [...] Verwandtschaften und [...] Verschwägerungen, Erlasse[] und Auskünfte[]«, schließlich die gesamten Lebensverhältnisse (Cic. de or. 2,100; Quint. V,1,1). Diese Beweismittel müssen zwar für die Rede bearbeitet werden, ihre Auffindung bedarf jedoch weniger der Kunst, da sie aus der Sache folgen und so vorgegeben sind.

2. Kunstgemäße Beweise (*pisteis entechnoi / probationes artificiales*)

Damit sind Argumente gemeint, die erst durch die Hilfe der Kunst gefunden bzw. aus den Tatsachen entwickelt werden; sie sind »ganz von der Darstellung und Argumentation des Redners« abhängig (Cic. de or. 2,116) und stützen sich in starkem Maße auf die affektiven Grundmittel des Überzeugens; auf das *delectare* und auf das *movere*.

Die *probationes artificiales* lassen sich gegenüber den *probationes inartificiales* auch dadurch abgrenzen, daß sie aus Zeichen, Indizien (*signa*), Beweisgründen (*argumenta*) oder Beispielen (*exempla*) bestehen; die »natürlichen Beweise« sind in ihrer Ausdruckskraft nicht auf diese von außen hinzugebrachten Bestandteile angewiesen.

Das Auffinden der künstlichen Beweise ist erst durch die Erfahrung und umfassende Bildung des Redners möglich. Die von der Kunst (*ars*) entwickelten Suchformeln nützen einem nur mit Naturanlagen begabten Redner wenig; die kunstgemäßen Beweise erfordern aber »in noch höherem Maße eine glänzende und ausgefeilte Darstellung« (Cic. de or. 2,120). Die systematisierten Suchformeln der *ars* helfen vornehmlich bei der Auffindung der *probationes artificiales*.

II. Fundstätten der Beweise *(topoi / loci)*

Zur möglichst vollständigen Erforschung und Sammlung der im Einzelfall gewünschten Beweismittel steht dem Redner ein eigenes System von Suchkategorien, die Topik, zur Verfügung, die problem- oder personenbezogen alle möglichen Fundorte für Argumente, Belege oder Beweise methodisch erschließen läßt. Der Begriff *topos* umfaßt dabei schon bei Aristoteles verschiedene Bedeutungen, die seinen unterschiedlichen Funktionsweisen entsprechen. Die vier Grundklassen der *topoi* sind von größter Allgemeinheit und universaler Gültigkeit: Merkmal, Akzidens, Gattung, Definition. Aus ihnen ergeben sich Suchkategorien, die zu konkreten Schlußfolgerungen führen. So ergibt sich der *topos* des Mehr oder Weniger aus den akzidentellen Bestimmungen und führt auf die Schlußmöglichkeit vom Größeren auf das Geringere (und umgekehrt). Er ist nicht an ein bestimmtes einzelnes Wissensgebiet gebunden und findet etwa in der Jurisprudenz (wer einen Mord begeht, wird auch nicht vor einer Lüge zurückschrecken), in der öffentlichen Beratung (wenn wir schon eine ganze Stadt bauen können, werden wir auch das Geld zur Wiederherstellung des Tempels haben) und in der Festrede (wer ein Freund der Menschen ist, sollte der nicht auch die Kinder lieben?) gleichermaßen Anwendung. In der lateinischen Rhetorik wird der *topos* immer ausschließlicher zur Beweisformel (*locus*), die nur eine der (untergeordneten) Verwendungsweisen für Aristoteles darstellte, wie überhaupt die Geschichte der Topik die Geschichte einer wachsenden Stereotypisierung von Beweisformeln zu Gemeinplätzen (*loci communes*) erkennen läßt, deren Geltungsanspruch ständig sinkt. So entwickeln sich auch juristische, politische, literarische, religiöse Sondertopiken. Cicero nennt zwar den *locus* »sedes argumenti« (Cic. top. 8), wird aber zur materialen Verdeutlichung und schließlich Fixierung der ursprünglich methodisch-formalen *topoi* den entscheidenden Schritt tun. Doch wie hoch auch immer der Allgemeinheitsgrad anzusetzen ist, die Topik stellt nur die Fundorte der in dem besonderen Fall erst zu ermittelnden Beweise zur Verfügung. Das Besondere, die auf die konkreten Gegebenheiten eines Streitfalles oder eines politischen oder weltanschaulichen Problems anzuwendenden Argumente, hat der Redner selber ausfindig zu machen. Die praktisch brauchbaren Überzeugungsmittel müssen sowohl dem zur Diskussion stehenden Einzelfall möglichst angemessen sein als auch der Verständnismöglichkeit des Publikums (in der Regel ein – wenn auch gebildetes – Laienpublikum) entsprechen, »denn für den praktischen Gebrauch sind die einzelnen und besonderen Dinge von größerer Bedeutung als die Kenntnis des Allgemeinen« (Ar. Rhet. II,19,27 [1393a]).

Eine einfache rhetorisch-topische Argumentation hat also folgende Struktur:

Argument ————————————————————— Problem / Frage

topos

Um es am Beispiel zu verdeutlichen:

Der Verbrecher soll getötet ————————— Ein Verbrecher
werden, um die Geiseln zu retten   droht seine Geiseln zu ermorden.

Das menschliche Leben soll geschützt werden

Der Verbrecher ist auch ein ————————— Ein Verbrecher droht
Mensch und sein Leben   seine Geiseln zu ermorden.
muß geschützt werden

Das menschliche Leben soll geschützt werden

Das Argument dient im rhetorischen Schlußverfahren als eine Prämisse, aus der eine Folgerung gezogen werden kann, die ihre Überzeugungskraft entweder direkt aus einem *topos* oder aus einer topisch abgesicherten Voraussetzung bezieht. So könnte bei dem ersten der beiden oben angeführten Beispiele die (stillschweigend als überzeugungskräftig angesehene) Voraussetzung auch schlicht »Studieren ist immer nützlich« lauten, und der *topos*, der diese Voraussetzung begründete, wäre der vom Nützlichen als Richtigen und Empfehlenswerten. Aus den Beispielen geht weiter hervor, daß der *topos* selber gleichsam neutral ist und ganz verschiedene Anwendungen zuläßt, die sich aus dem jeweiligen Kontext und der Strategie des Redners ergeben.

»Jeder Topos eröffnet verschiedene, sogar entgegengesetzte Argumentationsmöglichkeiten [...]; jede Argumentation kann durch verschiedene Topoi eröffnet und gestützt werden; das Auffinden des jeweils nützlichsten Topos und die Reihenfolge der Topoi-Anwendungen sind nicht rationalisierbar oder auch nur optimierbar; jeder Topos kann jedem anderen über- und untergeordnet werden, je nach Problemlage und Argumentationsinteresse. Die Brauchbarkeit eines Topos richtet sich nach zwei entgegenstehenden Kriterien, einerseits nach seiner Allgemeinheit, andererseits nach seiner Nähe zu der jeweils konkreten Problemsituation; die Vermittlung zwischen der zunächst ganz unbestimmten Allgemeinheit und der spezifischen Brauchbarkeit im einzelnen bedarf der eingehenden interpretatorisch-disputatorischen Bemühung.« (Bornscheuer, Topik, S. 43)

Einen Wendepunkt in der Geschichte der Beweislehren leitete Cicero ein, der aus der Aristotelischen Topik als der Lehre von den allgemeinen Denkformen seine Auffassung von den *loci communes* (Gemeinplätzen) entwickelt.

»Ich stimme dabei deiner klugen Mahnung, Crassus, gerne zu, die Formen der Verteidigung im Einzelfall, wie sie die Lehrer den Kindern beizubringen pflegen, wegzulassen, dafür aber die Quellen zu erschließen, von denen jede Erörterung für jeden Fall und jede Rede sich herleitet. Wir müssen uns ja auch nicht jedes Mal, wenn wir ein Wort zu schreiben haben, in Gedanken die Buchstaben dieses Wortes zusammensuchen. So dürfen wir uns auch nicht jedes Mal, wenn eine Sache zu behandeln ist, immer von neuem auf spezielle Argumente für diesen Fall besinnen, sondern müssen bestimmte Grundgedanken zur Verfügung haben, die so wie die Buchstaben zum Schreiben eines Wortes sogleich für die Behandlung eines Falles zur Verfügung stehen.« (Cic. de or. 2,130)

Die Fundstätten in Bereitschaft zu haben, bedeutet freilich für den Redner sehr viel mehr als bloß das Beherrschen der formalen Suchkategorien des Aristoteles, und wenig später wird Cicero noch deutlicher: die Redner müssen »das dem jeweiligen Gesichtspunkt entsprechende Material, für ihre Rede nach allen Grundgedanken aufgegliedert, wohlgeordnet und wirkungsvoll gestaltet zur Verfügung haben, wobei ich von den sachlichen Voraussetzungen und den eigenen Gedanken rede.« (Cic. de or. 2,145)

Die *loci communes* sind also zwar allgemeine Problem-Perspektiven (die sog. *quaestiones infinitae*), die, wie Cicero kritisiert, die Philosophie zu Unrecht für sich reklamiert, doch liegen sie bereits in formulierter Form vor, so daß der Redner sie nur herbeizuzitieren und auf seinen Fall mit dem konkreten Problem (*quaestio finita*) anzuwenden braucht: »Von ihnen bietet ein Teil eine in ihrer Ausgestaltung besonders scharfe Beschuldigung und Klage gegen Fehler und Vergehen, auf die keine Entgegnung üblich oder möglich ist, zum Beispiel gegen einen Plünderer, Verräter oder Vatermörder; deshalb sollte man sich ihrer nur bedienen, wenn die Vorwürfe sich bestätigt haben, sonst sind sie nämlich kraftlos und vergeblich. Andere wiederum enthalten eine Bitte um Vergebung oder um Erbarmen. Wieder andere betreffen umstrittene Probleme, bei denen eine allgemeine Frage ausgiebig in positivem wie in negativem Sinn erörtert werden kann. Die Übung hält man heute für eine Eigentümlichkeit der beiden philosophischen Richtungen, von denen ich vorhin gesprochen habe; bei den Alten fiel sie noch in die Zuständigkeit der Leute, von denen man jede Methode und Befähigung für eine Rede über Fragen des öffentlichen Lebens vermittelt haben wollte. Denn auch wir sollten die Gabe und die Fertigkeit besitzen, über Tugend, Pflichterfüllung, Recht und Billigkeit, über Ansehen, Nutzen, Ehre, Schande, Belohnung, Strafe und dergleichen in positivem und in negativem Sinn zu reden.« (Cic. de or. 3,106–107)

Die *loci communes* sind derart allgemein geteilte Wahrheiten, auf die sich der Redner zur Begründung seiner Argumentation bezieht. So kann etwa der Schwur bei den Göttern, bei den Ahnen, bei der Erinnerung des Vaters als Begründung für das Argument dienen, eine Anklage oder Verteidigung als gegenstandslos zu betrachten. »Diese loci communes sind keine formalen, sondern thematische, bedeutungsreiche Aspekte. Der Begriff bezeichnet nicht nur die Stichworte, sondern auch die ganze sprachliche Bearbeitung des durch das Stichwort jeweils angegebenen Komplexes.« (Bornscheuer, Topik, S. 67) So kam es zu jenen bald verrufenen fertigen Argumentationsmustern und Gemeinplatz-Anthologien, aus denen der Redner sich nur noch zu bedienen brauchte, so daß die Arbeit entfiel, den allgemeinen *topos* (zum Beispiel den Fundort *animi natura* = Wesensart der Person) aus der detaillierten Kenntnis des konkreten Menschen, um den es bei der Erörterung eines Streitfalles gehen mochte, mit den ganz besonderen Merkmalen auszufüllen.

»Die so genanten *oratorischen collectanea*, welche sich die Schüler der Beredsamkeit machen müssen / erfordern allerdings viel Zeit und Mühe: dennoch schaffen sie wenig Nutzen. Wiewenig Nutzen? manche machen ja ganze Reden aus ihren *collectaneis*. Aber eben darum taugen sie nichts: eben darum ist darinne viel fremdes / und über zusammenhangendes anzutreffen: eben darum zeigen sie keine männliche Beredsamkeit / sondern bestehen aus einem blossen Schul-Geschwätze / oder aus kindischen Wäschereyen.« (F. A. Hallbauer, Anweisung, Vorrede)

Was die Anzahl der Fundstätten angeht, so weichen Cicero und Quintilian leicht voneinander ab. Cicero hält die Menge der Fundstätten für begrenzt, da sich jeder spezielle Fall auf einen allgemeinen zurückführen lasse. Dem hält Quintilian entgegen, daß sich manche Beweisformen nur finden lassen, wenn man mehr der Führung der Natur als der Führung der Kunst folge: »zumal ja die meisten Beweisformen sich nur so, im ganzen Gefüge der Fälle verflochten, finden lassen, daß sie mit gar keinem anderen Rechtsstreit gemeinsam sind und dieses gar die durchschlagendsten und am wenigsten geläufigen Beweise sind, weil wir das, was allgemein gilt, aus den Regeln gelernt haben, das Eigentümliche aber im Einzelfall selbst finden müssen.« (Quint. V,10,103) Quintilian hält damit die Möglichkeit offen, daß es Beweisgründe gibt, die in den Suchformeln nur sehr vage oder gar nicht erfaßt sind.

Die Gesamtmenge der Suchformeln wird nach Quintilian eingeteilt in die aus der Person und die aus der Sache sich ergebenden Fundstätten (*loci a persona* und *loci a re*), »[d]enn es gibt keine Untersuchung, die nicht entweder mit einer Sache zu tun hat oder mit einer Person« (Quint. V,8,4).

Zu bemerken ist noch, daß die *loci* in keiner Weise in der Art ihrer Nutzung eingeengt sind, sofern man vom *ethos* des *vir bonus* absieht: beispielsweise in der Gerichtsrede können sie von beiden Parteien jeweils gemäß der Nützlichkeit verwendet werden.

Die folgende Darstellung der *loci* stützt sich auf Quintilian, der auch Lausberg im wesentlichen folgt.

1. Die sich aus der Person ergebenden Fundorte *(loci a persona)*

Die Gruppe der Fundstätten und Beweisgründe, die sich nach dem Bezug auf die Person richtet, wird nach Quintilian wie folgt unterteilt:

Fundorte

deutsch	lateinisch	Erläuterungen und Beispiele
Geschlecht	*genus*	Die Abstammung, d.h. die Eltern und Vorfahren können für bestimmte Verhaltensweisen als Gründe herangezogen werden. (s. Quint. V,10,24) *Beispiel:* »Ein Douglas vor meinem Angesicht/Wär ein verlorener Mann« (T. Fontane) »Wer nicht kaiserliches Blut hatte oder den drei bis vier großen Familien angehörte, war nicht der Rede wert.« (M. Kommerell)
Nationalität	*natio*	Geburt und Herkunft in Bezug auf die Zugehörigkeit zu einem bestimmten Volk, »denn auch die Völker haben ihre eigentümlichen Lebensgrundsätze, und dieselben Dinge haben bei einem Barbaren, Römer oder Griechen nicht die gleiche Überzeugungskraft« (Quint. V,10,24) *Beispiel:* »Er nannte mir alle Stellen, von denen er die Namen wußte, erzählte mir Geschichten, die oft sehr abenteuerlich und unglaublich waren, und zeigte, wie fast alle Südländer gewohnt sind, das lebhaftestes Entzücken über sein schönes Land.« (A. Stifter)

deutsch	lateinisch	Erläuterungen und Beispiele
Vaterland	*patria*	Gesetze, Sitten, Gebräuche, Auffassungen, Lebensformen u. ä. können von Staat zu Staat stark unterschiedlich sein. (s. Quint. V,10,25) *Beispiel:* »Ohne daran zu denken, daß er sich keineswegs mehr im wilden Westen von Amerika befinde, riß er schnell den alten Lederschlauch von der Schulter und nahm die Büchse heraus« (K. May) »Der Schweizer hat keine Erziehung, keine Weltoffenheit, keine Spur von einem europäischen Denken. Drei Jahre Rekrutenschule das einzige Mittel dagegen.« (F. Dürrenmatt)
Geschlecht	*sexus*	Unterschiedliche Verhaltensweisen von Männern und Frauen können geschlechtsspezifisch bedingt sein. (s. Quint. V,10,25) *Beispiel:* In unzähligen Kriminalromanen läßt sich mit geringfügigen Abweichungen folgender Satz finden: »Die Ausführung des Mordes deutet eher auf eine[n] Frau (Mann) als Täter(in) hin.«
Alter	*aetas*	Bestimmte Verhaltensweisen können unter Umständen altersbedingt sein. (s. Quint. V,10,25) *Beispiel:* »Leichtsinn ist das Vorrecht der Jugend.« aber auch: »Alter schützt vor Torheit nicht.«
Erziehung und Ausbildung	*educatio et disciplina*	Erziehung und Ausbildung sind entscheidende Faktoren für bestimmte Verhaltens- und Denkweisen. (s. Quint. V,10,25) *Beispiel:* »Da ich in einer engen Welt aufgewachsen war, [...] war ich den Forderungen des äußeren Lebens in keiner Weise gewachsen. Unter solchen Um-

deutsch	lateinisch	Erläuterungen und Beispiele
		ständen wird eigner Sinn Eigensinn, eigner Wille Eigenwille, und die Vorurteile schießen viel rascher ins Kraut als die Urteile. [...] Es war ein entschiedener Mangel der Erziehung in unsern kleinern Bürgerkreisen...« (F. Ratzel)
Körper-beschaffenheit	*habitus corporis*	Die körperliche Beschaffenheit kann (ebenso wie die seelische) Gründe für das Verhalten der Person liefern. (s. Quint. V,10,26) *Beispiel:* »Das mäßig kurzsichtige Auge in seinem langgestreckten Bau ist zumeist in unserer für Naharbeit eingerichteten Kultur ein unzweifelhafter Vorteil, weil eine Ermüdung des Auges nahezu ausgeschlossen ist. Die in fast 40 Prozent verbreitete Linkshändigkeit ist sicher in einer rechtshändigen Kultur von Nachteil. Und doch finden wir unter den besten Zeichnern und Malern, unter den manuell geschicktesten Menschen eine auffallende Zahl von Linkshändern, die mit ihren besser trainierten rechten Händen Meisterhaftes leisten. Die Dicken wie die Dünnen sind von verschiedenen, aber in ihrer Schwere kaum ungleichen Gefahren bedroht, wenngleich sich vom Standpunkt der Ästhetik und Medizin die Waagschale immer mehr zugunsten der Schlanken senkt.« (A. Adler)
Schicksal	*fortuna*	Bei diesem Fundort wird untersucht, ob jemand (quasi schicksalhaft) vom Glück oder Unglück verfolgt ist. (s. Quint. V,10,26) *Beispiel:* »Obwohl sich also der Junge seines passiven Temperaments, seiner Labilität, seiner Geistesabwesenheit, seiner schlechten Beziehung zur Sprache und seiner Handlungsunfähigkeit bewußt ist, ist er weit davon entfernt, die erste Pflege durch Caroline Flaubert dafür verantwortlich zu machen: er springt mit einem Satz über seine Geburt hinweg und sucht die Ursachen für seine ›Anomalie‹ in der Vorgeschichte und noch weiter in einem vom

deutsch	lateinisch	Erläuterungen und Beispiele
		absoluten Anderen ausgesprochenen fiat. In dieser Anklage hat man vor allem nicht das Ergebnis einer vorübergehenden Gemütsverfassung oder irgendeines jugendlichen Paradoxes zu sehen. Gustaves Groll ist so hartnäckig, daß er ihm für *sein ganzes Leben* einen radikalen Ekel vor der Fortpflanzung und eine offen erklärte Option für die Unfruchtbarkeit bestimmt.« (J. P. Sartre)
		»Schicksal: eines Tyrannen Ermächtigung zu Schandtaten und eines Narren Entschuldigung für sein Versagen.« (A. Bierce)
Soziale Stellung	*conditio*	Die soziale Stellung liefert Stoff für Beweise, weil es einen Unterschied macht, ob jemand »berühmt oder unbekannt, in einem Amt stehend oder privat, Vater oder Sohn, Bürger oder Ausländer, frei oder Sklave, Ehemann oder Junggeselle, kinderreich oder kinderlos ist«. (Quint. V,10,26)
		Beispiel: »Die Ehe ist der Anfang und Gipfel aller Kultur. Sie macht den Rohen mild, und der Gebildete hat keine bessere Gelegenheit, seine Milde zu beweisen.« (Goethe)
Wesensart	*animi natura*	Die Wesensart einer Person, ob er beispielsweise habgierig oder großzügig, streng oder milde ist, steht hier im Mittelpunkt der Beweisfindung. (s. Quint. V,10,27)
		Beispiel: »Wo aber die Mutter allzudeutlich von übertriebener Zärtlichkeit überfließt und dem Kind die Mitarbeit in seinem Verhalten, Denken und Handeln, wohl auch im Sprechen, überflüssig macht, wird das Kind eher geneigt sein, sich parasitär (ausbeutend) zu entwickeln und alles von den andern zu erwarten. Es wird sich immer in den Mittelpunkt drängen und bestrebt sein, alle andern in seinen Dienst zu stellen. Es wird egoistische Tendenzen entfalten und es als sein Recht ansehen, die andern

deutsch	lateinisch	Erläuterungen und Beispiele

zu unterdrücken, von ihnen immer verwöhnt zu werden, zu nehmen und nicht zu geben. Ein oder zwei Jahre eines solchen Trainings genügen, um der Entwicklung des Gemeinschaftsgefühls und der Neigung zur Mitarbeit ein Ende zu setzen.« (A. Adler)

Beruf	*studia*	Quintilian meint hier den Beruf oder »auch die Art der Betätigung; denn Bauer, Anwalt, Geschäftsmann, Soldat, Seemann und Arzt haben ganz verschiedene Wirkungsmöglichkeiten.« (Quint. V,10,27)

Beispiel:
»Der Mathematiker Musil, bemüht, die Geheimnisse der Seele bis in ihre letzten Verästelungen hinein zu verfolgen, eroberte die Syntax der Assoziation, Heym enthüllte die Geheimnisse des noch unerkannten Jahrhunderts in den Wahngedanken der Irren und Mörder; Begriffe wie ›Schädel‹, ›Hirn‹, ›Sektion‹ rückten ins Zentrum, das Vokabular der Naturwissenschaft hörte auf, allein den Gelehrten zu gehören, die medizinische Nomenklatur, von Heym noch zögernd verwandt, wartete darauf, im poetischen Bild zu Chiffre und Symbol der Zeit zu werden. In diesem Augenblick, unter solchen Aspekten: genau zur richtigen Stunde, erschien die erste Arbeit Gottfried Benns – die Gedichtsammlung ›Morgue‹, das Manifest eines Mannes, der die Brücken zur Vergangenheit wie kein anderer vor ihm abgebrochen hatte und als erster die Sprache seines Jahrhunderts schrieb. Was hier geschah, war verwunderlich und erschreckend zugleich: die Welt der Krebsbaracken und Leichenhäuser, der Curettagen und Sektionen, vorgebildet schon in Rilkes Spitalvisionen aus dem ›Malte‹, wurde zum Symbol des Großstadt-Jahrhunderts; die Fachsprache des Arztes enthüllte, nüchtern und illusionslos, jene verborgenen Schlupfwinkel, die bis dahin weder in den Phantasmagorien des Traums noch in den soziologischen Analysen naturalistischer Herkunft sichtbar werden wollten. Der Jargon eines Standes, die medizinische Begriffssprache, die sich freilich oft genug in den slang eines abgebrühten Pathologen verwandelte – diese

deutsch	lateinisch	Erläuterungen und Beispiele
		Sprache, und nicht die Typologie der Hauptmannschen Proletarierwelt, markiert den Wendepunkt der deutschen Literatur.« (W. Jens)
Neigungen	*quid affectet quisque*	Wörtlich: was jemanden erregt. Vorlieben und Abneigungen einer Person können Beweisgründe für dessen Handlungs- und Denkweisen bieten. (s. Quint. V,10,28) *Beispiel:* »Darum rückte ich innerlich ab von den vielen, die nur das selbstvergessen genießende Opfer des Reizes waren, fern von dem Gedanken, sich mit ihm zu messen. Sie genossen nur, und Genuß ist ein leidender Zustand, in welchem niemand sich genügt, der sich zum Tätigen, zum Selber-Ausüben geboren fühlt.« (Th. Mann)
Vorgeschichte	*ante acta dicta*	Wörtlich: das vor der Tat Gesagte. Die Vorgeschichte einer Person, also das, was er früher gesagt oder getan hat, liefert Stoff für Beweisgründe. (s. Quint. V,10,28) *Beispiel:* »›Ich durchlief sechs Klassen der Oberrealschule‹, versetzte ich leise und anscheinend bekümmert darüber, daß ich ihn befremdet und anscheinend bei ihm angestoßen hatte. ›Und warum nicht die siebente?‹ Ich senkte das Haupt; und von unten herauf warf ich ihm einen Blick zu, der wohl sprechend gewesen und seinen Empfänger ins Innere getroffen haben mag.« (Th. Mann)
Namen	*nomen*	Manche Namen, besonders Bei- und Spitznamen, lassen Rückschlüsse auf den Charakter des Trägers zu. (s. Quint. V,10,30) *Beispiel:* »Da er Raat hieß, nannte ihn die ganze Stadt Unrat. Nichts konnte einfacher und natürlicher sein. Der und jener Professor wechselten zuweilen ihr

deutsch	lateinisch	Erläuterungen und Beispiele
		Pseudonym. Ein neuer Schub Schüler gelangte in die Klasse, legte mordgierig eine vom vorigen Jahrgang noch nicht genug gewürdigte Komik an dem Lehrer bloß und nannte sie schonungslos beim Namen. Unrat aber trug den seinigen seit vielen Generationen, der ganzen Stadt war er geläufig, seine Kollegen benutzten ihn außerhalb des Gymnasiums und auch drinnen, sobald er den Rücken drehte. […] Man brauchte nur auf dem Schulhof, sobald er vorbeikam, einander zuzuschreien: ›Riecht es hier nicht nach Unrat?‹ Oder: ›Oho! Ich wittere Unrat!‹ Und sofort zuckte der Alte heftig mit der Schulter, immer mit der rechten, zu hohen, und sandte schief aus seinen Brillengläsern einen grünen Blick, den die Schüler falsch nannten, und der scheu und rachsüchtig war: der Blick eines Tyrannen mit schlechtem Gewissen, der in den Falten der Mäntel nach Dolchen späht.« (H. Mann)

2. Die sich aus dem Sachverhalt ergebenden Fundorte (*loci a re*)

Die Fundstätten, die sich aus den Sachen ergeben, gehen nach Quintilian zurück auf die Fragestellungen »Warum, wo, wann, wie und mit welchen Mitteln ist etwas getan worden?« (s. Quint. V,10,32) Doch ist diese Fragenreihe unvollständig, ebenso wie die nun folgenden Fundorte aus den Sachen – »da aus jeder beliebigen Stelle eine unzählbare Fülle von Beweisen entspringt«. (Quint. V,10,100) Eine gattungsweise Aufstellung betrachtet Quintilian zwar als ungenügend (s. Quint. V,10,100), die Vielzahl der einzelnen möglichen Beweise verhindert jedoch eine andere Aufstellung.

Fundorte

deutsch	lateinisch	Erläuterungen und Beispiele
Ursache	*loci a causa*	Beweise, die aus den Gründen geschehener oder auch künftiger Handlungen gewonnen werden. »Den Stoff, aus dem diese Gründe bestehen […] teilt man in zwei Gattungen, deren jede wieder in

deutsch	lateinisch	Erläuterungen und Beispiele

vier Formen in Erscheinung tritt. Denn in der Regel dreht es sich bei dem Grund für eine Tat um Gewinnen, Steigerung, Erhalten und Gebrauch von Gütern oder um das Meiden, Freimachen, Vermindern oder Ertragen von Übeln.... Jedoch haben richtige Taten gute Beweggründe, falsche dagegen kommen aus irrigen Meinungen. Denn für sie liegt der Anfang in dem, was sie für gut oder schlecht halten, von da kommen die Irrtümer und schlechtesten Gefühlsregungen, unter ihnen Zorn, Haß, Neid, Gier, Hoffnung, Ehrgeiz, Verlegenheit, Furcht und anderes dieser Art. Zuweilen kommen auch noch zufällige Mängel hinzu, Trunkenheit, Unwissenheit, die manchmal zur Entlastung beitragen, manchmal zum Erweis der Anschuldigung, wenn z.B. jemand, während er einem Mann auflauerte, einen andern umgebracht haben soll.« (Quint. V,10,33–34)

Quintilian unterscheidet also bei den *loci a causa* zwei Gattungen:

– die psychologischen Ursachen, die auf Beweggründe, Meinungen und Entscheidungen zurückzuführen sind und

– die physischen Ursachen. Sie unterteilen sich in zwingende Ursache-Wirkung-Verhältnisse und nicht zwingende.

Beispiel:

»1892 forderten die Konservativen in ihrem neuen Tivoliprogramm, das durch die zwei Hauptführer, den Hofprediger Stöcker und den Chefredakteur der ›Kreuzzeitung‹, Freiherrn von Hammerstein, durchgesetzt wurde, von Staats wegen die Kräftigung der christlichen Lebensanschauung und den Kampf gegen den jüdischen Einfluß. Die Beschwerden über das zersetzende Judentum der Presse verstummten kaum einen Augenblick, als einige Jahre nachher bekannt wurde, daß der Freiherr von Hammerstein die Gelder seiner Zeitung unterschlagen, einen höchst geheimen und belastenden Brief seines Freundes Stöcker für eine große Summe an die Sozialdemokraten verkauft und mit einem jungen Fräulein das Weite gesucht habe.« (B. Guttmann)

deutsch	lateinisch	Erläuterungen und Beispiele
Ort	*loci a loco*	Beweise, die sich vom Ort des Geschehens herleiten. »Es kommt nämlich bei der Glaubwürdigkeit einer Beweisführung in Betracht, ob der Ort gebirgig oder eben, am Meer oder mitten im Land, bepflanzt oder unbebaut, begangen oder verlassen, nahe oder entfernt, für die Pläne günstig oder ungünstig gelegen ist.« (Quint. V, 10,37)

Beispiel:

»Ich erzähle Ihnen, was geschehen ist, und nicht, was ich beweisen kann. Im Laufe des Abends verschaffte er sich die Gelegenheit, in Mr. Hazens Schlafzimmer zu gehen, Waffe H aus dem Schubfach zu nehmen und mit Waffe P zu vertauschen. Er verfolgte damit einen doppelten Zweck: erstens, Hazen würde den Revolver nicht vermissen, falls er einen Blick in die Schublade werfen sollte; beide Revolver waren Drexel; zweitens wollte er Mrs. Hazen belasten. Er beabsichtigte, Waffe H nach dem Mord in Hazens Wagen liegenzulassen. Die Polizei würde natürlich sehr bald erfahren, wo Hazen seinen Revolver für gewöhnlich aufbewahrte. Wenn sie statt dessen Waffe P in der Schublade entdeckte, würde sie notwendigerweise annehmen, daß Mrs. Hazen die beiden Waffen vertauscht hatte, um die Polizei irrezuführen. Übrigens, Mrs. Hazen [...], befand sich der Revolver Ihres Vaters jemals in Ihrem Besitz?« (R. Stout)

| Zeit | *loci a tempore* | Beweise, die sich von der Zeit herleiten. Quintilian hält diesen Fundort besonders in Hinblick auf die Gerichtsrede für bedeutend, da die Zeit hier häufig unwiderlegbare Beweise liefert, »wenn etwa [...] ein Unterzeichner angegeben wird, der schon vor dem Datum der Urkunde verstorben ist oder etwas begangen haben soll, als er entweder noch ein kleines Kind oder gar überhaupt noch nicht auf der Welt war.« (Quint. V,10,44) Kombiniert mit den *loci a loco* können die *loci a tempore* beispielsweise einen entscheidenden Alibinachweis ergeben. |

deutsch	lateinisch	Erläuterungen und Beispiele
		Beispiel: »Dieser Arzt da, fuhr er nach einer Weile fort und beschaute sich das Bild hypnotisiert von neuem, könne nicht der sein, den er kenne, weil der Betreffende während des Krieges in Chile gewesen sei.« (F. Dürrenmatt)
Modus	*loci a modo*	Beweise, die sich aus der Art und Weise des Geschehens herleiten. Der *locus a modo* bezeichnet »die Art und Weise, [...] in der die Frage liegt, auf welche Weise etwas getan worden ist. Deshalb hat sie bald Beziehung zur Frage nach der Beschaffenheit und nach dem Sinn [...]; bald auch zu Vermutungsfragen.« (Quint. V,10,52) *Beispiel:* »Wie gestern bekannt wurde, hatte der vor Wut rasende Mann seinen bereits von zwei Pistolenschüssen verletzten Nebenbuhler mit dem Wagen zuerst gegen eine Mauer gedrückt. Dann setzte er zurück, um ihn erneut zu rammen. Sein tödlich verletzt am Boden liegendes Opfer blieb an der Stoßstange hängen. Er zog den Unglücklichen etwa zehn Meter zurück und überfuhr ihn schließlich.« (Südwest Presse)
Möglichkeit	*loci a facultate*	Beweise, die sich von der Möglichkeit herleiten. Hierzu zählt Quintilian auch die bloße äußere Durchführung der Tat und die Tatwerkzeuge. »Beachtung verdienen – und zwar besonders in Vermutungsfragen – auch die Möglichkeiten; denn es ist eher glaubhaft, daß von einer größeren Anzahl eine geringere erschlagen worden ist, von den Stärkeren die Schwächeren, von den Wachenden die Schlafenden, von Gerüsteten die Nichtsahnenden; wobei das Gegenteil umgekehrt gilt.« (Quint. V,10,49) *Beispiel:* »Diesen Punkt berühre ich hauptsächlich deswegen, weil ich in allem methodisch zu verfahren liebe; denn Madame L'Espanayes Kraft hätte schlechterdings nicht hingereicht, um den Leichnam ihrer

deutsch	lateinisch	Erläuterungen und Beispiele
		Tochter in der bekannten Weise in den Schornstein hinaufzustoßen...« (E. A. Poe)
Definition	*loci a finitione*	Beweise, die sich aus der Definition oder Abgrenzung herleiten. »Bei allen Erscheinungen, nach deren Bedeutung und Wesen man fragt […], müssen drei Fragen ganz zweifellos jedenfalls in Betracht gezogen werden: ob etwas ist, was es ist, und von welcher Art es ist. […] Man kann also Beweise aus der Definition oder Abgrenzung herleiten; denn beide Bezeichnungen (definitio und finis) sind üblich. Das kann in zweifacher Weise geschehen: entweder schließt sich nämlich die Frage an die vorangestellte Definition an: ›Ist dies Tugend?‹, oder sie lautet einfach: ›Was ist Tugend?‹.« (Quint. V,10,54)

Beispiel:
»Die Dauer der Vernehmungen ließ sich daraus erklären, daß Katharina Blum mit erstaunlicher Pedanterie jede einzelne Formulierung kontrollierte, sich jeden Satz, so wie er ins Protokoll aufgenommen wurde, vorlesen ließ. Z. B. die im letzten Abschnitt erwähnten Zudringlichkeiten waren erst als Zärtlichkeiten ins Protokoll eingegangen bzw. zunächst in der Fassung, ›daß die Herren zärtlich wurden‹; wogegen sich Katharina Blum empörte und energisch wehrte. Es kam zu regelrechten Definitionskontroversen zwischen ihr und den Staatsanwälten, ihr und Beizmenne, weil Katharina behauptete, Zärtlichkeit sei eben eine beiderseitige und Zudringlichkeit eine einseitige Handlung, und um letztere habe es sich immer gehandelt. Als die Herren fanden, das sei doch alles nicht so wichtig und sie sei schuld, wenn die Vernehmung länger dauere, als üblich sei, sagte sie, sie würde kein Protokoll unterschreiben, in dem statt Zudringlichkeiten Zärtlichkeiten stehe. Der Unterschied sei für sie von entscheidender Bedeutung, und einer der Gründe, warum sie sich von ihrem Mann getrennt habe, hänge damit zusammen; der sei eben nie zärtlich, sondern immer zudringlich gewesen.

deutsch	lateinisch	Erläuterungen und Beispiele
		Ähnliche Kontroversen hatte es um das Wort ›gütig‹, auf das Ehepaar Blorna angewandt, gegeben. Im Protokoll stand ›nett zu mir‹, die Blum bestand auf dem Wort gütig, und als ihr statt dessen gar das Wort gutmütig vorgeschlagen wurde, weil gütig so altmodisch klinge, war sie empört und behauptete, Nettigkeit und Gutmütigkeit hätte mit Güte nichts zu tun, als letzteres habe sie die Haltung der Blornas ihr gegenüber empfunden.« (H. Böll)
Ähnlichkeit	*loci a simili*	Beweise, die sich von der Ähnlichkeit herleiten. »Eine Fundstelle für Beweise liegt auch in der Ähnlichkeit: ›Wenn Selbstbeherrschung eine Tugend ist, dann jedenfalls auch die Enthaltsamkeit.‹ ›Wenn ein Vormund Vertrauen verlangen kann, dann auch ein Bevollmächtigter.‹ Dies gehört zu den Beweisketten, die [...] bei Cicero Induktion [heißen].« (Quint. V,10,73)

Beispiel:
»Mag auch vieles im sozialen Leben der Termiten uns Ekel und Abscheu einflößen, das eine steht fest, daß eine große Idee, ein großer Instinkt, ein großer automatischer oder mechanischer Impuls oder, wenn man das vorzieht, eine Reihe großer Zufälle – denn was bedeutet uns die Ursache, da wir nur die Wirkung sehen – sie über uns erhebt: und das ist ihre unbedingte Hingabe an das allgemeine Wohl, ihr unglaublicher Verdacht auf jedes eigene Dasein, auf jeden persönlichen Vorteil, auf alles, was dem Egoismus ähnlich sieht, ihre völlige Entsagung, ihre ununterbrochene Aufopferung zum Wohle der Gemeinschaft, wofür man sie bei uns als Helden oder Heilige verehren würde. Wir finden bei ihnen die drei furchtbarsten Gelübde unserer strengsten Orden wieder: Armut, Gehorsam, Keuschheit, hier bis zur freiwilligen Kastrierung getrieben; aber welcher Asket oder Mystiker hätte je daran gedacht, seinen Jüngern dazu noch ewiges Dunkel und das Gelübde immerwährender Blindheit aufzuerlegen, indem er ihnen die Augen ausgestochen hätte?« (M. Maeterlinck)

deutsch	lateinisch	Erläuterungen und Beispiele
Vergleich	*loci a comparatione*	Beweise, die sich aus einem Vergleich herleiten. »Beisatz- oder Vergleichungsbeweise nennt man diejenigen, die Kleineres aus Größerem, Größeres aus Kleinerem, Gleiches aus Gleichem erweisen. Eine Vermutungsfrage wird durch die Vergleichung mit Größerem gestützt: ›Wenn jemand einen Tempelraub begeht, so wird er ja auch einen Diebstahl begehen‹; mit Kleinerem: ›Wer leicht und in aller Öffentlichkeit lügt, wird auch einen Meineid schwören‹; oder mit Gleichen: ›Wer Geld genommen hat für einen Urteilsspruch, wird es auch für ein falsches Zeugnis nehmen‹« (Quint. V,10,87).

Beispiel:
»Wie nämlich die Autoren, die über die Unarten und Sünden der Kritik klagen, sich, sobald sie selber Bücher rezensieren, die gleichen Unarten und Sünden zuschulden kommen lassen, so sind auch die Kritiker, sobald ihre eigenen Bücher rezensiert werden, mit der Empfindlichkeit und Verwundbarkeit geschlagen, die mehr oder weniger für alle Autoren charakteristisch ist. Und es mag eine tiefere Gerechtigkeit darin sein, daß – wie die Geschichte der Literaturkritik lehrt – jene, die viel verreißen, besonders oft verrissen werden: Das literarische Gewerbe war immer schon gefährlich, wer es ernsthaft ausübt, riskiert, daß er Sturm ernten wird, und wer Wind sät, der muß erst recht mit Stürmen rechnen.« (M. Reich-Ranicki)

Unterstellung	*loci a fictione*	Beweise, die sich von fingierten Annahmen herleiten. »Hier scheint es mir nötig, noch anzumerken, daß Beweise nicht nur von zugestandenermaßen Geschehenem, sondern auch von nur Unterstelltem hergeleitet werden [...], und zwar von eben den Fundstellen allen, wie wir sie oben aufgezählt haben, weil es ebenso viele Arten von Beweisen gibt, die auf fingierten Annahmen beruhen wie auf wirklichen. Denn ›fingieren‹ bedeutet hier zunächst etwas unterstellen, das, falls es wirklich der Fall wäre, die Frage lösen oder fördern könnte, und dann den in Frage stehenden Sachverhalt als

deutsch	lateinisch	Erläuterungen und Beispiele
		den Angenommenen entsprechend darstellen.« (Quint. V,10,95–96) Beispiel: »Ich folgerte nun a posteriori weiter. Durch eines dieser Fenster sind die Mörder notwendig entkommen. Wenn aber dies der Fall war, so konnten sie innen unmöglich die Schiebfenster in der Weise wieder befestigt haben, wie diese gefunden wurden: ein Umstand, der, weil er so einleuchtend war, den weiteren Nachforschungen der Polizei in dieser Richtung ein Ende machte. Wenn nun aber die beiden Schiebfenster in der angegebenen Weise wieder zugemacht worden waren, so mußten sie sich selbst so schließen können. Dieser Schluß war unvermeidlich. Auf das Fenster zugehend, das unverstellt geblieben, zog ich mit einiger Mühe den Nagel heraus, um das Fenster in die Höhe zu heben. Es waren, wie ich nicht anders erwartet hatte, alle meine Versuche vergebens. Nun war mir so viel klar, daß hier irgend eine geheime Feder sein müsse; und diese Bestätigung meiner Idee war mir eine Gewähr, daß wenigstens meine Prämissen nicht unrichtig waren, wie mysteriös auch immer noch die Geschichte mit den Nägeln erscheinen mochte. Bald genug fand ich die verborgene Feder. Ich drückte darauf, unterließ es aber, mit meiner Entdeckung zufrieden, das Fenster hinaufzuschieben.« (E. A. Poe)
Umstände	*loci a circumstantia*	Beweise, die sich von den Umständen herleiten. Die *loci a circumstantia* werden nach Quintilian dann als Fundorte herangezogen, wenn die oben genannte Reihe der *loci* nicht ausreicht, um den individuellen, komplexen und konkreten Einzelfall in einem ausreichenden Maße zu erfassen. Bei dem *locus a circurnstantia* wird vom Redner eine produktive Weiterbildung der bestehenden *loci*-Lehre erwartet. So sind die Streitfälle, in denen dieser Fundort von Bedeutung ist, äußerst kompliziert, wie folgendes Beispiel, das Quintilian zur Verdeutlichung anführt, zeigt: ›Diese Art von Beweisen können wir ja nun benennen als die ›nach den

deutsch	lateinisch	Erläuterungen und Beispiele

Umständen‹ [...] oder auch als Beweise aus dem,
was dem Einzelfall eigentümlich ist, z.b. in dem
Fall des Priesters, der Ehebrecher war und nach
dem Gesetz, nach dem er die Möglichkeit hatte,
eine Person vor der Bestrafung zu retten, sich
selbst befreien wollte, ist es das Eigentümliche dieser Kontroverse, geltend zu machen: ›Nicht einen
Schuldigen suchtest du zu befreien, weil man ja
nach deiner Freilassung die Ehebrecherin nicht töten durfte‹; denn dieses Argument bietet das Gesetz, das verbietet, die Ehebrecherin ohne den
Ehebrecher zu töten.« (Quint. V,10,104)

Beispiel:
»Was gewollt ist, kann sich bedeutend ändern,
wenn es getan wird. Also lernt der Mensch auch in
seinen Absichten nicht aus, sobald und soweit er
handelt. Zu den ursprünglichen Zwecken gehen
ihm neue auf, die er vordem nicht vermutet hat, ja
nicht vermuten konnte. Diese können gewiß auch
absinkende sein, entspannte, herabgesetzte, ja bei
verbummelten Gestalten in niedergehenden Gesellschaften zu nichts gewordene. Sie können aber
auch einen frischen Antrieb entzünden, es kommt
etwas hinzu, an das möglicherweise nicht einmal
im Traum gedacht war, und aus dem Wilden, der
auf die Bäume klettert, wird auf immer neuen, be-
richtigenden, belehrenden Umwegen schließlich
der Mensch, der durch die Luft steuert. Wobei
auch böse Antriebe zwar böse bleiben, aber im Effekt helfen können, wo sie schaden wollten. Jedenfalls läuft die vorgenommene Strecke nicht immer
gerade, sie biegt oft um oder verzweigt sich. Es ist
das ein menschlicher Vorgang, die Tiere kennen
ihn kaum. Er ist selbstverständlich mit der Arbeit
verbunden, als einer Tätigkeit, worin die Zweckab-
sicht fortwirkt, sich aber auch oft verwandelt [...].
Beethoven beabsichtigte so eine kleine Ouvertüre
zu Fidelio, eine, die eine relativ milde Überleitung
zu der spieloperhaften Szene geben sollte, womit
die Oper beginnt. Aber bevor er die kleine E-dur-
Ouvertüre schrieb, die dann paßte, erwuchsen ihm
die drei Leonoren-Ouvertüren aus dem Vorhaben,
eine großartiger als die andere. Oder: Wagner

deutsch	lateinisch	Erläuterungen und Beispiele

wollte, durch die damalige Unaufführbarkeit seiner Musikdramen entmutigt, eine gangbare Oper schreiben, ›im Geschmack der Italiener‹: der zustande gekommene Effekt hieß dann Tristan und Isolde. Wie oft gab es sonst noch, mit einem im Objekt selber Geneigten für sich, den Saul, der ausging, Eselinnen zu suchen und ein Königreich fand. Kolumbus oder die Entdeckung eines Kontinents statt eines Seewegs nach Indien ist genau für positive Heterogonie der Zwecke der schlagende Archetyp. Auch Robert Mayer gehört hierher; er mag in der Beobachtung, daß das Venenblut in den Tropen ein helleres Rot zeigt als in kälteren Klimaten, in der Bemühung, die er auf die Erklärung dieses Phänomens wandte, noch kaum ein so Universales wie das Gesetz vom mechanischen Äquivalent der Wärme zu finden erwartet haben. So weit also reicht Heterogonie im Vollzug – um von der Kraft, die stets das Böse will und stets das Gute schafft, ganz zu schweigen.« (E. Bloch)

C. Redeteile (*mere tou logou / partes orationis*)

Im folgenden sollen die Teile der Rede im einzelnen und in ihrer Abfolge behandelt werden: der Redeanfang (*exordium*), die Erzählung (*narratio*), die Beweisführung (*argumentatio*) und der Redeschluß (*peroratio*). Der Übergang von einem Redeteil zum anderen wird *transitus* (bei Quint. IV,1,77) oder *transgressio* (bei Quint. IV,1,78) genannt, die Kunst der *transgressiones* ist zwischen allen Teilen der Rede anzuwenden, sie soll jedoch nicht manieristisch ausufern (s. Quint. IV,1,77); auf Besonderheiten der *transgressiones* wird in den einzelnen Unterpunkten jeweils eingegangen, sofern es nötig erscheint.

I. Die Einleitung (*prooimion / exordium*)

»Das Exordium ist eine Äußerung, die den Geist des Hörers in geeigneter Weise auf den restlichen Vortrag vorbereitet«, lautet die klassische Definition Ciceros (Cic. de inv. I,15,20). Die Eingänge der Rede »darf man sich [...] nicht von irgendwo außerhalb besorgen, man muß [...] [sie] vielmehr aus dem eigentlichen Kern des Falles selbst entnehmen« (Cic. de or. 2,318), denn das *exordium* soll ebenso zu der Behandlung der Sache hinführen, wie es auch schon auf den eigenen Standpunkt aufmerksam macht. Cicero empfiehlt dem Redner daher, den Eingang als letztes auszuwählen und zu formulieren; damit werde erreicht, daß er der nun folgenden Rede angemessen sei, »wie bei den Häusern und den Tempeln die Eingänge und Vorhallen« im richtigen Verhältnis zum Gebäude stehen (Cic. de or. 2,320). Bereits der Anfang der Rede ist parteilich; er soll die Zuhörer im Interesse der Partei für die Ausführungen in der weiteren Rede voreingenommen, der eigenen Argumentation aufgeschlossen machen: es gilt gleich zu Anfang die Sympathie, das Verständnis und die Aufmerksamkeit der Zuhörer für den Redner und den Redegegenstand in möglichst hohem Maße zu erwecken.

Dem *exordium* kommt somit eine wichtige Rolle zu, in ihm wird die erste Hürde zur Überzeugung des Zuhörers bereits genommen: »Doch sollte man [...] dem Richter anfangs nur einen leichten Anstoß geben, so daß der Rest der Rede auf ihn wirken kann, wenn er sich schon geneigt zeigt.« (Cic. de or. 2,324) Daß das *exordium* mit der nachfolgenden Rede eng verbunden sein muß, ergibt sich aus seinen Aufgaben. Cicero betont, daß »dieses Vorspiel nicht so sein [sollte], wie das bei den Samniten, die vor dem Kampfe Lanzen schwingen, die sie beim Kämpfen nicht gebrauchen« (Cic. de or. 2,325).

Das *exordium* soll kurz gehalten werden, es muß deutlich werden, wo die Einleitung abgeschlossen ist und die *narratio* beginnt: »Denn der Anfang der Darlegung des Sachverhalts ist verloren, wenn der Richter noch nicht weiß, daß jetzt erzählt wird.« (Quint. IV,1,78)

Man kann zwei Arten des Redeanfangs unterscheiden. Die einfache, direkte Einleitung (*principium*) empfiehlt sich bei den Vertretbarkeitsgraden *genus honestum* (wo sie sogar entfallen kann), *genus dubium* (zur Erzeugung des Wohlwollens), *genus humile* (zur Aufmerksamkeitserregung), *genus obscurum* (zur Erweiterung der Aufnahmefähigkeit). Gehört das Thema aber dem *genus turpe* an und droht die Rede darüber die Zuhörer zu schockieren, ist die zweite Form des Redeanfangs, die indirekte Einleitung (*insinuatio*) angebracht, die die Sympathie des Zuhörers durch eine ablenkende Strategie zu erreichen sucht.

1. Die direkte Einleitung (*principium*)

Für das *principium* empfiehlt die Rhetorik besondere Topoi, die man in *loci a persona* oder *loci a re* unterscheiden kann. Den Stoff und die Gedanken zur Einleitung können »an die Person des Angeklagten oder die des Gegners, an die Sache oder an das Tribunal, vor dem verhandelt wird, anknüpfen.« (Cic. de or. 2,321) An den Angeklagten oder Klienten, indem angeführt wird, was geeignet ist, ihn in ein positives Licht zu setzen für die folgende Verhandlung; an den Gegner, indem sich »aus denselben Grundgedanken ungefähr das Gegenteil« ergibt (Cic. de or. 2,321); an die Sache, wenn man sie als unerwartet, noch nicht bekannt, groß, grausam, mitleiderregend, unverschuldet etc. schildert; an die Zuhörer, »um ihr Wohlwollen und ihre gute Meinung zu erreichen« (Cic. de or. 2,322). Alle vier Fundorte unterstehen in diesem Zusammenhang den Zielen des *attentum parare* (dem Erlangen der Aufmerksamkeit), dem *docilem parare* (dem Erwecken der Aufmerksamkeit, Gelehrigkeit) und der *captatio benevolentiae* (dem Erlangen des Wohlwollens) – diese Ziele können nicht scharf voneinander getrennt werden, sie sind zudem in der gesamten Rede zu beachten: »Das muß zwar in die ganze Rede und nicht zum wenigsten in ihren Schluß einfließen, aber trotzdem sollen viele Einleitungen unter diesem Zeichen stehen. [...] Auch fällt es in der Einleitung leichter, weil die Leute dann, wenn sie noch alles zu erwarten haben, besonders aufmerksam sind und für die Anfangsteile eher ansprechbar sein können.« (Cic. de or. 2,322–323)

a) Das Erlangen der Aufmerksamkeit (*attentum parare*)

Durch das *attentum parare* soll das Desinteresse (*taedium*) des Publikums beseitigt werden. Die Nichtansprechbarkeit der Hörer kann beispielsweise in der Übersättigung (s. Quint. V,14,30), Ermüdung (s. Quint. IV,1,48) oder der Belanglosigkeit des Redegegenstandes begründet sein. Zur Überwindung des Desinteresses stehen folgende Mittel zur Verfügung:
- Versprechen von Kürze (*brevitas*) und Straffung der Rede (s. Quint. IV,1,62); die Glaubwürdigkeit solcher Versicherung erfordert bereits Kürze des *prooemium*.
- *tua res agitur*: Dem Zuhörer wird angekündigt, daß es bei der zu verhandelnden Sache um seine eigenen Belange und Interessen geht (s. Quint. IV,1,33), womit bereits der Bereich der affektischen Mittel zum *attentum parare* berührt ist. Im allgemeinen sollte diese Möglichkeit jedoch in der Einleitung nur sparsam eingesetzt werden, da »ein heftiger und kämpferischer Eingangsteil der Rede nicht oft geboten ist« (Cic. de or. 2,317).
- Neuartigkeit oder herausragende Bedeutung des Falles oder Themas.

b) Die Erweiterung der Aufnahmefähigkeit (*docilem parare*)

Durch das *docilem parare* soll zwischen dem besondere Konzentration erfordernden Redegegenstand und dem Publikum vermittelt werden; dieses wird erzielt, »wenn wir kurz und klar die Hauptsache [...] angeben« (Quint. IV,1,34). Die Belehrbarkeit und Aufnahmebereitschaft werden durch eine knappe, sachliche Ankündigung (*propositio*) oder ›Vorschau‹ für die Rede erzielt.

c) Das Erlangen des Wohlwollens (*captatio benevolentiae*)

Das Wohlwollen des Zuhörers kann entweder von Personen oder vom Rechtsfall hergeleitet werden (s. Quint. IV,1,6). Voraussetzung dafür ist, daß der Person des Redners »jeder Verdacht, bei der Übernahme der Rechtsvertretung könnten schmutzige Beweggründe, Gehässigkeiten oder Ehrgeiz im Spiele sein, fernliegt« (Quint. IV,1,8). »Die Suchformeln zur Gewinnung der benevolentia [...] empfehlen, die eigene Person bzw. Sache in gutem und die gegnerische in schlechtem Lichte erscheinen zu lassen und die Zuhörer/Richter durch Hinweise auf ihre früheren richtigen Entscheidungen oder auf ihr hohes Ansehen günstig zu stimmen.« (K. Schöpsdau, Artikel »Exordium«, HWRh, Bd. 2) Wendungen, die die Schwierigkeit der Sache, die mangelnde Vorbereitungszeit, die Begabung des Redners der Gegenseite zum Ausdruck bringen, können das Wohlwollen der Zuhörer für die eigene Partei erwecken. »Denn es gibt eine natürliche Vorliebe für die Schwachen, die sich abmühen, und ein gewissenhafter Richter hört am liebsten den Anwalt, bei dem er für die Sache der Gerechtigkeit am wenigsten zu befürchten hat. Daher stammt die den Früheren so geläufige Verstellung, um die Redekunst zu verbergen« (Quint. IV,1,9).

2. Die indirekte Einleitung *(insinuatio)*

Die *insinuatio* als Redeanfang (zumeist im *genus turpe / admirabile*) enthält in stärkerem Maße affektive Mittel als die direkte Einleitung, da die Forderung nach Wohlwollen meist nicht erhoben werden kann, »entweder deshalb, weil die Sache selbst nicht sauber ist [*res improba*] oder von den Menschen nicht als solche angesehen wird« (Quint. IV,1,42). Hier gilt es darauf hinzuarbeiten, daß die Sache weniger bedeutend sei, als behauptet worden ist, in anderer Absicht geschehen sei, als vorher dargestellt worden ist, usw. Dies kann dadurch geschehen, daß die Beweisführung des Gegners in angemessener Form lächerlich gemacht wird (s. Quint. IV,1,38–39), daß sich der Redner im Gefühl der Überzeugung von seiner Sache erregt stellt (s. Quint. IV,1,46), daß er vor dem, was hinderlich ist, ausweicht und die Aufmerksamkeit auf anderes lenkt: »Macht uns die Sache zu schaffen, so muß die Person aushelfen; ist es die Person, so muß es die Sache« (Quint. IV,1,44), d.h., die Aufmerksamkeit des Zuhörers ist »von der anstößigen Person auf eine beliebte Person oder von der Person auf die Sache und umgekehrt abzulenken [...].« (K. Schöpsdau, Artikel »Exordium«, HWRh, Bd. 2)

II. Die Erzählung *(diegesis / narratio)*

Die Erzählung *(narratio)* besteht aus der parteilichen Schilderung des Sachverhaltes, sie ist die zum Überzeugen »nützliche Darstellung eines tatsächlichen oder scheinbar tatsächlichen Vorgangs« (Quint. IV,2,31). Sie stellt die Quelle der ganzen übrigen Rede dar (s. Cic. de or. 2,330) und kann zum Nutzen der eigenen Partei durchaus mit Auslassungen und Modellierungen arbeiten: »Ich leugne ja nicht, daß bei der Erzählung so, wie manches bestritten, manches hinzugesetzt, manches geändert, so auch manches verschwiegen werden muß. Aber verschweigen muß man, was zu verschweigen sich als nötig und als möglich erweist.« (Quint. IV,2,67) Zuweilen wird die *narratio* in mehrere *genera* unterteilt, doch Quintilian lehnt diese Unterteilung als unwichtig ab (s. Quint. IV,2,2–3).

1. Die Tugenden der Erzählung *(aretai tes diegeseos / virtutes narrationis)*

Hauptvorschrift für die Erzählung ist nach Cicero die Kürze *(brevitas)* und die Klarheit *(perspicuitas)*. Die Kürze soll die Anschaulichkeit jedoch nicht beeinträchtigen. »[E]ine Geschichte, die man erzählt, [ist] sowohl glaubwürdiger, wenn man darlegt, wie sie sich zugetragen hat, als auch verständlicher, wenn man zuweilen bei ihr innehält und nicht mit solcher Kürze über sie hinweghuscht [...], eine unverständliche Erzählung aber verdunkelt die gesamte Rede.« (Cic. de or. 2,328–329) Die genannten Forderungen, Kürze, Klarheit, Deutlichkeit und Glaubhaftigkeit, sind die Tugenden der Erzählung *(narrandi virtutes)* (s. Quint. IV,2,61). In der Erzählung soll der Zuhörer im Interesse der eigenen Partei über den Streitfall belehrt *(docere)* werden; dabei treten die emotionalen Überzeugungsmittel möglicherweise in den Hintergrund, um die Darstellung durch Sachlichkeit besonders glaubwürdig zu machen und den Eindruck von Distanz und Unparteilichkeit zu wecken.

Verstöße gegen die *narrandi virtutes* können das Desinteresse *(taedium)* des Publikums zur Folge haben (s. Quint. IV,2,44). Falls die Erzählung für die Beurteilung zu ausschweifend wird und Einzelheiten dem Gedächtnis der Urteilenden wieder entfallen, ist der Zweck der Erzählung verfehlt.

2. Funktion und Gebrauch der Erzählung

Über den Beginn der Erzählung sagt Quintilian, daß die Vorgeschichte der Handlung samt ihren Einzelheiten nicht als Ausgangspunkt zu nehmen sei, denn »sooft der Ausgang eines Vorgangs das Vorausgehende hinreichend bezeichnet, müssen wir mit dem zufrieden sein, wodurch auch das andere von selbst mitverstanden wird« (Quint. IV,2,41).

Ob und wann die Erzählung einzusetzen ist, hängt von der Situation ab: »Denn zu erzählen empfiehlt sich weder, wenn der Sachverhalt bekannt [...] ist, noch wenn der Gegner eine Schilderung gegeben hat, es sei denn sie wird von uns widerlegt.« (Cic. de or. 2,330) In diesem Falle ist sie nach Quintilian sogar unbedingt nötig: »Wenn wir nichts darlegen, muß er [der Richter] doch glauben, es gebe das wirklich, was der Gegner gesagt hat« (Quint. IV,2,76). In öffentlichen Reden jedenfalls ist die Erzählung meistens nötig zur Unterrichtung über den Verlauf der Vorgänge und ihrer Folgen – nicht dagegen ist sie bei privaten Behauptungen (*deliberationes privatae*) erforderlich (s. Quint. III,8,10). Das Hauptziel der Erzählung ist es, der in der Argumentation (*argumentatio*) zu erweisenden Sache zu nutzen: »Oder gibt es einen Unterschied zwischen Beweisführung und Erzählung außer dem, daß die Erzählung eine zusammenhängende Ankündigung der Beweisführung ist, während wiederum die Beweisführung eine der Erzählung entsprechende Bekräftigung bildet.« (Quint. IV,2,79; vgl. Quint. IV,2,54) Da bei besonderen Umständen eine lange Erzählung erforderlich sein kann und dann dem Desinteresse des Publikums vorzubeugen ist, kann es im Sinne der anschließenden Beweisführung nötig sein, den Erzählzeitraum (*spatium*) aufzuteilen und Abschnitte auf die Beweisführung zurückzustellen (s. Quint. IV,2,48). Dies kann zu mehreren Erzählteilen führen, die dann innerhalb der Beweisführung als Abschweifungen (*digressiones*) erscheinen (s. Quint. IV,2,50).

3. Die Darlegung des Themas (*prothesis / propositio*)

Mit *propositio* bezeichnet man den zusammenfassenden Überblick über das Thema. Sie steht in engem Zusammenhang mit der parteilichen Erzählung und kann zweckmäßige Vereinfachungen, Verschärfungen der Fragestellung etc. entsprechend dem Ziel der Beweisführung vornehmen. Die Themendarlegung leitet oft vom Eingang der Rede zur Erzählung über. »Ebenso ist sie angebracht bei dunklen und verwickelten Fällen, nicht immer nur zu dem Zweck, den Fall durchsichtiger zu machen, sondern zuweilen auch, um stärker die Gefühle zu erregen. Es erregt aber das Gefühl des Richters, wenn gleich noch ein paar für uns günstige Tatsachen eingeflochten werden: ›Im Gesetz steht deutlich geschrieben: ein Fremder, der die Stadtmauer ersteigt, ist mit dem Tode zu bestrafen. Daß du ein Fremder bist, ist gewiß; davon, daß du nicht die Mauer erstiegen hättest, kann keine Rede sein. Was gibt es da anderes für dich als die Todesstrafe?‹ Diese Ankündigung nämlich erpreßt vom Gegner das Schuldbekenntnis, sie nimmt der Urteilsbildung sozusagen jede Bedenkpause und kündigt die Untersuchung nicht an, sondern bahnt ihr den Weg.« (Quint. IV,4,4)

4. Die Abschweifung (*parekbasis / digressio*)

Abschweifung, Exkurs, ist alles, was außerhalb der fünf Teile der Rede erzählt, dargestellt oder behandelt wird, »diene es nun für Unwillen, Mitleid, Entrüstung, Schelten, Entschuldigen, Gewinnen oder Abwehr von Schmähungen« (Quint. IV,3,15). Die *digressio* hat also nicht ihren festen Ort nur in der *narratio*, sondern kann aus allen Teilen der Rede Gedanken und Anlaß beziehen. Häufig wird sie bei schwierigen Vertretbarkeitsgraden jedoch als *prooemium* für die *argumentatio* verwendet, »um den Richter für unsere Beweisgänge zu gewinnen, zu besänftigen oder zu erregen. Das kann hier in freierer und heftiger Weise geschehen, weil dem Richter der Fall schon bekannt ist« (Quint. IV,3,9). Abschweifungen zum Zweck der Affekterregungen können grundsätzlich an beliebiger Stelle vorgenommen werden in der *narratio* und der *argumentatio*.

Wichtig für den Gebrauch der Abschweifungen ist, daß sie sich aus dem Vorausgegangenen ergeben und nicht die Verbindung zum Folgenden zerreißen (s. Quint. IV,3,4); sie müssen innerhalb des Zwecks der Rede eine Funktion erfüllen.

Der Übergang von der *narratio* zur *argumentatio* kann affektisch durch eine *digressio* gestaltet werden oder rational durch eine Zusammenfassung der *narratio*, welche gleichzeitig eine Ankündigung des Beweiszieles beinhalten kann. Im letzteren Fall übernimmt eine *propositio* die Überleitungsfunktion.

Die Erzählung kann im Zusammenhang der ganzen Rede entweder als kontinuierliche Schilderung (*narratio continua*) auftreten oder durch Zwischenschaltungen (*narratio partilis*) unterbrochen werden. Diese Unterbrechungen, welche die *narratio* zu einer *historia interrupta* machen, zu einer immer wieder abgebrochenen und erneut aufgenommenen Geschichte (ein Kunstmittel besonders der Binnenerzählung), geschehen im allgemeinen durch Exkurse oder Abschweifungen (*digressiones*), die zwar ein »fakultativer Bestandteil aller Teile der Rede« (H. Lausberg, Handbuch, S. 187 [340]) sind, aber besonders in der *narratio* ihren Platz haben und durchaus nicht dem Ideal der Kürze widersprechen. Vielmehr sollen sie selber nicht zu umfangreich werden, also überschaubar sein und durch den Kontext motiviert erscheinen. »Im übrigen ist der Gebrauch des Exkurses in der Praxis [...] freier, als die Vorschriften wahrhaben wollen.« (H. Lausberg, Handbuch, S. 177 [314])

Für die Überleitung zur Beweisführung kann ein Exkurs ebenfalls das geeignete Mittel sein. Doch empfiehlt die Rhetorik insbesondere die Vorausschau auf Streitpunkt und Argumentation, *propositio* und *partitio*. »Die propositio umreißt den Streitpunkt, um den es bei den bevorstehenden Beweisen geht; wenn es sich um mehrere Punkte handelt, dann werden sie in einer partitio der Reihe nach vorgeführt.« (M. Fuhrmann, Antike Rhetorik, S. 89)

III. Die Beweisführung *(pistis, eikos / argumentatio)*

Die Beweisführung ist der wichtigste Teil der Rede und spielt bereits bei der Gedankenfindung die leitende Rolle, da es dort schon gilt, die inhaltliche Fülle der Argumente (Beweisstücke, Bestandteile der Beweisführung, s. Quint. V,12,2) mit Hilfe der *loci* ausfindig zu machen. In der Beziehung zu den vorangegangenen Redeteilen ist die Beweisführung als Explikation der (vom Redner in der *intellectio* erkannten) Hauptfrage aufzufassen: vorbereitet wurde sie durch Einleitung und Erzählung.

In der Beweisführung wird die Streitfrage gemäß dem eigenen Parteiinteresse formuliert und beantwortet. Um die Glaubwürdigkeit des eigenen Standpunktes herauszustellen und die Zuhörer von ihm zu überzeugen, muß die Beantwortung stichhaltig und beweiskräftig sein; sie bedient sich dazu der Zeichen (*signa*), Beweise (*argumenta*) und Beispiele (*exempla*).

Der Schwerpunkt der Beweisführung liegt wiederum in der Belehrung, ohne daß deshalb jedoch die emotionalen Überzeugungsmittel unzulässig wären; das entspricht ihrem Gebrauch in der Erzählung.

Da die *argumentatio* der wichtigste Teil in der persuasiven Rede ist, kommt dem *aptum* hier größte Bedeutung zu: »Indessen darf man auch nicht immer mit allen Beweisen, die wir ausfindig gemacht haben, den Richter belästigen, weil sie zum

Überdruß führen und die Glaubwürdigkeit mindern« (Quint. V,12,8). Vom Redner sind letztlich für die Beweisführung in hohem Maße Lebenskenntnisse und Lebenserfahrung im umfassendsten Sinne zu fordern. »Es muß also, wenn man Beweise richtig handhaben will, auch Bedeutung und Wesen aller Erscheinungen bekannt sein sowie die Einsicht, welche Wirkungen jedes von ihnen in der Regel zustande bringt.« (Quint. V,10,15)

1. Gliederung als Eingang der Beweisführung (prothesis, prokataskeue / divisio, partitio)

Partitio heißt die gliedernde Aufzählung der Redeziele und kann sowohl am Redeanfang stehen als auch an das Ende der Erzählung treten. Ihre Bedeutung liegt darin, daß z.B. bei verwickelten Redegegenständen (*genus obscurum*) mehrere Beweisziele verfolgt werden können, ohne daß die Verständlichkeit und Klarheit der Gedankenführung für das Publikum leidet. Auch ist die *partitio* eine Technik der Überleitung.

Die *partitio* am Anfang der Beweisführung bietet eine »handgreifliche, klare und sinnvolle Grundlage für den ganzen Fall« (Quint. IV,5,3). Die Beweisführung wird dadurch sowohl für den Redner als auch für den Hörer zielstrebig und überschaubar. Quintilian gibt jedoch zu bedenken: »[W]enn nämlich die Beweisgänge schon angekündigt sind, wird dadurch alles, was für das Weitere noch den Reiz einer Überraschung durch etwas Neues bieten kann, zum voraus ausgeschaltet [...]. Denn manchmal ist ein Beweisziel eine harte Zumutung, vor der der Richter, wenn er sie voraussieht [...] zurückschreckt« (Quint. IV,5,4f.). Der hauptsächlich rational orientierten *partitio* als Eingang der Beweisführung entspricht die mit affektischen Funktionen behaftete aufzählende Wiederholung und Zusammenfassung (*enumeratio*) am Schluß der Rede (*peroratio*).

2. Die Teile der Beweisführung

Quintilian unterteilt die *argumentatio* in Beweisführung im engeren Sinne (*probatio*) und Widerlegung (*refutatio*) und behandelt im fünften Buch dann die Widerlegung auch in einem eigenen Kapitel (s. Quint. V,13,1ff.). Er begründet dies: »denn die Beweisführung hat aufzubauen, die Widerlegung abzureißen« (Quint. III,9,5). Da die Widerlegung jedoch mit entsprechenden Mitteln wie die positive Beweisführung arbeitet (obzwar sie schwieriger ist: »in dem Maße, wie es leichter ist, Wunden zu schlagen als zu heilen, ist auch anzuklagen leichter als zu verteidigen« [Quint. V,13,3]), soll die *refutatio* hier nicht besonders behandelt werden – auch wenn Quintilian schon Aristoteles aus ebendiesem Grunde getadelt hat (s. Quint. III,9,5). Cicero hatte die *argumentatio* in entsprechender Weise wie Quintilian später unterteilt, zeigte aber den Zusammenhang von Beweisführung und Widerlegung. »[D]och weil sich weder Gegengründe widerlegen lassen, ohne daß man die eigenen bekräftigt, noch die eigenen bekräftigen, ohne daß man die gegnerischen widerlegt, darum hängt beides in seiner Eigenart, in seinem Wert und in der Art seiner Behandlung eng zusammen.« (Cic. de or. 2,331)

3. Beweisarten *(pisteis / probationes)*

Bei der Einteilung in die Beweise folgt Quintilian dem Vorschlag von Aristoteles: »Zunächst nun hat sich die Einteilung des Aristoteles fast allgemeine Anerkennung erworben, nach der es einerseits Beweisführungen gibt, die der Redner mit äußeren Beweismitteln bestreitet, andererseits solche, die er aus dem Fall selbst bezieht und gewissermaßen erzeugt« (Quint. V,1,1).

a) Beweisführung ohne Kunstmittel *(pisteis atechnoi / probationes inartificiales)*

Die untechnischen Beweismittel stammen aus dem Fall und seinen Begleitumständen selber. Quintilian nennt: »gerichtliche Vorentscheidungen, Gerüchte, Foltern, Urkunden, Eidesleistungen und Zeugenaussagen« (Quint. V,1,2); er betont aber auch, daß für deren richtigen und zweckentsprechenden Einsatz alle Kunstfertigkeit des Redners vonnöten ist. In bestimmten Literaturgattungen spielt diese Argumentationsweise eine beherrschende Rolle, denn vom Augenzeugenbericht bis zur Reportage, vom Brief bis zum Radiofeature, ja bis zu allen Arten der dokumentarischen Literatur sollen die Sachen selber im Mittelpunkt stehen.

b) Beweisführung durch Kunstfertigkeit *(pisteis entechnoi / probationes artificiales)*

Alle Beweismöglichkeiten, die nicht mit dem Fall gegeben sind und der Redner daher selber mit Hilfe seiner Technik ausschöpfen muß, nennt die Rhetorik technische Beweismittel. Es sind Argumentationen, die auf logischen Zusammenhängen, auf Wahrscheinlichkeit und Glaubwürdigkeit beruhen und entweder induktiv, durch Beispiele und Indizien *(exempla, signa)*, oder deduktiv, durch Schlußfolgerung *(argumenta)*, gewonnen wurden. Quintilian zählt eine Reihe von Merkmalen auf, die den kunstgemäßen, technischen Beweisen gemeinsam sind, ob sie auf *signa*, *argumenta* oder *exempla* beruhen (s. Quint. V,8,4ff.).

– Jede Art der Beweisführung hat es mit Personen oder Sachen zu tun. (»Denn es gibt keine Untersuchung, die es nicht entweder mit einer Sache zu tun hat oder mit einer Person.« [Quint. V,8,4]).
– Die Beweise können für sich gesehen werden oder in Beziehung zu anderem.
– Der Beweis steht in der Beziehung zu anderem entweder in einem Verhältnis der Folgerichtigkeit oder des Widerspruchs.
– Das Widerspruchsverhältnis ergibt sich entweder aus vergangener Zeit, aus gleichem Zeitraum oder aus folgender Zeit.
– Eine Sache läßt sich nur beweisen durch eine andere, diese muß entweder größer oder gleich oder kleiner sein.
– Die Beweise können sich auf Probleme konkreter oder allgemeiner Art beziehen.
– Die Beweise haben drei Überzeugungsgrade: »Außerdem gilt es für alle Beweisführungen, daß sie teils zwingend, teils glaubhaft, teils frei von Widersprüchen sind.« (Quint. V,8,6)
– Die Beweise beruhen auf vier Schlußfolgerungstypen:
    1. weil etwas ist, ist etwas anderes nicht: »Es ist Tag, Nacht ist es also nicht« (Quint. V,8,7);

2. weil etwas ist, ist etwas anderes auch: »Die Sonne ist über der Erde, Tag ist es also« (Quint. V,8,7);

3. weil etwas nicht ist, ist etwas anderes: »Nacht ist es nicht, Tag ist es also« (Quint. V,8,7);

4. weil etwas nicht ist, ist etwas anderes auch nicht: »Er ist nicht im Besitz von Vernunft, er ist also kein Mensch« (Quint. V,8,7).

b1) Zeichen, Indizien *(semeia, tekmeria / signa)*

Das *signum* ist ein sinnlich wahrnehmbares Zeichen, das vom Redner als Indiz für eine bestimmte Sachlage, als Beweis einer Behauptung, als Mittel zur Affekterregung eingesetzt wird. Dabei unterscheidet man Zeichen, die eine sichere Schlußfolgerung erlauben *(signa necessaria)*, von solchen Zeichen, die eine Schlußfolgerung als bloß wahrscheinlich *(signa non necessaria)* nahelegen (s. Quint. V,9,5 u. 15). Zwingende Indizien sind zum Beispiel Fingerabdrücke oder Ergebnisse genetischer Untersuchungen. Zu den wahrscheinlichen Indizien gehören Eigentumsgegenstände (denn sie könnten auch untergeschoben sein) oder körperliche Merkmale wie Linkshändigkeit, Hinken und dergleichen (denn sie könnten imitiert worden sein).

b2) Die Beweisgründe *(syllogismoi, enthymemata / ratiocinatio, argumenta)*

Das *argumentum* stellt eine rationale Schlußfolgerung dar, »die der Beweisführung Beweiskraft liefert, wodurch etwas durch etwas anderes erschlossen und etwas Zweifelhaftes durch etwas Unzweifelhaftes in seiner Gewißheit bestärkt wird, [also] muß es etwas in einem Fall geben, das keinen Erweis nötig hat« (Quint. V,10,11). Das *argumentum* vermittelt also zwischen dem, was feststeht, und allem, was zweifelhaft ist und erst zur Gewißheit werden soll.

Das Enthymem *(enthymema, ratiocinatio)* ist die spezifisch rhetorische Argumentationsweise, der »rhetorische Syllogismus« (Aristoteles), mit dessen Hilfe der Redner seine Beweisführung aufbaut. Heute meist als verkürzter Syllogismus bezeichnet, bedeutete das Enthymem für die antike Rhetorik sehr viel mehr, nämlich eine besondere Art des Schlußverfahrens, das nicht formallogisch zu sein brauchte, sondern als Teil der Topik verstanden wurde.

Grundlage des Enthymems bildet eine allgemein anerkannte und daher nur sehr schwer zu widerlegende Feststellung, die aber nicht notwendig ist und daher der Auslegung bedarf.

»Da es aber nun offenkundig ist, daß die in der Theorie begründete Anleitung auf die Überzeugungsmittel zielt, die Überzeugung aber eine Art Beweis ist [...] und da der rhetorische Beweis das Enthymem ist, so ist dieses auch, um es kurz zu sagen, das bedeutendste unter den Überzeugungsmitteln.« (Ar. Rhet. I,1,11 [1355a])

Quintilian nennt sieben Quellen, aus denen ein Enthymem zu gewinnen ist:

- das, was wir mit unseren Sinnen wahrnehmen (sehen, hören, tasten etc.) – »von dieser Art sind die Anzeichen« *(signa)* (Quint. V,10,12);
- das, worüber nach allgemeiner Anschauung Übereinstimmung herrscht (z.B.: ›es gibt Götter‹);
- das, was in Gesetzen festgelegt ist;
- das, was auf überliefertem Brauchtum beruht (dies kann mit dem Vorhergehenden übereinstimmen, muß es aber nicht notwendig);
- das, was zwischen beiden Parteien als geltend oder erwiesen akzeptiert wird;

– das, was bewiesen ist;
– das alles, wogegen kein Widerspruch vom Gegner erhoben wird.

Die rhetorische Begründung einer Behauptung folgt also dem Muster der Frage: »Ist es glaubwürdig, daß ...?« (»an credibile sit?«) und läßt zwei Möglichkeiten zu:

Die aufeinander bezogenen Gegenstände stehen in einem positiven Verhältnis zueinander. ›Das einzige Gut ist die Tugend; denn das nur ist ein Gut, wovon niemand schlechten Gebrauch machen kann. Von der Tugend kann niemand schlechten Gebrauch machen: ein Gut ist also die Tugend.‹ (nach Quint. V,14,25)

Die aufeinander bezogenen Gegenstände stehen in einem Widerspruchsverhältnis zueinander. ›Kein Gut ist das Geld; denn das ist kein Gut, wovon jemand schlechten Gebrauch machen kann. Vom Geld kann jemand schlechten Gebrauch machen, nicht also ist Geld ein Gut.‹ (nach Quint. V,14,25)

Das philosophische Schlußverfahren (Syllogismus) findet in der Rhetorik nur begrenzt Anwendung, es gilt als trocken, umständlich und wenig publikumswirksam (Gefahr der Langeweile). »Wenn Geld, das aus geprägtem Silber besteht, Silber ist, hat jemand, der alles Silber vermacht hat, auch das Geld, das aus geprägtem Silber besteht, vermacht [...]. Dem Redner genügt es zu sagen: ›Da er alles Silber vermacht hat, hat er auch das Geld vermacht, das aus Silber besteht.‹« (Quint. V,14,26)

b3) Das Beispiel *(paradeigma / exemplum)*

Das Beispiel ist ein der Rede zugefügter veranschaulichender Beleg aus einem »nützlichen, wirklichen oder angeblich wirklichen« Vorgang (Quint. V,11,6). »Von außen aber werden solche Argumente herangetragen, die nicht durch ihre eigene Kraft, sondern nur durch fremde Autorität zu stützen sind« (Cic. de or. 2,173). Die Beispiele sind natürliche Beweise, die vom Redner nicht mit Hilfe des Schlußverfahrens gewonnen werden, sondern ihm vorgegeben sind und mit Hilfe seiner Erfahrung und Wahrnehmungsfähigkeit gefunden werden müssen. *Inductio* nennt Cicero die Methode, eine außerhalb des eigentlichen Redegegenstandes liegende Sache als Beispiel in die Rede einzubeziehen und mit dem Fall durch Ähnlichkeit zu verknüpfen (s. Cic. de inv. I,31,51).

»Aristoteles stellt das Beispiel [...] in den Kontext seiner Logik. Die Analyse der von Aristoteles selbst gebildeten Beispiele zeigt allerdings – ebenso wie die Analyse der ciceronischen Beweisart *inductio* –, daß sie unter logischem Aspekt nicht einfach induktive Schlüsse von Einzelbeispielen auf allgemeine Sachverhalte sind, sondern daß es sich um Analogieschlüsse handelt, in denen Induktion und Deduktion miteinander verknüpft sind: Das bzw. die angeführten Beispiele legen den Hörern nahe, daraus induktiv eine allgemeine Regel oder Gesetzmäßigkeit zu bilden, von der dann deduktiv auf denjenigen Einzelfall zu schließen ist, der in der Rede den Beweisgegenstand bildet.« (J. Klein, Artikel »Beispiel«, HWR, Bd. 1)

Doch dient das Beispiel nicht allein der rhetorischen Beweisführung. Es kann einen allgemeinen oder unbekannten Sachverhalt beleuchten und einen schwierigen, undurchsichtigen Fall erklären, diese beiden – didaktischen – Funktionen können mit der Beweisfunktion auch zugleich auftreten. Die Rhetorik unterscheidet seit Aristoteles folgende Beispiel-Klassen:

– Das Beispiel aus Geschichte und Zeitgeschichte. Seine Glaubwürdigkeit ist groß, da es entweder aus einer wahren Begebenheit aus der Gegenwart stammt, die allgemein bekannt ist bzw. nachgewiesen werden kann, oder weil es auf historischen Tatsachen beruht und noch dazu vom Autoritätsgehalt (*auctoritas*) der Geschichte und der historischen Personen profitiert.

– Das fiktionale Beispiel, das als *Gleichnis* oder *Fabel* auftritt und dessen Glaubwürdigkeit geringer bzw. über die allgemeine Wahrheit vermittelt ist, die in ihm steckt und die es illustriert. Wird das fiktionale Beispiel aus der Literatur genommen, kommt ihm freilich die *auctoritas* des Dichters oder Redners zu Hilfe.

Für Cicero ist das Beispiel überhaupt eine besonders wirkungsvolle Spielart der *auctoritas*, die für die Rhetorik ein wirkungsvolles Überzeugungsmittel darstellt und in der *argumentatio* ihren wichtigsten Platz hat. Sie führt den Beweis einer Behauptung durch Berufung auf eine Autorität, sei es eines Philosophen, Staatsmannes, einer Volksweisheit oder heiligen Schrift, und wird wie das Beispiel »[v]on außen her in den Fall hineingebracht« (Quint. V,11,36). Diese Art der beispielhaften Argumentation unterscheidet sich vom gewöhnlichen Exempel dadurch, daß sie ihre Glaubwürdigkeit hauptsächlich dem gesellschaftlichen oder kulturellen Ansehen des Zeugnisses bzw. seines Urhebers verdankt. »Diese Argumentationsweise also, die man ›kunstlos‹ nennt, fußt wesentlich auf dem Beleg. ›Beleg‹ nenne ich in diesem Zusammenhang alles, was von irgend einem äußeren Sachverhalt hergenommen wird, um Glaubwürdigkeit herzustellen. Es ist dabei von nicht geringem Gewicht für den Beleg, von welcher Art die zitierte Person ist; denn um Glaubwürdigkeit herzustellen, muß man Autorität aufsuchen. Autorität erwirbt man sich entweder durch Naturtalent oder durch dauernde Bewährung. Die Autorität auf Grund von Naturtalent liegt in besonderem Maße in der Tüchtigkeit; bei der Bewährung gibt es vieles, was Autorität bringt: Ausgebildetes Talent, erworbener Reichtum, Lebensalter, Kenntnis, Erfahrung, Druck und manchmal auch ein Zusammentreffen zufälliger Umstände.« (Cic. top. 19)

Die Verwendung der Beispiele:

Das *exemplum* kann als bloßer Hinweis oder als Anspielung in einem Satz oder Satzglied auftreten (s. Quint. V,11,16); es kann aber auch zur Erzählung dessen, was in ähnlicher Weise geschehen ist, ausgebaut werden (s. Quint. V,11,15). In der längeren Form wäre das *exemplum* eine *narratio* und somit – da innerhalb der *argumentatio* – eine *digressio*.

In welcher Form das *exemplum* angewendet wird, hängt vom äußeren *aptum* ab: Schon Aristoteles empfiehlt es für ein eher ungebildetes Publikum, denn die Beispielerzählung ist – vor allem in Gestalt der Fabel – ein volkstümliches Genre (s. Ar. Top. I,14 [105b]), und Quintilian warnt davor, »daß das, was wir um der Ähnlichkeit willen herangezogen haben, nicht unklar sei oder unbekannt; denn es muß, was zur Erklärung einer anderen Erscheinung dienen soll, selbst klarer sein als das, was es erhellt.« (Quint. VIII,3,73).

b4) Die Sentenz (*gnome / sententia*)

Zu den Überzeugungsmitteln gehört auch die Sentenz, der kurz, faßlich, präzise und epatierend formulierte Sinnspruch. Die antike Rhetorik hat eine differenzierte Lehre von den Sentenzen ausgebildet und sah die Bedeutung des ›Sinnspruchs‹ in seiner doppelten Funktion als Beweis und als Schmuck. Für Quintilian sind die Sentenzen den von öffentlichen Versammlungen beschlossenen Dekreten ähnlich, weshalb er sie sententiae, Urteile, nannte (s. Quint. VIII,5,3). Aristoteles definiert: »Es ist aber die Sentenz eine Erklärung, jedoch nicht über das, was den Einzelnen betrifft, [...] sondern über etwas das Allgemeine betreffend« (Ar. Rhet. II,21,2 [1394a]). Diese Allgemeinheit der Aussage verleiht der Sentenz die Beweiskraft, sie ist eine »autoritätshaltige und auf viele konkrete [...] Fälle anwendbare Weisheit« (H. Lausberg, Handbuch, S. 431 [872]), sie gibt für den Einzelfall den Maßstab der Beurteilung. Neben der vom Redner selbst vollzogenen Sentenzbildung empfiehlt Aristoteles daher die Verwendung der »lakonischen Sprichwörter (Apophtegmata)« sowie der »rätselhaften Sprüche« (Ar. Rhet. II,21,8 [1394b]), der ›Geflügelten Worte‹ und Sprichwörter also. Die allgemeine Kenntnis solcher Sprüche verbürgt ihre Wahrheit zusätzlich zu der ihnen qua Schlußfolgerung zukommenden. Dabei ist es zunächst gleichgültig, ob sie als Volksweisheit anonym entstanden oder von einem bestimmten bekannten Verfasser geprägt sind – in jedem Fall stellen die Sentenzen eine unentbehrliche Berufungsinstanz für den Redner dar und sind ihm bei seiner Beweisführung behilflich. Hinzu tritt die *delectatio*-Wirkung der Sentenzen, begründet in ihrer Kürze (*brevitas*-Ideal) wie in der Freude des Zuhörers darüber, daß »jemand durch den Ausspruch eines allgemeinen Satzes zufällig die Ansichten trifft, die jene im speziellen Fall haben« (Ar. Rhet. II,21,15 [1395b]). Solches Wiedererkennen stimmt dem Redner gegenüber günstig: die Sentenz »macht nämlich die Rede zu einer ethischen Rede« (Ar. Rhet. II,21,16 [1395b]), schließt daher Aristoteles. »Der Redner erweckt Vertrauen, denn er spricht aus, was seine Zuhörer denken« (Ueding, Schillers Rhetorik, S. 182).

Die Sentenzen müssen nicht unbedingt an den genannten Merkmalen erkennbar sein. In der konkreten Anwendungssituation brauchen Sentenzen nämlich nicht in ihrer eigenständigen Form (sinnsprüchlichen Form) in das Redekontinuum eingefügt zu werden, sondern können kontextabhängig in *res* und *verba* mehr oder minder stark variiert, also durch finite Elemente der Rede spezifiziert und zugleich verschleiert werden. Hierbei ist die Begründung für die Verschleierung in der Forderung nach Persuasionsnützlichkeit des Redeschmucks zu sehen.

Im folgenden wird die Einteilung der Sentenzen nach Quintilian skizziert und anhand von Beispielen verdeutlicht:
- Die Sentenz als schmückendes *enthymema*: schmückend ist das Enthymem dann, wenn sein Inhalt und seine Aussage schon vorher in der Rede ausgeführt wurden.

> »Wird dich denn also gerade die Rede derjenigen Menschen, Caesar, deren Straffreiheit der Ruhm deiner Milde ist, zur Grausamkeit reizen?« (Quint. VIII,5,10)

- Die Sentenz als *epiphonema*: als abschließender Ausruf nach einer *narratio* oder *argumentatio*.

> »Gemütlich werden wir es uns wieder machen, wenn wir den Sieg in Händen haben. [...] Jetzt aber müssen wir die Bequemlichkeit aufopfern, um zum Siege zu kommen!« (J. Goebbels)

- Die Sentenz als Sinnspruch: »Es gibt auch das von den Modernen sogenannte νόημα (Aperçu), worunter jeder Einfall verstanden werden kann, jedoch ha-

ben sie mit diesem Namen das ausgezeichnet, was sie nicht aussprechen, sondern nur verstanden wissen wollen« (Quint. VIII,5,12).
»Jetzt bin ich wach, und Tag soll sein.« (Schiller)

– Die Sentenz als Schlußsatz: im Sinne einer *conclusio*.

>»Und wenn die Verhältnisse den Menschen bilden, so hilft nichts, als die Verhältnisse menschlich zu bilden; es lebe die praktische Vernunft.« (E. Bloch)

– Die überraschende Sentenz: die aus einer gewissen Ratlosigkeit oder Verlegenheit hervorgeht und die vorausgegangene Rede durch ein verblüffendes Witzwort abschließt. Quintilian führt an, jemand habe einen Mann gepanzert auf dem Forum spazierengehen sehen. Zur Rede gestellt, gestand der Mann, er tue das aus Angst. Darauf fiel die Sentenz:

>»Wer hat dir das Recht gegeben, derart Angst zu haben?« (Quintilian)

– Die Sentenz, die ein Wortspiel oder eine Doppeldeutigkeit beinhaltet (s. Quint. VIII,5,16).

>»Man soll die Feste doch nicht unbedingt so feiern wie sie fallen.« (E. Bloch)

– Schlußsätze, die aus einem anderen Sinnzusammenhang entlehnt werden und dadurch eine semantische Erweiterung erfahren. Der besondere Reiz solcher Sentenzen ist die auf den übernommenen Satz konzentrierte Ähnlichkeit oder Unähnlichkeit der verschiedenen Kontexte; im Falle der Unähnlichkeit wird die Sentenz komisch oder ironisch.

>»Vielleicht aber genügt es in diesem Fall, auf jenen Satz Monteverdis [...] hinzuweisen, den Andersch der ›Roten‹ als Motto vorangestellt hat: ›Der moderne Komponist schreibt seine Werke, indem er sie auf der Wahrheit aufbaut‹.« (M. Reich-Ranicki)

– Die Sentenz, die durch bloße Verdoppelung entsteht und meist mit dem Gegensatz verbunden ist.

>»Wie aber, daß der Arme, da er nicht reden, auch nicht schweigen konnte?« (Quintilian)

– Die Sentenz, die auf einem Vergleich beruht und das Verständnis erleichtern soll.

>»Er schneidet nicht, um zu töten, sondern um das Leben des Patienten zu retten!« (J. Goebbels)

Als schlechte Sentenzen werden bezeichnet:
– Sentenzen, die sich auf ein einziges Wortspiel stützen (s. Quint. VIII,5,20);

- Sentenzen, die aus zu weit hergeholten Metaphern bestehen (s. Quint. VIII,5,20);
- Sentenzen, deren Zweideutigkeit sich auf eine fälschlich hergestellte Ähnlichkeit gründet (s. Quint. VIII,5,20f.):
- Sentenzen, die bei kritischer Prüfung fehlerhaft und lächerlich sind, auf den ersten Blick jedoch geistreich erscheinen;
- Sentenzen, die aus Übertreibung oder unbedeutenden Einzelheiten leben (s. Quint. VIII,5,15 u. 24).

Allgemein wird als Fehler betrachtet, wenn Sentenzen angebracht werden, um das Publikum in Atempausen mit Beifall zu beschäftigen (s. Quint. VIII,5,14), oder wenn Sentenzen zu häufig angewendet werden. Hier wie bei den Figuren gilt, daß jedes Element des Redeschmucks eine Ruhepause fordert, welche die Glanzlichter der Rede voneinander trennt (s. Cic. de or. 3,97–3,102), damit sie sich nicht gegenseitig in den Schatten stellen. Gegen diese Forderung verstößt insbesondere die Redeweise, die nicht nur aus vielen, sondern nahezu ausschließlich aus Sentenzen besteht (s. Quint. VIII,5,31).

c) Die Vergrößerung oder Steigerung (*auxesis / amplificatio*)

Für Aristoteles stellt die Amplifikation selbst ein Enthymem dar, »mit dem Zweck aufzuzeigen, daß etwas groß oder klein sei, ebenso wie, daß etwas gut oder schlecht, gerecht oder ungerecht sei und anderes dieser Art.« (Ar. Rhet. II,26,1 [1403a]) Quintilian ergänzt, daß die Vergrößerung oder Erhöhung der für die eigene Partei nützlichen Redegegenstände zu ihrer Überzeugungskraft verhelfe (s. Quint. VIII,4,3). Der *amplificatio* entgegengesetzt ist die *minutio* (s. Quint. VIII,4,28), die Verringerung oder Abschwächung einer Sache. Da der *amplificatio* und der *minutio* die gleichen Mittel und Verfahren zugrunde liegen, brauchen sie für die *minutio* nicht eigenständig behandelt zu werden: sie ergeben sich entsprechend aus der Darstellung der *amplificatio*, »denn die Stufen sind ebenso viele, wenn man hinauf-, wie wenn man herabsteigt« (Quint. VIII,4,28). Das Verfahren der *amplificatio* besteht darin, daß der Redner die Vorteile oder Nachteile einer Sache in einer mehr als realen Deutlichkeit parteiisch herausarbeitet, weshalb die *amplificatio* für die Beweisführung unverzichtbar ist: durch sie erhalten die Beweismittel das nötige Gewicht. Unter diesem Gesichtspunkt läßt sich die Verbindung zwischen der *amplificatio* und der *perspicuitas* erhellen: die Funktion der *amplificatio* ist die in affektischer Dimension gesteigerte *perspicuitas*. Die Richtung, in der die Darstellung gesteigert wird, ist dabei völlig offen: die *amplificatio* kann sowohl auf das Erhabene als auch auf das Niedrige zielen, auf das Ernste ebenso wie auf das Lächerliche oder Komische und somit unter Anwendung der Tropen und Figuren jede Abstufung des Affekts bezwecken.

Die Verbindung von Affekterregung und Parteilichkeit ist der wichtigste Aspekt der *amplificatio*. Bei dieser grundsätzlichen Aussage muß jedoch hinsichtlich der epideiktischen Rede eine Einschränkung getroffen werden. Da nicht alles, was als Gegenstand der Rede in Frage kommt, eine Beweisführung erfordert, gibt es auch *amplificationes* von *res* und *verba*, die von der Parteilichkeit nur indirekt abhängig sind. Solche Redegegenstände sind nach allgemeiner Übereinstimmung von vornherein als gut (lobenswert) oder schimpflich (tadelnswert) anerkannt; so zum Beispiel Götter und Helden. Die *amplificatio* wird hier nach Übereinstimmung der Theoretiker allein des *ornatus* wegen vorgenommen und zielt auf ästhetisches Erleben. Für andere Rhetoriker gibt es jedoch keinen Redegegenstand, der nicht in irgendeiner Weise in Frage gestellt ist: die getroffene Einschränkung würde sich dann erübrigen, da nach ihnen jede Rede auf eine Frage zurückgeht und somit argumentativ, persuasiv und parteiisch sein muß. Gegen diese Auffassung wird angeführt, daß die Beweisführung der epideiktischen Rede, sofern überhaupt eine auftritt, nur scheinbar ist (zu dieser Diskussion s. Quint. III,5,3 u. 7,1–6).

Im weitesten Sinne muß die *amplificatio* als das elementare Verfahren der Redekunst (auch der Kunst überhaupt) aufgefaßt werden, da eine objektive Behandlung des Gegebenen unmöglich ist: stets geht die Behandlung von parteilichem Interesse aus, und das Gegebene wird gemäß diesem Interesse zugespitzt aufgefaßt und dargestellt. Die *amplificatio* kann daher sowohl in die *inventio* als auch in die *elocutio* eingeordnet werden; sie betrifft die *res* als Gegenstände des ersten Produktionsstadiums der Rhetorik ebenso wie die *verba*, die Gegenstand des dritten Produktionsstadiums sind. In der *pronuntiatio* und *actio* zeigt sich die *amplificatio* darin, daß Stimme und Gestik eingesetzt werden, um die Aussage der Worte zu unterstreichen.

Amplifikatorische Züge werden in der *inventio* bereits darin deutlich, daß der Redner die Umstände, die mehr Vor- als Nachteile bieten, gedanklich für die Rede erarbeitet und entfaltet, die Sachen aber verwirft, die mehr ungünstige als günstige Seiten zeigen (s. Cic. de or. 2,102). In der weiteren Bearbeitung werden dann die guten Seiten der Sache durch den Ausdruck ausgekleidet. Die *elocutio* stellt an Mitteln hierzu die Tropen, Figuren und Sentenzen bereit: Bezüglich der *verba* wird der schlichtere, einfachere Ausdruck für die Sache durch den stärkeren, eindringlicheren, affektsicheren ersetzt. »Mein Prinzip beim Reden besteht aber gewöhnlich darin, auf die positiven Seiten eines Falles einzugehen, sie auszuschmücken und hervorzuheben, ausgiebig und gründlich bei ihnen zu verweilen, von den negativen und schwachen Seiten der Angelegenheit jedoch so abzurücken, daß ich sie zwar nicht ganz zu meiden scheine, daß sie jedoch durch die Ausschmückung und Hervorhebung des Positiven völlig in den Hintergrund treten.« (Cic. de or. 2,292)

Die Rhetorik unterscheidet vier Grade der Amplifikation: die Steigerung (*incrementum*), die Vergleichung (*comparatio*), die Schlußfolgerung (*enthymema*), die Häufung (*congeries*) (s. Quint. VIII,4,3).

c1) Steigerung (*incrementum*) bedeutet die Vergrößerung einer Sache sowohl durch die in Stufen aufsteigende Setzung als auch durch die in Stufen aufsteigende Benennung der *res*: der Redner steigert also *res* und *verba*. Der zu amplifizierende Gegenstand wird dabei in den entsprechenden *verba* auf die oberste Stufe gesetzt. Insgesamt kann das *incrementum* aus einer Abstufung oder aus mehreren bestehen.

– Das *res* und *verba* amplifizierende *incrementum* hat als Vorform eine einfachere Art, die lediglich aus sich steigernden Worten besteht. Diese Vorform kann der Erläuterung des *incrementum*, das beim Redner die Kenntnis des ›Stufenwertes‹ der Gegenstände und der Worte voraussetzt, vorangestellt werden und berührt sich mit dem Tropus der *hyperbole*.

»Die Gemeinden lassen für ihre Lehrstühle lauter solche pädagogische Steiße aus, die schon auf Weber-, Schneider-, Schusterschemeln seßhaft waren.« (Jean Paul)

– Das eigentliche *incrementum* steigert durch eine Folge von sich überbietenden Gedanken.

»Es ist ein Frevel, einen römischen Bürger zu fesseln, ein Verbrechen, ihn zu peitschen, fast Vatermord, ihn zu töten.« (Cicero)

Die Fortführung dieses Beispiels zeigt, daß auch die höchste Stufe des *incrementum* noch gesteigert werden kann durch die *supra summum adiectio* (s. Quint. VIII,4,6). Eine ihrer Arten besteht in der Überbietung durch eine *res*, die mit Worten nicht mehr bezeichnet werden kann:

»[...] ihn aber an's Kreuz zu schlagen, wie soll ich das nennen?« (Cicero)

c2) Der Vergleich (*comparatio*) steigert eine Sache, indem er sie auf einen anderen, größeren und höheren Gegenstand bezieht. Der historische, fiktive oder scheinbar ähnliche Vergleichsgegenstand kann hier als eine Art des Beispiels (*exemplum*) aufgefaßt werden; zu seiner Aufführung dienen die *loci*, die Fundorte.

»Der hochangesehene Mann, der Oberpriester P. Scipio, hat den Gracchus, der den Staat nur mäßig erschütterte, als Privatmann getötet: und wir Consuln sollten den Catilina, der die ganze Welt mit Mord und Brand zu verwüsten sucht, ertragen?« (Cicero)

c3) Die Steigerung durch rhetorische Schlußfolgerung (*enthymema*) ergibt sich erst durch Gedankenschluß des Publikums: von einer ausdrücklich amplifizierten Sache wird auf das mit dieser Sache logisch Verbundene geschlossen. So kann z.B. die Schönheit der Helena besonders hervorgehoben werden durch den Bericht, keine Geringeren als die Weisen und Beisitzenden des Priamus, Greise also, hätten einen Völkerkrieg um den Besitz einer Frau: Helena, gebilligt (s. Quint. VIII,4,21).
Die Verbindung zwischen der amplifizierten Sache und dem durch Vernunftschluß indirekt amplifizierten Gegenstand kann unterschiedlicher Art sein: speziell in der *narratio* kann danach eingeteilt werden, ob das eigentlich Amplifizierte dem indirekt Amplifizierten zeitlich vorausging oder nachfolgte: »So ist, wenn das eine aus dem anderen geschlossen wird, die Bezeichnung als Schlußverfahren weder unzutreffend noch ungewöhnlich, wie wir sie ja auch aus dem gleichen Grund bei den Grundfragen der Streitbestimmung (den *status*) anwenden. So läßt sich auch aus dem Nachfolgenden die Steigerung herleiten« (Quint. VIII,4,16f).

c4) Die Häufung (*congeries*) besteht aus einer Reihe mehrerer synonymer Worte und Sätze (s. Quint. VIII,4,26): sie ist eine Vervielfältigung der *res* (*multiplicatio*) durch *verba* (s. Quint. VIII,4,27); die Amplifikation der *res* entsteht dabei durch die Wortmenge, die zur Bezeichnung der *res* eingesetzt wird. (H. Lausberg, Handbuch, S. 224 [406], nennt sie treffend eine »Breitenamplifizierung«.)

»Da war er, der Pförtner des Kerkers, der Henkersknecht des Praetors, Tod und Schrecken der Bundesgenossen und der römischen Bürger, der Liktor Sextius.« (Quintilian)
»Hier waltet ein Unsegen, ein Fluch, etwas fortwirkend Tragisches, das sich noch darin äußert, daß selbst die abweisende Haltung Goethes gegen das politische Protestantentum, die völkische Rüpel-Demokratie.« (Th. Mann)

IV. Der Redeschluß *(epilogos / peroratio)*

Die *peroratio* macht den Schlußteil der Rede oder eines Redeteils aus und hat einen doppelten Zweck: sie soll zum einen die Tatsachen und Gesichtspunkte der Rede zusammenfassen, um sie dem Gedächtnis des Hörers einzuprägen, und sie soll zum anderen den Gedankengang der Rede in »treffenden Sentenzen zuspitzen«, um durch Gefühlswirkungen den Hörer vollends für den vertretenen Standpunkt zu gewinnen.

»Der Abschluß aber sollte meist in einer Steigerung bestehen, sei es um den Richter zu entflammen, sei es um ihn zu besänftigen. Man muß überhaupt alle Punkte, sowohl im früheren Verlauf der Rede als auch besonders an ihrem Ende danach ausrichten, auf die Richter einen möglichst starken Eindruck zu machen und sie zu unserem Vorteil zu beeinflussen.« (Cic. de or. 2,332)

Allgemein gilt für die Durchführung der *peroratio*, daß sie knapp und schnell zusammenfaßt: »Denn falls wir uns dabei aufhalten, ergibt es […] gleichsam eine neue Rede.« (Quint. VI,1,2)

Zwar hat der Redner am Schluß die Möglichkeit, in der gedrängten Übersicht seine Stärke zu zeigen, »auch wenn er bei der Behandlung der einzelnen Punkte weniger Eindruck gemacht haben sollte« (Quint. VI,1,1) – doch darf der Schluß dadurch nicht der Rede aufgepfropft werden: die vorausgegangenen Teile der Rede müssen sowohl den Inhalt als auch die Mittel für den Redeschluß vorbereitet haben. Auf affektischer Ebene greift die *peroratio* aufbauend und steigernd hauptsächlich auf die Erzählung zurück, auf inhaltlicher Ebene stützt sie sich auf die Explikation des Sachverhaltes in der Beweisführung.

Wegen der starken Raffung und der (nicht zuletzt aus der Raffung hervorgehenden) Konzentration der affektischen Mittel im Schlußteil ist unter Umständen noch eine Vorbereitung des Publikums erforderlich. Deshalb kann als Übergang *(transgressio)* zum Redeschluß auf die Beweisführung erst ein Exkurs folgen, ebenso wie auch im Anschluß an die Erzählung ein Exkurs als Vorsorge für etwaige empfindliche Stellen angebracht sein könnte. Schließlich: »fehlt es am guten Willen, so hat es die Überzeugungskraft nicht leicht« (Quint. IV,3,10).

1. Zusammenfassende Aufzählung *(enumeratio)*

Mit *enumeratio* bezeichnet man den Katalog der in den vorangegangenen Redeteilen genannten und bewiesenen Behauptungen, Probleme und Gegenstände, die zum Schluß zur Übersicht und nochmaligen Vergegenwärtigung wiederholt werden.

»Was aber der Aufzählung wert scheint, muß man mit besonderem Nachdruck vorbringen, die Gedanken in treffenden Sentenzen zuspitzen und jedenfalls in der Wahl der Kunstmittel der Darstellung abwechseln; nichts ist sonst so anstößig, wie die Art direkter Wiederholung, als hätte man zum Gedächtnis der Richter kein Zutrauen.« (Quint. VI,1,2)

2. Affekterregung *(affectus)*

Mit der Affekterregung beabsichtigt der Redner, die Meinung des Publikums oder der Richter für den von ihm vertretenen Standpunkt zu gewinnen und gegen die Auffassung der Gegenseite (oder grundsätzlich gegen eine abweichende Auffassung) einzunehmen oder aufzustacheln. Bei schwierigen Vertretbarkeitsgraden der eigenen Sache wird man sich damit begnügen müssen, die Gefühlserregungen für die Gegenseite nur dämpfen zu können – z.B. indem für die eigene Partei ebenfalls positive Gefühle beansprucht werden, so daß für den Zuhörer oder Richter eine Konfliktsituation entsteht.

Während die Mittel zur Erregung der Affekte jedoch in den übrigen Teilen der Rede nur gemäßigt verwendet werden durften, bietet sich am Schluß der Rede die Möglichkeit, sich aller verfügbaren Register zu bedienen: »Denn einerseits werden wir nun, wenn wir im übrigen gut gesprochen haben, das Herz der Richter besitzen, und andererseits können wir nun, nachdem unser Schiff das gefährliche Klippengebiet verlassen hat, volle Segel setzen, und da der größte Teil des Epilogs in der Steigerung besteht, dürfen wir unsere Worte und Gedanken in all ihrem Glanze und Schmuck zur Geltung bringen.« (Quint. VI,1,52) Es handelt sich in jeder Hinsicht um den »krönenden Abschluß der Rede« (Quint. VI,1,55). Voraussetzung zur intensiven Affekterregung im Schlußteil der Rede ist also vor allem der Erfolg und die Wirkung der vorausgegangenen Redeteile; diese wiederum sind nicht zu trennen von dem Vertrauen und dem Ruf, in welchem der Redner als *vir bonus* steht.

Die Ableitungsmöglichkeiten für die Affekterregung (aus dem Sachverhalt, aus seinen äußeren Umständen, aus dem Redner selbst, aus der Gegenpartei, aus der Situation des Publikums etc.) sind so vielfältig, daß sie kaum systematisiert werden können.

Die Affekterregung zielt entweder darauf, Abscheu, Widerwillen und Zorn gegenüber dem Gegner oder seiner Sache wachzurufen (*indignatio*) oder Mitleid für die eigene Position oder Person zu wecken (*conquestio*) (s. Cic. de inv. I,52,98).

Die Gesamtskala der Gefühlsregungen wird nach ihren Extrempunkten unterteilt in: *pathos* und *ethos, movere* und *delectare* (mitreißen/entsetzen und erfreuen/unterhalten).

a) Mit *pathos* (*movere*) bezeichnet man die wilden, mitreißenden, erschütternden und entsetzenden Gefühlsregungen wie Leidenschaften, Zorn, »Schauder und Jammer« (Schadewaldt).

»Denn wenn sie [die Richter] Zorn, Vorliebe, Haß und Mitleid zu spüren begonnen haben, sehen sie die Dinge schon so, als ginge es um ihre eigene Sache, und wie Liebende über die Schönheit kein Urteil zu fällen vermögen, weil ihr Herz ihnen vorschreibt, was die Augen sehen sollen, so verliert der Richter allen Sinn für die Ermittlung der Wahrheit, wenn er von Gefühlen eingenommen ist. Die Flut packt ihn, und er überläßt sich gleichsam einem reißenden Strom.« (Quint. VI,2,6)

b) Das *ethos* (*delectare*) benennt die sanften, anmutenden, erfreuenden, gelassenen und unterhaltenden Gemütsbewegungen, die gleichmäßiger und dauerhafter als die heftigen Emotionen sind.

»Das ηθος [ethos] [...], ist ein Gefühl, das sich vor allem durch seine Lauterkeit und Güte empfiehlt, nicht nur sanftes und gefälliges, sondern meist auch liebenswürdiges und recht menschliches Wesen, [...] dessen Hauptvorzug [...] darin besteht, daß es so wirkt, als ströme alles unmittelbar aus dem natürlichen Wesen der

Dinge und Menschen; die sittliche Haltung des Redners soll durch seine Worte hindurchleuchten und sich so bemerkbar machen.« (Quint. VI,2,13)

Das *ethos* ist nicht von der Person des Redners abzulösen und vor allem Ergebnis seiner charakterlichen Vorzüge und seines menschlichen, humanen Verhaltens. Es verbindet sich schon bei Cicero »mit den ›res humanae‹ und bleibt dadurch Träger der Emotion der ›humanitas‹« (K. Dockhorn, Macht und Wirkung der Rhetorik, S. 61).

Pathos und *ethos* können im Schlußteil der Rede ergänzend verwendet werden, so daß das *ethos* den stärkeren Grad von Gefühlen, den das *pathos* erregt hat, wieder besänftigt. Dieses Verfahren kann sowohl bei Rede und Gegenrede gezeigt werden wie auch innerhalb einer einzigen Rede.

Da das *ethos* einen rechtschaffenen, freundlichen Redner verlangt, dessen ganze Art zu reden sanft, milde, einnehmend, glaubwürdig und treffend sein soll (s. Quint. VI,2,18–19), eignet sich dafür die mittlere Stilart (*genus medium*).

D. Die Wirkungsfunktionen der Rede (*officia oratoris*)

Sein Ziel, die Zuhörer oder Leser vom eigenen Standpunkt in einer Sache zu überzeugen, so daß sie ihre Meinung, gegebenenfalls ihre Haltung und Gesinnung, im gewünschten und schließlich richtigen Sinn ändern, kann der Redner auf dreierlei Weise erreichen. Einmal durch die Belehrung (*pragma, docere*), die auf einen rationalen Erkenntnisprozeß zielt und die intellektuellen Fähigkeiten der Adressaten anspricht (diesen Zweck hat die Rhetorik mit der Philosophie und anderen Wissenschaften gemeinsam), sodann durch die emotionale Stimulierung des Publikums, die auf die Erregung sanfter, gemäßigter, milder Affekte (*ethos, delectare, conciliare*) zielt, und schließlich durch die Erregung der Leidenschaften (*pathos, movere, concitare*).

»Wenn ich nun also die Art des Falles, nach dem ich mich erkundigt habe, kenne und mit seiner Bearbeitung beginne, stelle ich zuerst jenen Gesichtspunkt fest, auf den ich den gesamten Teil der Rede auszurichten habe, der den eigentlichen Kern der Untersuchung vor Gericht betrifft. Des weiteren erwäge ich die folgenden zwei Fragen mit besonderer Sorgfalt: Die eine richtet sich darauf, was mich und meine Klientel empfehlen kann, die andere gilt der Beeinflussung des Publikums in meinem Sinn.« (Cic. de or. 2,114)

Klaus Dockhorn hat die Wirkungsfunktionen der Rede (das rhetorische Wirkungsschema) in ihrer Genese von Aristoteles bis Cicero und Quintilian verfolgt und auch das Weiterleben dieses zentralen rhetorischen Theoriebestandteils bis ins 18. und 19. Jahrhundert in verschiedener (auch terminologisch verschiedener) Gestalt nachgewiesen. »Pathos und Ethos aber, ›conciliare‹ und ›permovere‹, sind die eigentliche Domäne des Redens: in ihnen konzentriert sich die rednerische Leistung, die also grundsätzlich als eine ausschließlich emotionale in den Vordergrund tritt: daß der Redner, um zu erregen, auch selbst wirklich erregt sein müsse, ist ein Gemeinplatz der Rhetorik, ›ut moveamur ipsi‹ [Quint. VI,2,26].« (K. Dockhorn: Macht und Wirkung der Rhetorik, S. 53)

Erst diese Wirkungsfunktionen machen die Rede persuasiv, mit ihnen erreicht der Redner sein wichtigstes Ziel, die Zuhörer oder Leser vom eigenen Standpunkt in einer Sache so zu überzeugen, daß sie ihre Meinung, gegebenenfalls ihre Haltung und Gesinnung im gewünschten und schließlich richtigen Sinne ändern. Dockhorn hat, gegenüber einer einseitigen Rezeption der Rhetorik als Argumentationstheorie, insbesondere die Gefühlsgründe als eigentliche rhetorische Beweismittel in das Zentrum der Aufmerksamkeit gerückt, ist damit aber auch über das Ziel hinausgeschossen. Denn gewiß sind *ethos* und *pathos*, *conciliare* und *movere* die der Beredsamkeit eigenen Wirkungsdomänen, und immer wieder gibt es rhetorische Selbstaussagen, die Leidenschaftserregung auf Kosten des lehrhaften, dem *verum* verpflichteten Redezweckes in den Mittelpunkt stellen, wie das sogar Quintilian getan hat: »Und doch ist es diese Gabe, die vor Gericht das Szepter schwingt; sie macht die Beredsamkeit zur Königin. Denn die Beweisgründe ergeben sich meist aus der Natur des Falles, und für die bessere Sache sind sie immer in größerer Zahl vorhanden, so daß, wer durch sie zum Sieg gelangt ist, nur weiß, daß sein Anwalt nicht versagt hat. Wo es aber gilt, dem Gefühl der Richter Gewalt anzutun und den Geist selbst von dem Blick auf die Wahrheit abzubringen, da liegt die eigentliche Aufgabe des Redners.« (Quint. IV,2,4–5) Doch den Blick von der Wahrheit abzubringen bedeutet nicht, das Unwahre etwa triumphieren zu lassen. Beweise können »zum Überdruß führen und die Glaubwürdigkeit mindern« (Quint. V,12,8), ja, die Beweisführung kann sogar »verdächtig« sein, wie Quintilian ausführt (Quint. V,14,35), so daß es die spezifisch rhetorischen Wirkungsfunktionen sind, die es verhindern können, daß das Gute und Richtige ins Hintertreffen gerät. Das Mißtrauen, das heute dem Experten entgegengebracht wird, der über seine wissenschaftlich exakte Darlegung das *ethos* vernachlässigt, hilft eben diesem Sachverhalt: denn der Spezialist macht sich mit Recht verdächtig, weil es ihm nicht gelingen kann, seine Wahrheiten mit menschlicher Interessiertheit zu verknüpfen. Der Mißbrauchsgefahr hat die Rhetorik durch eine eigene Ethik zu begegnen versucht, in welcher sie sich selber als eine Tugend (*virtus*) konzipierte: »Jedoch diejenige, die wir zu lehren versuchen und deren Bild wir in unserem Geist empfangen haben, die dem rechtschaffenen Mann ziemt und in Wahrheit Rhetorik ist, sie wird eine Tugend sein.« (Quint. II,20,4)

Delectare und *movere* sind gewiß diejenigen Wirkungsarten, die den Redner (oder Dichter) erfordern, während Belehrung alleine auch ohne seine Hilfe zu erreichen ist. Doch dürfen sie klassischer rhetorischer Theorie gemäß sich niemals verselbständigen, sondern dienen zum Zwecke der Überzeugungsherstellung. Versucht die Belehrung auf direktem Wege das Gute und Richtige zu erweisen, tut dies die Affekterregung auf indirekte Weise. Denn nie hat die Rhetorik die sokratische Überzeugung geteilt, daß das Richtige und Gute erkennen auch schon zum entsprechenden Handeln oder nur zur entsprechenden Gesinnungsänderung führt. Daher genügt es nicht, nur auf einen Teilbereich der menschlichen Natur, Urteilskraft und Vernunft, einzuwirken, auch Gefühle und Willen, Sinnlichkeit und Seelenkräfte müssen auf eine der Beweisführung angemessene Art angesprochen werden.

Die rhetorische Vernunft ist dem neuzeitlichen, auf das subjektive Vermögen des Denkens allein reduzierten und formalisierten Vernunftbegriff entgegengesetzt, der die modernen Naturwissenschaften geprägt hat und dessen destruktive Potentiale erst im 20. Jahrhundert unübersehbar geworden sind, obgleich seit Gianbattista de Vico die rhetorische Kritik an ihm niemals verstummt ist. Rhetorische Vernünftigkeit ist eine Kategorie des subjektiven Bewußtseins und der gesellschaftlichen Welt, eine Qualität der Objektivität, die freilich nicht immer schon vorausgesetzt werden kann, sondern herzustellen und stets aufs neue zu bekräftigen ist. Gemeinschaftlichkeit, *sensus communis*, ist der Raum, in dem sie sich verwirklicht, und die rhetorischen Überzeugungsgründe von *pragma, ethos, pathos* tragen diesem differenzierten Vernunftbegriff Rechnung. Die Vernünftigkeit des Lebens, die Überzeugungskraft von Idealen, die Orientierung für unser Handeln und die Kriterien für unsere Überzeugungen und Entscheidungen sind von einer Fülle von Faktoren abhängig, unter denen der der rational-logischen Wahrheit einen zwar von Fall zu Fall unterschiedlichen, aber niemals allein bestimmenden Rang einnimmt. Praktische, moralische und ästhetische Erwägungen, subjektive Interessen und emotionale Gestimmtheit, Vorurteile und Vorgefühle, Einflüsse von Tradition, Sitte und religiösen Dogmen sind an allem beteiligt, was Menschen denken und wie sie handeln. Diese nichtrationalen Bestimmungsgründe subjektiv-menschlichen Verhaltens und der objektiven

Handlungsgemeinschaft sind unaufhebbare Bedingungen des individuellen und gesellschaftlichen Lebens, aus ihm nicht zu eskamotieren, wie es auf seine Weise der naturwissenschaftlich reduzierte Wahrheitsbegriff und ebenso der abstrakte Utopismus von Morus bis Marx versucht haben. Aristoteles (und in seiner Folge die Rhetorik) hat mit seiner Lehre von den drei *genera* der Rede und ihren Wirkungsfunktionen einen umfassenden Auslegungshorizont des menschlichen Handelns mit den ihm entsprechenden Zugangsweisen geschaffen.

I. Einsicht und Belehrung *(pragma / docere, probare)*

Durch das argumentative Eingehen auf die Sache (*res*, die Aristoteles *pragma* nennt) macht der Redner seine Ausführungen beweistüchtig. »Beweisen ist Sache der Notwendigkeit« (Cic. or. 21,69); Sachlichkeit, Rationalität bilden notwendige Bestandteile der Rede, fehlen sie ihr, wird die Rede zur bloßen Affektregulierung eingesetzt und geht in Propaganda über. Dem reinen Belehrungszweck angemessen ist der sachlich-nüchterne Stil (*genus humile, subtile*), der sich an die Fakten hält, sie möglichst direkt (also in eigentlicher Redeweise) zum Ausdruck bringt und die Vernunftschlüsse klar und deutlich vor Augen stellt.

Doch schon die Wirkung eines rein rationalen Vorgehens in der Rede ist niemals ganz emotionsfrei und auf den Verstand beschränkt. Sachlichkeit, Nüchternheit, Verständigkeit in Rede und Gedankenführung erwecken vielmehr Vertrauen und Beifälligkeit, also zwar schlichte, aber dafür auch besonders dauerhafte Gefühle, die dann häufig über die Person des Redners (als Ausweis seiner Geradheit und Redlichkeit) vermittelt werden und damit zum Bestandteil seiner Charakterwirkung werden (*ethos*). Auf diesen Zusammenhang geht zum Beispiel Blochs Charakterisierung Hegels: »Ein rechter Mann verfolgt die Sache, um derentwillen er begonnen hat, darin ist Hegel einer der rechtesten.« Auch die Funktion von Umfrageergebnissen oder anderer statistischer Daten ist oftmals nicht alleine auf den Beweis, sondern ebenso auf Vertrauenserwerb ausgerichtet. Auch spricht man von einer eleganten mathematischen Lösung, und von Einstein ist die Sentenz überliefert, eine mathematische Formel könne nicht richtig sein, wenn es nicht zugleich ›schön‹ sei.

In der Erzählung (*narratio*), besonders aber in der Beweisführung (*argumentatio*) hat die intellektuelle Weise der Überzeugungsherstellung ihren wichtigsten Ort, doch droht bei der ausschließlichen Konzentration auf die Belehrung mit der ihr entsprechenden »feingearbeiteten Stilart« (Quint. XII,10,59) immer die Gefahr der Langeweile (*taedium*), so daß das Publikum der Rede überdrüssig, von einer emotionalen Abwehrbewegung erfaßt und der Redezweck damit gerade verkehrt wird. Auch die Belehrung bedarf also der eingängigen Darstellung, die Wahrheit muß scheinen. Wielands Vers-Sequenz: »Ergetzen ist der Musen erste Pflicht, / Doch spielend geben sie den besten Unterricht«, gilt ebenso für den Redner jeglicher Provenienz.

II. Unterhalten und Vergnügen (*ethos / delectare, conciliare*)

Unterhalten bedeutet die Erregung der sanften, mittleren Affektstufen.

»Solcher Gefühlsregungen aber gibt es, wie wir seit alters gelernt haben, zwei Arten: die einen nennen die Griechen πάθος, was wir im Lateinischen richtig und im eigentlichen Sinn mit Affekt (adfectus) wiedergeben, die andere ηθος, wofür wenigstens nach meinem Empfinden die lateinische Sprache kein Wort hat: ›mores‹ nennt man es, und daher heißt auch die philosophische ηθική (Ethik) Moral. Doch wenn ich das Wesen der Sache selbst betrachte, so scheint es mir, als seien mit dieser Bezeichnung nicht so sehr die Sitten überhaupt gemeint als vielmehr etwas, was ihnen besonders eigentümlich ist. Vorsichtigere haben deshalb lieber den Sinn des Wortes umschrieben als die Benennung übersetzt. Sie haben also gesagt, πάθος seien erregte Gefühle, ηθος sanfte und ruhige; im ersteren erschienen ungestüme Bewegungen des Gefühls, im letzteren gezügelte, gleichmäßige; schließlich wirkten die einen gebieterisch, die anderen überzeugend, die einen hätten ihre Hauptkraft im Verwirren, die anderen im Gewinnen von Wohlwollen.« (Quint. VI,2,8–9)

Vergnügen oder Wohlwollen erregt der Redner vorzüglich durch die Vorstellung seines eigenen Charakters. Dessen Redlichkeit und Festigkeit gilt es zu erweisen, so daß dem Redner immer die Funktion eines Vorbildes zukommt. Wenn er auch das Ideal des *vir bonus* niemals ganz erreichen kann, muß das Publikum doch zu der Überzeugung gelangen, daß es wirklich sein Ideal ist, dem er nachzustreben sich bemüht, so daß auch seine Rede als Teil dieser eigenen Bildungsanstrengung gesehen werden kann. Die Darstellung des eigenen Charakters, der eigenen Sitten und moralischen Überzeugungen beschränkt sich dabei nicht bloß auf die sprachliche Gestalt, sondern bezieht die Präsentation des Redners, seinen Aufzug, seine Aktionen, sein gesamtes Gepräge mit ein.

Die dieser Wirkungsfunktion angemessene Redeweise ist der mittlere Stil, der sich nur mäßig der Tropen und Figuren bedient und auf einen natürlichen Eindruck abzielt. Der anmutige, schöne Ausdruck ruft dadurch, daß er die Extreme meidet und einen entspannenden Effekt bewirkt (sowohl die Verstandesanstrengung bei der Belehrung wie die Affektanstrengung bei der Leidenschaftserregung entspannend), Sympathie hervor, erneuert die Aufmerksamkeit und verhindert Monotonie und Langeweile. Er bedarf freilich auch der Abwechslung durch einen der beiden anderen Stile, um nicht selber ermüdend zu wirken.

III. Leidenschaftserregung (*pathos / movere, concitare*)

Bei der hinreißenden, überwältigenden Wirkung kulminieren die emotionalen Überzeugungsgründe.

»An diese Art der Rede schließt sich aber jene von ihr verschiedene, die in ganz anderer Art das Gemüt der Richter zu bewegen sucht und sie zu Haß oder zu Liebe treibt, zu Neid oder Wohlwollen, zu Furcht oder Hoffnung, zu Begierde oder Schauder, zu Freude oder Trauer, zu Mitleid oder dem Wunsch nach Bestrafung und zu anderen Gefühlen, die solchen Regungen etwa verwandt und ähnlich sind. Es wäre für den Redner auch zu wünschen, daß die Richter sich dem Fall von sich aus schon in einer spontanen Stimmung, die dem Interesse des Redners angemessen ist, zuwenden. Es ist ja leichter, wie man sagt, einen, der schon in Fahrt ist, anzutreiben, als einen Trägen erst in Fahrt zu bringen. Wenn der Fall aber nicht so liegt oder zu undurchsichtig ist, dann muß man es so halten wie ein gewissenhafter Arzt: Bevor er dem Patienten ein Heilmittel zu verordnen sucht, muß er nicht nur die Krankheit dessen, den er heilen will, sondern auch den Gesundheitszustand und die körperliche Verfassung diagnostizieren; so richte auch ich, wenn ich darangehe, bei einem ungewissen, problematischen Fall auf die Richter einzuwirken, mein ganzes Sinnen und Trachten auf das Ziel, daß ich mit möglichst feiner Witterung erspüre, was sie denken, was sie glauben, was sie erwarten, was sie wünschen und in welche Richtung sie wohl durch die Rede am leichtesten zu lenken sind. Wenn sie mir nun entgegenkommen und, wie ich vorhin sagte, schon von sich aus dazu neigen und tendieren, wozu ich sie bewegen will, ja dann ergreife ich die Chance und setze meine Segel in der Richtung, aus der sich eine Brise zeigt. Wenn sich der Richter aber unvoreingenommen und neutral zeigt, gibt es mehr zu tun. Denn alles muß erst durch die Rede hervorgerufen werden, ohne daß die Natur zu Hilfe kommt. Aber sie, die ›die Herzen rührt und über alle Dinge herrscht, die Rede‹, wie ein guter Dichter treffend sagte, hat eine solche Macht, daß sie nicht nur den Wankenden vollends gewinnen oder den Stehenden ins Wanken bringen kann, sondern auch den Ablehnenden und Widerstrebenden wie ein energischer, tüchtiger Feldherr zu bezwingen weiß.« (Cic. de or. 2,185–187)

Leidenschaften werden erregt durch die Darstellung von Leidenschaften, durch die Vorführung von Indizien oder bildlichen Zeugnissen. Die berühmte Rede des Antonius in Shakespeares Drama »Julius Caesar« bezieht ihre entsetzende, hinreißende Wirkung auch durch die Leiche des Ermordeten, die in ihrer Stummheit am gewaltigsten redet.

Die diesem Wirkungszweck angemessene Redeweise ist der erhabene, große, pathetische, schwere Stil (*genus grande*), der sich der Tropen und Figuren reichlich oder sogar auf exzessive Weise bedient.

»Da ich aber an dich schreibe, lieber Freund, und du gebildet und kenntnisreich bist, brauche ich wohl nicht erst des längeren vorher festzustellen, daß das Erhabene jeweils ein bestimmter Höhepunkt und Gipfel der Rede ist und daß die größten der Dichter und Schriftsteller nur hierdurch und durch nichts anderes den Sieg und ihrem Ruhm Unsterblichkeit gewonnen haben. Das Übergewaltige nämlich führt die Hörer nicht zur Überzeugung, sondern zur Ekstase; überall wirkt, was uns erstaunt und erschüttert, jederzeit stärker als das Überredende und Gefällige, denn ob wir uns überzeugen lassen, hängt meist von uns selber ab, jenes aber übt eine unwiderstehliche Macht und Gewalt auf jeden Zuhörer aus und beherrscht ihn vollkommen. Der Versiertheit im Finden rechter Gedanken und die Anordnung und Ökonomie des Stoffes beobachten wir nicht an ein oder zwei Sätzen, sie ziehen sich durch das ganze Gewebe der Rede und zeigen sich nur bei mühsamem Hinsehen. Das Erhabene aber, bricht es im rechten Moment hervor, zersprengt alle Dinge wie ein Blitz und zeigt sogleich die gedrängte Gewalt des Redners. Aber dieses und ähnliches glaube ich, lieber Terentianus, könntest du auch aus eigener Erfahrung anführen.« (Ps.-L. 1,3–4)

Seinen wichtigsten Ort hat das *pathos* am Schluß der Rede, wenn es darauf ankommt, alle Anstrengungen nochmals zur (letztmöglichen) Beeinflussung des Publikums zusammenzunehmen, eine Haltungsänderung zu bewirken und möglicherweise direkt eine bestimmte Handlung in Gang zu setzen. Doch auch in den anderen Redeteilen ist es angebracht, wenn es von der Gewichtigkeit des Themas oder dem Zweck her angeraten erscheint. Auch bringt es Lebendigkeit und Abwechslung in die Rede, bedarf aber selber mehr als die beiden anderen Redeweisen der Variation: der pathetische Stil als die höchste Anspannung aller rednerischen Kräfte entfaltet sich nur punktuell zu größter Wirkung, länger anhaltend erscheint er angestrengt und künstlich.

In der Schrift »Vom Erhabenen« (eigentlich »Über die Höhe«) wird auch die größte Gefahr dieser rednerischen Wirkungsweise erörtert: »Überhaupt scheint der Schwulst zu den am schwersten vermeidbaren Fehlern zu gehören. Naturgemäß nämlich werden alle irgendwie zum Schwulst fortgerissen, die sich um Größe bemühen, aus Angst vor dem Tadel, kraftlos und trocken zu sein; sie vertrauen dem Satz: ›Großes verfehlen ist ein immerhin edles Versagen.‹ Aber wie beim Körper, so sind im Sprachlichen gedunsene und künstliche Schwellungen häßlich und führen uns zweifellos zu ihrem Gegenteil; nichts, heißt es, ist dürrer als der Mann mit Wassersucht. – Das Schwülstige will sich über das Hohe erheben, das Kindische aber ist gerade das Gegenteil des Großen, denn es ist in jeder Hinsicht niedrig, engstirnig und der wirklich unwürdigste Fehler. Was nun ist überhaupt dieses kindische Gebaren? Ist es nicht eine schülerhafte Denkweise, die aus Übertreibung zu einer kalten Form erstarrt? In diese Stilart gleitet ab, wer ungewöhnlich, kunstvoll und besonders gefällig schreiben möchte; er landet bei überspannter Geziertheit. – Daneben gibt es noch eine dritte Fehlerart, die im Leidenschaftlichen liegt, Theodoros nannte sie Scheinraserei. Es ist ein verfehltes *pathos* und (damit) ein hohles, wo gar kein *pathos*, oder ein unmäßiges, wo ein maßvolles nötig ist. Denn gewisse Leute werden oft wie aus Trunkenheit zu Leidenschaften fortgerissen, die nicht mehr der Sache, sondern ihrem eigenen einstudierten Geist entspringen. Dann verlieren sie ihre Haltung vor Leuten, die überhaupt nicht erregt sind; begreiflicherweise – sie sind verzückt, nur ihr Publikum nicht.« (Ps.-L. 3,3–5)

E. Der Redeschmuck (*kosmos / ornatus*)

Die schmuckvolle Rede zeichnet sich dadurch aus, daß sie die gefundenen Gedanken in »rechten Worte[n]« zum Ausdruck bringt (Cic. de or. 3,151) und dadurch mehr als nur deutlich, einleuchtend (im Hinblick auf das innere *aptum*, stimmig) und grammatisch richtig verfährt; sie ist nicht nur belehrend, sie ist für den Zuhörer auch unterhaltend und reißt ihn oft mit.

Der *ornatus* ist die Tugend, die dem Redner zwar großen Spielraum gewährt (s. Quint. VIII,3,1), aber auch die höchste Geschicklichkeit und Klugheit abverlangt (s. Cic. de or. 3,53–55), da Schönheit und Schmuck der Rede besonders zur emotionalen Wirkung auf den Zuhörer verhelfen sollen. »Niemals läßt sich, was wirklich schön aussieht, trennen von der Zweckmäßigkeit.« (Quint. VIII,3,11) Vom Redeschmuck hängt es ab, ob die Zuhörer, »als wären sie von Sinnen, und ohne zu wissen, wo sie waren, [...] in einen solchen Sturm des Entzückens« ausbrechen, ob sie aufmerksam zuhören und sich leichter überzeugen lassen, »[d]enn Hörer, die gern zuhören, passen auch besser auf und sind leichter bereit zu glauben« (Quint. VIII,3,4–5; vgl. Cic. de or. 3,104), und ob der Redner dem Publikum wie »ein Gott unter Menschen« erscheint (Cic. de or. 3,53).

Die Sprachrichtigkeit (*puritas*) und Klarheit (*perspicuitas*) werden als notwendige Voraussetzungen für den Redeschmuck angesehen (s. Cic. de or. 3,38), da er sonst zur Dunkelheit (*obscuritas*) führen kann. Um schwerverständlicher Dunkelheit im Ausdruck vorzubeugen, wird auch Sorgfalt bei der *inventio* und der *dispositio* als zwar weniger anspruchsvolle Anforderung an den Redner (s. Quint. VIII,3,2), jedoch als äußerst wichtige Grundlage allen Redeschmucks gefordert (s. Quint. VIII, Vorrede, 17f.).

Der Schmuck der Rede soll so beschaffen sein, daß er in der »Farbe« und »Frische« der Rede liegt und »das Publikum [...] fesselt und [...] nicht nur gefällt, sondern auch ohne Überdruß gefällt« (Cic. de or. 3,96–97). Er hat folgende Forderungen zu erfüllen:

– er soll der Zielsetzung des Redners dienen und zur Wirkung der Worte im Nutzen der eigenen Parteisache beitragen (s. Quint. VIII,3,5 u. 11–14; Cic. de or. 3,104);
– er soll sowohl das äußere (s. Cic. de or. 3,100 u. 150) als auch das innere *aptum* berücksichtigen (s. Quint. VIII,3,16ff.). »Denn aller Schmuck ist nicht so sehr durch seine eigene Schönheit bedingt wie vielmehr durch den Gegenstand, für den er in Anspruch genommen wird« (Quint. XI,1,7);
– er soll die Gegenstände – ganz wie es ihnen zukommt – amplifizieren: erhöhen und verschönern bzw. schmälern und herabdrücken (s. Cic. de or. 3,104; Cicero unterscheidet hier nicht terminologisch genau zwischen *amplificatio* und *minutio*);
– er soll »männlich, kräftig und rein« (Quint. VIII,3,6) sein, d.h. nicht übertrieben: »Zierlicher ist ein Pferd anzuschauen, dessen Flanken schlank sind, aber zugleich ist es auch schneller« (Quint. VIII,3,10);
– er soll Abwechslung bieten (s. Cic. de or. 3,100) und dadurch dem Überdruß und Desinteresse des Zuhörers (*taedium*) entgegenwirken (s. Quint. VIII,3,6);

– er soll zur Veranschaulichung dienen. »Denn die Rede leistet noch nicht genug und übt ihre Herrschaft noch nicht völlig, wie sie es muß, wenn ihre Kraft nur bis zu den Ohren reicht, und der Richter von dem, worüber er zu Gericht sitzt, glaubt, es werde erzählt, nicht vielmehr, es werde herausmodelliert und zeige sich vor dem geistigen Auge.« (Quint. VIII,3,62);

– schließlich soll der Redeschmuck mit Klugheit gewählt werden (s. Cic. de or. 3,212), damit das einfache Verständnis, das schon die Tugend der *perspicuitas* gewährleistet, zu einem besseren Verständnis wird (s. Quint. VIII,2,11).

Der Redeschmuck läßt sich zunächst danach einteilen, ob er sich in Einzelwörtern oder in Wortverbindungen zeigt (s. Quint. VIII,3,15). Bezüglich der Einzelwörter kann der Schmuck entweder in dem Klang (s. Quint. VIII,3,16) oder auf der semantischen Mehrschichtigkeit der Wörter beruhen. Bei den Wortverbindungen kann danach unterschieden werden, ob der Schmuck in der Gedankenführung selbst begründet ist oder eher unabhängig von den Gedanken in der Formulierung liegt. Beide Arten des Redeschmucks in Wortverbindungen werden Figuren genannt, die der ersten Art heißen *figurae sententiarum* (Gedankenfiguren), die der anderen *figurae verborum* (Wortfiguren). Die Unterscheidung ist vor allem methodisch und didaktisch sinnvoll, sollte aber nicht dazu verleiten, Gedanke und Wort, Denken und Sprechen als getrennte Operationen zu betrachten. Alle wichtigen Schmuckarten werden im Folgenden behandelt.

Eine der Aufgaben des Redeschmucks besteht in der Vergrößerung (*amplificatio*) bzw. Verminderung (*minutio*) der Redegegenstände; doch bereits in der *inventio* und *dispositio* werden durch die Auswahl und Anordnung der Gedanken die Möglichkeiten dazu vorbereitet. Ebenfalls zum Redeschmuck gehören die glanzvollen Schlußsätze und allgemeinen Sinnsprüche und die Wortfügung (*compositio*), die Strukturierung der Laut- und Wortfolge.

I. Allgemeine Mittel der Rede zur Steigerung des Ausdrucks

Quintilian definiert das Schmuckvolle als das, »was mehr ist als nur durchsichtig und einleuchtend« (Quint. VIII,3,61), und zählt neben und vor den Figuren auch einige allgemeine rhetorische Mittel auf, die zur Steigerung und Angemessenheit des Ausdrucks in der Rede beitragen. Dazu zählt als elementares Verfahren der Redekunst die amplifikatorische Steigerung (*amplificatio*, vgl. S. 271), des weiteren die geistreiche Zuspitzung und gesinnungstüchtige Schärfung der Rede durch Sprüche (*sententia*, vgl. S. 268). Die wichtigsten, noch nicht an anderer Stelle berücksichtigten allgemeinen Verfahren zur Ausschmückung der Rede sind:

– Die Kürze (*brevitas*): Vermeidung alles Überflüssigen, den Redegegenstand »nicht nur deutlich vor Augen zu stellen, sondern in knappen Umriß und rasch« (Quint. VIII,3,81), nennt Quintilian eine Leistung, die die Rede schmückt, insofern sie auf die Einsparung (*detractio*) unnötiger Wörter oder Gedanken dringt.

– Die Augenscheinlichkeit (*evidentia*) besteht in einer »in Worten so ausgeprägte[n] Gestaltung von Vorgängen, daß man eher glaubt, sie zu sehen als zu hören.« (Quint. IX,2,40) Um ein solches »Sehen« über Worte realisieren zu können, muß zunächst der komplexe Redegegenstand in wirkliche oder erfundene (aber wahrscheinliche!) Einzelheiten zerlegt und aufgelöst werden in sinnliche Details, die zusammengenommen einen lebendigen Gesamteindruck von der Sache ergeben: der Redner macht den Zuhörer durch konkretisierende Detaillierung quasi zum Augenzeugen. Ein Verfahren, das besonders in der Erzählung Anwendung findet:

>»Seine Augen suchten einen Menschen – und ein Grauen erweckendes Scheusal kroch aus einem Winkel ihm entgegen, der mehr dem Lager eines wilden Tieres als dem Wohnort eines menschlichen Geschöpfes glich. Ein blasses totenähnliches Gerippe, alle Farbe des Lebens aus einem Angesicht verschwunden, in welches Gram und Verzweiflung tiefe Furchen gerissen hatten, Bart und Nägel durch eine so lange Vernachlässigung bis zum Scheußlichen gewachsen.« (Schiller)

Zusätzlich zum gedanklichen, durch die Vorstellungskraft des Redners ermöglichten Detaillierungsverfahren (das wesentlich zur *inventio* gerechnet werden muß) können zur Herstellung der *evidentia* an besonderen Mitteln eingesetzt werden: die *translatio temporum* (s. Quint. IX,2,41) und die der *translatio temporum* entsprechende, terminologisch nicht fixierte Übertragung eines Geschehenswortes aus der lokalen Abwesenheit in die lokale Anwesenheit. Die *translatio temporum*, Versetzung von Zeiten, die konsequent aus dem gedanklichen Vergegenwärtigungsverfahren hervorgehende sprachliche Übertragung der vergangenen oder zukünftigen Geschehenszeit in die Gegenwart, kann unvermittelt vorgenommen werden, sie kann aber auch durch Hinweisformeln angekündigt werden, wie etwa: ›Bildet euch ein ihr sehet …‹ Der entfernt liegende Geschehensort kann durch Anwesenheit ausdrückende Adverbien des Orts (etwa: ›hier, vor mir liegt, …‹) mit dem Ort der Rede identifiziert werden. Unter Umständen können diese Adverbien auch zur eigenständigen, vergegenwärtigenden Ortsbeschreibung (*topographia*) exkursartig ausgeweitet sein (s. Quint. IX,2,44; die *topographia* kann anscheinend jedoch nicht grundsätzlich zur *evidentia* gerechnet werden: Quintilian, der sich selbst zu dieser Frage nicht äußert, referiert lediglich, daß einige Theoretiker die Zuordnung der *topographia* zur *evidentia* vornehmen).

Die *fictio personae* ist als besonders pathetisches Kunstmittel zur Herstellung der *evidentia* anzusehen.

Die Einordnung der *evidentia* in den *ornatus* ist keineswegs selbstverständlich: insofern durch die *evidentia* nämlich ein Sachverhalt nicht nur dargestellt, sondern auch glaubwürdig vor Augen geführt wird, kann sie bereits unter der *perspicuitas* begriffen werden (s. Quint. IV,2,63f.); sie erscheint dann als Teiltugend der Deutlichkeit und somit als notwendige Voraussetzung für den *ornatus*. Die *evidentia* kann deshalb auch als emotional amplifizierte *perspicuitas* verstanden werden (s. Quint. VIII,3,61) – funktional sowohl für den *ornatus* als auch für die Glaubwürdigkeit: »Großen Eindruck macht es, wenn man zu den wirklichen Vorgängen noch ein glaubhaftes Bild hinzufügt, das den Zuhörer gleichsam gegenwärtig in den Vorgang zu versetzen scheint« (Quint. IV,2,123); das glaubhafte Bild unterscheidet sich vom wahren dadurch, daß es zugleich die *ratio* und die Affekte anspricht. – Im Bereich des pathetisch Erhabenen wird die Vergegenwärtigung nicht als Figur eingeordnet, sondern als notwendige Fähigkeit des Redners zur gedanklichen Konzeption des Erhabenen (s. Ps.-L. 15,12; die gedankliche Konzeption ist die erste Quelle des Erhabenen – und entspricht der *inventio* [s. Ps.-L. 8,1]).

– Das Gleichnis (*similitudo*): Das Vergleichen zählt für Quintilian ebenfalls zu den grundlegenden rhetorischen Verfahren (Quint. V,11,22ff.), die der Rede Kraft und Anschaulichkeit geben, sie sogar »erhaben, blühend, lieblich und staunenswert« machen (Quint. VIII,3,74). Vergleichend miteinander in Beziehung gesetzt werden können alle Phänomene der geistigen und körperlichen Welt, die eine gemeinsame Ähnlichkeit aufweisen, wobei die Vergleichspartikel (›wie‹, ›gleichsam‹) diese Beziehung syntaktisch herstellen (›tapfer wie ein Löwe‹, ›erstarrt wie ein Stein‹, ›schön wie eine Rose‹). Das *tertium comparationis*, der Vergleichspunkt, kann ausgesprochen sein (ihre Haare sind *so strahlend* wie die Sonne) oder – wie meist – wegfallen (ihre Haare sind der Sonne gleich).

»Die similitudo kann lang (als Satzgruppe, Satz, Wortgruppe) oder kurz (als durch eine Vergleichspartikel verbundenes Einzelwort) formuliert werden. Wird der eigentliche Gedanke weggelassen, so entsteht aus der langen Formulierung die Allegorie, aus der kurzen Formulierung die Metapher« (H. Lausberg, Elemente, S. 132 [§ 401]).

II. Der Redeschmuck in den Einzelwörtern *(ornatus in verbis singulis)*

Dem Redeschmuck in den Einzelwörtern liegt das Verfahren des Austausches (*immutatio*) zugrunde: unter den bedeutungsgleichen bzw. bedeutungsähnlichen Wörtern sind die auszuwählen und in die Rede einzusetzen, die »anständiger, erhabener, glänzender, lieblicher und klangvoller« sind (Quint. VIII,3,16). Hierbei ist vor allem die Angemessenheit zu beachten.

Die einzelnen austauschbaren Wörter lassen sich unter zwei Gesichtspunkten behandeln: zum einen kann der Schmuck der Wörter auf dem Klang beruhen, zum anderen auf der Fähigkeit, das zu Bezeichnende so darzustellen, daß die Bedeutungen angemessen und treffend zum Ausdruck gebracht werden.

Die *verba vocaliora* sind wohlklingende Wörter. »Denn wie Silben aus besser klingenden Buchstaben heller und deutlicher sind, so sind Wörter aus solchen Silben klangvoller, und je voller sich ein Wort aussprechen läßt, desto schöner hört es sich an.« (Quint. VIII,3,16) Die Wörter von besonderer »Bezeichnungskraft« sind *verba nitidiora*.

Es gibt drei Möglichkeiten, das einfache Wort gegen das schmuckvoll bezeichnende auszutauschen: man kann ein ungewöhnliches Wort verwenden, ein neugebildetes oder ein übertragenes (s. Cic. de or. 3,152).

1. Archaismus *(antiquitas)*

Archaismen sind »altertümliche Ausdrücke, die durch ihr Alter in der Umgangssprache schon längst außer Gebrauch gekommen sind« (Cic. de or. 3,153); sie verleihen der Rede dadurch Würde und Bewunderung, daß sie nicht jeder verwendet (s. Quint. VIII,3,24). Die Anwendung der ungebräuchlichen Worte (*verba inusitata*) wird jedoch eingeengt: so sollen sie weder häufig noch in auffallender Weise verwendet werden, »und man nehme sie nicht gerade aus frühesten, schon vergessenen Zeiten« (Quint. I,6,40), denn die Nähe zur gebräuchlichen Sprache (*consuetu-do*) soll gewahrt werden, um der Gefahr der *obscuritas* zu entgehen. »Dagegen kommt es zu Dunkelheit durch Worte, die schon aus dem Gebrauch gekommen sind, wenn etwa jemand die Aufzeichnungen der Priester, die ältesten Vertragsurkunden und veraltete Texte durchforschte und dabei nur gerade das in ihnen suchte, was er daraus nehmen könnte, weil man es nicht versteht.« (Quint. VIII,2,12) Alte, doch verständliche Wörter besitzen dagegen eine besondere Aura. – Im Gebrauch veralteter Wörter ist der Dichter weniger eng an den Sprachgebrauch gebunden als der Redner (s. Cic. de or. 3,153).

2. Neologismus *(fictio)*

»Neubildungen *(verba novata)* aber sind die Worte, die der Redende selbst bildet und zustande bringt« (Cic. de or. 3,154). Der Grund für die Neubildung von Wörtern kann entweder darin liegen, daß die Muttersprache kein ›eigentliches‹ Wort (*verbum proprium*) zur Verfügung stellen kann, oder darin, daß ein schmückendes Wort gesucht wird.

Zwei Arten der Neubildung werden unterschieden: die Onomatopöie und die Ableitung. Die Onomatopöie ist die Anpassung der Laute an den sinnlichen Eindruck einer Sache. Zwei Arten der Neubildung durch Ableitung aus bereits vorhandenen Wörtern werden unterschieden: die Zusammensetzung von Wörtern und die Derivation aus einer anderen Wortart (s. Cic. de or. 3,154).

3. Tropus *(tropos / verbum translatum)*

Tropen sind übertragene, uneigentliche Ausdrücke, die an die Stelle der direkten, eigentlichen Formulierung gesetzt werden. »Die [...] Möglichkeit, ein Wort in übertragener Bedeutung zu gebrauchen, ist weitverbreitet. Sie hat der Zwang des Mangels und der Enge hervorgebracht, dann aber das Vergnügen und der Reiz vermehrt.« (Cic. de or. 3,155)

Quintilian definiert den Tropus als »kunstvolle Vertauschung der eigentlichen Bedeutung eines Wortes oder Ausdrucks mit einer anderen« (Quint. VIII,6,1). Die einfachste Art des Tropus liegt vor, wenn ein semantisch nicht identisches Wort an die Stelle des *verbum proprium* gesetzt wird und die Übertragung auf einer Ähnlichkeit beruht, »in einem einzigen Wort konzentriert« ist (Cic. de or. 3,157). Allerdings fallen unter die Tropen auch Erscheinungen, in denen mehrere Wörter für ein einziges Wort oder eine Wortgruppe gesetzt werden: »Deshalb scheinen mir diejenigen einer falschen Definition zu folgen, die als Tropen nur solche Wendungen gelten lassen, in denen ein Wort durch ein Wort ersetzt wird.« (Quint. VIII,6,3)

Zuweilen ist es sehr schwierig, Figuren von Tropen zu unterscheiden, denn »so liegt [...] zwischen manchen Arten nur eine recht schmale Trennungslinie, wenn etwa die Ironie sich ebenso unter den Sinnfiguren findet wie unter den Tropen, die Periphrase aber sowie das Hyperbaton und die Onomatopoiie selbst berühmte Sachkenner eher Wortfiguren als Tropen genannt haben.« (Quint. IX,1,3; zum speziellen Problem der Unterscheidung von Figuren und Tropen: Quint. IX,1,1ff.)

Die verschiedenen Tropen können nach Aristoteles (er nennt die Tropen insgesamt *metaphora*) formal nach der semantischen Beziehung des Eingesetzten zum Ersetzten in vier Arten eingeteilt werden (Ar. poet. 21):
– Es kann das Allgemeinere (Gattung) für das Speziellere (Art) gesetzt werden.
– Das Speziellere (Art) kann für das Allgemeinere (Gattung) gesetzt werden.
Der Begriff der Synekdoche faßt diese beiden Arten des Tropus zusammen.
– Das Spezielle (Art) kann durch ein anderes Spezielles (Art) aus dem gleichen Bereich des Allgemeinen ersetzt werden.
Der Begriff der Metapher benennt diese Art des Tropus.
– Das, was sich analog verhält, kann für den eigentlichen Ausdruck gesetzt werden.
»Unter einer Analogie verstehe ich eine Beziehung, in der sich die zweite Größe zur ersten ähnlich verhält wie die vierte zur dritten. Dann verwendet der Dichter statt der zweiten Größe die vierte oder statt der vierten die zweite und manchmal fügt man hinzu, auf was sich die Bedeutung bezieht, für die das Wort eingesetzt ist.« (Ar. poet. 21) Als Beispiel führt Aristoteles an: Der Becher verhält sich zu Dionysos wie der Schild zu Ares. Für ›Becher‹ kann nun ›Schild des Dionysos‹ gesagt werden, für ›Schild‹ aber ›Becher des Ares‹.

Die folgende Einteilung der Tropen richtet sich nach dem Vorschlag Manfred Fuhrmanns: »Man kann die Typen uneigentlicher Ausdrücke, die sich sinnvollerweise unterscheiden lassen, nach ihrer größeren oder geringeren Distanz vom eigentlichen Ausdruck ordnen und sie gewissermaßen auf einer nach diesem Kriterium eingerichteten Skala eintragen.« (Fuhrmann, Antike Rhetorik, S. 126)

a) Das Synonym (*synomymon / synonymum*)

Die Ersetzung eines Wortes durch ein anderes ihm gleichbedeutendes Wort ist eine der geläufigsten Formen der Übertragung und dient der Abwechslung, aber auch der stilistischen Differenzierung, da Synonyme wohl nie in ihrem gesamten Bedeutungsfeld völlig identisch mit dem eigentlichen Ausdruck sind: Roß, Pferd, Gaul sind zwar synonyme Wörter, decken sich in ihrer Bedeutung aber nicht ganz (s. Quint. IX,3,45).

b) Die Klangmalerei (*onomatopoeia*)

Klangmalerei, Onomatopöie, bezeichnet das Verfahren, Worte durch Laute zu ersetzen, die dem sinnlichen Eindruck einer Sache angepaßt sind (s. Quint. VIII,6,31).

»und sänftlich drippelnd, Tropf um Tropfen« (E. A. Poe; übers. v. H. Wollschläger).

»Aber Sie, noch vom vor = 4 benomm'n, shudderDe mit den (echtn !) Bakk'n« (A. Schmidt; »shudderDe« für »erbeben«, »schütteln« [vom engl. »to shudder«]).

Die Onomatopöie kann auch als Wortfigur aufgefaßt werden (s. Quint. IX,1,3).

c) Die Umschreibung (*periphrasis*)

Die Periphrase ist eine umschreibende Ausdrucksweise, die mit mehreren Wörtern auseinandersetzt, was mit einem oder mit weniger gesagt werden kann (s. Quint. VIII,6,59; Her. 4,32). In der Rede ist die Periphrase unentbehrlich, wenn sie »nämlich verhüllt, was häßlich zu sagen ist« (Quint. VIII,6,59): der Anlaß für die Umschreibung liegt dann in der Wahrung des äußeren *aptum*.

> »Da bewunderte ich von neuem [...] die Struktur dieses Hauptteils des Mannes.« (J. Cleland)

Die Möglichkeit, unzüchtige, schmutzige, niedrige Ausdrücke durch die Periphrase zu vermeiden (»Niedrig aber klingt, was unter dem Rang ist, der dem betreffenden Gegenstand oder der Person zukommt.« [Quint. VIII,2,2]), wird jedoch durch die *perspicuitas* begrenzt: Wörter für Gegenstände des täglichen Gebrauchs zu umschreiben wird als affektiert angesehen, zudem führt es zur Dunkelheit (*obscuritas*) (s. Quint. VIII,2,2).

Notwendig ist die Periphrase auch dort, wo die eigentliche Benennung fehlt (s. Quint. XII,10,34). Am geläufigsten ist die Umschreibung als Definition von Begriffen oder Wörtern.

Sofern keine Notwendigkeit für den Gebrauch der Periphrase besteht, dient sie der Ausschmückung (s. Quint. VIII,6,60). Bei reiner *ornatus*-Funktion soll die Umschreibung jedoch in der Rede »in engen Grenzen« angewendet werden, da sie sonst zum »Drumherumreden« (*circumlocutio*) führt (Quint. VIII,6,61).

Die Zugehörigkeit der Periphrase zu den Tropen ist strittig (s. Quint. IX,1,3); sie kann auch den Figuren, spezieller: den Schemata *per adiectionem* zugeordnet werden.

d) Die Unterbietung (*litotes / exadversio*)

Mit *litotes* bezeichnet man den Ersatz einer Übertreibung durch die Negation des Gegenteils. ›Nicht klein‹ bedeutet also ›ziemlich groß‹. So nennt Wolfgang Koeppen eine ›ganz gute Architektur‹ ›keine schlechte Architektur‹. Dadurch, daß etwas anderes gemeint ist, als gesagt wird, bekommt dieser Tropus eine ironische Note und spielt in der Redeweise des »understatement« eine große Rolle.

e) Die Synekdoche (*synekdoche / intellectio*)

Synekdoche bezeichnet den Austausch eines Wortes mit weiterer Bedeutung gegen ein Wort mit engerer Bedeutung oder umgekehrt, ohne daß ein kausaler, räumlicher oder zeitlicher Bezug zwischen den von ihnen formulierten Sachverhalten besteht. Ihre Verbindung ist die einer Repräsentation, so daß »wir bei einem Ding an mehrere denken, bei einem Teil an das Ganze, bei der Art an die Gattung, bei dem Vorausgehenden an das Folgende oder auch bei alldem umgekehrt« (Quint. VIII,6,19). Synekdochische Tropen entstehen, e1) wenn ein Teil für das Ganze (oder umgekehrt) gesetzt wird,

»Dafür wird der Ertrag eurer Äcker berechnet und eure Köpfe gezählt.«
(G. Büchner)
»[...] und dennoch setzt man Preise auf meinen Kopf.« (Ch. A. Vulpius)

e2) wenn das Allgemeine, die Gattung, für das Spezielle, die Art, (oder umgekehrt) gesetzt wird,

»Das Volk traute ihnen leider und legte sich zur Ruhe.« (G. Büchner)

e3) wenn für das Nachfolgende das Vorausgehende (oder umgekehrt) gesetzt wird (nicht Ursache für Wirkung!), z.B. das Rohprodukt für das fertige Produkt,

»Bloß keinen Block aus Marmor auf den Schädel tun [...].« (F. Villon; nachged. v. P. Zech; ›Block aus Marmor‹ für ›marmornen Grabstein‹)

»Was frommt es, von den langen, langen Stunden mehr denn mörderischen Horrors zu berichten, während welcher ich die sausenden Schwingungen *des Stahles* zählte!« (E. A. Poe; übers. v. H. Wollschläger; ›Stahl‹ für ›Pendel‹)

»Und haben wir im Traubensaft / Die Gurgel ausgebadet [...].« (Schiller; ›Traubensaft‹ für ›Wein‹).

e4) wenn die Anzahl vertauscht wird, z.B. Singular für Plural.

»Noch vor kurzem gab die junge Tahitianerin sich den leidenschaftlichen Regungen und glühenden Umarmungen des jungen Tahitianers ohne weiteres hin.« (D. Diderot)

f) Die Antonomasie (*antonomasia / pronominatio*)

Die Antonomasie (s. Quint. VIII,6,29) setzt statt des Eigennamens einen charakteristischen Gattungsnamen (›der Sänger‹ für Homer), ein bezeichnendes Epitheton (›der Wüstenfuchs‹ für Rommel) oder eine kennzeichnende Umschreibung (›der Ritter von der traurigen Gestalt‹ für Don Quijote). Die Ersetzung kann auch umgekehrt verlaufen: ein neuer Homer, ein Krösus (für die Eigenschaft des Reichseins), ein zweiter Napoleon (für einen Feldherrn von großem Genie, großer Skrupellosigkeit und Durchsetzungskraft etc.). Die bekanntesten Beispiele für die Antonomasie finden sich in der Bibel; der Name Gottes wurde von alters her umschrieben, z.B. der ›Allmächtige‹, der ›Schöpfer der Welt‹ etc.

»Die Fürsten benützen die Fremdherrschaft gern, um das letzte bißchen Unabhängigkeit zu erlangen, das ihnen zur vollen Souveränität noch fehlte, der Kaiser legte willig die Krone Karls des Großen nieder, nach der es den Fremdling verlangte, alle suchten durch Vermittlung des *korsischen Emporkömmlings* Stücke von Deutschland an sich zu bringen.« (R. Huch)

g) Die Katachrese (*katachresis*)

Die Katachrese ist »der Tropus, der die Bezeichnung für Dinge, die keine eigene Benennung haben, dem anpaßt, was dem Gemeinten am nächsten liegt« (Quint. VIII,6,34). Sie besteht aus der metaphorischen Anwendung eines geläufigen Ausdrucks auf einen bisher unbenannten Sachverhalt.

> »Es fehlt das Erbe des berichtigten Naturrechts« (E. Bloch; ›Erbe‹, normalerweise als juristisches Wort die Hinterlassenschaft eines Verstorbenen bezeichnend, steht hier als Begriff für etwas, das noch nicht bezeichnet ist, und verbindet Bedeutungen wie etwa: ›Einlösung des Überschüssigen‹, ›Rettung‹, ›Befreiung‹ etc.).

Auf dem Charakter der tropischen Substitution einer Bezeichnung für eine noch namenlose Sache beruht auch die zweite Bedeutung der Katachrese als *Bildbruch* oder *Bildersprung*. Paßt nämlich der uneigentliche Ausdruck nicht zu der Gegenstandssphäre, die er bezeichnen soll, kann es zu einer ironischen (wenn ein Verhältnis des Gegensatzes besteht) oder komischen (wenn nur Disparatheit zwischen Bild- und Gegenstandssphäre herrscht) Wirkung kommen. Auch diese Katachresen werden häufig habitualisiert, so daß ihre komische Wirkung verlorengeht (z.B. ›Pillenknick‹). Häufiger findet sich der Bildbruch bei der unpassenden Kombination zweier Bilder, die in ihrer eigentlichen Bedeutung keine Verbindung miteinander haben: ›Ich kann nicht über meine Haut springen.‹ (Kombination und Kontamination von ›Ich kann nicht über meinen Schatten springen‹ und ›Ich kann nicht aus meiner Haut‹.)

In der Technik wird die Katachrese häufig für Benennungen neuer Gegenstände gebraucht; so werden extreme Weitwinkelobjekte ›Fischaugen‹ genannt.

Zum Unterschied zwischen Katachrese und Metapher bemerkt Quintilian: »um Katachrese handelt es sich, wo eine Benennung fehlte, um Metapher, wo sie eine andere war« (Quint. VIII,6,35).

h) Das schmückende Beiwort (*epitheton ornans*)

Die Hinzufügung von Adjektiven ist ein wichtiges Mittel, um ein Substantiv als Attribut, Prädikativum oder Prädikatsnomen näher zu bestimmen, und gehört in den Bereich der Grammatik. Von rhetorischer Bedeutung wird das Verfahren dann, wenn das Beiwort eine dem Substantiv implizite Bedeutung ausdrücklich macht (also nicht zur sachlichen Unterscheidung – rote, gelbe usw. Tulpen – nötig ist) und beider Kombination zu einer formelhaften Einheit verschmilzt (›geneigter Leser‹, ›trefflicher Hauswirt‹). In diesem Falle erst spricht man von einem *epitheton ornans*, das zum *ornatus* gehört und tropischen Charakter annehmen kann, wenn der Bezug zwischen Substantiv und Adektiv metaphorisch ist. »Deshalb verwenden es auch die Dichter häufiger und großzügiger. Denn für diese ist es schon genug, daß der Zusatz zu dem Wort paßt, zu dem er gesetzt wird, und deshalb werden wir bei ihnen an ›weißen Zähnen‹ und ›feuchten Weinen‹ keinen Anstoß nehmen. Bei einem Redner ist ein solcher Zusatz überflüssig, wenn er keine Wirkung hat. Er hat aber dann eine Wirkung, wenn ohne ihn das Gesagte geringer wirkt, wie etwa bei ›o verwünschtes Verbrechen! o abscheuliches Gelüste!‹ Seinen Schmuck aber erhält der ganze Ausdruck vor allem durch Metaphern, z.B. ›zügellose Begierde‹ und ›wahnsinnige Stützbauten‹ (Cicero). Und es wird gewöhnlich das Epitheton dadurch zum Tropus, daß die Hinzufügung etwas anderes enthält, so bei Vergil ›häßliche Armut‹ und ›düsteres Alter‹. Indessen ist es nun freilich mit der schönen Wirkung dieses Schmuckes so, daß die Rede ohne Zusätze nackt und gleichsam ungepflegt, mit einer Vielzahl von Zusätzen jedoch überladen erscheint.« (Quint. VIII,6,40–41)

i) Die Emphase, Nachdrücklichkeit (*emphasis*)

Die Emphase entsteht dadurch, daß »aus einer Bemerkung ein versteckter Sinn zutage gefördert wird« (Quint. IX,2,64). Der Zuhörer soll etwas erraten oder verstehen, was nicht expressis verbis formuliert wurde, er soll einen tieferen Sinn der Worte erfassen (s. Quint. VIII,3,83). – Dem Wesen nach ähnelt die Emphase der Ironie, wie diese kann sie als Tropus oder als Gedankenfigur aufgefaßt werden. Unterschieden werden können beide dadurch, daß das zu Erratende zum Ausgesprochenen bei der Emphase in synekdochischer oder metonymischer Beziehung steht, bei der Ironie in Gegensatzbeziehung. Gemeinsam ist der *emphasis* und der *ironia* die Nähe zur Zweideutigkeit (*ambiguitas*) (s. Quint. IX,2,68). – (In die Änderungskategorien kann die Emphase eingeordnet werden als Austausch eines umfassenderen Gedankens durch einen scheinbar weniger umfangreich formulierten. Von den *verba* aus betrachtet, ist die Emphase eine Hinzufügung von Gedanken, von den *res* aus gesehen eine Auslassung von Worten.) Zwei Arten der Emphase werden unterschieden:

i1) Es kann im sprachlichen Ausdruck einer Sache gedanklich mehr angedeutet sein, als gesagt ist:

»Menschen! – Menschen! falsche heuchlerische Krokodilbrut!« (Schiller)

Dabei wird durch Vermutung (*coniectura*) auf den inhaltlich umfassenden Gedanken geschlossen (s. Quint. VIII,4,26). Unter Umständen können andere Tropen (z.B. die Synekdoche) als zusätzliche Hinweiszeichen auf die Emphase verwendet werden.

i2) Bei der zweiten Art der Emphase wird die Formulierung des Gedankens völlig unterdrückt; dieser kann aber aus dem Kontext erschlossen werden.

»Es gibt aber auch eine Unmenge von Fertigungen in der Kriegsindustrie, die ohne allzu starke körperliche Anstrengungen geleistet werden können und für die sich eine Frau, auch wenn sie aus – bevorzugten Kreisen stammt, zur Verfügung stellen kann.« (J. Goebbels)

Kennzeichen dieser Art der Emphase ist meist die nachdrückliche Hervorhebung von Worten, die den aufmerksamen Zuhörer vor dem oberflächlichen Hinwegeilen über die Formulierung warnt. Ebenso kann der Redeabbruch als Hinweiszeichen auf die Emphase eingesetzt werden (s. Quint. IX,2,71).

Für den Gebrauch der Emphase werden drei Gründe angegeben: »erstens, wenn es zu unsicher ist, offen zu reden; zweitens, wenn es sich nicht schickt; drittens in einer Art, die nur um der schönen Form willen verwendet wird und allein durch die Neuheit und Abwechslung, die sie bietet, mehr Genuß bereitet, als wenn die Mitteilung direkt erfolgte.« (Quint. IX,2,66)

Bei zu häufiger Verwendung der Emphase droht die Gefahr, daß das Publikum regelrecht auf emphatische Anzeichen lauert; die Zuhörer beginnen dann dem Redner zu mißtrauen, weil sie überall emphatische Figuren vermuten. Hauptsächlich soll die Emphase deshalb einer Rede mit schwierigem Vertretbarkeitsgrad vorbehalten bleiben. Verdeckt angewendet ermöglicht sie dort die doppelzüngige Rede.

j) Die Hyperbel (*hyperbole / superlatio*)

Die Hyperbel ist eine bewußte Übertreibung, die besonders durch vergleichende oder metaphorische Erhöhung oder Erniedrigung zustande kommt. Für Quintilian besteht sie »in einer schicklichen Übersteigerung der Wahrheit; ihre Leistung liegt in gleichem Maße auf den entgegengesetzten Gebieten des Steigerns und des Verkleinerns« (Quint. VIII,6,67); sie steht daher in Verbindung mit der *amplificatio* bzw. der *minutio*.

Charakteristisch für die Hyperbel ist, daß sie mehr sagt, als geschehen ist (s. Quint. VIII,6,68).

Im einzelnen unterscheidet Quintilian fünf Realisationsarten der Hyperbel:

- wenn im engeren Sinne mehr gesagt wird, als geschehen ist (s. Quint. VIII,6,68),

  »›Das war das erste vernünftige Wort, das ich von euch höre‹, sagte der Sterbende.« (Ch. R. Maturin)
  »Du hast ein Herz aus Stein in deiner Brust.« (F. Villon; nachged. v. P. Zech; hier liegt eine hyperbolische Metapher vor)

- wenn etwas durch Ähnlichkeit (*similitudo*) gesteigert wird (s. Quint. VIII,6,68),

  »Sie [die Stimme des Philosophen] wirkte als Laut, wie eine ferne eintönige Klage.« (Nietzsche)

- die Steigerung durch Vergleich (*comparatio*) (s. Quint. VIII,6,69),

  »[...] von meinem Haar, das sich noch weicher fühlt / wie Seidenzeug aus dem Chinesenland.« (F. Villon; nachged. v. P. Zech)

- die Steigerung durch Merkmale oder Anzeichen (*signa*) (s. Quint. VIII,6,69),

  »Über die Halme der Saat und ohne die Spitzen zu rühren / Flöge sie hin und verletzte die zartesten Ähren im Lauf nicht.« (Vergil)

- die Steigerung durch übertragene Worte (*translatio*) (s. Quint. VIII,6,69).

»»Das sind eure Schafe‹, sagte ich, ›die [...], wie man hört, [...] Menschen fressen‹.« (Th. Morus)

»Die Schulden erdrückten ihn fast.«

Darüber hinaus können Hyperbeln verschiedener Art und verschiedenen Wortumfangs geschachtelt und zu einer hyperbolischen Aussage verbunden werden (s. Quint. VIII,6,70). Dies geht jedoch bereits über den Rahmen der Tropen hinaus in den Bereich der Gedankenfigur Hyperbel oder in den allgemeinen Bereich der Steigerung (*amplificatio*).

Als Mittel des *ornatus* wird die Hyperbel dann verwendet, »wenn der Gegenstand selbst, über den man sprechen muß, das natürliche Ausmaß überschritten hat« (Quint. VIII,6,76). Der Tropus der Hyperbel muß also in der Sache selbst begründet sein. Da die Hyperbel zum »besonders kühnen« Schmuck (Quint. VIII,6,67) gehört, führt sie zur »Künstelei« (Quint. VIII,6,73), wenn sie zu häufig verwendet wird oder jede Glaubwürdigkeit übersteigt. Zum allgemeinen Sprachgebrauch gehört die Hyperbel, wenn sich die wirkliche Größe einer Sache nicht durch den eigentlichen Ausdruck (*verbum proprium*) angeben läßt bzw. wenn das gebräuchliche Wort nicht ausdrucksfähig genug ist. In einem solchen Fall soll die Rede besser zu hoch als zu niedrig greifen (s. Quint. VIII,6,75f.).

k) Die Metonymie (*metonymia / denominatio, transmutatio*)

Die Metonymie definiert Quintilian als »die Setzung einer Benennung für eine andere [...]. Sie bezeichnet das Erfundene nach dem Erfinder und das Besessene nach den Inhabern« (Quint. VIII,6,23). Bei Cicero wird sie Hypallage genannt (Cic. or. 27,93), in der »Rhetorik an Herennius« heißt sie *denominatio*: »Die Denomination zieht von verwandten und angrenzenden Dingen die Rede auf ein Gebiet, wo die Sache, welche nicht mit ihrem eigentlichen Namen benannt ist, verstanden werden kann.« (Her. 4,32) ›Verwandt‹ und ›angrenzend‹ ist in der Metonymie nicht das, was ähnlich und durch ein *tertium comparationis* verbunden ist (Metapher), auch nicht das, was sich zur zu bezeichnenden Sache verhält, wie das Teil zum Ganzen (Synekdoche), sondern das, was in einer realen Beziehung zur ›eigentlichen Sache‹ steht. Vom eigentlichen Begriff aus gesehen, nimmt der metonymische zu ihm die Stelle eines Attributes oder einer adverbialen Bestimmung ein.

Solche Beziehungen sind:

- Ursache – Wirkung,
- Behälter – Inhalt (s. Her. 4,32),
- Person – ihr zugehörige Tätigkeit (s. Cic. de or. 3,167),
- Besitzer – Besitz (s. Quint. VIII,6,23),
- Bewohner – Ort.

Entweder wird die Person durch die Tätigkeit, die Ursache durch die Wirkung bezeichnet oder jeweils umgekehrt. Die Metonymie steht in »nachbarliche[r] Berührung« (Quint. VIII,6,28; vgl. Cic. de or. 3,168) mit der Synekdoche.

»Damit reichte er dem Sokrates den Becher.« (Platon; ›Becher‹ steht für den Inhalt, das ›Gift‹).

»Alle Wanderer rühmen dein gastlich Haus.« (Schiller)
»Ich brauche Wiegengesang, und den habe ich in seiner Fülle gefunden in
meinem Homer.« (Goethe; ›Homer‹ steht für ›die Werke Homers‹)

l) Die Metapher (*metaphora / translatio*)

Die Metapher ist die Bezeichnung des eigentlichen Begriffs durch einen für ihn im
übertragenen Sinne verwendeten uneigentlichen Begriff und »befindet sich [...] am
äußersten Ende jener Skala der zunehmenden Distanz von eigentlicher und uneigentlicher Diktion.« (M. Fuhrmann, Antike Rhetorik, 129) Das Verhältnis von eigentlicher und bildlicher Ausdrucksweise ist verschieden beschrieben: als eines des
Abbildes, bei dem gleichnishaft gebrauchtes Bild und gemeinte Sache identifiziert
werden. »Im ganzen aber ist die Metapher ein kürzeres Gleichnis und unterscheidet
sich dadurch, daß das Gleichnis einen Vergleich mit dem Sachverhalt bietet, den
wir darstellen wollen, während die Metapher für die Sache selbst steht.« (Quint.
VIII,6,8) Man sagt also nicht: die Fichten des Waldes splittern wie Säulen, sondern
»es splittern die Säulen ewig grüner Paläste« (Goethe). Aristoteles hat das Finden
von Metaphern besonders ausgezeichnet als »ein Zeichen von Begabung« (Ar. Poet.
22) und das Verhältnis von eigentlichem und uneigentlichem Ausdruck als eines
der Ähnlichkeit bestimmt: »Denn gute Metaphern zu bilden bedeutet, daß man
Ähnlichkeiten zu erkennen vermag.« (Ar. Poet. 22) Womit auch die besondere Er-
kenntnisfunktion der Metapher angesprochen ist. »Immer aber muß die Metapher,
die aus der Analogie gebildet wurde, auch mit dem übrigen, sowie mit dem, was
damit verwandt ist, in Korrelation gebracht werden.« (Ar. Rhet. 3,4,4) Zur Metapher gehören demnach drei Bestandteile:
1. der eigentliche Ausdruck, der durch das Bild veranschaulicht werden soll;
2. der veranschaulichende uneigentliche, also bildliche Ausdruck;
3. der Vergleichspunkt beider (*tertium comparationis*), in dem eigentlicher Ausdruck und Bild übereinstimmen und der ihre Ähnlichkeit erst hervorbringt.
Der allzu häufige Gebrauch der Metapher kann zur Dunkelheit, eine Unähnlichkeit der Begriffe, die durch die ausgetauschten Wörter bezeichnet werden, zur Unverständlichkeit der Rede führen.
Die Metaphern – sie umfassen Verben und Substantive (s. Quint. VIII,6,5) –
werden in vier Arten eingeteilt (s. Quint. VIII,6,9–13): Beseeltes kann für Beseeltes
eingesetzt werden, Unbeseeltes für Unbeseeltes, Beseeltes für Unbeseeltes und Un-
seeltes für Beseeltes.

l1) Beseeltes wird für Beseeltes gesetzt

»Die große weiße Wölfin: sie lachte um listige Zähne, und kaufte volles
Fleisch, und schlappe blasse Bratwürste. Dann schwang sie sich langbeinig
ins Fahrradgestänge.« (A. Schmidt)

l2) Unbeseeltes wird für Unbeseeltes gesetzt

»Die Waffen, womit die Bourgeoisie den Feudalismus zu Boden geschlagen
hat, richten sich jetzt gegen die Bourgeoisie selbst.« (Marx / Engels)

13) Beseeltes wird für Unbeseeltes gesetzt

»Der kahle Mongolenschädel des Mondes schob sich mir näher.« (A. Schmidt)

14) Unbeseeltes wird für Beseeltes gesetzt

»[...] und ist das Weib im Bett kein Marmelstein [...].« (F. Villon; nachged. v. P. Zech)

Die metaphorische Ausdrucksweise ist sehr wirkungsvoll, da sie nicht bloß, wie der Vergleich, einen gemeinten Gegenstand mit einer anschaulichen Vorstellung verbindet, sondern diesen in jene überführt: aus etwas Totem etwas Lebendiges macht, Mineralisches verwandelt oder das Unbelebte verlebendigt. Auch die Verwandlung innerhalb einer Sphäre (beispielsweise ›Odins Habicht‹ als metaphorische Bezeichnung für ›Raben‹) kann zu sehr eindrucksvollen sprachlichen Effekten führen, die den Rezipienten überraschen, seine Aufmerksamkeit fesseln und der Sache selber neue Seiten, unvermutete Perspektiven öffnen. Die Metapher ist Ausdruck einer bewegten Wirklichkeit, in der die Positionen (tot und lebendig, lebend und mineralisch) austauschbar sind. Obwohl sie ihre Kraft aus der überraschenden Kombination, dem Unerwarteten und aus der Verbindung des Entgegengesetzten mit Hilfe eines »Reitersprungs der Phantasie« (wie García Lorca das Verfahren seinerseits wieder metaphorisch beschreibt) bezieht, so beruht sie doch auf Denkkonventionen, denn nur so bleibt sie verständlich. Die Metapher weicht von diesen Konventionen und ihrem sprachlichen Ausdruck zwar ab, aber nur soweit, als die Identifizierung zweier Begriffe im Wort noch möglich ist, weil ihre Ähnlichkeit erkannt wird. Die Alltagsrede ist von meist unerkannten oder kaum noch erkennbaren Metaphern durchsetzt, die man deshalb sogar schon »ein Wörterbuch erblasseter Metaphern« (Jean Paul) genannt hat. Die Anzahl von entsprechenden Beispielen ist Legion und sei an dieser Stelle auf eine kleine Auswahl beschränkt: ›du hast wohl einen Knall‹; ›bei dir piept's‹; ›du spuckst große Töne‹; ›endlich fällt der Groschen‹; ›eine kilometerlange Autoschlange‹. Diese verblaßten Metaphern lassen sich auch als Grundlage für ein neues, erneut epatierendes metaphorisches Sprechen verwenden. Dies geschieht durch Zusätze (das – schielende – Auge das Gesetzes) oder durch radikale inhaltliche Veränderungen (»Aus seiner Haut aber kann jeder heraus, denn keiner trägt sie bereits.« [Bloch]).

Metaphorische Redeweise deutet auf das Unfertige, Offene der Gegenstände und Themen hin, indem sie nicht fix und fertige Benennungen übernimmt, sondern diese gerade negiert, durch neue Identifizierungen ersetzt und damit die gemeinte Sache in der Schwebe hält oder erneut schwebend macht. Daß Entscheidungen noch ausstehen und nicht bereits gefallen sind, so daß man ihnen nur noch Lob- oder Klagelieder nachsingen kann – das ist die wichtigste Voraussetzung rhetorischen Sprechens überhaupt (sie macht sich selbst in der Festrede noch bemerkbar) und der Grund dafür, daß die Metapher zu ihren ausgezeichneten Formen gehört.

m) Die Allegorie (*allegoria / inversio*)

In der Rhetorik wird die Allegorie als weitergeführte Metapher betrachtet (s. Quint. VIII,6,44), wobei das Bild nicht an die Stelle eines einzelnen Begriffes, sondern eines ganzen Gedankens, einer Idee oder auch einer Gedankenreihe tritt. Sie kann aus aneinandergereihten Metaphern bestehen, die derselben Bildsphäre angehören. Zwei Formen der Allegorie unterscheidet schon Quintilian:

m1) Die vollständige, in sich abgeschlossene Allegorie (*allegoria tota*), in der kein Element des Gedankens oder der Gedankenreihe auftritt, für die sie steht.

> »In den Ozean schifft mit tausend Masten der Jüngling, / Still auf gerettetem Boot treibt in den Hafen der Greis.« (Schiller)

Der totalen Allegorie droht als Fehler (*vitium*) die Dunkelheit (*obscuritas*), sie grenzt deshalb oftmals an das Rätsel (*aenigma*) oder geht gar ins Rätsel über. Während in der Dichtung gerade dieser Zug beabsichtigt und die Dunkelheit als reizvolle (weil vieldeutige) Wirkung bezweckt sein kann, muß sich der Redner im allgemeinen vor der Unverständlichkeit in sich geschlossener Allegorien hüten.

> »Der Wald und der Fluß – so schwammen sie an mir vorüber, während ich im Wasser schwamm.« (F. Kafka)

m2) Die gebrochene, offene, »gemischte« Allegorie (*permixta apertis allegoria*), in der Hinweise, Signale oder gar Elemente des Gedankens oder der Gedankenreihe enthalten sind, die sie repräsentiert. Der Sinn des allegorischen Bildes wird auf diese Weise verdeutlicht, und die Gefahr der Dunkelheit nimmt ab. Die gebrochene Allegorie ist daher die für den Redner empfehlenswertere Form.

> »Und tut er Unrecht, daß er von mir geht? / War ich ihm, was er mir? / Das Schiff nur bin ich, / Auf das er seine Hoffnung hat geladen, / Mit dem er wohlgemut das weite Meer / Durchsegelte; er sieht es über Klippen / Gefährlich gehn und rettet schnell die Ware.« (Schiller)

Die Allegorie ist durch die idealistische Ästhetik in Mißkredit geraten und gegenüber dem Symbol abgewertet worden, Goethes Wort von der »frostigen Allegorie« kursiert seither für diese Tendenz, die erst im 20. Jahrhundert, vor allem durch Walter Benjamin und Ernst Bloch, revidiert wurde. »Selbst große Künstler, ungemeine Theoretiker, wie Yeats, bleiben in der Annahme, Allegorie sei ein konventionelles Verhältnis zwischen einem bezeichnenden Bilde und seiner Bedeutung. Von den authentischen Dokumenten der neueren allegorischen Anschauungsweise, den literarischen und graphischen Emblemenwerken des Barock, pflegen die Autoren nur vage Kenntnis zu besitzen. Aus den späten und verbreiteteren Nachzüglern des achtzehnten Jahrhunderts spricht deren Geist so schwächlich, daß nur der Leser der ursprünglicheren Werke auf die ungebrochene Kraft der allegorischen Intention stößt. Vor jene aber stellte sich mit dem Verdikt das klassizistische Vorurteil. Es ist, mit einem Wort, die Denunzierung einer Ausdrucksform, wie die Allegorie sie darstellt, als einer bloßen Weise der Bezeichnung. Allegorie – das zu erweisen dienen die folgenden Blätter – ist nicht spielerische Bildertechnik, sondern Ausdruck, so wie Sprache Ausdruck ist, ja so wie Schrift.« (W. Benjamin) Ohne sich dessen bewußt zu sein, knüpft dieser neue Begriff von Allegorie an die rhetorische Tradition an, dies besonders augenfällig bei Bloch: »Das klassizistische Mißverständnis, das die Allegorie als ›Versinnlichung abstrakter Begriffe‹ und so als ›frostige‹ ausgab, ist wohl abgetan. Allegorie ist zugleich tiefer wie weniger begrifflich präzis; denn gerade indem ein Gleichnis das Eine durch ein Anderes ausdrückt, dieses Andere aber weit gestreut ist, ja beliebig viel ›Anderheit‹, Alteritas sein kann, ist es allegorisch. Die Ehre und die eingehaltene Linie der Allegorie ist ja genau dies bedeutend ›Mehrdeutige‹, ist das notwendig noch Schwebende im Gleichnis, ist die noch während rende Streuungsreihe des dem Bedeuten ›Entsprechenden‹, vielmehr: der Entsprechungs-Gestalten in der Welt.« (E. Bloch)

Unter die Tropen gehört die Allegorie insofern, als sie für ein Wort oder einen Begriff stehen kann; sie überschreitet jedoch bereits den Bereich des *ornatus in verbis singulis*: »Es kommt dabei jedoch nicht auf das Wort an, sondern auf den Text, das heißt auf den Zusammenhang der Worte.« (Cic. de or. 3,167) Der Tropus der Allegorie kann daher von der Gedankenfigur der Allegorie nur schwer unterschieden werden.

> »Komm, Hoffnung, laß den letzten Stern / der Müden nicht erbleichen!«
> (Beethoven)
> »Wo steckt nun der Mensch? Was ist der Mensch wirklich und was kann und soll er werden? Der Proletarier, das Klassenwesen, der humanitäre Philanthrop, der verklärte Menschgott und allmächtige Biedermeier, der Drillsergeant, der neue Barbar, der Parteisoldat aller Farben, der Funktionär, der Verdammte, zur Freiheit Verdammte, wie ihn die Existentialisten bekennen – sind das die Antworten, die uns Geist und Geschichte von hundert Jahren auf die Frage nach uns selbst gegeben haben? Steckt der Mensch in all dem grausigen, leichtfertigen, martialischen, lächerlichen und rührenden Mummenschanz? Oder war dies nur das Gewirr der Linien und Kurven, die den suchenden Blick jeweils für eine Weile bannen, bis er sich im Gestaltlosen verliert und ermattet? Trübsinn wandelt uns an. Es scheinen lauter Irrwege, lauter Verfälschungen zu sein, lauter Gaukelei und Untergang. Es ist keine Wahrheit in diesem Vexierbild der Geschichte. Natürlich nicht. Man muß das Bild auf den Kopf stellen. Die Wahrheit steckt in der Zukunft. Die Figur des Menschen steckt in der Zukunft. Hier und jetzt beginnt die Enträtselung, in jedem Einzelnen.« (D. Sternberger)

n) Die Ironie, Verstellung (*eironeia / dissimulatio*)

Die Ironie oder Verstellung besteht darin, daß »das Gegenteil ausgedrückt ist« von dem, was man sagen will. »Diese erkennt man entweder am Ton, in dem sie gesprochen wird, oder an der betreffenden Person oder am Wesen der Sache; denn wenn etwas hiervon dem gesprochenen Wortlaut widerspricht, so ist es klar, daß die Rede etwas Verschiedenes besagen will.« (Quint. VIII,6,54) Die Ironie stellt also die extreme Form des tropischen Ersatzes dar.

Im Tropus der Ironie steht das gesetzte Wort in einer Gegenteil-Beziehung zum ersetzten Wort: die Bedeutung eines Wortes wird nicht auf ein mehr oder weniger ähnliches, sondern auf ein konträres Wort übertragen. Insofern kann die Ironie als Sonderfall der Metapher verstanden werden.

Grundlegend eingeteilt wird die Ironie nach den Gesichtspunkten Lob oder Tadel: die Ironie kann entweder dazu dienen, durch verstelltes Lob herabzusetzen oder durch verstellten Tadel zu loben (s. Quint. VIII,6,55). Als weitere Unterarten der Ironie faßt Quintilian unter anderem den Sarkasmus und den Euphemismus auf (s. Quint. VIII,6,57).

Da das eingetauschte Ironie-Wort meist den ganzen Satzzusammenhang prägt oder verändert, kann der Tropus der Ironie bereits in eine Gedankenfigur übergehen (s. Quint. IX,1,3).

>»Dumm sein und Arbeit haben, das ist das Glück.« (G. Benn)

Der Deutsche »diszipliniert seine Kinder zur Sittsamkeit mit Strenge, wie er dann auch seinem Hang zur Ordnung und Regel gemäß, sich eher despotisieren, als sich auf Neuerungen (zumal eigenmächtige Reformen in der Regierung) einlassen wird. – Das ist seine gute Seite.« (I. Kant)

III. Der Redeschmuck in Wortverbindungen
(ornatus in verbis coniunctis)

Der Redeschmuck in Wortverbindungen beruht auf Figuren, auf Ausdrucksweisen, die von der gewöhnlichen, schlichten sprachlichen Formulierung abweichen und »eine Abwechslung gegenüber dem geraden Weg« bringen (Quint. II,13,11). Quintilian zieht einen bezeichnenden Vergleich: »[D]er gerade stehende Körper zeigt wohl am wenigsten Anmut: lasse man doch nur das Gesicht geradeaus blicken, die Arme herabhängen, die Füße glatt nebeneinander gestellt: ein starres Werk wird es sein von oben bis unten. Die Schmiegsamkeit der Linien, die ein solcher Körper zeigt, und – ich möchte sagen – ihre Bewegung ergibt den Eindruck von Handlung und Gefühlsbewegung. Deshalb sind [bei Statuen und Bildern] die Hände nicht nach einer Weise gestaltet, und im Mienenspiel liegen tausend Arten des Ausdrucks. Manche zeigen eine Laufhaltung und ungestüme Bewegung, andere sitzen oder sind gelagert. Nackt sind die einen, bekleidet andere, manche zeigen Mischungen zwischen beiden Möglichkeiten. Gibt es etwas so Verrenktes und Angespanntes wie den berühmten Diskuswerfer des Myron? Wenn indessen jemand dies Werk als nicht aufrecht genug tadeln wollte, zeigte er da nicht nur, wie fern er ist von dem Verständnis für diese Kunst, in der doch gerade darin das Neue und Schwierige liegt, das besonders zu loben ist? Solche Anmut und solchen Genuß bieten die Redefiguren, ob sie nun im Sinne oder im Klang der Worte erscheinen.« (Quint. II,13,9–11) Rhetorische Figuren sind nach diesem bildhaften Vergleich Abweichungen im weitesten Sinne: Abweichungen von der geraden, glatten und flachen Ausdrucksweise, Abweichungen von der einfachen Stellung und Ordnung der Worte, Abweichungen vom gewohnten Ausdruck, Abweichungen von der Ruhelage der Vorstellungs- und Mitteilungsweise überhaupt. Unser Begriff der Verfremdung ist in den *ornatus* einzuordnen.

Die Figuren werden als Ausdruck von Bewegung, von Affekten, von Leben verstanden: formalisiert durch die *ars rhetorica* werden sie zu einem Repertoire an Mitteln oder Verfahren, um Starres (nämlich die logischen Begriffe) lebendig werden zu lassen oder starr Gewordenes (eingefahrene *res* und *verba*) in neuer Form zu akutalisieren.

Charakteristisch für die rhetorischen Figuren ist, daß sie auch »mit Worten in ihrer eigentlichen Bedeutung und Wortstellung zustande kommen« können (Quint. IX,1,7) und zunächst keiner besonderen Bausteine (weder an Gedankeninhalten noch an Worten) bedürfen, um der Rede Schmuck zu verleihen: die rhetorischen Figuren geben sich damit grundsätzlich als Schemata der reinen Form zu erkennen, die, angewendet in der *elocutio*, mit der *dispositio*, dem eigentlichen Theorieteil der Form, in Verbindung stehen. Bei dieser Bestimmung der Figuren ist jedoch zu beachten, daß in der konkreten sprachlichen Äußerung »häufig bei den gleichen Gedanken Tropus und Figur gleichzeitig auftreten« (Quint. IX,1,9), um eine neue Form der Rede (s. Quint. IX,1,14) abzugeben.

Für die rhetorischen Figuren gilt ebenso wie für die Tropen, daß sie außer der »Gestaltung von Einzelwörtern« (Quint. VIII,6,2) auch die Bedeutung verändern.

Während dem Redeschmuck in den Einzelworten im wesentlichen das Verfahren der *immutatio* (Austausch) zugrunde gelegt wird, kann man den Schmuck in Wortverbindungen weitgehend als Änderung durch *adiectio* (Hinzufügung), *detractio* (Auslassung) und *transmutatio* (Umstellung) auffassen. Diese Aufteilung des *ornatus* nach den Änderungskategorien, die aus der Grammatik stammen, ist eine starke Vereinfachung, die zudem Verwirrung stiften kann, wie Dockhorn in seiner Rezension von Lausbergs Handbuch betont (s. K. Dockhorn, Lausberg-Rezension, 190f.). Schon bei den *verba translata* hatte sich gezeigt, daß der *tropus* nicht schlicht ein Wort gegen ein anderes austauscht, sondern auch den Kontext des Wortes, die Wortverbindung, verändern und sowohl syntaktisch wie semantisch erweitern oder einengen kann – kurz: daß der *tropus* in die Nähe einer Gedanken- oder Wortfigur rücken kann. Entsprechend läßt sich auch bei den Figuren oft nur schwer die Auffassung vertreten, daß Figuren lediglich auf Hinzufügungen, Auslassungen und Umstellungen beruhen. Daraus ergibt sich die grundsätzliche Frage, ob im *ornatus* die *immutatio* von den übrigen Änderungskategorien getrennt werden sollte. Die Ansichten darüber gehen in der Antike auseinander. Die Gesamtmenge der Figuren – zu ihr gehören »alle diejenigen, die sich am stärksten hervorheben und auf das Gefühl des Hörers den größten Eindruck machen« (Quint. IX,1,25) – wird in zwei Bereiche unterteilt: in den Bereich der Gedankenfiguren (s. Quint. IX,1,17) und in den Bereich der Wortfiguren (s. Quint. IX,1,17). Hierin stimmen die meisten Theoretiker überein. Quintilian erwähnt jedoch, daß auch die Auffassung vertreten wurde, es gäbe nur Wortfiguren oder nur Gedankenfiguren: die einen argumentieren, daß jede Änderung der Worte auch die Bedeutung ändere, die anderen gingen davon aus, daß die Worte sich ausschließlich nach den Gedanken richten (s. Quint. IX,1,15). Die Aufteilung in Wort- und Gedankenfiguren wird damit begründet, daß ein und derselbe Gedankengang auf verschiedene Weise artikuliert werden kann (s. Quint. IX,1,16).

Außer den Figuren zählte die antike Rhetorik die Wortkomposition zur Rhythmisierung des Textes (*compositio*) zum Redeschmuck in Wortverbindungen.

»Figuren des Ausdrucks und des Gedankens gibt es aber fast unzählige [...]. Doch zwischen den Figuren des Ausdrucks und denen des Gedankens besteht ein Unterschied insofern, als man die Figuren des Ausdrucks zerstört, wenn man die Worte ändert, während die des Gedankens bestehen bleiben, welcher Worte man sich auch bedient. Wenn ihr auch danach handelt, muß ich euch doch wohl ermahnen, die Leistung eines Redners, soweit sie ausgezeichnet und bewundernswert sein soll, in nichts anderem zu sehen als darin, daß ihr euch bei Einzelwörtern an die drei Möglichkeiten haltet, häufig übertragene Ausdrücke, zuweilen neu gebildete, nur selten aber auch veraltete zu wählen; was aber die Darstellung im Zusammenhang betrifft, so müssen wir, wenn wir der Glätte der Verbindung und der Rhythmisierung, die ich nannte, Rechnung getragen haben, die ganze Rede gleichsam mit Glanzlichtern des Gedankens und des Ausdrucks schmücken und beleben.« (Cic. de or. 3,200–201)

1. Die Wortfiguren (*schemata lexeos / figurae verborum*)

Die Wortfiguren lassen sich nach Quintilian in zwei Gruppen einteilen. Die eine bildet sich durch Neuerungen von Sprachgrundsätzen, d.h. durch ein Abweichen von der normalerweise als richtig bezeichneten grammatischen Sprachnorm, die andere durch Figuren, die sich durch die Wortstellung auszeichnen und »die nicht nur auf dem Sprachgebrauch beruh[][en], sondern dem Sinn selbst bald Reiz, bald zudem auch noch Kraft verleih[][en]« (Quint. IX,3,28); die erste Gruppe läßt sich eher als grammatische, die zweite eher als rhetorische bezeichnen (s. Quint. IX,3,2).

Die Anwendung einer Figur der ersten Gruppe wird geschützt durch die Autorität der Person (*auctoritas*), die sie gebraucht; ferner durch ihr Alter (*vetustas*) – falls ein bedeutender Vorgänger sie bereits einmal benutzt hat – und durch den Sprachgebrauch (*consuetudo*) der Gebildeten (s. Quint. IX,3,3).

Ihr Nutzen besteht darin, daß »sie sowohl den Überdruß an der alltäglichen und immer gleichförmig gestalteten Redeweise behebt als auch uns vor der gewöhnlich-vulgären Sprechweise bewahrt« (Quint. IX,3,3). Auch kann der Vorteil ihrer Verwendung in der treffenden Kürze des Ausdrucks bestehen (s. Quint. IX,3,12); ihr Gebrauch soll der Sache angemessen sein, sie soll sparsam angewendet werden und dadurch, daß sie entlegen und dem gewöhnlichen Sprachgebrauch fremd ist, durch den Reiz des Neuen dem Zuhörer Genuß bereiten (s. Quint. IX,3,3–5).

Die Abweichungen von der grammatischen Regel, also die Figuren, können vielfältig sein: das Geschlecht der Substantive kann ausgewechselt sein, Verben, die normalerweise aktivisch gebraucht werden, können passivisch verwendet werden (oder umgekehrt), der Infinitiv kann statt des Nomens gebraucht werden, die Zeiten können vertauscht werden etc. Zum Beispiel:

> » […] über die jetzt noch bei sämtlichen primitiven Völkern gang und gäbene Zauberei.« (E. Bloch; die attributive Verwendung von ›gang und gäbe‹ ist zwar nicht in Übereinstimmung mit der grammatischen Norm, hier aber als sprachliche Figur anzusehen und gestattet).

Die Figuren dieser Art entstehen durch Hinzufügung (*adiectio*), Auslassung (*detractio*) oder Umstellung (*transmutatio*) der gewöhnlichen Anordnung der Worte (s. Quint. IX,3,27).

Die Figuren, die mit der grammatischen Richtigkeit zusammenhängen, sind schwer zu trennen von den Tropen und den Gedankenfiguren. So liegt beispielsweise eine Veränderung der grammatischen Form des Verbes vor, wenn der Redner, statt von sich in der »1. Person Singular« zu sprechen, sich als fremde Person einführt. Auch die Parenthese, die Unterbrechung der Rede und der Einschub eines anderen Gedankens, bedeutet einen Eingriff in die syntaktische Struktur des Satzes, ebenfalls das Hyperbaton, das hier zu behandeln ist, »wenn man es als Tropus nicht hat gelten lassen« (Quint. IX,3,23); auch die Veränderung des Numerus (Singular für Plural oder umgekehrt), die als Synekdoche behandelt wurde, könnte hierher gerechnet werden.

Die andere Art der Wortfiguren, die sich durch die Wortstellung auszeichnet, soll hier zunächst in zwei Gruppen behandelt werden: die erste Gruppe stellt Figuren dar, die durch die Hinzufügung (*per adiectionem*), die zweite die, die durch Auslassung (*per detractionem*) entstanden sind.

a) Durch Hinzufügung (*per adiectionem*) gebildete Wortfiguren

Diese Figuren entstehen durch die Wiederholung (*conduplicatio*) eines Wortes oder einer Wortgruppe.

> »Aber wehe, wehe, wehe! / Wenn ich auf das Ende sehe.« (W. Busch)

a1) Gemination, Verdoppelung (*geminatio, repetitio*): Doppelsetzung eines Wortes am Anfang, in der Mitte oder am Ende eines Satzes: (aa ...), (... aa ...) oder (... aa).

> »Schaun! schaun! Die Post zur Post!« (J. Joyce; übers. v. A. Schmidt)
> »Ihr seid müßig, müßig seid ihr.« (Bibel, Altes Testament)
> »Aber alles ist Liebe, Liebe, Liebe.« (C. Brentano)

Das Ziel einer Wortwiederholung kann sein, das vorher Ausgesagte zu bekräftigen, etwa auch um zu klagen; es kann aber auch, mit Ironie verbunden, in der Bagatellisierung eines Gegenstandes oder Zusammenhangs liegen.

a2) Anadiplose (*anadiplosis, reduplicatio*): das zuletzt gebrauchte Wort oder Wortpaar wird an den Anfang des neuen Satzes, Bedeutungsabschnitts oder Verses gestellt: (... a/a ...).

> »Mit dem Schiffe spielen Wind und Wellen, / Wind und Wellen nicht mit seinem Herzen.« (Goethe)

a3) Klimax (*gradatio*): eine fortgesetzte Anadiplose, bei der eine stufenweise Steigerung stattfindet: (a ... b/b ... c/c ... d). Sie »zeigt ihre Kunst unverhüllter und in gesuchter Weise, und deshalb muß sie seltener erscheinen« (Quint. IX,3,54).

> »Dem Africanus erwarb seine Tätigkeit Tugend, seine Tugend Ruhm, sein Ruhm Nebenbuhler.« (Rhetorik an Herennius)

Doch kann eine Klimax auch durch die steigernde Reihung synonymer Wörter oder gleicher Satzglieder erreicht werden.

»Wie habe ich ihn nicht gebeten, gefleht, beschworen [...].« (Lessing).

a4) Kyklos (*redditio, inclusio*): die Umrahmung, der Kreis um einen Satz, Vers, eine syntaktische oder semantische Einheit durch das gleiche Wort, das gleiche Satzglied: (a ... a)

> »Entbehren sollst du, sollst entbehren.« (Goethe)
> *»Unwissender, niederträchtiger Kerl!* hast du mir es nicht oft genug gesagt, daß ich mich aus der Stube fortmachen soll? Kannst du dir denn aber nicht einbilden, daß die, welche im Kabinette hat sein dürfen, auch Erlaubnis haben werde, in der Stube zu sein? *Unwissender, niederträchtiger Kerl!*« (Lessing)

a5) Anapher (*anaphora*): Wiederholung eines Wortes oder einer Wortgruppe jeweils zu Anfang eines Satzes oder eines Gedankenabschnittes: (a ... / a ...).

> »Bewegte sich langsam und mühevoll – bewegte sich in so merkwürdiger Art [...].« (B. Harte / G. Conroy; übers. v. O. Randolf)

a6) Epipher (*epiphora*): am Ende eines Satzes oder Bedeutungsabschnittes wird dasselbe Wort oder Wortpaar gesetzt: (... a / ... a).

> »'s ist Besuch nur, der ohn' Grollen mahnt, daß Einlaß er begehr' – / nur ein später Gast, der friedlich mahnt, daß Einlaß er begehr'.« (E. A. Poe; übers. v. H. Wollschläger)

Zur Hervorhebung und Gegenüberstellung kann die *anaphora* oder *epiphora* dahingehend verändert werden, daß wechselweise zwei verschiedene Wörter wiederholt werden: (a ... / b ... / a ... / b ...) oder (... a / ... b / ... a / ... b).

a7) Symploke (*complexio*): Kombination von Anapher und Epipher, Wiederholung der gleichen Wörter am Anfang und am Ende von zwei oder mehr syntaktischen oder prosodischen Einheiten.

> »Alles geben die Götter, die unendlichen / Ihren Lieblingen ganz, / Alle Freuden, die unendlichen, / Alle Schmerzen, die unendlichen, ganz.« (Goethe)

a8) Polyptoton: Wiederholung eines Wortes mit Kasusveränderung. Diese Veränderung kann Abwechslung bringen und damit dem Desinteresse (*taedium*) der Zuhörer entgegenwirken. Das Polyptoton kann in allen Formen der Wiederholung (*anaphora, epiphora, complexio* etc.) vorkommen.

> »Im Herzen meines Herzens halt' ich ihn eingeschlossen.« (Schiller)

a9) Synonymie (*synonymia*): die Wiederholung durch Synonyme (oder Tropen) betrifft hier die semantische Ebene, während die Wörter oder Tropen wechseln. »Manchmal stimmen, wie wir es bei der Wortverdoppelung gesagt haben, auch Satzanfänge oder -schlüsse durch zwar verschiedene, aber zum gleichen Bereich gehörende Wörter überein.« (Quint. IX,3,45)

»Und es wallet und siedet und brauset und zischt [...].« (Schiller)

»Wenn die Augen brechen, / Wenn die Lippen nicht mehr sprechen, / Wenn das pochende Herz sich stillet / Und der warme Blutstrom nicht mehr quillet [...].« (C. Brentano)

a10) Unterscheidung (*paradiastole, distinctio*): dasselbe Wort wird mehrmals in einer jeweils anderen Bedeutung wiederholt.

»Auge um Auge, Zahn um Zahn.« (Bibel, Altes Testament)

»Das hängt aber ganz vom Definieren ab, und deshalb zweifle ich, ob es eine Figur ist.« (Quint. IX,3,65) Die *distinctio* dient auch der gedanklichen Unterscheidung von verschiedenen Bedeutungen eines Wortes und besitzt deshalb auch in der Dialektik eine wichtige Funktion bei der Eliminierung von Ambiguitäten.

Taucht die Unterscheidung der ähnlichen oder homonymen Wörter als parteiliche Operation in einem kontroversen Dialog auf, so daß der eine Partner dem Wort eine andere Bedeutung gibt, als sie der andere beabsichtigt, so spricht man von einer *reflexio*: das Wort im Munde herumdrehen, heißt die gängige, aber treffende Bezeichnung.

»Ihr seid verloren, wenn Ihr säumt – Ich bin verloren, wenn ich's übereile.« (Shakespeare)

a11) Paronomasie (*paronomasia, annominatio*): Sprachspiel, das sich aus der Klang-Gleichheit oder -ähnlichkeit zweier Wörter mit verschiedener Bedeutung ergibt.

»Alle die gesegneten deutschen Länder / Sind verkehrt worden in Elender [...].« (Schiller)

»Der Paronomasie entgegengesetzt ist es, wenn etwas mit demselben Wort als falsch erwiesen wird: ›Dieses Gesetz schien in den Augen der Privatleute kein Gesetz zu sein.‹« (Quint. IX,3,67) Hiermit verwandt ist die Figur mit dem Namen *reflexio* oder *antanaclasis* (das Überspringen), die dasselbe Wort noch einmal wiederholt, jedoch in entgegengesetzter Bedeutung.

»Als Proculeius sich über seinen Sohn beklagte, weil dieser auf seinen Tod warte, und der Sohn sagte: er warte wahrhaftig nicht darauf, sagte der Vater: nein, bitte, warte nur darauf.« (Quintilian)

a12) *Figura etymologica* (*derivatio*): Lausberg nennt sie eine Figur der »Stammwiederholung« (H. Lausberg, Handbuch, S. 328 [§ 648]), also zum Beispiel die Verbindung von stammverwandten Substantiven und Verben.

»Gar schöne Spiele spiel' ich mit dir [...].« (Goethe)

a13) Asyndeton, Polysyndeton: falls bedeutungsähnliche oder gleichbedeutende Wörter oder Sinnabschnitte angehäuft werden, kann dadurch die Eindringlichkeit verstärkt werden. Werden sie ohne Konjunktionen hintereinander aufgeführt, so wird von einem Asyndeton gesprochen, das Gegenteil hiervon, also die Häufung mit Bindewörtern, wird als Polysyndeton bezeichnet.

Das Asyndeton kann, durch das Auslassen jeglicher Bindewörter, einhämmernd wirken.

> »Nach kurzer Rast machte er sich wieder auf den Weg so gut er konnte: Taumelnd, schlürfend, gleitend, fallend, stehenbleibend [...].« (B. Harte / G. Conroy; übers. v. O. Randolf)

Das Polysyndeton dient ebenfalls zur Vereindringlichung.

> »Da kamen bei Nacht, / Eh man's gedacht, / Die Männlein und schwärmten / Und klappten und lärmten / Und rupften / Und zupften / Und hüpften und trabten / Und putzten und schabten [...].« (A. Kopisch)

Beim Polysyndeton kann durchaus auch eine Häufung verschiedener Bindewörter vorliegen.

Weder das Asyndeton noch das Polysyndeton ist mit der Ähnlichkeit der gehäuften Wörter verbunden, sondern beide Figuren beziehen sich auch auf die Häufung von Ausdrücken verschiedener Bedeutung.

> »Unterdessen wurde die Stadt Lissabon in Portugal durch ein Erdbeben zerstört, und der Siebenjährige Krieg ging vorüber, und Kaiser Franz der Erste starb, und der Jesuitenorden wurde aufgehoben und Polen geteilt, und die Kaiserin Maria Theresia starb, und der Struensee wurde hingerichtet.« (J. P. Hebel)

b) Durch Auslassung (*per detractionem*) gebildete Wortfiguren

Diese Figuren »gewinnen ihren Reiz vor allem durch ihre Kürze und Neuheit« (Quint. IX,3,58).

b1) Ellipse (*ellipsis, defectio*): Auslassung; Figur, die entsteht, wenn ein Wort, das ausgelassen wird, hinreichend durch die übrigen Worte verständlich ist. Sie ist zu unterscheiden von der Aposiopese; bei der Ellipse ist ein bestimmtes Wort ausgelassen, das ergänzt werden kann, bei der Aposiopese bedarf das Ausgelassene längerer Erklärung.

> »Was, Tell, Ihr wolltet – ? Nimmermehr – !« (Schiller)

Das Asyndeton stellt eine weitere Figur dar, die durch Auslassung entsteht. Da es jedoch in Zusammenhang mit einer Häufung von Ausdrücken steht (bei der auf Konjunktionen verzichtet wird), ist es bereits oben behandelt worden.

b2) Zeugma (*adiunctio*): Figur, bei der auf ein Verb mehrere Gedankenabschnitte bezogen werden, »deren jeder das Verb brauchte, wenn er allein stünde« (Quint.

IX,3,62). Das Verb kann dabei am Satzanfang, am Satzende oder in der Satzmitte stehen, wobei die syntaktisch-semantischen Glieder (*kola*), die dem Verb untergeordnet werden, gleichartig oder ungleichartig sein können:

– Zeugma durch Unterordnung mehrerer semantisch gleichartiger (doch nicht gleicher) *kola*: »Hier sind für uns reife Früchte, weiche Kastanien und saure Milch in Fülle.« (Vergil)
– Zeugma durch Unterordnung mehrerer semantisch disparater *kola*: »Er schlug die Stühl' und Vögel tot.« (H. Hoffmann)

Je semantisch disparater die *kola* sind, die durch ein Verb verbunden werden, desto größer und im allgemeiner komischer ist die Wirkung. Die Skala reicht dabei von geringen semantischen Unterschieden, die einer synonymischen Wiederholung nahe kommen und alltagssprachlich geläufig sind (›Ich sehe Häuser, Villen, Kirchen und Paläste‹), bis hin zur krassen semantischen Verschiedenheit (›Schneuzt er nicht jetzt Licht und Nase?‹ [Jean Paul]).

Lausberg nennt diese Figur »semantisch kompliziertes Zeugma«, das er von dem »syntaktisch komplizierten Zeugma« unterscheidet (H. Lausberg, Handbuch, S. 350 [§ 700]), bei dem das Verb sich syntaktisch nur auf eines seiner Glieder beziehen kann: ›London ist groß und seine Straßen breit.‹ Die grammatisch falsche Konstruktion kann durch das Bemühen um Kürze gerechtfertigt sein, die auch auf einen gewissen Überraschungseffekt zielt, und so zu einer stilistischen Figur wird.

c) Durch Umstellung (*per transmutationem*) gebildete Wortfiguren

Das Kennzeichen dieser dritten Klasse von Wortfiguren ist die Abweichung von der gewöhnlichen Wortstellung.

c1) Inversion (*inversio, reversio*): Umstellung der Worte entgegen der üblichen syntaktischen Folge.

»Der Lieder süßen Mund [...].« (Schiller)

c2) Hypallage oder Enallage: Vertauschung eines Wortes (meist eines Attributes), so daß es nicht bei dem Wort, auf das es sich bezieht, steht, sondern schon bei dem vorangehenden oder nachfolgenden Nomen.

»Das blaue Lachen ihrer Augen.« (O. Ludwig)

c3) *Hysteron proteron*: ersetzt man die natürliche Ordnung eines Geschehensablaufs derart durch eine künstliche, daß das zeitlich spätere Stadium syntaktisch (oder im Erzählfluß) vor das zeitlich frühere gesetzt wird, erhält man diese Figur, die die Schnelligkeit und Spannung eines Geschehens verdeutlicht, von großer affektischer Wirkung ist, oftmals aber der nachträglichen Erläuterung bedarf. Das Hysteron proteron findet sich sowohl im Einzelsatz (»Ihr Mann ist tot und läßt Sie grüßen.« [Goethe]) wie auch in ganzen Redeteilen:

»Wir ehren heute das Andencken des grössten Wandrers, und thun uns dadurch selbst eine Ehre an. Von Verdiensten die wir zu schätzen wissen, haben wir den Keim in uns. Erwarten Sie nicht, das ich viel und ordentlich schreibe, Ruhe der Seele ist kein Festtagskleid; und noch zur Zeit habe ich wenig über Schäckespearen gedacht; geahndet, empfunden wenns hoch kam, ist das höchste wohin ich's habe bringen können. Die erste Seite die ich in ihm las, machte mich auf Zeitlebens ihm eigen, und wie ich mit dem ersten Stücke fertig war, stund ich wie ein blindgebohrner, dem eine Wunderhand das Gesicht in einem Augenblicke schenckt. Ich erkannte, ich fühlte auf's lebhaffteste meine Existenz um eine Unendlichkeit erweitert, alles war mir neu, unbekannt, und das ungewohnte Licht machte mir Augenschmerzen. Nach und nach lernt ich sehen, und, danck sey meinem erkenntlichen Genius, ich fühle noch immer lebhafft was ich gewonnen habe. [...] Ich will abbrechen meine Herren und morgen weiter schreiben, denn ich binn in einem Ton, der Ihnen vielleicht nicht so erbaulich ist als er mir von Herzen geht. Schäckespears Theater ist ein schöner Raritäten Kasten, in dem die Geschichte der Welt vor unsern Augen an dem unsichtbaaren Faden der Zeit vorbeywallt. Seine Plane, sind, nach dem gemeinen Styl zu reden, keine Plane, aber seine Stücke, drehen sich alle um den geheimen Punckt, (den noch kein Philosoph gesehen und bestimmt hat) in dem das Eigenthümliche unsres Ich's, die prätendirte Freyheit unsres Wollens, mit dem nothwendigen Gang des Ganzen zusammenstößt. Unser verdorbner Geschmack aber, umnebelt dergestalt unsere Augen, daß wir fast eine neue Schöpfung nötig haben, uns aus dieser Finsternis zu entwickeln.« (Goethe)

c4) Hyperbaton (*transgressio*): das Hyperbaton entsteht durch die Versetzung eines Wortes, so daß zusammenhängende Wörter entgegen der syntaktischen Ordnung getrennt werden: »Denn nur zu oft wird die Rede rauh, hart, zerhackt und rissig, wenn die Worte so gestellt werden, wie es den Bedürfnissen ihrer eigenen Reihenfolge entspricht [...]. Manche müssen also zurückgestellt und vorausgenommen werden [...], wohin es paßt.« (Quint. VIII,6,62–63) Da die Änderung der natürlichen Wortfolge auch den Rhythmus des Satzes verändert (s. Quint. VIII,6,64), werden beim Hyperbaton auch Aspekte der *compositio* wirksam. Besonders häufig begegnet diese Figur daher in der Lyrik.

»Alle Blumen mich nicht grüßen [...].« (C. Brentano)

»O laß nimmer von nun an mich dieses Tödliche sehn [...].« (Hölderlin)

c5) Parallelismus (*isokolon*): die parallele Anordnung gleichrangiger Glieder.

»Ihre Güter zu plündern? Ihre Häuser in Brand stecken?« (Cicero; die Verwendung der Anapher ist hier mit dem Isokolon verknüpft).

Der dreigliedrige Parallelismus heißt *trikolon* und hat häufig steigernde Wirkung.

»Philosophie wird Gewissen des Morgen, Parteilichkeit für die Zukunft, Wissen der Hoffnung haben.« (E. Bloch)

Beim *homoioteleuton* wird eine Endungsgleichheit zweier oder mehrerer aufeinanderfolgender Sätze oder Bedeutungsabschnitte gefordert. Diese Gleichheit besteht zumeist in den Schlußsilben.

> »Ging auch manch Jahr und manche Zeit / Und Sturmeswehn und wilder Streit.« (Byron; übers. v. A. Böttger)

Eine rhythmische Übereinstimmung in den Gedankenabschnitten ist jedoch beim *homoioteleuton* nicht notwendig: ›Wie gewonnen, so zerronnen.‹

Als *homoioptoton* wird die Figur bezeichnet, die in der Wiederholung gleicher Kasusendungen in einer Wortfolge besteht: ›da klinget, rauschet, schleifet es‹, aber deshalb nicht immer einen ähnlich klingenden Wortabschluß fordert. »[E]s findet sich auch nicht nur am Ende, sondern so, daß teils die Anfänge untereinander, teils der Mitte, teils dem Schluß entsprechen, teils auch so vertauscht werden, daß die Mitte dem Anfang und der Schluß der Mitte angepaßt ist, und es läßt sich auf jede beliebige Weise anpassen.« (Quint. IX,3,78)

c6) Antithese (*antitheton, contentio*): Gegenüberstellung zweier gegensätzlicher Wörter oder Wortgruppen, wodurch der Antagonismus der Gegenstände besonders scharf herausgestellt wird.

> »Die Philosophen haben die Welt nur verschieden interpretiert, es kommt darauf an, sie zu verändern.« (Marx)

Eine Form der Antithese ist die *antimetabole* (Veränderung ins Gegenteil), die »mit Hinzunahme der Figur, die in der Wiederholung der flektierten Wörter besteht«, zustandekommt (Quint. IX,3,85).

> »Nicht um zu essen, lebe ich, sondern um zu leben, esse ich.« (Quintilian)

c7) Chiasmus, Kreuzung: mit Chiasmus bezeichnet man die parallele Überkreuzstellung einander entsprechender antithetischer Satzglieder oder Wörter, er soll vor allem einen Gegensatz verdeutlichen und einprägsam gestalten (»Die Kunst ist lang und kurz ist unser Leben.« [Goethe]), weshalb er gerade häufig zur Formulierung von Sentenzen benutzt wurde.

> »Man möchte die gnadenvolle Tatsache, daß aus dem Bösen das Gute kommen kann, Gott zuschreiben. Daß aus dem Guten so oft das Böse kommt, ist offenbar ein Beitrag des anderen.« (Th. Mann)

2. Die Gedankenfiguren, Sinnfiguren (*schemata dianoias / figurae sententiae*)

Die Gedankenfiguren sind Formen der Gedankenführung. Cicero gibt diese Definition, indem er zugleich die Gedankenfiguren gegen die Wortfiguren abgrenzt: »Figuren des Ausdrucks und des Gedankens gibt es aber fast unzählige [...]. Doch zwischen den Figuren des Ausdrucks und denen des Gedankens besteht ein Unterschied insofern, als man die Figuren des Ausdrucks zerstört, wenn man die Worte ändert, während die des Gedankens bestehen bleiben, welcher Worte man sich auch bedient.« (Cic. de or. 3,200)

Quintilian dagegen faßt den Begriff der Gedankenfigur enger. Er will unter Gedankenfiguren nur das verstanden wissen, was über die gewöhnliche, einfache und zum Verständnis der Rede ohnehin notwendige Gedankenführung hinausgeht. Damit klammert er zwei Bereiche aus, die von anderen Theoretikern meist in die Gedankenfiguren einbezogen werden: zum einen will er nicht die Affekte selbst als Gedankenfiguren verstanden wissen, da man sonst davon ausgehen müßte, daß es ebenso viele Gedankenfiguren als Gemütsbewegungen gibt. »Findet sich deshalb in der Darstellung ein Zürnen, Schmerz- und Mitleidempfinden, Fürchten, Vertrauen oder Verachten, so handelt es sich nicht um Figuren, nicht mehr als beim Raten, Drohen, Bitten und Entschuldigen.« (Quint. IX,1,23) Zum anderen sollen Gedankenfiguren nur die geplanten, gespielten, künstlichen Affekte und die figürlich amplifizierten Affekte verstanden werden, denn »es ist etwas anderes, die Verwendung einer Figur zu gestatten, als selbst eine Figur zu sein« (Quint. IX,1,24). Echte Affekte sind keine Mittel der Kunst.

Zum anderen kritisiert Quintilian insbesondere Cicero (dessen Aufzählung der Gedankenfiguren [s. Cic. de or. 3,202ff.] er übrigens im vollen Umfang zitiert (s. Quint. IX,1,25ff.), der unter die Gedankenfiguren Erscheinungen subsumiert habe, ohne die fast keine sprachliche Darlegung verstanden werden könne. Nicht zu den Gedankenfiguren sollen z.B. gerechnet werden (s. Quint. IX,1,2):

– die lichtvolle Erläuterung (*illustris explanatio*) (s. Cic. de or. 3,202);
– die vorläufige Aufstellung und Ankündigung (*propositio*) (s. Cic. de or. 3,202);
– die bündige Schlußfolgerung (*rationis apta conclusio*) (s. Cic. de or. 3,203).

Es würde zu weit gehen, diese Kontroverse weiter zu verfolgen. Festzuhalten ist lediglich, daß der Umfang und die Grenze der Gedankenfiguren strittig sind.

Die *figurae sententiae* spielen bereits in der *inventio* eine wichtige Rolle, da ihre Aufgabe nicht eigentlich der Schmuck, sondern die Ausrichtung, Modellierung und wirkungsvolle Aktualisierung der Gedanken und Argumente ist. Quintilian nennt sie daher prononciert die Figuren, »die zum Denken in Beziehung stehen« und »deren Nützlichkeit ja, groß und vielfältig, wie sie ist, bei jeder Aufgabe, die die Rede zu leisten hat, wohl im allerhellsten Licht erstrahlt« (Quint. IX,1,19). Sie tragen freilich nicht nur zur Gedankenfindung und Gedankenführung bei, sondern ebenso zum Schmuck der Rede, obwohl sich die Worte verändern (»Figuren des Ausdrucks und des Gedankens gibt es aber fast unzählige, und ich bin mir bewußt, daß ihr sie zur Genüge kennt. Doch zwischen den Figuren des Ausdrucks und denen des Gedankens besteht ein Unterschied insofern, als man die Figuren des Ausdrucks zerstört, wenn man die Worte ändert, während die des Gedankens bestehen bleiben, welcher Worte man sich auch bedient.« [Cic. de or. 3,200]), so daß die semantische Tiefenstruktur auf eine allerdings sprachlich stets zu identifizierende Weise erhalten bleibt: Frage oder Antithese bleiben auch bei ständig wechselndem Ausdruck erkennbar, weil sie ihm ihre Struktur einprägen. Die Identifizierung wird dabei oftmals erleichtert, da mit Hilfe der Ausdrucksfiguren eine der Struktur der Gedankenfigur entsprechende stilistische Formung erreicht werden kann und von der Rhetorik empfohlen wird. So machen die Gedankenfiguren »die Beweisführung energischer und nachdrücklicher« (Quint. IX,2,6), tragen dazu bei, daß das Gesagte glaubhaft erscheint, daß es sich auf nicht vermutetem Wege in die Herzen der Zuhörer und Richter einschleicht (s. Quint. IX,1,19), daß es überzeugt und wirkt. Die Gedankenfiguren arbeiten mit List (s. Quint. IX,1,20), vermindern den Überdruß und wirken auf die Affekte (s. Quint. IX,1,21); sie setzen Lichtpunkte in die gedankliche Abwicklung der Rede (s. Cic. de or. 3,136 u. 201).

Grundsätzlich gilt, daß eine Figur ihren Charakter als Figur verliert, wenn sie allzu »offen sichtbar« ist (Quint. IX,2,69); die Figuren verlieren als Mittel des *persuadere* an Gewicht, wenn sie »sich drängen« und »offenkundig« werden (Quint. IX,2,72). Eine Erkenntnis von weitreichender Konsequenz. Auf ihr beruht die hermeneutische und kritische Funktion der Rhetorik. »So ist es zu verstehen, daß die theoretischen Mittel der Auslegungskunst [...] weitgehend der Rhetorik entlehnt sind« (H.-G. Gadamer, Rhetorik, Hermeneutik und Ideologiekritik, S. 63).

Es gibt zahlreiche Einteilungsarten für die Gedankenfiguren, hier sollen sie in folgender Reihenfolge abgehandelt werden:
- Figuren, die durch syntaktische Änderungen, besonders den Wechsel der Satzart, von der erwarteten zur unerwarteten Form entstehen.
- Figuren, die die Bedeutung einer Sache überspitzt ausdrücken oder im Gegenteil verharmlosen.
- Figuren, die durch eine gleichsam szenische Erweiterung der Rede, also etwa durch die Einblendung von Gesprächen abwesender Personen, entstehen.

a) Durch Veränderung der Satzordnung oder Satzart gebildete Gedankenfiguren

a1) Die Frage (*interrogatio*): eine heute allgemein als ›rhetorisch‹ gekennzeichnete Frage, auf die der Redner keine Antwort erwartet und in die er eine Aufforderung oder Aussage kleidet, wenn er besonders eindringlich und emotional wirken will (s. Quint. IX,2,6).

> »Wie lange noch, Catilina, willst du unsere Geduld erschöpfen?« (Cicero)
> »Wer Fragmente dieser Art beim Worte halten will, der mag ein ehrenhafter Mann sein – nur soll er sich nicht für einen Dichter ausgeben. Muß man denn immer bedächtig sein?« (Novalis)

Aus der Vielfalt der Anwendungsarten dieser Figur seien einige aufgezählt:
- die ungeduldig-pathetische Frage;
- die Frage, die eine Tatsache besonders nachdrücklich aussprechen will (s. Quint. IX,2,8):

> »Man spricht davon, dieser 9. November habe den Zusammenbruch eines Systems gebracht, das innerlich morsch und faul und abbruchreif gewesen wäre. Man spricht davon, seit dem 9. November gäbe es ein freies deutsches Volk, das endlich die Fesseln der Unfreiheit von sich geworfen hätte, das sich nicht mehr absolut regieren lassen brauche. Ist das richtig? Wir sind nicht lediglich dazu da, um die Lobpreiser der alten Zeit zu sein, und wir haben dazu um so weniger Veranlassung, als wir die Schwäche, die in dem alten Deutschland lag, rechtzeitig erkannt und rechtzeitig Abhilfe verlangt haben.« (G. Stresemann)

– die nur schwer oder gar nicht beantwortbare Frage, die Ungläubigkeit oder Staunen ausdrückt:

»Den Pinienapfel als Kopf! Wo will's hinaus?« (Goethe)

– die Frage, die einen strengen Befehl oder eine Aufforderung enthält (s. Quint. IX,2,11):

»Welche deutsche Frau wollte es übers Herz bringen, sich einem solchen Appell zu entziehen!« (J. Goebbels)

– Fragen, die der Redner an sich selbst richtet: ›Aber was rede ich denn?‹ (nach Quintilian) Diese Art der Frage berührt bereits die *apostrophe*.

a2) Frage und Antwort (*subiectio*): die *subiectio* ist ein parteiisches, fingiertes Frage-und-Antwort-Spiel, in dem der Redner vorgebliche, selbst gestellte Fragen und Einwände auch selber beantwortet. Die Vorwegnahme der Frage (vgl. *prolepsis*) und ihre parteiische Beantwortung sind jedoch nicht die einzigen Aspekte der *subiectio*: sie dient auch zur Belebung des monologischen Redeablaufs durch den Dialog mit einem vorgestellten Gesprächspartner.

»Subiection ist, wenn wir die Gegner fragen oder selbst wissen wollen, was von ihnen, oder was gegen uns angeführt werden könne, und darauf das erwidern, was zu sagen ist, oder nicht, oder was für uns förderlich, für jene dagegen nachteilig sein würde.« (Her. 4,23)

– Der Redner richtet die Frage an sich selbst:

»Vor wem denn aber rede ich also?« (Cicero)
»Welcher Geist nun ist es, der in solchen Fällen sich an das Ruder stellen dürfte, der mit eigener Sicherheit und Gewißheit und ohne unruhiges Hin- und Herschwanken zu entscheiden vermöge, der ein unbezweifeltes Recht habe, jedem, den es treffen mag, ob er nun selbst es wolle oder nicht, gebietend anzumuten und den Widerstrebenden zu zwingen, daß er alles, bis auf sein Leben, in Gefahr setze? Nicht der Geist der ruhigen bürgerlichen Liebe der Verfassung, sondern die verzehrende Flamme der höheren Vaterlandsliebe, die die Nation als Hülle des Ewigen umfaßt, für welche der Edle mit Freuden sich opfert und der Unedle, der nur um des ersten willen da ist, sich eben opfern soll.« (J. G. Fichte)

– Die Frage ist an den Dialogpartner bzw. Redegegner gerichtet:

»Fehlt dir ein Haus? Du hattest ja eines. – Hattest du Geld im Überfluß? Du warst ja arm.« (Cicero)

Trägt allein die Umformung einer Aussagefolge in ein Frage-und-Antwort-Spiel bereits suggestive Züge, so wird die Suggestion in der parteiisch gewählten und amplifizierten Beantwortungsweise erst recht deutlich:

»Ob ich eine Menschen getötet habe? – Einen Räuber!« (nach Quintilian)

Im folgenden Beispiel wird die parteiische Steigerung der Antwort durch ihre Wiederholung vorgenommen:

»Wer hat die Bündnisse oft gebrochen? Die Carthager. Wer hat einen grausamen Krieg in Italien geführt? Die Carthager. Wer hat Italien verunstaltet? Die Carthager!« (Rhetorik an Herennius)

In ihrer umfassendsten Bedeutung liegt die Gedankenfigur der *subiectio* der persuasiven Rede überhaupt zugrunde: jede Rede, die von einer Fragestellung (im Sinne eines Konflikts zwischen zwei Parteien) ausgeht, durchläuft in ihrem Aufbau und ihrer Entwicklung eine Folge von Begründungsformen (*status*), die auf das Frage- und-Antwort-Spiel zurückgeführt werden können, aus dem sie sich ergeben.

a3) Der scheinbare Zweifel (*dubitatio*), der den bescheidenen, hilflosen, unsicheren, problembewußten und gerade dadurch glaubwürdigen Redner erscheinen läßt.

»Nun, meine Damen und Herren, Friede. Es war mir nicht ganz klar, ich sage nicht, es war mir nicht wohl dabei, aber es war mir nicht ganz klar, was zu diesem etwas sanften Ausdruck, von einer nicht ganz sanften Natur oder Denkart alles gesagt werden könnte, ohne mit der allgemeinen Stange im allgemeinen Nebel herumzufahren, wie Hegel einmal schrieb. Was sagt also ein Philosophieren der Hoffnung und auch ein Philosophieren, das den Kampf liebt und braucht, zum Frieden?« (E. Bloch)

»Einen vertrauenswürdigen Eindruck von Wahrheit vermittelt auch die Form des Zweifelns, wenn wir so tun, als suchten wir, wo wir anfangen, wo aufhören sollten, was wir vor allem sagen, und ob wir überhaupt reden sollten.« (Quint. IX,2,19) Unter die Gedankenfiguren gehört die *dubitatio* nach Quintilian jedoch nur, wenn sie sich auf die Gedanken (*res*) bezieht: ist der Zweifel auf die Worte bezogen, so ist die *dubitatio* in die Wortfiguren einzureihen (s. Quint. IX,3,88).

Es erscheint nicht überzeugend, hier zwischen Gedanken- und Wortfigur zu unterscheiden, da in beiden Fällen die *dubitatio* nur scheinbar ist, also in der Gedankenführung gründet. Allerdings steht die *auctoritas* dieser Auffassung entgegen: auch Cicero zählt die *dubitatio* sowohl unter die Gedankenfiguren als auch unter die Wortfiguren – leider ohne jede Erläuterung (s. Cic. de or. 3,203 u. 207).

a4) Die Gedankenmitteilung (*communicatio*). Diese Figur ist mit der *dubitatio* verwandt; während die *dubitatio* jedoch den Anschein der Unwissenheit oder Unschlüssigkeit erweckt, um gegenüber den Zuhörern Wahrheitsliebe und Glaubwürdigkeit herauszustellen, besteht die *communicatio* in der vorgetäuschten Unsicherheit, aus der heraus das Publikum scheinbar um Rat gefragt wird: der Redner wendet sich an die Zuhörer, um den Eindruck zu erwecken, er richte sich nach deren Urteil.

»Was hättet ihr getan?« (nach Quintilian)

a5) Das Hinhalten der Zuhörer (*sustentatio*): die Fortführung der Rede (beispielsweise nach einer *communicatio*) wird hinausgezögert. Die sustentatio spielt mit der Erwartungshaltung der Zuhörer.

Bei Quintilian wird die sustentatio zwar nur als Pause, als Abwarten angesprochen, sie kann jedoch auch der Gedankenführung innerhalb der Gesamtrede als wichtiges Mittel zur Spannungserzeugung zugrunde liegen.

> »Nun, nachdem dieser große Krieg von 1870 geschlagen war, frage ich Sie: Ist irgendein Jahr ohne Kriegsgefahr gewesen? Anfangs der siebziger Jahre – schon gleich, wie wir nach Hause kamen, hieß es: Wann ist denn der nächste Krieg? Wann wird die Revanche geschlagen werden? In fünf Jahren doch spätestens? Man sagte uns damals: Die Frage, ob wir den Krieg führen sollen und mit welchem Erfolg – es war das ein Abgeordneter des Zentrums, der mir das im Reichstag vorhielt –, hängt doch heutzutage nur von Rußland ab; Rußland allein hat das Heft in Händen. – Auf diese Frage komme ich vielleicht später zurück. – Ich will einstweilen nur noch das vierzigjährige Bild durchführen [...].« (Bismarck)

a6) Der Ausruf (*exclamatio*): emphatische Hervorhebung eines wichtigen Gedankens, oft nur (etwa in Zwischenrufen) Ausdruck heftiger Erregung. Die Figur ist mit der *apostrophe* verwandt, denn die affektische Abwendung des Redners von seinem Publikum und die Hinwendung zu einem anderen (auch vorgestellten) Publikum hat oft den Charakter eines Ausrufs. In der »Rhetorik an Herennius« wird die *exclamatio* sogar fest mit der *apostrophe* verbunden (s. Her. 4,15).

> »Mein Gott! Wann endlich kommt der Retter diesem Lande? – So heißt es doch wohl in Schillers ›Tell‹?« (L. Peter)

b) Durch Sinnpräzisierung oder Sinnaussparung gebildete Gedankenfiguren

b1) Die Antithese (*antitheton, contentio*): Quintilian rechnet die Antithese zu den Wortfiguren (s. Quint. IX,3,81), doch wenn sie zu der Form wird, in der das Thema aus These und Antithese sich entwickelt, und sie damit der semantischen Präzisierung dient, muß man sie als Gedankenfigur behandeln; sie läßt sich auch in der ironischen Diskrepanz wiederfinden. Die Antithese weitet sich aus zur dialektischen Gedankenführung:

> »Untertanenstaat und freies Wort verhalten sich zueinander wie Feuer und Wasser, denn wo Gewalt herrscht, braucht der Rhetor sich keine Mühe zu machen, die Hörer mit kunstreicher Suade auf seine Seite zu bringen; er kann es einfacher haben; der Säbel ersetzt das Argument und den Beweis.« (W. Jens)

b2) Das Oxymoron (*synoikeiosis*) ist der extreme Grenzfall der Antithese und liegt dann vor, wenn zwei einander widersprechende oder sich gar ausschließende Begriffe zusammengeschlossen werden. »Oh, Schnee, meine Flamme« (B. Gracian). Dies kann geschehen in einem Kompositum: »traurigfroh« (Hölderlin), als *contradictio in adiecto*: »düsterer Triumph« (C. F. Meyer) oder durch einfache Addition: »Der König furchtbar prächtig« (Uhland). Die sinnreiche Verbindung des Gegensätzlichen als Ausdruck für die Korrespondenzen des Entlegensten ist ein Stilmerkmal manieristischer Literatur, kommt aber auch in anderer Prosa und politischer Rede vor, da das Oxymoron Ausdruck eines verdeckten Sinns ist, den es überraschend und denkanregend zum Ausdruck bringt.

> »So lassen Sie mich schließen mit dem kämpferisch-friedlichen Ruf: Es lebe die praktische Vernunft.« (E. Bloch)

b3) Das Paradox (*paradoxon*) kann als gedanklich und sprachlich gesteigerte Form des an sich schon zur Paradoxie tendierenden Oxymorons betrachtet werden. Die nur scheinbar widersprüchliche Aussage weist dabei auf einen höheren Sinn hin und findet sich meist in sentenziöser Form:

> »Stirb und werde!« (Goethe)

Eine schon in der Antike wichtige Quelle für Paradoxien war das Dilemma (*argumentum cornutum*) mit seinen sich ausschließenden Prämissen.

> »Sein oder Nichtsein, das ist hier die Frage.« (Shakespeare)

b4) Die Selbstkorrektur (*correctio*): Der Redner stellt eine von ihm selber noch kurz vorher vertretene Meinung richtig oder korrigiert seine Ausdrucksweise. Eine solche Korrektur ist oft aus der aktuellen Redesituation nötig, wenn bei der Konzeption der Rede die Zusammensetzung des Publikums und seine Disponierung nicht adäquat eingeschätzt wurden (Forderung des äußeren *aptum*) oder der Redner einem Einwand zuvorkommen will. Eine solche Selbstkorrektur kann aber auch schon vorausgeplant und vorgesehen sein, da sie dem Redner ob der von der correctio signalisierten Offenheit, Zugänglichkeit und Unvoreingenommenheit auf jeden Fall Sympathien sichert.

> »Aber man mag einwenden, daß ich mich hier einer Verwischung der Grenzen schuldig mache, daß Literatur und Wissenschaft doch zwei streng unterschiedene Sphären seien, daß es sich da zudem, mindestens in dem zweiten Beispielfall, um einen leidenschaftlich engagierten Zeitgenossen handle, dahingegen die historische Wissenschaft sich vielmehr der Leidenschaftslosigkeit, der Désinvolture zu befleißigen habe, indem sie andernfalls auf den Namen einer Wissenschaft gar nicht Anspruch erheben dürfe. Und es ist wahr, es ist an der Zeit, daß wir uns über das Verhältnis von Erfahrung und Erkenntnis Rechenschaft geben, das den Titel dieser Erörterungen bildet, und auf welches bisher doch nur in beiläufiger und ungeprüfter Weise angespielt worden ist.« (D. Sternberger)

b5) Die Einräumung (*permissio*): Der Redner stellt seinem Adressaten die Handlungsweise anheim (›Rennt nur in euer Verderben!‹), ist aber überzeugt, daß sich die von ihm vertretene Auffassung als richtig erweisen wird.

> »Ungeachtet die Vorstellungsart meines Freundes F*** nicht immer die meinige ist, so habe ich dennoch an seinen Worten nichts ändern wollen, aus denen der Leser die Wahheit mit wenig Mühe herausfinden wird.« (Schiller)

b6) Die freimütige Rede (*licentia*): Die *licentia* ist nur dann eine Gedankenfigur, wenn sich der Redner die Freiheit zu offener Rede herausnimmt, obwohl er diese Freiheit nach den Forderungen des äußeren *aptum* eigentlich nicht hat. Der Redner vertraut darauf, daß das Publikum provozierende Gedankengänge und Formulierungen hinnimmt und daß es ihm darüber hinaus seine brüskierende Offenheit und Direktheit wohlwollend zugute hält. Wird die *licentia* richtig angewendet, »so werden die Zuhörer vor einem Fehltritt bewahrt, und der Sprechende wird für einen Freund von ihnen in der Wahrheit gehalten« (Her. 4,37). Die *licentia* ist daher mit List verbunden, häufig auch mit Schmeichelei und versteckter Ironie.

> »Ists jetzt Zeit zu Saufgelagen? / Zu Bankett und Feiertagen? / Quid hic statis otiosi? / Was geht ihr und legt die Hände in Schoß? / Die Kriegsfuri ist an der Donau los, / Das Bollwerk des Bayerlands ist gefallen, / Regenspurg ist in des Feindes Krallen / [...].« (Schiller)

b7) Die Gedankenwiederholung (*commoratio una in re, repetitio crebra sententiae*): Die Wiederholung eines Gedankens, damit er eindringlicher wirkt und sich einprägt, dadurch auch eine größere affektische Wirkung erzielt, kann in wörtlicher Wiederholung, mit synonymen Wörtern oder in tropischer Ausdrucksweise geschehen.

> »Lisette kann sich nur auch gleich mit fortmachen. Will denn meine Stube heute gar nicht leer werden? Bald ist der da, bald jener; bald die, bald jene. Soll ich denn nicht einen Augenblick allein sein? *(Setzt sich an seinen Tisch.)* Die Musen verlangen Einsamkeit, und nichts verjagt sie eher als der Tumult. Ich habe so viele und wichtige Verrichtungen, daß ich nicht weiß, wo ich zuerst anfangen soll; und gleichwohl stört man mich. Mit der Heirat, mit einer so nichtswürdigen Sache, ist der größte Teil des Nachmittags daraufgegangen; soll mir denn auch der Abend durch das ewige Hin- und Wiederlaufen entrissen werden? Ich glaube, daß in keinem Hause der Müßiggang so herrschen kann als in diesem.« (Lessing)

b8) Die Gedankenverknüpfung (*subnexio*): An einen Gedanken, eine Idee wird ein weiterer Gedanke (oder auch mehrere Gedanken) geknüpft, so daß ganze Gedankenketten entstehen, die enthymemische Bedeutung haben können.

> »Also nicht mehr das Streben eines Menschen nach Identität mit sich selbst, sondern lediglich sein dunkler Drang, ›anders sein zu wollen‹? Der Begriff ›Selbstannahme‹ wird zum Schlüsselwort des Romans. Um das Verhalten seines Helden zu erklären, legt Frisch letztlich einer der auftretenden Gestalten, dem Staatsanwalt, eine psychologische Abhandlung in den Mund. Er geht davon aus, daß die meisten Menschenleben durch ›Selbstüberforderung‹ vernichtet werden. Dies habe wiederum zur Folge: ›Selbstbelügung‹, ›Selbstentfremdung‹ und ›Angst vor Selbstverwirklichung‹ Das Fazit heißt: ›Es braucht die höchste Lebenskraft, um sich selbst anzunehmen [...]. In der Forderung, man solle seinen Nächsten lieben wie sich selbst, ist es als Selbstverständlichkeit enthalten, daß einer sich selbst liebe, sich selbst annehme, so wie er erschaffen worden ist.‹« (M. Reich-Ranicki)

b9) Die Verstellung, Ironie *(ironia)*: Der Redende weiß mehr, als er sagt, bzw. sein Wissen weicht von seinen Äußerungen ab, aber so, daß der Zuhörer oder Leser diese Diskrepanz ahnt oder gar durchschaut. Als Gedankenfigur unterscheidet sich die Ironie von der entsprechenden Wortfigur durch ihren größeren Umfang an *res* (Gedanken) und *verba* (Worten). Meisterhaftes Beispiel ist der Prozeß um des Esels Schatten in Wielands »Abderiten«.

»[B]eim Tropus [sind] nur Worte Worten entgegengesetzt [...], hier aber der Sinn dem ganzen sprachlichen Ausdruck« (Quint. IX,2,46) – Ebenso wie eine Aneinanderreihung von Metaphern zur Gedankenfigur der Allegorie führt (die *allegoria* zählt Quintilian nicht eigenständig als Gedankenfigur auf: er behandelt sie bereits unter den Tropen), so kann die Gedankenfigur der Ironie aus fortgesetzten Tropen der Ironie bestehen.

Die Gedankenfigur der Ironie ist strenggenommen ein Verstoß gegen die Tugend des *bene dicendi*, denn sie verbirgt die Wahrheit: da der Redner sie jedoch einsetzt, um der von ihm vertretenen guten Sache (*orator* impliziert den Begriff des *vir bonus*!) zwischen den Extremen des maßregelnden Besserwissens und des Schweigens dienen zu können, ist sie gerechtfertigt. Als Vorbild für die Kunst dieses ironischen Mittelweges wird Sokrates angesehen (s. Quint. IX,2,46).

Mit Hilfe der lateinischen Begriffe *dissimulatio* und *simulatio* läßt sich die *ironia* weiter unterteilen: die (ironische) *dissimulatio* besteht darin, daß man vorgibt, eine fremde Äußerung nicht zu verstehen (s. Quint. VI,3,85); man verheimlicht das eigene Wissen, stellt sich unwissend (sokratische Ironie). In gewisser Hinsicht kann die *dissimulatio* daher eine passive Form der Ironie genannt werden, die durch ihren Aufforderungscharakter den Gesprächspartner verführt, sich durch seine weiteren Worte bloßzustellen. – Bei der (ironischen) *simulatio* dagegen täuscht der Redner dem Adressaten dessen Meinung als die eigene vor (s. Quint. VI,3,85). Der Redner sucht den Gesprächspartner oder Redegegner zu entwaffnen, indem er vorgibt, mit ihm übereinzustimmen. Im Gegensatz zur *dissimulatio* ist die *simulatio* stärker auf Publikumswirksamkeit ausgerichtet, ist offenkundiger, schärfer und aggressiver. Beide Arten der Ironie zielen letztlich nicht nur auf den rhetorischen Sieg über den Gegner, sondern auch auf den psychologischen; der rhetorische Sieg wird allerdings nur in der *simulatio* direkt verfolgt.

Wichtig ist, daß die Ironie sowohl die Glaubwürdigkeit von Personen als auch von Sachen erschüttern kann (s. Quint. IX,2,50). Ein besonderes figürliches Mittel hierzu ist die bewußt überzogene, ironische *amplificatio* (zuzuordnen der *simulatio*): eine augenscheinliche Abscheulichkeit z.B. wird so übertrieben nachdrücklich und deutlich dargestellt, daß der Zuhörer sie schon nicht mehr für glaubwürdig hält (s. Quint. IX,2,53).

Hauptanwendungsbereiche der *ironia* sind die *narratio* und die Widerlegung des Gegners (*refutatio*) in der *argumentatio*. Im *genus deliberativum* tritt sie in der Form des Anheimstellens auf (*permissio*).

> »Das Gefängnis Stadelheim bei München, in dem ich den größten Teil meiner Untersuchungshaft verbringen mußte, war ständig mit Weißgardisten als Bewachungsmannschaften ›belegt‹. Die Leute hatten ihre eigene Art Vergnügen. Es war den Gefangenen verboten, aus dem Gitterfenster zu schauen. Wenn wirklich einmal einen Gefangenen Lust anwandelte, ein Stückchen

Himmel zu sehen, knatterten gleich unten im Hofe die Gewehre, und Kugeln spritzten gegen die Backsteinmauer. Aber sie spritzten auch, wenn keiner sich am Fester zeigte, bei Tag und bei Nacht. Es war ein gemütliches Gefängnis. Das konnte auch der Fremde sehen, führte ihn der Weg in den Maitagen am großen Tore Stadelheims vorbei. Weiße Kreideschrift, Menetekel dieser Zeit, leuchtete: ›Hier werden Spartakisten kostenlos zu Tode befördert.‹ ›Hier wird aus Spartakistenblut frische Blut- und Leberwurst gemacht.‹« (E. Toller)

Um die Doppeldeutigkeit einer Aussage zu erkennen, braucht der Adressat Hinweise oder Signale, die ihn vor dem bloß einsinnigen Verständnis bewahren und die ironische Qualität der betreffenden Wendung erkennen lassen. In der mündlichen Rede steht dafür eine Fülle von audiovisuellen Signalen zur Verfügung (Aussprache, Mimik, Gestik, Körperhaltung). Auch der Charakter des Redners kann für den Zuhörer ein Maßstab sein, mit dessen Hilfe er die ironische Abweichung der Rede zu identifizieren vermag. Das gilt auch für die schriftliche Rede, sofern es sich bei dem Autor um eine dem Leser in wichtigen Charakterzügen vertraute Person handelt. Im übrigen muß der Text selber diese Signale enthalten, entweder durch den Kontext, der die Verkehrung des Sinngehalts verdeutlicht, durch Übertreibung oder andere unerwartete stilistische Überformung (abrupter Wechsel der Stillage), überhaupt durch bewußte *aptum*-Verletzung, Unlogik oder die Montage des Unvereinbaren.

»DER MORGENSTERN ist, wie man weiß, dasselbe wie der Abendstern. Es kommt nur darauf an, zu welcher Tageszeit man für den Stern schwärmt, ihn so oder so zu nennen. Unser Morgenstern hatte am Morgen allerlei schöne und allgemeine Gefühle, die ihm am Abend nicht mehr gefielen. Also wiederholte er sie abends, indem er sie persiflierte, um doch andern Morgens wieder in den Gemeinplatz seiner sternhaften Stereotypie zu fallen.« (F. Blei)
»In ihrer ergiebigsten Form kommt Buchkritik zur Geltung, wenn der Besprecher mit dem Besprochenen persönlich befreundet oder verfeindet ist. Im ersten Fall wird der freundschaftlich erhellte Geist des Kritikers nicht umhin können, das Objekt vorteilhafter zu belichten, die ihm bekannten Werte des Verfassers an Stelle der fehlenden Werte des Buches zu setzen. Im zweiten Fall, dem der Feindschaft, muß der Beurteiler die Säure, die notwendig ist, um auch die widerstandsfähigsten Qualitäten eines Buchs zu zerstören, nicht erst aus dessen Lektüre gewinnen, sondern er hat sie, hochprozentig, schon in sich; und wir bekommen, dank ihr, von dem, was das Buch nicht kann und nicht ist, ein ungemein klares Bild, wie es der sogenannte objektive Kritiker niemals herzustellen vermöchte.« (A. Polgar)

b10) Die erklärte Auslassung (*praeteritio, occupatio*): Der Redner erklärt, daß er einen oder mehrere Gedanken, Redegegenstände oder Beweise bewußt übergehe: eine besonders subtile Form der Unterstellung, der schwer zu begegnen ist, weil sie ja im selben Atemzug zurückgenommen wird. Sie tritt auch oft in Form der ironischen Anspielung auf. Quintilian leitet diese Figur vom Verneinen ab (s. Quint. IX,2,47) und bringt einige schöne Beispiele (»Ich lasse beiseite, was er zuerst aus Wollust begangen.«)

»Vielleicht können wir eines Tages das Geld, das wir für bestimmte Dinge heute aufwenden und aufwenden müssen, nur noch aufwenden, weil uns der Ruf, den wir uns im Ausland zu verschaffen vermocht haben, uns eine Stellung gegeben hat, die uns diese Möglichkeiten erlaubt. Umgekehrtes könnte bedeuten, daß wir das eines Tages nicht mehr könnten. Das alles stellt Fragen nach der Organisation. Die will ich hier nicht erörtern.« (C. Schmid)

b11) Die Antizipation (*prolepsis, anticipatio*): Der Redner greift dem Gedankengang der Gegenpartei oder dem eigenen Gedankengang vor. Der Vorgriff oder die Vorwegnahme kann grundsätzlich in allen Redeteilen angewendet werden, findet sich jedoch besonders ausgeprägt im *exordium*: dort dient die Antizipation dazu, den späteren Verlauf der eigenen Darlegung im voraus gegen mögliche Einwände abzusichern.

»Und wie kann sie entgiftet werden? Sie können mir gewiß zurufen: Das ist eine Frage, die man zunächst an die Alliierten zu stellen hat! Nun, ich war Zeuge bedeutsamer Unterhaltungen unseres ermordeten Freundes in Genua vor den mächtigsten der alliierten Staatsmänner. Einen beredteren Anwalt in kleinen, intimen Gesprächen – ernsthaften Gesprächen! –, einen beredteren Anwalt für die Freiheit des deutschen Volkes als Herrn Dr. Rathenau hätten Sie in ganz Deutschland nicht finden können!« (J. Wirth)

Die Antizipation kann in mehrere Unterarten aufgeteilt werden. Quintilian unterscheidet im einzelnen:

– Die *praemunitio* (s. Quint. IX,2,17): Sie ist die Verwahrung im voraus gegen irgend mögliche Vorwürfe. Beispiele finden sich in der Literatur in allen Vorworten oder Vorreden:

»Aller Anfang ist schwer, gilt in jeder Wissenschaft. Das Verständnis des ersten Kapitels, namentlich des Abschnitts, der die Analyse der Ware enthält, wird daher die meiste Schwierigkeit machen.« (Marx)

– Das Eingeständnis (*confessio*): Der Redner oder Autor gibt im voraus einem möglichen Einwand statt und entspricht damit insbesondere der *captatio benevolentiae*:

»Je mehr wir aber in die Aufgabe eindrangen, desto deutlicher wurden wir des Mißverhältnisses zwischen ihr und unseren Kräften gewahr. [...] Wir unterschätzten die Schwierigkeit der Darstellung, weil wir zu sehr noch dem gegenwärtigen Bewußtsein vertrauten [...]. Die Fragmente, die wir hier vereinigt haben, zeigen jedoch, daß wir dieses Bewußtsein aufgeben mußten.« (M. Horkheimer / Th. W. Adorno)

– Die Vorbereitung (*praeparatio*) ist die häufigste Art der *prolepsis*. Sie besteht im vorbereitenden und absichernden Vorgriff auf problematische oder besonders stark amplifizierende Stellen der Rede unter Berücksichtigung der Zuhörer beziehungsweise der Gedankengänge der Redegegner; ihr Ziel ist, mehr oder minder verhüllt eine Formulierung und Gedankengänge anzukündigen, die schokkierend oder unglaubwürdig erscheinen würden, sofern der Zuhörer unvorbereitet mit ihnen konfrontiert würde.

Ausführlicher wird die *praeparatio* von Quintilian im Zusammenhang mit der *narratio probabilis*, der glaubwürdigen und wahrscheinlichen, beweiskräftigen Erzählung, erläutert (s. Quint. IV,2,54); dort spricht er treffend davon, »Samenkörner für die Beweisgänge« in die der Beweisführung vorausgehende Erzählung auszustreuen (*semina spargere*). So kann beispielsweise die Beweisführung in einem Giftmordprozeß durch folgende Darstellung in der Erzählung vorbereitet und erleichtert werden:

> »Als er trank, war er noch ganz gesund. Doch plötzlich brach er zusammen und bekam gleich ein bläuliches und aufgedunsenes Aussehen.« (Cicero)

Am deutlichsten ausgeprägt ist der Vorgriff auf die Beweisführung im *exordium*, das im Hinblick auf die Rede als Ganzes als eine einzige Präparation aufgefaßt werden kann: sie ist der Angelpunkt der Einleitungstheorie in der europäischen Literatur.

> »Ich will gleich zu Anfang deutlich sagen, daß diese Ansiedlung des Autoritätsbegriffs im konservativen Denken und Empfinden, daß diese Verfilzung des Glaubens an einen Gott mit dem Gehorsam gegen einen königlichen Oberherren und mit der Pietät gegen den Hausvater, daß diese ganze Bindung von Autorität an die Vaterrolle oder Vatergestalt überhaupt eben das erste Hauptstück desjenigen Mißverständnisses der Autorität ausmacht, von dem ich hier zu reden habe.« (D. Sternberger)

c) Durch szenische Erweiterung der Rede und Publikumsansprache gebildete Gedankenfiguren

c1) Sermocinatio (*mimesis, imitatio*) bezeichnet die Einführung historischer oder erdichteter Personen in die Rede durch die Wiedergabe ihrer Aussprüche, Gespräche, Selbstgespräche, die wahr oder fingiert sein können; in jedem Falle sind Wahrscheinlichkeit und Angemessenheit die wichtigsten Kriterien für diese Charakterisierung der Figuren durch ihre eigene Beredsamkeit. Zur Herstellung einer glaubwürdigen Evokation fremder Personen bedarf der Redner seiner Einbildungskraft (*phantasia* oder der *visiones*), die ihm nicht wirklich vorhandene oder gegenwärtige Personen oder Dinge so lebhaft vor Augen treten läßt, daß sie in der Rede als wirkliche und anwesende Personen sprechend bzw. handelnd dargestellt werden können. Der Redner schlüpft dabei gleichsam in die Rolle des Schauspielers, ahmt die evozierte Person auch in Tonfall, Mimik und Gestik nach und erreicht auf diese Weise einen besonderen Grad der Lebendigkeit seiner Rede.

> »Meine verehrten Zuhörer! Diejenigen unter Ihnen, welche ich erst von diesem Augenblicke an als meine Zuhörer begrüßen darf, und die von meinem vor drei Wochen gehaltenen Vortrage vielleicht nur gerüchtweise vernommen haben, müssen es sich jetzt gefallen lassen, ohne weitere Vorbereitungen mitten in ein ernstes Zwiegespräch eingeführt zu werden, das ich damals wieder-

zuerzählen angefangen habe und an dessen letzte Wendungen ich heute erst erinnern werde. Der jüngere Begleiter des Philosophen hatte soeben in ehrlich-vertraulicher Weise sich vor seinem bedeutenden Lehrmeister entschuldigen müssen, weshalb er unmutig aus seiner bisherigen Lehrerstellung ausgeschieden sei und in einer selbstgewählten Einsamkeit ungetröstet seine Tage verbringe. Am wenigsten sei ein hochmütiger Dünkel die Ursache eines solchen Entschlusses gewesen. ›Zuviel‹, sagte der rechtschaffne Jünger, ›habe ich von Ihnen, mein Lehrer, gehört, zu lange bin ich in Ihrer Nähe gewesen, um mich an unser bisheriges Bildungs- und Erziehungswesen gläubig hingeben zu können. Ich empfinde zu deutlich jene heillosen Irrtümer und Mißstände, auf die Sie mit dem Finger zu zeigen pflegten: und doch merke ich wenig von der Kraft in mir, mit der ich, bei tapferem Kampfe, Erfolge haben würde, mit der ich die Bollwerke dieser angeblichen Bildung zertrümmern könnte. Eine allgemeine Mutlosigkeit überkam mich: die Flucht in die Einsamkeit war nicht Hochmut, nicht Überhebung.‹ Darauf hatte er, zu seiner Entschuldigung, die allgemeine Signatur dieses Bildungswesens so beschrieben, daß der Philosoph nicht umhin konnte, mit mitleidiger Stimme ihm ins Wort zu fallen und ihn so zu beruhigen. ›Nun, halt einmal still, mein armer Freund‹, sagte er, ›ich begreife dich jetzt besser und hätte dir vorhin kein so hartes Wort sagen sollen.‹« (F. Nietzsche)

Die Rhetorik unterscheidet mehrere Formen der Sermocinatio, von denen hier die beiden wichtigsten aufgeführt sein sollen:

– Ethopoie (*ethopoeia*): Evokation wirklicher oder erdichteter Personen aus Gegenwart, Geschichte, Mythologie oder Religion; als Darstellungsmittel in Geschichtsschreibung, in der historischen Erzählung und im Personenlob besonders ausgezeichnet.

> »Mazarin konnte eine leichte Erregung nicht unterdrücken. Der König, der es wohl bemerkte, erhob sich, trat zu Seiner Eminenz und wünschte gute Nacht. Sofort gab es ein Sesselrücken, alle Höflinge standen auf. ›Lassen Sie die Leute fortgehen‹, flüsterte Mazarin, ›und gewähren Sie mir einige Minuten. Ich erledige heute abend eine Sache, von der ich mit Eurer Majestät sprechen möchte.‹ ›Und die Königinnen?‹ fragte Ludwig XIV. ›Auch der Herzog von Anjou mag an dem Rat teilnehmen. Herr Graf de Guiche! Nehmen Sie meine Karten! Sie haben Glück! Verdienen Sie etwas Geld für mich.‹ ›Gern, Monseigneur.‹ Dann folgte Seine Eminenz Bernouin in das Nebenzimmer.« (A. Dumas)

– Prosopopoiie (*prosopopoeia*): Evokation nicht-personhafter Erscheinungen, Dinge oder abstrakter Begriffe in Gestalt redender und handelnder Figuren. Unter den Tropen entspricht ihr die Personifikation, als Metapher oder Allegorie (Beseeltes für Unbeseeltes), als deren detaillierte rhetorische Ausgestaltung man die Prosopopoiie auffassen kann. »Auch Städte und Völker erhalten Sprache.« (Quint. IX,2,31) Ebenso können Begriffe wie das Leben, das Gerücht, der Tod, die Tugend als handelnde und sprechende Wesen erdichtet werden (s. Quint. IX,2,31 u. 36).

> »Wie jauchzten die Würste im spritzelnden Fett! / Die Krammetsvögel, die frommen / Gebratenen Englein mit Apfelmus, / Sie zwitscherten mir: ›Will-

kommen! / Willkommen, Landsmann‹ – zwitscherten sie – [...].« (H. Heine)
»In diesem Augenblick geschah eine Stimme zu ihr aus den Lüften, die un-
zweifelhaft [...] nur die Stimme der Weltenmutter selbst sein konnte. Es war
eine tiefe, und rauhe, mütterlich-resolute Stimme. ›Willst du das wohl augenblicklich sein lassen, du dumme Ziege?‹ so ließ sie sich vernehmen, [...].«
(Th. Mann)

Weitere Beispiele lassen sich unschwer in Fabeln, Märchen, aber auch in der Alltagssprache finden. Auf die weit verbreitete, meist gar nicht bewußte Anwendung der Prosopopoiie weist Quintilian mit den Worten hin: »Zuweilen verwandelt sich die Prosopopoiie in eine Art von Erzählform.« (Quint. IX,2,37) Dazu
führt er folgendes Beispiel an:

> »Auch Städte entständen wie alles andere aus kleinsten Anfängen: dann
> brächten es diejenigen, denen ihre Tüchtigkeit und die Götter hülfen, zu
> großer Macht und großem Ansehen.« (Livius)

Zur Prosopopoiie wird im allgemeinen auch die Evokation der Toten gerechnet;
die in der europäischen Literatur so beliebten Totengespräche fußen in diesem
rhetorischen Verfahren der Vergegenwärtigung.

In der *exercitatio*, der rednerischen Übung, gehört die *sermocinatio* zur didaktischen Vermittlung verschiedener Rede- und Argumentationsweisen, der Schüler sollte die Rolle des Priamus, des Sulla oder einer anderen historischen oder erfundenen
Person einnehmen, um auf diese Weise Ausdruckskraft und -vielfalt zu vervollkommnen.

c2) Die Abwendung (*apostrophe*) ist das Wegwenden vom eigentlichen Publikum
(dem Publikum der Gesamtrede) und die Zuwendung zu einem anderen, überraschend gewählten Spezial- oder Zweitpublikum (s. Quint. IX,2,38). Als Zweitpublikum kommen jedoch nicht nur anwesende und wirkliche Personen (etwa die Person
des Richters, des Angeklagten, des Redegegners; bestimmte Zuhörergruppen) in Frage: die *apostrophe* kann gewissermaßen auch eine *fictio audientis* sein, da sich der
Redner auch erfundenen Personen oder personifizierten Gegenständen zuwenden
kann.

In der Rede wirkt die *apostrophe* pathetisch, weil sie den Anschein erweckt, der
Redner könne aufgrund eines Affektes nicht mehr in der allgemeineren, normalen
Beziehung zum Publikum sprechen und rede deshalb gezielt und direkt ein speziel-
les Publikum an.

In der sprachlichen Realisierung ist die *apostrophe* äußerst vielgestaltig: Der Redner kann sich beispielsweise in einer sachlichen Rede unvermittelt vom Gesamtpu-
blikum abwenden und einen der Zuhörer durch eine Frage direkt anreden, er kann
in einem pathetischen Ausruf jemanden oder etwas anreden (der Anruf Gottes in
der Predigt), er kann sich spontan einer besonderen Gruppe des normalen Publikums zuwenden (›Der geneigte Leser‹).

> »Wir alle, jeder einzelne für sich und wir als Gesamtheit, fühlen die drücken-
> de Last unserer Ketten. Gott, wir schreien nach der Freiheit. Aber, o Gott,

bewahre uns, daß wir kein lügnerisches Bild der Freiheit erträumen und in der Lüge bleiben. Gib du uns die Freiheit, die uns ganz auf dich, auf die Gnade wirft. Herr, mache uns mit deiner Wahrheit, die Jesus Christus ist, frei. Herr, wir warten auf deine Wahrheit.« (D. Bonhoeffer)

In der Literatur ist die direkte Anrede des Lesers an sich keine *apostrophe*; sie wird jedoch als *apostrophe* empfunden, weil es überraschend (nicht gewöhnlich, nicht normal) ist, wenn sich der Autor vom größeren, allgemeineren Publikum abzuwenden scheint, um den Lesenden persönlich anzusprechen. – Das folgende Beispiel verdeutlicht die scheinbar persönliche Anrede des Lesers und zugleich die aus der *evidentia* entstandene Anrede einer in der Erzählung vorkommenden Person. Zusammengenommen stellen diese apostrophischen Formen eine engere Verbindung zwischen Autor, Erzählgegenstand und Publikum her:

»Aber nein! Auf meine Ehre, das gutartige Meisterlein denkt ohnehin nicht daran; die Bauern hätten nur so gescheit sein sollen, daß sie dir schnakischen, lächelnden [...] Dinge ins [...] Herz hineingesehen hätten: was hätten sie da ertappt? Freude in deinen zwei Herzkammern, Freude in [...] gutes Ding, das ich je länger, je lieber gewinne ... warum macht doch mir und vielleicht euch dieses schulmeisterlich vergnügte Herz soviel Freude? – Ach, es liegt vielmehr daran, daß wir selber sie nie so voll bekommen [...].« (Jean Paul)

Die *apostrophe* ist eigentlich ein Sonderfall der allgemeineren *aversio* (s. Quint. IX,2,39), die sowohl die Abwendung vom bisher angeredeten Zuhörerkreis als auch die Abwendung vom bisher behandelten Redegegenstand umfaßt.

Die Sach*aversio* ist die Abwendung von der eigentlichen Fragestellung (s. Quint. IX,2,39) oder die Abwendung vom eigentlichen Redegegenstand. Vorgenommen werden kann sie in zwei Intensitätsgraden: der geringere Grad besteht in der Hinwendung zur Redesituation (der Redner behandelt beispielsweise die Schwierigkeit der Fragestellung oder die Gewichtigkeit der Fragestellung), der stärkere Grad besteht in der Behandlung anderer Redegegenstände, die als Abschweifung, als schmückende, beispielhafte oder die *evidentia* verstärkende Ausweitung in die Gesamtrede eingeschoben wird. – Die Darlegung (*propositio*) als Hinwendung zur technischen Anlage der Rede ist ebenfalls als Sach*aversio* aufzufassen.

c3) Der Redeabbruch (*aposiopese, reticentia*). Der Gedankengang wird, meist verbunden mit dem Verschweigen wichtiger Passagen, abrupt und affektbetont abgebrochen.

Der Abbruch des Gedankenganges kann begründet sein im wirklichen oder als wirklich gespielten Widerspruch zwischen der Affektlage des Redners und der Redesituation. Er erscheint dann als Rückbesinnung des Redners, als gerade noch rechtzeitige Korrektur eines Mißverhältnisses hinsichtlich des äußeren *aptum*.

»Wenn es mir nicht gelingt, den Grafen augenblicklich zu entfernen: so denk' ich – Doch, doch, ich glaube, er geht in diese Falle gewiß« (Lessing).

Der Redeabbruch kann aber auch dem demonstrativ zurückhaltenden, anständigen, moralischen Verhalten des Redners entspringen: Der Redner bricht die Äußerung dann mit Rücksicht auf das Publikum, dessen Gesittung oder seiner ethischen Werte ab. Eine vor allem für anstößige Wörter aus dem sexuellen Bereich noch immer sehr beliebte und wirkungsvolle Aussparungsfigur.

> »Du wagst jetzt Dieses zu sagen, der Du neulich einem fremden Hause … ich wage es nicht zu sagen, um nicht, wenn ich Deiner Würdiges sage, etwas meiner Unwürdiges zu sagen.« (Rhetorik an Herennius)

Der Redner überläßt es dem Publikum, das Angefangene zu ergänzen. Daß in den meisten Fällen der Redner geradezu berechnend darauf baut, daß das Publikum die Äußerung gemäß der Aussageabsicht zu verstehen vermag, ist allerdings eine Besonderheit, die der moralisch begründeten *aposiopese* keineswegs grundsätzlich zukommt. Festzustellen ist jedenfalls, daß das hinsichtlich der Ergänzungsmöglichkeiten kalkulierte Verschweigen gerade das Verschwiegene für das Publikum hervorhebt. – Die Unterscheidung zwischen (insgeheim) berechneter und nicht berechneter *aposiopese* korrespondiert mit der möglichen Unterscheidung zwischen dem Abbruch eines bereits teilweise geäußerten Gedankenganges und der völligen Verschweigung eines Gedankenganges. (Zu dieser Einteilungsmöglichkeit s. Quint. VIII,3,85 u. IX,3,85ff.)

Die Aposiopese braucht syntaktisch nicht immer als Satzabbruch (*interruptio*) gestaltet zu werden. Eine sprachlich geglättete Form der Verschweigung verdeutlicht das folgende Beispiel:

> »Was weiter? Ihr habt es ja den jungen Mann selbst sagen hören.« (Cicero)

Die bloße Auslassung eines obszönen Wortes faßt Quintilian nicht als Gedankenfigur der *aposiopese*, sondern als Wortfigur durch Auslassung auf.

Die Grenze zwischen einer Wortfigur durch Auslassung und der Gedankenfigur der Verschweigung wird durch die Evidenz und die Präzision der Entschlüsselungszeichen gezogen.

3. Die Wortfügung (synthesis / compositio)

Quintilian wendet sich gegen die Auffassung, die der Wortfügung keinerlei Bedeutung zuschreibt und diese »ausschließt und behauptet, der ungepflegte Redestrom, wie ihn das Geratewohl mit sich bringt, entspreche mehr der Natur oder wohl gar eher echter Mannesart« (Quint. IX,4,3). Er fordert von der Kunst, daß sie die Natur nicht in ihrem »rohen«, ungeordneten Zustand belasse, sondern daß sie der Natur zur Entfaltung ihrer Möglichkeiten verhelfe. »In Wahrheit ist aber doch das am meisten naturgemäß, was die Natur sich am besten entfalten läßt.« (Quint. IX,4,5) Quintilian fordert von der Wortfügung – wie von der gesamten Redekunst –, daß sie der Rede die »volle Kraft« verleihe, die ihr möglich ist. »Um wieviel mitreißender ja der Lauf der Flüsse strömt, wenn sich das Flußbett geräumig neigt und keine Hindernisse bietet, als wenn sich die Wasser zwischen im Wege stehenden Felsen brechen und mit ihnen ringen, um so viel besser strömt die Rede, die in einem Strom zusammenhängt und mit ihrer ganzen Kraft fließt, als die gebrochene und abgehackte.« (Quint. IX,4,7)

Die Kunst der Wortfügung ist von hoher Wichtigkeit, denn sie dient sowohl zur Unterhaltung als auch zur Erregung der Leidenschaften (s. Quint. IX,4,11). Ähnlich wie die Musik versucht, durch bestimmte Klänge und Rhythmen Gefühle hervorzurufen, so versucht dies auch die Rede mit Hilfe der Wortfügungskunst. »Wenn aber Rhythmen und Weisen gleichsam ohne Worte solche Macht besitzen, so ist diese in der Rede am allerstärksten, und ebenso, wie es einen großen Unterschied macht, mit welchen Worten der gleiche Gedanke ausgedrückt wird, so auch, in welcher Fügung die gleichen Worte sei es im fortlaufenden Text verbunden, sei es am Ende zur Schlußbildung verwendet werden« (Quint. IX,4,13).

Quintilian unterscheidet die gebundene und die ungebundene Rede. »Es ist also vor allem die Rede in einer Form gebunden und verwoben, in einer anderen ungebunden, wie dies im Gespräch und in Briefen der Fall ist, wenn diese nicht etwas behandeln, was über ihr eigentliches Wesen hinausführt, so etwa Fragen der Philosophie, der Staatsgemeinschaft und Ähnliches.« (Quint. IX,4,19) Die ungebundene Rede »besitz[][t] nicht den Strom und Zusammenhalt und den Zug, der die Worte zueinanderzieht, so daß die Bindung, die sie besitzen, eher lockerer als gar nicht vorhanden ist« (Quint. IX,4,20). Die ungebundene Rede verzichtet also nicht vollkommen auf die Kunst der Wortfügung; sie ist jedoch nicht in dem Maße auf sie angewiesen wie die gebundene Rede.

Die ungebundene Rede hat drei verschiedene Formen der Verbindung: die Abschnitte (*kommata*), die Glieder (*kola*) und die Periode (*periodos*), »was man mit ›ambitus‹ [...], ›circumductum‹ [...], ›continuatio‹ [...] oder ›conclusio‹ [...] wiedergibt« (Quint. IX,4,22). Weitere drei Momente sind für die Wortfügung erforderlich: die Anordnung, die Verbindung und der Rhythmus (*ordo, iunctura, numerus*).

Bei der Anordnung (*ordo*) ist darauf zu achten, daß in der Aufeinanderfolge von einzeln stehenden (also ohne Konjunktionen verbundenen) Wörtern (*asyndeta*) das stärkere jeweils dem schwächeren folgt, damit die Rede nicht an Kraft abnimmt.

»Es gibt auch noch eine andere natürliche Reihenfolge, wenn man etwa lieber ›Männer und Frauen‹, ›Tag und Nacht‹, ›Aufgang und Untergang‹ sagt, obwohl es auch umgekehrt geschieht.« (Quint. IX,4,23)

Eine festgelegte natürliche Ordnung der Wortfolge, wie sie verschiedene Grammatiker gelehrt haben, wonach die Substantiva stets vor die Verben, Verben vor Adverbien etc. gestellt werden, erkennt Quintilian nicht als generelle Regel an. Vielmehr muß die Anordnung der Wörter so eingerichtet sein, daß das wichtigste betont wird. Deshalb stellt er fest: »Mit dem Verbum den Sinnabschnitt zu schließen, ist, wenn die Wortfügung es erlaubt, bei weitem das Beste. In den Verben nämlich liegt die Kraft der Sprache.« (Quint. IX,4,26) Jedoch sind die Verben nicht schon nach dem metrischen Gebrauch abgemessen; deshalb ist es notwendig, sie dem Rhythmus der Rede angepaßt einzusetzen. »Am glücklichsten indessen ist der Ausdruck dann, wenn ihm die richtige natürliche Anordnung, passende Verbindung und mit diesen beiden ein sich günstig verbindender Rhythmus gelungen ist.« (Quint. IX,4,27)

Die Wortverbindung (*iunctura*) nun betrifft einzelne Wörter, Abschnitte, Glieder und Perioden.

Es ist darauf zu achten, daß bei der Verbindung der Endsilbe eines Wortes mit der Anfangssilbe des darauf folgenden kein »unanständiges Wort« entsteht (Quint. IX,4,33).

Weiter ist der Zusammenstoß von Vokalen (*hiatus*, Hiat) zu vermeiden, da er den Redefluß unterbricht. Bei dem Aufeinandertreffen von zwei langen Vokalen ist die entstehende Kluft in der Rede größer als beim Aufeinandertreffen von zwei kurzen.

Um einen Hiat, der sich nicht vermeiden läßt, zu überbrücken, bedient man sich der *synaloephe*, der Buchstabenverschmelzung. Die beiden aneinanderstoßenden Vokale werden dabei zu einem Klang zusammengezogen. »Denn die Buchstabenverschmelzungen, die sogenannten Synalöphen, machen die Rede sogar noch glatter, als wenn alle Wörter ihre volle Endung behielten« (Quint. IX,4,36).

In bestimmten Situationen ist sogar das Auftreten des Hiat von Vorteil; er kann eine »nicht unangenehme Sorglosigkeit eines Menschen [...], dem es mehr um die Sache als um die Wörter zu tun ist«, bekunden (Cic. or. 23,77).

Auch das Aufeinandertreffen bestimmter Konsonanten am Schluß eines Wortes und am Anfang eines neuen (z.B. Schluß-s und folgendes x) sollte verhindert werden; Quintilian spricht dabei von »rauheren« Konsonanten (*consonantes asperiores*) (Quint. IX,4,37). »Man muß auch darauf sehen, daß die letzte Silbe des vorausgehenden Wortes mit der Anfangssilbe des folgenden nicht gleichlautet.« (Quint. IX,4,41)

Zu vermeiden ist ebenfalls die Aufeinanderfolge von mehreren einsilbigen Wörtern, da dadurch der Redefluß unterbrochen werden kann und die Aneinanderreihung von Wörtern mit gleichem Rhythmus und gleicher Deklinationsform Überdruß erzeugt, »wenn der Reiz der Abwechslung nicht hinzukommt« (Quint. IX,4,43).

Bei Abschnitten und Gliedern ist sowohl – wie bei einzelnen Wörtern – auf die Art der Verbindungen bestimmter Wortausklänge und -anfänge zu achten als auch auf die Zusammenfügung, darauf also, was man zuerst und nachfolgend setzt.

Der Rhythmus (*numerus*) ist zunächst ein Naturphänomen und »in dem ganzen Körper der Rede und, ich möchte sagen, in dem ganzen Zug, der die Rede durchdringt, enthalten« (Quint. IX,4,61). Dieser Naturzustand ist nun durch Kunstfertigkeit zu vervollkommnen, und die Silben (lange und kurze in der lateinischen, betonte und unbetonte in der deutschen Sprache) sind in eine gefällige Abfolge zu bringen. Die *ars poetica* bindet die Rede an eine regelmäßige Ordnung (Vers), die *ars rhetorica* benutzt zwar auch solche Ordnungen, doch behält die Rede größere Freiheit und bleibt ungebunden.

»Alles, was das Ordnen, Messen und Vereinigen von Wörtern betrifft, beruht entweder auf Zähltakten – darunter will ich die Rhythmen verstanden wissen – oder auf Metren, d.h. einer bestimmten Meßweise.« (Quint. IX,4,45)

Der Rhythmus beruht auf Zeitabständen, während bei den Metren auch die Anordnung eine Rolle spielt. Quintilian unterscheidet drei Rhythmen, den daktylischen, bei dem eine lange Silbe zwei kurzen gleich ist, den päonischen, bei dem eine lange Silbe drei kurzen gleich ist, und den jambischen, bei dem eine kurze Silbe der langen gleichgesetzt wird. Für den Rhythmus ist es nun – im Gegensatz zu den Metren – gleich, ob etwa im daktylischen Rhythmus die lange Silbe vor den beiden kurzen gesetzt wird oder umgekehrt. Auch besitzt der Rhythmus im Gegensatz zu den Metren keine abgemessene Ausdehnung, so daß er bis zur *metabole*, »d.h. bis zum Übergang zu einem anderen Rhythmengeschlecht« (Quint. IX,4,50), fortlaufen kann; ebenfalls läßt der Rhythmus eher Pausen zu, obwohl diese auch bei den Metren vorkommen. Das Metrum beruht schließlich nur auf den Worten, während sich der Rhythmus beim Vortrag der Rede auch in den Körperbewegungen äußern kann.

»Und doch hat Cicero es aufs beste gesehen und bezeugt es häufig, daß es ihm bei dem Streben nach rhythmischer Wortfügung darum geht, daß er wünscht, sie solle eher nicht ohne Rhythmus sein, was ungebildet und bäuerisch wirke, als vollrhythmisch, was die Form der Poesie ist.« (Quint. IX,4,56) Die durch Versfüße bewirkte Abrundung der Rede wird nun rhetorischer Rhythmus oder rednerischer Numerus genannt.

Besonders am Anfang und am Ende von Gedankenabschnitten ist auf den rhetorischen Rhythmus zu achten, denn gerade an diesen Stellen – vor und nach der eintretenden Pause zwischen den Gedankenabschnitten – ist die Aufmerksamkeit der Zuhörer am größten. In den mittleren Stücken sollte Langatmigkeit vermieden werden, jedoch auch die Aneinanderreihung von kurzen Wörtern, die die Rede abgehackt erscheinen lassen kann (s. Quint. IX,4,62–67).

In der Rede sollten nicht ganze Verse gebildet werden; schon ein Versteil, beispielsweise ein Versschluß am Satzschluß oder ein Versanfang am Satzanfang, sollte vermieden werden; jedoch kann ein Versschluß gut am Satzanfang oder ein Versanfang am Satzschluß stehen (s. Quint. IX,4,72–76).

»Doch da ja, wie ich gesagt habe, die ganze rhetorische Wortfügung auf Versfüßen beruht, auch über diese einige Worte.« (Quint. IX,4,79) Quintilian bestreitet, daß ein Versfuß mehr als drei Silben haben kann; er unterteilt die, die sich auf zwei Silben beziehen, in vier Arten, die, die sich auf drei Silben beziehen, in acht Arten.

Als Versfüße, die sich auf zwei Silben beziehen, sind zu vermerken:
- der Spondeus, der aus zwei Längen besteht (– –),
- der Pyrrhichius (Pariambus), der aus zwei Kürzen besteht ($\cup\cup$),
- der Choreus (den andere Theoretiker auch Trochäus nennen), der aus einer Länge und einer Kürze besteht (– $\cup$),
- der Jambus, der sich aus einer Kürze und einer Länge zusammensetzt ($\cup$ –).

Die Versfüße, die sich auf drei Silben beziehen, sind folgende:
- der Daktylus, der aus einer Länge und zwei Kürzen besteht (– $\cup\cup$),
- der Anapäst, der im Silbenwert dem Daktylus gleich ist, aber umgekehrt abläuft ($\cup\cup$ –),
- der Creticus (Amphimacrus), bei dem zwei Längen eine Kürze einschließen (– $\cup$ –),
- der Amphibrachus, bei dem zwei Kürzen eine Länge einschließen ($\cup$ – $\cup$),
- der Bacchius, bei dem zwei Längen einer Kürze folgen ($\cup$ – –),
- der Palimbacchius, bei dem zwei Längen einer Kürze vorausgehen (– – $\cup$),
- der Tribrachys (den die, die dem Choreus nicht den Namen Trochäus gegeben haben, nun Trochäus nennen), der aus drei Kürzen besteht ($\cup\cup\cup$),
- der Molosser, der aus drei Längen besteht (– – –).

Den Päon, der aus vier Silben besteht und somit nach Quintilian nicht zu den Versfüßen gerechnet werden kann, bezeichnet er als einen Anapäst, der um eine Kürze vermehrt ist, also ($\cup\cup$ –); dieses ist der *paeon posterior*, der *paeon primus* verläuft umgekehrt (– $\cup\cup$).

Die Kürzen und Längen können untereinander differieren. Bei den Versen gibt es noch zeitneutrale Silben. »[W]ährend ja doch in der Wirklichkeit der Sprachgebrauch einen Vokal genausogut kurz oder lang sein läßt, wenn er allein steht, wie wenn ihm ein Konsonant oder auch mehrere vorausgehen, so wird jedenfalls bei der poetischen Messung der Versfüße eine Silbe, die an sich kurz ist, lang, wenn ihr eine Silbe folgt, die zwar auch kurz sein kann, jedoch zwei Anfangskonsonanten hat – so etwa bei ›agrestem tenui Musam‹[›Die ländliche Muse im schlichten Ton‹(Vergil)]: denn ›a‹ und ›gres‹ sind kurz, und doch macht ›gres‹ die vorangehende Silbe lang: es gibt ihr also etwas von seinem Zeitwert ab. Wie das aber, wenn sie nicht einen größeren Zeitwert hat als den kürzesten, den sie doch hätte, nähme man ihr ihre Konsonanten? Nun aber liefert sie der vorangehenden Silbe eine Zeiteinheit und erhält selbst eine von der folgenden: so haben zwei von Natur kurze Silben durch Position (Stellungswertung) vier Zeiteinheiten.« (Quint. IX,4,85–86)

Der Redner muß bei den Versfüßen sowohl darauf achten, daß der Beifall des Publikums gefunden wird (äußeres *aptum*), als auch darauf, daß die Gegenstände angemessen dargestellt werden (inneres *aptum*). Die Erzählung (*narratio*) beispielsweise verlangt häufig bescheideneres Auftreten und langsamere Versfüße, das *prooemium* soll ebenfalls bescheiden wirken, kann im Fall der Anklage, wenn es eindringend und aggressiv wirken soll, auf kurzen Versfüßen aufbauen. »Die Beweise, die ja energisch und geschwind sind, werden auch Versfüße verwenden, die ihrem Wesen angemessen sind, doch nur keine Trochaeen – was zwar schnell aber ohne Kraft klingt –, sondern solche, die aus Kürzen und Längen gemischt sind, jedoch nicht mehr Längen als Kürzen haben.« (Quint. IX,4,135)

Das der lateinischen Sprache angemessene Maß der rhythmischen Verbindung, die kurzen und langen Silben, wird in der deutschen Sprache im allgemeinen ersetzt durch das der betonten und unbetonten Silben, so daß bei einer Übertragung des antiken Maßes auf das deutsche die Längen jeweils als betonte, die Kürzen als unbetonte erscheinen.

Unter ähnlichen Aspekten vollzieht sich auch die Anordnung der Satzglieder, der Satzabschnitte und der Perioden; die Anwendung kurzer aufeinanderfolgender Perioden ist eindringlicher als die Verwendung von langen Perioden, die aus mehreren Gliedern bestehen. Die Satzabschnitte stellen abgeschlossene Gedanken dar, die jedoch noch nicht durch einen vollständigen Rhythmus abgeschlossen sind, die Satzglieder sind Gedanken, die im Rhythmus abgeschlossen, aber vom Satzganzen abgerissen sind (s. Quint. IX,4,122–123). Die Periode schließlich besteht entweder aus einem oder aus mehreren Gedanken und enthält Glieder und Abschnitte. »Die Periode hat mindestens zwei Glieder. [...] Ihre Leistung muß es sein, einen Gedanken zum Abschluß zu bringen. Übersichtlich soll sie sein, daß man sie verstehen, nicht unmäßig, daß man sie im Gedächtnis behalten kann.« (Quint. IX,4,125)

Zusammenfassend erklärt Quintilian über die Wortfügung: sie soll »ehrbar, angenehm und abwechslungsreich sein. Sie zerfällt in 3 Teile: Anordnung der Wörter, Verbindung und Rhythmus. Das Prinzip, auf dem sie beruht, liegt im Hinzufügen, Weglassen und Vertauschen von Wörtern. Die Anwendung dieses Prinzips richtet sich nach dem Wesen der Gegenstände, über die wir reden. Der Aufwand an Sorgfalt sei so, daß die Sorgfalt, die den Gedanken und ihrem Ausdruck gilt, Vorrang hat. Das Verbergen der Sorgfalt ist besonders wichtig, damit es so aussieht, als habe sich der Rhythmus von selbst eingestellt und sei nicht herbeigeholt und erzwungen worden« (Quint. IX,4,146–147).

F. Die Übung (*askesis, melete / exercitatio, usus*)

Die praktische Ausübung der Redekunst im Ernst- oder Schulfall wird *exercitatio* genannt, sie war in den Redeschulen fester Bestandteil des Unterrichts und ist konstitutiv für das europäische Bildungssystem geworden. »Rhetorik als Disziplin jedoch beruht seit der Antike nicht auf einer Zweiheit von *doctrina* und *elaboratio*, sondern auf der Dreiheit von *doctrina* (bzw. *praecepta*), *exempla* und *imitatio*.« (W. Barner, Barockrhetorik, S. 59) Die Übung umfaßte Lese- und Hörübungen (*legendo, audiendo*), Schreibübungen (*scribendo*) und Sprechübungen (*dicendo*).

Cicero beschreibt den Übungs-Kursus mit seinen wichtigsten Bestandteilen als »spielerische[] Übung«, die gerade für den Schüler wichtig seien, da der Meister in seinen beruflichen Übungen über genügend Redepraxis verfüge (Cic. de or. 1,147). Es komme auch nicht darauf an, bloß Stimme, Lunge und Zunge zu trainieren oder allein Stegreifreden als Übungsreden zu halten. »Sie lassen sich dabei durch den Satz täuschen, den sie zu hören bekommen haben: durch Reden brächten es die Menschen gewöhnlich dazu, daß sie reden könnten. Denn auch der Satz ist wahr, daß es die Leute durch verkehrtes Reden am leichtesten erreichen, verkehrt zu reden.« (Cic. de or. 1,149) Cicero empfiehlt daher, mit Vorbereitung und Sorgfalt zu reden und, als Hauptsache, zu schreiben. »Der Griffel ist der beste und vorzüglichste Urheber und Lehrmeister für die Rede« (Cic. de or. 1,150). Beim Schreiben habe man die Ruhe für Überlegung und Nachdenken, könne alle Beweisgründe ausfindig machen, die einleuchtenden Worte finden und die beste Ordnung aufstellen.

Zweck der *exercitatio* ist der sichere Gebrauch aller rhetorischen Mittel, ihre Habitualisierung (*firma facilitas*), die als eine Voraussetzung für das natürliche Erscheinen jeder Kunstfertigkeit (und damit der rhetorischen Wirkung) begriffen wird. Nicht gelegentliche, sondern ununterbrochene Übung ist daher verlangt, nur auf diesem Wege sind gedankliche Argumentationskunst sowie Formulier- und Redefertigkeit zu erlangen und die Fülle der Redegegenstände und der Ausdrucksmöglichkeiten zu beherrschen (*copia rerum ac verborum*). Die Trias von *natura, doctrina* und *exercitatio*, also Talent, Kunstlehre und Übung, bilden rhetorisch eine Einheit, von der kein Teil getrennt werden kann, soll der Unterricht Erfolg haben. Auch erstreckt sich die *exercitatio* auf sämtliche Produktionsstadien der Rede *(officia oratoris)*.

Grundlegende Methode aller Übungen ist die *imitatio* der Muster, die kontrollierende Nachahmung vorbildlicher Reden und Texte. Wobei das Ziel nicht etwa die epigonale Imitation des Vorbildes, sondern dessen Überbietung ist *(aemulatio)*.

Quintilian beantwortet die Frage, ob für die »sichere[] Geläufigkeit« (*firma facilitas*) »das Schreiben, Lesen oder Reden mehr beiträgt«, damit, daß sie eng zusammengehören: »Tatsächlich sind sie aber so miteinander verknüpft und alle so unzertrennbar, daß, wenn es auch nur an einer von ihnen fehlen sollte, auf die übrigen vergebens alle Mühe aufgewendet wäre. Denn gediegen und bei immer frischer Kraft kann die Redekunst nur sein, wenn sie aus gründlicher schriftlicher Übung ihre Kräfte gewonnen hat; ohne das Vorbild, das die Lektüre liefert, wird aber das Ziel dieser schriftlichen Arbeit, da der Wegweiser fehlt, unstet und verschwommen bleiben, und wer auch weiß, was und wie er reden muß, wird doch, wenn ihn die Redekunst nicht schlagfertig gemacht und für alle Fälle gerüstet hat, gleichsam nur über verschlossenen Schatzkammern wachen.« (Quint. X,1,2)

I. Lese- und Hörübungen *(legendo, audiendo)*

Dadurch, daß der Schüler beständig das Beste liest und anhört, gewinnt er nicht nur eine breite und tiefe Kenntnis der Sachen, sondern erfährt auch die ihnen jeweils angemessene Bewertung sowie den sprachlichen Ausdruck, der am genauesten und wirkungsvollsten zu ihnen paßt (s. Quint. X,1,8ff.). Er erhält zudem eine Fülle von Exempeln, die, da sie schon nach ihrer eindringlichsten Form und Wirkung ausgewählt und entsprechend bearbeitet wurden, sogar einen »größeren Eindruck machen als die Dinge selbst« (Quint. X,1,15). Auch legt Quintilian größten Wert auf das Zuhören, da man bei ihm auch alle Techniken des Vortrags, der *pronuntiatio* und *actio*, das Auftreten vor einer Öffentlichkeit und das Beurteilen mündlicher Leistungen zusammen mit dem Inhalt der Rede lernen könne.

»Anders aber ist die Hilfe, die das Zuhören bietet, als die der eigenen Lektüre. Erregend wirkt beim Redner schon der lebendige Hauch seines Vortrags; nicht durch ein Abbild der Dinge und auf einem Umweg, sondern unmittelbar durch die Dinge (von denen er spricht) wirkt er zündend. Alles ist nämlich lebendig und bewegt sich, und wir nehmen das Neue, was er bringt, mit Freude und Bangen gleichsam so auf, als käme es eben zur Welt. Und nicht nur das Spiel des Zufalls im Prozeßgeschehen, sondern auch die Gefahr, die die Reden für die Person selbst bedeuten, findet unsere Anteilnahme.« (Quint. X,1,16)

Was die Auswahl der Reden und Texte betrifft, so ist Qualität das oberste Kriterium, und lange Zeit sollen die Schüler nur mit den allerbesten Werken bekannt werden. In diesem Programmpunkt liegt die Wurzel der europäischen Sprachkultur und der Anfang der Kanonbildung; die Logik der *imitatio/aemulatio*-Methode erlaubt keinen anderen Weg. Doch reicht nicht etwa das einmalige Lesen der herausragenden Meisterwerke, der Schüler soll es Teil für Teil durchforschen und es danach »unbedingt von neuem« vornehmen (Quint. X,1,20); womit die bis ins 18. Jahrhundert herrschende intensive Lektüre begründet ist. »Aber das Wichtigste für diese gewissenhafte Arbeitsweise sollte sein, in erster Linie eine richtige Auswahl der Bücher zu treffen, die von den besten und fähigsten Autoren lateinischer Sprache verfaßt sind – vor schlechten, geschmacklosen Schriften mögen wir uns hüten wie vor Unglück und Verderben für unseren Geist. Denn das Lesen unerfahrener und unschicklicher Autoren hängt dem Leser deren Laster an und befleckt den Geist mit ähnlicher Fäulnis; denn die Lektüre ist gleichsam die Nahrung des Geistes, durch die die Gesinnung genährt und beeinflußt wird. Deshalb muß, wer sich Klarheit des Geistes erhalten will, ihm nicht jede beliebige Lektüre zuführen, ebenso wie diejenigen, die sich um ihren Magen sorgen, ihm nicht jede beliebige Speise zuführen. Daher ist es die erste Sorgfaltspflicht, nur das Beste und Trefflichste zu lesen, die zweite, sich dieses Beste und Vortreffliche mit kritischem Verstand anzueignen.

Man muß beim Lesen darauf achten, wie die Schrift aufgebaut ist, was die einzelnen Passagen aussagen und welchen Wert sie innerhalb der Schrift haben; und dies nicht nur im Großen, sondern auch im Kleinen, da man ja von der Schule her weiß, wie viele Teilchen der Rede es gibt und was jedes einzelne bedeutet.

Sicherlich wird man nach und nach den Sprachgebrauch und die verschiedenen Eigenarten der Autoren, die man liest, annehmen.« (L. Bruni [zit. n. Garin, Pädagogik, Bd. 2, S. 171f.])

Die empfohlenen Gattungen reichen von Gerichtsreden über die Lektüre der Dichter und Geschichtsschreiber bis zu den Philosophen, und jedesmal werden von Quintilian die besonderen Qualitäten und die Unterschiede zur rhetorischen Kunst hervorgehoben:

- Durch *Lektüre und Studium der Prozeßreden* gewinnt man zugleich die Kenntnis der Rechtsfälle und der Prozeßaufgaben (s. Quint. X,1,22ff.).
- Durch die *Lektüre der Dichter* lernt man Ausdruck und Gedankenfülle, allein, es gibt wichtige Unterschiede: in der *licentia*, der Freiheit des Wortgebrauchs, der Figuren und der Erfindungen; zudem sei der Zweck der Dichtung die Unterhaltung, und ihre metrische Gebundenheit bedeute eine wichtige Einschränkung (s. Quint. X,1,27ff.).
- So lehrreich für historische Zeugnisse und Beispiele die *Lektüre der Geschichtsschreiber* auch ist, so sehr bleibt ihr Werk der Vergangenheit verhaftet und der Dichtung verpflichtet (s. Quint. X,1,31ff.).
- Die *Lektüre der Philosophen* nun ist deshalb die wichtigste, weil sie sich vom Redner eigentlich nur darin unterscheiden, daß dieser sich für das praktische Leben, für Handlung und Entscheidung auf dem Forum engagiert, während jene mit ihren Erörterungen im Hörsaal bleiben. »Daß wir aber vieles aus der Lektüre der Philosophen entnehmen müssen, ist durch einen Fehler der Redner gekommen, die ja jenen auf dem edelsten Gebiet, das zum Wirken der Redner gehört, den Platz geräumt haben; denn sowohl über das Göttliche reden vor allem die Philosophen und führen scharfsinnige Beweise, und durch ihre Wechselreden und Fragen bereiten die Schriften der Jünger des Sokrates den künftigen Redner aufs beste vor.« (Quint. X,1,35)

II. Schreibübungen *(scribendo)*

Die Schreibübungen umfaßten die ganze Skala von der Paraphrase geflügelter Worte und Sentenzen bis hin zu den Deklamationen. Epische Erzählungen mußten vom Schüler nacherzählt, gekürzt oder erweitert werden, er hatte sich in Lob und Tadel von Personen, Ereignissen, Institutionen zu üben, Beweise und Widerlegungen von Fabelgeschichten zu schreiben sowie Übersetzungsübungen aus dem Griechischen anzufertigen. »Während man sich mit der römischen Tradition, mit dem Staat, dem Recht und dem Kriegswesen, nur durch praktischen Umgang vertraut machen konnte, da es hierfür keine Theorie, kein literarisch fixiertes Lehrgebäude gab, ging der Rhetorikunterricht als griechische Errungenschaft nach strenger Methode und strengem System vonstatten. Die Methode bekundete sich in einem klar gestuften Aufbau: man begann mit Vorübungen, die in etwa den Formen des heutigen Schulaufsatzes entsprachen; man traktierte auf das gründlichste die rhetorische Theorie, einen Inbegriff von Regeln und Kniffen, der sich im wesentlichen zwei Hauptgebieten zuweisen läßt, der Stilistik und der Argumentationstechnik, und man betrieb das, was Cicero mit einem damals noch neuen Ausdruck als Deklamieren bezeichnete, d.h., man übte sich im Verfertigen und Vortragen von Reden über fiktive oder reale Musterfälle. Die literarischen Quellen für den theoretischen Teil, für das ausgeklügelte Regelsystem der Rhetorik, setzen in Griechenland zur Zeit des Aristoteles, in Rom zur Zeit Ciceros, und zwar hauptsächlich mit Ciceros rhetorischen Schriften ein; Anschauungsmaterial für die Vorübungen und die Deklamationen ist hingegen erst aus der Kaiserzeit überliefert.« (M. Fuhrmann, Cicero, S. 38)

III. Redeübungen *(dicendo)*

Höhepunkt der rhetorischen Schulübung ist die Deklamation, d.h. die Übungsrede über ein vorgegebenes Thema, die an die *progymnasmata* (Vorübungen) anschließt. Diese Vorübungen beginnen mit einfachen Aufgaben, die einzelnen Teilen und Elementen der Rede gelten (*dispositio, exordium, exemplum*), schreiten fort zu selbständigeren Gattungen wie Bildbeschreibung (*ekphrasis*) oder Ethopoiien und gehen schließlich in die Ausarbeitung größerer Themen über.

Die Schuldeklamation schließlich, als oberste Stufe des rhetorischen Unterrichts, beschäftigt sich mit einem vom Lehrer gegebenen Thema, das er durch eine Bemerkung (*sermo*) erläutert, in welcher *dispositio* und rhetorische Strategie skizziert sein können. Der schriftlichen Ausarbeitung des Themas folgt die Korrektur durch den Lehrer, und erst die dann vorliegende Endfassung der Deklamation gelangt zum freien Vortrag.

Die in der Übungsrede bevorzugten Gattungen waren im römischen Schulunterricht Gerichts- und Beratungsrede, ihre deklamatorischen Entsprechungen waren Suasorie *(suasoria)* als politische Rede und Kontroversien *(controversiae)* als Gerichtsrede. Die Themen betrafen keine realen Fälle oder aktuellen Probleme, sondern mythologische oder historische Begebenheiten, ja sogar frei erfundene Probleme von mitunter phantastischem Gepräge, die zwar die Fähigkeit zur *inventio*, zur Erzählung und Argumentation zu fördern vermochten, sich aber vielfach so von der Wirklichkeit entfernten, daß die Praxisfremdheit ein ernsthaftes Hindernis für die Übertragung in das staatliche und gesellschaftliche Leben bildete. »Sie [die Suasorien] stellte[n] den angehenden Redner vor die Aufgabe, sich in eine Entscheidungssituation einer mythischen oder historischen Persönlichkeit zu versetzen und ihr nach gründlicher Erörterung von allem Für und Wider zu raten, wie sie zu handeln habe. Was soll Agamemnon tun, nachdem ihm der Seher Kalchas erklärt hat, nur die Opferung Iphigenies, der eigenen Tochter, vermöge Artemis dazu zu bringen, der griechischen Flotte die Überfahrt nach Troja zu gestatten (Seneca d. Ä., Suasorie 3)? Soll sich Cicero bittflehend an seinen Todfeind Antonius wenden, um sein Leben zu retten, soll er sich bereit finden, seine Schriften zu vernichten, wenn Antonius ihm unter dieser Bedingung Schonung verspricht (Seneca d. Ä., Suasorien 6 und 7)?« (M. Fuhrmann, Antike Rhetorik, S. 67)

Vergleicht man freilich, was heute dem auch in seinen wirklichkeitsfremden Extremen nach hochdifferenzierten rhetorischen Schul- und Übungsbetrieb der Antike im modernen Ausbildungssystem unserer Schulen gegenübersteht, so zeigt sich jede

Überheblichkeit sogleich als unpassend. Unsere Sprach- und Redekultur entspricht nirgendwo auch nur entfernt den Bedürfnissen einer versprachlichten Gesellschaft wie der unseren. Sich sprachlich wirkungsvoll und sachlich zugleich auszudrücken, kann man nur in Ausnahmefällen in unseren Bildungsinstitutionen lernen, Rhetorik in der Schule beschränkt sich auf die Aufsatzlehre, und wer einmal Schulen in Stuttgart, Tübingen oder Ulm besucht, vernimmt dort – auch im Lehrerkollegium – zwar eine Fülle von Dialektmöglichkeiten, aber nicht einmal den Standard deutscher Umgangssprache. Es gibt auch heute keine Alternative zur rhetorischen Trias von *natura – doctrina – exercitatio.*

Systematisches Glossar

A. Arbeitsgänge des Redners	ἔργα τοῦ ῥήτορος	érga toú rhḗtoros	opera oratoris, partes artis
– Voraussetzungen der Redekunst	ὑποσχέσεις	hyposchéseis	praesuppositiones
– Naturanlage	φύσις	phýsis	natura, ingenium
– Ausbildung	παιδεία, ἐπιστήμη, τέχνη	paideía, epistḗmē, téchnē	doctrina, scientia, ars
– Erfahrung	ἐμπειρία	empeiría	usus
– Erwerb der Redekunst	μέθοδοι	méthodoi	res, rationes
– Kunstlehre, Unterricht	τέχνη	téchnē	ars
– Nachahmung	μίμησις	mímēsis	imitatio
– Übung	ἄσκησις, μελέτη	áskēsis, melétē	exercitatio
I. Klärung des Redegegenstandes	νόησις	nóēsis	intellectio
II. Finden und Erfinden des Stoffes	εὕρεσις	heúresis	inventio
III. Anordnen des Stoffes	τάξις	táxis	dispositio
1. natürliches Ordnungsprinzip			ordo naturalis
2. künstliches Ordnungsprinzip			ordo artificialis
IV. sprachlicher Ausdruck	λέξις, φράσις, ἑρμηνεία	léxis, phrásis, hermēneía	elocutio
Tugenden des Ausdrucks	ἀρεταὶ τῆς λέξεως	aretaì tḗs léxeōs	virtutes elocutionis
1. Angemessenheit	πρέπον	prépon	aptum, decorum
a) innere Angemessenheit			
– Urteilsvermögen			iudicium
b) äußere Angemessenheit			
– Überlegung			consilium
2. Richtigkeit	ἑλληνισμός, καθαροτής	hellēnismós, katharótēs	latinitas, puritas
– Sprachgesetz	[ἀναλογία/ ἐτυμολογία]	[analogía/ etymología]	ratio
– Überlieferung	ἀρχαισμός	archaismós	vetustas
– Sprachgebrauch der Autoritäten	ἀξίωσις	axíōsis	auctoritas
– Gewohnheit	συνήθεια, ὁμιλία	synḗtheia, homilía	consuetudo, usus
a) bei Einzelwörtern			latinitas in verbis singulis
Verstoß: Barbarismus	βαρβαρισμός	barbarismós	barbarismus
erlaubte Abweichung: Metaplasmus	μεταπλασμός	metaplasmós	metaplasmus
b) in Wortverbindungen			latinitas in verbis coniunctis
Verstoß: Soloezismus	σολοικισμός	soloikismós	soloecismus
erlaubte Abweichung: Figur	σχῆμα	schḗma	figura
– Soloezismus der Auslassung	σολοικισμός κατὰ ἔνδειαν	soloikismós katà éndeian	soloecismus per detractionem
– Soloezismus der Hinzufügung	σολοικισμός κατὰ πλεονασμόν	soloikismós katà pleonasmón	soloecismus per adiectionem
– Tautologie	ταυτολογία	tautología	tautologia
– Pleonasmus	πλεονασμός	pleonasmós	pleonasmus
– Soloezismus der Umstellung	σολοικισμός κατὰ μετάθεσιν	soloikismós katà metáthesin	soloecismus per transmutationem
– Soloezismus des Austausches	σολοικισμός κατὰ ἐναλλαγήν	soloikismós katà enallagḗn	soloecismus per immutationem
3. Deutlichkeit	σαφήνεια	saphḗneia	perspicuitas
a) bei Einzelwörtern			perspicuitas in verbis singulis
b) in Wortverbindungen			perspicuitas in verbis coniunctis

4. Rede- und Schreibweisen   χαρακτῆρες τῆς λέξεως   charaktḗres tḗs léxeōs   genera dicendi,
    – Stilarten   genera elocutionis
     einfacher Stil (attisch)
     gemäßigter Stil (rhodisch)
     schwülstiger Stil (asianisch)
    a) schlichte Stilart   χαρακτῆρ ἰσχνός   charaktér ischnós   genus subtile,
     genus humile
    b) mittlere Stilart   χαρακτῆρ μέσος,   charaktér mésos,   genus medium,
      χαρακτῆρ μικτός   charaktér miktós   genus mixtum
    c) erhabene Stilart   χαρακτῆρ μεγαλοπρεπής,   charaktér megaloprepés,   genus grande,
      χαρακτῆρ ὑψηλός   charaktér hypselós   genus sublime
IV. Einprägen der Rede   μνήμη   mnḗmē   memoria
V. Vortragen der Rede   ὑπόκρισις   hypókrisis   pronuntiatio, actio

B. Beweise   πίστεις   písteis   probationes

I. Einteilung der Beweise
   1. natürliche Beweise   πίστεις ἄτεχνοι   písteis átechnoi   probationes inartificiales
   2. kunstgemäße Beweise   πίστεις ἔντεχνοι   písteis éntechnoi   probationes artificiales
II. Fundstätten der Beweise   [κοινοὶ] τόποι   [koinoì] tópoi   loci [communes]
   1. aus der Person   loci a persona
   2. aus dem Sachverhalt   loci a re

C. Gegenstände und Gattungen der Rede

I. Redegegenstände   materiae
II. Erkenntnis der Redegegenstände   intellectio
III. Gliederung der Redegegenstände
   1. nach den Fragen   προβλήματα   problḗmata   quaestiones
    a) nach der Konkretheit
     a1) begrenzte Frage   ὑπόθεσις   hypóthesis   quaestio finita
     a2) unbegrenzte Frage   θέσις   thésis   quaestio infinita
    b) nach der Komplikation
     b1) einfache Frage   quaestio simplex
     b2) zusammengesetzte Frage   quaestio coniuncta
     b3) vergleichende Frage   quaestio comparativa
    c) nach der Begründungsform   στάσεις   stáseis   status, constitutiones
     – nach der Tat   στοχασμός   stochasmós   constitutio coniecturalis
     – nach der Definition der Tat   ὅρος   hóros   constitutio definitiva
     – nach der Beurteilung der Tat   ποιότης   poiótēs   constitutio generalis
     – nach der Zuständigkeit   μετάληψις   metálēpsis   constitutio translativa
   2. nach dem Verhältnis
     Redegegenstand/Zuhörer
    Arten der Rede   γένη τῶν λόγων   génē tōn lógōn   genera causarum
    a) Gelegenheitsrede,   γένος ἐπιδεικτικόν,   génos epideiktikón,   genus demonstrativum,
     Festrede   γένος πανηγυρικόν   génos panēgyrikón,   genus laudativum
     – Lob/Tadel   ἔπαινος/ψόγος   épainos/psógos   laus/vituperatio
    b) Staatsrede   γένος δημηγορικόν,   génos dēmēgorikón,   genus deliberativum
      γένος συμβουλευτικόν   génos symbouleutikón
     – Zuraten/Abraten   προτροπή/ἀποτροπή   protropḗ/apotropḗ   suasio/dissuasio
    c) Gerichtsrede   γένος δικανικόν   génos dikanikón   genus iudiciale
     – Anklage/Verteidigung   κατηγορία/ἀπολογία   katēgoría/apología   intentio, accusatio,
     petitio/depulsio,
     defensio

   3. nach dem Verhältnis
     Zuhörer/Redegegenstand
    a) ansprechender Gegenstand   σχῆμα ἔνδοξον   schḗma éndoxon   genus honestum
    b) belangloser Gegenstand   σχῆμα ἄδοξον   schḗma ádoxon   genus humile

c) zweifelhafter Gegenstand	σχῆμα ἀμφίδοξον	schḗma amphídoxon	genus dubium, genus anceps
d) überraschender Gegenstand	σχῆμα παράδοξον	schḗma parádoxon	genus turpe, genus admirabile
e) unverständlicher Gegenstand	σχῆμα δυσπαρακολούθητον	schḗma dysparakoloúthēton	genus obscurum

D. Teile der Rede | μέρη τοῦ λόγου | mére toú lógou | partes orationis

I. Einleitung	προοίμιον	prooímion	exordium, prooemium
1. direkte Einleitung	προοίμιον	prooímion	principium, prooemium
a) Erlangen der Aufmerksamkeit			attentum parare
b) Erweiterung der Aufnahmefähigkeit			docilem parare
c) Erlangen des Wohlwollens			benevolum parare, captatio benevolentiae
2. indirekte Einleitung			insinuatio
II. Erzählung	διήγησις	diḗgēsis	narratio
1. Tugenden der Erzählung	ἀρεταὶ τῆς διηγήσεως	aretaì tḗs diēgḗseōs	virtutes narrationis
Tugend	ἀρετή	aretḗ	virtus
– Kürze	συντομία	syntomía	brevitas
– Klarheit	σαφήνεια	saphḗneia	perspicuitas
– Angemessenheit	πρέπον	prépon	aptum, decorum
– Richtigkeit	ἑλληνισμός, καθαρότης	hellēnismós, katharótēs	latinitas, puritas
– Schmuck	κόσμος	kósmos	ornatus
Fehler, Mangel	κακία	kakía	vitium
– Dunkelheit	σκοτεινόν	skoteinón	obscuritas
– Zweideutigkeit	ἀμφιβολία	amphibolía	ambiguitas
– Drumherumreden	περίφρασις	períphrasis	circumlocutio
Lizenz, Erlaubnis zur Abweichung	ἐξουσία	exousía	licentia
2. Funktion und Gebrauch der Erzählung			
– zusammenhängende Erzählung			narratio continua
– unterbrochene Erzählung	διήγησις μερική	diḗgēsis merikḗ	narratio partilis
3. Darlegung des Themas	πρόθεσις	próthesis	propositio
4. Abschweifung	παρέκβασις	parékbasis	digressio
III. Beweisführung	πίστις, εἰκός	pístis, eikós	argumentatio
1. Gliederung der Beweisführung	πρόθεσις, προκατασκευή	próthesis, prokataskeuḗ	divisio, partitio
2. Teile der Beweisführung			
– positive Beweisführung, Nachweis	ἀπόδειξις, κατασκευή, πίστωσις	apódeixis, kataskeuḗ, pístōsis	confirmatio, probatio
– negative Beweisführung, Widerlegung	ἔλεγχος, ἀνασκευή, λύσις	élenchos, anaskeuḗ, lýsis	confutatio, refutatio reprehensio
3. Beweisarten	πίστεις	písteis	probationes
a) Beweisführung ohne Kunstmittel	πίστεις ἄτεχνοι	písteis átechnoi	probationes inartificiales
b) Beweisführung durch Kunstmittel	πίστεις ἔντεχνοι	písteis éntechnoi	probationes artificiales
b1) Zeichen, Indizien	σημεῖα, τεκμήρια	sēmeía, tekmḗria	signa, indicia, vestigia
– sicheres Zeichen	σημεῖον ἄλυτον	sēmeíon ályton	signum necessarium
– wahrscheinliches Zeichen	σημεῖον εἰκός	sēmeíon eikós	signum non necessarium
b2) Beweisgründe	συλλογισμοί, ἐνθυμήματα	syllogismoí, enthymḗmata	ratiocinatio, argumenta
b3) Beispiel	παράδειγμα	parádeigma	exemplum
b4) Sentenz	γνώμη	gnṓmē	sententia
– als abschließender Ausruf	ἐπιφώνημα	epiphṓnēma	epiphonema

c) Vergrößerung, Steigerung	αὔξησις	aúxēsis	amplificatio
Verringerung, Abschwächung	μείωσις	meíōsis	minutio
c1) Steigerung			incrementum
c2) Vergleich	σύγκρισις	sýnkrisis	comparatio
c3) Schlußfolgerung	ἐνθύμημα	enthýmēma	ratiocinatio
c4) Häufung	συναθροισμός	synathroismós	congeries
IV. Schluß	ἐπίλογος	epílogos	peroratio
1. zusammenfassende Aufzählung			enumeratio
2. abschließende Affekterregung			affectus, afficio
– Abscheu erregen	δείνωσις	deínōsis	indignatio
– Meitleid wecken	οἶκτος, ἔλεος	oíktos, éleos	miseratio, conquestio
a) heftige Leidenschaftserregung	πάθος	páthos	movere, concitare
b) sanfte Gemütsbewegung	ἦθος	éthos	delectare, conciliare

E. Aufgaben des Redners, Wirkungen der Rede   officia oratoris

I. Einsicht und Belehrung	πρᾶγμα	prágma	docere, probare
II. Unterhaltung und Vergnügen	ἦθος	éthos	delectare, conciliare
III. Erregung der Leidenschaft	πάθος	páthos	movere, concitare, flectere

F. Redeschmuck   κόσμος   **kósmos**   ornatus

I. allgemeine Mittel der Ausdruckssteigerung			
– Steigerung	αὔξησις	aúxēsis	amplificatio
– Aussprüche	γνώμη	gnốmē	sententia
– Kürze	συντομία	syntomía	brevitas
– Augenscheinlichkeit	ὑποτύπωσις, ἐνάργεια	hypotýpōsis, enárgeia	evidentia, illustratio
– Vergegenwärtigung der Zeit	μετάστασις	metástasis	translatio temporum
– Vergegenwärtigung des Ortes	τοπογραφία	topographía	descriptio locorum
– Gleichnis	παραβολή	parabolế	similitudo
II. Redeschmuck			ornatus
in Einzelwörtern			in verbis singulis
(durch Vertauschung)	(κατὰ ἐναλλαγήν)	(katà enallagến)	(per immutationem)
– wohlklingende Wörter			verba vocaliora
– bezeichnende Wörter			verba nitidiora
1. Archaismus			antiquitas
– ungebräuchliche Wörter			verba inusitata
2. Neologismus			fictio
– neugebildete Wörter			verba novata
3. Tropus	τρόπος	trópos	verbum translatum, immutatio verborum
a) Synonym	συνώνυμον	synốnymon	synonymum
b) Klangmalerei	ὀνοματοποιία	onomatopoeía	fictio nominis
c) Umschreibung	περίφρασις	períphrasis	
d) Unterbietung	λιτότης	litótēs	exadversio
e) Synekdoche	συνεκδοχή	synekdochế	intellectio
f) Antonomasie	ἀντονομασία	antonomasía	pronominatio
g) Katachrese	κατάχρησις	katáchrēsis	abusio
h) schmückendes Beiwort			epitheton ornans
i) Emphase, Nachdrücklichkeit	ἔμφασις	émphasis	emphasis
j) Hyperbel, Übertreibung	ὑπερβολή	hyperbolế	superlatio
k) Metonymie	μετωνυμία, ὑπαλλαγή	metōnymía, hypallagế	denominatio, transmutatio

l) Metapher	μεταφορά	metaphorá	translatio
m) Allegorie	ἀλληγορία	allēgoría	inversio
m1) vollständige, abgeschlossene Allegorie			allegoria tota
m2) gemischte, offene Allegorie			allegoria permixta, allegoria aperta
n) Ironie, Verstellung	εἰρωνεία	eirōneía	dissimulatio
III. Redeschmuck in Wortverbindungen			ornatus in verbis coniunctis
1. Wortfiguren	σχήματα τῆς λέξεως	schḗmata tḗs léxeōs	figurae verborum
a) durch Hinzufügung	κατὰ πλεονασμόν	katà pleonasmón	per adiectionem
a1) Gemination, Verdoppelung	ἐπανάληψις, παλιλλογία	epanálēpsis, palillogía	geminatio, iteratio, repetitio
a2) Anadiplose	ἀναδίπλωσις, ἐπαναδίπλωσις, ἐπαναστροφή	anadíplōsis, epanadíplōsis, epanastrophḗ	reduplicatio
a3) Klimax	κλῖμαξ, ἐπιπλοκή	klímax, epiplokḗ	gradatio, ascensus
a4) Kyklos	κύκλος, προσαπόδοσις, ἐπαναδίπλωσις	kyklos, prosapódosis, epanadíplōsis	redditio, inclusio
a5) Anapher	ἀναφορά, ἐπαναφορά, ἐπιβολή	anaphorá, epanaphorá, epibolḗ	repetitio, relatio
a6) Epipher	ἐπιφορά, ἐπιστροφή, ἀντιστροφή	epiphorá, epistrophḗ, antistrophḗ	desitio, conversio, reversio
a7) Symploke	συμπλοκή, σύνθεσις, κοινότης	symplokḗ, synthesis, koinótēs	complexio, conexio, communio
a8) Polyptoton	πολύπτωτον, μεταβολή, μετάκλισις	polýptōton, metabolḗ, metáklisis	variatio, declinatio, derivatio
a9) Synonymie	συνωνυμία	synōnymía	communio nominis
a10) Unterscheidung	παραδιαστολή	paradiastolḗ	distinctio
a11) Paronomasie	παρονομασία, παρηχήσις	paronomasía, parḗchēsis	annominatio, affictio, denominatio
– Reflexio	ἀνάκλασις,᾽ ἀντάνακλασις	anáklasis, antanáklasis	reflexio
a12) Figura etymologica	παρηγμένον	parēgménon	derivatio
a13) – Asyndeton	ἀσύνδετον	asýndeton	solutum, dissolutio, inconexio
– Polysyndeton	πολυσύνδετον	polysýndeton	multiiugum
b) durch Auslassung	κατὰˀ ενδειαν	katà éndeian	per detractionem
b1) Ellipse	ἔλλειψις	élleipsis	defectio
b2) Zeugma	ζεῦγμα	zeúgma	adiunctio, coniunctio
c) durch Umstellung	κατὰ μετάθεσιν	katà metáthesin	per transmutationem
c1) Inversion, Umstellung	ἀναστροφή	anastrophḗ	inversio, reversio, perversio
c2) Hypallage, Enallage	ἐναλλαγή, ὑπαλλαγή	enallagḗ, hypallagḗ	mutatio
c3) Hysteron proteron	ὑστερολογία, πρωθύστερον	hysterología, prōthýsteron	hysteron proteron
c4) Hyperbaton, Sperrung	ὑπερβατόν	hyperbatón	transgressio, transiectio
c5) Parallelismus	ἰσόκωλον, παρίσωσις	isókōlon, parísōsis	compar
– Homoioteleuton	ὁμοιοτέλευτον	homoiotéleuton	homoeoteleuton
– Homoioptoton	ὁμοιόπτωτον	homoióptōton	homoeoptoton
c6) Antithese, Gegenüberstellung	ἀντίθετον, ἀντίθεσις	antítheton, antíthesis	contentio, contrapositum
– Antimetabole	ἀντιμεταβολή	antimetabolḗ	commutatio, permutatio
c7) Chiasmus, Kreuzung	σχῆμα χιαστόν, χιασμός	schḗma chiastón, chiasmós	chiasmus
2. Gedankenfiguren, Sinnfiguren	σχήματα τῆς διανοίας	schḗmata tḗs dianoías	figurae sententiae
– lichtvolle Erläuterung			illustris explanatio
– vorläufige Ankündigung			propositio
– bündige Schlußfolgerung			rationis apta conclusio
a) durch Veränderung der Satzordnung oder Satzart			
a1) Frage	ἐρώτησις	erṓtēsis	interrogatio
a2) Frage und Antwort	ὑποφορά, ἀπόφασις, ἀπόκρισις	hypophorá, apóphasis, apókrisis	subiectio, suggestio, responsio

a3) [scheinbarer] Zweifel	ἀτοπία, διαπόρησις	atopía, diapórēsis	dubitatio
a4) [scheinbare] Mitteilung	κοινωνία, ἀνακοίνωσις	koinōnía, anakoínōsis	communicatio
a5) Verzögerung	ἀναβολή, μέλλησις	anabolḗ, méllēsis	sustentatio
a6) Ausruf	ἐκφώνησις	ekphṓnēsis	exclamatio

b) durch Sinnpräzisierung oder Sinnaussparung

b1) Antithese	ἀντίθετον, ἀντίθεσις	antítheton, antíthesis	contentio, contrapositum
b2) Oxymoron	ὀξύμωρον, συνοικείωσις	oxýmōron, synoikeíōsis	oxymora verba, oxymorum
b3) Paradox	σχῆμα παράδοξον	schḗma parádoxon	figura paradoxos, paradoxum
b4) Selbstkorrektur	ἐπιτίμησις, μετάνοια, ἐπανόρθωσις	epitímēsis, metánoia, epanórthōsis	correctio
b5) Einräumung	ἐπιτροπή	epitropḗ	permissio
b6) Freimütigkeit	παρρησία	parrēsía	licentia
b7) [Gedanken-]Wiederholung	ἐπιμονή	epimonḗ	commoratio una in re, crebra sententiae repetitio
b8) [Gedanken-]Verknüpfung	προσαπόδοσις	prosapódosis	subnexio
b9) Ironie, Verstellung	εἰρωνεία	eirōneía	dissimulatio, ironia
b10) erklärte Auslassung	παράλειψις	paráleipsis	praeteritio, occupatio
b11) Antizipation	πρόληψις	prólēpsis	anticipatio
– Verwahrung	προκατάληψις, παρομολογία	prokatálēpsis, paromología	praeparatio, praeoccupatio
– Eingeständnis	συγχώρησις	synchṓrēsis	confessio, concessio
– Vorbereitung	προκατασκευή	prokataskeuḗ	praeparatio, praemunitio

c) durch szenische Erweiterung der Rede und Publikumsansprache

c1) Sermocinatio	μίμησις	mímēsis	imitatio
– Ethopoie	ἠθοποιία	ēthopoiía	ethopoeia
– Prosopopoiie	προσωποποιία	prosōpopoiía	prosopopoeia
c2) Abwendung	μετάβασις	metábasis	aversio
– Apostrophe, Hinwendung zu einem Teilpublikum	ἀποστροφή	apostrophḗ	aversio
c3) Aposiopese, Redeabbruch	ἀποσιώπησις	aposiṓpēsis	reticentia
3. Wortfügung	σύνθεσις, ἁρμονία	synthésis, harmonía	compositio, structura
– Abschnitt	κόμμα	kómma	comma, caesum, incisum, particula
– Glied	κῶλον	kōlon	colon, membrum
– Periode	περίοδος	períodos	periodus, ambitus, circuitus
– Anordnung			ordo
– Verbindung			coniunctio, iunctura
Hiat, Vokalzusammenstoß			vocalium concursio, hiatus
– Rhythmus	ῥυθμός	rhythmós	numerus

zweisilbige Verse:

– Spondeus	σπονδεῖος	spondeíos	spondeus
– Pyrrhichius, Pariambus	πυρρίχιος, παρίαμβος	pyrrhíchios, paríambos	pyrrhichius, pariambus
– Choreus, Trochäus	τροχαῖος, χορεῖος	trochaíos, choreíos	trochaeus, choreus
– Jambus	ἴαμβος	íambos	iambus

dreisilbige Verse:

– Dactylus	δάκτυλος	dáktylos	dactylus
– Anapäst	ἀνάπαιστος	anápaistos	anapaestus
– Kreticus, Amphimacrus	ἀμφίμακρος	amphímakros	creticus, amphimarcus
– Amphibrachys	ἀμφίβραχυς	amphíbrachys	amphibrachys
– Bacchius	βακχεῖος	bakcheíos	bacchius
– Palimbacchius	παλιμβάκχειος	palimbákchios	palimbacchius

– Tribrachys	τρίβραχυς	tríbrachys	tribrachys
– Molosser	μολοσσός	molossós	molossus
viersilbiger Vers:			
– Päon	παιών	paiōn	paeon

G.Übungen des Redners   μελέτη, ἐμπειρία   **melétē, empeiría**   **exercitatio, usus**

I. Lese- und
  Hörübungen   legendo, audiendo
II.Schreibübungen   scribendo
III.Redeübungen   dicendo

Bei den Zitatangaben benutzte Abkürzungen

Quint.   = Marcus Fabius Quintilianus: Institutionis oratoriae. Libri XII. Ausbildung
             des Redners. Zwölf Bücher. Lat. u. dt. Hg. u. übers. v. Helmut Rahn. 2 Bde.
             Darmstadt 1972 bzw. 1975.

Cic. de inv. = Marcus Tullius Cicero: De inventione rhetorica. Rhetorik oder von der
             rhetorischen Erfindungskunst. Übers. v. Wilhelm Binder. Stuttgart o. J.

Cic. de or. = Marcus Tullius Cicero: De oratore. Über den Redner. Lat. u. dt. Übers.
             u. hg. v. Harald Merklin. Stuttgart 1976.

Cic. or.   = Marcus Tullius Cicero: Orator. Lat. u. dt. Hg. v. Bernhard Kytzler.
             München 1975.

Cic. top.   = Marcus Tullius Cicero: Topica. Die Kunst, richtig zu argumentieren.
             Lat. u. dt. Übers. u. hg. v. Hans Günter Zekl. Hamburg 1983.

Her.   = Rhetorik an Herennius. Übers. von Christian Walz. Stuttgart 1842.

Ar. Poet.   = Aristoteles: Poetik. Übers. v. Olof Gigon. Stuttgart 1961.

Ar. Rhet.   = Aristoteles: Rhetorik. Übers. v. Franz G. Sieveke. München 1980.

Ar. Top.   = Aristoteles: Topik (Organon V). Hg. v. Eugen Rolfes u. Hans Günter Zekl,
             übers. v. Eugen Rolfes. Hamburg 1992.

Ps.-L.   = Pseudo-Longinos: Vom Erhabenen. Gr. u. dt. Hg. u. übers. v. Reinhard
             Brandt. Darmstadt 1966.

HWR   = Historisches Wörterbuch der Rhetorik. Hg. v. Gert Ueding. Bd. 1ff.
             Tübingen 1992ff.

Anmerkungen

Die Kapitel »Die Begründung der Rhetorik in der Antike«, »Christliche Erbschaft der Rhetorik im Mittelalter«, sowie die folgenden Unterkapitel im Teil »Aspekte moderner Rhetorik-Rezeption«: »Die politische Beredsamkeit«, »Pädagogik und Rhetorik« »Jurisprudenz und Rhetorik«, »Predigtlehre« und »Populäre Rhetoriken« wurden von Bernd Steinbrink, alle übrigen Kapitel von Gert Ueding verfaßt. Glossar und Register sind von Boris Kositzke ausgearbeitet.

A. Die Begründung der Rhetorik in der Antike

Das vorliegende Kapitel stellt die überarbeitete Fassung meines Aufsatzes »Die rhetorische Theorie in der Antike« aus der »Einführung in die Rhetorik« von 1976 (S. 13–60) dar.

1   Vgl. Manfred Fuhrmann: Die antike Rhetorik. Eine Einführung. München und Zürich 1984, S. 16f.
2   Marcus Tullius Cicero: Brutus. In: Ders.: Der Redner- Brutus. Übers. v. Julius Sommerbrodt u. Wilhelm Binder, eingel. v. Marion Giebel. München o.J. XII, 46.
3   Cicero: Brutus, XII, 46.
4   Ingo Beck: Untersuchungen zur Theorie des Genos symbuleutikon. Phil. Diss. Hamburg 1970, S. 35.
5   Publius Cornelius Tacitus: Dialogus 40. In: Ders.: Die historischen Versuche. Agricola-Germania-Dialogus. Übers. u. hg. v. Karl Büchner. Stuttgart 1955.
6   Tuttu Tarkiainen: Die athenische Demokratie. München 1972, S. 124.
7   Peter Wülfing v. Martitz: Grundlagen und Anfänge der Rhetorik in der Antike. In: Euphorion 63 (1969), S. 209f.
8   Vgl. Platon: Phaidros. In: Sämtliche Werke. Übers. v. Friedrich Schleiermacher, mit der Stephanus-Numerierung. Hamburg 1957–59, Bd. 4., S. 266ff.
9   Vinzenz Buchheit: Untersuchungen zur Theorie des Genos Epideiktikon von Gorgias bis Aristoteles. München 1960, S. 39.
10 Buchheit: Untersuchungen zur Theorie des Genos Epideiktikon, S. 27ff.
11 Gorgias fr. 16 (Palamedes). In: Nestle, Wilhelm: Die Vorsokratiker. Deutsch in Auswahl mit Einleitungen. Düsseldorf, Köln [4]1956.
12 Gorgias fr. 15 (Aus der »Helena«). In: Nestle, Die Vorsokratiker, S. 190.
13 Fuhrmann: Die antike Rhetorik, S. 21.
14 Cicero: Brutus, XII, 47.
15 Buchheit: Untersuchungen zur Theorie des Genos Epideiktikon, S. 32.
16 Gorgias fr. 3: Auszug aus dem Bericht des Sextus Empiricus (Adv. math. VII. 65ff.) über den Inhalt der Schrift »Über das Nichtseiende oder über die Natur«. In: Nestle: Die Vorsokratiker, S. 186.
17 Platon: Gorgias. In: Sämtliche Werke, Bd. 1. 449a.
18 Heinrich Gomperz: Sophistik und Rhetorik. Das Bildungsideal des εν λέγειν in seinem Verhältnis zur Philosophie des 5. Jahrhunderts. 1912. Nachdr. Darmstadt 1965, S. 30.
19 Gomperz: Sophistik und Rhetorik, S. 46.
20 Wilhelm Nestle: Die Schrift des Gorgias »Über die Natur oder über das Nichtseiende«. In: Hermes 57 (1922), S. 553f.

21 Nestle: Die Schrift des Gorgias, S. 561.
22 Wilhelm Windelband: Lehrbuch der Geschichte der Philosophie. Hg. v. Heinz Heimso-
    eth. 15., durchges. u. erg. Aufl. Tübingen 1967, S. 77.
23 Wilhelm Windelband: Geschichte der alten Philosophie. München ²1894, S. 74.
24 Elisabeth Thiel: Der ethische Gehalt des Gorgias. Phil. Diss. Breslau 1911, S. 58.
25 Wilhelm Nestle: Vom Mythos zum Logos. Stuttgart 1940, S. 331.
26 Olof Gigon: Gorgias »Über das Nichtsein«. In: Hermes Bd. 71 (1936), S. 16.
27 Georg Wilhelm Friedrich Hegel: Vorlesungen über die Geschichte der Philosophie I.
    Werke in zwanzig Bänden. Bd. 18. Frankfurt a.M. 1971, S. 436.
28 Nestle: Die Schrift des Gorgias, S. 557.
29 Gorgias fr. 26. In: Diels, Hermann: Die Fragmente der Vorsokratiker. Griech. u. dt. 3
    Bde. 6., verb. Aufl. hg. v. W. Kranz Berlin-Grunewald 1951–52, Bd. 2, S. 306.
30 Gorgias fr. 23. In: Diels: Die Fragmente der Vorsokratiker, Bd. 2, S. 305.
31 Nestle: Die Vorsokratiker, Einleitung, S. 36.
32 Protagoras fr 1. In: Diels: Die Fragmente der Vorsokratiker, Bd. 2, S. 263.
33 Nestle: Die Vorsokratiker, S. 62.
34 Alkidamas fr. 1. In: Nestle: Die Vorsokratiker, S. 194.
35 Alkidamas fr. 4. In: Nestle: Die Vorsokratiker, S. 194.
36 Prodikos fr. 6. In: Diels: Die Fragmente der Vorsokratiker, Bd. 2, S. 317.
37 Vgl. Platon, Gorgias, 455d.
38 Gorgias fr. 15 (Helena). In: Nestle: Die Vorsokratiker, S. 191.
39 Platon: Gorgias, 460c.
40 Hegel: Vorlesungen über die Geschichte der Philosophie I, S. 426.
41 Platon: Kratylos. In: Sämtliche Werke, Bd. 2, 383a.
42 Platon: Kratylos, 386d-e.
43 Josef Derbolav: Platons Sprachphilosophie im Kratylos und in den späteren Schriften.
    Darmstadt 1972, S. 69.
44 Platon: Kratylos, 432b-d.
45 Derbolav: Platons Sprachphilosophie, S. 99.
46 Platon: VII. Brief. In: Sämtliche Werke, Bd. 1. 342e–443a.
47 Platon: VII. Brief 341 c-d.
48 Ernst Bloch: Subjekt – Objekt. In: Werke Bd. 8. Frankfurt a.M. 1962, S. 478.
49 Platon: Gorgias, 463a-b.
50 Platon: Phaidros. In: Sämtliche Werke, Bd. 4. 272d-e.
51 Vgl. dazu Platon: Phaidros, 269d.
52 Platon: Phaidros, 259e.
53 Platon: Phaidros, 270e.
54 Platon: Phaidros, 269d.
55 Vg. Platon: Phaidros, 263eff. u. 265eff.
56 Es ist falsch, in diesem Entwurf einer platonischen Redekunst eine »Rhetorik der Wis-
    senden« zu sehen, die der »Rhetorik der Nichtwissenden« (Hellwig, Antje: Untersuchun-
    gen zur Theorie der Rhetorik bei Platon und Aristoteles. Göttingen 1973, S. 75.) gegen-
    übergestellt wird. Diese Meinung fußt scheinbar auf dem alten Vorurteil, das mit der
    Sophistik den Begriff der Sophisterei verbindet. »Sophisterei ist ein übelberüchtigter
    Ausdruck, und zwar besonders durch den Gegensatz [sic!] gegen Sokrates und Platon
    sind die Sophisten in den schlimmen Ruf gekommen. Es bedeutet dies Wort gewöhn-
    lich, daß willkürlicherweise durch falsche Gründe entweder irgendein Wahres widerlegt,
    schwankend gemacht oder etwas Falsches plausibel, wahrscheinlich gemacht wird. Die-
    sen schlimmen Sinn haben wir auf die Seite zu stellen und zu vergessen«. (Hegel: Vorle-
    sungen über die Geschichte der Philosophie 1, S. 408f.) Die sophistische Redekunst
    und der platonische Entwurf einer Rhetorik sind nur zu begreifen, wenn man sie in Zu-

sammenhang mit der betreffenden Philosophie und der ihr verpflichteten Praxis sieht, denn aus dieser Gegensätzlichkeit bei den Sophisten und Platon ist auch ihre unterschiedliche Rhetorikkonzeption hervorgegangen.

57 Platon: Phaidros, 273e.

58 Platon: Phaidros, 274c.

59 Diese Konzeption von Rhetorik wird von Adam Müller aufgegriffen.

60 Im Gegensatz hierzu steht die sophistische Auffassung von der Aufgabe der Strafe. Sie sieht Strafe nicht, wie Platon, als reinigend im Sinne der Idee des Guten an, sondern fordert eine erziehende Wirkung für künftiges Handeln. »Wer aber mit Vernunft sich vornimmt, einen zu strafen, der bestraft nicht um des begangenen Unrechts willen, denn er kann ja doch das Geschehene nicht ungeschehen machen, sondern des zukünftigen [sic!] wegen, damit nicht ein andernmal wieder, weder derselbe noch einer, der diesen bestraft gesehen hat, dasselbe Unrecht begehe« (Platon: Protagoras 324b. In: Sämtliche Werke, Bd. 1).

61 Platon: Gorgias, 523aff.

62 Platon: Gorgias, 480 c-d.

63 Platon: Phaidros, 276d.

64 Platon: Menon, 82e.

65 Ernst Bloch: Tübinger Einleitung in die Philosophie. 2 Bde. Frankfurt a.M. [4]1969, Bd. 2, S. 142f.

66 Ernesto Grassi: Die Theorie des Schönen in der Antike. Köln 1962, S. 111.

67 Platon: Apologie. In: Sämtliche Werke, Bd. 1. 22b-c.

68 Vgl. Platon: Ion. In: Sämtliche Werke, Bd. 1. 534b-c.

69 Vgl. Platon: Politea. In: Sämtliche Werke, Bd. 3. 598b.

70 Platon: Phaidros, 249c-d.

71 Platon: Phaidros, 250e.

72 Platon wendet sich wahrscheinlich gegen die Benutzung der Dichter als Quellen praktischer Weisheit; das Volk verwandelte die Verse der Dichter oft zu Merksprüchen für das praktische Leben (vgl. dazu Wilhelm Jakob Verdinius: Platos doctrine of artistic imitation and ist meaning to us. Leiden [3]1972, S. 6).

73 Platon: Ion, 535c-e.

74 Aristoteles: Poetik. Übers. u. hg. v. Olof Gigon. Stuttgart 1961. 14. Kap.

75 Wolfgang Schadewaldt: Furcht und Mitleid? In: Ders.: Antike und Gegenwart. Über die Tragödie. München 1966, S. 31.

76 Schadewaldt: Furcht und Mitleid? S. 43.

77 Grassi: Die Theorie des Schönen in der Antike, S. 124.

78 Aristoteles: Die Nikomachische Ethik. Übers. u. hg. v. Olof Gigon. München 1972. 1140b.

79 Grassi: Die Theorie des Schönen in der Antike, S. 127.

80 Aristoteles: Poetik, Kap. 2.

81 Peter Szondi: Poetik und Geschichtsphilosophie I. Frankfurt a.M. 1974, S. 13.

82 Aristoteles: Poetik, Kap. 19.

83 Vgl. Aristoteles: Poetik, Kap. 22.

84 Aristoteles: Poetik, Kap. 25.

85 Aristoteles: Poetik, Kap. 24.

86 Aristoteles: Poetik, Kap. 9.

87 Aristoteles: Rhetorik. Die Lehrschriften. Hg., übertr. u. erl. v. Paul Gohlke. Paderborn 1959. 1,2.

88 Aristoteles: Rhetorik, 1,1.

89 Ernst Bloch: Das Materialismusproblem, seine Geschichte und Substanz. In: Werke Bd. 7. Frankfurt a.M. 1972, S. 144.

90 Buchheit: Untersuchungen zur Theorie des Genos Epideiktikon, S. 144.

91 Aristoteles: Rhetorik, I,3.

92 Aristoteles: Rhetorik, I,3.

93 Aristoteles: Rhetorik, II,18.

94 George Herbert Wikromanayake: Das Verhältnis von Philosophie und Rhetorik bei Platon und Aristoteles. Phil. Diss. (masch.) Göttingen 1965, S. 115. Übersetzung von mir; es heißt: »In ceremonal speeches the hearer is a spectator of the speakers ability.«

95 Buchheit: Untersuchungen zur Theorie des Genos Epideiktikon, S. 125.

96 Aristoteles: Rhetorik, I,1.

97 Aristoteles: Rhetorik, I,5.

98 Aristoteles: Politik. Übers. u. hg. v. Olof Gigon. München 1973. 1324a, 5–7.

99 Aristoteles: Rhetorik, I,5.

100 Aristoteles: Rhetorik, I,9.

101 Aristoteles: Topik. Hg. u. übers. v. Eduard Rolfes. Hamburg 1968. 100a-b (I,1).

102 Aristoteles: Rhetorik, I,1.

103 Aristoteles: Rhetorik, I,3.

104 Aristoteles: Rhetorik, I,1.

105 Aristoteles: Rhetorik, I,1.

106 Vgl. Aristoteles: Rhetorik, I,1 u. I,2.

107 Aristoteles: Rhetorik, I,1.

108 Aristoteles: Rhetorik, II,20.

109 Aristoteles: Rhetorik, I,1.

110 Aristoteles: Rhetorik, II,1.

111 Aristoteles: Rhetorik, I,2.

112 Vgl. dazu William Grimaldi: Studies in the Philosophy of Aristoteles' Rhetoric. In: Hermes Bd. 25 (1972), S. 136. »and the source material both logical and psychological which will enable the audience under the informed direction of the speaker (or writer) to attain the truth as best it can be reached on an open problem.«

113 Aristoteles: Sophistische Widerlegungen. Hg. u. übers. v. Eduard Rolfes. Hamburg 1968.

114 Aristoteles: Rhetorik, I,1.

115 Rhetorik an Alexander: In: Aristoteles: Die Lehrschriften. Hg., übertr. u. erl. v. Paul Gohlke. Paderborn 1959. – Der Verfasser dieser Rhetorik ist unbekannt; oft wird Anaximenes vermutet. Es ist nun nicht meine Aufgabe, mich hier in den Philologenstreit um die Verfasserschaft einzumischen; es dürfte jedoch aus den darüber verfaßten Schriften klar hervorgehen, daß Aristoteles – wie es der Übersetzer Paul Gohlke annimmt – nicht der Verfasser ist. Die Rhetorik wurde mit den anderen Schriften des Aristoteles überliefert. Sie ist vor der Rhetorik des Aristoteles erschienen und ist eventuell nach dem Vorbild der Theodekteia verfaßt, einer anderen Lehrschrift, einer Sammlung von verschiedenen Teilen, die von der Rhetorik handeln; ein Teil wird Aristoteles zugeschrieben. Die Theodekteia, vermutet Barwick, ist teils von Theodektes, teils von Aristoteles geschrieben; sie ist jedoch nur durch Berichte antiker Autoren schemenhaft rekonstruierbar. Barwick betrachtet die Theodekteia als Lehrbuch für die rednerische Praxis. »Er [Theodektes] besaß genug philosophische Bildung, um das Berechtigte an dieser [philosophischen] Auffassung zu begreifen, mußte aber als Mann der Praxis auch erkennen, daß das abstrakte System des Philosophen für den Redner der Wirklichkeit allein nicht ausreichte: es bedurfte einer Ergänzung durch die vulgärrhetorische Theorie, die ganz auf die Bedürfnisse der Praxis zugeschnitten war. Wir können nun verstehen, wie bei Theodektes der Wunsch rege ward nach einem Lehrbuch, das beides, philosophische und vulgäre Rhetorik, in sich vereinigte. Die letztere schrieb Theodektes selbst, das konnte er besser als Aristoteles. Wir haben uns in ihr eine τέχνη [techne] voraristotelischen Stils zu den-

ken, in der jedoch die Besonderheiten der Isokratischen Theorie berücksichtigt waren.« (Barwick, Karl: Die Gliederung der rhetorischen TEXNH und die Horazische Epistula ad Pisones. In: Hermes 57 (1922), S. 25).

116 Martin Lowther Clarke: Die Rhetorik bei den Römern. Göttingen 1968, S. 16.

117 Vgl. Clarke: Die Rhetorik bei den Römern.

118 Karl Marx: Der achtzehnte Brumaire des Louis Bonaparte. In: Marx-Engels-Werke Bd. 8. Berlin/DDR 1972, S. 115.

119 Clarke: Die Rhetorik bei den Römern, S. 117.

120 Hans Kurt Schulte: Orator, Untersuchungen über das ciceronianische Bildungsideal. Frankfurt a.M. 1935, S. 42.

121 Vgl. dazu Wilhelm Kroll: Cicero und die Rhetorik. In: Neue Jahrbücher für das klassische Altertum 10 (1903), S. 687ff., sowie ders.: Studien über Ciceros Schrift de Oratore. In: Rheinisches Museum für Philologie 58 (1903), S. 552ff., und Karl Barwick: Probleme der stoischen Sprachlehre und Rhetorik. In: Abhandlungen der sächsischen Akademie der Wissenschaften zu Leipzig. Phil.-hist. Klasse. Berlin/DDR 1957, Bd. 49, H. 3.

122 Barwick: Probleme der stoischen Sprachlehre und Rhetorik, S. 102.

123 Barwick: Probleme der stoischen Sprachlehre und Rhetorik, S. 93.

124 Fuhrmann: Die antike Rhetorik, S. 103.

125 Vgl. Fuhrmann: Die antike Rhetorik, S. 106.

126 Fuhrmann: Die antike Rhetorik, S. 108.

127 Ausgezeichnete Beispiele finden sich bei Fuhrmann: Die Antike Rhetorik, S. 103ff.

128 Sueton, Zit. n. Clarke: Die Rhetorik bei den Römern, S. 23.

129 Julius Werner: Zur Frage nach dem Verfasser der Herenniusrhetorik. In: Jahresbericht des k. k. Staatsgymnasiums in Bielitz für das Schuljahr 1905/1906. Bielitz 1906, S. 17.

130 Rhetorik an Herennius. Übers. v. Christian Walz. In: Cicero: Marcus Tullius: Werke. Bd. 26. Stuttgart 1842. I,1.

131 Rhetorik an Herennius, I,2.

132 Rhetorik an Herennius, III,8.

133 Beispielsweise gehörte bei den Jesuiten die Rhetorik an Herennius zum Unterricht. »Da die Jesuiten nun durch die Beredsamkeit die große Masse gewinnen wollten, so konnte ihnen gerade eine Sprechweise nach dem Vorbilde des Autors Vorschub leisten.« (Georg Mertz: Über Stellung und Betrieb der Rhetorik in den Schulen der Jesuiten, mit besonderer Berücksichtigung der Abhängigkeit vom Auctor ad Herennium. Heidelberg 1898, S.56).

134 Karl Barwick: Das rednerische Bildungsideal Ciceros. Berlin/DDR 1963, S. 29 (= Abhandlungen der sächsischen Akademie der Wissenschaften zu Leipzig. Phil.-hist. Klasse. Bd. 54, H. 3).

135 Marcus Tullius Cicero: Der Redner (orator). Übers. v. Julius Sommerbrodt. In: Ders.: Der Redner. Brutus. München o.J. XIX, 64.

136 Cicero: Der Redner, XI, 37.

137 Marcus Tullius Cicero: Vom Redner (de oratore). Übers. u. hg. v. Raphael Kühner. München o.J. 3, XVI, 59–60.

138 Marcus Tullius Cicero: Über den Staat. Übers. u. hg. v. Walther Sontheimer. Stuttgart 1971. 2.

139 Marcus Tullius Cicero: Rede für Sestius. In: Ders.: Reden. Übers. u. hg. v. Marion Giebel. München 1970, S. 91.

140 Marcus Tullius Cicero: Rhetorik oder Von der rhetorischen Erfindungskunst (de inventione rhetorica). Übers. v. Wilhelm Binder. Stuttgart o.J. I, 2.

141 Cicero: Vom Redner, 1, VIII, 33.

142 Barwick: Das rednerische Bildungsideal Ciceros, S. 5.

143 Cicero: Vom Redner, 1, XV, 68.

144 Cicero: Der Redner, XXI, 70–71.

145 Cicero: Vom Redner, 3, XXXI, 122.

146 Cicero: Vom Redner, 2, II, 5. Ich gehe hier nicht auf alle Unterschiede zwischen »Von der rednerischen Erfindungskunst« und den späteren ciceronischen Schriften ein – bezeichnet Cicero seine späteren Werke doch selbst als »Gefeilteres und Vollendeteres« (Vom Redner I, II, 5) –, sondern versuchte die rhetorische Konzeption Ciceros als geschlossen darzustellen, wobei die späteren Werke besonders berücksichtigt werden.

147 Vgl. Ulrich v. Wilamowitz-Möllendorf: Asianismus und Attizismus. In: Hermes 35 (1900), S. 18.

148 Aristoteles: Rhetorik, I, 2.

149 Cicero: Vom Redner, 1, VI, 21.

150 Cicero: Der Redner, XIV, 45.

151 Cicero: Der Redner, XXXVI, 125. Im Buch »Vom Redner« erklärt Cicero, daß jeder besondere Fall in der Rede als allgemeiner dargestellt werden kann, später nimmt er davon die Streitfragen mit dem status coniecturalis aus. Vgl. Barwick: Das rednerische Bildungsideal Ciceros, S. 60, sowie Cicero: Der Redner, XXXVI, 126 und Cicero: Vom Redner, 2, XXXI, 133ff.

152 Cicero: Vom Redner, 1, LI, 219–224.

153 Cicero: Der Redner, III, 12.

154 Cicero: Vom Redner, 3, XXVII, 107.

155 Cicero: Vom Redner, 3, XXI, 80.

156 Barwick. Das rednerische Bildungsideal Ciceros, S. 41.

157 Barwick: Die Gliederung der rhetorischen TEXNH, S. 45.

158 Cicero: Vom Redner, I, XXV, 113 u. 114.

159 Cicero: Vom Redner, 1, XXIII, 109.

160 Cicero: Vom Redner, 1, VI, 20.

161 Cicero: Vom Redner, 3, VI, 24.

162 Cicero: Der Redner, LXXI, 237.

163 Cicero: Der Redner, XXI, 69.

164 Cicero: Der Redner, XXIX, 100.

165 Cicero: Vom Redner, 3, XL, 159–160.

166 Zur Herstellung der Überzeugung durch das Ethische und Pathetische vgl. das »Aristoteles-Kapitel« dieses Buches (S. 21ff.). Cicero übernimmt die Theorie in großen Teilen.

167 Grassi: Die Theorie des Schönen in der Antike, S. 160.

168 Cicero: Vom Redner, 3, XLVI, 180.

169 Cicero: Vom Redner, 3, XLV, 178.

170 Cicero: Der Redner, II, 9.

171 Grassi: Die Theorie des Schönen in der Antike, S. 159.

172 Vgl. dazu auch die Theorie des perfectus orator; auch hier wird ein nur zu denkendes Idealbild konstruiert, das der Realität als Maß gelten soll.

173 Grassi: Die Theorie des Schönen in der Antike, S. 160.

174 Vgl. Cicero: Der Redner, LIII, 177–178.

175 Vgl. Cicero: Vom Redner, 3, XXV, 98–100.

176 Cicero: Vom Redner, 1, XVI, 70.

177 Barwick: Die Gliederung der rhetorischen TEXNH, S. 51f.

178 Grassi: Die Theorie des Schönen in der Antike, S. 168.

179 Seneca: Contr. I, 5. Zit. n. Clarke, Die Rhetorik bei den Römern, S. 120.

180 Vgl. dazu auch den Aufsatz von Wilamowitz-Möllendorf (Anm. 147): Quintilian sieht die asianische Redeweise seit altersher als schwülstig an. Siehe dazu Marcus Fabius Quintilian: Ausbildung des Redners. Hg. u. übers. v. Helmut Rahn. 2 Bde. Darmstadt 1972 u. 1975. 12, 10, 16f.

181 Petronius Arbiter: Titus: Satiricon. Lat. u. dt. Übers. v. Carl Hoffmann. Tübingen 1948. c. 5.

182 Vgl. Karl Hermann Otto Schönberger: Die Klagen über den Verfall der römischen Beredsamkeit im ersten Jahrhundert nach Christus. Ein Beitrag zum Problem der Dekadenz. Phil. Diss. Würzburg 1951, S. 32 u. 35.

183 Tacitus: Dialogus, 32.

184 Tacitus: Dialogus, 40.

185 Tacitus: Dialogus, 41.

186 Tacitus: Dialogus, 12.

187 Reinhard Brandt: Einleitung zu Pseudo-Longinos: Vom Erhabenen. Griech. u. dt. Übers. u. hg. v. Reinhard Brandt. Darmstadt 1966, S. 12.

188 Pseudo-Longinos: Vom Erhabenen, 44, 1–4.

189 Pseudo-Longinos: Vom Erhabenen, 44, 10–11.

190 Pseudo-Longinos: Vom Erhabenen, 3, 4.

191 Pseudo-Longinos: Vom Erhabenen, 3, 4.

192 Vgl. Hermann Mutschmann: Tendenz, Aufbau und Quellen der Schrift vom Erhabenen. Berlin 1913, S. 71 u. 108.

193 Pseudo-Longinos: Vom Erhabenen, 8, 1.

194 Pseudo-Longinos: Vom Erhabenen, 8, 1.

195 Pseudo-Longinos: Vom Erhabenen, 7, 4.

196 Pseudo-Longinos: Vom Erhabenen, 35, 2–3.

197 Pseudo-Longinos: Vom Erhabenen, 15, 8.

198 Pseudo-Longinos: Vom Erhabenen, 15, 8. Dazu steht im Gegensatz die (bildende) Kunst, die durch genaueste Ausführung Bewunderung erregt; deshalb stuft Longin sie als geringfügiger ein: »Bei Statuen sucht man die Ähnlichkeit mit dem Menschen, bei der Rede, wie gesagt, das Übermenschliche« (36, 3).

199 Pseudo-Longinos: Vom Erhabenen, 35, 4.

200 Pseudo-Longinos: Vom Erhabenen, 22, 1.

201 Pseudo-Longinos: Vom Erhabenen, 33, 5.

202 Pseudo-Longinos: Vom Erhabenen, 9, 2.

203 Pseudo-Longinos: Vom Erhabenen, 9, 7.

204 Pseudo-Longinos: Vom Erhabenen, 9, 9.

205 Pseudo-Longinos: Vom Erhabenen, 30, 1.

206 Pseudo-Longinos: Vom Erhabenen, 1, 3.

207 Pseudo-Longinos: Vom Erhabenen, 1, 4.

208 Helmut Rahn: Vorwort zu Quintilian: Ausbildung des Redners, Bd. 1, S. XI.

209 Quintilian: Ausbildung des Redners, 1, Vorwort, 6.

210 Helmut Rahn: Nachwort zu Quintilian: Ausbildung des Redners, Bd. 2, S. 810.

211 Quintilian: Ausbildung des Redners, 1, 1, 4–5.

212 Quintilian: Ausbildung des Redners, 1, 2, 18.

213 Vgl. Quintilian: Ausbildung des Redners, 1, 2, 1ff.

214 Vgl. Quintilian: Ausbildung des Redners, 2, 1, 1ff.

215 Quintilian: Ausbildung des Redners, 12, 11, 3.

216 Quintilian: Ausbildung des Redners, 12, 1, 1.

217 Quintilian: Ausbildung des Redners, 1, Vorwort, 9.

218 Quintilian: Ausbildung des Redners, 12, 2, 1.

219 Benedikt Appel: Das Bildungs- und Erziehungsideal Quintilians nach der Institutio oratoria. Donauwörth 1914, S. 16.

220 Quintilian: Ausbildung des Redners, 12, 2, 7.

221 Quintilian: Ausbildung des Redners, 12, 3, 11.

222 Quintilian: Ausbildung des Redners, 1, 5, 11.

223 Quintilian: Ausbildung des Redners, 1, 6, 2.
224 Vgl. Quintilian: Ausbildung des Redners, I, 4–6.
225 Quintilian: Ausbildung des Redners, 1, 8, 7.
226 Quintilian: Ausbildung des Redners, 1, 10, 24.
227 Vgl. Quintilian: Ausbildung des Redners, 1, 10, 22–27.
228 Vgl. Quintilian: Ausbildung des Redners, 1, 10, 34–37.
229 Vgl. Quintilian: Ausbildung des Redners, 1, 10, 46f.
230 Quintilian: Ausbildung des Redners, 1, 10, 1.
231 Vgl. dazu den systematischen Teil dieses Buches.
232 Vgl. Quintilian: Ausbildung des Redners, 11, 3, 69f.
233 Vgl. Quintilian: Ausbildung des Redners, 11, 3, 82f.
234 Vgl. Quintilian: Ausbildung des Redners, 11, 3, 124f.
235 Quintilian: Ausbildung des Redners, 11, 3, 137.
236 Quintilian: Ausbildung des Redners, 11, 1, 9.
237 Quintilian: Ausbildung des Redners, 11, 3, 177.
238 Vgl. Quintilian: Ausbildung des Redners, 2, 15, 38.
239 Quintilian: Ausbildung des Redners, 2, 17, 23.
240 Quintilian: Ausbildung des Redners, 8, Vorwort, 6.
241 Quintilian: Ausbildung des Redners, 2, 18, 5.
242 Vgl. Quintilian: Ausbildung des Redners, 2, 20, 3.
243 Quintilian: Ausbildung des Redners, 1, Vorwort, 13.
244 Quintilian: Ausbildung des Redners, 12, 7, 12.
245 Vgl. Quintilian: Ausbildung des Redners, 12, 1, 36 u. 2, 17, 19.
246 Quintilian: Ausbildung des Redners, 12, 1, 40.
247 Quintilian: Ausbildung des Redners, 12, 1, 38. Vgl. dazu auch den Aufsatz von Imma-
    nuel Kant »Über ein vermeintliches Recht aus Menschenliebe zu lügen«, der die Frage
    im Sinne seiner Ethik genau gegensätzlich beantwortet.
248 Quintilian: Ausbildung des Redners, 12, 1, 39.
249 Quintilian: Ausbildung des Redners, 2, 17, 33.
250 Quintilian: Ausbildung des Redners, 2, 17, 32.
251 Quintilian: Ausbildung des Redners, 6, 2, 24.
252 Vgl. Quintilian: Ausbildung des Redners, 2, 13, 7f.
253 Schönberger: Die Klagen über den Verfall der römischen Beredsamkeit, S. 166.
254 Quintilian: Ausbildung des Redners, 2, 10, 5.
255 Quintilian: Ausbildung des Redners, 2, 5, 11f.
256 Quintilian: Ausbildung des Redners, 6, 5, 1.
257 Vgl. Quintilian: Ausbildung des Redners, 2, 5, 23.
258 Quintilian: Ausbildung des Redners, 1, 1, 2.
259 Vgl. zum Ursprung der Rhetorik aus der Natur und zur Brauchbarkeit für die Menschen
    Quintilian: Ausbildung des Redners, 3, 2, 1.
260 Appel: Das Bildungs- und Erziehungsideal Quintilians, S. 62.
261 Quintilian: Ausbildung des Redners, 10, 2, 7.

B. Christliche Erbschaft der Rhetorik im Mittelalter

1   Vgl. James J. Murphy: Rhetoric in the Middle Ages. A History of Rhetorical Theory from Saint Augustine to the Renaissance. Berkeley, Los Angeles, London 1974, S. 54.

2   Deut. 21; 12, 13. Die Bibel. Die Heilige Schrift des alten und neuen Bundes. Deutsche Ausgabe mit den Erläuterungen der Jerusalemer Bibel. Hg. v. D. Arenhoevel, A. Deissler u. A. Vögtle. Freiburg, Basel, Wien [16]1981.

3   Der Kleine Pauly. Lexikon der Antike. Hg. v. K. Ziegler, W. Sontheimer u. H. Gärtner. 5 Bde. München 1979, Bd. 5, Sp. 613.

4   Tertullian: De praescriptione haereticum (Prozeßeinrede der Irrlehrer). Zit. n. K. Heilmann: Quellenbuch der Pädagogik. 5. erw. Aufl. Dortmund 1955, S. 2.

5   Vgl. dazu Murphy: Rhetoric in the Middle Ages, S. 46.

6   Murphy: Rhetoric in the Middle Ages, S. 49.

7   Eduard Norden: Die antike Kunstprosa. 2 Bde. Darmstadt [5]1958.

8   Norden: Die antike Kunstprosa, Bd. 2, S. 562.

9   Basilius der Große: Mahnworte an die Jünglinge über den nützlichen Gebrauch der heidnischen Schriften. Kap. 2. Zit. n. Heilmann: Quellenbuch, S. 3.

10 Basilius: Mahnworte. Zit. n. Heilmann: Quellenbuch, S. 3.

11 Vgl. Murphy: Rhetoric in the Middle Ages, S. 51.

12 Vgl. Murphy: Rhetoric in the Middle Ages, S. 52.

13 M[artin] L[owther] Clarke: Die Rhetorik bei den Römern. Ein historischer Abriß. Göttingen 1968, S. 190.

14 Aurelius Augustinus: Bekenntnisse. Eingel. u. übertr. v. Wilhelm Thimme. Stuttgart 1977. III, 4 (S. 75).

15 Augustinus: Bekenntnisse, VI, 2 (S. 92).

16 Aurelius Augustinus: Vier Bücher über die christliche Lehre (De doctrina christiana). Des Heiligen Kirchenvaters Aurelius Augustinus Ausgewählte Schriften. Aus dem Lateinischen übersetzt. VIII. Bd., Bibliothek der Kirchenväter (Bd. 49), München 1925. II, 40, 60 (S. 103f.).

17 Augustinus: De doctrina christiana, II, 42, 63 (S. 107).

18 Vgl. Charles Sears Baldwin: Medieval Rhetoric and Poetic. New York 1928, S. 51. Zur mittelalterlichen Rhetorik vgl. auch Richard McKeon: Rhetoric in the middle ages. In: Speculum. A journal of mediaeval Studies XVII (1942), S. 1–32.

19 Clarke: Rhetorik bei den Römern, S. 192.

20 Augustinus: De doctrina christiana, 1, 1,1 (S. 14).

21 Er wurde 313 Gegenbischof von Karthago, nicht zu verwechseln mit dem um die Mitte des 4. Jh.s. lebenden lateinischen Grammatiker Aelius Donatus.

22 Augustinus: De doctrina christiana, II, 36, 54, (S. 98).

23 Augustinus: De doctrina christiana, III, 29, 40–41 (S. 141f.).

24 Augustinus: De doctrina christiana, IV, 2, 3 (S. 162).

25 Augustinus: De doctrina christiana, IV, 3, 4 (S. 163f.).

26 Augustinus: De doctrina christiana, IV, 3, 5 (S. 164).

27 Augustinus: De doctrina christiana, IV, 5, 8 (S. 167).

28 Augustinus: De doctrina christiana, IV, 6, 10 (S. 168f.).

29 Augustinus: De doctrina christiana, IV, 7, 11, (S. 170).

30 Augustinus: De doctrina christiana, IV, 7, 21, (S. 179).

31 Augustinus: De doctrina christiana, IV, 27, 59, (S. 220).

32 Augustinus: De doctrina christiana, IV, 12, 27, (S. 184f.).

33 Augustinus: De doctrina christiana, IV, 13, 29, (S. 187).

34 Augustinus: De doctrina christiana, IV, 25, 55, (S. 217).

35 Lucius Annaeus Seneca: Ad Lucilium epistulae morales. With an english translation by R.M. Gummere. Bd. II (= Seneca in ten volumes Bd. V), Cambridge, London ⁵1970. LXXXVIII, S. 348.

36 Ernst Robert Curtius: Europäische Literatur und lateinisches Mittelalter. Bern und München ⁸1973, S. 47.

37 Henri-Irénée Marrou: Augustinus und das Ende der antiken Bildung. Paderborn, München, Wien, Zürich 1982, S. 197; vgl. auch H.-I. Marrou: Geschichte der Erziehung im klassischen Altertum. Freiburg, München 1957, S. 260.

38 Curtius: Europäische Literatur, S. 47.

39 Hugo von St. Victor: Didascalicon de studio legendi / Didascalicon. Über das Lesestudium. Zit. n. Eugenio Garin: Geschichte und Dokumente der abendländischen Pädagogik. 3 Bde. Reinbek bei Hamburg 1964, Bd. 1, S. 188.

40 Vgl. dazu Marrou: Augustinus und das Ende der antiken Bildung, S. 188ff.

41 Vgl. dazu Murphy: Rhetoric in the Middle Ages, S. 44; Der Kleine Pauly, Bd. 5, Sp. 1137.

42 Curtis: Europäische Literatur, S. 47.

43 Curtis: Europäische Literatur, S. 48.

44 Vgl. Martianus Capella: De nuptiis Philologiae et Mercurii et de septem artibus liberalibus libri novem. Ed. U. F. Kopp. Frankfurt a.M. 1836. 223ff., 328ff., 426f. (S. 255ff., S. 328ff, S. 285f.)

45 Curtius: Europäische Literatur, S. 49.

46 Hugo von St. Victor: Didascalicon. Zit. n. Garin: Geschichte und Dokumente der abendländischen Pädagogik, Bd. 1, S. 188; Entstehung und Datierung der Bezeichnungen vgl. Curtius: Europäische Literatur, S. 47.

47 Vgl. dazu Hans Martin Klinkenberg: Der Verfall des Quadriviums im frühen Mittelalter. In: Artes Liberales. Hg. v. Josef Koch. Leiden, Köln 1976, S. 1–49.

48 Der Kleine Pauly, Bd. 1, Sp. 1068.

49 Es gab zur Zeit Cassiodors auch entgegengesetzte Strömungen. So hatte etwa Benedikt von Nursia in Monte Cassino »sein Studium der Artes abgebrochen und eine neue Gemeinschaft auf Sittenbekehrung, Gehorsam und Beständigkeit gebaut. Allmählich übernahmen St. Benedikts Mönche aber auch die Wissenschaft im Geiste Cassiodors.« (vgl. Josef Dolch: Lehrplan des Abendlandes. Ratingen, Wuppertal, Kastellaun ³1971. Nachdr. Darmstadt 1982, S. 80).

50 Vgl. Karl Halm (Hg.): Rhetores latini minors. Leipzig 1963, S. 79ff.

51 Vgl. Dolch: Lehrplan, S. 79 u. Murphy: Rhetoric in the Middle Ages, S. 64f.

52 Dolch: Lehrplan, S. 80.

53 Vgl. Max Manitius: Geschichte der lateinischen Literatur des Mittelalters. 1. Teil. München 1911, S. 61f. (= Handbuch der klass. Altertumswissenschaft, 9, II, 1).

54 Karl der Große: Epistola Generalis. Zit. n. Garin: Geschichte und Dokumente der abendländischen Pädagogik, Bd. 1, S. 91.

55 Alkuin: Grammatica. Zit. n. Garin: Geschichte und Dokumente der abendländischen Pädagogik, Bd. 1, S. 102.

56 Hrabanus Maurus: Die Bildung der Geistlichen (Ausz. aus »De institutione clericorum«). In: E[ugen] Schoelen: Pädagogisches Gedankengut des christlichen Mittelalters. Paderborn 1956, S. 38.

57 Vgl. Garin: Geschichte und Dokumente der abendländischen Pädagogik, Bd. 1, S. 16.

58 Vgl. Murphy: Rhetoric in the Middle Ages, S. 69.

59 Vgl. Marcus Tullius Cicero: Der Redner (Orator). In: Ders.: Der Redner. Brutus. Übers. v. Julius Sommerbrodt. München o.J. XIV, 45 u. 46 sowie Cicero: Vom Redner (De oratore). Übers. u. hg. v. Raphael Kühner. München o.J. 3, XXX, 120.

60 Vgl. Gregor der Große: Epistola ad Leandrum. Zit. n. Garin: Geschichte und Dokumente der abendländischen Pädagogik, Bd. 1, S. 84.

61 Zit. n. Garin: Geschichte und Dokumente der abendländischen Pädagogik, Bd. 1, S. 8.

62 Zit. n. Dolch: Lehrplan, S. 112.

63 Karl der Große: Epistola Generalis. Zit. n. Garin: Geschichte und Dokumente der abendländischen Pädagogik, B. 1, S. 92.

64 Karl der Große: Epistola ad Baugulfum abbatem (Brief an Baugulf, Abt von Fulda). Zit. n. Garin: Geschichte und Dokumente der abendländischen Pädagogik, Bd. 1, S. 90.

65 Cassiodor: De artibus ac disciplinis liberalium litterarum. (J.-P. Migne, Patrologiae cursus completus, Bd. 70). Paris 1865. Sp. 1160.

66 Zit. n. Garin: Geschichte und Dokumente der abendländischen Pädagogik, Bd. 1, S. 11; Isidor fügte noch, um den moralischen Charakter der Redekunst zu betonen, zur übernommenen Definition hinzu: »ad persuadendum iusta et bona« (II, 1).

67 Hrabanus Maurus: Die Bildung der Geistlichen, S. 41.

68 Hrabanus Maurus: Die Bildung der Geistlichen, S. 40.

69 Marcus Fabius Quintilian: Ausbildung des Redners. Hg. u. übers. v. Helmut Rahn. 2 Bde. Darmstadt 1972 u. 1975. 8, 5, 35.

70 Eine Aufstellung im Vergleich mit der Herennius-Rhetorik findet sich bei Murphy: Rhetoric in the Middle Ages, S. 36.

71 Dietrich Reichling: Einleitung. In: Das Doctrinale des Alexander de Villa-Dei. Kritischexegetische Ausgabe. Berlin 1893, S. XVII.

72 Cassiodor: De artibus ac disciplinis liberalium litterarum, Sp. 1151; zur pragmatischen Aneignungsweise der Rhetorik für kirchliche und priesterliche Zwecke vgl. Maria Rissel: Rezeption antiker und patristischer Wissenschaft bei Hrabanus Maurus. Bern, Frankfurt a.M. 1976, S. 274.

73 Vgl. dazu auch Murphy: Rhetoric in the Middle Ages, S. 190.

74 Vgl. Garin: Geschichte und Dokumente der abendländischen Pädagogik, Bd. 1, S. 18.

75 Vgl. zum Zusammenhang rhetorischer und rechtlicher Begriffe Rudolf Lauda: Kaufmännische Gewohnheit und Burgrecht bei Notker dem Deutschen. Frankfurt a.M., Bern, New York, Nancy 1984. Tab. Anhang: System der rhetorisch-rechtlichen Begriffe bei Notker dem Deutschen. Zu Entwicklung des Studiums der Rechte aus dem der Rhetorik vgl. Garin: Geschichte und Dokumente der abendländischen Pädagogik, Bd. 1, S. 20.

76 Ernst Bloch: Zwischenwelten in der Philosophiegeschichte. Frankfurt a.M. 1977, S. 57f.

77 Vgl. Murphy: Rhetoric in the Middle Ages, S. 38ff. u. S. 104; auf S. 41 erklärt er, die Struktur könnte eine Rolle gespielt haben »even in philosophical inquiriy«, auf S. 104 betont der den Einfluß der Dialektik. Allerdings schließen sich die Einflüsse nicht aus.

78 Bloch: Zwischenwelten in der Philosophiegeschichte, S. 58.

79 Vgl. Murphy: Rhetoric in the Middle Ages, S. 122.

80 Vgl. Murphy: Rhetoric in the Middle Ages, S. 123.

81 F.H. Colson: Introduction. In: M. Fabii Quintiliani institutionis oratoriae liber I. Cambridge 1924, S. LXI; zit. n. Murphy: Rhetoric in the Middle Ages, S. 125. Zwar existierte wahrscheinlich im angelsächsischen Raum eine vollständige Fassung der »Institutio«, auch lassen einige wenige Anführungen auf das Vorhandensein von zumindest vollständigeren Texten schließen, es kursierten jedoch die verkürzten Fassungen. Genaues zur Textgeschichte bei Paul Lehmann: Die institutio oratoria des Quintilianus im Mittelalter. In: Philologus N.F. 23 (1934), S. 349–383.

82 Vgl. Murphy: Rhetoric in the Middle Ages. Als Textlücken werden verzeichnet: Text A. 1.) Proem. I bis I,1,6; 2.) V, 14,12 bis VIII, 3,64; 3.) VIII, 6,17 bis VIII, 6, 67; 4.) IX, 3,2 bis I,1,107; 5.) XI, 1,71 bis XI, 2,33; 6.) XII, 10,43 (einige Texte etwas früher) bis zum Schluß. Beim Text B geht die unter 4.) verzeichnete Lücke nur bis X 1,45; der Teil X 1,46 bis X 1,107 findet sich dann am Ende des Manuskriptes. der zweite Text tauchte in Nordfrankreich in der Mitte des 12. Jh.s. auf. Vgl. Lehmann: Die institutio oratoria, S. 364f.

83 Vgl. Murphy: Rhetoric in the Middle Ages, S. 126.

84 Lehmann: Die institutio oratoria, S. 374.

85 Lehmann: Die institutio oratoria, S. 368.

86 Vgl. dazu Murphy: Rhetoric in the Middle Ages, S. 90ff.

87 Vgl. Murphy: Rhetoric in the Middle Ages, S. 111.

88 Vgl. Hermann Fitting: Die Anfänge der Rechtsschule in Bologna. Berlin 1888, S. 15ff.

89 Lauda: Kaufmännische Gewohnheit, S. 50.

90 Karl Jordan: Investiturstreit und frühe Stauferzeit. In: Gebhardt: Handbuch der deutschen Geschichte. Bd. 4, München 1979, S. 80.

91 Lauda: Kaufmännische Gewohnheit, S. 168 u. 171.

92 Manitius: Geschichte der lateinischen Literatur des Mittelalters, Bd. 3 (1931), S. 301 nennt die Schrift: »Liber dictaminum et salutationum«. Dort: »Alberich scheint sein Werk in drei Teile zerlegt zu haben, nämlich in die Rationes dictandi in zwei Büchern, in die Rhetorici flores und in das Breviarium de dictamine.« Diese Auffassung ist nicht korrekt. Vgl. dazu Franz-Josef Schmale: Einleitung. In: Adalbertus Samantanus: Praecepta dictaminum. Weimar 1961, S. 2. Schmale korrigiert zu der Schrift: »In Wirklichkeit ist diese Schrift [des Alberich] nämlich nicht eigentlich eine Brieftheorie im Sinne der späteren Artes, sondern ein umfassendes rhetorisches Lehrbuch, das den Brief und die Urkunde nur als eines der möglichen Anwendungsgebiete der Rhetorik unter anderen behandelt«. Insofern betrachtet es Schmale – im Gegensatz zu Murphy – nicht als ersten Briefsteller. Murphy behandelt die »Flores rhetorici« (oder: »Dictaminum radii«) und das »Breviarium de dictamine« (Rhetoric in the Middle Ages, S. 203ff.), auch schon Adolf Bütow (Die Entwicklung der mittelalterlichen Briefsteller bis zur Mitte des 12. Jahrhunderts, Greifswald, 1908, S. 17f.) spricht Alberich die »Rationes dictandi« ab.

93 Manitius: Geschichte der lateinischen Literatur des Mittelalters, Bd. 3, S. 301.

94 »dictare« bedeutet »kunstmäßig verfassen«, der Verfasser wird »dictator« genannt. Zur Wortgeschichte und den Ableitungen vgl. Norden: Die antike Kunstprosa, Bd. 2, S. 953ff.

95 Franz-Josef Schmale: Der Briefsteller Bernhards von Meung. In: Mitteilungen des Instituts für Österreichische Geschichtsforschung. Bd. LXVI. Granz, Köln 1958, S. 12; dort wird die Textgeschichte sehr genau dargelegt: vgl. auch F.-J. Schmale: Die Bologneser Schule der Ars dictandi. In: Deutsches Archiv für Erforschung des Mittelalters 13 (1957), S. 16ff. Die wichtigsten Briefsteller gesammelt bei Ludwig Rockinger: Briefsteller und formelbücher des eilften bis vierzehnten jahrhunderts. 2 Abt. München 1863 u. 1864 (= Quellen zur bayrischen und deutschen Geschichte. Bd. 9, 1. u. 2. Abt.). Im ersten Band findet sich eine umfangreiche Einleitung.

96 Emmy Heller: Die Ars dictandi des Thomas von Capua. Erläuterung und Datierung. Heidelberg 1929. (=Sitzungsberichte der Heidelberger Akademie der Wissenschaften. Philosophisch-historische Klasse. Jg. 1928/29, 4. Abt.), S. 47; enth. auch die kritisch erläuterte Edition d. Briefstellers.

97 Vgl. Murphy: Rhetoric in the Middle Ages, S. 240.

98 Ulrich Krewitt: Metapher und tropische Rede in der Auffassung des Mittelalters. Beihefte zum »Mittellateinischen Jahrbuch« 7. Ratingen, Kastellaun, Wuppertal 1971, S. 241.

99 Vgl. Rockinger: Briefsteller und formelbücher, S. XLIIIf.

100 Vgl. Murphy: Rhetoric in the Middle Ages, S. 262f.

101 Vgl. Thomas v. Capua: Ars dictandi (ed. Emmy Heller), S. 16

102 Vgl. P.J. Beumer: Der kleine Schriftleser oder Uebungsstücke für das Lesen verschiedener Handschriften. Wesel [11]1856, S. IV.

103 Vgl. Murphy: Rhetoric in the Middle Ages, S. 214ff.

104 Vgl. auch Murphy: Rhetoric in the Middle Ages, S. 214ff.

105 Vgl. bspw. Thomas v. Capua: Ars dictandi (Hg. Emmy Heller), S. 16.

106 Norden: Die antike Kunstprosa, Bd. 2, S. 910, vgl. auch S. 909ff.

107 Leonid Arbusow: Colores Rhetorici. (2. durchges. u. verm. Aufl.) Göttingen 1963, S. 78.

108 Vgl. Murphy: Rhetoric in the Middle Ages, S. 135ff.

109 Vgl. dazu die Abbildung zu Gregor Reisch: Margarita philosophica. Straßburg 1504, abgedruckt in: Reicke, Emil: Der Gelehrte in der deutschen Vergangenheit. Jena 1924. Nachdr. Bayreuth o.J., S. 47.

110 Vgl. dazu Murphy: Rhetoric in the Middle Ages, S. 153ff.; Murphy führt Bacon an: »Grammatica una et eadem est secundum substantiam in omnibus linguis, licet accidentaliter varietor.« (S. 154, An. 43).

111 Zit. n. Krewitt: Metapher und tropische Rede, S. 198.

112 Vgl. Murphy: Rhetoric in the Middle Ages, S. 149 u. 151.

113 Krewitt: Metapher und tropische Rede, S. 265.

114 Manitius: Geschichte der lateinischen Literatur des Mittelalters, Bd. 3, S. 753.

115 Henning Brinkmann: Zu Wesen und Form mittelalterlicher Dichtung. Tübingen [2]1979, S.26.

116 Zur Geschichte des Wortes vgl. Curtius: Europäische Literatur, S. 162f.

117 Ludwig Fischer: Gebundene Rede. Dichtung und Rhetorik in der literarischen Theorie des Barock in Deutschland. Tübingen 1968, S. 118; zu den Dichtungslehren des Mittelalters vgl. Paul Klopsch: Einführung in die Dichtungslehren des Mittelalter. Darmstadt 1980.

118 Alle hier genannten Texte finden sich bei Edmond Faral: Les Arts poétiques du XIIe et du XIIIe siècle. Paris 1924. Nachdr. Genf, Paris 1982, mit Ausnahme des v. Johannes de Garlandia: die »Peotria magistri Johannis anglici de arte prosayca metrica et rithmica«, hg. v. Giovanni Mari ist abgedr. in Romanische Forschungen 13 (1902), S. 883–965.

119 Galfredus de Vino salvo (Geoffroi de Vinsauf), Documantum, II, 3, 145. In: Faral: Les Arts poétiques, S. 312; zur Dreistillehre im Mittelalter vgl. Franz Quadlbauer: Die antike Theorie der genera dicendi im lateinischen Mittelalter. Sitzungsberichte der Österreichischen Akademie der Wissenschaften in Wien, phil.-hist. Klasse. Bd. 241, 2. Abhdlg. Wien 1962.

120 Fischer: Gebundene Rede, S. 121.

121 Johannes de Garlandia: Poetria (Hg. Giovanni Mari), S. 888 u. 900; die Darstellung der rota Vergilii folgt Faral: Les Arts Poétiques, S. 87.

122 Vgl. dazu auch Fischer: Gebundene Rede, S. 116ff.

123 Arbusow: Colores Rhetorici, S. 17.

124 Fischer: Gebundene Rede, S. 128.

125 Vgl. dazu Murphy: Rhetoric in the Middle Ages, S. 271ff.; auch Siegmund Maybaum: Jüdische Homiletik. Berlin 1890.

126 Vgl. Johann Baptist Schneyer: Geschichte der katholischen Predigt. Freiburg 1969, S. 38.

127 Schneyer: Geschichte der katholischen Predigt, S. 48.

128 Schneyer: Geschichte der katholischen Predigt, S. 48.

129 Vgl. Dorothea Roth: Die mittelalterliche Predigttheorie und das Manuale Curatorum des Johann Ulrich Surgant. Basel und Stuttgart 1956, S. 33; auch Herbert Backes: Bibel und ars praedicandi im Rolandslied des Pfaffen Konrad. Berlin 1966, S. 19 (Anm. 30).

130 Johannes Cassienus: Vorträge XIV, 8. Zit. n. Garin: Geschichte und Dokumente der abendländischen Pädagogik, Bd. 1, S. 262.

131 Sicardus von Cremona: Mitrale I, 13. Zit. n. Garin: Geschichte und Dokumente der abendländischen Pädagogik, Bd. 1, S. 271f.

132 Vgl. Murphy: Rhetoric in the Middle Ages, S. 294f.

133 Roth: Die mittelalterliche Predigttheorie, S. 30.

134 Roth: Die mittelalterliche Predigttheorie, S. 30.
135 Roth: Die mittelalterliche Predigttheorie, S. 31.
136 Vgl. Krewitt: Metapher und tropische Rede, S. 531.
137 Roth: Die mittelalterliche Predigttheorie, S. 39f.
138 Vgl. Krewitt: Metapher und tropische Rede, S. 535, so Alanus im »Anticlaudianus«.
139 Roth: Die mittelalterliche Predigttheorie, S. 45.
140 Murphy: Rhetoric in the Middle Ages, S. 310 (Übers. v. mir; B.S.).
141 Walter Jens: Rhetorik. In: Merker-Stammler: Reallexikon der deutschen Literaturge-
     schichte. Bd. 3. Berlin, New York, 2. neubearb. Aufl. 1966–77, S. 439; zur Geschichte
     der Predigt und der praktischen Beredsamkeit im Mittelalter vgl. auch Irmgard Weitha-
     se: Zur Geschichte der gesprochenen deutschen Sprache. 2 Bde. Tübingen 1961, Bd. 1,
     S. 9ff.
142 Vgl. Murphy: Rhetoric in the Middle Ages, S. 322; zur Identität von Thomas von Salis-
     bury mit Thomas Chapham vgl. S. 318f.
143 Vgl. die Inhaltsdarstellung in Murphy: Rhetoric in the Middle Ages, S. 344ff.,
     besonders S. 347f.

C. Studia humanitatis und Barockstil –
Die Rhetorik vom 15. bis zum 17. Jahrhundert.

Ab Kapitel 5 (Dinge und Worte) beruht die vorliegende Darstellung im wesentlichen auf den
von Elke Haas verfaßten Beitrag für die Einführung in die Rhetorik von 1976 (S. 78–99),
wurde aber mit Einverständnis der Autorin überarbeitet und stilistisch dem Kontext angepaßt.

1   Vgl. Hans-Heinrich Unger: Die Beziehungen zwischen Mimik Rhetorik im 16.–18.
    Jahrhundert. Hildesheim 1969.
2   Heinz-Otto Burger: Renaissance – Humanismus – Reformation. Deutsche Literatur im
    europäischen Kontext. Bad Homburg v. D. H., Berlin, Zürich 1969, S. 7.
3   Joachim Dyck: Athen umd Jerusalem. Die Tradition der argumentativen Verknüpfung
    von Bibel und Poesie im 17. und 18. Jahrhundert. München 1977, S. 42.
4   Vgl. Jan Lindhardt: Rhetor, Poeta, Historicus. Studien über rhetorische Erkenntnis und
    Lebensanschauung im italienischen Renaissancehumanismus. Leiden 1979.
5   Coluccio Salutati: Brief an Pasquino de Capelli, Kanzler des Fürsten Graf von Virtù.
    Zit. n. Eugenio Garin: Geschichte und Dokumente der abendländischen Pädagogik. 3
    Bde. Reinbek bei Hamburg 1966, Bd. 2, S. 128f.
6   Garin: Geschichte und Dokumente der abendländischen Pädagogik, Bd. 2, S. 11f.
7   Ernesto Grassi: Einleitung: Das humanistische rhetorische Philosophieren. G. Pontanos
    Theorie der Einheit von Dichtung, Rhetorik und Geschichte. In: Giovanni Pontano:
    Dialoge. Lat. u. dt. Übers. v. Hermann Kiefer, mit Vita u. Bibliographie v. Hanna-Bar-
    bara Gerl u. einer Einl. v. Ernesto Grassi. München 1984, S. 9.
8   Marcus Fabius Quintilianus: Ausbildung des Redners. Zwölf Bücher. De institutione
    oratoria. Lat. u. dt. Hg. u. übers. v. Helmuth Rahn. 2 Bde. Darmstadt 1972 u. 1975. 9,
    3, 1, Bd. 2, S. 319.
9   Leonardo Aretino Bruni: Brief an die Herrin Baptista de Malatestis. Zit. n. Garin: Ge-
    schichte und Dokumente der abendländischen Pädagogik, Bd. 2., S. 190f.
10 Josef Dolch: Lehrplan des Abendlandes. Zweieinhalb Jahrtausende einer Geschichte.
    Darmstadt ²1965, S. 178.

11 Dolch: Lehrplan des Abendlandes, S. 205.

12 Die evangelischen Schulordnungen des sechzehnten Jahrhunderts. Hg. v. R. Vormbach. Gütersloh 1860, S. 53f.

13 Dieser Prozeß setzte nicht erst, wie Scholder meint, im 17. Jahrhundert ein; vgl. Klaus Scholder: Ursprünge und Probleme der Bibelkritik. Ein Beitrag zur Entstehung der historisch-kritischen Theologie. Habilitationsschrift Tübingen 1965.

14 Vgl. dazu Lindhardt: Rhetor, Poeta, Historicus, S. 137ff.

15 Dyck: Athen und Jerusalem, S. 65.

16 Wilhelm Dilthey: Weltanschauung und Analyse des Menschen seit Renaissance und Reformation. In: Gesammelte Schriften. Bd. 2. Stuttgart u. Göttingen 1957, S. 42.

17 Erasmus von Rotterdam: Die rechte imitatio. Zit. n. Garin: Geschichte und Dokumente der abendländischen Pädagogik, Bd. 2, S. 256.

18 Erasmus von Rotterdam: Die rechte imitatio, S. 259f.

19 Vgl. Burger: Renaissance – Humanismus – Reformation, S. 265ff.

20 Luther: Zit. n. Garin: Geschichte und Dokumente der abendländischen Pädagogik, Bd. 3, S. 8.

21 Vgl. Walter Jens: Martin Luther. Prediger – Poet – Publizist. Zur Erinnerung an den Geburtstag des Reformators vor 500 Jahren. Vortrag gehalten am 14. November 1983 in der Patriotischen Gesellschaft Hamburg. Hamburg 1984.

22 Martin Luther: Tischreden. Werke. Kritische Gesamtausgabe. Weimar 1912. Nachdr. Weimar u. Graz 1967, Bd. 1, S. 192.

23 Eine Auffassung, die etwa Irmgard Weithase vertritt; vgl. Irmgard Weithase: Zur Geschichte der gesprochenen deutschen Sprache. 2 Bde. Tübingen 1961, Bd. 1, S. 80ff.

24 Martin Luther: Werke in neuer Auswahl für die Gegenwart. Luther Deutsch. Hg. v. Kurt Aland. Göttingen ³1974. Ergänzungsband: Lutherlexikon, S. 392.

25 Luther: Tischreden, Bd. 2, Nr. 2199b, S. 360.

26 Luther: Tischreden, Bd. 3, Nr. 3637, S. 472.

27 Luther: Tischreden, Bd. 3, Nr. 3579, S. 428.

28 Luther: Tischreden, Bd. 2, Nr. 2199b., S. 360.

29 Luther: Tischreden, Bd. 2, Nr. 2199b, S. 360.

30 Heinrich Lausberg: Handbuch der literarischen Rhetorik. Eine Grundlegung der Literaturwissenschaft. 2 Bde. 2., durch einen Nachtrag verm. Aufl. München 1973, Bd. 1, S. 457.

31 Luther: Tischreden, Bd. 2, Nr. 2629b, S. 559.

32 Luther: Tischreden, Bd. 2, Nr. 2629b, S. 559.

33 Luther: Tischreden, Bd. 2, Nr. 1877, S. 244.

34 Lausberg: Handbuch der literarischen Rhetorik, Bd. 1, S. 456.

35 Quintilian: Ausbildung des Redners, 9,4,19, Bd. 2, S. 373.

36 Quintilian: Ausbildung des Redners, 2,20,7, Bd. 1, S. 269.

37 Vgl. dazu Ulrich Nembach: Predigt des Evangeliums. Luther als Prediger, Pädagoge und Rhetor. Neukirchen-Vluyn 1972, S. 130ff.

38 Luther: Tischreden, Bd. 2, Nr. 2216, S. 368.

39 Martin Luther: Tischreden. In: Die Werke Martin Luthers in neuer Auswahl für die Gegenwart. Luther Deutsch. Hg. v. Kurt Aland. Bd. 9. 3., völlig neu bearb. Aufl. Stuttgart 1960, Bd. 9, Nr. 346, S. 150.

40 Luther: Tischreden, Bd. 9, Nr. 341, S. 148.

41 Luther: Tischreden, Bd. 9, Nr. 344, S. 149.

42 Luther: Tischreden, Bd. 9, Nr. 341, S. 148.

43 Luther: Tischreden, Bd. 4, Nr. 4719, S. 448.

44 Luther: Tischreden, Bd. 9, Nr. 348, S. 150.

45 Luther: Tischreden, Bd. 9, Nr. 340, S. 147.

46 Luther: Tischreden, Bd. 9, Nr. 331, S. 145.

47 Luther: Ein Sermon oder Predigt, das man solle Kinder zur Schulen halten. In: Werke. Kritische Gesamtausgabe, Bd. 30/II, S. 535. Zur rhetorischen Praxis der einfältigen Rede bei Luther vgl. Birgit Stolt: *Docere, delectare* und *movere* bei Luther. Analysiert anhand der ›Predigt, daß man Kinder zur Schulen halten solle‹. In: Deutsche Vierteljahrsschrift für Literaturwissenschaft und Geistesgeschichte 44 (1970), S. 433–474.

48 Vgl. Klaus Dockhorn: Luthers Glaubensbegriff und die Rhetorik. Zu Gerhard Ebelings Buch »Einführung in theologische Sprachlehre«. In: Linguistica Biblica 21/22 (1973), S. 19–39, bes. S. 34f.

49 Jens: Martin Luther, S. 21.

50 Vgl. hierzu und zu den folgenden Ausführungen: Wilhelm Maurer: Melanchthons Loci communes von 1521 als wissenschaftliche Programmschrift. In: Luther-Jahrbuch 27 (1960), S. 1–50 und Melanchthon-Studien. Gütersloh 1964.

51 Maurer: Melanchtons Loci communes von 1521, S. 41.

52 Thomas Müntzer: Auslegung des zweiten Kapitels Danielis des Propheten, gepredigt auf dem Schloß zu Allstedt vor den tätigen teuren Herzögen und Vorstehern zu Sachsen. In: Schriften und Briefe. Hg., eingel. u. kommentiert v. Gerhard Wehr. Frankfurt a.M. 1973, S. 98.

53 Thomas Müntzer: Von dem gedichteten Glauben auf nächste Protestation. In: Schriften und Briefe, S. 94.

54 Konrad Celtis: Poeta laureatus. Ausgew., übers. u. eingel. v. Kurt Adel. Graz u. Wien 1960, S. 37f.

55 Collucio Salutati: Epistolario di Colluccio Saltuatati, a cura di Fr. Novati I-IV. Roma 1891–1911. III, 454. Zit. n. Lindhardt: Rhetor, Poeta, Historicus, S. 130.

56 Vgl. dazu etwa August Buck: Die Verteidigung der Poesie. Tübingen 1952.

57 Eduard Norden: Die antike Kunstprosa. 2 Bde. Leipzig [3]1918 u. 1923. Neudr. Darmstadt [5]1958, Bd. 2, S. 899.

58 Vgl. Lindhardt: Rhetor, Poetat, Historicus, S. 142.

59 Celtis: Poeta laureatus, S. 108.

60 Wilhelm Dilthey: Die Funktion der Anthropologie in der Kultur des 16. und 17. Jahrhunderts. In: Gesammelte Schriften. Bd. 2. Stuttgart u. Göttingen 1957, S. 433.

61 Vgl. Klaus Dockhorn: Die Rhetorik als Quelle des vorromantischen Rationalismus in der Literatur- und Geistesgeschichte. In: Ders.: Macht und Wirkung der Rhetorik. Vier Aufsätze zur Ideengeschichte der Vormoderne. Bad Homburg v. d. H., Berlin, Zürich 1968, S. 46–96, bes. S. 81ff.

62 Vgl. Karl Borinski: Die Poetik der Renaissance und die Anfänge der literarischen Kritik in Deutschland. Berlin 1886. Nachdr. Hildesheim 1967, S. 71.

63 Martin Opitz: Buch von der Deutschen Poeterey. In: Poetik des Barock. Hg. v. Marian Szyrocki. Reinbek bei Hamburg 1968, S. 15.

64 Vgl. Quintilian: Ausbildung des Redners, 1, Vorrede,9, Bd. 1, S. 7 und Marcus Tullius Cicero: Über den Redner. De oratore. Lat. u. dt. Übers. u. hg. v. Harald Merklin. 2., durchges. u. bibl. erg. Aufl. Stuttgart 1981. 3,55, S. 481.

65 Vgl. Lindhardt: Rhetor, Poeta, Historicus, S. 123.

66 Opitz: Buch von der Deutschen Poeterey, S. 13.

67 Vgl. Julius Cäsar Scaliger: Poetices libri septem [...] Lyon 1561. I, S. 2 Col. I B; vgl. dazu auch Joachim Dyck: Ticht-Kunst. Deutsche Barockpoetik und rhetorische Tradition. 2. verb. Aufl. Bad Homburg v. d. H. 1969, S. 122–129.

68 Martin Opitz: Buch von der deutschen Poeterey. Breslau 1624. II. Cap., B 2ª.

69 Johann Klaj: Lobrede der Teutschen Poeterey. Nürnberg 1645, S. 6.

70 Georg Philipp Harsdörffer: Poetischer Trichter / Die Teutsche Dicht- und Reim-Kunst / ohne Behuf der lateinischen Sprache / in VI. Stunden einzugießen. 3 Tle. Nürnberg 1648–1653. II. Teil. 11. Stund, S. 72f.

71 Hans-Georg Gadamer: Wahrheit und Methode. Grundzüge einer philosophischen Hermeneutik. Tübingen ³1972, S. 18; Gadamer beschreibt hier exemplarisch die Auffassung des großen Nachfahren der Humanisten G. B. Vico.

72 Wilfried Barner: Barockrhetorik. Untersuchungen zu ihren geschichtlichen Grundlagen. Tübingen 1970, S. 372.

73 Baldesar Castiglione: Das Buch vom Hofmann. Übers. v. Fritz Baumgart. Bremen 1960, S. 136.

74 Castiglione: Das Buch vom Hofmann, S. 164.

75 Castiglione: Das Buch vom Hofmann, S. 165.

76 Schon der Humanist Friedrich Riederer stellt in seinem »Spiegel der waren Rhetoric« (Freiburg 1493, S. 202, 212) Bildung und Tugend gleichberechtigt neben die Auszeichnung des Adlig-Geborenseins; zum Grundsätzlichen vgl. Gert Ueding: Schillers Rhetorik, Idealistische Wirkungsästhetik und rhetorische Tradition. Tübingen 1971, S. 24.

77 Aufgeführt in: Carl Gustav Hille: Der Teutsche Palmbaum [...] Nürnberg 1647, S. 65: neu hg. v. Martin Bircher: Die fruchtbringende Gesellschaft. Quellen und Dokumente in vier Bänden. München 1970ff., Bd. 2.

78 August (Talander) Bohse: Talanders neuerläuterte deutsche Rede-Kunst und Briefverfassungen [...] Leipzig 1700, S. 4.

79 Christian Weise: Politischer Redner / Das ist: Kurtze und eigentliche Nachricht / wie ein sorgfältiger Hofemeister seine Untergebene zu der Wolredenheit anführen sol [...]. Leipzig 1683. Nachdr. Kronberg/Ts. 1974, S. 888f.

80 Weise: Politischer Redner, Vorwort, o. P.

81 Barner: Barockrhetorik, S. 187.

82 Opitz: Buch von der Deutschen Poeterey, S. 27.

83 Vgl. dazu die Darstellung im Kapitel »Die Begründung der Rhetorik in der Antike« dieses Bandes.

84 Karl Otto Conrady: Lateinische Dichtungstradition und deutsche Lyrik des 17. Jahrhunderts. Bonn 1962, S. 48.

85 Erasmus von Rotterdam: Lob der Narrheit. zit. n. Garin: Geschichte und Dokumente der abendländischen Pädagogik, Bd. 2, S. 51.

86 Harsdörffer: Poetischer Trichter, I, Die siebende Stund, S. 8.

87 Harsdörffer: Poetischer Trichter, III, S. 166f.

88 Vgl. Paul Böckmann: Formgeschichte der deutschen Dichtung. Bd. 1: Von der Sinnbildsprache zur Ausdruckssprache. Hamburg ²1965, S. 343 sowie Ernst Robert Curtius: Europäische Literatur und lateinisches Mittelalter. Bern, München ⁶1967, S. 79.

89 Collucio Salutati: Brief an dem in Christo verehrungswürdigen Vater, dem Bruder Johannes Dominici. zit. n. Garin: Geschichte und Dokumente der abendländischen Pädagogik, Bd. 2, S. 142.

90 Opitz, Buch von der deutschen Poeterey, IV. Cap., C.

91 Vgl. Dyck: Ticht-Kunst, S. 118–122.

92 Giovanni Boccaccio: Die Verteidigung der Poesie. Zit. n. Garin: Geschichte und Quellen der abendländischen Pädagogik, Bd. 2, S. 121.

93 Eine ausführliche Darstellung des gesamten Komplexes findet sich bei Ludwig Fischer: Gebundene Rede. Dichtung und Rhetorik in der literarischen Theorie des Barock in Deutschland. Tübingen 1968, S. 106ff. sowie bei Franz Quadlbauer: Die antike Theorie der genera dicendi im lateinischen Mittelalter. Wien 1962.

94 Vgl. dazu auch das Kapitel »Christliche Erbschaft der Rhetorik im Mittelalter« dieses Bandes, S. 46–73.

95 Eigene Übersetzung von: »Perfectus est orator, a potest parva summisse, mediocria moderate, magna graviter dicere.« In: Petrus Ramus: Scholae in liberales artes. Basel 1569. Nachdr. Hildesheim, New York 1970. Lib. II, Sp. 288.

96 Scaliger: Poetices libri septem, Lib. IV, Cap. I.

97 Luther: Tischreden, Bd. 9, Nr. 322, S. 143.

98 Luther: Tischreden, Bd. 9, Nr. 336, S. 146.

99 Opitz: Buch von der deutschen Poeterey. VI. Cap., F 2[b].

100 Harsdörffer: Poetischer Trichter, II, Die eilffte Stund, S. 71.

101 Harsdörffer: Poetischer Trichter, I, Die sechste Stund, S. 106.

102 Manfred Windfuhr: Die barocke Bildlichkeit und ihre Kritiker. Stilhaltungen in der deutschen Literatur des 17. und 18. Jahrhunderts. Stuttgart 1966, S. 128.

103 Christian Weise: Curiöse Gedancken Von Deutschen Brieffen / Wie ein junger Mensch / sonderlich ein zukünfftiger Politicus, Die galante Welt wohl vergnügen soll [...] Erster und Andrer Theil. Dreßden 1691. II,3, S. 418f.

104 Weise: Curiöse Gedancken Von Deutschen Brieffen, II,3, S. 427. Hinter diesen beiden Stil-Charakterisierungen stehen die stilistischen Vorbilder Cicero und Seneca; vgl. dazu Eric A. Blackall: Die Entwicklung des Deutschen zur Literatursprache 1700–1775. Stuttgart 1966, S. 110ff.

105 Christian Weise: Politische Nachricht von Sorgfältigen Briefen / Wie man sich in odieusen und favorablen Dingen einer klugen Behutsamkeit gebrauchen / und Bey Oratorischen oder Epistolischen Regeln die politischen Exceptiones geschickt anbringen soll [...]. Dreßden und Leipzig 1701, S. 149.

106 Weise: Curiöse Gedancken Von Deutschen Brieffen, II, S. 487.

107 Weise: Curiöse Gedancken Von Deutschen Brieffen, II, S. 85.

108 Dyck: Ticht-Kunst, S. I 12.

109 Johann Matthäus Meyfart: Teutsche Rhetorica oder Redekunst [...]. Coburg 1634. Hg. v. Erich Trunz. Tübingen 1977. I, S. 70.

110 Meyfart: Teutsche Rhetorica, I, S. 219.

111 Meyfart: Teutsche Rhetorica, I, S. 332.

112 Meyfart: Teutsche Rhetorica, I, S. 359.

113 Vgl. dazu etwa Martin Christoph Mühlemann: Fischarts »Geschichtsklitterung« als manieristisches Kunstwerk. Bern, Frankfurt a.M. 1972, S. 97f.

114 Curtius: Europäische Literatur und lateinisches Mittelalter, S. 278.

115 Vgl. Gustav René Hocke: Manierismus in der Literatur. Reinbek bei Hamburg 1959, S. 253, passim; Arnold Hauser: Der Manierismus. Die Krise der Renaissance und der Ursprung der modernen Kunst. München 1964, S. 287ff.

116 Hocke: Manierismus in der Literatur, S. 136, 146f., passim. U.a. kritisiert Barner (Barockrhetorik, S. 38f.) überzeugend den Begriff »Para-Rhetorik«, weil auch der Manierismus durch Wirkungsabsicht – er will Bewunderung und Staunen erregen – gekennzeichnet sei und weil auch hier klare Regeln gegeben würden.

117 Hocke: Manierismus in der Literatur, S. 17, passim.

118 Vgl. Emanuele Tesauro: Il Cannocchiale Aristotelico (lat.) Emaneulis Thesauri idea argutae et ingeniosae dictionis, ex principiis Aristotelicis sic eruta ut in universum arti oratoriae [...]. Übers. v. Caspar Cörber. Frankfurt, Leipzig 1698. (Erstauflage des Originals 1655); Baltasar Cracián: Agudeza y Arte de Ingenio. Ausgabe Buenos Aires 1945. Weitere Quellen finden sich in: August Buck, Klaus Heitmann u. Walter Mettmann (Hg.): Dichtungslehren der Romania aus der Zeit der Renaissance und des Barock. Frankfurt a.M. 1972. Eine aufschlußreiche Diskussion bietet: Klaus-Peter Lange: Theoretiker des literarischen Manierismus. München 1968.

119 Hocke: Manierismus in der Literatur, S. 116–122, passim.

120 Vgl. Barner: Barockrhetorik, S. 44ff.

121 Vgl. z.B. Hedwig Geibel: Der Einfluß Marinos auf Christian Hofmann von Hofmannswaldau. Gießen 1938. Das Buch ist allerdings revisionsbedürftig.

122 Diese Haltung nimmt Wolfgang Drost in seinem Aufsatz ein, in dem er den Manieris-

mus als Struktur begreift: Strukturprobleme des Manierismus in Literatur und bildender Kunst. Vincenzo Guisti und die Malerei des XVI. Jahrhunderts. In: Arcadia 7 (1972), S. 22f.

123 Hugo Friedrich: Epochen der italienischen Lyrik. Frankfurt a.M. 1964, S. 533. Ders.: Artikel »Manierismus«. In: Fischer-Lexikon. Literatur 2/2. Frankfurt a.M. ⁶1973, S. 353.

124 Friedrich: »Manierismus«, S. 357.

125 Friedrich: »Manierismus«, S. 357.

126 Hocke: Manierismus in der Literatur, S. 147.

127 Vgl. dazu Ernst Robert Curtius: Europäische Literatur und lateinisches Mittelalter und Karl Otto Conrady: Lateinische Dichtungstradition und deutsche Lyrik des 17. Jahrhunderts.

128 Böckmann: Formgeschichte der deutschen Dichtung, Bd. 1, S. 368.

129 Coluccio Salutati: Brief an Poggio Bracciollini. Zit. n. Garin: Geschichte und Dokumente der abendländischen Pädagogik, Bd. 2, S. 140.

130 Giovanni Boccaccio: Die Verteidigung der Poesie, zit. n. Garin: Geschichte und Dokumente der abendländischen Pädagogik, Bd. 2, S. 119.

131 Justus Georg Schottel: Ausführliche Arbeit von der Teutschen Haubt-Sprache [...]. Abgetheilet in 5 Bücher. Braunschweig 1663. I, S. 27ff.

132 Schottel: Ausführliche Arbeit von der Teutschen Haubt-Sprache, Bd. 1, Erklärung des Kupfertituls, o. P., Widmungsrede für Herzog August, o. P., passim.

133 Schottel: Ausführliche Arbeit von der Teutschen Haubt-Sprache, Bd. 1, S. 11, passim. Schottels Auffassung, daß Sprache von Natur regelmäßig sei, fußt auf dem antiken Prinzip der Analogie, das im 17. und 18. Jahrhundert von den Rationalisten wieder aufgenommen und neu formuliert wird.

134 Dante Alighieri: Über das Dichten in der Muttersprache. Übers. v. F. Dornseiff u. J. Balogh. Nachdr. d. Ausg. v. 1925. Darmstadt 1966, S. 44. Dante meint, daß es den einzigen – kaiserlichen – Hof in Italien leider noch nicht gebe, sondern nur seine einzelnen »Glieder« (die italienischen Höfe einer Region oder einer Stadt), er würde aber allein der wahre Ort der kunstmäßigen Sprache sein. Realiter mißt Dante alle italienischen Mundarten am »höfischen« Sprachgebrauch in der Toskana.

135 Nachzulesen etwa in: Gottlieb Krause: Der Fruchtbringenden Gesellschaft ältester Ertzschrein. Briefe, Devisen llnd anderweitige Schriftstücke. Urkundlicher Beitrag zur Geschichte der deutschen Sprachgesellschaften im 17. Jahrhundert. Leipzig 1855. Nachdr. Hildesheim, New York 1973; Johann Christoph Gottsched: Vollständigere und Neuerläuterte Deutsche Sprachkunst, Nach den Mustern der besten Schriftsteller des vorigen und itzigen Jahrhunderts abgefasset, und bey dieser fünften Auflage merklich verbessert [...]. Leipzig 1762; Johann Christoph Adelung: Umständliches Lehrgebäude der Deutschen Sprache zur Erläuterung der Deutschen Sprachlehre für Schulen. 2 Bde. Leipzig 1782. Nachdr. Hildesheim, New York 1971.

136 Harsdörffer: Poetischer Trichter, Erster Theil, Die II. Stund, S. 18.

137 Vgl. dazu Elke Haas: Rhetorik und Hochsprache. Über die Wirksamkeit der Rhetorik bei der Entstehung der deutschen Hochsprache im 17. und 18. Jahrhundert. Frankfurt a.M., Bern, Cirencester/U.K. 1980.

D. Rhetorik der Aufklärung –
Das 18. Jahrhundert in Deutschland

1 Ernst Cassirer: Philosophie der Aufklärung. Tübingen ³1973, S. 16.

2 Vgl. dazu meinen Aufsatz »Popularphilosophie«, dem ich im folgenden, zweiten Teil dieses Kapitels zum Teil wörtlich folge, in: Hansers Sozialgeschichte der deutschen Literatur vom 16. Jahrhundert bis zur Gegenwart. Bd. 3/2: Deutsche Aufklärung bis zur Französischen Revolution 1680–1789. Hg. v. Rolf Grimminger: München 1980, S. 605–634. Eine überarbeitete, die Rhetorik stärker akzentuierende Fassung dieses Aufsatzes findet sich unter dem Titel »Rhetorik und Popularphilosophie«. In: Rhetorik 1 (1980), S. 122–134.

3 Moses Mendelssohn: Was ist Aufklärung? In: Was ist Aufklärung: Beiträge aus der Berlinischen Monatsschrift 1783–1786. In Zusarb. m. Michael Albrecht ausgew., eingel. u. m. Anm. vers. von Norbert Hinske. Darmstadt 1973, S. 444f.

4 Gottfried Wilhelm Leibniz: Ermahnung an die Teutsche, ihren Verstand und Sprache besser zu üben, samt beigefügtem Vorschlag einer teutschgesinnten Gesellschaft (1697). In: Politische Schriften. 2 Bde. Hg. u. eingel. v. Hans Heinz Holz. Frankfurt a.M. 1966, Bd. 1, S. 67.

5 Leibniz: Ermahnung an die Teutsche, Bd. 2, S. 67f.

6 Leibniz: Ermahnung an die Teutsche, Bd. 2, S. 70.

7 Leibniz: Ermahnung an die Teutsche, Bd. 2, S. 71.

8 Gottfried Wilhelm Leibniz: Philosophische Schriften. 3 Bde. Hg. u. übers. von Hans Heinz Holz. Darmstadt 1965, Bd. 3/2, S. 167.

9 Leibniz: Philosophische Schriften, Bd. 3/2, S. 205.

10 Leibniz: Ermahnung an die Teutsche, Bd. 2, S. 70.

11 Leibniz: Ermahnung an die Teutsche, Bd. 2, S. 70.

12 Leibniz: Ermahnung an die Teutsche, Bd. 2, S. 70.

13 Leibniz: Ermahnung an die Teutsche, Bd. 2, S. 80.

14 Christian Thomasius: Kleine deutsche Schriften. Halle 1701, S. 48.

15 Vgl. Christian Thomasius: Höchstnöthige Cautelen welche ein studiosus juris der sich zur Erlernung der Rechts-Gelahrtheit auff eine kluge und geschickte Weise vorbereiten will, zu beobachten hat. Halle 1713.

16 Christian Thomasius: Ausübung der Vernunfft-Lehre. O.O. ²1699, S. 147.

17 Johann Andreas Fabricius: Philosophische Oratorie, Das ist: Vernünftige anleitung zur gelehrten und galanten Beredsamkeit [...]. Leipzig 1724. Nachdr. Kronberg/Ts. 1974, S. 2–4.

18 Johann Christoph Gottsched: Ausführliche Redekunst, Nach Anleitung der alten Griechen und Römer [...] Leipzig 1736. Nachdruck Hildesheim, New York 1973, S. 34

19 Gottsched: Ausführliche Redekunst, S. 42.

20 Gottsched: Ausführliche Redekunst, S. 40.

21 Gottsched: Ausführliche Redekunst, S. 106f.

22 Gottsched: Ausführliche Redekunst, S. 40.

23 Daniel Peucer: Erläuterte Anfangs-Gründe der Teutschen Oratorie in kurzen Regeln und deutlichen Exempeln vor Anfängern. Dresden ⁴1765. Nachdr. Kronberg/Ts. 1974, S. 12.

24 Peucer: Erläuterte Anfangs-Gründe der Teutschen Oratorie, S. 18.

25 Johann Jacob Breitinger: Critische Dichtkunst Worinnen die Poetische Mahlerey in Absicht auf die Erfindung Im Grunde untersuchet und mit Beyspielen aus den berühmtesten Alten und Neuern erläutert wird. Mit einer Vorrede eingeführt von Johann Jacob Bodemer. 2 Bde. Zürich und Leipzig 1740, Bd. 1, S. 469.

26 Friedrich Gottlieb Klopstock: Ästhetische Schriften. In: Ausgewählte Werke. Hg. v. Karl August Schleiden. Mit e. Nachw. v. Friedrich Georg Jünger. München 1962, S. 1009.

27 Pseudo-Longinos: Vom Erhabenen. Griech. u. dt. Übers. v. Reinhard Brandt. Darmstadt 1966, S. 29.

28 Vgl. Marie-Luise Linn: A.G. Baumgartens »Aesthetica« und die antike Rhetorik. In: Deutsche Vierteljahrsschrift für Literaturwissenschaft und Geistesgeschichte 41 (1967), S. 424–443.

29 Alexander Baumgarten: Kollegium über die Ästhetik. In: Bernhard Poppe: Alexander Gottlieb Baumgarten. Borna, Leipzig 1907 (= Phil. Diss. Univ. Münster), S. 65–259. § 7, 76f.

30 Baumgarten: Kollegium über die Ästhetik, § 6, S. 76.

31 Johann Gotthelf Lindner: Kurzer Inbegriff der Aesthetik, Redekunst und Dichtkunst. Königsberg und Leipzig 1771. Nachdr. Frankfurt a.M. 1971. Th. 2, S. 5.

32 Johann Joachim Eschenburg: Theorie der schönen Wissenschaften und Künste. Neue, umgearb. Aufl. Berlin 1789, S. 268.

33 Christoph Martin Wieland: Theorie und Geschichte der Red-Kunst und Dicht-Kunst. Anno 1757. In: Gesammelte Schriften. Hg. v. der Deutschen Kommission der Königlich Preußischen Akademie der Wissenschaften. Erste Abteilung, vierter Band: Prosaische Jugendwerke. Hg. v. Fritz Homeyer und Hugo Bieber. Berlin 1916, S. 307.

34 Lindner: Kurzer Inbegriff der Aesthetik, Redekunst und Dichtkunst, S. 24.

35 Fabricius: Philosophische Oratorie, S. 233f.

36 Fabricius: Philosophische Oratorie, S. 235f.

37 Vgl. dazu Reinhard Breymayer: Pietistische Rhetorik als eloquentia nov-antiqua. Mit besonderer Berücksichtigung Gottfried Polykarp Müllers (1684 bis 1747). In: Bernd Jaspert u. Rudolf Mohr (Hg.): Traditio – Krisis – Renovatio aus theologischer Sicht. Festschrift für Winfried Zeller zum 65. Geburtstag. Marburg 1976, S. 258–272.

38 Gottlieb Polycarp Müller: Abriß einer gründlichen Oratorie, zum Academischen Gebrauch entworffen und mit Anmerckungen versehen. Leipzig 1711, S. 26.

39 Friedrich Andreas Hallbauer: Anweisung zur Verbesserten Teutschen Oratorie, Nebst einer Vorrede von Den Mängeln der Schul-Oratorie. Jena 1725. Nachdr. Kronberg/Ts. 1974, S. 289f.

40 Gottsched: Ausführliche Redekunst, S. 157f.

41 Hallbauer: Anweisung zur Verbesserten Teutschen Oratorie, S. 496.

42 Hallbauer: Anweisung zur Verbesserten Teutschen Oratorie, S. 496.

43 Hallbauer: Anweisung zur Verbesserten Teutschen Oratorie, S. 497.

44 Hallbauer: Anweisung zur Verbesserten Teutschen Oratorie, S. 500ff.

45 Gottsched: Ausführliche Redekunst, S. 314.

46 Eschenburg: Theorie der schönen Wissenschaften und Künste, S. 277f.

47 Vgl. Gottsched: Ausführliche Redkunst, S. 326ff.

48 Klopstock: Ästhetische Schriften, S. 1004.

49 Hallbauer: Anweisung zur Verbesserten Teutschen Oratorie, S. 775.

50 Johann Christoph Gottsched: Versuch einer Critischen Dichtkunst. Vierte, sehr vermehrte Aufl. Leipzig 1751. Nachdr. Darmstadt 1982, S. 103.

51 Gottsched: Versuch einer Critischen Dichtkunst, S. 105.

52 Johann Jakob Breitinger: Von dem Wunderbaren und dem Wahrscheinlichen. In: Johann Christoph Gottsched und die Schweizer Joh. J. Bodmer und Joh. J. Breitinger. Hg. v. Johannes Crüger. Berlin und Stuttgart 1884. Nachdr. Darmstadt 1965, S. 163.

53 Baumgarten: Kollegium über die Asthetik, § 36, 89.

54 Eschenburg, Theorie der schönen Wissenschaften und Künste, S. 269f.

55 Vgl. Marcus Tullius Cicero: De oratore. Über den Redner. Lat. u. dt. Übers. u. hg. von Harald Merklin. 2., durchges. u. bibl. erg. Aufl. Stuttgart 1981, S. 581.

56 Christian Thomasius: Kurtzer Entwurf der politischen Klugheit, sich selbst und andern in allen menschlichen Gesellschaften wohl zu rathen, und zu einer gescheiden Conduite zu gelangen. Franckfort und Leipzig 1710. Nachdr. Frankfurt a.M. 1971, S. 10.

57 Thomasius: Kurtzer Entwurff der Politischen Klugheit, S. 76.

58 Thomasius: Kurtzer Entwurff der Politischen Klugheit, S. 129.

59 Vgl. zu den folgenden Ausführungen auch mein Nachwort zu: Adolph Freiherr von Knigge: Über den Umgang mit Menschen. Frankfurt a.M. 1977, S. 423–454.

60 Johann Christoph Gottsched: Grundriß zu einer vernunfftmäßigen Redekunst. Hannover 1729, S. 4.

61 Gottsched: Grundriß zu einer vernunfftmäßigen Redekunst, S. 46.

62 Johann Christoph Gottsched: Gesammelte Reden. Leipzig 1749, S. 587.

63 Gottsched: Gesammelte Reden, S. 579.

64 Vgl. Gottsched: Grundriß zu einer vernunfftmäßigen Redekunst, S. 158.

65 Adolph Freiherr von Knigge: Über den Umgang mit Menschen. Hg. u. mit e. Nachw. v. Gert Ueding. Frankfurt am Main 1977.

66 Vgl. Adam Müller: Zwölf Reden über die Beredsamkeit und deren Verfall in Deutschland. Mit e. Essay u. e. Nachw. v. Walter Jens. Frankfurt a.M. 1967, S. 75.

67 Vgl. dazu auch die spätere, besondere Betonung dieser Zielrichtung bei Otto Gildemeister: Von Höflichkeit. In: Ders.: Essays. 2 Bde. Berlin 1896, Bd. 1, S. 54–85. »Denn Gleichheit ist ds Lebenselement der Höflichkeit, wie Ungleichheit das der Ehrerbietung.« (S. 66) Und noch offener die Umgangsformen auf den sozialen Konflikt zwischen Adel und Bürgertum zuruckführend: »Wenn irgend ein sociales Gesetz nachweisbar ist, so ist es dieses, daß die Höflichkeit nach und nach die Zeichen der Ehrerbietung für sich usurpiert (!), sie in immer weiteren Kreisen umlaufen läßt und dadurch entwerthet...« (S. 69) – Daß es sich nur um eine »formale Gleichheit« handelt, die das »Ziel der Höflichkeit ist«, weiß auch Gildemeister (S. 69), das von ihm beklagte Fehlen der Höflichkeit im bürgerlichen Umgange verweist denn auch deutlich auf dessen ebenfalls fehlende soziale Grundlage.

68 Knigge: Über den Umgang mit Menschen, S. 37.

69 Knigge: Über den Umgang mit Menschen, S. 39.

70 Knigge: Über den Umgang mit Menschen, S. 407.

71 Vgl. Wolfgang Martens: Die Botschaft der Tugend. Stuttgart 1968, S. 319ff.

72 Knigge: Über den Umgang mit Menschen, S. 39.

73 Knigge: Über den Umgang mit Menschen, S. 342.

74 Knigge: Über den Umgang mit Menschen, S. 354.

75 Knigge: Über den Umgang mit Menschen, S. 83.

76 Knigge: Über den Umgang mit Menschen, S. 86.

77 Knigge: Über den Umgang mit Menschen, S. 65.

78 Knigge: Über den Umgang mit Menschen, S. 84.

79 Knigge: Über den Umgang mit Menschen, S. 62f.

80 Jean Paul: Levana oder Erziehlehre. In: Werke. Hg. v. Norbert Miller. 5 Bde. München 1963, Bd. 5, S. 566.

81 Johann Heinrich Pestalozzi: Denkschrift an die Pariser Freunde über Wesen und Zweck der Methode (1802). In: Werke. Hg. u. kommentiert v. Gertrude Cepl-Kaufmann u. Manfred Windfuhr. Bd. 2: Schriften zur Menschenbildung und Gesellschaftsentwicklung. München o.J., S. 75.

82 Pestalozzi: Denkschrift an die Pariser Freunde über Wesen und Zweck der Methode, S. 75.

83 Vgl. Georg Jäger: Humanismus und Realismus. Schulorganisation und Sprachunterricht 1770–1840. In: Internationales Archiv für Sozialgeschichte der deutschen Literatur 1 (1976), S. 146–159.

84 Heinrich Martin Gottfried Köster: Gedanken von den Schulsachen. Frankfurt a.M. ²1776, S. 267.

85 Vgl. Georg Jäger: Humanismus und Realismus, S. 153.

86 Walter Jens: Eine deutsche Universität. 500 Jahre Tübinger Gelehrtenrepublik. Tübingen ³1977, S. 102.

87 Gottsched: Ausführliche Redekunst, S. 537–545.

88 Gottsched: Ausführliche Redekunst, S. 33f.

89 Hallbauer: Anweisung zur Verbesserten Teutschen Oratorie, S. 522.

90 Gottsched: Ausführliche Redekunst, S. 372f.

91 Hallbauer: Anweisung zur Verbesserten Teutschen Oratorie, S. 523.

92 Vgl. Hermann Ortloff: Die gerichtliche Redekunst. Berlin, Neuwied 1887.

93 Hallbauer: Anweisung zur Verbesserten Teutschen Oratorie, S. 524ff.

94 Johann Christoph Gottsched: Der Biedermann. Leipzig 1727–1729. Nachdr. Stuttgart 1975, S. 107f. (= 27. Blatt, 3. Nov. 1727).

95 Fabricius: Philosophische Oratorie, S. 474.

96 Knigge: Adolph Freiherr von: Ueber Schriftsteller und Schriftstellerey. Hannover 1793, S. 9.

97 Hallbauer: Anweisung zur Verbesserten Teutschen Oratorie, S. 753.

98 Gottsched: Ausführliche Redekunst, S. 416.

99 Gottsched: Ausführliche Redekunst, S. 420f.

100 Gottsched: Ausführliche Redekunst, S. 191f.

101 Wieland: Theorie und Geschichte der Red-Kunst und Dicht-Kunst, S. 314.

102 Michel de Montaigne: Essais. Ausw. u. Übertr. v. Herbert Lüthy. Zürich 1953, S. 724.

103 Montaigne: Essais, S. 731.

104 Lindner: Kurzer Inbegriff der Aesthetik, Redekunst und Dichtkunst, Th. 2, S. 6.

105 Thomasius: Kurtzer Entwurff der Politischen Klugheit, Vorrede.

106 Thomasius: Kurtzer Entwurff der Politischen Klugheit, S. 108.

107 Christian Heinrich Schmidt: Theorie der Poesie nach den neuesten Grundsätzen und Nachricht von den besten Dichtern nach den angenommenen Urteilen. Leipzig 1767. Nachdr. Frankfurt a.M. 1972, S. 31.

108 Moses Mendelssohn: Charakter des Sokrates. In: Gesammelte Schriften. Hg. v. F. Bamberger u. a. Stuttgart 1972, Bd. 3/1, S. 18.

109 Lindner: Kurzer Inbegriff der Aesthetik, Redekunst und Dichtkunst, S. 160f.

110 Johann Jakob Engel: Der Philosoph für die Welt, Carlsruhe 1783. Th. 1, S. 117f.

111 Friedrich von Blankenburg: Literarische Zusätze zu Johann Georg Sulzers Allgemeiner Theorie der schönen Künste. 3 Bde. Leipzig 1796–98, Bd. 1, S. 642.

112 Christian Garve: Über Gesellschaft und Einsamkeit. 2 Bde. Breslau 1800, Bd. 1, S. 19.

113 Garve: Über Gesellschaft und Einsamkeit, Bd. 1, S. 20.

114 Garve: Über Gesellschaft und Einsamkeit, Bd. 2, S. 341.

115 Garve: Über Gesellschaft und Einsamkeit, Bd. 2, S. 340.

116 Eschenburg: Theorie der schönen Wissenschaften und Künste, S. 302.

117 Vgl. Reinhard M.G. Nickisch: Gottsched und die deutsche Epistolographie des 18. Jahrhunderts. In: Euphorion 66 (1972), S. 365–383.

118 Christian Fürchtegott Gellert: Gedanken von einem guten deutschen Briefe, an den Herrn F. H. v. W. In: Belustigungen des Verstandes und des Witzes. Auf das Jahr 1742. Leipzig 1742, S. 183f.

119 Christian Fürchtegott Gellert: Briefe, nebst einer Abhandlung von dem Guten Geschmacke in Briefen. Leipzig 1751, S. 3.

120 Lindner: Kurzer Inbegriff der Aesthetik, Redekunst und Dichtkunst, S. 165f.

121 Lindner: Kurzer Inbegriff der Aesthetik, Redekunst und Dichtkunst, S. 164.

122 Wieland: Theorie und Geschichte der Red-Kunst und Dicht-Kunst, S. 331.

123 Fabricius: Philosophische Oratorie, S. 492.

124 Hallbauer: Anweisung zur Verbesserten Teutschen Oratorie, S. 766ff.

125 Gottsched: Ausführliche Redekunst (1736), S. 525.

126 Gottsched: Ausführliche Redekunst (1736), S. 534.

127 Vgl. Werner Welzig: Vom Nutzen der geistlichen Rede. Beobachtungen zu den Funktionshinweisen eines literarischen Genres. In: Internationales Archiv für Sozialgeschichte der deutschen Literatur 4 (1979), S. 1–23.

128 Eschenburg: Theorie der schönen Wissenschaften und Künste, S. 367f.

129 Philipp Jakob Spener: Theologische Bedencken. 4 Bde. Halle ³1712ff. Bd. 3, S. 751.

130 Zinzendorf: Nikolaus Ludwig von: Teutscher Gedichte Erster Theil. Herrnhut 1735, S. 2.

131 Spener: Theologische Bedencken, Bd. 3, S. 656.

132 Vgl. Reinhard Breymayer, Pietistische Rhetorik (Anm. 37).

133 Georg Ehrenfried Behrnauer: Kurtzer Entwurff wie in dem Budißinischen Gymnasio seithero Die anvertraute Jugend so wohl in Doctrina, als Disciplina, unter Göttlichem Segen angeführet worden [...]. Baudißin [Bautzen] 1722, S. 12.

134 Vgl. Elke Haas: Rhetorik und Hochsprache. Über die Wirksamkeit der Rhetorik bei der Entstehung der deutschen Hochsprache im 17. und 18. Jahrhundert. Frankfurt a.M., Bern, Cirencester 1980.

135 Gottsched: Ausführliche Redekunst, S. 233.

136 Johann Christoph Adelung: Gesammelte Zeugnisse für die Hochdeutsche Mundart. In: Magazin für die deutsche Sprache. 2 Bde. Leipzig 1782–1784. Nachdr. Hildesheim, New York 1974, Bd. 2/1, S. 39.

137 Johann Christoph Adelung: Umständliches Lehrgebäude der Deutschen Sprache zur Erläuterung der Deutschen Sprachlehre für Schulen. 2 Bde. Leipzig 1782. Nachdr. Hildesheim, New York 1971, Bd. 1, Vorrede, S. LIXf.

E. Ubiqutät der Rhetorik. Vom Verfall und Weiterleben der Beredsamkeit im 19. Jahrhundert

1   Dolf Sternberger: Gerechtigkeit für das neunzehnte Jahrhundert. Zehn historische Studien. Frankfurt a.M. 1975, S. 17.

2   Helmut Schanze: Einleitung. In: Ders. (Hg.): Rhetorik. Beiträge zu ihrer Geschichte in Deutschland vom 16.–20. Jahrhundert. Frankfurt a.M. 1974, S. 16.

3   Gert Ueding: Rhetorik der Tat. Ludolf Wienbargs Ästhetische Feldzüge. In: Literatur in der Demokratie. Für Walter Jens zum 60. Geburtstag. Hg. v. Wilfried Barner, Martin Gregor-Dellin, Peter Härtling u. Egidius Schmalzriedt. München 1983, S. 342.

4   Gregor Wilhelm Friedrich Hegel: Grundlinien der Philosophie des Rechts. Werke in zwanzig Bänden. Frankfurt a.M. 1970, Bd. 7, S. 28.

5   Hegel: Grundlinien der Philosophie des Rechts, S. 24.

6   Hegel: Grundlinien der Philosophie des Rechts, S. 28.

7   Novalis: Das philosophische Werk I. In: Schriften. Die Werke Friedrich von Hardenbergs. Zweite, nach den Handschriften erg., erw. u. verb. Aufl. in 4 Bden. u. e. Begleitband. Hg. v. Paul Kluckhohn u. Richard Samuel. Darmstadt 1965, Bd. 2, S. 535.

8   Novalis: Das philosophische Werk II, Schriften Bd. 3, S. 398.

9   Novalis: Das philosophische Werk II, S. 639.

10 Novalis: Das philosophische Werk II, S. 320.

11 Novalis: Das philosophische Werk II, S. 570.

12 Novalis: Das philosophische Werk I, S. 359.

13 Marcus Tullius Cicero: Vom Redner (De oratore). Übers. u. hg. v. Raphael Kühner. München (1962), S. 55.

14 Novalis: Das philosophische Werk II, S. 359.

15 Friedrich Schlegel: Kritische Schriften. Hg. v. Wolfdietrich Rasch. 3., durch e. Namen- und Begriffsregister erw. Aufl. München 1971, S. 42.

16 Vgl. Helmut Schanze: Romantik und Rhetorik. Rhetorische Komponenten der Litera-turprogrammatik um 1800. In: Ders. (Hg.), Rhetorik, S. 135.

17 Friedrich Schlegel: Philosophische Lehrjahre 1796–1828, nebst philosophischen Manus-kripten aus den Jahren 1796–1828. In: Kritische Friedrich-Schlegel-Ausgabe. Bd. 19. Mit Einl. u. Kommentar hg. v. Ernst Behler. Paderborn 1971, S. 25.

18 Pseudo-Longinos: Vom Erhabenen. Griech. u. dt. Übers. u. hg. v. Reinhardt Brandt. Darmstadt 1966, S. 99.

19 Pseudo-Longinos: Vom Erhabenen, S. 105.

20 Adam Müller: Zwölf Reden über die Beredsamkeit und deren Verfall in Deutschland. Mit e. Essay u. e. Nachw. v. Walter Jens. Frankfurt a.M. 1967, S. 127.

21 Müller: Zwölf Reden über die Beredsamkeit, S. 36.

22 Müller: Zwölf Reden über die Beredsamkeit, S. 56.

23 Müller: Zwölf Reden über die Beredsamkeit, S. 75.

24 Müller: Zwölf Reden über die Beredsamkeit, S. 50f.

25 Müller: Zwölf Reden über die Beredsamkeit, S. 60.

26 Müller: Zwölf Reden über die Beredsamkeit, S. 181.

27 Müller: Zwölf Reden über die Beredsamkeit, S. 187.

28 Müller: Zwölf Reden über die Beredsamkeit, S. 188.

29 Müller: Zwölf Reden über die Beredsamkeit, S. 188f.

30 Franz Theremin: Die Beredsamkeit eine Tugend, oder Grundlinien einer Systematischen Rhetorik. 2., verb. Aufl. Berlin 1837, S. 20.

31 Vgl. dazu und zu den folgenden Ausführungen: Marie-Luise Linn: Studien zur deut-schen Rhetorik und Stilistik im 19. Jahrhundert. Marburg 1964.

32 Ludwig Uhland: Poetologische Schriften. In: Werke. 4 Bde. Hg. v. Hartmut Fröschle u. Walter Scheffler. Bd. 4: Wissenschaftliche und poetologische Schriften, politische Reden und Aufsätze. München 1984, S. 613.

33 Uhland: Poetologische Schriften, S. 612.

34 Uhland: Poetologische Schriften, S. 612.

35 Vgl. Friedrich Sengle: Biedermeierzeit. Deutsche Literatur im Spannungsfeld zwischen Restauration und Revolution 1815–1848. Bd. 1: Allgemeine Voraussetzungen, Richtun-gen, Darstellungsmittel. Stuttgart 1971, S. 594ff.

36 Carl Friedrich von Rumohr: Schule der Höflichkeit. Für Alt und Jung. Stuttgart und Tübingen 1834. Nachdr. Stuttgart 1982, S. 51.

37 Otto Friedrich Rammler: Universal-Briefsteller oder Musterbuch zur Abfassung aller in den allgemeinen und freundschaftlichen Lebensverhältnissen sowie im Geschäftsleben vorkommenden Briefe, Documente und Aufsätze. 40., bearb. Aufl. Leipzig 1867, S. 51.

38 Wilhelm Scherer: Poetik. Mit e. Einl. u. Materialien zur Rezeptionsanalyse hg. v. Gun-ter Reiß. Tübingen 1977, S. 27.

39 Vgl. Scherer: Poetik, S. 136.

40 Oskar Walzel: Wilhelm Scherer und seine Nachwelt. In: Zeitschrift für deutsche Philo-logie 55 (1930), S. 391–400; S. 397.

41 Vgl. Aristoteles: Rhetorik. Die Lehrschriften. Hg., übertr. u. erl. v. Paul Gohlke. Pader-born 1959, S. 27ff.

42 Aristoteles: Rhetorik, S. 32.

43 Marcus Tullius Cicero: Vom Redner (De oratore), S. 237f.

44 Marcus Fabius Quintilian: Ausbildung des Redners. Lat. u. dt. Hg. u. übers. v. Helmut Rahn. 2 Bde. Darmstadt 1972 u. 1975, Bd. 1, S. 291f.

45 Schlegel: Kritische Schriften, S. 397.

46 Schlegel: Kritische Schriften, S. 399.

47 Schlegel: Kritische Schriften, S. 400.

48 Adam Müller: Vorlesungen über die deutsche Wissenschaft und Literatur. Kritische, ästhetische und philosophische Schriften. 2 Bde. Hg. v. Walter Schroeder u. Werner Siebert. Neuwied und Berlin 1967, Bd. 1, S. 47.

49 Müller: Vorlesungen über deutsche Wissenschaft und Literatur, S. 47.

50 Adam Müller: Kritische Miszellen. Kritische, ästhetische und philosophische Schriften. Bd. 1, S. 504.

51 Friedrich Schlegel: Philosophische Vorlesungen (1800–1807). Erster Teil. Mit Einl. u. Kommentar hg. v. Jean-Jacques Anstett. In: Kritische Friedrich-Schlegel-Ausgabe. Hg. v. Ernst Behler. 2. Abt., Bd. 12. Paderborn 1964, S. 313.

52 Karl Gutzkow: Vertheidigung gegen Menzel und Berichtigung einiger Urtheile im Publikum. Mannheim 1835, S. 23.

53 Heinrich Heine: Zur Geschichte der neueren schönen Literatur in Deutschland. In: Sämtliche Schriften in 12 Bänden. Hg. v. Klaus Briegleb. München 1976, Bd. 6, S. 869.

54 Ludolf Wienbarg: Ästhetische Feldzüge. Hg. v. Walter Dietze. Berlin und Weimar 1964, S. 3.

55 Georg Gottfried Gervinus: Grundzüge der Historik. Schriften zur Literatur. Hg. v. Gotthard Erler. Berlin 1962, S. 49–103; § 39.

56 Hermann Hettner: Die romantische Schule in ihrem inneren Zusammenhang mit Goethe und Schiller. Braunschweig 1850, S. 32.

57 Julian Schmidt: Geschichte des geistigen Lebens in Deutschland von Leibniz bis auf Lessings Tod. 1681–1781. Leipzig 1862. Vorrede.

58 Ludwig Uhland: Rede gegen das Erbkaisertum. Werke, Bd. 4, S. 713–718; S. 715.

59 Uhland: Rede gegen das Erbkaisertum, S. 717f.

60 Vgl. dazu Helmut Heiber: Die Rhetorik der Paulskirche. Phil. Diss. Berlin 1953.

61 Johann Hermann Detmold. Zit. n. Heiber: Die Rhetorik der Paulskirche, S. 7.

62 Mareck. Zit. n. Heiber, Die Rhetorik der Paulskirche, S. 178.

63 Friedrich Theodor Vischer: Zit. n. Heiber: Die Rhetorik der Paulskirche, S. 178.

64 Schulz. Zit. n. Heiber: Die Rhetorik der Paulskirche, S. 179.

65 Vgl. Heiber: Die Rhetorik der Paulskirche, S. 181.

66 Propyläen Weltgeschichte. Eine Universalgeschichte. Bd. 8: Das neunzehnte Jahrhundert. Hg. v. Golo Mann. Berlin, Frankfurt a.M., Wien 1976, S. 557f.

67 Die politischen Reden des Fürsten Bismarck: Historisch-kritische Gesamtausgabe. Hg. v. Horst Kohl. Bd. 3: 1866–1868. Stuttgart 1892, S. 22f.

68 Karl Liebknecht. Zit. n. Adolf Damaschke: Geschichte der Redekunst. Eine erste Einführung. Jena 1921, S. 317.

69 Die politischen Reden des Fürsten Bismarck. Historisch-kritische Gesamtausgabe. Hg. v. Horst Kohl. Bd. 7: 1877–1879. Stuttgart 1893, S. 199.

70 T. Klein (Hg.): Der Kanzler. Otto von Bismarck in seinen Briefen, Reden und Erinnerungen, sowie in Berichten und Anekdoten seiner Zeit. München 1915, S. 260.

71 Klein: Der Kanzler, S. 260.

72 Karl Salomo Zachariä: Anleitung zur Gerichtlichen Beredsamkeit. Heidelberg 1810, S. VIIf.

73 Zachariä: Anleitung zur Gerichtlichen Beredsamkeit, S. VIII.

74 Zachariä: Anleitung zur Gerichtlichen Beredsamkeit, S. 16.

75 Zachariä: Anleitung zur Gerichtlichen Beredsamkeit, S. 19.

76 Zachariä: Anleitung zur Gerichtlichen Beredsamkeit, S. 92.

77 Zachariä: Anleitung zur Gerichtlichen Beredsamkeit, S. 192f.

78 Zachariä: Anleitung zur Gerichtlichen Beredsamkeit, S. 22.

79 Hermann Ortloff: Die gerichtliche Redekunst. Berlin und Neuwied o.J. [1887], S. VII.

80 Ortloff: Die gerichtliche Redekunst, S. VIII.

81 Ortloff: Die gerichtliche Redekunst, S. VIIIf.

82 Vgl. Ortloff: Die gerichtliche Redekunst, S. 48ff.

83 Ortloff: Die gerichtliche Redekunst, S. 88f.

84 Ortloff: Die gerichtliche Redekunst, S. 112f.

85 Ortloff: Die gerichtliche Redekunst, S. 139.

86 Vgl. Ortloff: Die gerichtliche Redekunst, S. 139ff.

87 Ortloff: Die gerichtliche Redekunst, S. 235.

88 Friedrich Schleiermacher: Sämtliche Werke. Berlin 1834–62. I. Abth., Bd. 13, S. 248.

89 Franz Theremin: Die Beredsamkeit eine Tugend, oder Grundlinien einer systematischen Rhetorik. 2., verb. Aufl. Berlin 1837, S. 25.

90 Joseph Jungmann: Theorie der geistlichen Beredsamkeit. 2 Bde. Freiburg ³1895, Bd. 1, S. 54.

91 Oskar L. B. Wolff: Handbuch der geistlichen Beredsamkeit. Leipzig 1849, S. 24.

92 Sengle: Biedermeierzeit. Deutsche Literatur im Spannungsfeld zwischen Restauration und Revolution 1815–1848. 3 Bde. Bd. 2: Die Formenwelt. Stuttgart 1972, S. 187.

93 Theremin: Die Beredsamkeit eine Tugend, S. 35.

94 Johann Wolfgang von Goethe: Schriften zur Literatur. In: Gedenkausgabe der Werke, Briefe und Gespräche. Hg. v. Ernst Beutler. Bd. 14. Zürich 1950, S. 391f.

95 Zit. n. Heiber: Die Rhetorik der Paulskirche, S. 183ff. mit einer Vielzahl weiterer Beispiele.

96 Karl May: Ich. Radebeul bei Dresden 1916, S. 11.

97 Karl Barth: Geschichte der protestantischen Theologie im 19. Jahrhundert. Ihre Vorgeschichte und ihre Geschichte. 2., verb. Aufl. Zollikon-Zürich 1952, S. 379. Der Satz stammt von Schleiermacher selbst und ist auf Friedrich den Großen gemünzt.

98 Manfred Fuhrmann: Rhetorik und öffentliche Rede. Über die Ursachen des Verfalls der Rhetorik im ausgehenden 18. Jahrhundert. Konstanz 1983, S. 23.

99 Dieter Breuer: Schulrhetorik im 19. Jahrhundert. In: Schanze (Hg.): Rhetorik, S. 145–179; S. 151. Dieses Kapitel ist auch im folgenden der vorzüglichen und materialreichen Darstellung Breuers verpflichtet.

100 Breuer: Schulrhetorik im 19. Jahrhundert, S. 156.

101 Friedrich Thiersch: Ueber gelehrte Schulen, mit besonderer Rücksicht auf Bayern. 3 Bde. Stuttgart u. Tübingen 1826–1829, Bd. 1, S. 314–317.

102 L. Wiese (Hg.): Verordnungen und Gesetze für die höheren Schulen in Preußen. Erste Abtheilung: Die Schule. Berlin 1867, S. 56.

103 Karl Ferdinand Becker: Der deutsche Stil. Frankfurt a.M. 1948, S. 84.

104 Ernst Laas: Der deutsche Unterricht auf höheren Lehranstalten. Ein kritisch-organisatorischer Versuch. Berlin 1872, S. 201.

105 Ernst Laas: Der deutsche Aufsatz in der ersten Gymnasialclasse (Prima). Ein Handbuch für Lehrer und Schüler enthaltend Theorie und Materialien. Zusammengestellt aus den Erträgen und Erfahrungen des Unterrichts. Berlin 1862, S. 139.

106 Laas: Der deutsche Aufsatz, S. 36f.

107 Instructionen für den Unterricht an den Gymnasien in Österreich. Wien 1884, S. 129.

108 Instructionen für den Unterricht, 134.

109 H. Kratz (Hg.): Die Lehrpläne und Prüfungsordnungen für die höheren Schulen in Preußen vom 6. 1. 1892 und 12. 9. 1898. 2., verm. Aufl. Neuwied u. Leipzig o.J., S. 19.

110 Theodor Fontane: Wanderungen durch die Mark Brandenburg. Die Grafschaft Ruppin. In: Werke und Schriften Bd. 46. Hg. v. Walter Keitel und Helmuth Nürnberger. Frankfurt a.M., Berlin, Wien ²1984, S. 521f.

111 Felix Dahn: Kampf um Rom. Darmstadt 1956, S. 24.

112 Robert Hamerling: Ahasver in Rom. Hg. u. eingel. v. Eugen Wolbe. Berlin o.J., S. 27.

113 Peter Rosegger: Geleitwort zur ersten Gesamtausgabe von Hamerlings Werken. In: Hamerling, Ahasver in Rom, S. 34.

114 Jacob Burckhardt: Weltgeschichtliche Betrachtungen. Mit e. Nachw. hg. v. Rudolf Marx. Stuttgart 1935, S. 209.

115 Burckhardt: Weltgeschichtliche Betrachtungen, S. 214.

116 Burckhardt: Weltgeschichtliche Betrachtungen, S. 247.

117 Vgl. Joachim Goth: Nietzsche und die Rhetorik, Tübingen. 1970.

118 Friedrich Nietzsche: Menschliches, Allzumenschliches. 2 Bde. In: Werke. Hg. v. Karl Schlechta. Frankfurt a.M., Berlin, Wien 1972, Bd. 1, S. 931.

119 Nietzsche: Menschliches, Allzumenschliches, Bd. 1, S. 565.

120 Friedrich Nietzsche: Aus dem Nachlaß der Achtzigerjahre. In: Werke. Hg. v. Karl Schlechta. Frankfurt a.M., Berlin, Wien 1972, Bd. 4, S. 261.

F.   Aspekte moderner Rhetorik-Rezeption – Das 20. Jahrhundert

1 Vgl. etwa Ivo Braak: Poetik in Stichworten. Literaturwissenschaftliche Grundbegriffe. Eine Einführung. Kiel 1965; Wolfgang Kayser: Das sprachliche Kunstwerk. Eine Einführung in die Literaturwissenschaft. Bern 1948; Hermann Villinger: Kleine Poetik. Eine Einführung in die Formenwelt der Dichtung. Frauenfeld 1964.

2 Vgl. Karl Borinski: Die Antike in Poetik und Kunsttheorie von Ausgang des klassischen Altertums bis auf Goethe und Wilhelm von Humboldt. 2 Bde. Leipzig 1914 u. 1924. Nachdr. Darmstadt 1965; oder Ders.: Die Poetik der Renaissance und die Anfänge der literarischen Kritik in Deutschland. Berlin 1886. Nachdr. Hildesheim 1967.

3 Vgl. Wilfried Barner: Barockrhetorik. Untersuchungen zu ihren geschichtlichen Grundlagen. Tübingen 1970, S. 46ff.

4 Klaus Dockhorn: Macht und Wirkung der Rhetorik. Vier Aufsätze zur Ideengeschichte der Vormoderne. Bad Homburg v. d. H., Berlin. Zürich 1968, S. 49f.

5 Marcus Tullius Cicero: Der Redner. In: Ders.: Der Redner (Orator). Brutus (De claris oratoribus). Übers. v. Julius Sommerbrodt u. Wilhelm Binder, eingel. v. Marion Müller. München o.J. XXI, 69, S. 40.

6 Edgar Allan Poe. Zit. n. Walter Höllerer: Theorie der modernen Lyrik. Dokumente zur Poetik I. Reinbek bei Hamburg 1965, S. 12.

7 Vgl. etwa die Arbeiten von Joachim Dyck, Ludwig Fischer, Birgit Stolt und Gert Ueding.

8 Ernst Robert Curtius: Europäische Literatur und lateinisches Mittelalter. 6., durchgs. Aufl. Bern 1967, S. 37.

9 Curtius: Europäische Literatur, S. 89.

10 Curtius: Europäische Literatur, S. 79.

11 Conrad Wiedemann: Topik als Vorschule der Interpretation. Überlegungen zur Funktion von Topos- Katalogen. In: Dieter Breuer u. Helmut Schanze (Hg.): Topik. Beiträge zur interdisziplinären Diskussion. München 1981, S. 236.

12 Vgl. Curtius: Europäische Literatur, S. 79.

13 Curtius: Europäische Literatur, S. 79.

14 Curtius: Europäische Literatur, S. 103.

15 Curtius: Europäische Literatur, S. XX.

16 Lothar Bornscheuer: Zehn Thesen zur Ambivalenz der Rhetorik und zum Spannungsgefüge des Topos-Begriffs. In: Heinrich F. Plett (Hg.): Rhetorik. Kritische Positionen zum Stand der Forschung. München 1977, S. 208.

17 René Wellek u. Austin Warren: Theorie der Literatur. Übers. v. Edgar u. Marlene Lohner. Homburg v. d. H. 1959, S. 23.

18 Wellek/Warren: Theorie der Literatur, S. 272.

19 Wellek/Warren: Theorie der Literatur, S. 47.

20 Bernd Spillner: Das Interesse der Linguistik an Rhetorik. In: Plett: Rhetorik, S. 98.

21 Vgl. Boris Eichenbaum: Aufsätze zur Theorie und Geschichte der Literatur. Frankfurt a.M. 1965.

22 Vgl. Hans Mayer (Hg.): Deutsche Literaturkritik. 4 Bde. Frankfurt a.M. 1978.

23 Hans-Georg Gadamer: Rhetorik, Hermeneutik und Ideologiekritik. Metakritische Erörterungen zu Wahrheit und Methode. In: Karl-Otto Apel, Claus von Bormann u.a. (Hg.): Hermeneutik und Ideologiekritik. Frankfurt a.M. 1971, S. 63.

24 Gadamer: Rhetorik, Hermeneutik und Ideologiekritik, S. 65.

25 Hans-Georg Gadamer: Wahrheit und Methode. Grundzüge einer philosophischen Hermeneutik. 4., d. e. Nachtr. erw. Aufl. Tübingen 1976, S. XXI.

26 Gadamer: Rhetorik, Hermeneutik und Ideologiekritik, S. 63.

27 Gadamer: Wahrheit und Methode, S. 307.

28 Vgl. Hans-Georg Gadamer: Replik [Rhetorik, Hermeneutik und Ideologiekritik]. In: Apel: Hermeneutik und Ideologiekritik, S. 283–317; sowie Lothar Bornscheuer: Topik. Zur Struktur der gesellschaftlichen Einbildungskraft. Frankfurt a.M. 1976, S. 180ff.

29 Gadamer: Rhetorik, Hermeneutik und Ideologiekritik, S. 64.

30 Gadamer: Wahrheit und Methode, S. 450.

31 Gadamer: Wahrheit und Methode, S. 450.

32 Klaus Merten: Wirkung der Massenkommunikation. In: Publizistik 27 (1982) H. 1/2 S. 26.

33 Merten: Wirkung der Massenkommunikation, S. 27.

34 Vgl. Merten: Wirkung der Massenkommunikation, S. 28.

35 Wilbur Schramm: Kommunikationsforschung in den Vereinigten Staaten. In: Ders. (Hg.): Grundfragen der Kommunikationsforschung. München 1970, S. 16.

36 Elisabeth Noelle-Neumann: Wirkung der Massenmedien. In: Das Fischer Lexikon Publizistik. Hg. v. Elisabeth Noelle-Neumann u. Winfried Schulz. Frankfurt a.M. 1971, S. 339.

37 Bornscheuer: Topik, S. 104f.

38 Für die folgende Darstellung bin ich der gründlichen Vorarbeit von Thomas Blanz-Gilbert zu Dank verpflichtet, sowie den Autoren des entsprechenden Kapitels der »Einführung in die Rhetorik«.

39 Nathan Maccoby: Die neue »wissenschaftliche« Rhetorik. In: Schramm, Grundfragen der Kommunikationsforschung, S. 57.

40 Cha m Perelman: Das Reich der Rhetorik. Rhetorik und Argumentation. München 1980, S. 156f.

41 Maccoby: Die neue »wissenschaftliche« Rhetorik, S. 56f.

42 Vgl. Maccoby: Die neue »wissenschaftliche« Rhetorik, S. 59f.

43 W.R. Winterowd: Rhetoric. A Synthesis. New York 1968, S. 4.

44 Daniel Fogarty: I. A. Richard's Theory. In: Joseph Shwartz u. John A. Rycenga (Hg.): The Province of Rhetoric. New York 1965, S. 353; vgl. auch I.A. Richards: The Philosophy of Rhetoric. New York 1936.

45 Klaus Oehler: Die Aktualität der antiken Semiotik. In: Zeitschrift für Semiotik 4 (1982), S. 215.

46 Umberto Eco: Einführung in die Semiotik. Autorisierte dt. Ausg. v. Jürgen Trabant. München 1972, S. 183.

47 Vgl. Elfriede Callier, Peter Kampers u. Ulrich Römhild: Aspekte moderner Rhetorikrezeption. In: Gert Ueding (Hg.): Einführung in die Rhetorik. Geschichte – Technik- Methode. Stuttgart 1976, S. 156ff.

48 Roland Barthes: Die Rhetorik des Bildes. In: Günther Schiwy: Der französische Strukturalismus. Mode – Methode – Ideologie. Mit einem Textanhang. Reinbek bei Hamburg 1964, S. 165.

49 Eco: Einführung in die Semiotik, S. 187.

50 Eco: Einführung in die Semiotik, S. 184.

51 Gui Bonsiepe: Visuell/verbale Rhetorik. In: Ulm Zeitschrift der Hochschule für Gestaltung 14/15/16 (1965), S. 26.

52 Heinrich F. Plett: Die Rhetorik der Figuren. Zur Systematik, Pragmatik und Ästhetik der »Elocutio«. In: Ders., Rhetorik, S. 145.

53 Plett: Die Rhetorik der Figuren, S. 146.

54 Helmut Rehbock: Rhetorik. In: Lexikon der Germanistischen Linguistik. Hg. v. Hans Peter Althaus, Helmut Henne u. Herbert Ernst Wiegand. 2., vollst. neu bearb. u. erw. Aufl. Tübingen 1980, S. 298.

55 Jacques Dubois u. a.: Allgemeine Rhetorik. München 1974, S. 17.

56 Dubois: Allgemeine Rhetorik, S. 18

57 Vgl. Richard E. Young, Alton L. Becker u. Kenneth L. Pike: Rhetoric: Discovery and Change. New York 1970.

58 Kenneth Burke: A Rhetoric of Motives. New York 1950, S. 22. Übers. v. Verf.

59 Kenneth Burke: Rhetoric – Old and New. In: Martin Steinmann (Hg.): New Rhetorics. New York 1967, S. 60ff.

60 Henry W. Johnstone: From Philosophy to Rhetoric and Back. In: Don M. Burks (Hg.): Rhetoric, Philosophy and Literature: An Exploration. West Lafayette 1978.

61 Johnstone: From Philosophy to Rhetoric, S. 59.

62 Perelman: Das Reich der Rhetorik, S. 14f.

63 Vgl. Cha m Perelman u. L. Olbrechts-Tyteca: The New Rhetoric. A Treatise on Argumentation. London 1969.

64 Richard E. Young u. Alton L. Becker: Toward a Modern Theory of Rhetoric: A Tagmemic Contribution. In: Martin Steinmann (Hg.): New Rhetorics. New York 1967, S. 82.

65 Perelman: Das Reich der Rhetorik, S. 16.

66 Perelman: Das Reich der Rhetorik, S. 60.

67 Vgl. Perelman: Das Reich der Rhetorik, S. 13.

68 Perelman: Das Reich der Rhetorik, S. 162.

69 Hans Blumberg: Wirklichkeiten in denen wir leben. Stuttgart 1981, S. 112.

70 Hans Blumberg: Paradigmen zu einer Metaphorologie. In: Archiv für Begriffsgeschichte 6 (1969), S. 7–142.

71 Jürgen Habermas: Wahrheitstheorien. In: Helmut Fahrenbach (Hg.): Wirklichkeit und Reflexion. Pfullingen 1973, S. 211–266.

72 Aristoteles: Topik. Hg. u. übers. v. Eduard Rolfes. Hamburg 1968, S. 1 [I,1].

73 Cha m Perelman: Das Reich der Rhetorik. Rhetorik und Argumentation. München 1980, S. 17.

74 Vgl. Cha m Perelman u. Lucie Olbrechts-Tyteca: Traité de l'argumentation. La nouvelle Rhétorique. Brüssel 1970, S. 7 u. S. 33.

75 Jürgen Habermas: Der Universalitätsanspruch der Hermeneutik. In: Rüdiger Bubner, Konrad Cramer u. Reiner Wiehl (Hg.): Hermeneutik und Dialektik I (Festschrift für Hans-Georg Gadamer). Tübingen 1970, S. 73–104; hier S. 75f.

76 Jürgen Habermas: Wahrheitstheorien, S. 240.

77 Josef Kopperschmidt: Philosophie und Rhetorik – das Ende einer Konfliktbeziehung? Anmerkungen zum Rahmenthema der Tagung, S. 359. In: Helmut Schanze u. Josef Kopperschmidt (Hg.): Rhetorik und Philosophie. München 1989, S. 341–364.
78 Vgl. Uwe Neumann: Artikel ›Agnonistik‹. In: Gert Ueding (Hg.): Historisches Wörterbuch der Rhetorik. Bd. 1. Tübingen 1992, Sp. 261–284; hier 262–269.
79 Josef Kopperschmidt: Methodik der Argumentationsanalyse. Stuttgart-Bad Cannstadt 1989, S. 121.
80 Cha m Perelman: Das Reich der Rhetorik, S. 22.
81 Peter Ptassek: Rhetorische Rationalität. Stationen einer Verdrängungsgeschichte von der Antike bis zur Neuzeit. München 1993, S. 165f.
82 Gonsalv K. Mainberger: Die Rhetorik in der Philosophie. In: Schanze/Kopperschmidt: Rhetorik und Philosophie, S. 319–340; S. 333.
83 Theodor W. Adorno: Negative Dialektik. Frankfurt a.M. 1975, S. 65.
84 Vgl. Richard Rorty: The Linguistic Turn. Chicago und London 1967.
85 M. Cahn: Kunst der Überlistung. Studien zur Wissenschaftsgeschichte der Rhetorik. München 1986; J. M. G. Hackett: Moral Philosophy and Rhetoric in Roger Bacon. In: Philosophy and Rhetoric 20,1 (1987), S. 18–40; H. Niehues-Pröbsting: Überredung zur Einsicht. Der Zusammenhang von Philosophie und Rhetorik bei Platon und in der Phänomenologie. Frankfurt a.M. 1987; G.K. Mainberger: Rhetorica I, Reden mit Vernunft. Aristoteles, Cicero, Augustinus. Stuttgart-Bad Cannstatt 1987; S. IJsseling: Rhetorik und Philosophie. Eine historisch-systematische Einführung. Stuttgart-Bad Cannstatt 1988; T. Bezzola: Die Rhetorik bei Kant, Fichte und Hegel. Ein Beitrag zur Philosophiegeschichte der Rhetorik. Tübingen 1993; Ptassek: Rhetorische Rationalität; H. Schanze u. J. Kopperschmidt (Hg.): Nietzsche oder »Die Sprache ist Rhetorik«. München 1994. u. a.
86 Friedrich Nietzsche: Rhetorik. [Vorlesung]. In: Ders.: Werke. (Großoktavausgabe). 19 Bde. Leipzig 1894–1913, Bd. 18 (= 3. Abt.: Philologica. Bd. 2). Hg. v. Otto Crusius, Leipzig 1912, S. 249.
87 Peter L. Oesterreich: Zur rhetorischen Metakritik der Philosophie. In: Schanze/Kopperschmidt, Rhetorik und Philosophie, S. 297–318; S. 299.
88 Jacques Derrida: Qual Quelle. Die Quellen Valérys. In: Ders.: Randgänge der Philosophie. Hg. v. Peter Engelmann. Wien 1988, S. 259–289; S. 277.
89 Oesterreich: Metakritik der Philosophie, S. 315.
90 Peter L. Oesterreich: Fundamentalrhetorik. Untersuchung zu Person und Rede in der Öffentlichkeit. Hamburg 1990, S. 125.
91 Vgl. Oesterreich: Metakritik der Philosophie, S. 301ff.
92 Oesterreich: Fundamentalrhetorik, S. 46.
93 Vgl. Oesterreich: Fundamentalrhetorik, S. 122ff.
94 Oesterreich: Fundamentalrhetorik, S. 6.
95 Vgl. Derrida: Die weiße Mythologie. Die Metapher im philosophischen Text. In: Ders., Randgänge, S. 205–258.
96 Mainberger: Rhetorik in der Philosophie, S. 333.
97 Ivor Armstrong Richards: Philosophy of Rhetoric. New York 1936.
98 Anselm Haverkamp: Einleitung in die Theorie der Metapher. In: Ders.: Theorie der Metapher. Darmstadt 1983, S. 1–27; S. 2.
99 Hans Blumenberg: Paradigmen zu einer Metaphorologie. In: Archiv für Begriffsgeschichte 6 (1960), S. 7–142; hier S. 9.
100 »The paradigma for all texts consists of a figure [...].« (Paul de Man: Allegories of Reading. Figural Language in Rousseau, Nietzsche, Rilke, and Proust. New Haven u. London 1979, S. 205.)
101 Vgl. Gert Ueding: Redende Geschichte: Der Historiker Friedrich Schiller. In: Friedrich Strack (Hg.): Evolution des Geistes. Jena um 1800. Stuttgart 1994.

102 Vgl. Siegfried Kracauer: Geschichte – Vor den letzten Dingen. In: Ders.: Schriften. Bd. 4. Frankfurt a.M. 1971.

103 Kracauer: Geschichte, S. 47; vgl. Gert Ueding: Erzählte Geschichte – Über einige rhetorische und ästhetische Aspekte von Kracauers Geschichtsphilosophie. In: Ders.: Aufklärung über Rhetorik. Versuche über Beredsamkeit, ihre Theorie und praktische Bewährung. Tübingen 1992, S. 203–215.

104 Hayden White: Die Bedeutung der Form. Erzählstrukturen in der Geschichtsschreibung. Frankfurt a.M. 1990, S. 15.

105 Kracauer: Geschichte, S. 41.

106 Hans Blumenberg: Wirklichkeiten in denen wir leben, S. 124f.

107 Vgl. Walter Hinderer (Hg.): Deutsche Reden. 2 Bde. Stuttgart 1973 u. 1980, Bd. 2, S. 770.

108 Hans Mayer: Rhetorik und Propaganda. In: Ders.: Zur deutschen Literatur der Zeit. Reinbek bei Hamburg 1967, S. 107.

109 Mayer: Rhetorik und Propaganda, S. 107.

110 Lutz Winkler: Studie zur gesellschaftlichen Funktion faschistischer Sprache. Frankfurt a.M. 1970, S. 40.

111 Vgl. Adolf Hitler: Mein Kampf. München 1943, S. 525f.

112 Hitler: Mein Kampf, S. 531f.

113 Hitler: Mein Kampf, S. 532.

114 Hitler: Mein Kampf, S. 536.

115 Friedrichkarl Roedemeyer: Die Sprache des Redners. München und Berlin 1940, S. 124; neben dem tradierten Begriff »Überzeugung« (der bei ihm allerdings auch schon seine argumentative Seite eingebüßt hat) will er den Begriff »geführt« unterstrichen wissen.

116 Roedemeyer: Die Sprache des Redners, S. 155.

117 Roedemeyer: Die Sprache des Redners, S. 155.

118 Emil Dovytat: Rede und Redner. Ihr Wesen und ihre politische Macht. Leipzig o.J. (1937), S. 25f.

119 Ernst Bloch: Kritik der Propaganda. In: Ders.: Vom Hasard zur Katastrophe. Politische Aufsätze aus den Jahren 1934–1939. Mit e. Nachw. v. Oskar Negt. Frankfurt a.M. 1972, S. 197.

120 Ernst Bloch: Sokrates und die Propaganda. In: Ders., Vom Hasard zur Katastrophe, S. 103.

121 Hans Dieter Zimmermann: Frieden in Freiheit und Freiheit in Frieden. Zur Nachrüstungsdebatte im Deutschen Bundestag am 21. und 22. November 1983. In: Diskussion Deutsch 16 (1985) H. 82, S. 153.

122 Hans Dieter Zimmermann: Die politische Rede. Der Sprachgebrauch Bonner Politiker. Stuttgart, Berlin, Köln, Mainz ²1972, S. 158.

123 Zimmermann: Die politische Rede, S. 159.

124 Herbert Marcuse: Der eindimensionale Mensch. Studien zur Ideologie der fortgeschrittenen Industriegesellschaft. Neuwied u. Berlin ³1968, S. 106.

125 Bernhard Asmuth: Die Entwicklung des deutschen Schulaufsatzes aus der Rhetorik. In: Plett, Rhetorik, S. 276; zur Terminierung des Wandels im Unterricht vgl. Dieter Breuer: Schulrhetorik im 19. Jahrhundert. In: Helmut Schanze (Hg.): Rhetorik. Beiträge zu ihrer Geschichte in Deutschland vom 16.–20. Jahrhundert. Frankfurt a.M. 1974, S. 145–179.

126 Vgl. Asmuth: Die Entwicklung des deutschen Schulaufsatzes, S. 280ff.

127 Asmuth: Die Entwicklung des deutschen Schulaufsatzes, S. 285.

128 Asmuth: Die Entwicklung des deutschen Schulaufsatzes, S. 286.

129 Asmuth: Die Entwicklung des deutschen Schulaufsatzes, S. 286; Asmuth weist nach, daß sich auch die neuen Konzeptionen ohne rhetorische Voraussetzungen nicht ganz verstehen lassen (S. 287ff.).

130 Vgl. Hans Bestian: Redeübungen im Deutschunterricht. In: Wirkendes Wort I (1950) H. 3, S. 166.

131 Bestian: Redeübungen im Deutschunterricht, S. 166.

132 Günter Diehl: Rhetorik in der Schule. In: Sprachforum 2 (1956/57), S. 42; der abgedruckte Vortrag wurde im Juli 1955 gehalten.

133 Hans-Georg Herrlitz: Vom politischen Sinn einer modernen Aufsatzrhetorik. In: Joachim Dyck (Hg.): Rhetorik in der Schule, Kronberg/Ts. 1974, S. 121; vgl. auch Hermann Hinrich Bukowski u. Hans-Georg Herrlitz: Gesicherte Grundlagen und offene Fragen der Aufsatzerziehung. In: Dyck: Rhetorik in der Schule, S. 113–121; sowie zum Problem der Rhetorik im schulischen Unterricht: Eberhard Ockel: Rhetorik im Deutschunterricht. Untersuchungen zur didaktischen und methodischen Entwicklung mündlicher Kommunikation. Göppingen 1974.

134 Joachim Dyck: Einleitung: Zur Kritik des herrschenden Rhetorik-Verständnisses. In: Ders.: Rhetorik in der Schule, S. 7.

135 Dyck: Einleitung, S. 13.

136 Dyck: Einleitung, S. 23.

137 Theodor Pelster: Rede und Rhetorik im Sprachunterricht. In: Dyck: Rhetorik in der Schule, S. 50.

138 Klaus Dockhorn: Kritische Rhetorik. In: Plett: Rhetorik, S. 266.

139 Montesquieu: Vom Geist der Gesetze. Übers. v. K. Weigand. Stuttgart 1965, S. 221.

140 Josef Esser: Juristisches Argumentieren im Wandel des Rechtsfindungskonzepts unseres Jahrhunderts: vorgetragen am 21. Oktober 1978. In: Sitzungsberichte der Heidelberger Akademie der Wissenschaften, Phil.-Hist. Klasse. Jg. 1979. Abh. 1. S. 5.

141 Ottmar Ballweg: Rhetorik und Res humanae. In: Gedächtnisschrift für Peter Noll. Hg. v. R. Hauser, J. Rehberg u. G. Stragenwerth. Zürich 1984, S. 13–26.

142 Theodor Viehweg: Topik und Jurisprudenz. Ein Beitrag zur rechtswissenschaftlichen Grundlagenforschung. 5., durchges. u. erw. Aufl. München 1974, S. 14.

143 Vgl. Gian Battista Vico: De nostri temporis studiorum ratione. Vom Wesen und Weg der geistigen Bildung. Lat. u. dt. Übers. v. Walter F. Otto, mit e. Nachw. v. C. Fr. von Weizsäcker u. e. erl. Anh. v. Fritz Schalk. Düsseldorf 1947. Nachdr. Darmstadt 1974.

144 Viehweg: Topik und Jurisprudenz, S. 17.

145 Viehweg: Topik und Jurisprudenz, S. 109.

146 Bornscheuer: Topik, S. 119.

147 Esser: Juristisches Argumentieren, S. 6.

148 Frietjof Haft: Juristische Rhetorik. Freiburg, München 1981, S. 14f.; demgegenüber betont allerdings Hubert Rodingen: Rhetorik im Recht: Ortsbestimmung und Überblick. In: Rhetorik 2 (1981), S. 86: »Jeder Versuch, die juristische Rhetorik zu definieren, wäre im Ansatz verfehlt. Denn juristische Rhetorik ist ein topos, kein terminius. Der Sinn der topoi nun eröffnet sich erst in ihrer Anwendung, im Vollzug der Argumentation.«

149 Vgl. Cha m Perelman: Recht und Rhetorik. In: Ottmar Ballweg u. Thomas-Michael Seibert (Hg.): Rhetorische Rechtstheorie. Freiburg, München 1982, S. 245.

150 Vgl. Thomas-Michael Seibert: Rhetorische Rechtstheorie – im Zusammenhang gesehen. In: Ballweg/Seibert, Rhetorische Rechtstheorie, S. 18.

151 Perelman: Recht und Rhetorik, S. 239.

152 Leonhard Fendt: Homiletik. 2. Aufl. neu bearb. v. Bernhard Klaus. Berlin 1970, S. VII.

153 Herrmann Faber: Neuere homiletische Probleme (1927/28). In: Gert Hummel (Hg.): Aufgabe der Predigt. Darmstadt 1971, S. 126; Faber referiert hier Karl Fezers Kritik in dessen Schrift »Das Wort Gottes und die Predigt« (Stuttgart 1925).

154 Friedrich Niebergall: Die moderne Predigt (1905). In: Hummel: Aufgabe der Predigt, S. 84.

155 Martin Schian: Die Aufgabe der Predigt (1906). In: Hummel: Aufgabe der Predigt, S. 84.

156 Gerhard Füllkrug: Die Predigt der Zukunft (1918). In: Hummel: Aufgabe der Predigt, S. 97.

157 Eduard Thurneysen: Die Aufgabe der Predigt [...]. In: Hummel: Aufgabe der Predigt, S. 116.

158 Thurneysen: Die Aufgabe der Predigt, S. 117.

159 Thurneysen: Die Aufgabe der Predigt, S. 111 u. 112.

160 Karl Barth: Die Gemeindemäßigkeit der Predigt (1935). In: Hummel, Aufgabe der Predigt, S. 173.

161 Thurneysen: Die Aufgabe der Predigt, S. 106.

162 Barth: Die Gemeindemäßigkeit der Predigt, S. 171.

163 Thurneysen: Die Aufgabe der Predigt, S. 116.

164 Barth: Die Gemeindemäßigkeit der Predigt, S. 168.

165 H.-D. Bastian: Verfremdung und Verkündung. Gibt es eine theologische Informationstheorie? München 1965, S. 9.

166 Bastian: Verfremdung und Verkündung, S. 11.

167 Manfred Josuttis: Homiletik und Rhetorik. In: Pastoraltheologie 57 (1968), S. 523.

168 Josuttis: Homiletik und Rhetorik, S. 520.

169 Gert Otto: Predigt als Rede. Auf dem Weg zu einer neuen Homiletik. In: Theologia practica 11 (1976), S. 85.

170 Gert Otto: Thesen zur Problematik der Predigt in der Gegenwart. In: Peter Cornehl u. Hans-Eckehard Bahr (Hg.): Gottesdienst und Öffentlichkeit. Zur Theorie und Didaktik neuer Kommunikation. Hamburg 1970, S. 35.

171 Walter Jens: Die christliche Predigt. In: Ders.: Republikanische Reden. München 1976, S. 18.

172 Jens: Die christliche Predigt, S. 17.

173 Thurneysen: Die Aufgabe der Predigt, S. 111.

174 Aurelius Augustinus: Vier Bücher über die christliche Lehre (De doctrina christiana). Des Heiligen Kirchenvaters Aurelius Augustinus Ausgewählte Schriften. Aus dem Lat. übersetzt. VIII. Bd., Bibliothek der Kirchenväter (Bd. 49). München 1925. II, 40, 60, (S. 103f.).

175 Rupert Lay: Dialektik für Manager. Methoden des erfolgreichen Angriffs und der Abwehr. München 1975, S. 98.

176 Kurt Wolter: Die Redekunst. Rhetorik – Rednererfolg. Völlig überarb. v. Dr. W. Tappe und Günter Kunz. Niedernhausen/Ts. 1983.

177 Peter Ebeling: Rhetorik. Wiesbaden [8]1989, S. 20.

178 Ebeling, Rhetorik, S. 99.

179 Vgl. etwa Wolter: Die Redekunst, S. 26f., 48f. u. 58ff. sowie die Reden auf S. 63 u. 73ff.

180 Ebeling: Rhetorik, S. 98.

181 Wolter: Die Redekunst, S. 52, 54 u. 56.

182 Vgl. etwa Robert Janicek: Erfolgreiche Gesprächsführung und Verhandlungstechnik. Dahlhausen-Magelsen 1976.

183 Marcus Fabius Quintilian: Ausbildung des Redners. Zwölf Bücher. Hg. von Helmut Rahn. 2 Bde. Darmstadt 1972 und 1975, Bd. I 4. Abschnitt der Vorrede.

184 Basil Bernstein: Soziale Struktur Sozialisation und Sprachverhalten. Aufsätze 1958–1970. Amsterdam 1970, S. 57.

185 Duden. Deutsches Universalwörterbuch. Mannheim, Leipzig, Wien, Zürich [8]1989.

186 Manager Seminare. Das Weiterbildungsmagazin. Heft 9 1992, S. 20.

187 Quintilian: Ausbildung des Redners, Bd. I., S. 167ff.

188 Quintilian: Ausbildung des Redners, Bd. I., S. 11.

189 Bernstein: Soziale Struktur, S. 28.

190 Vgl. Marcuse: Der eindimensionale Mensch, S. 103ff.

191 Aristoteles: Rhetorik. I, 1. München 1980.

192 Vgl. Giambattista Vico: Die neue Wissenschaft über die gemeinschaftliche Natur der Völker. Übersetzt und eingeleitet von Erich Auerbach. München 1924, S. 121f.

193 Vgl. Georg Christoph Lichtenberg: Sudelbücher. In: Schriften und Briefe. Bd. I, hg. von Franz H. Mautner, Frankfurt a.M. 1983.

194 Oskar Negt: Soziologische Phantasie und exemplarisches Lernen. Zur Theorie der Arbeiterbildung. Frankfurt a.M. 1968, S. 48.

195 Vgl. Ludwig Fischer: Rhetorik. In: Heinz Ludwig Arnold u. Volker Sinemus (Hg.): Grundzüge der Literatur- und Sprachwissenschaft. Bd. 1: Literaturwissenschaft. München 1973, S. 134–156; S. 136ff.

196 Vgl. etwa Egidius Schmalzriedt: Platon. Der Schriftsteller und die Wahrheit. München 1969 oder Walter Jens: Die Stichomythie in der frühen griechischen Tragödie. München 1955.

197 Vgl. etwa die Arbeiten von Wilfried Barner, Joachim Dyck, Ludwig Fischer, Joachim Goth, Hartmut Stirner und Gert Ueding.

198 Vgl. etwa Josef Kopperschmidt: Allgemeine Rhetorik. Einführung in die Theorie der persuasiven Kommunikation. Stuttgart ²1976.

199 Vgl. etwa Gert Ueding: Rhetorik des Schreibens. Eine Einführung. Frankfurt a.M. ³1991.

200 Vgl. Gert Ueding: Allgemeine Rhetorik. Stuttgart [erscheint demnächst].

201 Aristoteles: Rhetorik. Hg. u. übers. v. Franz G. Sieveke. München 1980, S. 84 [II,1,5–8].

202 Aristoteles: Rhetorik, S. 84 [II,1,8].

203 Aristoteles: Rhetorik, S. 90 [II,2,27].

204 Rüdiger Bubner: Dialektik als Topik. Bausteine zu einer lebensweltlichen Theorie der Rationalität. Frankfurt a.M. 1990, S. 64.

205 Vgl. Paul Feyerabend: Wider den Methodenzwang. Frankfurt a.M. ³1983.

206 Hans Blumenberg: Anthropologische Annäherung an die Aktualität der Rhetorik. In: Ders.: Wirklichkeiten in denen wir leben. Stuttgart 1981, S. 104–136; S. 124.

207 Hans Jonas: Das Prinzip Verantwortung. Versuch einer Ethik für die technologische Zivilisation. Frankfurt a.M. 1989, S. 383.

208 Lothar Bornscheuer: Rhetorische Paradoxien im anthropologischen Paradigmenwechsel. In: Rhetorik 8 (1989), S. 13–42; hier S. 25.

209 Bornscheuer: Rhetorische Paradoxien, S. 21.

210 Aristoteles: Rhetorik, S. 12 [I,2,1].

211 Aristoteles: Rhetorik, S. 19 [I,2,21].

212 Hans-Georg Gadamer: Rhetorik, Hermeneutik und Ideologiekritik. Metakritische Erörterungen zu ›Wahrheit und Methode‹. In: Ders.: Kleine Schriften. Bd. 1: Philosophie, Hermeneutik. Tübingen 1967 S. 113–130.

213 Siegfried Kracauer: Das Ornament der Masse. In: Ders.: Schriften. Bd. 5,2: Aufsätze 1927–1931. Frankfurt a.M. 1990, S. 57–68; hier S. 57.

214 Historisches Wörterbuch der Rhetorik. Hg. v. Gert Ueding. Bd. 1f. Tübingen. 1992f.

215 Francis Bacon: Novum Organum (dt. Neues Organ der Wissenschaften). Hg. u. übers. v. Theobald Brück. Leipzig 1830 [Nachdruck: Darmstadt 1981].

216 Rhetorik-Forschungen. Hg. v. Gert Ueding. Bd. 1ff. Tübingen 1991ff; Rhetorik. Ein internationales Jahrbuch. 1ff. (1980ff.).

217 Vgl. Roman Jakobson: Aufsätze zur Linguistik und Poetik. Hg. v. Wolfgang Raible. München 1974.

218 Vgl. Dolf Sternberger: Gerechtigkeit für das neunzehnte Jahrhundert. In: Schriften. Bd. 6: Vexierbilder des Menschen. Frankfurt a.M. 1981, S. 115–177.

Literaturverzeichnis

Einführende, allgemeine und historisch übergreifende Darstellungen

(Einführenden Gesamtdarstellungen einzelner Epochen finden sich in den jeweiligen Unterkapiteln des Literaturverzeichnisses.)

Andersen, Øivind: Im Garten der Rhetorik. Die Kunst der Rede in der Antike. Darmstadt 2001.

Asmuth, Bernhard u. Luise Berg-Ehlers: Stilistik. Düsseldorf 1974. (= Grundstudium Literaturwissenschaft. Hochschuldidaktische Arbeitsmaterialien 5).

Bahmer, Lonni: Antike Rhetorik und kommunikative Aufsatzdidaktik. Der Beitrag der Rhetorik zur Didaktik des Schreibens. Hildesheim 1991.

Behrmann, Alfred: Einführung in die Analyse von Prosatexten. 5., durchges. Aufl. Stuttgart 1982.

Binder, Alwin u.a.: Einführung in Metrik und Rhetorik. 3., erg. u. verb. Aufl. Königstein/Ts. 1980.

Borinski, Karl: Die Antike in Poetik und Kunsttheorie von Ausgang des klassischen Altertums bis auf Goethe und Wilhelm von Humboldt. 2 Bde. Leipzig 1914 u. 1924. Nachdr. Darmstadt 1965.

Bremerich-Vos, Albert: Populäre rhetorische Ratgeber. Historisch-systematische Untersuchungen. Tübingen 1991.

Bubner, Rüdiger: Dialektik als Topik. Bausteine zu einer lebensweltlichen Theorie der Rationalität. Frankfurt a.M. 1990.

Buck, August: Die Verteidigung der Poesie. Tübingen 1952.

Claasen, Carl Joachim u. Heinz-Joachim Müllenbrock (Hg.): Die Macht des Wortes. Aspekte gegenwärtiger Rhetorikforschung. Marburg 1992. (= Ars rhetorica, Bd. 4).

Cruel, Rudolf: Geschichte der deutschen Predigt. Darmstadt 1966.

Curtius, Ernst Robert: Europäische Literatur und lateinisches Mittelalter. 5., durchges. Aufl. Bern 1967.

Damaschke, Adolf: Geschichte der Redekunst. Eine erste Einführung. Jena 1921.

Dockhorn, Klaus: Rezension Heinrich Lausberg, Handbuch der literarischen Rhetorik. In: Göttingische Gelehrte Anzeigen 214 (1962), S. 177–196.

Dolch, Josef: Lehrplan des Abendlandes. Zweieinhalb Jahrtausende seiner Geschichte. Darmstadt 1982.

Fey, Gudrun: Das ethische Dilemma der Rhetorik in der Theorie der Antike und der Neuzeit. Stuttgart 1990.

Fischer, Ludwig: Rhetorik. In: Heinz Ludwig u. Volker Sinemus (Hg.): Grundzüge der Literatur- und Sprachwissenschaft. 2 Bde. München 1973. Bd. 1, S. 134–135.

Frank, Horst Joachim: Dichtung, Sprache, Menschenbildung. Geschichte des Deutschunterrichts von den Anfängen bis 1945. München 1973.

Friedrich, Hugo: Epochen der italienischen Lyrik. Frankfurt a.M. 1964.

Gadamer, Hans-Georg: Rhetorik, Hermeneutik und Ideologiekritik. Metakritische Erörterungen zu Wahrheit und Methode. In: Karl-Otto Apel, Claus von Bormann u.a. (Hg.): Hermeneutik und Ideologiekritik. Frankfurt a.M. 1971, S. 57–82.

–: Replik (Rhetorik, Hermeneutik und Ideologiekritik). In: Karl-Otto Apel, Claus von Bormann u.a. (Hg.): Hermeneutik und Ideologiekritik. Frankfurt a.M. 1971, S. 283–317.

–: Wahrheit und Methode. Grundzüge einer philosophischen Hermeneutik. 4., durch e. Nachtr. verm. Aufl. Tübingen 1976.

–: Rhetorik und Hermeneutik. Göttingen 1998.

Gast, Wolfgang: Juristische Rhetorik. Auslegung, Begründung, Subsumption. 2., überarb. und erw. Aufl. Heidelberg 1992.

Geißler, Ewald: Rhetorik. 2 Tle. Teil 1: Richtlinien für die Kunst des Sprechens. 2., verb. Aufl. Leipzig und Berlin 1914. Teil 2: Anweisungen zur Kunst der Rede. Leipzig und Berlin 1914.

Geissner, Hellmut: Rede in der Öffentlichkeit. Eine Einführung in die Rhetorik. Stuttgart usw. 1969.

–: Rhetorik. 4., durchges. Aufl. München 1978.

Göttert, Karl-Heinz: Einführung in die Rhetorik. Grundbegriffe – Geschichte – Rezeption. München 1991.

–: Kommunikationsideale. Untersuchungen zur europäischen Konversationstheorie. München 1988.

Graevenitz, Gerhart v.: Das Ich am Rande. Zur Topik der Selbstdarstellung bei Dürer, Montaigne und Goethe. Konstanz 1989.

Grassi, Ernesto: Macht des Bildes: Ohnmacht der rationalen Sprache. Zur Rettung des Rhetorischen. Köln 1970.

–: Die Macht der Phantasie. zur Geschichte abendländischen Denkens. Königstein/Ts. 1979.

Huang, Lee-Feng: Europäische und chinesische Rhetorik im Vergleich. Berlin 2001.

Ijsseling, Samuel: Rhetorik und Philosophie. Eine historisch-systematische Einführung. Übers. aus dem Niederländ. v. Michael Astroh, bearb. v. Birgit Nehren. Stuttgart-Bad Cannstatt 1988.

Jens, Walter: Rhetorik. In: Reallexikon der deutschen Literaturgeschichte. Hg. v. P. Merker u. W. Stammler. Band III. Berlin, New York 1972, S. 432–456.

–: Von deutscher Rede. Erw. Neuausgabe. München, Zürich 1983.

Kapp, Volker (Hg.): Die Sprache der Zeichen und Bilder. Rhetorik und nonverbale Kommunikation in der frühen Neuzeit. Marburg 1990.

Klein, Josef (Hg.): Rhetorik und Argumentation. Velber 1999.

Knape, Joachim: Was ist Rhetorik? Stuttgart 2000.

–; Olaf Kramer u. Peter Weit (Hg.): »Und es trieb die Rede mich an...«. Festschrift zum 65. Geburtstag von Gert Ueding. Tübingen 2008.

Kolmer, Lothar u. Carmen Rob-Santer: Studienbuch Rhetorik. Paderborn 2002.

Kopperschmidt, Josef: Allgemeine Rhetorik. Einführung in die Theorie der Persuasiven Kommunikation. Stuttgart, Berlin, Köln, Mainz 1973.

–: Rhetorica. Aufsätze zur Theorie, Geschichte und Praxis der Rhetorik. Hildesheim, Zürich, New York 1985.

– u. Helmut Schanze (Hg.): Fest und Festrhetorik. Zur Theorie, Geschichte und Praxis der Epideiktik. München 1999.

Krämer, Helmut: Rhetorik. Philosophie versus Rhetorik, rhetorische Theorie und Didaktik. Frankfurt a.M., Bern 1982.

Der kleine Pauly. Lexikon der Antike. Hg. v. K. Ziegler, W. Sontheimer u. H. Gärtner. 5 Bde. München 1979.

Lachmann, Renate: Die Zerstörung der schönen Rede. Rhetorische Tradition und Konzepte des Poetischen. München 1994.

Lausberg, Heinrich: Elemente der literarischen Rhetorik. Eine Einführung für Studierende der romanischen Philologie. 5., erw. u. durchges. Aufl. München 1976.

–: Handbuch der literarischen Rhetorik. Eine Grundlegung der Literaturwissenschaft. 2 Bde. 2., durch einen Nachtrag verm. Aufl. München 1973.

Mainberger, Gonsalv K.: Rhetorica I: Reden mit Vernunft. Aristoteles, Cicero, Augustinus. Suttgart-Bad Cannstatt 1987.

–: Rhetorica II: Spiegelungen des Geistes. Sprachfiguren bei Vico und Levi-Strauss. Stuttgart-Bad Cannstatt 1988.

Maletzke, Gerhard: Massenkommunikationstheorien. Tübingen 1988.

Markwardt, Bruno: Geschichte der deutschen Poetik. 4 Bde. Bd. 1: Barock und Frühaufklärung (1937, 2., um einen Nachtrag erw. Aufl. 1958). Bd. 2: Aufklärung, Rokoko, Sturm und Drang (1956). Bd. 3: Klassik und Romantik (1958). Bd. 4: Das neunzehnte Jahrhundert (1969). Berlin 1937ff. (= Grundriß der germanischen Philologie 13/1–4).

Mayer, Heike: Literarische Rhetorik. Münster 2001.

Oesterreich, Peter L.: Fundamentalrhetorik. Untersuchung zu Person und Rede in der Öffentlichkeit. Hamburg 1990.

Ottmers, Clemens: Rhetorik. Stuttgart/Weimar ²2007. (= Sammlung Metzler 283).

Plett, Heinrich F.: Einführung in die rhetorische Textanalyse. 9. erw. und aktualisierte Aufl. Hamburg 2001.

Ptassek, Peter: Rhetorische Rationalität. Stationen einer Verdrängungsgeschichte von der Antike bis zur Neuzeit. München 1993.

Reclam, Herta und Illo Midderhoff: Elemente der Rhetorik. München 1979.

Rehbock, Helmut: Rhetorik. In: Lexikon der Germanistischen Linguistik. Hg. v. Hans Peter Althaus, Helmut Henne u. Herbert Ernst Wiegand. 2., vollst. neu bearb. u. erw. Aufl. Tübingen 1980, S. 293–303.

Reicke, Emil: Der Gelehrte in der deutschen Vergangenheit. Jena 1924. Nachdr. Bayreuth o.J.

Reiners, Ludwig: Die Kunst der Rede und des Gesprächs. München und Bern ⁵1968.

Reirzers, Ludwig: Stilkunst. Lehrbuch deutscher Prosa. München ⁷1980.

Rhetorik. Ein internationales Jahrbuch. Hg. v. Joachim Dyck, Ludwig Fischer, Walter Jens, Klaus Pawlowski u. Gert Ueding. Bd. 1–4.Tübingen 1980–1985.

Rhetorik. Ein internationales Jahrbuch. Hg. v. Joachim Dyck, Walter Jens, Gert Ueding. Vgl.:
- Rhetorik und Theologie (Bd. 5): Hg. v. Gert Otto. Tübingen 1986.
- Rhetorik und Psychologie (Bd. 6): Hg. v. Joachim Dyck. Tübingen 1987.
- Rhetorik heute I (Bd. 7): Hg. v. Gert Ueding. Tübingen 1988.
- Rhetorik heute II (Bd. 8): Hg. v. Gert Ueding. Tübingen 1989.
- Rhetorik und Strukturalismus (Bd. 9): Hg. v. Johannes G. Pankau, Thomas Pekar. Tübingen 1990.
- Rhetorik der frühen Neuzeit (Bd. 10): Hg. v. Joachim Dyck. Tübingen 1991.
- Rhetorik und Politik (Bd. 11): Hg. v. Gert Ueding. Tübingen1992.
- Rhetorik im 19. Jahrhundert (Bd. 12): Hg. v. Joachim Dyck. Tübingen1993.
- Körper und Sprache (Bd. 13): Hg. v. Thomas Müller. Tübingen1994.
- Angewandte Rhetorik (Bd. 14): Hg. v. Wilhelm Hilgendorff. Tübingen 1995.
- Juristische Rhetorik (Bd. 15): Hg. v. Wolfgang Gast. Tübingen 1996.
- Rhetorik im Nationalsozialismus (Bd. 16): Hg. v. Johannes G. Pankau. Tübingen 1997.
- Rhetorik in der Schule (Bd. 17): Hg. v. Andrea Merger. Tübingen 1998.
- Rhetorik und Philosophie (Bd. 18): Hg. v. Peter L. Oesterreich. Tübingen 1999.
- Literatur-Rhetorik-Politik (Bd. 19): Hg. v. Johannes G. Pankau. Tübingen 2000.
- Rhetorik um 1800 (Bd. 20): Hg. v. Peter D. Krause. Tübingen 2001.

Rhetorik. Ein internationales Jahrbuch. Hg. v. Manfred Beetz, Joachim Dyck, Wolfgang Neuber, Gert Ueding. Vgl.:
- Neue Tendenzen der Rhetorikforschung (Bd. 21): Hg. v. Joachim Dyck, Gert Ueding. Tübingen 2002.
- Krieg und Rhetorik (Bd. 22): Hg. v. Tohmas Rahn. Tübingen 2003.
- Rhetorik und Anthropologie (Bd. 23): Hg. v. Peter D. Krause. Tübingen 2004.
- Bild-Rhetorik (Bd. 24): Hg. v. Wolfgang Brassat. Tübingen 2005.
- Rhetorik der Debatte (Bd. 25): Hg. v. Olaf Kramer. Tübingen 2006.
- Rhetorik und Film (Bd. 26): Hg. v. Hans-Edwin Friedrich. Tübingen 2007.
- Theatralische Rhetorik (Bd. 27): Hg. v. Wolfgang Neuber, Thomas Rahn. Tübingen 2008.

Rhetorik. Ein internationales Jahrbuch. Hg. v. Manfred Beetz, Joachim Dyck, Wolfgang Neuber, Peter L. Oesterreich, Gert Ueding. Vgl.:

- Rhetorik und Verständlichkeit (Bd. 28): Hg. v. Gerd Antos. Tübingen 2009.

Robling, Franz-Hubert: Redner und Rhetorik. Studie zur Begriffs- und Ideengeschichte des Rednerideals. Hamburg 2007.

Schlüter, Hermann: Grundkurs Rhetorik. Mit einer Textsammlung. München [8]1983.

Schlüter-Kiske, Barbara: Rhetorik für Frauen. Wir sprechen für uns. (Mit 16 Zeichn. von Margaretha Ganseforth) Frankfurt a.M. 1991.

Schneyer, Johann Baptist: Geschichte der katholischen Predigt. Freiburg 1969.

Schütz, Werner: Geschichte der christlichen Predigt. Berlin 1972.

Seiffert, Helmut: Stil heute. Eine Einführung in die Stilistik. München 1977.

Sobota, Katharina: Sachlichkeit. Rhetorische Kunst der Juristen. Frankfurt a.M., Bern, New York, Paris 1990.

Stötzer, Ursula: Redekunst. Leipzig 1964.

Tusculum-Lexikon griechischer und lateinischer Autoren des Altertums und des Mittelalters. 3., neu bearb. Aufl. v. Wolfgang Buchwald, Armin Hohlweg u. Otto Prinz. München und Zürich 1982.

Ueding, Gert (Hg.): Historisches Wörterbuch der Rhetorik Bd. 1–10. Tübingen 1992–2011.

–: Rhetorik des Schreibens. Eine Einführung. Frankfurt a.M. [3]1991.

–: (Hg.): Rhetorik zwischen den Wissenschaften. Geschichte, System, Praxis als Probleme des »Historischen Wörterbuchs der Rhetorik«. Tübingen 1991.

–: (Hg.): Einführung in die Rhetorik. Geschichte – Technik – Methode. Stuttgart 1976.

Vickers, Brian: In Defense of Rhetoric. Oxford 1988.

–: Mächtige Worte – Antike Rhetorik und europäische Literatur. Unter Mitarbeit von Sabine Köllmann. 1. Aufl. Berlin u.a. 2008.

Weithase, Irmgard: Zur Geschichte der gesprochenen deutschen Sprache. 2 Bde. Tübingen 1961.

Wiegmann, Hermann: Geschichte der Poetik. Ein Abriß. Stuttgart 1977.

Windelband, Wilhelm: Lehrbuch der Geschichte der Philosophie. Hg. v. Heinz Heimsoeth. 15., durchges. u. erg. Aufl. Tübingen 1967.

Wychgram, Marianne: Quintilian in der deutschen und französischen Literatur des Barock und der Aufklärung. Langensalza 1921.

Yates, Frances A.: Gedächtnis und Erinnern. Mnemonik von Aristoteles bis Shakespeare. Berlin [5]1999.

Antike

Adam, Konrad: *Docere – delectare – movere*. Zur poetischen und rhetorischen Theorie über Aufgaben und Wirkung der Literatur. Phil. Diss. Kiel 1971.

Adamietz, Joachim: Ciceros De inventione und die Rhetorik ad Herennium. Phil. Diss. Marburg 1960.

Aruzstassiou, Anargyros A.: Zur antiken Wertschätzung der Beredsamkeit des Demosthenes. Phil. Diss. Kiel 1965.

Appel, Benedikt: Das Bildungs- und Erziehungsideal Quintilians nach der Institutio oratoria. Donauwörth 1914.

Aristoteles, Die Nikomachische Ethik. Übers. u. hg. v. Olof Gigon. München 1972.

–: Poetik. Übers. u. hg. v. Olof Gigon. Stuttgart 1961.

–: Politik. Übers. u. hg. v. Olof Gigon. München 1973.

–: Rhetorik. Die Lehrschriften. Hg., übertr. u. erl. v. Paul Gohlke. Paderborn 1959.

–: Rhetorik. Übers., mit e. Bibl., Erl. u. e. Nachw. v. Franz Sieveke. München 1980.

–: Rhetorik an Alexander. Die Lehrschriften. Hg., übertr. u. erl. v. Paul Gohlke. Paderborn 1959.

–: Sophistische Widerlegungen. Hg. u. übers. v. Eduard Rolfes. Hamburg 1968.

–: Topik. Hg. u. übers. v. Eduard Rolfes. Hamburg 1968.

Barwick, Karl: Der Dialogus De oratoribus des Tacitus. Motive und Zeit seiner Entstehung. Berlin 1954. (= Berichte über die Verhandlungen der Sächsischen Akademie der Wissenschaften zu Leipzig, Philol.-hist. Klasse 104/1).

–: Die Gliederung des rhetorischen TEXNH und die Horazische Epistula ad Pisones. In: Hermes 57 (1922), S. 1–62.

–: Probleme der stoischen Sprachlehre und Rhetorik. Berlin/DDR 1957. (= Abhandlungen der Sächsischen Akademie der Wissenschaften zu Leipzig. Phil.-hist. Klasse. Bd. 49, H. 3).

–: Das rednerische Bildungsideal Ciceros. Berlin/DDR 1963. (= Abhandlungen der Sächsischen Akademie der Wissenschaften zu Leipzig. Phil.-hist. Klasse. Bd. 54, H. 3).

Baumhauer, Otto: Die sophistische Rhetorik. Eine Theorie sprachlicher Kommunikation. Stuttgart. 1968.

Becher, Ilse: Rhetorik. In: Lexikon der Antike. Hg. v. Johannes Irmscher. Leipzig 1972, S. 463–465.

Beck, Ingo: Untersuchungen zur Theorie des Genos symbuleutikon. Phil. Diss. Hamburg 1970.

Berger, Dorothea: Cicero als Erzähler. Forensische und literarische Strategien in den Gerichtsreden. Frankfurt a.M. usw. 1977. (= Phil. Diss. Konstanz 1975).

Blass, Friedrich: Die attische Beredsamkeit. 3 Abteilungen. Leipzig 1887ff. Nachdr. Hildesheim 1962.

–: Die griechische Beredsamkeit in dem Zeitraum von Alexander bis auf Augustus. Berlin 1865. Nachdr. Hildesheim, New York 1977.

Bloch, Ernst: Sokrates und die Propaganda. In: Ders.: Vom Hasard zur Katastrophe. Politische Aufsätze aus den Jahren 1934–1939. Mit e. Nachw. v. Oskar Negt. Frankfurt a.M. 1972.

Braun, Edmund: Zur Einheit der aristotelischen »Topik«. Phil. Diss. Köln 1959.

Bringmann, Klaus: Untersuchungen zum späten Cicero. Göttingen 1971 (= Habilitationsschrift Marburg 1969).

Buchheit, Vinzenz: Untersuchungen zur Theorie des Genos Epideiktikon von Gorgias bis Aristoteles. München 1960. (= Habilitationsschrift Univ. des Saarlandes 1957).

Büchner, Karl: Cicero. Bestand und Wandel seiner geistigen Welt. Heidelberg 1964.

Bühler, Winfried: Beiträge zur Erklärung der Schrift Vom Erhabenen. Göttingen 1964.

Cicero, Marcus Tullius: Brutus. Lat. u. dt. Hg. v. Bernhard Kytzler. München 1970.

–: Orator. Lat. u. dt. Hg. v. Bernhard Kytzler. München 1975.

–: Topica. Die Kunst, richtig zu argumentieren. Lat. u. dt. Übers. u. hg. v. Hans Günter Zekl. Hamburg 1983.

–: Rhetorik oder Von der rhetorischen Erfindungskunst (De inventione rhetorica). Übers. v. Wilhelm Binder. Stuttgart o.J.

–: Sämtliche Reden. Eingel., übers. u. erl. v. Manfred Fuhrmann. 7 Bde. Zürich und München 1970ff.

–: Über den Redner. De oratore. Lat. u. dt. Übers. u. hg. v. Harald Merklin. 2., durchges. u. bibl. erg. Aufl. Stuttgart 1981.

Clarke, Martin Lowther: Die Rhetorik bei den Römern. Ein historischer Abriß. Göttingen 1968.

Claasen, Carl Joachim: Recht, Rhetorik, Politik. Untersuchungen zu Ciceros rhetorischer Strategie. Darmstadt 1985.

Derbolav, Josef: Platons Sprachphilosophie im Kratylos und in den späteren Schriften. Darmstadt 1972.

Diels, Hermann: Die Fragmente der Vorsokratiker. Griech. u. dt. 3 Bde. 6., verb. Aufl. hg. v. W. Kranz. Berlin-Grunewald 1951–52.

Düring, Ingemar: Aristoteles. Darstellung und Interpretation seines Denkens. Heidelberg 1966. (= Bibliothek der klassischen Altertumswissenschaften. N.F. Reihe 1).

Eisenhut, Werner: Einführung in die antike Rhetorik und ihre Geschichte. Darmstadt 1974.

Fuhrmann, Manfred: Cicero und die römische Republik. Eine Biographie. 3., durchges. u. erw. Aufl. München, Zürich 1991.

–: Dichtungstheorien der Antike. Aristoteles – Horaz – »Longin«. Eine Einführung. 2., überarb. u. veränd. Aufl. Darmstadt 1992 [1. Aufl. u.d.T.: Einführung in die antike Dichtungstheorie].

–: Die antike Rhetorik. Eine Einführung. München und Zürich 1984.

–: Das systematische Lehrbuch. Ein Beitrag zur Geschichte der Wissenschaften in der Antike. Göttingen 1960.

Gigon, Olaf: Gorgias »Über das Nichtsein«. In: Hermes 71 (1936) S. 186–213.

Gomperz, Heinrich: Sophistik und Rhetorik. Das Bildungsideal des εὖ λέγειν in seinem Verhältnis zur Philosophie des V. Jahrhunderts. Leipzig u. Berlin 1912. Nachdr. Darmstadt 1965.

Grassi, Ernesto: Die Theorie des Schönen in der Antike. Köln 1962.

Grimaldi, William: Studies in the Philosophy of Aristotele's Rhetoric. Wiesbaden 1972.

Gugel, Helmut: Untersuchungen zu Stil und Aufbau des Rednerdialogs des Tacitus. Innsbruck 1969. (= Phil. Diss. Graz 1964).

Hahn, Reinhart: Die Allegorie in der antiken Rhetorik. Phil. Diss. Tübingen 1967.

Hellwig, Antje: Untersuchungen zur Theorie der Rhetorik bei Platon und Aristoteles. Göttingen 1973. (= Phil. Diss. Bonn 1970).

Horaz: Sämtliche Werke. Lat. u. dt. Hg. v. Hans Färber. München 2 1970.

Kennedy, George: Quintilian. New York 1969.

–: The Art of Persuasion in Greece. Princeton 1963. (= A History of Rhetoric, Bd. 1).

–: The Art of Rhetoric in the Roman World: 300 B.C. – A.D. 300 (= A History of Rhetoric, Bd. 2). Princeton 1972.

Kopperschmidt, Josef: Quintilian De Argumentis. Oder. Versuch einer argumentationstheoretischen Rekonstruktion der antiken Rhetorik. In: Rhetorik 2 (1981) 59–74.

Kroll, Wilhelm: Cicero und die Rhetorik. In: Neue Jahrbücher für das klassische Altertum 10 (1903).

–: Studien über Ciceros Schrift De oratore. In: Rheinisches Museum für Philologie N. F. 58 (1903), S. 552–597.

Lossau, Manfred Joachim: Untersuchungen zur antiken Demosthenesexegese. Bad Homburg v.d.H. 1964.

Maier-Eichhorn, Ursula: Die Gestikulation in Quintilians Rhetorik. Frankfurt a.M., Bern, New York, Paris 1989.

Marrou, Henri-Irénée: Geschichte der Erziehung im klassischen Altertum. Hg. v. Richard Harder. Freiburg u. München 1957.

Martin, Josef: Antike Rhetorik. Technik und Methode. München 1974. (= Handbuch der Altertumswissenschaft 2,3).

Müller, Jan: Decorum. Tübingen 2011.

Münkel, Gabriele: Redner und Redekunst in den historischen Schriften des Tacitus. Phil. Diss. Würzburg 1960.

Mutschmann, Hermann: Tendenz, Aufbau und Quellen der Schrift Vom Erhabenen. Berlin 1913.

Nestle, Wilhelm: Die Schrift des Gorgias »Über die Natur oder über das Nichtseiende«. In: Hermes 57 (1922), S. 551–562.

–: Vom Mythos zum Logos. Stuttgart 1940.

–: Die Vorsokratiker. Deutsch in Ausw. mit Einl. Düsseldorf, Köln ⁴1956.

Neumeister, Christoff: Grundsätze der forensischen Rhetorik, gezeigt an Gerichtsreden Ciceros. München 1964. (= Langue et Parole 3) (= Phil. Diss. Heidelberg 1962).

Niehues-Pröbsting, Heinrich: Überredung zur Einsicht. Der Zusammenhang von Philosophie und Rhetorik bei Platon und in der Phänomenologie. Frankfurt a.M. 1987.

Norden, Eduard: Die antike Kunstprosa. 2 Bde. Darmstadt ⁵1958.

Papadimitrzu, Euthymios: Ethische und psychologische Grundlagen der Aristotelischen Rhetorik. Frankfurt usw. 1972. (= Phil. Diss. München 1977).

Petronius Arbiter, Titus: Satiricon. Lat. u. dt. Übers. v. Carl Hoffmann. Tübingen 1948.

Platon: Sämtliche Werke. In der Übers. v. Friedrich Schleiermacher mit der Stephanus-Numerierung hg. v. Walter Ei, Otto, Ernesto Grassi u. Gert Plamböck. 6 Bde. Hamburg 1957–1959.

Pseudo-Longinos: Vom Erhabenen. Griech. u. dt. Übers. u. hg. v. Reinhard Brandt. Darmstadt 1966.

Quintilianus, Marcus Fabius: Ausbildung des Redners. Lat. u. dt. Hg. u. übers. v. Helmut Rahn. 2 Bde. Darmstadt 1972 u. 1975.

–: Über Pädagogik und Rhetorik. Eine Auswahl aus der »institutio oratoria«. Übertr., eingel. u. erl. v. Marion Giebel. München 1974.

Rhetorik an Herennius. In: Cicero, Marcus Tullius: Werke. Bd. 26. Übers. v. Christian Walz. Stuttgart 1842. (= Römische Prosaiker in neuen Übersetzungen Bd 160).

Ritter, Constantin: Die Quintilianischen Declamationen. Untersuchung über Art und Herkunft derselben. Freiburg u. Tübingen 1881. Nachdr. Hildesheim 1967.

Schadewaldt, Wolfgang: Antike und Gegenwart. Über die Tragödie. München 1966.

Schmalzriedt, Egidius: Platon. Der Schriftsteller und die Wahrheit. München 1969.

–: Sophokles und die Rhetorik. In: Rhetorik 1 (1980), S. 89–110.

Schönberger, Karl Hermann Otto: Die Klagen über den Verfall der römischen Beredsamkeit im ersten Jahrhundert nach Christus. Ein Beitrag zum Problem der Dekadenz. Phil. Diss. Würzburg 1951.

Schoepsdau, Klaus: Antike Vorstellungen von der Geschichte der griechischen Rhetorik. Phil. Diss. Univ. des Saarlandes 1969.

Schulte, Hans Kurt: Orator. Untersuchungen über das ciceronianische Bildungsideal. Frankfurt a. M. 1935.

Seel, Otto: Quintilian oder die Kunst des Redens und Schweigens. Stuttgart 1977.

Sitta, Horst Volker: Beiträge zur Interpretation von Ciceros De oratore. Phil. Diss. Tübingen 1962.

Tacitus, Publius Cornelius: Die historischen Versuche. Agricola – Germania – Dialogus. Übers. u. hg. v. Karl Büchner. Stuttgart 1955.

Tarkiainen, Tuttu: Die athenische Demokratie. München 1972.

Tessmer, Renate: Untersuchungen zur aristotelischen Rhetorik. Phil. Diss. Berlin 1957.

Thiel, Elisabeth: Der ethische Gehalt des Gorgias. Phil. Diss. Breslau 1911.

Ueding, Gert: Klassische Rhetorik. Orig.-Ausg. 5., durchges. Aufl. München 2004.

Volkmann, Richard: Die Rhetorik der Griechen und Römer in systematischer Übersicht. Leipzig 1885. Nachdr. Hildesheim 1963.

Werner, Julius: Zur Frage nach dem Verfasser der Herenniusrhetorik. In: Jahresbericht des k. k. Staatsgymnasiums in Bielitz für das Schuljahr 1905/1906. Bielitz 1906.

Wikromanyake, George Herbert: Das Verhältnis von Philosophie und Rhetorik bei Platon und Aristoteles. Phil. Diss. (masch.) Göttingen 1965.

Wilamowitz-Möllendorf, Ulrich von: Asianismus und Attizismus. In: Hermes 35 (1900), S. 1–52.

Windelband, Wilhelm: Geschichte der alten Philosophie. München ²1894.

Wörner, Markus H.: Das Ethische in der Rhetorik des Aristoteles. Freiburg/Br., München 1989.

Wülfing-v. Martitz, Peter: Grundlagen und Anfänge der Rhetorik in der Antike. In: Euphorion 63 (1969), S. 207–215.

Zundel, Eckhart: Clavis Quintilianea. Quintilians »Instituion oratoria« (Ausbildung des Redners) aufgeschlüsselt nach rhetorischen Begriffen. Darmstadt 1989.

Mittelalter

Adalbertus Samatanus: Praecepta dictaminum. Hg. u. eingel. v. Franz-Josef Schmale. Weimar 1961.

Alexander de Villa-Dei: Das Doctrinale des Alexander de Villa-Dei. Hg. u. eingel. v. Dietrich Reichling. Kritisch-exegetische Ausgabe. Berlin 1893.

Arbusow, Leonid: Colores Rhetorici. Eine Auswahl rhetorischer Figuren und Gemeinplätze als Hilfsmittel für akademische Übungen an mittelalterlichen Texten. Hg. v. Helmut Peter. 2., durchges. u. verm. Aufl. Göttingen 1963.

Assunto, Rosario: Die Theorie des Schönen im Mittelalter. Köln ²1982.

Augustinus, Aurelius: Bekenntnisse. Eingel. u. übertr. v. Wilhelm Thimme. Stuttgart 1977.

–: Vier Bücher über die christliche Lehre (De doctrina christiana). Des Heiligen Kirchenvaters Aurelius Augustinus Ausgewählte Schriften. Aus dem Lat. übersetzt. VIII. Bd., Bibliothek der Kirchenväter (Bd. 49). München 1925.

Backes, Herbert: Bibel und ars praedicandi im Rolandslied des Pfaffen Konrad. Berlin 1966.

Baldwin, Charles Sears: Medieval Rhetoric and Poetic. New York 1928.

Brinkmann, Henning: Zu Wesen und Form mittelalterlicher Dichtung. Tübingen ²1979.

–: Mittelalterliche Hermeneutik. Tübingen 1980.

Bütow, Adolf: Die Entwicklung der mittelalterlichen Briefsteller bis zur Mitte des 12. Jahrhunderts. Greifswald 1908.

Faral, Edmond: Les Arts poétiques du XIIe et du XIIIe siècle. Paris 1924. Nachdr. Genf, Paris 1982.

Fitting, Hermann: Die Anfänge der Rechtsschule in Bologna. Berlin 1888.

Fried, Johannes: Dialektik und Rhetorik im früheren und hohen Mittelalter. Rezeption, Überlieferung und gesellschaftliche Wirkung antiker Gelehrsamkeit vornehmlich im 9. und 12. Jahrhundert. München 1997.

Hansen, Monika: Der Aufbau der mittelalterlichen Predigt. Unter Berücksichtigung der Mystiker Eckhart und Tauler. Phil. Diss. Hamburg 1972.

Haye, Thomas: Oratio. Mittelalterliche Redenkunst in lateinischer Sprache. Leiden u.a. 1999.

Heller, Emmy: Die Ars dictandi des Thomas von Capua. Erläuterung und Datierung. Heidelberg 1929. (= Sitzungsberichte der Heidelberger Akademie der Wissenschaften. Phil.-hist. Klasse. Jg. 1928/29, 4. Abt.).

Jacobi, Klaus (Hg.): Gespräche lesen. Philosophische Dialoge im Mittelalter. Tübingen 1999.

Johannes de Garlandia: Poetria magistri Johannis anglici de arte prosayca metrica et rithmica. Hg. v. Giovanni Mari. In: Romanische Forschungen 13 (1902), S. 883–965.

Kager, Gertrud: De doctrina christiana von Aurelius Augustinus: Die erste Anweisung zur christlichen Redekunst. Phil. Diss. Wien 1970.

Klopsch, Paul: Einführung in die Dichtungslehren des Mittelalters. Darmstadt 1980.

Krewitt, Ulrich: Metapher und tropische Rede in der Auffassung des Mittelalters. Beihefte zum »Mittellateinischen Jahrbuch« 7. Ratingen, Kastellaun, Wuppertal 1971.

Lauda, Rudolf: Kaufmännische Gewohnheit und Burgrecht bei Notker dem Deutschen. Frankfurt a.M., Bern, New York, Nancy 1984.

Lehmann, Paul: Die institutio oratoria des Quintilianus im Mittelalter. In: Philologus N.F. 23 (1934), S. 349–383.

Manitius, Max: Geschichte der lateinischen Literatur des Mittelalters. München 1911.

Marrou, Henri-Irénée: Augustinus und das Ende der antiken Bildung. Paderborn, München, Wien, Zürich 1982.

Martianus Capella: De nuptiis Philologiae et Mercurii et de septem artibus liberalibus libri novem. Ed. U.F. Kopp. Frankfurt a.M. 1836.

McKeon, Richard: Rhetoric in the Middle Ages. In: Speculum. A Journal of Mediaeval Studies XVII (1942), S. 1–32.

Mertens, Volker u. Hans-Jochen Schiewer (Hg.): Die deutsche Predigt im Mittelalter. Internationales Symposium am Fachbereich Germanistik der Freien Universität Berlin, Oktober 1989. Tübingen 1991.

Moos, Peter von: Gesammelte Schriften zum Mittelalter. Hg. v. Gert Melville. Band 2: Rhetorik, Kommunikation und Medialität. Münster u.a. 2006.

Murphy, James J.: Rhetoric in the Middle Ages. A History of Rhetorical Theory from Saint Augustine to the Renaissance. Berkeley, Los Angeles, London 1974.

Quadlbauer, Franz: Die antike Theorie der genera dicendi im lateinischen Mittelalter. Graz usw. 1962 (= Sitzungsberichte der Österreichischen Akademie der Wissenschaften in Wien, philos.-hist. Klasse 241/2).

Rissel, Maria: Rezeption antiker und patristischer Wissenschaft bei Hrabanus Maurus. Bern, Frankfurt a.M. 1976.

Rockinger, Ludwig: Briefsteller und formelbücher des eilften bis vierzehnten jahrhunderts. 2 Abt. München 1863 u. 1864. (= Quellen zur bayrischen und deutschen Geschichte. 9. Bd., 1. u. 2. Abt.).

Roth, Dorothea: Die mittelalterliche Predigttheorie und das Manuale Curatorum des Johann Ulrich Surgant. Basel, Stuttgart 1956.

Schmale, Franz-Josef: Die Bologneser Schule der Ars dictandi. In: Deutsches Archiv für Erforschung des Mittelalters 13 (1957), S. 16–34.

–: Der Briefsteller Bernhard von Meung. In: Mitteilungen des Instituts für Österreichische Geschichtsforschung. LXVI. Bd. Graz, Köln 1958.

Schoelen, E[ugen]: Pädagogisches Gedankengut des christlichen Mittelalters. Paderborn 1956.

Steffen, Christel: Augustins Schrift »De doctrina christiana«. Untersuchungen zum Aufbau, zum Begriffsgehalt und zur Bedeutung der Beredsamkeit. Phil. Diss. Kiel 1964.

Vom Ausgang des Mittelalters bis zum Barock

Barner, Wilfried: Barockrhetorik. Untersuchungen zu ihren geschichtlichen Grundlagen. Tübingen 1970.

Beetz, Manfred: Frühmoderne Höflichkeit. Komplimentierkunst und Gesellschaftsrituale im altdeutschen Sprachraum. Stuttgart 1990.

Böckmann, Paul: Formgeschichte der deutschen Dichtung. Bd. 1: Von der Sinnbildsprache zur Ausdruckssprache. Hamburg ²1965 (mehr nicht erschienen).

Borinski, Karl: Die Poetik der Renaissance und die Anfänge der litterarischen Kritik in Deutschland. Berlin 1886. Nachdr. Hildesheim 1967.

Burger, Heinz-Otto: Renaissance – Humanismus – Reformation. Deutsche Literatur im europäischen Kontext. Bad Homburg v. d. H., Berlin, Zürich 1969.

Castiglione, Baldesar: Das Buch vom Hofmann. Übers. v. Fritz Baumgart. Bremen 1960.

Celtis, Konrad: Poeta laureatus. Ausgew., übers. u. eingel. v. Kurt Adel. Graz und Wien 1960.

Claasen, Carl Joachim: Die Bedeutung der Rhetorik für Melanchtons interpretation profaner und biblischer Texte. Göttingen 1998.

–: Antike Rhetorik im Zeitalter des Humanismus. München u.a. 2003.

Conrady, Karl Otto: Lateinische Dichtungstradition und deutsche Lyrik des 17. Jahrhunderts. Bonn 1962.

Dammann, Rolf: Der Musikbegriff im deutschen Barock. Köln 1967. (= Habilitationsschrift Freiburg 1966).

Dante, Alighieri: Über das Dichten in der Muttersprache. Übers. v. F. Dornseiff u. J. Balogh. 1925. Nachdr. Darmstadt 1966.

Dockhorn, Klaus: Luthers Glaubensbegriff und die Rhetorik. Zu Gerhard Ebelings Buch »Einführung in theologische Sprachlehre«. In: Linguistica Biblica 21/22 (1973), S. 19–39.

Drost, Wolfgang: Strukturprobleme des Manierismus in Literatur und bildender Kunst. Vicenzo Guisti und die Malerei des XVI. Jahrhunderts. In: Arcadia 7 (1972), S. 12–36.

Dyck, Joachim: Ticht-Kunst. Deutsche Barockpoetik und rhetorische Tradition. 3., ergänzte Auflage mit einer Bibliographie zur Forschung 1966–1986. Tübingen 1991. (= Rhetorik-Forschungen, Bd. 2).

–: Athen und Jerusalem. Die Tradition der argumentativen Verknüpfung von Bibel und Poesie im 17. und 18. Jahrhundert. München 1977. (= Habilitationsschrift Freiburg 1969).

– (Hg.): Rhetorik der frühen Neuzeit. Tübingen 1991.

Fischer, Ludwig: Gebundene Rede. Dichtung und Rhetorik in der literarischen Theorie des Barock in Deutschland. Tübingen 1968. (= Phil. Diss. Tübingen 1968).

Geibel, Hedwig: Der Einfluß Marinos auf Christian Hofmann von Hofmannswaldau. Gießen 1938.

Grimm, Gunter E.: Literatur und Gelehrtentum in Deutschland. Untersuchungen zum Wandel ihres Verhältnisses vom Humanismus bis zur Frühaufklärung. Tübingen 1983.

Gracián, Baltasar: Agudeza y arte de Ingenio. Buenos Aires 1945.

Haas, Elke: Rhetorik und Hochsprache. Über die Wirksamkeit der Rhetorik bei der Entstehung der deutschen Hochsprache im 17. und 18. Jahrhundert. Frankfurt a.M., Bern, Cirencester/U.K. 1980.

Harsdörffer, Georg Philipp: Poetischer Trichter / Die Teutsche Dicht- und Reim-Kunst / ohne Behuf der lateinischen Sprache / in VI. Stunden einzugießen. 3 Tle. Nürnberg 1648–1653.

Harth, Dietrich: Philologie und praktische Philosophie. Untersuchungen zum Sprach- und Traditionsverständnis des Erasmus von Rotterdam. München 1970. (= Humanistische Bibliothek, Reihe 1, 11) (= Phil. Diss. Frankfurt 1967).

Hauser, Arnold: Der Manierismus. Die Krise der Renaissance und der Ursprung der modernen Kunst. München 1964.

Herzog, Urs: Geistliche Wohlredenheit. Die katholische Barockpredigt. München 1990.

Hildebrandt-Günther, Renate: Antike Rhetorik und deutsche literarische Theorie im 17. Jahrhundert. Marburg 1966. (= Phil. Diss. Marburg 1962).

Hocke, Gustav René: Manierismus in der Literatur. Reinbek bei Hamburg 1959.

Horn, Hans Arno: Christian Weise als Erneuerer des deutschen Gymnasiums im Zeitalter des Barock. Der »Politicus« als Bildungsideal. Weinheim 1966.

Jens, Walter: Martin Luther. Prediger – Poet – Publizist. Zur Erinnerung an den Geburtstag des Reformators vor 500 Jahren. Vortrag gehalten am 14. November 1983 in der Patriotischen Gesellschaft Hamburg. Hamburg 1984.

Kapp, Volker (Hg.): Die Sprache der Zeichen und Bilder. Rhetorik und nonverbale Kommunikation der frühen Neuzeit. Marburg 1990. (= Ars Rhetorica, Bd. 1).

Kessler, Eckhard: Petrarca und die Geschichte. Geschichtsschreibung, Rhetorik, Philosophie im Übergang vom Mittelalter zur Neuzeit. 2. Aufl. München 2004.

Klaj, Johann: Lobrede der Teutschen Poeterey. Nürnberg 1645.

Knape, Joachim: Philipp Melanchthons »Rhetorik«. Tübingen 1993. (= Rhetorik-Forschungen, Bd. 6).

Krause, Gottlieb: Der Fruchtbringenden Gesellschaft ältester Ertzschrein. Briefe, Devisen und anderweitige Schriftstücke. Urkundlicher Beitrag zur Geschichte der deutschen Sprachgesellschaften im 17. Jahrhundert. Leipzig 1855. Nachdr. Hildesheim, New York 1973.

Kristeller, Paul Oskar: Studien zur Geschichte der Rhetorik und zum Begriff des Menschen in der Renaissance. Übers. v. Renate Jochum. Göttingen 1981.

Lange, Klaus-Peter: Theoretiker des literarischen Manierismus. München 1968.

Lindhardt, Jan: Rhetor, Poeta, Historicus. Studien über rhetorische Erkenntnis und Lebensanschauung im italienischen Renaissancehumanismus. Leiden 1979.

Luther, Martin: Tischreden. In: Werke. Kritische Gesamtausgabe. (Weimarer Ausgabe). 6 Bde. Weimar 1912. Nachdr. Weimar und Graz 1967.

Maurer, Wilhelm: Melanchthons Loci communes von 1521 als wissenschaftliche Programmschrift. Ein Beitrag zur Hermeneutik der Reformationszeit. In: Luther-Jahrbuch 27 (1960), S. 1–50.

–: Melanchthon-Studien. Gütersloh 1964.

Melanchthon, Philipp: De Rhetorica libri tres. (Wittenberg 1519).

–: Humanistische Schriften. Hg. v. R. Nürnberger. In: Werke in Auswahl. Hg. v. R. Stupperich u.a. Bd. 3. Gütersloh ²1969.

–: Elementa rhetorices. Grundbegriffe der Rhetorik. Hg., übers. und kommentiert von Volkhard Wels. Berlin 2000.

Mertz, Georg: Über Stellung und Betrieb der Rhetorik in den Schulen der Jesuiten, mit besonderer Berücksichtigung der Abhängigkeit vom Auctor ad Herennium. Heidelberg 1898.

Meyfart, Johann Matthäus: Teutsche Rhetorica oder Redekunst [...]. Coburg 1634. Hg. v. Erich Trunz. Tübingen 1977.

Montaigne, Michel de: Essais. Ausw. u. übertr. v. Herbert Lüthy. Zürich 1953.

Mühlemann, Martin Christoph: Fischarts »Geschichtsklitterung« als manieristisches Kunstwerk. Bern, Frankfurt a.M. 1972.

Müntzer, Thomas: Schriften und Briefe. Hg., eingel. u. kommentiert v. Gerhard Wehr. Frankfurt a.M. 1973.

Murphy, James J. (Hg.): Renaissance Eloquence. Studies in the Theory and Practice of Renaissance Rhetoric. Berkeley, Los Angeles, London 1983.

Nembach, Ulrich: Predigt des Evangeliums. Luther als Prediger, Pädagoge und Rhetor. Neukirchen-Vluyn 1972. (= Habilitationsschrift Münster 1969).

Opitz, Martin: Buch von der Deutschen Poeterey. Breslau 1624.

Ramus, Petrus: Scholae in liberales artes. Basel 1569. Nachdr. Hildesheim, New York 1970.

Plett, Heinrich F. (Hg.): Renaissance-Rhetorik. Renaissance Rhetoric. Berlin, New York 1993.

–: Rhetorik der Affekte. Englische Wirkungsästhetik im Zeitalter der Renaissance. Tübingen 1975. (= Studien zur englischen Philologie, N. F. 18).

Poetik des Barock: Hg. v. Marian Szyrocki. Reinbek bei Hamburg 1968.

Pontano, Giovanni: Dialoge. Lat. u. dt. Übers. v. Hermann Kiefer, mit Vita u. Bibl. v. Hanna-Barbara Gerl u. e. Einl. v. Ernesto Grassi. München 1984.

Riederer, Friedrich: Spiegel der waren Rhetoric. Freiburg 1493.

Scaliger, Julius Cäsar: Poetices libri septem [...]. Lyon 1561.

Schnell, Uwe: Die homiletische Theorie Philipp Melanchthons. Berlin, Hamburg 1968. (= Arbeiten zur Geschichte und Theologie des Luthertums 20) (= Theol. Diss. Leipzig 1965).

Scholder, Klaus: Ursprünge und Probleme der Bibelkritik im 17. Jahrhundert. Ein Beitrag zur Entstehung der historisch-kritischen Theologie. Habilitationsschrift Tübingen 1965.

Schottel, Justus Georg: Ausführliche Arbeit von der Teutschen Haubt-Sprache [...]. Braunschweig 1663. Neudruck in 2 Bdn. Tübingen 1967.

–: Teutsche Sprachkunst / vielfältig vermehret und verbessert / darin von allen Eigenschaften der so wortreichen und prächtigen Teutschen Hauptsprache ausführlich und gründlich gehandelt wird. Brauschweig ²1651.

Sinemus, Volker: Poetik und Rhetorik im frühmodernen Staat. Sozialgeschichtliche Bedingungen des Normenwandels im 17. Jahrhundert. Göttingen 1977. (= Phil. Diss. Göttingen 1977).

Stolt, Birgit: *Docere, delectare* und *movere* bei Luther. Analysiert anhand der »Predigt, daß man Kinder zur Schulen halten solle«. In: Deutsche Vierteljahrsschrift für Literaturwissenschaft und Geistesgeschichte 44 (1970), S. 433–474.

–: Studien zu Luthers Freiheitstraktat. Mit besonderer Rücksicht auf das Verhältnis der lateinischen und der deutschen Fassung zueinander und die Stilmittel der Rhetorik. Stockholm 1969.

–: Martin Luthers Rhetorik des Herzens. Tübingen 2000.

Streckenbach, Gerhard: Stiltheorie und Rhetorik der Römer im Spiegel der humanistischen Schülergespräche. Göttingen 1979. (= Phil. Diss. Berlin 1931).

Tesauro, Emanuele: Il Cannocchiale Aristotelico (lat.) Emanuelis Thesauri idea argutae et ingeniosae dictionis, ex principiis Aristotelicis sic eruta ut in universum arti oratoriae [...]. Übers. v. Caspar Cörber. Frankfurt und Leipzig 1698.

Unger, Hans-Heinrich: Die Beziehungen zwischen Mimik und Rhetorik im 16.–18. Jahrhundert. Hildesheim 1969.

Vickers, Brian: Rhetoric and Renaissance Literature. In: Rhetorik 2 (1981), S. 106–130.

Vico, Gian Battista: De nostri temporis studiorum ratione. Vom Wesen und Weg der geistigen Bildung. Lat. u. dt. Übers. v. Walter F. Otto. Mit e. Nachw. v. C. Fr. von Weizsäcker u. e. erl. Anhang v. Fritz Schalk. Düsseldorf 1947. Nachdr. Darmstadt 1974.

Windfuhr, Manfred: Die barocke Bildlichkeit und ihre Kritiker. Stilhaltungen in der deutschen Literatur des 17. und 18. Jahrhunderts. Stuttgart 1966. (= Germanistische Abhandlungen 15) (= Habilitationsschrift Heidelberg 1966).

Aufklärung – Das 18. Jahrhundert

Adelung, Johann Christoph: Gesammelte Zeugnisse für die Hochdeutsche Mundart. In: Magazin für die deutsche Sprache. 2 Bde. Leipzig 1782–1784. Nachdr. Hildesheim, New York 1974.

–: Umständliches Lehrgebäude der Deutschen Sprache zur Erläuterung der Deutschen Sprachlehre für Schulen. 2 Bde. Leipzig 1782. Nachdr. Hildesheim, New York 1971.

Amann, Wilhelm: Die stille Arbeit des Geschmacks. Die Kategorie des Geschmacks in der Ästhetik Schillers und in den Debatten der Aufklärung. Würzburg 1999.

[Aufklärung]: Was ist Aufklärung. Beiträge aus der Berlinischen Monatsschrift 1783–1786. In Zusarb. m. Michael Albrecht ausgew., eingel. u. m. Anm. vers. v. Norbert Hinske. Darmstadt 1973.

Baumgarten, Alexander Gottlieb: Aesthetica. Frankfurt/O. 1750/58. Nachdr. Hildesheim 1961.

–: Kollegium über die Ästhetik. In: Bernhard Poppe: Alexander Gottlieb Baumgarten. Borna-Leipzig 1907. (= Phil. Diss. Münster), S. 65–259.

Baumeister, Friedrich Christian: Anfangsgründe der Redekunst in kurzen Sätzen abgefaßt, und mit Exempeln erläutert. Nebst einem Anhange der neuesten politischen Reden und Schreiben aus den Zeitungen gesammelt. Leipzig und Görlitz 1754. Nachdr. Kronberg/Ts. 1974.

Beetz, Manfred: Rhetorische Logik. Prämissen der deutschen Lyrik im Übergang vom 17. zum 18. Jahrhundert. Tübingen 1980. (= Studien zur deutschen Literatur 62).

Behrnauer, Georg Ehrenfried: Kurtzer Entwurff wie in dem Budißinischen Gymnasio seithero Die anvertraute Jugend so wohl in Doctrina, als Disciplina, unter Göttlichem Segen angeführet worden (...). Baudißin (Bautzen) 1722.

Bender, Wolfgang: Rhetorische Tradition und Ästhetik im 18. Jahrhundert: Baumgarten, Meier und Breitinger. In: Zeitschrift für deutsche Philologie 99 (1980), S. 481–506.

Bezzola, Tobia: Die Rhetorik bei Kant, Fichte und Hegel. Ein Beitrag zur Philosophiegeschichte der Rhetorik. Tübingen 1993. (= Rhetorik-Forschungen, Bd. 5).

Blackall, Eric A.: Die Entwicklung des Deutschen zur Literatursprache 1700–1775. Stuttgart 1966.

Blankenburg, Friedrich von: Literarische Zusätze zu Johann Georg Sulzers Allgemeiner Theorie der schönen Künste. 3 Bde. Leipzig 1796–98.

Bogner, Ralf Georg (Hg.): Labyrinth der Rhetorik. Ausgewählte Reden des frühen 18. Jahrhunderts. St. Ingbert 1999.

Bohse, August (Talander): Gründliche Einleitung zu Teutschen Briefen (...). Jena 1706. Nachdr. Kronberg/Ts. 1974.

–: Talanders neuerläuterte Teutsche Rede-Kunst und Briefverfassung [...]. Leipzig 1700.

Borchmeyer, Dieter: Tragödie und Öffentlichkeit. Schillers Dramaturgie im Zusammenhang seiner ästhetisch-politischen Theorie und der rhetorischen Tradition. München 1973. (= Phil. Diss. München 1970).

Braungart, Georg: Hofberedsamkeit. Studien zur Praxis höfisch-politischer Rede im deutschen Territorialabsolutismus. Tübingen 1988.

Breitinger, Johann Jacob: Critische Dichtkunst Worinnen die Poetische Mahlerey in Absicht auf die Erfindung Im Grunde untersuchet und mit Beyspielen aus den berühmtesten Alten und Neuern erläutert wird. Mit einer Vorrede eingeführet von Johann Jacob Bodemer. 2 Bde. Zürich und Leipzig 1740. Neudr. Stuttgart 1966.

Breymayer, Reinhard: Pietistische Rhetorik als eloquentia nov-antiqua. Mit besonderer Berücksichtigung Gottfried Polykarp Müllers (1684 bis 1747). In: Bernd Jaspert u. Rudolf Mohr (Hg.): Traditio – Krisis – Renovatio aus theologischer Sicht. Festschrift für Wilfried Zeller zum 65. Geburtstag. Marburg 1976, S. 258–272.

Brüggemann, Diethelm: Gellert, der gute Geschmack und die üblen Briefsteller. Zur Geschichte der Rhetorik in der Moderne. In: Deutsche Vierteljahrsschrift für Literaturwissenschaft und Geistesgeschichte 45 (1971), S. 117–149.

Campe, Rüdiger: Affekt und Ausdruck. Zur Umwandlung der literarischen Rede im 17. und 18. Jahrhundert. Tübingen 1990.

Cassirer, Ernst: Philosophie der Aufklärung. Tübingen ³1973.

Engel, Johann Jakob: Der Philosoph für die Welt. 2 Thle. Carlsruhe 1783.

Eschenburg, Johann Joachim: Theorie der schönen Wissenschaften und Künste. Neue, umbearb. Aufl. Berlin 1789.

Fabricius, Johann Andreas: Philosophische Oratorie, Das ist: Vernünftige Anleitung zur gelehrten und galanten Beredsamkeit [...]. Leipzig 1724. Nachdr. Kronberg/Ts. 1974.

Fauser, Markus: Das Gespräch im 18. Jahrhundert. Rhetorik und Geselligkeit in Deutschland. Stuttgart 1991.

Gabler, Hans Jürgen: Geschmack und Gesellschaft. Rhetorische und sozialgeschichtliche Aspekte der frühaufklärerischen Geschmackskategorie. Frankfurt a.M., Bern 1982.

Gaus, Detlef: Geselligkeit und Gesellige. Bildung, Bürgertum und bildungsbürgerliche Kultur um 1800. Stuttgart, Weimar 1998.

Gellert, Christian Fürchtegott: Briefe, nebst einer Abhandlung von dem guten Geschmacke in Briefen. Leipzig 1751.

–: Gedanken von einem guten deutschen Briefe, an den Herrn F.H. v. W. In: Belustigungen des Verstandes und des Witzes. Auf das Jahr 1742. Leipzig 1742, S. 177–189.

Gottsched, Johann Christoph: Ausführliche Redekunst, Nach Anleitung der alten Griechen und Römer, wie auch der neuern Ausländer; Geistlichen und weltlichen Rednern zu gut, in zweenen Theilen verfasset und mit Exempeln erläutert. Leipzig 1736. Nachdr. Hildesheim, New York 1973.

–: Gesammelte Reden. Leipzig 1749.

–: Grundriß zu einer vernunfftmäßigen Redekunst. Hannover 1729.

–: Versuch einer Critischen Dichtkunst durchgehends mit den Exempeln unserer besten Dichter erläutert. Anstatt einer Einleitung ist Horazens Dichtkunst übersetzt, und mit Anmerkungen erläutert. Vierte, sehr vermehrte Auflage [...]. Leipzig 1751. Nachdr. Darmstadt 1982.

–: Vollständigere und Neuerläuterte Deutsche Sprachkunst, Nach den Mustern der besten Schriftsteller des vorigen und itzigen Jahrhunderts abgefasset, und bey dieser fünften Auflage merklich verbessert [...]. Leipzig 1762. Nachdr. Hildesheim, New York 1970.

Gumbrecht, Hans Ulrich: Funktionen politischer Rhetorik in der französischen Revolution. München 1976. (= Theorie und Geschichte der Literatur und der Schönen Künste 39).

Hallbauer, Friedrich Andreas: Anleitung zur Politischen Beredsamkeit / Wie solche / Bey weltlichen Händeln / In Lateinisch= und Teutscher Sprache üblich. Jena und Leipzig 1736. Nachdr. Kronberg/Ts. 1974.

–: Anweisung zur Verbesserten Teutschen Oratorie, Nebst einer Vorrede von Den Mängeln Der Schul=Oratorie. Jena 1725. Nachdr. Kronberg/Ts. 1974.

Hambsch, Björn: »... ganz andre Beredsamkeit«. Transformationen antiker und moderner Rhetorik bei Johann Gottfried Herder. Tübingen 2007.

Jäger, Georg: Humanismus und Realismus. Schulorganisation und Sprachunterricht 1770–1840. In: Internationales Archiv für Sozialgeschichte der deutschen Literatur 1 (1976), S. 146–159.

Jäger, Hans-Wolf: Politische Kategorien in Poetik und Rhetorik der zweiten Hälfte des 18. Jahrhunderts. Stuttgart 1970.

Klassen, Rainer: Logik und Rhetorik der frühen deutschen Aufklärung. Phil Diss. München 1973.

Knigge, Adolph Freiherr von: Über den Umgang mit Menschen. Mit e. Nachw. v. Gert Ueding. Frankfurt a.M. 1977.

–: Ueber Schriftsteller und Schriftstellerey. Hannover 1793.

Koster, Heinrich Martin Gottfried: Gedanken von den Schulsachen. Frankfurt a.M. ²1766.

Krenn, Therese Maria: Die rhetorischen Stilprinzipien in Kaspar Stielers Brief- und Dichtlehre. Ein Vergleich. Phil. Diss. Graz 1976.

Leibniz, Gottfried Wilhelm: Ermahnung an die Teutschen, ihren Verstand und Sprache besser zu üben, samt beigefügten Vorschlag einer teutschgesinnten Gesellschaft (1697). In: Politische Schriften. 2. Bde. Hg. u. eingel. v. Hans Heinz Holz. Frankfurt a.M. 1966. Bd. 1, S. 60–80.

Lindner, Gotthelf: Anweisung zur guten Schreibart überhaupt, und zur Beredsamkeit insonderheit, nebst eignen Beispielen und Proben. Königsberg 1755. Nachdr. Kronberg/Ts. 1974.

–: Kurzer Inbegriff der Aesthetik, Redekunst und Dichtkunst. Königsberg und Leipzig 1771. Nachdr. Frankfurt a.M. 1971.

Linn, Marie Luise: A.G. Baumgartens »Aesthetica« und die antike Rhetorik. In: Deutsche Vierteljahrsschrift für Literaturwissenschaft und Geistesgeschichte 41 (1967), S. 424–443.

Löhlein-Hofstädter, Elisabeth: Rhetorik der Französischen Revolution. Untersuchungen auf der Basis eines erweiterten Verständnisses von Rhetorik. Universität Erlangen und Nürnberg: Diss., 1993.

Lohmann, Ingrid: Bildung, bürgerliche Öffentlichkeit und Beredsamkeit. Zur pädagogischen Transformation der Rhetorik zwischen 1750 und 1850. Münster, New York 1993.

Mayer, Heike: Lichtenbergs Rhetorik. Beitrag zu einer Geschichte rhetorischer Kollektaneen im 18. Jahrhundert. München 1999.

Meuthen, Erich: Selbstüberredung. Rhetorik und Roman im 18. Jahrhundert. Freiburg/Br. 1994.

Möller, Uwe: Rhetorische Überlieferung und Dichtungstheorie im frühen 18. Jahrhundert. Studien zu Gottsched, Breitinger und G. Fr. Meier. München 1983.

Müller, Gottlieb Polycarp: Abriß einer gründlichen Oratorie, zum Academischen Gebrauch entworffen und mit Anmerckungen versehen. Leipzig 1711.

Müller, Thomas: Rhetorik und bürgerliche Identität. Studien zur Rolle der Psychologie in der Frühaufklärung. Tübingen 1990. (= Rhetorik-Forschungen, Bd. 3).

Neukirch, Benjamin: Anweisung zu Teutschen Briefen. Nürnberg 1741. (^{1}1695).

Nickisch, Reinhard M.G.: Gottsched und die deutsche Epistolographie des 18. Jahrhunderts. In: Euphorion 66 (1972), S. 365–383.

–: Die Stilprinzipien in den deutschen Briefstellern des 17. und 18. Jahrhunderts. Mit einer Bibliogrpahie zur Briefschreiblehre (1474–1800). Göttingen 1969. (= Palaestra 254) (= Phil. Diss. Göttingen 1966).

Peucer, Daniel: Erläuterte Anfangs-Gründe der Teutschen Oratorie in kurzen Regeln und deutlichen Exempeln vor Anfänger. Dresden ^{4}1765. Nachdr. Kronberg/Ts. 1974.

Poppe, Bernhard: Alexander Gottlieb Baumgarten. Borna-Leipzig 1907 (= Phil. Diss. Münster).

Poser, Michael von: Der abschweifende Erzähler. Rhetorische Tradition und deutscher Roman im achtzehnten Jahrhundert. Bad Homburg v. d. H. 1969. (= Respublica Literaria 5).

Reden der Französischen Revolution. Hg. u. eingel. v. Peter Fischer. München 1974.

Rossmann, Isabella: Gottscheds Redelehre und ihre antiken Quellen. Phil. Diss. Graz 1970.

Schmidt, Christian Heinrich: Theorie der Poesie nach den neuesten Grundsätzen und Nachricht von den besten Dichtern nach den angenommen Urteilen. Leipzig 1767. Nachdr. Frankfurt a.M. 1972.

Schmidt, Julian: Geschichte des geistigen Lebens in Deutschland von Leibniz bis auf Lessings Tod. 1681–1781. Leipzig 1862.

Schröter, Christian: Gründliche Anweisung zur deutschen Oratorie nach dem hohen und sinnreichen Stylo der unvergleichlichen Redner unsers Vaterlandes [...]. Leipzig 1704. Nachdr. Kronberg/Ts. 1974.

Spener, Philipp Jakob: Theologische Bedencken. 4 Bde. Halle ^{3}1712ff.

Stötzer, Ursula: Deutsche Redekunst im 17. und 18. Jahrhundert. Halle/S. 1962. (= Phil. Diss. Jena 1960).

Thomasius, Christian: Ausübung Der Vernunfft-Lehre / Oder: Kurtze / deutliche und wohlgegründete Handgriffe / wie man in seinen Kopffe aufräumen und Sich zu Erforschung der Wahrheit geschickt machen; die erkandte Wahrheit andern beybringen; andere verstehen und auslegen; von anderer ihren Meinungen urtheilen / und die Irrthümer geschicklich widerlegen solle [...]. Halle 1691. Nachdr. u. d. T.: Ausübung der Vernunftlehre. Mit e. Vorw. v. Werner Schneiders. Hildesheim 1968.

–: Höchstnöthige Cautelen welche ein studiosus juris der sich zur Erlernung der Rechts-Gelahrtheit auff eine kluge und geschickte Weise vorbereiten will, zu beobachten hat. Halle 1713.

–: Kleine deutsche Schriften. Halle 1701.

–: Kurtzer Entwurff der Politischen Klugheit, sich selbst und andern in allen Menschlichen Gesellschaften wohlzurathen / und zu einer gescheiden Conduite zu gelangen [...]. Franckfurt und Leipzig 1710. Nachdr. Frankfurt a.M. 1971.

Till, Dietmar: Transformationen der Rhetorik. Untersuchungen zum Wandel der Rhetoriktheorie im 17. und 18. Jahrhundert. Tübingen 2004.

Tschafke, Reinhard: Anmutige Vernunft. Christoph Martin Wieland und die Rhetorik. Stuttgart 1990.

Ueding, Gert: Popularphilosophie. In: Hansers Sozialgeschichte der deutschen Literatur. Bd. 3: Deutsche Aufklärung bis zur Französischen Revolution 1680–1789. Hg. v. Rolf Grimminger. München 1980, S. 605–634.

–: Rhetorik und Popularphilosophie. In: Rhetorik 1 (1980), S. 122–134.

–: Rhetorische Konstellationen im Umgang mit Menschen. In: Jahrbuch für Internationale Germanistik 9/1 (1977), S. 27–52.

–: Schillers Rhetorik. Idealistische Wirkungsästhetik und rhetorische Tradition. Tübingen 1971. (= Studien zur deutschen Literatur 27) (= Phil. Diss. Tübingen 1971).

Weise, Christian: Curiöse Gedancken Von Deutschen Brieffen / wie ein junger Mensch / sonderlich ein zukünfftiger Politicus, Die galante Welt wohl vergnügen soll [...]. Erster und Andrer Theil. Dreßden 1691.

–: Neu-Erleuterter Politischer Redner / Das ist: Unterschiedene Kunstgriffe welche in gedachten Buche entweder gar nicht oder nicht so deutlich vorkommen (...). Leipzig 1684. Nachdr. Kronberg/Ts. 1974.

–: Politische Nachricht von Sorgfältigen Briefen / wie man sich in odieusen und favorablen Dingen einer klugen Behutsamkeit gebrauchen / und Bey Oratorischen oder Epistolischen Regeln die politischen Exceptiones geschickt anbringen soll (...). Dreßden und Leipzig 1701.

–: Politischer Redner /Das ist: Kurtze und eigentliche Nachricht / wie ein sorgfältiger Hofemeister seine Untergebene zu der Wolredenheit anführen sol (...). Leipzig 1681. Nachdr. Kronberg/Ts. 1974.

Wieland, Christoph Martin: Theorie und Geschichte der Red-Kunst und Dicht-Kunst. Anno 1757. In: Gesammelte Schriften. Hg. v. der Deutschen Kommission der Königlich Preußischen Akademie der Wissenschaften. Erste Abteilung, vierter Band: Prosaische Jugendwerke. Hg. v. Fritz Homeyer u. Hugo Bieber. Berlin 1916, S. 303–420.

Winkler, Christian: Elemente der Rede. Die Geschichte ihrer Theorie von 1750 bis 1850. Halle/S. 1931. Nachdr. Walluf u. Nendeln 1975.

19. Jahrhundert

Allhoff, Dieter-W.: Rhetorische Analyse der Reden und Debatten des ersten deutschen Parlaments von 1848/49. Insbesondere auf syntaktischer und semantischer Ebene. München 1975. (= Phil. Diss. München 1975).

Arntzen, Helmut: Nachwort: Die Gewalt der Rede oder Der Leitartikler auf dem Thron. In: Reden Kaiser Wilhelms II. Hg. v. Axel Matthes. München 1976, S. 201–224.

Austin, Gilbert: Die Kunst der rednerischen und theatralischen Declamation. In der deutschen Übertragung v.Chr. Friedrich Michaelis. Leipzig 1818. Nachdr. m. einem Nachwort v. Hans Pfeiffer. Leipzig und Hanau 1970.

Barth, Karl: Geschichte der Protestantischen Theologie im 19. Jahrhundert. Ihre Vorgeschichte und ihre Geschichte. 2., verb. Aufl. Zollikon-Zürich 1952.

Becker, Karl Ferdinand: Der deutsche Stil. Frankfurt a.M. 1848.

Bismarck, Otto von: Die politischen Reden des Fürsten Bismarck: Historisch-kritische Gesammtausgabe. 12 Bde. Hg. v. Horst Kohl. Stuttgart 1892–1894.

Braun, Rüdiger: Quellmund der Geschichte. Nietzsches poetische Rede in Also sprach Zarathustra. Frankfurt a.M. 1998.

Ehrlich, Adelheid: Fichte als Redner. München 1977.

Fuhrmann, Manfred: Rhetorik und öffentliche Rede. Über die Ursachen des Verfalls der Rhetorik im ausgehenden 18. Jahrhundert. Konstanz. 1983.

Gervinius, Georg Gottfried: Grundzüge der Historik. Schriften zur Literatur. Hg. v. Gotthard Erler. Berlin 1962.

Goth, Joachim: Nietzsche und die Rhetorik. Tübingen 1970. (= Untersuchungen zur deutschen Literatur 5).

Grünert, Horst: Sprache und Politik. Untersuchungen zum Sprachgebrauch der »Paulskirche«. Berlin u. New York 1974. (= Studia Linguistica Germanica 10) (= Habilitationsschrift Marburg 1979).

Hagemann, Tim: Reden und Existieren. Kierkegaards antipersuasive Rhetorik. Berlin 2001.

Heiber, Helmut: Die Rhetorik der Paulskirche. Phil. Diss. FU Berlin 1953.

Hettner, Hermann: Die romantische Schule in ihrem inneren Zusammenhang mit Goethe und Schiller. Braunschweig 1850.

Jungmann, Joseph: Theorie der geistlichen Beredsamkeit. 2 Bde. Freiburg [3]1895.

Kazmaier, Martin: Die deutsche Grabrede im 19. Jahrhundert. Aspekte ihrer Funktion innerhalb der bürgerlichen Bestattungsfeierlichkeiten. Neuphilol. Diss. Tübingen 1977.

Krause, Peter D.: Rhetorik um 1800. Tübingen 2001.

–: Unbestimmte Rhetorik. Friedrich Schlegel und die Redekunst um 1800. Tübingen 2001.

Laas, Ernst: Der deutsche Aufsatz in der ersten Gymnasialclasse (Prima). Ein Handbuch für Lehrer und Schüler enthaltend Theorie und Materialien. Zusammengestellt aus den Erträgen und Erfahrungen des Unterrichts. Berlin 1862.

–: Der deutsche Unterricht auf höheren Lehranstalten. Ein kritisch-organisatorischer Versuch. Berlin 1872.

Linn, Marie-Luise: Studien zur deutschen Rhetorik und Stilistik im 19. Jahrhundert. Marburg 1964. (= Marburger Beiträge zur Germanistik 4) (= Phil. Diss. Marburg 1961).

Müller, Adam: Zwölf Reden über die Beredsamkeit und deren Verfall in Deutschland. Mit e. Essay u. e. Nachw. v. Walter Jens. Frankfurt a.M. 1967.

Ortloff, Hermann: Die gerichtliche Redekunst. Berlin, Neuwied 1887.

Rammler, Otto Friedrich: Universal-Briefsteller oder Musterbuch zur Abfassung aller in den allgemeinen und freundschaftlichen Lebensverhältnissen sowie im Geschäftsleben vorkommenden Briefe, Documente und Aufsätze. 40., bearb. Aufl. Leipzig 1867.

Rumohr, Carl Friedrich von: Schule der Höflichkeit. Für Alt und Jung. Stuttgart und Tübingen 1834. Nachdr. Stuttgart 1982.

Schlegel, Friedrich: Kritische Schriften. Hg. v. Wolfdieter Rasch. 3., durch e. Namens- und Begriffsregister erw. Aufl. München 1971.

–: Philosophische Lehrjahre 1796–1806, nebst philosophischen Manuskripten aus den Jahren 1796–1828. In: Kritische Friedrich-Schlegel-Ausgabe. Bd. 18 u. 19. Mit Einl. u. Kommentar hg. v. Ernst Behler. Paderborn 1971.

Schnyder, Peter: Die Magie der Rhetorik. Poesie, Philosophie und Politik in Friedrich Schlegels Frühwerk. Paderborn u.a. 1999.

Sengle, Friedrich: Biedermeierzeit. Deutsche Literatur im Spannungsfeld zwischen Restauration und Revolution 1815–1848. 3 Bde. Stuttgart 1971ff.

Stirner, Hartmut: Die Agitation und Rhetorik Ferdinand Lasalles. Marburg 1979.

Theremin, Franz: Die Beredsamkeit eine Tugend, oder Grundlinien einer systematischen Rhetorik. 2., verb. Aufl. Berlin 1837.

Thiersch, Friedrich: Ueber gelehrte Schulen, mit besonderer Rücksicht auf Bayern. 3 Bde. Stuttgart und Tübingen 1826–1829.

Ueding, Gert: Rhetorik der Tat. Ludolf Wienbargs Ästhetische Feldzüge. In: Literatur in der Demokratie. Für Walter Jens zum 60. Geburtstag. Hg. v. Wilfried Barner, Martin Gregor-Dellin, Peter Härtling u. Egidius Schmalzriedt. München 1983, S. 332–344.

Uhland, Ludwig: Wissenschaftliche und poetologische Schriften, politische Reden und Aufsätze. In: Werke. 4 Bde. Bd. 4. Hg. v. Hartmut Fröschle u. Walter Schemer. München 1984.

Wienbarg, Ludolf: Ästhetische Feldzüge. Hg. v. Walter Dietze. Berlin und Weimar 1964.

Wintzer, Friedrich: Die Homiletik seit Schleiermacher bis in die Anfänge der »dialektischen Theologie« in Grundzügen. Göttingen 1969. (= Habilitationsschrift Göttingen 1968).

Wolff, Oscar Ludwig Bernhard: Handbuch der geistlichen Beredsamkeit. Leipzig 1849.

–: Handbuch der weltlichen Beredsamkeit. Leipzig 1848.

Zachariä, Karl Salomo: Anleitung zur Gerichtlichen Beredsamkeit. Heidelberg 1810.

20. und 21. Jahrhundert

Alexy, Robert: Theorie der juristischen Argumentation. Die Theorie des rationalen Diskurses als Theorie der juristischen Begründung. Frankfurt a.M. 1978. (= Jur. Diss. Göttingen 1976).

Ballweg, Ottmar: Rhetorik und Res humanae. In: Gedächtnisschrift für Peter Noll. Hg. v. R. Hauser, J. Rehberg u. G. Stragenwerth. Zürich 1984, S. 13–26.

Barthes, Roland: Das semiologische Abenteuer. Frankfurt a.M. 1988

–: Die Rhetorik des Bildes. In: Günther Schiwy: Der französische Strukturalismus. Mode – Methode – Ideologie. Mit einem Textanhang. Reinbek bei Hamburg 1964, S. 158–168.

Bastian, H.-D.: Verfremdung und Verkündung. Gibt es eine theologische Informationstheorie? München 1965.

Bauer, Korinna: ›Risikorhetorik‹. BSE in Interviews der überregionalen deutschen Qualitätspresse. Diss. Universität Tübingen 2008.

Beier, Heinz: Grundkurs Deutsch 1. Kommunikation, Rhetorik, Drama. München 1978.

Berg, Wolfgang: Uneigentliches Sprechen. Zur Pragmatik und Semiotik von Metapher, Metonymie, Ironie, Litotes und rhetorischer Frage. Tübingen 1978. (= Phil. Diss. Tübingen 1977).

Bestian, Hans: Redeübungen im Deutschunterricht. In: Wirkendes Wort 1 (1959/51). H. 3, S. 166–175.

Bloch, Ernst: Kritik der Propaganda. In: Ders.: Vom Hasard zur Katastrophe. Politische Aufsätze aus den Jahren 1934–1939. Mit e. Nachw. v. Oskar Negt. Frankfurt a.M. 1972.

Blumenberg, Hans: Die Lesbarkeit der Welt. Frankfurt a.M. 1981.

Bohrer, Karl Heinz (Hg.): Ästhetik und Rhetorik. Lektüren zu Paul de Man. Frankfurt a.M. 1993.

Bornscheuer, Lothar: Topik. Zur Struktur der gesellschaftlichen Einbildungskraft. Frankfurt a.M. 1976.

Brehmerich-Vos, Albert: Populäre rhetorische Ratgeber. Historisch-systematische Untersuchungen. Tübingen 1991.

Breuer, Dieter: Einführung in die pragmatische Texttheorie. München 1974.

Bucher, Hans Jürgen u. Erich Straßner: Mediensprache, Medienkommunikation, Medienkritik. Tübingen 1991.

Bukowski, Hermann: Der Schulaufsatz und die rhetorische Sprachschulung. Rhetorische Methoden und Aufgaben in der Institutio Oratoria Quintilians und der Theorie des deutschen Schulaufsatzes. Phil. Diss. Kiel 1956.

Burger, Harald: Das Gespräch in den Massenmedien. Berlin, New York 1990.

Burke, Kenneth: A Rhetoric of Motives. New York 1950.

–: Rhetoric – Old and New. In: Martin Steinmann (Hg.): New Rhetorics. New York 1967, S. 59–76.

–: Die Rhetorik in Hitlers ›Mein Kampf‹ und andere Essays zur Strategie der Überredung. Frankfurt a.M. 1967.

Cahn, Michael: Kunst der Überlistung. Studien zur Wissenschaftsgeschichte der Rhetorik. München 1986.

Chomsky, Noam: Sprache und Politik. Hg. und übers. von Michael Schiffermann. Berlin 1999.

Derrida, Jacques: Randgänge der Philosophie. Hg. v. Peter Engelmann. Wien 1988.

Dieckmann, Walther: Information oder Überredung? Zum Wortgebrauch der politischen Werbung in Deutschland seit der Französischen Revolution. Marburg 1964. (= Marburger Beiträge zur Germanistik 8) (= Phil. Diss. Marburg 1963).

–: Sprache in der Politik. Einführung in die Pragmatik und Semantik der politischen Sprache. 2., mit e. Literaturbericht vers. Aufl. Heidelberg 1975.

Dockhorn, Klaus: Rhetorik und germanistische Literaturwissenschaft in Deutschland. In: Jahrbuch für Internationale Germanistik 3 (1971), S. 168–185.

Dubois, Jacques u.a.: Allgemeine Rhetorik. München 1974. (= Pragmatische Texttheorie 2).

Eco, Umberto: Einführung in die Semiotik. Autorisierte dt. Ausgabe v. Jürgen Trabant. München 1972.

Ehlich, Konrad u.a. (Hg.): Medizinische und therapeutische Kommunikation. Diskursanalytische Untersuchungen. Wiesbaden 1990.

Eichenbaum, Boris: Aufsätze zur Theorie und Geschichte der Literatur. Frankfurt a.M. 1965.

Elertsen, Heinz: Moderne Rhetorik. Rede und Gespräch im technischen Zeitalter. Neubearb. v. Willfried Hartig. 9., durchges. Aufl. Heidelberg 1982.

Esser, Josef: Juristisches Argumentieren im Wandel des Rechtsfindungskonzepts unseres Jahrhunderts: vorgetragen am 21. Oktober 1978. Heidelberg 1979 (= Sitzungsberichte der Heidelberger Akademie der Wissenschaften. Phil.-hist. Klasse. Jg. 1979. Abh. 1).

Fendt, Leonhard: Homiletik. 2. Aufl. neu bearb. v. Bernhard Klaus. Berlin 1970.

Fey, Gudrun: Das Antike an der modernen Rhetorik. Stuttgart 1979.

Gerathewohl, Fritz: Sprechen, Vortragen, Reden. Eine Einführung in die Sprecherziehung. Stuttgart ⁵1973.

Göttert, Karl-Heinz: Argumentation. Grundzüge ihrer Theorie im Bereich theoretischen Wissens und praktischen Handelns. Tübingen 1978. (= Germanistische Arbeitshefte 23).

Grözinger, Albrecht: Das Verständnis von Rhetorik in der Homiletik. Bemerkungen zum Stand der Diskussion. In: Theologia practica 14 (1979), S. 265–272.

Grünberg, Wolfgang: Homiletik und Rhetorik. Zur Frage einer sachgemäßen Verhältnisbestimmung. Gütersloh 1973. (Theol. Diss. Kirchliche Hochschule Berlin 1971).

Habermas, Jürgen: Erkenntnis und Interesse. Frankfurt a.M. 1968.

–: Theorie des kommunikativen Handelns. 2 Bde. Frankfurt a.M. 1981.

Ders. u. Niklas Luhmann: Theorie der Gesellschaft oder Sozialtechnologie – Was leistet die Systemforschung? Frankfurt a.M. 1971, S. 101–141.

Haft, Fritjof: Juristische Rhetorik. Freiburg, München ⁶1981.

Holly, Werner; Kühn, Peter; Püschel, Ulrich: Politische Fernsehdiskussionen. Zur medienspezifischen Inszenierung von Propaganda als Diskussion. Tübingen 1986.

Jens, Walter: Republikanische Reden: Frankfurt a.M. 1979.

Joost, Gesche: Bild-Sprache. Die audio-visuelle Rhetorik des Films. Bielefeld 2008.

– u. Arne Scheuermann (Hg.): Design als Rhetorik. Grundlagen, Positionen, Fallstudien. Basel u.a. 2008.

Josuttis, Manfred: Homiletik und Rhetorik. In: Pastoraltheologie 57 (1968), S. 511–527.

Kaemmerling, Hans-Ekkehard: Aspekte einer semiotischen Rhetorik und Stilistik. In: Sprachkunst 4 (1973), S. 189–201.

Kanzog, Klaus: Grundkurs Filmrhetorik. München 2001.

Kemmann, Ansgar: Wie kann in Deutschland Rhetorik in Schule und Hochschule wieder eingeführt werden? Gutachten. Frankfurt a.M. 2001.

Klaus, Bernhard: Predigttheorie und Predigtpraxis – der Stand der gegenwärtigen homiletischen Diskussion. In: Zeitschrift für Religions- und Geistesgeschichte 29 (1977), S. 266–271.

Kopperschmidt, Josef: Allgemeine Rhetorik. Einführung in die Theorie der persuasiven Kommunikation. Stuttgart usw. ²1976.

–: Rhetorik. Einführung in die persuasive Kommunikation. Ulm ²1972. (= Arbeitsberichte des Instituts für Umweltplanung der Universität Ulm 5).

–: Sprache und Vernunft. 2 Bde. Bd. 1: Das Prinzip vernünftiger Rede. Bd. 2: Argumentation. Stuttgart usw. 1978 u. 1980.

–: Hitler der Redner. München 2003.

Lehmann, Jakob und Hermann Glaser: Die Rede des Politikers. Aspekte der politischen Kommunikation und Rhetorik. Bamberg ²1978. (= Studientexte und Arbeitsmaterialien für den Deutschunterricht in der Sekundarstufe 2).

Lehn, Isabelle: Rhetorik der Werbung. Tübingen 2011.

Magaß, Walter: Das öffentliche Schweigen. Gibt es Maßstäbe für die Kunst der öffentlichen Rede in Deutschland? Antwort auf die Preisfrage der Deutschen Akademie für Sprache und Dichtung vom Jahre 1965. Heidelberg 1967.

Man, Paul de: Allegorien des Lesens. Frankfurt a.M. 1988.

Mayer, Hans: Rhetorik und Propaganda. In: Frank Benseler (Hg.): Festschrift zum achtzigsten Geburtstag von Georg Lukács. Neuwied, Berlin 1965, S. 119–131.

Mecklenburg, Norbert: Die Rhetorik der Literaturkritik. Ein Gedankengang mit Vorschlägen zur Praxis. In: Jörg Drews (Hg.): Literaturkritik – Medienkritik. Heidelberg 1977, S. 34–48.

Merten, Klaus: Wirkung der Massenkommunikation. In: Publizistik 27 (1982), S. 26–48.

Metzing, Dieter W.: Formen kommunikationswissenschaftlicher Argumentationsanalyse. Hamburg 1975. (= Forschungsberichte des Instituts für Kommunikationsforschung und Phonetik der Universität Bonn 25) (= Diss. des Instituts für Kommunikationsforschung und Phonetik Bonn 1973).

Möller, Georg: Praktische Stillehre. Leipzig ²1970.

Molcho, Samy: Körpersprache. Mit Fotografien von Thomas Klinger und Hans Albrecht Lusznat. München 1983.

Naess, Arne: Kommunikation und Argumentation. Eine Einführung in die angewandte Semantik. Kronberg/Ts. 1975.

Nass, Otto: Staatsberedsamkeit. Ein staats- und verwaltungswissenschaftlicher Versuch. Köln usw. 1972.

Ockel, Eberhard: Rhetorik im Deutschunterricht. Untersuchungen zur didaktischen und methodischen Entwicklung mündlicher Kommunikation. Göppingen 1974. (= Göppinger Arbeiten zur Germanistik 134) (= Päd. Diss. PH Dortmund 1974).

Oehler, Klaus: Die Aktualität der antiken Semiotik. In: Zeitschrift für Semiotik 4 (1982) S. 215–219.

Otto, Gert: Predigt als Rede. Über die Wechselwirkungen von Homiletik und Rhetorik. Stuttgart usw. 1976.

–: Predigt als Rede. Auf dem Weg zu einer neuen Homiletik. In: Theoligia practica 11 (1976), S. 82–89.

Pelster, Theodor: Rede und Rhetorik. Arbeitsheft. Düsseldorf ⁷1978.

Perelman, Chaïm: Juristische Logik und Argumentationslehre. München u. Freiburg 1979.

–: Logik und Argumentation. Kronberg/Ts. 1979.

–: Das Reich der Rhetorik. Rhetorik und Argumentation. München 1980.

– u. Lucia Olbrechts-Tyteca: La nouvelle rhétorique. Traité de l'argumentation. Paris 1958.

– u. Lucia Olbrechts-Tyteca: [Traité de l'argumentation, dt.] Rhetorik. Eine Abhandlung über das Argumentieren. Hg. v. Josef Kopperschmidt. Übersetzt von Freyr R. Varwig. 2 Bde. Stuttgart-Bad Cannstatt 2004.

Plett, Heinrich F.: Textwissenschaft und Textanalyse. Semiotik, Linguistik, Rhetorik. 2., verb. Aufl. Heidelberg 1979.

Prakke, Henk: Die Lasswell-Formel und ihre rhetorischen Ahnen. In: Publizistik 10 (1965) S. 285–291.

Richards, I.A.: The Philosophy of Rhetorik. New York 1936.

Rodingen, Hubert: Rhetorik im Recht: Ortsbestimmung und Überblick. In: Rhetorik 2 (1981), S. 85–105.

Roedemeyer, Friedrichkarl: Die Sprache des Redners. München und Berlin 1940.

Schreckenberger, Waldemar: Rhetorische Semiotik. Analyse von Texten des Grundgesetzes und von rhetorischen Grundstrukturen der Argumentation des Bundesverfassungsgerichtes. Freiburg und München 1978. (= Habilitationsschrift Mainz 1977).

Spillner, Bernd: Linguistik und Literaturwissenschaft. Stilforschung, Rhetorik, Textlinguistik. Stuttgart usw. 1974.

Strobl, Ingrid: Rhetorik im Dritten Reich. Geisteswiss. Diss. Wien 1978.

Todorow, Almut: Das Feuilleton der »Frankfurter Zeitung« in der Weimarer Republik. Zur Grundlegung einer rhetorischen Medienforschung. Tübingen 1996.

Toulmin, Stephen: Der Gebrauch von Argumenten. Kronberg/Ts. 1975.

Trillhaas, Wolfgang: Evangelische Predigtlehre. 5., neubearb. Aufl. München 1964.

Ueding, Gert: Moderne Rhetorik. Von der Aufklärung bis zur Gegenwart. 2., durchges. Aufl. München 2006.

Viehweg, Theodor: Topik und Jurisprudenz. Ein Beitrag zur rechtswissenschaftlichen Grundlagenforschung. 5., durchges. u. erw. Aufl. München 1974.

Wellek, René u. Austin Warren: Theorie der Literatur. Übers. v. Edgar u. Marlene Lohner. Homburg v. d. H. 1959.

Welzig, Werner: Vom Nutzen der geistlichen Rede. Beobachtungen zu den Funktionshinweisen eines literarischen Genres. In: Internationales Archiv für Sozialgeschichte der deutschen Literatur 4 (1979), S. 1–23.

Winckler, Lutz: Studie zur gesellschaftlichen Funktion faschistischer Sprache. Frankfurt a.M. 1970.

Winterowd, W. R.: Rhetoric. A Synthesis. New York 1968.

Young, Richard E., Alton L. Becker u. Kenneth L. Pike: Rhetoric. Discovery and Change. New York 1970.

Zimmermann, Hans Dieter: Frieden in Freiheit und Freiheit in Frieden. Zur Nachrüstungsdebatte im Deutschen Bundestag am 21. und 22. November 1983. In: Diskussion Deutsch 16 (1985). H. 82, S. 152–163.

Zimmermann, Hans Dieter: Die politische Rede. Der Sprachgebrauch Bonner Politiker. Stuttgart usw. ³1972.

Sammelbände

Baeumer, Max L. (Hg.): Toposforschung. Darmstadt 1973.

Ballweg, Ottmar u. Thomas-Michael Seibert (Hg.): Rhetorische Rechtstheorie. Freiburg, München 1982.

Barta-Fliedl, Ilsebill u.a. (Hg.): Rhetorik der Leidenschaft – zur Bildsprache der Kunst im Abendland: Meisterwerke aus der Graphischen Sammlung Albertina und aus der Portraitsammlung der Österreichischen Nationalbibliothek; [im National Museum of Western Art, Tokyo, 6. Juli 1999 bis 29. August 1999; im Museum für Kunst und Gewerbe, Hamburg, 24. September bis 7. November 1999]. Hamburg 1999.

Bausch, Karl-Heinz u. Siegfried Grosse (Hg.): Praktische Rhetorik. Beiträge zu ihrer Funktion in der Aus- und Fortbildung. Mannheim 1985.

Bircher, Martin (Hg.): Die Fruchtbringende Gesellschaft. Quellen und Dokumente in vier Bänden. München 1970ff.

Breuer, Dieter u. Helmut Schanze (Hg.): Topik. Beiträge zur interdisziplinären Diskussion. München 1981.

Buck, August; Heitmann, Klaus; Mettmann, Walter (Hg.): Dichtungslehren der Romania aus der Zeit der Renaissance und des Barock. Frankfurt a.M. 1972.

Burks, Don M. (Hg.): Rhetoric, Philosophy and Literatur: An Exploration. West Lafayette 1978.

Denneler, Iris (Hg.): Die Formel und das unverwechselbare. Interdisziplinäre Beiträge zu Topik, Rhetorik und Individualität. Frankfurt a.M. 1999.

Dockhorn, Klaus: Macht und Wirkung der Rhetorik. Vier Aufsätze zur Ideengeschichte der Vormoderne. Bad Homburg v. d. H., Berlin, Zürich 1968.

Döpp, Siegmar (Hg.): Antike Rhetorik und ihre Rezeption. Symposion zu Ehren von Professor Dr. Carl Joachim Classen D. Litt. Oxon. am 21. und 22. November 1998 in Göttingen. Stuttgart 1999.

Dyck, Joachim (Hg.): Rhetorik in der Schule. Kronberg/Ts. 1974.

Fietz, Lothar; Jörg O. Fichte u. Hans-Werner Ludwig (Hg.): Semiotik, Rhetorik und Soziologie des Lachens. Vergleichende Studien zum Funktionswandel des Lachens vom Mittelalter zur Gegenwart. Tübingen 1996.

Garin, Eugenio: Geschichte und Dokumente der abendländischen Pädagogik. 3 Bde. Bd. 1: Mittelalter. Bd. 2: Humanismus. Bd. 3: Von der Reformation bis John Locke. Reinbek bei Hamburg 1964–1967.

Halm, Karl (Hg.): Rhetores latini minores. Leipzig 1863.

Haubrichs, Wolfgang (Hg.): Perspektiven der Rhetorik. Göttingen u. Frankfurt a.M. 1981. (= LiLi – Zeitschrift für Literaturwissenschaft und Linguistik 11 (1981), H. 43/44).

Haverkamp, Anselm (Hg.): Theorie der Metapher. Darmstadt 1983.

Haverkamp, Anselm u. Renate Lachmann (Hg.): Memoria. Vergessen und Erinnern. Unter Mitwirkung von Reinhart Herzog. München 1993. (= Poetik und Hermeneutik, Bd. 15).

Heilmann, K.: Quellenbuch der Pädagogik. 5., erw. Aufl. Dortmund 1955.

Hinderer, Walter (Hg.): Deutsche Reden. 2 Bde. Stuttgart 1973 u. 1980.

Hummel, Gert (Hg.): Aufgabe der Predigt. Darmstadt 1971.

Jehn, Peter (Hg.): Toposforschung. Eine Dokumentation. Frankfurt a.M. 1972.

Kallmeyer, Werner (Hg.): Gesprächsrhetorik. Rhetorische Verfahren im Gesprächsprozess. Tübingen 1996.

Kapp, Volker (Hg.): Die Sprache der Zeichen und Bilder. Rhetorik und nonverbale Kommunikation in der frühen Neuzeit. Marburg 1990.

Koch, Josef (Hg.): Artes Liberales. Leiden, Köln 1976.

Kopperschmidt, Josef (Hg.): Rhetorik. Bd. 1: Rhetorik als Texttheorie. Darmstadt 1990. Bd. 2: Wirkungsgeschichte der Rhetorik. Darmstadt 1991.

–: Studien zum Homo rhetoricus. München 2000.

Kopperschmidt, Josef u. Helmut Schanze (Hg.): Argumente – Argumentation. Interdisziplinäre Problemzugänge. München 1985.

–: Fest und Festrhetorik. Zur Theorie, Geschichte und Praxis der Epideiktik. München 1999.

Mayer, Hans (Hg.): Deutsche Literaturkritik. 4 Bde. Frankfurt a.M. 1978.

– (Hg.): Medieval Eloquence. Studies in the Theory and Practice of Medieval Rhetoric. Berkeley, Los Angeles, London 1978.

Plett, Heinrich F. (Hg.): Rhetorik. Kritische Positionen zum Stand der Forschung. München 1977.

– (Hg.): Die Aktualität der Rhetorik. München 1996.

Ptassek, Peter; Birgit Dandkaulen-Bock; Jochen Wagner u. Georg Zenkert: Macht und Meinung. Die rhetorische Konstitution der politischen Welt. Mit einem Vorwort von Rüdiger Bubner. Göttingen 1993.

Schanze, Helmut (Hg.): Rhetorik. Beiträge zu ihrer Geschichte in Deutschland vom 16.–20. Jahrhundert. Frankfurt a.M. 1974.

– u. Josef Kopperschmidt (Hg.): Rhetorik und Philosophie. München 1989.

– u. Josef Kopperschmidt (Hg.): Nietzsche oder »Die Sprache ist Rhetorik«. München 1994.

Schirren, Thomas (Hg.): Topik und Rhetorik. Ein interdisziplinäres Symposium. Tübingen 2000.

Schramm, Wilbur (Hg.): Grundfragen der Kommunikationsforschung. München 1970.

Schwartz, Joseph u. John A. Rycenga (Hg.): The Province of Rhetoric. New York 1965.

Stark, Rudolf (Hg.): Rhetorika. Schriften zur aristotelischen und hellenistischen Rhetorik. Hildesheim 1968.

Steinmann, Martin (Hg.): New Rhetorics. New York 1967.

Ueding, Gert (Hg.): Rhetorik zwischen den Wissenschaften. Geschichte, System, Praxis als Probleme des »Historischen Wörterbuchs der Rhetorik«. Tübingen 1991. (= Rhetorik-Forschungen 1)

–: Aufklärung über Rhetorik. Versuche über Beredsamkeit, ihre Theorie und praktische Bewährung. Tübingen 1992.

– (Hg.): Deutsche Reden. Von Luther bis zur Gegenwart. Frankfurt a.M., Leipzig 1999.

– (Hg.): Rhetorik. Begriff – Geschichte – Internationalität. Tübingen 2005.

– u. Thomas Vogel (Hg.): Von der Kunst der Rede und Beredsamkeit. Mit Beiträgen von Manfred Fuhrmann u.a. Tübingen 1998.

Vickers, Brian (Hg.): Rhetoric Revalued. Papers from the International Society for the History of Rhetoric. Binghampton /N.Y. 1982.

Bibliographien und Periodika

Bibliographie zur deutschsprachigen Rhetorikforschung. In: Rhetorik 3ff. (1983ff.)

Breuer, Dieter u. Günther Kopsch: Rhetoriklehrbücher des 16. bis 20. Jahrhunderts. Eine Bibliographie. In: Helmut Schanze (Hg.): Rhetorik. Beiträge zu ihrer Geschichte in Deutschland vom 16.–20. Jahrhundert. Frankfurt a.M. 1974, S. 217–355.

Dyck, Joachim: Bibliographie zur Argumentationsforschung 1966–1978. In: Rhetorik 1 (1980), S. 153–160.

Horner, Winifred Bryan (Hg.): Historical Rhetoric. An Annotated Bibliography of Selected Sources in English. Boston 1980.

Jamison, Robert: Auswahlbibliographie zur Predigtgestaltung 1945–1979. In: Theologia practica 17 (1982), S. 173ff.

Jamison, Robert u. Joachim Dyck: Rhetorik – Topik – Argumentation. Bibliographie zur Redenlehre und Rhetorikforschung im deutschsprachigen Raum 1945–1978/80. Stuttgart-Bad Cannstatt 1983.

Murphy, James J.: Medieval Rhetoric: A Selected Bibliography. Toronto 1971.

–: Renaissance Rhetoric. A Short-Title Catalogue of Works on Rhetorical Theory from the Beginning of Printing to A. D. 1700. New York, London 1981.

Philosophy and Rhetoric. 1 ff. 1968ff.

Rhetoric Newsletter 1 ff. 1978 ff.

Rhetorica. A Journal of the History of Rhetoric. 1ff. 1983ff.

Rhetorik. Ein internationales Jahrbuch 1 ff. 1980 ff.

Vickers, Brian: Bibliography of Rhetoric Studies 1970–1980. In: Comparative Criticism 3 (1981), S. 316–322.

Personen- und Sachregister erfassen ausgewählte Textstellen zu den angegebenen Namen und Stichworten. Verweise auf den historischen Teil und die dazugehörigen Anmerkungen erscheinen recte, Verweise auf den systematischen Teil kursiv; bei mehreren Einträgen zu einem Namen oder Stichwort sind die Seiten, die grundlegende und ausführliche Informationen bieten, durch Fettdruck hervorgehoben; die eingeklammerten Seitenzahlen beziehen sich auf das Glossar.

Personenregister

Sachregister

miscellanea s. Realiensammlung
miseratio *276* (*337*)
Mitteilung 16, 165f.
Mittelalter **48–75**
mixtura verborum (Wortmischungen) *231*
mneme s. memoria
Mnemotechnik (Gedächtniskunst) *235*
Modell 172
Molossus / molossos *327* (*340*)
Moral 116, 119
Motiv 161
movere (überwältigen) 37, 38, 42, 54, 82, 85,
    93, 97, 107, 109, 138, 160, 176, 202,
    214, 215, 224, 234, 239, **276,** *278, 279,*
    281–283, *284* (*337*)
multiiugum s. Polysyndeton
multiplicatio (Vervielfältigung) *274*
Mündlichkeit 83, 153f.
Musik 44, 56, 58, 76, 138, 141, *325*
Musterrede 15, 192
mutatio s. Hypallage
Mythenanalyse 170
Mythos 22

Nachahmung s. a. imitatio (*334*)
Nachdrücklichkeit s. Emphase
Nachweis (probatio) *265, 331* (*336*)
narratio (Erzählung) 15, 67, 74, *217,* **233,** *259,*
    262–264, *265, 269, 275, 280, 317, 320,*
    328 (*336*)
    partilis (unterbrochen) *264* (*336*)
    continua (zusammenhängend) *264* (*336*)
Natur, Natürlichkeit, natürlich s. a. Ordnung
    95, 121, 131, 176, *216*
natura s. ingenium, natura-ars, physis
natura-ars (Natur-Kunst) 36, 41, 42, *216,*
    324
Naturanlage s. ingenium
Naturwissenschaft s. a. Wissenschaft 34, 136,
    173, 178, 204, *279f.*
Neologismus (fictio verbi, verbum novatum)
    287, **288,** *301f.* (*337*)
Neue Rhetorik s. New Rhetoric
New Criticism 162, 163
New Rhetoric 159f., 166, 167–173
Nüchternheit s. Sachlichkeit
numerus s. a. Rhythmus *303*

obscuritas (Dunkelheit) 113, *229, 284, 286,*
    290, 296, 297 (*336*)
occupatio (Auslassung) **318–319** (*338*)
officia oratoris s. Redner
oiktos s. Mitleid
    Onomatopöie / onomatopoiia (Klangmale-
    rei) 97, *227, 288,* **289** (*337*)
opera oratoris s. Redner

oratio s. Rede
oratio concisa s. Gespräch
orator s. Redner
orator perfectus s. a. Redner 34ff., 37, 43, 53
oratoria s. Beredsamkeit
Ordnung (ordo) *325, 328* (*334, 339*)
    natürliche (naturalis) **216f.** (*334*)
    künstliche (artificialis) **217** (*334*)
Ordnungsschemata **217–218**
ornatus (Redeschmuck) 37f., 67, 71, 76, 94,
    97, 101, 105, 112, 135, **220f.,** *223f.,* 229,
    230f., **284–328,** (*336, 337*)
Orthoepie (Sprechweise) *227*
Orthographie (Schreibweise) *227*
Oxymoron / oxymorum **314–315** (*339*)

Pädagogik, pädagogisch 5, 78, 79, 117, 118,
    119, 159, 183–186, 205
paideia s. Erziehung
paion s. Päon
palillogia s. Gemination
Palimbacchius / palinbakchios *327* (*339*)
Pamphlet 4
Panegyrik s. Festrede
Päon / paeon *327* (*339*)
Parabel 52
parabole s. similitudo
paradeigma s. exemplum
paradiastole s. distinctio
Paradox (paradoxon) 172, **315** (*339*)
paraleipsis s. occupatio
Parallelismus (Gleichstellung) **308–309** (*338*)
Paraphrase *331*
parechesis s. Paronomasia
parresia s. licentia
Partei, Parteilichkeit, parteiisch 6, 21, 29, 33,
    37, 40, 45, 46, 139, 182, *214, 214, 223,*
    238, 243, 259, 262, 264, 272f., 284
partes artis s. Redekunst
partes orationis s. Redeteile
particula s. komma
partitio s. argumentatio
pathos (Leidenschaftserregung) s. a. movere 28,
    41, 94, 97, 115, 145, 157, 176, 199, 200,
    201, 204, *221, 234,* **276,** *277, 278, 279,*
    281–283, *286, 325* (*337*)
Pause s. a. sustentatio *272, 314, 326, 327*
Periode / periodos (Satz) 111, *325, 328* (*339*)
Periphrase / periphrasis (Umschreibung) 96,
    230, 288, **289–290,** *291* (*337*)
periphrasis s. circumlocutio, Periphrase
permissio (Einräumung) **315,** *317* (*339*)
permovere s. movere
permutatio s. Antimetabole
peroratio (Schluß) 126, *215, 218, 259, 265,*
    275–277, *282f.* (*337*)